The Iliad, The Odyssey & Movement Dada

다다 혁명 운동과
일리아드 오디세이

다다 혁명 운동과
일리아드 오디세이

The Iliad, The Odyssey & Movement Dada

정상균 지음

學古房

'제우스(Zeus)' '헤라(Hera)' '포세이돈(Poseidon)'

'아폴로(Apollo)' '아테나(Athena)' '아프로디테(Aphrodite)' '테티스(Thetis)'

'아킬레스(Achilles)' '아가멤논(Agamemnon)' '메넬라오스(Menelaus)' '헬렌(Helen)' '파리스(Paris)'

'헥토르(Hector)' '프리암(Priam)' '오디세우스(Odysseus)' '페넬로페(Penelope)' '호머(Homer)'

머리말

   호머(Homer)의 '일리아드(*The Iliad*)'와 '오디세이(*The Odyssey*)'는, 인류 원시문명의 소중한 단초(端初)에 바로 '힌두(Hindu)의 마하바라타(*The Ma-habbharata*)가 있다는 사실'을 가장 명백하게 입증을 하고 있는 '최고(最古)의 고전'이다.

   힌두(Hindu)의 '마하바라타(*The Mahabharata*)'는, **절대 신[Brahma]의 세상 심판(審判)인 쿠루크셰트라 전쟁(Kurukshetra War)**'을 **크리슈나(Krishna)와 아르주나(Arjuna)**가 주도(主導)했다는 것이 그 전체적인 대강(大綱)이다.
   이에 대해 호머(Homer)의 '일리아드(*The Iliad*)' '오디세이(*The Odyssey*)'는, '**절대 신[Zeus]의 세상 심판인 트로이 전쟁(Trojan War)**'을 **아테나(Athena) 여신과 오디세우스(Odysseus)**가 주도(主導)했다는 것이 그 대강(大綱)이다.
   그리하여 힌두(Hindu)의 영웅 **아르주나(Arjuna)**와 호머(Homer)의 영웅 **오디세우스(Odysseus)**는 크게 유사하게 되어, 호머(Homer)의 '일리아드(*The Iliad*)' '오디세이(*The Odyssey*)'가 당초 힌두(Hindu)의 '마하바라타(*The Ma-habbharata*)' 영향 아래 있었다는 사실을 한 눈에 다 알 수가 있다.

   그렇다면 힌두(Hindu)의 영웅 아르주나(Arjuna)와 호머(Homer)의 영웅 오디세우스(Odysseus)의 차이점은 없는가?
   힌두(Hindu)의 영웅 아르주나(Arjuna)은 그 구극(究極)의 지향점이 '절대 신과 하나 되기[歸依 -**절대주의(Absolutism)**'였음에 대해, 호머(Homer)의 영웅 오디세우스(Odysseus)는 '출세하여 고향 찾아가기 -**현세주의(Secularism)**'로 그 대극(對極) 점에다 호머(Homer)는 '자신의 확신[철학]'을 명백히 하고 있다.

그리고 호머(Homer) 문학의 제일 중요한 특징은, '절대 신 제우스[아테네]'나, '주인공 오디세우스'와 '호머 자신'을 처음부터 끝까지 동일시하여[혼동하며] '일리아드(*The Iliad*)' '오디세이(*The Odyssey*)' 서술을 온통 '**자기도취(narcissism)**' 속에 행하고 있다는 점이다.

힌두(Hindu)의 '마하바라타(*The Mahabharata*)'도 역시 '절대신'과 '서술자'와 '작품상의 주인공'은 수시로 동일시하고 있지만, '영혼(정신)'과 '육체[몸]'를 철저히 구분하고 있음에 대해, 호머(Homer)는 '현세주의(Secularism)' '실존주의(Existentialsism)'로, '**육체 속에 종속된 영혼**'을 처음부터 기정(旣定)사실로 하고 있다.

사실상 태초(太初)부터 **인류[Homo sapiens의 DNA]가 소지한 사상(思想)의 동시주의(同時主義, Symultaneism)**는 바로 '[정신 존중의]절대주의(Absolutism)'와 '[육체 긍정의]현세주의(Secularism)' 양극(兩極)의 불가피한 공존이다.

그렇다면 힌두(Hindu)의 아르주나(Arjuna)와 호머(Homer)의 오디세우스(Odysseus)는 모두 그 '**절대주의와 현세주의의 그 동시적 실현**' 속에서, 단지 그 '**상대적 차이**'를 드러내고 있는 존재들일 뿐이다.

2021년 10월 1일 추수자(秋水子)

목차

8

제3부 '오디세이(*The Odyssey*)'

제1부
호머(Homer)론

'제우스(Zeus)'

'올림포스 산(Mt. Olympus)'

호머(Homer)의 생존 연대는 기원전 800년경으로 추정이 되고 있으니, 이집트 '제22왕조(943~728 b. c.)' 기간에 해당하고, 이집트 국왕 **쇼셍크 I세(Shoshenq I, 943~922 b. c.)**'나 '성경'의 '솔로몬(Solomon)' 이후의 인물이다.

((제22왕조 파라오들은, 리비아 출신으로 기원전 943~728년 기간을 통치했다.

쇼셍크 I세(Shoshenq I, 943~922 b. c.) –'솔로몬(Solomon)과 동맹 관계 유지한 셰송크(Sheshonq)'이다. 니믈로트 아(Nimlot A)의 아들이고, 오솔로콘(Osorkon)의 형이고 리비아 메슈웨슈(Meshwesh) 추장이다. 성경의 시사크(Shishaq)이다.))[Wikipedia –List of pharaohs]

호머(Homer)의 '일리아드(*The Iliad*)'를 읽어보면, 힌두(Hindu)의 '마하바라타(*The Mahabharata*) 전쟁 서술 방식'을 그대로 '트로이 전쟁(Trojan War) 서술 방식'으로 활용한 것을 알 수 있는데, 그 대강을 짚어 보면 다음과 같다.

Ⅰ. '일리아드(*The Iliad*)'가 '마하바라타(*The Mahabharata*)' 영향 아래 있었다는 19가지 증거

① '절대 신의 세상 심판(審判)' 이야기

'마하바라타(*The Mahabharata*)'가 '<u>인더스(Indus) 강 상류 수렵(狩獵) 목축 (牧畜)문화[hunting-pastoral culture]</u>'를 배경으로 펼친 <u>천신(天神, Brahma) 사상</u>을 보여주고 있음에 대해, '일리아드(*The Iliad*)'는 '<u>지중해(the Mediterra-nean Sea) 동북쪽 에게 해(Aegean Sea) 연안의 약탈(掠奪)문화[plundering culture]</u>'를 배경으로 한 <u>천신(天神, Zeus)사상</u>을 보여주고 있다.

'절대신'의 기능은 '창조' '양육' '심판'의 세 가지로 구분이 되고 있는데, '마하 바라타(*The Mahabharata*)'의 <u>쿠루크셰트라 전쟁(Kurukshetra War)</u>'과 '일리 아드(*The Iliad*)'의 '<u>트로이 전쟁(Trojan War)</u>'은, 모두 '<u>절대 신의 세상 심판 이야기</u>'로 전제가 되어 있다.

'마하바라타(*The Mahabharata*)'에는 다음과 같은 진술이 있다.

((수도승들(Rishis)이 말했다. -오 수타(Suta, 馬夫)의 아들이여, 우리는 그 대의 '사만타 -판차카(Samanta-panchaka)'라 했던 곳에 관한 상세한 해명을 듣고 싶소.

가객(歌客, Sauti, 우그라스라바)이 말했다. -오 바라문들이시여, 제가 말씀 드리는 신성한 진술을 들어보십시오. 당신들은 '사만타-판차카(Samanta-panchaka)'라는 그 유명한 장소에 관해서 들으실 만합니다. '<u>트레타 유가 (Treta Yuga, 힌두의 開闢 年代記로 3000년 기간임)</u>'와 '<u>드와파라 유가 (Dwapara Yuga, 이은 2000년 기간)</u>' 사이에 자마다그니(Jamadagni)의 아들 이며 무기를 다룬 사람들 중에 뛰어났던 <u>라마(Rama)</u>는, 잘못된 충동으로 계 속 크샤트리아 왕들을 살해하였습니다. 불타는 별처럼 <u>라마(Rama)는 그의 용기로 전(全) 크샤트리아 족을 살해하여 '사만타-판차카(Samanta-pan-</u>

chaka)'에 있는 다섯 개의 호수를 피로 만들었습니다. 노기(怒氣)에 이성을 잃은 라마(Rama)는 그 호수 가운데 서서 조상들의 넋에 피를 바쳤다고 합니다. 그 때 리치카(Rchika)란 혼령이 처음 나타나 <u>라마(Rama)</u>에게 말했습니다. "라마여, 축복 받은 라마여, 브리구(Bhrigu)의 후손이여, 그대가 조상들을 위해서 그대의 용기로 보여준 존경에 감사한다. 힘센 그대에게 축복을 내린다. 원하는 것을 말하라."

라마(Rama)는 말했습니다. "오 조상님이시여, 제가 바라는 소망을 들어주신다면 그것은 제가 분노로 크샤트리아들을 절멸했던 죄악에서 벗어나 태어나게 나게 해 주신 것이고, <u>이 호수들이 세상에서 유명한 성지(聖地)가 되게 하시는 것입니다.</u>" 그러자 피트리스(Pitris, 창조주)는 말했습니다. "그렇게 될 것이다. 그렇지만 너도 진정(鎭靜)하라." 그래서 라마(Rama)도 진정이 되었습니다. <u>그 때부터 피의 호수 주변 지역은 '성지(聖地) 사만타-판차카(Samanta-panchaka)'가 되었습니다.</u>[학살=심판=성지] 피트리스(Pitris)는 모든 고장이 그가 겪은 독특한 상황만큼 드러날 것입니다.

그런데 '트레타 유가(Treta Yuga)'와 '드와파라 유가(Dwapara Yuga)' 사이 기간에 그 <u>사만타-판차카(Samanta-panchaka)에서 카우라바 형제(Kauravas)와 판다바 형제(Pandavas) 대결이 다시 일어났습니다.</u> 그 평평한 성지(聖地)에 18개의 군단(軍團), 아크샤우히니스(Akshauhinis)] 용사가 몰려들었습니다. 오 바라문들이시여. 거기에서 그들은 모두는 서로를 죽였답니다. 이렇게 '성스럽고 흥미로운 그 지역'에 대해 설명 드렸습니다. 저는 3계(三界)를 통해 그 지역이 어떻게 관련되어 있는지를 말씀드린 셈입니다.))[1]

이것이 '마하바라타(The Mahabharata)' '쿠루크셰트라 전쟁(Kurukshetra War)'에 전제된, '새 시대 열기 전쟁' '개벽(開闢) 전쟁' '절대신 세상 심판 전쟁'의 의미이다.

그런데 '일리아드(The Iliad)'에는 다음과 같은 서술이 있다.

---

1) K. M. Ganguli (Translated into English Prose from the Original Sanskrit Text), *The Mahabharata of Krishna-Dwaipayana Vyasa*, Munshiram Manoharlal Publisher Pvt. Ltd. New Delhi, 2000, -**Adi Parva**- pp. 15~16

(("하지만 처음 테티스(Thetis)가 내[제우스] 무릎을 잡고 '아킬레스가 천벌(天罰)을 행하게 해 달라'는 호소에 내가 응했던 것(I vowed my head in assent that day the goddess Thetis cluched my knees, begging me to exalt Achilles scourge of cities.)이 이루어 질 때까지는, 어떤 신도 아르기베 군사들을 도울 수 없소."[제우스의 말임]))[일. '제15책']

한마디로 '마하바라타(The Mahabharata)'에서는 '라마(Rama)'와 '크리슈나(Krishna)'가 주도했던 '절대자의 세상 심판 학살(虐殺) 전쟁'을, '일리아드(The Iliad)'에서는 **'헥토르(Hector)'와 '아킬레스(Achilles)' 앞장을 서서 '제우스의 학살 전쟁[세상 심판 전쟁]'을 주도했다는 것**이니, 무엇보다 우선적으로 명시가 되어야 할 사항이다. ['전쟁'의 의미]

((제우스가 원하는 전부는 테티스(Thetis)와 '테티스의 의지가 강한 아들[아킬레스]의 영광'이었다.(all the Farher wanted was glory for Thetis and Thetis' strong-willed son,)))[일. '제13책']))
((제우스여...이 모든 야만적 대 학살이 당신으로부터 나온 것이라고들 합니다.(all this brutal carnage comes from you.)[메넬라오스의 말])[일, '제13책']

② '올림포스 산' -'메루(Meru) 산'

호머(Homer)는 한 마디로 **'제우스(Zeus)의 계관시인(桂冠詩人, poet-laureate, 御用作家)'**이다.

호머(Homer)는 그의 '일리아드(The Iliad)'에서 그 '올림포스 산(Mt. Olympus)'에 제우스의 궁전이 있고, 거기가 신들이 집합을 한다고 반복해 진술했다.

그런데 그 **'올림포스 산(Mt. Olympus)'**은, 힌두(Hindu)의 **'메루 산(Mt. Meru)'**을 '희랍 반도(半島)의 높은 산'에 그대로 전용(轉用)한 결과이다.

((바이샴파야나가 계속했다. -그런데 아침 해가 뜰 무렵에, 다우미아(Dhaumya)는 기도를 마친 다음 아르슈티세나(Arshtishena)와 함께 판다바들을 찾아 왔습니다. 판다바들은 그 아르슈티세나(Arshtishena)와 다움미아(Dhaumya)의 발아래 엎드리어 모든 바라문들을 향해 절을 올렸습니다. 그러자 다움미아(Dhaumya)가 유디슈티라(Yudhishthira)의 오른 손을 잡고 동쪽을 바라보며 말했습니다.

"오 억센 군주시여 .... 빛나는 북쪽은 브라흐마(Brahma)의 궁정과 거처가 있는 막강한 마하메루(Mahameru)로, 모든 생명들의 영혼인 프라자파티 (Prajapati) 브라흐마가 거기에 머물며 동물과 식물들을 창조해 내는 곳입니다. 그래서 마하메루(Mahameru)는 브라흐마가 정신의 만들어낸 일곱 아들의 거처이기도 한데, 그 중에 닥샤(Daksha)는 일곱째입니다. 자득(自得)한 앎으로 행복에 잠겨 있는 위대한 할아버지[브라흐마]께서 앉아 계시는 저 밝게 빛나는 메루(Meru)의 정상(頂上)을 보십시오.... 행운의 유디슈티라 왕이여, 그곳은 시작도 타락도 끝남도 없으니, 그곳은 바로 신(神)의 정수(精髓)이기 때문입니다(this region is without beginning, or deterioration, or end for it is very essence of that God.). 그래서 매일 해와 달은 이 메루(Meru)산을 돌고 있습니다. 그리고 다른 별들도 이 산들의 왕 메루(Meru)를 돌고 있습니다. 이 막강한 메루(Meru) 산을 돌며 만물을 키우는 달[月]도 그 원상으로 회복이 됩니다. 어둠의 파괴자 태양도 거침없는 길을 달리며 만물을 기릅니다. [태양이] 이슬[寒露]을 만들고 싶으면 남쪽으로 갔다가 거기서 모든 생명들이 겨울 나게 만듭니다. 그런 다음 태양이 그 등을 돌리면 모든 생명의 힘을 마르게 합니다.....그 때부터 신성한 빛으로 목욕을 하는 미지의 영역으로 돌아가면 모든 생명은 항상 그 졸음을 쫓아 버릴 수 있습니다. [태양이 남쪽 경로에서] 소나기와 바람과 열기로 안정을 찾으면 그 강력한 태양은 그 이전의 항로를 회복합니다. 그래서 태양은 '시간의 수레바퀴(the wheel of Time)'를 끊임없이 돌며 만물을 기릅니다.[1년의 경과] 태양은 힘을 빼앗았다가 다시 되돌려 받습니다. 오 바라타여, 낮과 밤과 칼라(Kala)과 카슈타(Kashtha)를 나누는 주인인 태양은 모든 피조물을 관장하고 있습니다."))[2]

2) K. M. Ganguli (Translated into English Prose from the Original Sanskrit Text), *The*

16

'마하바라타(*The Mahabharata*)'에서는 소위 '신들의 거주지' **'메루 산(Mt. Meru)'**을 앞서 전제했는데, '일리아드(*The Iliad*)'에 '신들의 중심지'는 **'올림포스 산(Mt. Olympus)'**이다.

'상고사(上古史)의 대가(大家)' 포콕(E. Pococke)은 그의 '희랍 속의 인도 (*India in Greece*, 1851)'에서 다음과 같이 말했다.

((''옛날 범어(梵語)이고 희랍어인 '헬리오폴리스(Heliopolois, 태양의 도시)'는 힌두인의 주요 도시 중의 하나였고, '창조주, 위대한 삼위일체(truine)의 상징'은 '온(On)' 즉 '옴(O'm)'으로 일컬었다. 그 신성의 글자 옴(O'm)-'ॐ'은 '아옴(aom)' '아움(aum)'으로 발음하여, '창조신' '보호 신' '파괴 신'의 3대 사도 (使徒)를 거느린 브라흐만, 최고 존재를 의미한다.'')['희랍 속의 인도' 제14장]

((''고전 독자는 '델피(Delphi)', 정확히 말해 '델피 신전 안에 있는 원형의 돌'에 대해 '단일한 용어'를 적용한다는 것을 기억할 것이다. '힌두 신화의 고대'를 단숨에 알려주는 하나의 용어, 존중할 만한 혈통이나 희랍의 청소년 같은 위치를 말해 주는 용어이다. 그것은 '옴팔로스(Om-phalos -배꼽)'[3]이다. 이 용어는 '희랍인이 세상의 중심'이라는 그네들의 생각을 나타낸 이름이다. 이 개념으로는 '옴팔로스'를 알 수 없다. 그것은 '초기 인도 식민 자들'이 자기들을 '옴팔로스'라고 일컬었으니, '최고신(Nabhi-ja, 브라흐마-Brahma)'의 범어(梵語) 식 변형이다.'')['희랍 속의 인도' 14장]

Mahabharata of Krishna-Dwaipayana Vyasa, Munshiram Manoharlal Publisher Pvt. Ltd. New Delhi, 2000, -**Vana Parva**- pp. 318, 331~333

3) '옴(Om)'은 절대신 '브라흐마(Brachm)', '팔로스(phlos)'는 '열매'이다.

'옴, 우움(Om, Aum)' '힌두의 3신(Brahma, Vishnu, Siva ―Trimuti)'

호머(Homer)가 거리낌 없이 '제우스의 궁전' '신들의 집합 장소'로 지목한 **'올림포스 산(Mt. Olympus)'**은 이 포콕(E. Pococke)의 해설은 구체적인 '일리아드(*The Iliad*)' 독서로 거듭 확인이 된다. 즉 호머(Homer)는 **신을 볼 수 있는 눈**과 **볼 수 없는 일반인의 눈**'을 호머는 구분했데['일리아드(*The Iliad*)' '제5책'] 이것도 '마하바라타(*The Mahabharata*)'에 이미 명시된 이야기[4]이다.

③ '호머(Hmer)'의 시각과 '산자야(Sanjaya)' 시각

호머(Homer)는 '제우스의 계관시인(桂冠詩人, **poet-laureate**, 御用作家)'으로서 힌두(Hindu)의 '마하바라타(*The Mahabharata*)'에 **산자야(Sanjaya)**와 같은 존재이다. 호머는 '뮤즈(Muse)' '시인' '가수' '역사가' '아야기꾼'들의 역할을 모두 겸[대행]했던 존재이다.

((**분노의 여신이여(Rage Goddess)**, 펠레오스(Peleus)의 아들 아킬레스(Achilles)의 분노를 칭송하소서. 수많은 불굴의 아카이아인의 혼령들이 저승으로 갔고, 그들의 썩은 시체는 들개와 새들의 잔치거리가 되었다. 그리하여

---

4) K. M. Ganguli (Translated into English Prose from the Original Sanskrit Text), *The Mahabharata of Krishna-Dwaipayana Vyasa*, Munshiram Manoharlal Publisher Pvt. Ltd. New Delhi, 2000, -**Vana Parva**- p. 89

'제우스(Zeus)의 의지'는 목적[인간 심판을 향해 진행이 되었으니, 대장 아가 멤논(Agamemnon)과 탁월한 아킬레스(Achilles)의 충돌이, 그 시작을 이루었다.[8] 어떤 신이 그들을 미쳐 싸우게 만들었는가? 제우스(Zeus)의 아들 아폴로(Apollo)와 레토(Leto)가 그렇게 만들었다.[10])[일리아드, 제1책]

여기에서 '분노의 여신(Rage Goddess)'이란 '뮤즈(Muse)'이며, 역시 '호머 자신'과 동격인 존재이다.

((신성한 트로이 성을 함락시키고 약탈했던 그 사람이, 일이 꼬이고 행로를 이탈했던 이야기를 뮤즈(Muse) 신이여 들려주소서. 그는 여러 도시를 보았고, 많이 배웠고, 많은 고통을 겪으며 자신과 전우들을 고향으로 데려오려고 바다에서 비탄이 잠겼다. 그러나 그는 전우들을 재난에서 구하지는 못 했으니, 전우들은 '태양의 소(the cattle of the Sun)'를 살해하여 죽을죄를 지었기 때문이다. 그래서 태양신이 귀로(歸路)를 차단해 버렸다.[10] 제우스의 딸 뮤즈(Muse)가 그의 이야기를 시작해서, 우리 시대에까지 들려주고 있다. 그래서 고향으로 돌아온 생존자들은 전쟁과 파도에서 도망을 친 자들이었다.[15]))[오, 제1책]

시인 호머(Homer)는 '**뮤즈(Muse)**'라는 신격(神格)을 대신 제시를 했으나, '마하바라타(*The Mahabharata*)'에는 진술이 더욱 간결했다.

((바이삼파이아나(Vaisampayana)가 말했다. -과거와 현재와 미래의 모든 일에 관해 눈앞에 있는 일처럼 아는 가발가나(Gavalgana)의 아들[산자야 (Sanjaya)]이 슬픔을 지니고 전쟁터에서 달려와, '바라타 족의 할아버지 비슈마(Bhishma)가 살해되었을 것'이라는 생각에 빠져 있는 드리타라슈트라 (Dhritarashtra)에게 갔습니다.))5)

5) K. M. Ganguli (Translated into English Prose from the Original Sanskrit Text), *The Mahabharata of Krishna-Dwaipayana Vyasa*, Munshiram Manoharlal Publisher Pvt.

'마하바라타(*The Mahabharata*)'에서는 우그라스라바(Ugrasrava) 바이삼파야나(Vaisampayana) 마르칸데야(Markandeya) 산자야(Sanjaya) 등이 소유했다는 소위 **'전지적(全知的) 시점(視點)**[Analytic or omniscient author tells story, entering thoughts and feelings]'[6]을 채택하였다. 호머(Homer)는 수시로 제우스(Zeus) 헤라(Hera) 아테나(Athena) 등의 마음속까지 드나드는 놀라운 '시점(視點, the point of view)'에 있었을 뿐만 아니라 모든 인간 영웅들의 마음과 행동도 자기 눈앞에 펼쳐보고 있는 듯한 '대담한 시점(視點)의 확보'해 놓고 한 점 흔들림이 없다.

④ '아테나(Athena)' - '크리슈나(Kishna)'

힌두(Hindu)의 '마하바라타(*The Mahabharata*)'에 '인간 속에 거주하는 신의 화신(化身)' **크리슈나(Krishna)**는 호머(Homer)의 '일리아드(*The Iliad*)' '오디세이(*The Odyssey*)'에서 다섯(5) 가지로 변용이 되어 나타내고 있다.

A. **아테나(Athena)** -힌두(Hindu)의 '마하바라타(*The Mahabharata*)'는 '절대신[Brahma]의 세상 심판인 쿠루크셰트라 전쟁(Kurukshetra War)'을 비슈누(Vishnu)의 화신(化身) **'크리슈나(Krishna) 몫을 가장 확실하게 수행한 존재'**이다.

((...디오메데스가 말했다.
"내가 직접 고르라고 하시면, 어떻게 오디세우스(Odysseus)를 빠뜨릴 수 있겠습니까?...아테나(Athena) 여신이 사랑하고 있는 사람입니다..."[289]))
[일. 제10책]

Ltd. New Delhi, 2000, -**Bhishma Parva**- p. 1
6) C. Brooks R. P. Warren, *Understanding Fiction*, Appleton -Century -Crofts Inc. 1951, p. 148

B. **아킬레스(Achilles)** -'트로이 전쟁'에 **'가장 큰 난적(難敵) 헥토르(Hector)'**를 잡았다는 점에서 힌두의 '쿠루크세트라 전쟁(Kurukshetra War)'의 **'대적장(大敵將) 비슈마(Bhishma)를 화살 침대'**에 눕게 한 '크리슈나(Kri-shna)' 모습과 일치하고 있다.

C. **헤라클레스(Heracles)** -외척(外戚) 시달린 **'무서운 체력(體力)의 소유자'**라는 측면에서 '크리슈나(Krishuna)'와 동일하다.

((그러자 '잠의 신'은 부드럽게 물러서며 말했다. "헤라여, 모든 신들과 인간들은 잠재울 수 있으나, 제우스만은 아니 됩니다...앞서도 당신의 요청으로 제우스의 거만한 아들 헤라클레스(Heracles)가 트로이를 약탈하고 떠날 적에, 내가 제우스에게 달콤한 잠을 제공했는데, 당신[헤라]은 분노로 바다에 살인적 돌풍을 몰아쳐 헤라클레스(Heracles)를 친구들과 떨어져 사람들이 와글거리는 코스(Cos)로 보내버렸지요. 그러나 잠에서 깨어난 제우스는 신들을 궁전 밖으로 내던지고 내[잠의 신]를 불러 가장 고약한 범죄자 취급을 하여 바다에 잠겨 죽게 되었는데 밤의 신이 저를 구해주었습니다. 헤라여. 당신은 그런 불가능한 일을 저에게 또 요구하고 계십니다."[318]))-[일.'제14책']

(("무슨 짓이요? 분별없는 헤라여. 그대가 헥토르와 그 군사를 물리친 것에 나는 놀랍지도 않습니다. 앞서도 그대는 내가 채찍으로 그대를 거듭 쳐서 징벌의 선풍 속에 매달려 내게 맹세를 했었소. 그 때가 생각 안 납니까? 내가 그대의 발을 모루(anvils)로 묶고, 그대의 손을 황금 사슬로 묶어 공중에 매달린 것 다 잊었어요? 그리고 억센 신들도 높은 올림포스에서 추방을 했으니 누가 그대를 도왔겠소? 나는 어느 신이건 잡히는 자를 산채로 죽어라고 땅바닥에 던졌소, 하지만 내 아들 헤라클레스(Heracles)에 대한 나의 강한 슬픔은 가시질 않았소.[34] 그대는 북쪽 회오리바람을 꾀어내어 헤라클레스(Hera-cles)를 황량한 염해(鹽海) 너머로 날려버렸소. 그대는 항상 내 아들[헤라클레스]에게 몹쓸 계획을 꾸몄소. 그대가 헤라클레스(Heracles)를 코스(Cos)의 벽적대는 도시로 내쳤을 적에, 나는 그를 안전하게 아르고스(Argos)로 데려왔으나 이미 고통을 겪은 다음이었소. 내가 그대[헤라]에게 기억을 도와 준 것은

그대가 그대의 배신을 당장 멈추라는 것이요.[40]...")[일.'제15책']

D. 키클롭스(Cyclops)[폴리페모스(Polyphemus)] -'크리슈나(Krishna)는 고바르다나(Govardhana) 산을 우산처럼 뽑아들어(uprooted and held) 사람들의 폭우 피해를 막고, 그 아래 은신들을 하게 했다.'는 힌두 영웅 '크리슈나(Krishna)의 대표적인 힘자랑 경력'을 호머(Homer)는 그대로 '외눈박이 폴리페모스(Polyphemus) 이야기'로 반복하였다.

E. 태양신 헬리오스(The Sungod Helios) -앞서 살폈듯이 크리슈나(Krishna)의 청소년 시절은 '소치기'가 대표적인 직책이었다. 호머(Homer)는 '키클롭스'에 이어, '태양신의 소떼(herds of the Sungod's cattle)'이라는 문제로 크리슈나(Krishna)를 다시 거론하였다.

((나는 테바의 예언가 티레시아스(Tiresias)의 부탁과 키르케(Circe) 말을 잊지 않아 전우들에게 준엄하게 말했습니다.[293]

"전우들이여. 내가 다시 한 번 티레시아스(Tiresias)말과 키르케(Circe)의 부탁을 반복합니다. 이 태양(太陽)의 섬에는 인간의 쾌락['맛있는 고기 먹기']을 피하도록 하시오. 최악의 재난을 당할 것이라는 경고가 있었습니다...."[299]

...나는 그 순간에 잠에서 깨어나 물가 배로 가보니, 고기 굽는 냄새가 진동하여 나를 감쌌습니다. 나는 고통스럽게 신들을 향해 외쳤습니다.

"제우스와 제신들이시여. 제게 잠을 내리시었으니, 바로 당신께서 나를 재앙에 빠뜨린 것입니다. 내가 없는 사이에 전우들이 얼마나 무서운 괴물 같은 짓을 행했는지 보십시오!..."

나는 배에 이르러 동료들을 신랄하게 질책을 했으나... 어떻게 이미 저지른 일을 다시 바로잡을 수가 있겠습니까? 소는 이미 죽었으니 말입니다...[427]))
[오,'제12책']

22

⑤ 오디세우스(Odysseus) -아르주나(Arjuna)

힌두(Hindu)의 '마하바라타(*The Mahabharata*)'와 호머(Homer) '일리아드 (*The Iliad*)' '오디세이(*The Odyssey*)'를 가장 확실하게 묶고 있는 최고 정신은. '크샤트리아 의무(the duties of Kshatriya)' 즉 '<u>목숨을 걸고 나라를 수호하는 국왕(國王)의 정신</u>'이다.

그런데 '마하바라타(*The Mahabharata*)'에서 영웅 <u>아르주나(Arjuna)</u>가 그것 [크샤트리아 의무]을 모범적으로 보여준 존재였는데, '일리아드(*The Iliad*)'에서 는 영웅 '<u>오디세우스(Odysseus)</u>의 입'을 통해 명시되고 있다.

(("아가멤논이여. 무슨 말씀이십니까? 그런 말을 당신 입으로 하실 수가 있습니까? 그것이 바로 당신의 문제입니다. 당신은 우리의 왕이 아니라 걸레 같은 겁쟁이들의 사령관이십니다. <u>제우스께서 남자란 젊었을 때나 늙을 때나 마지막 한 사람 남을 때까지 전쟁에서 용감하게 싸우라고 명령을 내리셨습니다.</u>(the men whom Zeus decrees, from you to old age, must wind down our brutal wars to bitter end until we drop and die, down to the last man.) 그런데 어떻게 당신은 트로이를 포기하자고 하십니까?"))[일. '제14책']

호머의 '일리아드(*The Iliad*)' '오디세이(*The Odyssey*)'는 한 마디로 '**오디세 우스(Odysseus)=아르주나(Arjuna)**' 등식(等式) 위에 제작이 되어 있다.

⑥ 헥토르(Hector) -비슈마(Bhishma)

'고대 국가의 존속(存續)'은, '**전적으로 국왕의 국가 수호 실력과 의지**'에 달 려 있으니, '국왕이 그 무력(武力)과 수호(守護) 의지' 즉 '크샤트리아의 의무(the duties of Kshatriya)'를 내버리면 '**국왕의 자격 상실**'에 해당한다.

'마하바라타(*The Mahabharata*)'에 산타누(Santanu)왕의 아들 비슈마(Bhishma)는, 아버지에 대한 '효심(孝心)'에서 자신의 결혼까지 포기하고 오직 그 '크샤트리아의 의무(the duties of Kshatriya)'로 뭉친 존재였다. 그리고 그의 평소 지론(持論)은 '카우라바들(Kauravas -드리타라슈트라 아들들)과 판다바들(Pandavas -판두의 아들들)은 화해해야 한다.'는 평화주의자였다. 그러나 결국은 간특한 두료다나(Duryodhana)에게 설복을 당해, '카우라바들' 군 사령관이 되어 '10일 동안' 전투를 계속하다가 크리슈나와 아르주나의 공격을 받아 '화살 침상(a bed of arrows)'에 눕게 되었다. 그래서 판다바들(Pandavas -판두의 아들들)은 결정적으로 승기를 잡았다.

그런데 호머가 서술한 '트로이 전쟁(Trojan War)'에 최대 난적(亂賊)은 헥토르(Hector)'였다.

> (("불쌍한 병사[헥토르]여. 죽음이 곁에 이르렀는데도 너의 정신은 죽음 따위는 생각도 않는구나.(Poor soldier. Never a thought of death weighs down your spirit now, yet death is right beside you,)..헥토르여 나는 앞으로의 전투에서 너를 인정한다.(I will grant you to compensate for all that is to come)..."))[일. '제17책']

이 구절은 호머[제우스]가 이미 수용한 '크샤트리아의 의무(the duties of Kshatriya) 실천'에 그 헥토르(Hector)가 흔들림이 없다는 그 제우스[호머]의 칭찬이다.

⑦ 헬렌(Helen) -드라우파디(Draupadi)

'마하바라타(The Mahabharata) 전쟁'은 '미인(美人) 드라우파디(Draupadi)'가 실로 '세상 심판의 직접적인 중요 화약(火藥)'이 되었다. 그런데 '일리아드(The Iliad) 전쟁'은 '미인(美人) 헬렌(Helen) 다시 찾아 오기'가 그 전부이다.

힌두의 '마하바라타(The Mahabharata)'에는 '미인(美人) 때문에 전쟁이 생긴

24

다.'는 사실을 이미 '공론(公論)'으로 전제를 하였다.

((영명한 나라다나(Narada)는 그녀에게 다양한 축복을 내리고 물러가라고 말했습니다. 드라우파디(Draupadi)가 물러 간 다음 그 신령은 유디슈티라를 비롯한 그 판다바들에게 말했습니다. "저 유명한 판찰라 공주[드라우파디]가 그대들 모두의 처(妻)라고 나는 알고 있습니다. 그대들 가운데 미리 '규칙'을 정하여 불화가 생기지 않도록 해야 합니다. 지난 날 3계(三界)에 유명했던 순다(Sunda)와 우파순다(Upasunda)는 어느 누구도 이길 수 없었지만, 그 형제는 서로를 죽일 수는 있었습니다. 형제는 동일한 왕국을 다스리며 같은 집, 같은 침대에 잠들고 같은 접시에 함께 먹었습니다. 그런데 '틸로타나(Tilottana)' 때문에 서로를 죽였습니다. 그러기에 유디슈티라여, 우정을 유지하고 불화가 생기지 않도록 '규정'을 만들어야 합니다." 그 말을 듣고 유디슈티라는 물었습니다. "오 신령이시여, 악귀 순다(Sunda)와 우파순다(Upasunda)는 누구의 아들입니까? 그리고 '불화'는 어디에서 생겼으며 왜 서로를 죽였습니까?" 유디슈티라의 질문을 받은 나라다(Narada)가 말했습니다. -옛날에 니쿰바(Nikumba)란 억센 신[악귀]이 있었습니다. 그 니쿰바에게 순다(Sunda)와 우파순다(Upasunda)라는 아들이 생겼습니다. 그들도 무서운 힘을 가지고 태어났습니다. 형제는 치열하고도 고약한 생각을 지니고 있었습니다. 그들은 맹세가 같았고, 일과 목표가 같았습니다. 그들은 행복과 불행을 함께했습니다. 언행을 서로에게 맞추었고, 함께 아니면 자리를 잡거나 어느 곳에도 가질 않았습니다. 항상 동일 목표를 즐겼는데 3계를 정복하려고 빈디아(Vindhya) 산으로 갔습니다. 거기서 형제는 치열한 고행(苦行)을 했습니다. 배고프고 목마름을 견디며 바위를 베게 삼고 나무껍질로 옷을 삼아 엄청난 고행을 했습니다. 그래서 그들의 고행으로 빈디아 산이 그 열기를 받아 김이 오르기 시작했습니다. 그들 고행의 강열함에 신들이 놀랐습니다. 신들은 그들의 고행을 방해하기 시작했습니다. 신들은 여러 방법을 써 보았으나 그 '형제들의 맹세'를 깨뜨릴 수 없었습니다. 결국 위대한 할아버지 최고의 주님(the Gransire the Supreme Lord)께서 그들에게 나타나 '소원'을 물었습니다. 순다(Sunda)와 우파순다(Upasunda)는 말했습니다. "오 할아버지, 당신께서 우리의 고행이 즐거우셨다면 저희에게 모든 무기 사용법과 요술(all power

of illusion)을 내려주옵소서. 우리 마음대로 형상을 가질 수 있게 하시고 우리
가 죽지 않도록 해 주옵소서." 그들의 말을 들은 신은 말씀하셨습니다.

"불사(不死)만 빼고 너희가 원하는 대로 될 것이다. 너희는 불사이지만 죽
음은 서로에게서 구할 것이다. 너희는 3계를 지배하려고 고행을 했다."

나라다(Narada)가 계속했다. -절대 신의 그 말을 듣고 순다(Sunda)와 우파
순다(Upasunda)는 말했습니다. "오 할아버지, 우리 서로만 빼고 3계의 만물
에 두려움이 없게 해주소서." 주님은 그 소원도 들어주고 거기를 떠났습니다.
그래서 결국 막강해진 순다(Sunda)와 우파순다(Upasunda) 두 형제의 횡포로
신성한 성소(聖所)가 사라지고 온 우주가 텅 비게 되었습니다. 그래서 천상의
신령들이 '최고신'을 뵙고 호소를 했습니다. 위대한 할아버지는 '천상의 장인
(匠人, the celestial architect)' 비스와카르만(Viswakarman)에게 말했습니다.

"만인(萬人)의 정신을 사로잡을 여인을 만들어라." 비스와카르만(Viswa-
karman)이 그 여인을 만들어 내니 할아버지[절대신]는 그 여인을 '틸로타마
(Tilottama)'라고 불렀습니다. 그 여인은 브라흐매[주님]께 두 손을 모으고 말
했습니다.

"주님이시여, 제가 할 일이 무엇입니까?" 주님께서 말했습니다.

"순다(Sunda)와 우파순다(Upasunda)에게 가라. 그 악귀 형제가 그대를 보
면 서로 싸울 것이다." 그 틸로타마(Tilottama)는 붉은 비단 자락을 걸고 몸매
를 자랑하며 꽃을 꺾어 들고 그 아수라 형제가 있는 곳으로 갔습니다. 그녀를
본 형(兄) 순다(Sunda)가 말했습니다.

"저 여자는 내 아내이니 너의 형수(兄嫂)이시다." 우파순다(Upasunda)는
말했습니다.

"저 여자는 내 아내이니, 형님의 제수(弟嫂)입니다." 결국 철퇴로 상대를
쓰러뜨려 죽었습니다. 나라다(Narada)가 계속했다. -그 아수라 형제는 그 틸
로타마(Tilottama) 문제만 빼고 항상 생각을 함께 했습니다. 오 바라타의 최
고들이여, 내 말을 들으려면 드라우파디(Draupadi) 때문에 서로 싸우지 않을
준비를 해야 합니다.))[7]

---

7) K. M. Ganguli (Translated into English Prose from the Original Sanskrit Text), *The
Mahabharata of Krishna-Dwaipayana Vyasa*, Munshiram Manoharlal Publisher Pvt.
Ltd. New Delhi, 2000, -**Adi Parva**- pp. 408~416

미인(美人) '틸로타마(Tilottama) 이야기'를 교훈으로 삼아, 판다바들(Pan-davas -판두의 아들들)은 드라우파디(Draupadi) 문제로 곤혹을 치르지는 않았다. 그러나 카우라바들(Kauravas -드리타라슈트라 아들들)은, '주사위 노름'으로 그녀[<u>드라우파디(Draupadi)</u>]를 따 놓고 '능멸'을 행하였다. 뒤에 그녀는 '당시 자신이 겪었던 그 고통'을 그 크리슈나(Krishna)에게 호소하여, 결국은 '쿠루크세트라 전쟁(Kurukshetra War)'이 터지게 되었다.

'트로이 전쟁(Trojan War)'에는 다음과 같은 전제가 있다.

(("트로이 왕 프리암(Priam)의 잘생긴 젊은 아들 파리스(Paris)가 '이다 산(Mount Ida)'에서 양들을 돌보고 있는데, 위대한 세 여신 헤라 아프로디테 아테나가 '최고로 아름다운 이에게(For the Fairest)'라고 적힌 황금 사과를 들고 와 각자 여신들은 그 황금사과가 자기 것이라고 우기며 그 판결을 파리스(Paris) 왕자에게 요구했다. 파리스(Paris)는 그 사과를 '<u>세상에서 가장 아름다운 여인을 아내로 제공하겠다</u>.'고 약속한 아프로디테(Aphrodite)에게 주었다. 파리스(Paris)가 스파르타를 방문했을 적에 아프로디테의 도움으로 메넬라오스 왕의 부인 미모의 헬렌(Helen)이 남편과 아이를 놔두고 파리스(Paris)를 따라 트로이로 오게 되었다. 메넬라오스와 오디세우스가 트로이로 가 헬렌의 반환을 요구했다. 하지만 그들의 호소는 거절이 되었고...이에 트로이 원정(遠征)이 시작되었는데 아가멤논의 영도(領導) 아래 1천척의 함대를 트로이로 이끌고 가, 10년 동안 트로이를 포위하고 있었다."))[8]

'마하바라타(*The Mahabharata*)'에 <u>드라우파디(Draupadi)</u>는 '불[火] 속에서 탄생한 미인'이고, '일리아드(*The Iliad*)'에 <u>헬렌(Helen)</u>은 바로 '제우스(Zeus)의 딸'이다. 그러므로 '쿠루크세트라 전쟁(Kurukshetra War)' 중심에 있었던 드라우파디(Draupadi)와 '트로이 전쟁(Trojan War)'을 도발한 헬렌(Helen)은

---

8) Homer(Revised from the Translation of George H. Palmer), *Odyssey*, The Classic Appreciation Society of the Cambridge University, 1953, pp. 466~7

'절대 신의 세상 심판 전쟁에 제외될 수 없는 공통된 도발 요건'으로 이미 작정이 된 존재들이라는 시인들의 공통 전제이다.['인간 도덕 기준을 초월한 존재들']

⑧ 메넬라오스(Menelaus) -유디슈티라(Yudhishthira)

헬렌(Helen)의 남편 메넬라오스(Menelaus)는 '트로이 전쟁(Trojan War)' 이후 스파르타로 돌아와, 이집트 해안가에 파로스(Pharos) 섬에 20일 동안 붙들려 있을 적에 포세이돈(Poseidon)의 신하인 이집트 프로테우스(Proteus)가 자신에게 행했던 **예언**을 회고하였다.

   (("메넬라오스여. 그대는 아르고스(Argos)에서 죽을 운명이 아니고... 제우스의 사위이고 헬렌(Helen)의 남편이니, 눈도 내리지 않고 겨울도 폭우도 없는, 서풍이 노래하는 세상 끝 엘리시아 들녘(the Elysian Fields)으로 가시게 될 겁니다."[642]))[오, '제4책']

'마하바라타(*The Mahabharata*)'에 드라우파디(Draupadi)의 남편 유디슈티라(Yudhishthira)는 '바라타(Bharata) 왕조' 황제로 36년을 통치하였는데, 영웅 크리슈나(Krishna)가 먼저 사망하자, 자신의 왕국을 물려주고 대장정(大長征)에 올라 '천국(天國)'에 도달하여, 그의 아내와 형제를 다 '천국(天國)'에 이르게 한 '주인공'으로 서술이 되었다.

⑨ 네스토르(Nestor) -비아사(Vyasa)

'일리아드(*The Iliad*)'에는 필로스(Pylos, Pylus) 왕 **네스토르(Nestor)**에 대해 다음과 같은 진술이 있다.

((말을 마치고 아가멤논(Agamemnon)이 황금 못이 박힌 홀(笏)을 세우고 자리에 앉으니, 아킬레스(Achilles)는 우울하게 되었다. 그러자 사람들 사이에서 네스토르(Nestor)가 일어섰는데, 그는 필로스(Pylos)의 웅변가로 그 말이 꿀보다 감미로웠다. 네스토르(Nestor)는 '필로스 성지(Pylos' holy realm)'에서 이미 두 세대가 태어나 죽음을 보았고, 지금은 제3 세대를 통치하고 있는 사람이었다.[295]

"엄청난 슬픔이 모든 아카에아에게 밀려옵니다! 아카에아 사람들의 회의에서 가장 뛰어난 두 왕이 다투었다는 것을 들으면 프리암(Priam)과 그의 아들 그리고 모든 트로이 사람들이 얼마나 기쁘겠습니까? 그들은 기쁨에 뛸 것입니다. 제발 멈추십시오.[302] 내 말을 들어 보시오. 나는 당신들보다 나이가 많고 당신들보가 훌륭한 사람과 사귀었소. 그러나 지금은 그들을 볼 수 없으나 그들은 지상에서 최고 강자들이니, 명장(名將) 피리토오스(Pirithous) 드리아스(Dryas), 카에네오스(Caeneus) 엑사디오스(Exadius) 왕자 폴리페모스(Polyphemus)와 테세오스(Theseus)가 그들입니다.[311] 그들은 당신들보다 강한 산 속의 야만인 털이 많은 켄타오르들(Centaurs)을 물리쳤소. 나는 그들과 동열에 있었소. 그들은 나의 말을 귀담아 들었고, 내 말로 행동의 표준을 삼았소. 그래서 당신들도 내 말을 역시 들어야 합니다.[320] 아가멤논이여 그 소녀를 붙잡아 두지 말고 놔 보내시오...그리고 아킬레스여, 왕의 힘에 대항하여 다투려 하지 마시오. 그는 위대한 제우스가 제공한 홀(笏)을 지닌 왕임을 알아야 합니다.[328] 이 네스토르(Nestor)가 간구합니다. 아킬레스를 향한 분노를 가라앉히십시오. 그는 전(全) 아카에아 군사를 전쟁의 충격에서 막아줄 억센 성곽입니다."[334]))[일. '제1책']

이 '필로스(Pylos)왕 네스토르(Nestor)'는 '마하바라타(*The Mahabharata*)'의 '원저재[편집자] 비아사(Dwaipayana Vyasa)'의 호머(Homer) 식 변용이다. 비아사(Dwaipayana Vyasa)는 힌두 최고 경전 '베다(Veda)'를 정리했을 뿐만 아니라 '제5베다'라는 '마하바라타(*The Mahabharata*)'의 저작자이고, 황후며 어머니인 사티아바티(Satyavati)의 명(命)을 받아, 드리타라슈트라와 판두, 비두라 세 아들의 아버지이니, 사실상 '바라타(Bharata) 왕족'의 始祖이다.

⑩ 아가멤논(Agamemnon) -드리타라슈트라(Dhritarashtra)

미케네(Mycenae) 왕 **아가멤논(Agamemnon)**은 우선 자신이 트로이 정벌에 나선 '전 아카이아 군' 최고 사령관으로서, '아폴로의 사제(司祭) 크리세스(Chryses)의 딸'을 빼앗았다가 아폴로가 노하여 '영중(營中) 역병(疫病)이 창궐'하게 되니 마지못해 '크리세스(Chryses)의 딸'을 반환한 대신에 그에게 그 '반환'을 권유했던 아킬레스에게서 배분이 끝난 소녀 브리세이스(Briseis)를 힘으로 빼앗았다.[일, '제1책']

한 마디로 **아가멤논(Agamemnon)**은, 덩치만 큰 '탐욕' '무능' '무(無) 대책' '겁쟁이' 사령관으로 트로이 전쟁(Trojan War)에 참전한 전 아카이아 군에게 **최대 살상(殺傷)을 초래한 문제의 인물**이다.

'마하바라타(*The Mahabharata*)'에 이와 유사한 인물이, 엄청난 거구(巨軀) 장님 왕 **드리타라슈트라((Dhritarashtra)**이니, 자신의 결단으로 역시 악의 표상인 아들 두료다나(Duryodhana) 등의 '탐욕 횡포'를 막지 못 하고, 오히려 '주사위 노름'을 조장하여 결국 '쿠루크셰트라 전쟁(Kurukshetra War)'이 터지자, '전쟁' 중에서 코 앞에 '카우라바들(Kauravas)의 승리'을 원했던 '탐욕 군주의 대표자'였다. ['대량 살상'의 주역들임]

⑪ 아킬레스(Achilles)의 '고함(高喊) 소리'

모든 서사 시인들은 자신의 **'작품 속 주인공의 영웅 만들기'**에는 '온갖 방법'을 다 동원하는데, 바로 그 머리에 호머(Homer)가 있었다.

((헤라(Hera)가 보다 못해 이리스(Iris) 여신을 아킬레스에게 보내 말했다. "아킬레스여...파트로클로스를 지켜 주세요...."[210] 아킬레스가 대답했다. "이리스(Iris) 여신이여. 무슨 말씀이신가요?...내가 어떻게 싸울 수 있겠습니까? ....방패는 아이아스(Ajax) 정도는 돼야겠고, 내가 지금 누구의 갑옷을

입어야 하겠습니까?"[225] 이리스(Iris) 여신이 말했다. "우리가 다 알고 있습니다...우선 해자(垓字)로 나가기만 해도 아카이아 병사들은 용기백배할 할 겁니다..."[233]...그렇게 말하고 이리스(Iris) 여신이 떠나자 아킬레스가 일어섰다...[235]...아킬레스는 방어벽을 넘어 해자(垓字) 곁에 섰으나, 아르기베 병사 대열과는 섞이지 않았다...[249]...거기에서 아킬레스가....거대한 목소리로 고함(高喊)을 지르니...트로이 군사들은 무서운 공포감에 도망을 쳤다...[253]...아킬레스가 세 번을 고함쳤더니, 그 자리에서 트로이 최고의 기병(騎兵) 12명이 놀라 죽었다....[266]...아르기베들은 그 기회를 살려 파트로클로스(Patroclus)의 시체를 들것에 누이었다...[269])[일. '제18책']

이 부분은 '마하바라타(*The Mahabharata*)'에 판다바들(Pandavas) 중에 유명한 "비마세나(Bhimasena)의 천둥 벼락 같은 고함(高喊)소리(like unto the crashing of thunder)"[9]를 그대로 '아킬레스 함성(喊聲)'으로 전용(轉用)한 예(例)이다.

⑫ '사제(司祭) 존중'의 문화

주지(周知)하는 바와 같이, '마하바라타(*The Mahabharata*)'는 '힌두교' 경전(經典)이고, 그 요지(要旨)는 '국왕 사제(司祭) 만들기'이니 그 '국왕 사제 만들기'의 모범적인 사례가 바로 통일 제국의 황제 유디슈티라(Yudhishthira)였다.

이에 대해 호머가 그의 '일리아드(*The Iliad*)'를 통해 보인 '사제(司祭)의 구체적인 권능 과시(誇示)'는, '아가멤논(Agamemnon)이 아폴로(Apollo)의 사제 크리세스(Chryses) 무시하기'에서 발동이 되었지만, '올림포스 제신들'은 역시 지상(地上) 해중(海中) '해당 신전'의 제사(祭祀)에 크게 의존하고 있음을 호머

---

9) K. M. Ganguli (Translated into English Prose from the Original Sanskrit Text), *The Mahabharata of Krishna-Dwaipayana Vyasa*, Munshiram Manoharlal Publisher Pvt. Ltd. New Delhi, 2000, -**Vana Parva**- p. 300

는 쉬지 않고 반복해 보여 주고 있다.['祈禱와 祭祀 중시']

⑬ '말[馬]'을 숭배하는 종족

위대한 '상고(上古) 역사의 대가(大家)' 포콕(E. Pococke)은 그의 '희랍 속의
인도(*India in Greece*, 1851)'에서 다음과 같이 말했다.

((-'그 누가' 옥수스(Oxus)와 인더스 북쪽 위도(緯度)의 얼어붙은 영역의 주
민을 보내, 무더운 이집트와 팔레스타인에 식민(植民)을 상상할 수 있겠는가!
그러나 사실은 그렇다. 이들은 인도(印度) 종족이었고, '수리아(Surya, 태양)'
란 명칭은 지금 시리아(Syria)의 방대한 영역에 지속이 되고 있는 명칭이다.
이 '무사종족(武士, martial race)'이 대규모로 머물렀던 곳이 '팔레스타인'이
다. 그 땅을 희랍인들은 '아이굽티아(Ai-gup-tia, Aegyt)'라 불렀고, 그것은
식민지인에게서 유래한 것으로 '하이고파티(h'Ai-gopati)'로 그것은 그들의 원
거주지 명칭이고, 숭배의 대상이었다. 그들은 '히아(Hya, 騎馬族)'의 동일한
곳에서 왔고, 대부분 '태양의 후손'이고, '고파티(Gopati)' 숭배자들이니, 이
용어는 '태양' '황소' '시바(Siva)'를 뜻하는 것이었다.))['희랍 속의 인도' 제14
장]

포콕(E. Pococke)은 '희랍 지명 해설'로 **'이오니안스(Ionians)' : '히아니안스
(Hyanians)'** -'히아 족, 기마 족(The Hyas, Horse Tribes)'라고 했다. 문제의
'기마족(騎馬族)'을 아울러 명시하였다.

호머(Homer)가 그의 '일리아드(*The Iliad*)'에서 보인 '말[馬]의 신비주의'는
엄청난 것이다.

((그렇게 말한 헥토르는 그의 말[馬]들을 격려했다. "황금, 백족(白足), 화탄
(火炭), 은마(銀馬)여! 아드로마케(Andromache)가 꿀 같은 먹이로 너희를 길
렀던 은혜를 내게 갚아야 할 것이다....우리가 네스토르(Neator)의 방패와 헤

파에스토스(Hephaestus)가 만든 디오메데스(Diomedes)의 갑옷을 벗겨오고, 저들이 오늘밤 제들의 배에 오르면 내 소망은 이루어진 셈이다.”[223])[일. 제8책]

((아킬레스가 <u>아우토메돈(Automedon)</u>에 명하여 전차(戰車)를 대령하게 했으니, 질풍 같이 달리는 준마(駿馬) ‘로안 베오티(Roan Beauty)’와 ‘다플레(Dapple)’에 멍에를 달고, ‘용감한 무용수(Bold Dancer)[馬名]’도 그들 곁에 달리게 했으니, ‘용감한 무용수(Bold Dancer)[馬名]’는 아킬레스가 에에티온(Eetion) 도시를 함락시고 얻은 말이었다.))[일. ‘제16책’]

((마부(馬夫) 알키모스(Alcimus)와 아우토메돈(Automedon)이 말들에게 멍에를 매었다...아우토메돈(Automedon)이 먼저 전차에 올랐고, 이어 아킬레스가 올랐다. 아킬레스가 말들을 향해 외쳤다. “빛나는 ‘빛의 발굽(Light-foot, 馬名)’의 후예인 <u>로안 비우티(Roan Beauty)’</u>와 ‘카르게르(Charger)’여! 부디 ‘너희의 전차 무사(your charioteer)’를 살려, 기다리는 아르기베 친구들에게 싣고 되돌아와야 하느니라. 이 아킬레스를 파트클로스에게 그러했던 것처럼 전장(戰場)에 버려두지는 말아야 할 것이야!”[477] 그러자 헤라(Hera)가 그에게 인간의 목소리를 허락 받은 ‘로안 비우티(Roan Beauty)’는 멍에가 땅에 닿도록 머리를 처박고 말했다. “그럼요, 억센 아킬레스여! 우리들은 당신의 목숨을 지킬 겁니다. 그러나 당신의 죽을 날이 가깝습니다. 우리의 잘못이 아니고 위대한 신이 계시고 강한 운명이 계십니다....우리는 서풍(西風)처럼 달리지만...당신이 죽을 때까지만 달릴 겁니다. 아킬레스여, 신과 인간이 당신을 죽일 겁니다!”[494]...분노의 신이 말을 벙어리로 만들었다...그러나 아킬레스는 울분을 터뜨렸다. “로안 비우티(Roan Beauty)’ 왜 나의 운명을 예언하는가? 나도 이 머나먼 이역(異域) 여기에서 내가 죽을 것을 알고 있다. 그러나 트로이 군사들의 피가 전장에 넘칠 때까지 나는 멈출 수 없다.”[501]...아킬레스는 그렇게 소리치며 선두에서 말들을 몰았다.)) [일. ‘제19책’]

<u>‘말[馬]의 신비주의’</u>는 역시 힌두(Hindu)에서 유래한 것이다. ‘마하바라타(The Mahabharata)’에는 다음과 같은 구절이 있다.

((브리슈니들(Vrishnis)이 보는 앞에서 아그니 신이 제공한 크리슈나의 '강철 원반'이 허공중으로 올라갔습니다. 다루카(Daruka, 크리슈나의 馬夫)가 보는 앞에서 태양처럼 빛나던 전차를 거기에 멍에를 지고 있던 말들이 끌고 가버렸습니다. '사이비야(Saivya)' '수그리바(Sugriva)' '메가푸슈파(Mega-pushpa)' '발라하카(Valahaka)' 네 마리 말들은, 생각처럼 빠른 속도로 그 전차(戰車)를 끌고 가 대양(大洋)에 내다 버렸습니다.))[10]

⑭ '화장(火葬) 문화'의 공유

인류가 갖고 있는 장례(葬禮)는 다양하여, 사망(死亡) 후에 '동굴에 간직하는 방법[洞窟葬]' '섬에 갖다 버리는 방법[島嶼葬]' '새 짐승에 먹이는 방법[天葬]' '땅에 묻는 방법[埋葬]' '불사르는 방법[火葬]' 등으로 구분이 된다.

희랍[호머 시대]의 경우는, '**화장(火葬)**'과 '**매장(埋葬)**'이 공존한 것으로 보이고, '매장(埋葬)'보다는 '화장(火葬)'을 '품격 높은 장례 방법'으로 생각한 것 같다. 그런데 '**화장(火葬)**'은 **인도(印度)의 대표적인 장례 방법이다.**

((아킬레스는 미르미돈 군사들 가까이 있었으나, 해안 가 파도가 부서지는 탁 트인 공간에 누워 있다가...잠이 들었다.[70]......죽은 파트로클로스(Patro-clus) 귀신이 나타났다...[76]

"잠들었군. 아킬레스? 생전에는 나를 잊지 못 하더니 친구여. 금방 죽었는데 벌써 잊었소? 부디 어서 나의 '장례'를 치러서, 내가 '저승의 문턱(the Gates of Hades)'을 통과하게 해주오. 모든 영혼들이 멀리 나를 밀어내어, 내가 강을 건너 그들과 섞이는 것을 말리고 있소. 영혼들이 나를 그 '사자의 집(the House of Death)'로의 진입을 막아, 계속 방랑을 하게 하게 만들고 있소. 눈물로 애원(哀願)하노니 부디 나를 화장(火葬, the soothing rite of fire)을

---

10) K. M. Ganguli (Translated into English Prose from the Original Sanskrit Text), *The Mahabharata of Krishna-Dwaipayana Vyasa*, Munshiram Manoharlal Publisher Pvt. Ltd. New Delhi, 2000, -**Mausala Parva**- p. 4

해서 저승에서 다시 이승으로 돌아올 수 없게 해주오. 결코 우리는 다시 살아 친구가 될 수는 없소...아킬레스여 그리고 '그대는 트로이 성 아래 전투에서 사망할 터'이니, 나의 뼈와 그대의 뼈를 나누지 말고 함께 간직하도록 해 주시오...두 개의 손잡이가 달린 하나의 황금 항아리에 그대의 뼈와 함께 간직을 해 주시오!"[120]))[일. '제23책']

이 구절은 바로 '호머(Homer)의 사생(死生)관'을 밝힌 것으로 크게 주목을 해야 한다.

⑮ '인명(人命)'을 표준으로 한 인과응보(因果應報)론

소위 '인과응보(因果應報, retributive justice in the universe)'론은 힌두 (Hindu)의 '마하바라타(*The Mahabharata*)'가 가장 떠들썩하게 적용하였다.

((그리고 판두(Pandu)는 쿤티(Kunti, Pritha)와 마드리(Madri) 두 아내를 가지고 있었습니다. 판두(Pandu)는 사냥 중에, 선인(仙人)이 사슴으로 변해 교미 중이었는데, 그 사슴을 화살로 잡았습니다. 화살에 찔린 그 사슴은 다시 선인(仙人)의 모습으로 돌아와 말했습니다.

"오 판두여, 그대도 욕망으로부터 생긴 만족을 알고 있다. 내가 욕망을 마치기 전에 네가 나를 잡았다. 너도 욕망을 마치기 전에 죽을 것이다." 이 저주를 듣고 그 후부터 판두는 창백하게 되어 그 아내 곁으로 갈 수가 없었습니다. 판두는 아내들에게 말했다. "내 잘못으로 저주를 당했다. 그러나 나는 아들이 없으면 영지도 없다는 것을 알고 있다." 판두는 쿤티에게 아들을 낳으라고 호소했습니다....그런데 어느 날 판두는 마드리(Madri)가 단장을 하고 있는 것을 보고 욕망이 발동하여 그녀를 손대자마자 당장 죽게 되었습니다. 마드리(Madri)도 그 판두 화장(火葬)의 장작더미에 함께 올라갔습니다. 그래서 마드리는 쿤티에게 부탁했습니다. "내가 낳은 쌍둥이도 함께 사랑으로 길러주세요." 그 다섯 판다바 형제들은 숲 속의 금욕 자들(ascetics)이 보살피다가 얼마 후에 하스티나푸라(Hastinapura)로 가서 비슈마와 비두라에게 소개

되었다.))[11]

호머(Homer)가 그의 '일리아드(*The Iliad*)' '오디세이(*The Odyssey*)'에 적용해 보인 '인과응보(因果應報, retributive justice in the universe)'론은 '제우스신의 가족 중심, 포세이돈 신의 가족 중심'으로 한정이 되어 **신의 가족 절대 우위(優位)**로 가차 없이 집행이 된 것이 특징이다. 가장 크게 드러낸 것이 '**아킬레스가 헥토르를 죽이면 그는 트로이 성 아래서 아폴로 화살에 죽을 것**'이라는 것이 이미 작정이 되어 있었다는 것이다.

((강신(江神) 스카만데르(Scamander, Xanthus) 위협에 놀란 아킬레스가 하늘을 향하여 외쳤다.
"아버지 제우스여! 이 스카만데르(Scamander, Xanthus) 위협에 나를 도울 신은 없단 말입니까? ...나의 어머니처럼 책망을 받아야 할 신은 없습니다. 어머니는 내가 헥토르 죽이기를 원하면, 아폴로의 화살에 맞아 트로이 성 아래서 죽을 것(I'd die beneath the walls of the armored Trojan, cut down in blood by Apollo's arrow! I wish Hector had killed me.)이라고 거짓말을 내게 했기 때문입니다...그런데 나는 살인적인 강신(江神)에게 죽을 운명에 이르렀습니다..."[320]))[일. '제21책']
((숨이 끊어지며 헥토르(Hector)는 말했다.
"나는 나의 운명을 알고, 앞으로 너를 다시 이길 기회도 없다...나의 저주(curse)가 신을 노하게 할 것이니, 파리스(Paris)와 아폴로가 '스카이안 성문(Scaean Gates)'에서 너를 죽일 것이다!"[420]
헥토르는 죽어 그의 영혼은 저승으로 갔다...
아킬레스는 헥토르가 살아있는 것처럼 비웃었다.
"죽여라 죽여! 나는 제우스와 다른 신들이 나를 부르시면, 언제든지 편안하게 죽음을 맞을 것이다."[432]))[일. '제22책']

---

11) K. M. Ganguli (Translated into English Prose from the Original Sanskrit Text), *The Mahabharata of Krishna-Dwaipayana Vyasa*, Munshiram Manoharlal Publisher Pvt. Ltd. New Delhi, 2000, -**Adi Parva**- p. 204

강신(江神)의 위협에 놀란 아킬레스는, '어머니의 예언이 거짓'이라 주장했지만, 사실은 그대로 진행이 되었다는 것이 작품 '일리아드(*The Iliad*)'의 전체 맥락이다.

⑯ '무한정의 신비주의(Mysticism)' 용인(容認)

힌두(Hindu)의 '마하바라타(*The Mahabharata*)'는 그야말로 '생각[관념, 정신 만능주의]'로 **'생각[관념, 정신]=존재[자연 사물] -일원론(monism)'**의 엄청난 공상(空想) 체계를 긍정하였다. 그래서 '마하바라타(*The Mahabharata*)'는 **'인류 신비주의 원천'**이고 현재까지 지속이 되고 있는 '신비주의 고집'의 원산지 모습 '신비주의 존재 방식'을 그대로 다 간직하고 있는 책이다.

호머(Homer)가 그의 '일리아드(*The Iliad*)' '오디세이(*The Odyssey*)'에 보이고 있는 신비주의는 제우스의 아들딸 아폴로, 아테나, 아프로디테와 포세이돈이 '실제 인간 전쟁'에 개입하여, **'피살 직전 장군들을 납치해 살려 놓기'**, '날아오는 창(槍) 되돌리기' '목표에 적중하게 하기, 또는 빗나가게 만들기' '꿈을 통해 행할 바를 미리 알려주기' 등에 국한되어 있으나, 너무나 자주 반복이 되어 **호머(Homer)의 신비주의**'를 그대로 다 공개하고 있다.

한 마디로 호머(Homer)는 '제우스나 아테나 여신'과 '호머 자신', '영웅 오디세우스'와 '호머 자신'을 전혀 구분을 못 하게 해 놓고, '동일한 인격' 속에 '전 이야기'를 펼치고 있다.

⑰ 헥토르(Hector)와 대(大) 아이아스(Great Ajax)의 대결

호머(Homer)는 그의 '일리아드(*The Iliad*)'에서 **트로이의 헥토르(Hector)와 아카이아의 대(大) 아이아스(Great Ajax)의 '일대일 대결' 장면을 연출했다.**

((헥토르가 일어나 양쪽 군사들에게 말했다. "내 말을 들으시오, 트로이와 아카이아 병사들이여! 우리가 맹약을 행했으나 제우스께서는 그것을 무효로 만들어 아르기베 인들이 트로이 성을 차지하든지 아니면 그대들이 배 앞에 부셔지든지 하기로 결단을 보신 것이 명백합니다. 하지만 모든 아카이아 장군 중에 최고인 자를 뽑아 이 헥토르와 대결을 해봅시다.... 그리하여 뽑힌 자가 나를 죽이면 나의 무기와 갑옷을 벗겨 자기 배로 가져가되[91] ....<u>내 시체는 내 친구에게 주어 화장(火葬, rites of fire)</u>을 하게 해주시요. 하지만 만약 아폴로의 도움으로 그 뽑힌 영웅을 내가 잡을 경우는 그의 갑옷과 무기는 거두어 아폴로 신전에 올릴 것이고 그의 시체는 그대들 장발(長髮)의 아카이아 인들에게 주어 <u>넓은 헬레스폰트(Hellespont)</u>에 '무덤(peap his barrow high)'을 만들도록 하겠소."[100].....아카이아 진영에서는 대결의 거절에서 오는 수치심과 대결에 대한 두려움에서 긴 침묵이 흘렀다.[107]....그러고 나서 전령이 대(大) 아이아스(Great Ajax) 곁에 제비를 갖다 놓으니 대(大) 아이아스(Great Ajax)는 소리쳤다. "전우들이여....내가 뽑혀 내 가슴은 기쁨으로 충만합니다...내게는 헥토르를 능가하는 힘이 있습니다...어떤 인간도 우리를 두렵게 할 수는 없고, 어떤 인간도 나를 이길 수 없습니다."[226] ...헥토르가 창을 던져 아이아스(Ajax) 방패를 찔렀으나...방패의 가장자리를 맞혔다. 그러나 아이아스(Ajax)가 던진 창은 헥토르 방패 중앙을 뚫고 헥토르의 옆구리를 찔렀으나 죽을 정도는 아니었다.[294] 두 사람은 긴 창을 잡고 멧돼지를 향해 달려드는 사자처럼 돌진했으니 헥토르는 아이아스(Ajax) 방패 중앙을 쳤으나 창끝이 구부러졌고, 아이아스(Ajax) 창은 헥토르의 목을 공격하여 검은 피가 솟았다. 그러나 헥토르는 전투를 포기하지 않고 큰 돌을 아이아스(Ajax)를 향해 던졌으나 돌은 방패를 쳤다. 이번에는 아이아스(Ajax)가 더 큰 돌을 헥토르에게 던지니 그 돌이 헥토르의 방패를 쳐서 헥트르는 뒤로 자빠졌다. 그러나 아폴로가 그를 일으켜 세웠다.[314] 그래서 두 사람은 칼을 잡고 겨루게 되었다. 그런데 제우스와 인간의 전령(傳令)들이 달려와 그들 사이를 갈라놓고 그들 가운데 섰다.[320] 전령(傳令) 이다에오스(Idaeus)가 말했다. "멈추시오 내 아들들이여. 죽여서는 아니 됩니다. 그대들은 위대한 투사들임을 우리들은 잘 알고 있소, 밤이 되었으니, 쉬는 것이 옳소."[325]))
[일. '제7책']

이 '헥토르(Hector)와 대(大) 아이아스(Great Ajax)의 '일대일 대결'은 '마하바라타(*The Mahabharata*)'의 '쿠루크셰트라 전쟁(Kurukshetra War)' '마지막 18일째 전투' <u>'비마세나(Bhimasena)와 두료다나(Duryodhana) 대결의 변용(變容)</u>'이다.

⑱ 분쟁의 원인을 '돈[富]'에 두다.

힌두(Hindu)의 '마하바라타(*The Mahabharata*)'에서는 간웅(奸雄) 두료다나(Duryodhana)의 간청으로 카우라바들(Kauravas) 군(軍) 사령관 자리를 마지못해 수락한 비슈마(Bhishma)는, '이제 전투를 시작하겠습니다.'고 신고를 하러 온 착한 손자 유디슈티라(Yudhishthira) 왕에게 다음과 같이 말했다.

((비슈마가 말했습니다. "지상(地上)의 왕[유디슈티라(Yudhishthira)]이여, 네가 이처럼 내게 오지 않았더라면 나는 너를 망해라고 저주를 했을 것이다. 오 아들아, 내가 너를 보니 기쁘다. 싸워라. 승리하라. 오 판두의 아들이여, 너에게 [내가]그밖에 무엇을 바라랴. 전투에서 이겨라. 오 프리타의 아들이여 우리 중에서 무엇을 갖고 싶은지 그 요긴한 것을 말하라. 오 위대한 왕이여, 어떻게 하면 네가 이기겠는가? <u>인간은 부(富)의 노예이다. 그러나 부(富)는 누구의 노예도 아니다.</u> 오 쿠루의 아들이여, 나는 환관(宦官)처럼 이 말을 하고 있다. <u>카우라바들이 나를 부(富)로 묶고 있다.</u> 전쟁으로 너는 무엇을 원하는가?"))[12]

이에 대해 호머(Homer) '일리아드(*The Iliad*)' 제1책에서 아가멤논(Agamemnon) 사령관과 크게 다툰 아킬레스(Achilles)는 아테나(Athena) 여신의

---

12) K. M. Ganguli (Translated into English Prose from the Original Sanskrit Text), *The Mahabharata of Krishna-Dwaipayana Vyasa*, Munshiram Manoharlal Publisher Pvt. Ltd. New Delhi, 2000, -**Bhishma Parva**- p. 100

중재로 일단 자기가 참기로 결심했으나, 아가멤논(Agamemnon)에게 다음 같이 경고를 했다.

((“그렇다. 내가 너의 명령을 받는다는 것은 내가 ‘무용(無用)한 겁쟁이’가 되는 것이다. 네가 남들에게는 무엇이라 지껄이건, 나에게는 앞으로 명령을 내리려고 하지 말라! 왕이여, 내가 당신에게 경고하노니, 나는 그 소녀[브리세이스(Briseis)]를 가지고 어느 누구와 다투는 일이 없을 것이다. 아카이아 사람들이 내게 주었던 것을 이제 당신이 갈취(喝取)해 갈 터니까. 하지만 <u>그밖에 나의 선박에 실어 놓은 여타의 것은 어떤 것에도 손 뗄 수는 없다. 그런 일을 행하면 ‘너의 검은 피’가 내 창끝에서 솟을 것이다.</u>”[355])) [일. 제1책]

⑲ ‘낭송’을 전제한 ‘율격(律格)을 갖춘 미문(美文)’

호머(Homer)는 전(全) ‘일리아드(*The Iliad*)’ ‘오디세이(*The Odyssey*)’를 통해 ‘**호머 자신**’과 ‘뮤즈(Muse) 신’ ‘신의 은총을 받은 낭송시인(bard) **데모도코스(Demodocus)**’[오. ‘제8책’] ‘**위대한 이야기꾼**(Odysseus the great teller of tales)’[오. ‘제9책’]의 동일시를 행하며, ‘낭송을 전제로 한 율격을 갖춘 서사시[일리아드, 오디세이]’를 만든 것은 세상에 상식처럼 알려지게 했다.

그런데 힌두의 ‘마하바라타(*The Mahabharata*)’는 낭송자들[가수들]이 노래할 수 있도록 처음부터 끝까지 율격(律格)이 ‘율문(律文)’으로 작성이 되어, 악기의 반주에 맞추어 가수가 노래할 수 있게 되어 있다.

((어느 날 경전(經典)에 달통한 ‘사우티(Sauti, 歌客) 우그라스라바(Ugrasra-va)’가, 나이미샤(Naimisha) 숲에 있는 사우나카(Saunaka)의 12년째 희생제에 참여했다. 그는 엄중한 맹세로 편하게 앉아 있는 대 성자(聖者)들 앞으로 나가 예를 올렸다. 이 성자들은 그 ‘우그라스라바(Ugrasrava, 歌客)’의 놀라운 이야기를 들어보려고 그 나이미샤(Naimisha) 숲으로 찾아 온 ‘우그라스라바(Ugrasrava)’를 맞아 반갑게 인사들을 하였다. 그 성자들에게 존중을 받아

40

기분이 좋아진 '우그라스라바(Ugrasrava)'는 그 성자들에게 손을 모아 경배를 드리며, 모든 성자들에게 수행의 진전이 어떠하신 지를 여쭈었다. 모든 성자들이 좌정(坐定)을 하니, '우그라스라바(Ugrasrava)'도 그를 위해 마련된 자리에 공손하게 앉았다. '우그라스라바(Ugrasrava)'가 자리에 앉은 것을 보고, 선인(仙人, Rishi) 중에 한 사람이 이야기를 시작하기 전에 물었다. -연꽃(淸秀)한 눈을 가진 가객(歌客, Sauti)이여, 그 동안 어디에 계셨는지요?

우그라스라바(Ugrasrava, 사우티)'는 대답했다. -저는 '크리슈나-드와이파야나(Krishna-Dwaipayana, -Vyasa)'께서 지으신 '마하바라타(*Mahabharata*)' 속에 있는 여러 가지 이야기들을 들었습니다. 그것은 자나메자야(Janamejaya) 왕께서 행한 '뱀 제사(Snake-sacrifice)'에서, 바이삼파야나(Vaisampayana)에 의해 온전하게 낭송이 되었던 이야기들입니다. 그리고 저는 많은 성천(聖泉)과 성지(聖地)를 방문했습니다. '드위자(Dwijas, 復活)'란 유명한 고장도 여행을 했습니다. '사만타판차카(Samantapanchaka)'라는 곳은 쿠루(Kuru)들과 판두(Pandu)들 간에 전쟁이 있었던 지역입니다. 저는 거기에서 곧장 이곳으로 왔습니다. 선인들이시여, 저에게는 당신들 모두가 신(Brahma)과 같으십니다. 태양과 불의 광명과 더불어 희생 속에 빛나시며, 성화(聖火)를 지키시고 침묵을 결심하시고, 무관심 속에 좌정하신 오 '드위자(Dwijas, 再生者)들'이시여. 제가 종교적 계율과 세상의 이익과 저명한 성자들과 국왕의 행적을 간직한 그 푸라나들(Puranas, 경전)에 수집된 성스런 이야기들을 들려 드려도 좋겠습니까?

선인들(Rishi)이 대답했다. -그 경전(經典, Purana, 마하바라타)은 대성자(聖者) 드와이파야나(Dwaipayana, 비아사)께서 처음 반포하셨는데, 신들과 바라문들에 의해 '베다에 연원을 둔 탁월한 저술'로 고평을 받고 있는 성서(聖書)라고 우리는 알고 있습니다. 우아한 언어로 다른 서적들의 주제도 거기에 포괄되어 '4 베다'의 의미가 종합된 경전이라고 하니 우리는 비아사(Vyasa)의 '바라타(Bharata)'라는 그 역사 이야기를 정말 듣고 싶었습니다. 그것은 자나메자야(Raja Janamejaya) 왕이 행한 뱀 희생제에서 그 드와이파야나(Dwaipayana, 비아사)의 허락을 받아 바이삼파야나(Vaisampayana)가 흥겹게 낭송[노래]해서 악(惡)에 대한 두려움을 쫓았다는 것이 아닙니까?))[13]

---

13) K. M. Ganguli (Translated into English Prose from the Original Sanskrit Text), *The*

'나라야나(크리슈나), 나라(아르주나), 비아사, 바이삼파야나'[14], '마하바라타의 저자 비아사'[15]

Ⅱ. '오디세이(*The Odyssey*)'가 '마하바라타(*The Maha-bharata*)' 영향 아래 있었다는 17가지 증거

① 포세이돈과 오디세우스, -'삼지창(Pinaka)의 신' 시바(Siva)와 아르주나

호머(Homer)의 '일리아드(*The Iliad*)' '오디세이(*The Odyssey*)' 이해에 **'아테나(Athena)=크리슈나(Krishna)'** **'오디세우스(Odysseus)=아르주나(Arjuna)'** 등식(等式)의 이해가 필수적인 사항이다. 그리고 그 다음으로 중요한 사항이 **'포세이돈(Poseidon)=시바(Siva)'** 등식의 이해가 역시 중요하다. 왜냐하면 작품 '오디세이(*The Odyssey*)'는 그 포세이돈 신의 복수심에 시달리는 '**기구(崎**

Mahabharata of Krishna-Dwaipayana Vyasa, Munshiram Manoharlal Publisher Pvt. Ltd. New Delhi, 2000, -**Adi Parva**- pp. 1~2

14) S. Jyotirmayananda, *Mysticism of the Mahabharata*, Yoga Jyoti Press, 2013, p. 20 'Narayana(Krishna), Nara(Arjuna), Vyasa, Vaisampayana'

15) P. Thomas, *Epics, Myths and Legends of India*, Bombay, 1980, Plate 154 'Vyasa Author of The Mahabharat'

嶇)한 오디세우스의 운명 이야기'로 되어 있기 때문이다.

힌두(Hindu)의 '마하바라타(*The Mahabharata*)'에는 영웅 아르주나(Arjuna)
와 '삼지창(Pinaka)의 소유자[시바]' 시바(Siva)신과의 대결을 다음과 같이 앞서
제시하였다.

((바이삼파야나가 말했다. -유디슈타라의 허락을 받은 아르주나(Arjuna)가
신(神)들 중의 신인 사크라(Sakra, 시바 신)를 만나러 떠났습니다. 아르주나는
북쪽 히말라야 정상(頂上, the summit of the Himavat)을 향해 가서 지체
없이 금욕 생활에 돌입했습니다. 그러자 모든 위대한 신령들이 신중의 신인
피나카(Pinaka, 삼지창) 신[시바 신]에게 말했습니다. "용맹의 아르주나가 히
말라야에 와서 고행에 돌입했습니다. 그 고행의 열기로 세상이 연기로 뒤덮였
습니다. 오 신중의 신이시여, 그가 우리를 괴롭히고 있으니, 그를 만류해 주소
서." 우마(Uma) 여신의 남편[시바]은 말했습니다. "팔구나(Palguna, 아르주
나)에 대해서는 걱정 말라. 나는 그의 마음을 알고 있다. 그의 소망은 천국도
부귀도 장수(長壽)도 아니다. 나는 그가 원하는 것을 '그 날'에 이루도록 해
주겠다." 바이삼파야나가 말했다. -영명한 성자들이 떠난 다음에 하라(Hara)
신이 건장한 남성의 모습으로 활과 화살을 가지고 히말라야(Himavat) 산을
내려왔다. 그런데 그 시바 신이 아르주나에게 다가 갈 적에 봄철의 물소리,
새소리도 멈추어 고요했습니다. 그런데 시바 신은 놀라운 광경을 목격했습니
다. 멧돼지 형상을 한 무카(Muka) 신이 아르주나를 죽이려 달려들었습니다.
그러자 아르주나는 적을 보자 간디바(Gandhiva)를 잡아 그를 죽이려 했습니
다. 그러자 키라타(Kirata, 사냥꾼)로 변장한 산카라(Sankara, 시바)가 막고
나서며 "이 멧돼지는 내가 먼저 발견했다." 그러나 아르주나는 그 말을 무시하
고 멧돼지를 공격했습니다. 그 사냥꾼[시바]도 그 멧돼지를 공격했습니다. 지
슈누(Jishnu, 아르주나)는 많은 여성들을 거느린 그 사냥꾼 차림의 신 같이
빛나는 존재에게 말했습니다.

"이 적막한 숲에 방랑을 하는 당신은 누구인가? 내가 먼저 잡은 그 멧돼지
에게 왜 다시 화살을 날렸는가? 나를 죽이려 했던 그 락샤사(Rakshasa)는
내가 먼저 잡았다. 그러기에 그대는 내 앞에서 도망가려 하지 말라." 아르주나

가 그렇게 말하자 사냥꾼은 왼손잡이 궁수(弓手, 아르주나)에게 웃으며 말했습니다. "오 영웅이여, 내 걱정일랑은 하지를 마시오. 이곳은 다 우리들의 처소요. 그런데 그대는 왜 이 적막한 곳에 와 살고 있는가?" 아르주나가 말했다. "나는 내 간디바(Gandiva)에 의지하여 제2의 파바키(Pavaki, 시바)처럼 이 숲에서 살고 있다. 그대는 내가 죽인 락샤사를 알고 있는가?" 사냥꾼이 대답했습니다. "그 락샤사는 내 화살을 맞고 죽었다. 내가 먼저 보고 먼저 그를 잡았다. 힘을 믿고 자기 잘못을 남에게 돌리지는 말라. 네가 잘못 했다. 너는 살려는 생각을 말라. 내가 천둥 같은 활 쏠 터이니, 너도 나를 향해 쏘아보아라." 사냥꾼의 그 말을 듣고 아르주나는 화가 나서 화살로 그를 공격했습니다. 그러나 사냥꾼은 화살을 즐겁게 받으며 "정말 이놈이 악당이다. 악당이야. 급소만 골라 쏘는구나." 그 사냥꾼과 아르주나는 화살소나기를 서로 주고받았습니다. 그러나 '삼지창(Pinaka)의 소유자[시바]'는 산처럼 꿈쩍도 없었습니다. 그러자 아르주나는 그 사냥꾼에게 자신의 화살이 소용없음을 알고 말했습니다. "굉장하다, 굉장해! 이 히말라야 고산족은 간디바의 화살에도 끄떡없구나! 이놈이 누구지? 루드라(Rudra)? 약샤(Yaksha)? 아수라(Asura)?" 아르주나는 그런 생각을 하며 간디바로 수천의 화살을 쏘았습니다. 그래서 아르주나의 화살은 동이 났습니다. 아르주나는 생각했습니다. "어 화살도 다 떨어졌네. 내 활 모서리로 이놈을 당장 죽여야겠다." 아르주나가 활 모서리로 공격을 가하자 그 '고산족[시바]'은 그 활을 빼앗았습니다. 활을 빼앗긴 아르주나는 칼을 잡고 그 상대 적에게 달려들었습니다. 아르주나의 그 날카로운 칼로 사냥꾼의 머리를 향해 내려쳤습니다. 그러자 아르주나에게는 그 칼만 조각이 났습니다. 그러자 아르주나는 다시 돌과 나무들을 들고 싸움을 계속했습니다. 그래도 사냥꾼 모습을 한 시바 신은 아르주나의 공격을 그냥 견디고 있었습니다. 그러자 독이 오른 아르주나는 벼락같은 주먹으로 그 무적의 신[시바]를 공격했습니다. '사냥꾼'으로 가장한 그 시바는 인드라의 벼락같은 주먹으로 그 아르주나에게 갈겼습니다. 그래서 아르주나와 '사냥꾼[시바]' 전투는 놀라운 소란을 일으켰습니다. 결국 아르주나와 그 사냥꾼은 맨주먹으로 맞붙었습니다. 억센 아르주나(Jishunu)가 사냥꾼을 붙잡아 그 가슴으로 누르니, 사냥꾼[시바]도 아르주나를 움켜잡았습니다. 그래서 그들의 팔과 가슴이 맞부딪친 결과 불붙은 숯덩이처럼 연기가 났습니다. 그 다음

44

대신(大神, 시바)은 힘으로 아르주나를 공격하여 아르주나는 기절하여 시바[사냥꾼]에게 망가져 움직이지도 못하고 거의 고깃덩이가 되었습니다. 아르주나는 숨이 끊겨 땅바닥에 누워 죽은 사람처럼 보였습니다. 그러나 아르주나는 금방 의식을 회복하여 엎드린 자세에서 일어났으나 온몸이 피에 젖어 슬픔이 엄습(掩襲)했습니다. <u>아르주나는 마음속으로 그 너그러운 시바신의 모습을 향하여 화환(花環)을 올렸습니다. 그러자 아르주나는 금방 평상의 모습으로 되돌아 왔습니다.</u>[생각 만능주의] 아르주나는 그 시바 신[Bhava, Kirata, 사냥꾼] 발아래 엎드렸습니다. 그러자 시바 신도 아르주나를 반갑게 대했습니다. 그래서 시바 신[Hara]은 '혹독한 고행(ascetic austerities)'을 행했던 아르주나를 향해 말했습니다. "오 팔구나(Phalguna, 아르주나)여, 용맹무쌍한 그대를 보니 반갑도다. 인내와 용맹에서 그대를 당할 크샤트리아는 세상에 없다. 바라타의 황소여! 나를 보라. 내가 그대에게 [진정으로 나를 볼 수 있는] 눈을 주겠노라. 그대는 하늘에 거주하는 그대의 적들도 물리친 신령(Rishi)이었다. 무적(無敵)의 나의 무기(武器)를 그대가 부리게 될 것이다."))[16]

호머(Homer)의 작품 '오디세이(*The Odyssey*)'는, '<u>삼지창(Pinaka)의 소유자[포세이돈]</u>'의 분노에 시달리는 '<u>오디세우스의 고통스런 인생 보고서</u>'이다. '신과 투쟁은 사실상 남성의 최고의 영광'이니, '<u>마하바라타(*The Mahabharata*)</u>'와 '<u>일리아드(*The Iliad*)</u>' '<u>오디세이(*The Odyssey*)</u>'를 관통해 흐르는 그 정신은, '<u>크샤트리아의 의무(the duties of Kshatriya)</u>', '<u>목숨이 붙어있을 때까지 싸운다는 그 남성 정신의 실증</u>'이다.

호머(Homer)는 그 비아사(Vyasa)와 더불어 이것을 공유함으로써 그 서술의 '불멸화'를 획득했다.

---

16) K. M. Ganguli (Translated into English Prose from the Original Sanskrit Text), *The Mahabharata of Krishna-Dwaipayana Vyasa*, Munshiram Manoharlal Publisher Pvt. Ltd. New Delhi, 2000, -**Vana Parva**- pp. 84~94

② '신의(信義)'를 지키는 오디세우스, -'맹세'에 어김이 없는 아르주나

오디세우스가 여왕 키르케(Circe)와 1년간 지내다가 그녀가 '페르세포네 (Persephone) 사자(死者)의 집(the House of Death)으로 가 테베(Thebes)의 예언가 티레시아스(Tiresias) 혼백과 의논을 해야 한다.'는 권고를 받고 여러 '망령(亡靈)'을 만났다. 그런데 제일 첫 번째 나타난 망령은 '키르케(Circe) 궁을 떠날 때 사고로 사망한 동료 전우 엘페노르(Elpenor)의 망령'이었다.

> ((그 엘페노르(Elpenor) 망령이 제일 먼저 나를 향해 왔습니다. 우리는 그를 매장되지 못 했고 그의 시체를 키르케(Circe) 궁에 놔두고 슬퍼하지도 않고 출발했었습니다. 내가 그를 보자 불쌍한 생각이 들어 말했습니다. '엘페노르 (Elpenor)여. 어떻게 나보다 앞서 이 어두운 세계로 와서 방랑을 하게 되었는 가?'[64] 그 친구는 신음하며 말했습니다. '라에르테스 왕의 아들 오디세우스 여...나는 키르케 궁 지붕 위에 누워 자다가 긴 사다리를 타고 내려오던 중에 목이 부러져 죽게 되어 먼저 이곳으로 왔소....그대는 고향에 가게 될 것이 요...그대의 배가 다시 아이아이아(Aeaea) 섬으로 가거들랑은 나를 버리고 떠나지 말고...부디 나를 꼭 화장하고....무덤을 만들어 내가 젓던 노를 세워 사람들이 내 이야기를 알게 해 주시오...'[86] 내[오디세우스]가 말했습니다. '내 불행한 친구여. 내가 잊지 않고 이행해 주리다.'))[오. '제11책']

'마하바라타(*The Mahabharata*)'의 영웅 아르주나(Arjuna)도 자기 아들 아비 마뉴(Abhimayu)가 죽은 다음 말했다. **"맹세합니다. 네일 내가 자야드라타 (Jayadratha)를 죽일 겁니다. 내일 해가 질 때까지 그 악당을 못 잡으면, 내가 불 속으로 들어갈 것입니다."**[17]

아르주나는 '만군(萬軍) 저지(沮止)'를 돌파하여, 결국 그 '자야드라타(Jaya-

---

17) K. M. Ganguli (Translated into English Prose from the Original Sanskrit Text), *The Mahabharata of Krishna-Dwaipayana Vyasa*, Munshiram Manoharlal Publisher Pvt. Ltd. New Delhi, 2000, -**Drona Parva**- p. 143

dratha)의 목을 베었다.'

③ '트로이'를 멸망시킨 영웅 오디세우스, -'카르나(Karna)'를 잡은 영웅 '아르주나'

트로이(Troy)의 용장(勇將) 헥토르(Hector)를 잡은 장군은 아킬레스(Achi-lles)이지만, 정작 '트로이를 멸망'시킨 장군은 오디세우스(Odysseus)였다.

((사람들이 술과 식사를 마차고 나니 전령은 모든 사람들의 칭송을 받는 데모도코스(Demodocus) 시인을 잔치 중앙 의자에 앉혔다. 기민한 오디세우스가 '허리 고기'를 베어 전령에게 주며 말했다. "전령이여. 이것을 데모도코스(Demodocus)에게 가져다주며 '고통(suffering)이 무엇인지 아는 사람'의 따뜻한 배려라고 전해 주시오..."[540] 전령이 데모도코스(Demodocus)에게 고깃덩이를 전하니 그는 그것을 받고 기쁨에 넘쳤다...오디세우스가 시인을 칭송해 말했다. "나는 세상에서 제우스의 딸 뮤즈와 아폴로가 가르친 당신을 가장 존중합니다....그대는 아카이아 사람들(Achaeans)의 고통과 운명을 노래합니다...이제 장면을 바꾸어 아테나(Athena)의 도움으로 에페오스(Epeus)가 만든 '목마(木馬, the wooden horse)' 오디세우스가 토로이(Troy) 성으로 몰고 갔던 장면을 한번 노래해 보시오...."[557]

뮤즈의 충동을 받은 시인은 찬란한 핵심 구절을 노래하기 시작했다. -'아카이아 주력(主力) 부대'는, 그들의 캠프를 불사르고 찌걱대는 배를 저어 고향으로 출발했으나, 그에 앞서 유명한 오디세우스 남자들은 그 목마(木馬) 속에 몸들을 숨기고 있었는데 트로이 사람들은 그 목마를 이끌고 성(城)안으로 들여다 세워 놓고 걱정을 하며 회의를 시작하였다. 그래서 그들은 그 목마 곁에서 서로 의견 충돌을 보이며 날이 저물 때까지 토론을 계속했다. 3 가지 방향으로 의견이 나뉘었으니 그 중 하나는 무자비한 청동으로 그 목마의 천장을 잘라 열어보자는 것이었고, 다른 하나는 목마를 높은 낭떠러지로 이끌고 던져버리자는 것이었고, 나머지 하나는 신들을 달래기 위한 영광스런 공물(供物)이니 그냥 세워두자는 것이었다. 트로이 사람들은 그 마지막 안(案)으로 결정을 보았다. 트로이로서는 그 도시가 멸망할 운수였니, 트로이 성곽 안으로 들어온 그 괴물의 목마(木馬) 속에는 아르기베 제일급 장군들이 살상 전을 펼쳐 트로이를 꺾으려고 기다리고 있었다. 그렇게 하여 그 아카이아 병사들은 어떻게 그 목마(木馬)의 옆구리를 트고 쏟아져 나와 트로이를 약탈 파괴하였고, 신과 같은 오디세우스는 완강한 메넬라오스와 함께 데이포보스(Deiphobus) 집으로 어떻게 바로 행진을 했는지-를 시인은 노래를 했고, 오디세우스는 어떻게 생에 최악(最惡)의 전투를 수행하며 최후까지 용감하게 싸워 결국은 완벽한 승리를 차지했으나, 그는 '아테나 여신의 초인적 권능력'에 감사했다고 시인은 노래를 했다. 이것이 그 유명한 시인 데모도코스(Demodocus)의 노래였다. 그 노래는 위대한 오디세우스의 눈에 눈물이 그의 두 볼을 적셨다. 그 때는 여인들은 그 도시를 지키려고 싸우다가 쓰러져 죽어가는 사랑하는 남편을 안고 울었었다. 하지만 정복자들은 바로 그녀의 등과 어깨를 창 자루로 쥐어박으며 족쇄를 채워 끌고 갔었다... 그처럼 오디세우스의 눈에서는 눈물이 쏟아졌으나 다른 사람은 보질 못 하고...알키노오스(Alcinous) 왕이 알고 말했다. "파에아키아(Phaeacia)의 왕들과 장군들은 들으시오...이제 데모도코스(Demodocus)의 노래를 멈추도록 합시다. 노래가 우리 모두를 즐겁게 하지는 않는 것 같습니다...우리 손님은 눈물 흘리고 슬픔에 떨며 몸을 가누지 못 하고 있습니다...친구여. 속이지 말고 말하시오...우선 이름부터 말하시오. 세상에 이름이 없는 사람은 없소...그대의 나라와 백성과 도시도 말해주시오...그래야 우리가 그곳으로 실어다 줄 것이요...[620]))[오. '제8책']

이것이 오디세우스가 주도한 '트로이 멸망의 구체적인 경과'였다.
'마하바라타(*The Mahabharata*)' '쿠루크셰트라 전쟁(Kurukshetra War)'을 일으킨 주범 '두료다나(Duryodhana)가 크게 신뢰하고 있는 최고(最高) 무사가 카르나(Karna)'였는데, 아르주나(Arjuna)는 그 카르나(Karna)를 다음과 같이 공략했다.

((카르나(Karna)가 웃으며 살리아(Salya)에게 말했습니다.
"오 전우여, 오늘 전투에서 파르태[아르주내]가 나를 죽이면, 그 다음 당신은 무엇을 할지를 말 해보시오." 살리아가 말했습니다.

"그대가 죽으면, 내가 저 크리슈나와 아르주나를 죽이겠습니다."

다시 한 번 살리아는 말했습니다.

"오 카르나여, 오늘 아르주나가 당신을 죽이면, 내가 꼭 마다배크리슈내와 팔구나를 잡겠습니다."

산자야가 계속했다. -아르주나도 고빈대크리슈내에게 비슷한 질문을 했습니다. 그러나 크리슈나는 웃으며 말했습니다.

"태양도 그의 자리로 돌아가고, 땅도 천 갈래로 갈라질 수 있고, 태양의 불길도 식을 수 있습니다. 오 다난자야[아르주내여, 그러한 일이 생기면 세상의 종말이 온 것입니다. 그러면 나는 본래의 내 무기로 저 카르나와 살리아를 잡을 겁니다."

크리슈나의 말을 들은 아르주나는 말했습니다.

"살리아와 카르나가 함께 내게 덤벼도 나 혼자를 당할 수 없습니다. 오 자나르다나여! 오 고빈다여, 오늘 당신은 꽃 핀 나무가 노한 코끼리에게 부러지듯이 카르나가 내게 꺾인 것을 보게 될 것입니다."

....아르주나의 거대한 힘을 지닌 그 화살들은 카르나 전차 주변에 그대로 가해졌습니다. 억센 전차 무사 카르나는 그 화살들을 자기 앞에서 모두 소용없게 만들었습니다. 그 무기가 그처럼 무용하게 된 것을 본 크리슈나는 아르주나에게 말했습니다.......

"카르나에게 더욱 다가가 고급 무기를 쓰시오."

그래서 아르주나는 분(忿)을 내어 '라우드라(Raudra)' 무기를 통합한 천상의 무기를 발사하려 하니, 그 순간에 땅이 카르나의 수레바퀴 하나를 삼켰습니다. 카르나는 급히 전차에서 내려와 잠긴 바퀴를 두 팔로 잡아 큰 힘으로 들어올리려 했습니다. 카르나는 빠진 수레를 네 손가락[굵기]의 높이까지 들어올렸습니다. 바퀴가 빠진 것을 보고 화가 난 카르나는 아르주나에게 말했습니다.

"파르타여, 오 파르타여. 잠긴 이 바퀴를 들어 올릴 때까지 잠깐만 기다려라. 내 바퀴가 빠진 것을 보았으니, 비겁자나 행할 수 있는 [나를 공격하여 죽이려는]목적일랑은 버려라. 정의(正義, righteousness)의 가르침을 생각하여 잠깐만 기다려라. 판두의 아들이여!"

산자야가 말했다. -그러자 바수데배[크리슈내가 카르나에게 말했습니다.

"오 라다[마뷔의 아들이여, 다행스럽게도 그대가 도덕을 생각하였소! 천박한 사람들이 곤경에 처하면 제 잘못은 생각하지 않고 섭리(攝理, Providence)를 욕합니다. 그대와 두료다나와 두사사나와 사쿠니가 회당(會堂)의 밝은 대낮에 드라우파디 옷을 남김없이 벗기었습니다. 오 카르나여, 그때에 그대의 도덕심의 발동은 없었습니다. 회당에서 주사위에 능한 사쿠니가 유디슈티라를 이겼을 적에 그대의 도덕은 어디에 있었습니까? 두료다나가 그대와 짜고 비마에게 독약을 먹였을 적에 그대의 도덕은 어디에 있었습니까? 13년 숲속을 유랑을 마친 다음에도 그대는 판다바들에게 왕국을 돌려주지 않았습니다. 그때 당신의 도덕은 어디에 가 있었습니까? 두사사나 마음대로 드라우파디 옷을 벗겨놓고 있을 적에 웃었던 당신의 도덕은 그때에도 도덕이 있었습니까? 드라우파디가 그 거처에서 끌려 나왔을 적에 그대는 그것을 말리지도 않았습니다. 그대는 드라우파디 공주에게 '판두들은 졌다. 그들은 지옥으로 떨어졌다. 다른 남편을 골라라!'라고 능멸(凌蔑)하며 즐거워하였습니다. 도덕은 어디로 갔나요? 왕국을 탐내어 간다르바 왕[사쿠니]에 의지하여 판다바들을 놀음판으로 부를 적에 그대의 도덕은 어디에 있었나요? 억센 전차 무사들이 소년 아비마뉴를 포위하여 죽일 적에 당신의 도덕은 어디로 갔습니까? 그 도덕을 지금 말한들 무엇 하겠습니까? 오 수타여, 그 도덕으로 살려고 하지 마세요. 판다바들은 그들 힘과 그들 친구들의 도움으로 왕국을 되찾을 겁니다. 항상 도덕의 보호를 받고 있는 판두 아들의 사자 같은 손으로 드리타라슈트라들은 망할 것입니다."

산자야가 말했다. -바수데바가 그렇게 말하자 카르나는 부끄러워 머리를 숙이고 말이 없었습니다. 분노로 입술을 떨며 카르나는 활을 들어 아르주나와 싸움을 시작했습니다. 그러자 바수데바가 아르주나에게 말했습니다.

"오 억센 자여. 어서 천상의 무기로 저 카르나를 치시오." 그러자 아르주나는 분노에 차서 아그니(Agni)를 불러내어 그 무기를 카르나에게 사용했습니다... 크리슈가가 거듭 말했습니다.

"전차를 끌어내기 전에 어서 카르나의 목을 치시오."

아르주나는 면도날 같은 화살로 카르나의 깃발을 잘랐습니다. 그날 오후에 아르주나는 '안잘리카(Anjalika)'로 카르나의 목을 베었습니다. 목이 잘린 카르나는 땅바닥으로 넘어졌습니다. 쓰러진 카르나의 몸에서 빛이 나와 하늘의 태양을 관통했습니다. 아르주나가 카르나를 죽인 것을 본 판다바들은 그들의 소라고둥을 크게 불었습니다. 크리슈나와 아르주나도 소라고둥을 불었습니다.))[18]

'카르나의 전차 바퀴가 진흙탕에 빠지다.'[19] '아르주나가 카르나를 죽이다'[20]

④ '여성'을 초월한 오디세우스 -'매혹'의 아르주나

'마하바라타(*The Mahabharata*)' 영웅 아르주나(Arjuna)는 '불[火] 속에서 탄생한 최고의 미인' 드라우파디(Draupadi)를 그녀의 '스와얌바라(Swayamvara, 남편 고르기 대회)'에 참가 그녀를 획득했으나, 아르주나(Arjuna)는 그녀를 큰 형님 유디슈티라(Yudhishthira)에게 먼저 바쳤다.

((바이삼파야나가 말했다. -그런데 그 '프리타의 아들들[판다바들]'이 그 임시 거처인 '옹기장이 집(the potter's abode)'에 돌아와 그들의 어머니 앞에 나갔습니다. 여느 때처럼 아르주나는 그날 획득한 그 '드라우파디'를 '알름

18) K. M. Ganguli (Translated into English Prose from the Original Sanskrit Text), *The Mahabharata of Krishna-Dwaipayana Vyasa*, Munshiram Manoharlal Publisher Pvt. Ltd. New Delhi, 2000, -**Karna Parva**- pp. 233~254
19) Navin Khanna, *Indian Mythology through the Art and Miniatures*, New Delhi, 2013, p. 95 'The wheel of chariot of Karna is struck deep in mud.'
20) Wikipedia, 'Arjuna' -'Arjuna kills Karna'

(alms, 소득)'으로 내놓았습니다. 방안에 있던 쿤티(Kunti)는 그 아들들은 못 보고 말했습니다.

"[너희가 얻은 여자를]너희는 함께 즐겨라."

잠깐 뒤에 쿤티가 그 '드라우파디'를 확인하고 다시 말했습니다.

"아니, 내가 너희에게 뭐라고 말했니?" 죄악(罪惡)을 걱정하여 그 국면을 벗어날 생각으로 쿤티는 드라우파디의 손을 잡고 유디슈티라를 보고 말했습니다.

"네 아위[아르주나]가 획득해 온 야즈나세나(Yajnasena, 드루파다)왕의 딸을 몰라보고 '[너희가 얻은 여자를]너희가 함께 즐겨라.'고 말을 했구나. 어떻게 하면 내가 거짓말을 하지 않은 것으로 되겠느냐? 어떻게 하면 판찰라 왕의 딸의 마음도 편하게 되겠느냐?"

바이삼파야가 계속했다. -쿤티의 말을 듣고 유디슈티라는 잠깐 생각에 잠겼다가 아르주나를 향해 말했습니다.

"오 아르주나여, 네가 이 '드라우파디'를 따 왔다. 그러므로 네가 그녀와 결혼을 해야만 한다. 수많은 적을 이긴 네가 성화(聖火)에 불을 붙이고 혼례를 치르도록 하라."

그 유디슈티라의 말을 듣고 아르주나가 말했습니다.

"나 혼자 죄를 짓게 하지 마소서. 형님의 결정은 우리의 법도에 부합하지 않습니다. 큰형님께서 먼저 결혼을 하시고 난 다음은 비마 형이고, 그 다음이 내 차례이고, 그런 다음에 나쿨라와 막내가 있습니다. 브리코다래[비매와 저와 쌍둥이는 기다리고 있겠습니다. 우리 모두는 큰 형님의 명령을 따릅니다. 당신 생각대로 명령을 내리십시오." 유디슈티라는 결국 드와이파야나(Dwai-payana, 비아사) 예언을 생각하여, 아우들에게 말했습니다.

"행운의 드라우파디(Draupadi)를 우리 모두의 공동 처(共同 妻)로 삼기로 하자."))[21]

21) K. M. Ganguli (Translated into English Prose from the Original Sanskrit Text), *The Mahabharata of Krishna-Dwaipayana Vyasa*, Munshiram Manoharlal Publisher Pvt. Ltd. New Delhi, 2000, -**Adi Parva**- pp. 380~381

오디세우스(Odysseus)는 '불사(不死)의 여신(女神)'도 거부하고 '고향 가기'를 택하였다.

((헤르메스(Hermes)가 떠나니, 칼립소(Calypso) 여신이 오디세우스를 찾으니....그는 눈물과 슬픔으로 바다를 바라보고 있었다.[175] 칼립소(Calypso) 여신이 말했다.

"나무를 베어 뗏목을 만들면...내가 빵과 물과 포도주를 드리겠습니다...그것이 신들의 계획이십니다."[189]

오디세우스가 소리쳤다. "나를 고향으로 가라고요? 불가능한 일입니다...저 바다는 배들도 제대로 건널 수가 없습니다...나는 당신의 맹세 없이 뗏목에 오르지 않을 겁니다..."[199]

오디세우스의 주장을 듣고 나서 여신은 웃으며 말했다. "오 꾀 많은 당신(a wicked man). 무슨 일을 상상하고 무슨 생각을 하시나요? 대지와 하늘과 스틱스(Styx) 폭포를 두고 맹세합니다....나는 당신을 해치지 않을 겁니다..."[212]

칼립소(Calypso) 여신은 잔치를 열어...오디세우스와 마주앉아 말했다.[223]

"라이르테스(Laertes) 아들 오디세우스여.,,아직도 고향으로 가시기를 원하십니까? ..그러시면 보내드리겠습니다...그곳에 도착하기 전에 많은 고통을 겪어야 하실 겁니다...당신의 부인보다 오래 살 불사신 나와 함께 지내는 것이 더 좋을 겁니다...어찌 여신과 인간 여인을 비교할 수 있겠습니까?..."[236]

오디세우스가 말했다.

"위대한 여신이시여. 내 아내 페넬로페(Penelope)는 현명하지만 당신보다 훨씬 떨어짐을 내가 다 압니다......하지만 나는 귀향(歸鄉)을 오래도록 기다려 왔습니다...."[247]))[오. '제5책']

⑤ '아들'을 둔 오디세우스 -'황손(皇孫)'을 남긴 아르주나

원래 천상(天上) 신 '나라야나(Narayana, 크리슈나 神)와 나라(Nara, 아르주나 神)'이 '세상을 심판하고 새 세상을 열기 위해' 지상(地上)으로 내려온 것이라고 '마하바라타(*The Mahabharata*)'는 전제를 하고 있다.

영웅 아르주나(Arjuna)는 크리슈나(Krishna) 누이 수바드라(Subhadra)와 결혼하여 아들 소년 명장 아비마뉴(Abhimayu)를 두었는데, 아비마뉴(Abhimayu)는 전 카우라바들(Kauravas)과 홀로 맞서 싸우다가 장렬하게 전사(戰死)하고 그 아비마뉴(Abhimayu)의 처 우타라(Utara) 공주 태중(胎中)에는 황손 파리크시트(Parikshit)가 들어 있었는데, 그 카우라바들(Kauravas) 편에 최후의 발악(發惡)자 아스와타만(Aswatthaman)이 모든 판다바들(Pandavas)의 씨를 말릴 심산으로 혹독한 무기를 구사하여 그 우타라(Utara) 공주는 '죽은 아기'를 낳게 되었는데, 크리슈나(Krishna) 그 '죽은 아기[파리크시트(Parikshit)]'를 살려내어 '왕통(王統)'을 이어가게 하였다.

호머(Homer)는 '<u>오디세우스의 가계(家系)</u>'를 다음과 같이 제시하였다.

((텔레마코스가 말했다.
"옳으신 말씀입니다....우선 우리 백성들은 나를 외면하지 않습니다...나는 괴롭힐 형제도 없고 도와줄 형제도 없습니다...<u>제우스께서 우리 가계(家系)를 독자(獨子)가 계승하도록 만드셨습니다. 아르케시오스(Arcesius)가 독자(獨子) 라에르테스(Laertes)를 두셨고 라에르테스가 독자(獨子) 오디세우스를 두셨고 내가 그 오디세우스의 독자(獨子)입니다</u>...))[오. '제16책']

⑥ '고통의 아들' 오디세우스와 '말 제사 사명(使命)'을 다한 아르주나

호머(Homer)는 '일리아드(*The Iliad*)'와 '오디세이(*The Odyssey*)' 영웅 '오디세우스' 이름을 '<u>고통 아들</u>'이라는 해설을 가했다. 소위 '<u>염세주의(厭世主義, Pessimism) 세계관</u>'이다.

((그 아우톨리코스(Autolycus)가 이타카를 방문했을 적에 그의 외손자를 보았는데 유모가 그 딸의 아들을 아우톨리코스(Autolycus) 무릎에 앉히며 말했다. "아우톨리코스(Autolycus)시여. 따님의 아들에게 이름을 지어주소서." 아우톨리코스(Autolycus)가 말했다. "내가 고통을 당했던 먼 곳에서 왔으므로....'<u>고통의 아들(the Son of Pain)-오세우스(Odysseus)</u>'라고 하여라. 아이가 나이 들어 파르나소스로 오면 내 보물을 간직해 두었다가 거대한 재산을 이 아이에게 남겨주겠다."[467]))[오. '제19책']

'마하바라타(*The Mahabharata*)' 18책 중에 '말 제사(祭祀)의 책(Aswamedha Parva)'이 있는데 '힌두의 정월(正月) 15일' '유디슈티라(Yudhishthira)가 행할 말 제사'에 쓰일 '희생마(犧牲馬)'를 뒤쫓으며 아르주나는 '죽을 고비를 넘기며' 온갖 고생을 겪는 장면을 보여주었다. 한 마디로 **'희생(犧牲) 마(馬)'='정복자아르주나 자신'**이라는 사실을 명시하고 있다. 즉 '영웅의 고통(Pain)=영웅의 영광(Glory)'이다. 이 '무궁한 의미'를 먼저 '마하바라타(*The Mahabharata*)' 아르주나(Arjuna)가 제시해보였고, 호머가 그의 '오디세이(*The Odyssey*)'에 거듭 반복해 보였다.

⑦ '알키노오스(Alcinous) 왕'과 오디세우스

<u>'오디세우스의 알키노오스(Alcinous) 궁전 도착'</u>[오. '제7책']은 '마하바라타(*The Mahabharata*)' **'판다바들(Pandavas)의 비라타(Virata) 왕궁 도착'**과 완전 일치하고 있다.

오디세우스는 **'알키노오스(Alcinous) 왕궁 도착'**을 계기로 '트로이 전쟁 이후 10간의 해상 방랑'을 종료하게 되었지만, 다시 **구혼자들**과 다시 큰 전투'로 돌입하게 된다. 그런데 판두 5형제는 '고통스런 12년 숲 속 생활'을 마감하고 그 **'비라타(Virata) 왕궁'**에서 1년을 보내고 바로 '18일 간의 쿠루크셰트라 전쟁(Kurukshetra War)'을 치르게 되었기 때문이다.

⑧ 외눈박이 거인(One-Eyed Giant) 폴리페모스(Polyphemus)

호머(Homer)의 '일리아드(*The Iliad*)'와 '오디세이(*The Odyssey*)'는 그대로 호머의 '우주관' '절대신' '인생관'을 다 보여주고 있지만, 특히 '오디세이(*The Odyssey*)'에서는 더욱 간결하게 정리된 호머의 '신관(神觀)' '세계관' '국가(고향)관' '인생관'을 구체적으로 보여주어 자세히 살펴야 한다.

즉 호머의 '신관(神觀)'은 자신[오디세우스]과 동행하는 '아테나 여신[제우스신]' 신앙자이고, **호머의 '세계관'은 '절대 신의 세상 운영'이고, 호머의 '인생관' '국가(고향)관' '현실주의 현세주의(Secularism)'이니, 사실상 '절대주의(Absolutism)'와 '개인주의(Individualism)'의 공존, 동시주의(同時主義, Simultaneism)이다.**

호머의 **동시주의(同時主義, Simultaneism) 시위**가, 바로 '외눈박이 거인(One-Eyed Giant) 폴리페모스(Polyphemus) 혼내주기'로 구체화 되었다.[오. '제9책']

'외눈박이 거인(One-Eyed Giant) 폴리페모스(Polyphemus)'란 '마하바라타(*The Mahabharata*)'의 주신(主神)이고 아르주나(Arjuna)에게 유명한 '지존(至尊)의 노래(Bhagavat Gita)'를 전한 크리슈나(Krishna)이다. 추수자(秋收者)의 증언이 틀림이 없음은 그 '외눈박이 거인(One-Eyed Giant) 폴리페모스(Polyphemus)'가 다음과 같은 장면을 연출했다고 호머는 적고 있기 때문이다.

((우리의 고함(高喊)이 키클롭스에게 들릴 만 한 거리에 우리 배가 나가자, 나는 말로 그를 도발시켰습니다.

"키클롭스야. 네가 그 더러운 동굴에서 네가 잡아먹은 선원은, 겁쟁이가 아니다. 너는 힘만 믿고 찾아온 손님들을 잡아먹는 추악한 행동을 부끄러워 할 줄도 모르니, 제우스와 신들이 네게 온당한 벌[장님으로 만듦]을 내리신 것이다!"[536]

이 말은 그 괴물을 화나게 만들어, 그 괴물은 우뚝 솟은 바위산을 뜯어내어

그것을 들어 올리더니 우리를 향해 던져 그 바위는 바로 우리 뱃머리 앞 바다
에 떨어졌으니, 넓은 바다에서 되돌아오는 거대한 물결이 일었습니다. 갑자기
일어난 큰 파도에 우리는 다시 해안 쪽으로 밀렸습니다. 하지만 나는 장대로
배를 밀어내며...선원들에게 노들을 다시 잡게 했습니다.[545]...))[오. '제9책']

'크리슈나(Krishna) 힘 자랑 이야기'에 "크리슈나는 고바르다나(Govardha-
na) 산을 우산처럼 뽑아들어(uprooted and held) 사람들이 폭우 피해를 막았
고, 사람들은 그 아래 모여 은신을 했다."[22]는 이야기가 세계적으로 널리 퍼져
있다.

그리고 호머가 그 크리슈나를 '외눈박이 거인(One-Eyed Giant)'으로 조롱을
했던 것은 그의 '지존(至尊)의 노래(Bhagavat Gita)'에서 '영혼 우선' '육체 경멸'
의 '일방주의(Monopolism)' '일원론(Monism)'을 강조하고 '현세 무시' '절대 신
의 귀의(歸依)'만을 강조함에 반대한 호머의, '육체(肉體) 긍정'의 '실존주의' 확
신에서 비롯한 '절대주의' '일방주의(Monopolism)' '일원론(Monism)'을 향한
조롱으로 의미를 지니고 있다.

⑨ '마술'에 능한 키르케(Circe) 여왕

호머(Homer)가 그의 '오디세이(*The Odyssey*)'에서 '마법을 거는 여왕(Be-
witching Queen)' 이야기를 펼치었다.

((그들이 궁전 대문 앞에서 멈추어 있었더니 님프 키르케(Circe)는 여신들
이 짜는 베틀 곁에서 베를 짜며 노래를 하고 있었습니다. 대장 폴리테스
(Polites)가 명령을 내렸습니다.

---

22) Vettam Mani, *Puranic Encyclopaedia -A Comprehensive Work with Special Reference
to the Epic and Puranic Literature*, Motilal Banarsidass Publishers Delhi, 1975, 'Krsna
I' p. 423

"전우들이여...전(全) 궁궐이 울리도록 매혹적인 노래를 부르고 있으니, 우리가 그녀를 불러냅시다!"[250]

그리하여 그들이 그녀를 불렀더니...그녀가 나와 영접하여...대원들이 그녀를 따라갔지만 오직 에우릴로코스(Eurylochus)가 뒤에 남아 있었습니다.

키르케(Circe)는 대원들을 안내하여, 높은 등받이 의자에 앉게 한 다음, 그들이 고향 생각을 못 하도록 '프람니아(Pramnian) 술에 치즈 보리 가루 꿀 마약(wicked drugs)'을 넣었습니다. 대원들이 그 약을 마시고 나니 그녀는 그녀의 지팡이로 대원들을 쳐 '돼지우리'로 모니, 다 꿀꿀거리는 코며 몸뚱이들이 다 돼지가 되었지만 생각만은 이전처럼 남아 있었습니다.))[오. '제10책']

'마하바라타(*The Mahabharata*)'에 널려 있는 이야기가 '코끼리' '황소' '악어' '물고기' '돼지' '뱀' '독수리' '비둘기' '개' 등 **동물과 인간의 동일시(同一視)**이다. 호머가 '오디세이(*The Odyssey*)' '제10책'에서 '키르케(Circe)가 선원들 돼지 만들기'는 그 '마하바라타(*The Mahabharata*)'의 '다양한 동물의 인간화'에 그중 한 가지를 끄집어 든 예(例)이다.

⑩ '저승'을 방문한 오디세우스

'마하바라타(*The Mahabharata*)' 저자로 알려진 비아사(Dwaipayana Vyasa)는 '쿠루크셰트라 전쟁(Kurukshetra War)'에 사망한 혼백과 만나는 **초혼제(招魂祭)**를 행하겠다고 약속을 했다.

((바이삼파야나가 말했다. -쿠루 왕의 허락으로 판다바들과 그 군사들과 부인들은 다양한 음식과 음료를 공급 받으며 그 숲에서 행복한 일(1) 개월을 보냈습니다. 기간이 다할 무렵에 비아사(Vyasa)가 그곳에 왔습니다. 비아사는 드리타라슈트라에게 말했습니다.

"오 왕 중의 왕이여, 나는 그대가 그대 가슴에 품고 아꼈던 자식들에 대해 애를 태우고 있음을 아노라. 간다리의 슬픔과 쿤티에게 있는 슬픔, 드라우파디와 수바다라에게 있는 슬픔도 나는 알고 있다. 내가 이 모임[은둔 지]에서의 만남의 소식을 듣고 내가 이곳으로 왔노라. 오 카우라바의 주인이여, 내가 그대의 의심을 벗겨주겠노라. 오늘, 신들과 간다르바와 모든 신령들을 다년간 확보한 나의 힘으로 너희에게 보여주겠다. 너희 소망을 내게 말하면 오늘 들어주겠노라. 나는 너희 소망을 들어줄 정도의 힘이 있다. 내 금욕의 결과를 보라." 드리타라슈트라가 잠깐 생각에 잠겼다가 말했습니다.

"저는 정말 운이 좋습니다. 제가 당신의 호의를 얻은 것은 행운입니다. 내 인생은 오늘 왕관을 쓰게 된 것입니다. 저는 당신 모두와 만남에 성공을 했습니다. 백가지 악에서 내가 정화(淨化)되어 모든 여러 분을 모시게 된 것입니다. 죄 없는 분이시여, 저의 종말과 내세에 아무런 두려움이 없습니다. 저는 제 아이들을 사랑했고, 그들에 대한 기억을 소중하게 간직하고 있습니다. 그러나 내 마음은 나쁜 아들의 잘못에 고통을 겪고 있습니다. 고통과 슬픔으로 마음에 평화가 없습니다. 오 아버지[비아사가 아버지임]시여, 굽어 살펴주소서."

바이삼파야나가 계속했다. -그 드리타라슈트라와 간다리와 쿤티, 드라우파디와 수바다라의 슬픔을 다 들었습니다. 비아사가 말했습니다.

"축복 받은 간다리여, 그대는 오늘 밤 잠든 사람들이 일어나듯 그대의 아들들과 형제들과 친구 친척을 보게 될 것이다. 쿤티도 카르나(Karna, 장남)를 볼 것이고, 수바르다나는 아비마뉴를, 드라우파디는 다섯 아들과 친 아버지, 친 형제를 보게 될 것이다. 그대들은 그 용사들을 슬퍼하지 말라. 그네들은 '크샤트리아의 실천(practices of Kshatriyas)'을 행함에 몸을 바쳐 그 목표에 도달하였다. 쿠르크셰타라 전장에서 죽음을 맞은 그들 모두가 신(神)들과 간다르바, 아프사라(Apsaras) 피사차(Pisachas) 구히아카(Guhyaka) 락샤사(Rakshasas)의 지위를 획득했다. 너희는 이 전쟁터에서 죽은 모든 자들을 보게 될 것이다."

바이삼파야나가 계속했다. -비아사의 그 말씀을 듣고 거기에 있는 모든 사람들은 사자 같은 함성을 지르며 바기라티(Bhagirathi, 갠지스) 강으로 향했습니다. 드리타라슈트라와 모든 장관, 판다바들, 그리고 거기에 모인 신령들과 간다르바들도 즉시 출발을 했습니다. 갠지스 강둑에 도달한 그 사람들의 바다는 편안하게 자리를 잡았습니다. 그들은 죽은 왕자들을 보기 위해 성스런 강물에 목욕하고 저녁 의례를 마치며 그 밤이 오기를 그날을 1년만큼이나 길게 보냈습니다.

바이삼파야나 말했다. -밤이 오자 모든 사람들은 저녁 의례를 마치고 비아사에게 갔습니다. 드리타라슈트라도 몸을 깨끗하게 정신을 가다듬어 판다바들과 신령들과 함께 앉았습니다. 왕실의 부녀자들도 간다리와 함께 앉았고, 시민들과 주민들도 함께 했습니다. 갠지스 강에 목욕을 마친 비아사는 모든 사망한 무사 즉 다양한 지방에서 몰려와 판다바 편이나 카우라바 편에서 싸웠던 모든 망자(亡者)들을 불렀습니다. 이에 귀를 먹먹하게 만드는 대소동이 강물 속에서 들렸으니, 그것은 앞서 쿠루군사들과 판다바 군사들이 질렀던 함성과 같았습니다. 그 다음에 비슈마와 드로나가 앞장을 선 그 왕들과 군사 수천 명이 갠지스 강에서 일어섰습니다. 그들 속에는 비라타와 드루파다의 아들과 군사들, 드라우파디의 아들들, 수바다라의 아들, 가토트카차, 카르나, 두료다나, 사쿠니, 두사사나를 필두로 한 드리타라슈타라의 아들들, 자라산다의 아들, 바가다타, 자라산다, 부리스라바, 살라, 살리아, 브리샤세나, 라크슈마나 왕, 드리슈타듐나의 아들, 시칸딘의 아들들, 드리슈타케투, 아찰라, 브리샤카, 알라유다, 발리카, 소마다타, 체카타나가 있었습니다. 그들 모두가 갠지스 강에서 나왔는데, 빛나는 모습들이었습니다. 왕들은 의복을 갖추어 입고 전장에서 싸우던 전차에 깃발도 가지고 있었습니다. 그들은 모든 적대감과 긍지 분노 시기심에서 벗어나 있는 상태였습니다. 간다르바들(Gandharvas)이 찬송을 노래하고 시인들이 그들의 행동을 칭찬했습니다. 승복(僧服)을 입고 화환을 걸고 아프사라(Apsaras) 악단을 대동하고 있었습니다. [사티아바티 아들]비아사의 위대한 금욕과 고행의 힘으로 드리타라슈트라에게 천상의 모습이 제공된 것입니다. 위대한 명예를 지닌 간다리는 전장에서 죽은 그의 모든 아들들을 보았습니다. 거기에 모인 모든 사람들이 머리털이 서는 놀라운 현상을 보고 놀랐습니다.

바이삼파야나가 말했다. -비아사가 행한 상서로운 방법으로 분노와 시기와 모든 죄악을 벗어나니 모든 사람들이 행복해졌고, 하늘에 신들처럼 보였습니다. 아들이 부모를 만나고 아내가 남편, 형제가 형제, 친구가 친구를 보았습니다. 판다바들도 기쁜 마음으로 카르나와 수바다라의 아들[아비마뉴]과 드라우파디 아들들을 만났습니다. 모든 적대감을 버리고 친선과 화평을 이루었습니다. 그 밤 내내 그들은 큰 행복 속에 지냈습니다. 그 크샤트리아들은 그들이 느낀 행복감으로 천국 그 자체를 알게 되었습니다. 그렇게 그 밤을 보내고 그 영웅들과 부인들은 포옹하고 나서 그들이 왔던 곳으로 되돌아갔습니다. 비아사가 그 무리를 해산시켰습니다. 정말 눈 깜짝할 사이에 사람들의 시각에서 자취를 감추었습니다. 그 고매한 사람들[의 영령들]은 갠지스 강 속으로 들어가 그 처소로 갔습니다. 일부는 신들의 영역으로 돌아가고 약간은 브라흐만(Brahman) 영역으로 가고, 일부는 바루나(Varuna) 영역으로, 일부는 쿠베라(Kuvera) 영역으로, 일부는 수리아(Surya) 영역으로 돌아갔습니다. 라크샤사(Rakshasas)와 피사차(Pisachas) 중에는 우타라쿠루(Uttara-Kurus) 지역으로 향하기도 했습니다. 나머지 악단(樂團)들은 신들 사회로 돌아갔습니다.

바이삼파야나가 말했다. -행위는 멸할 수 없습니다. 신체들은 행동의 결과물입니다. 위대한 기본 요소(영혼)들은 만물의 주(the Lord of all beings)와 통일이 되어 영원합니다.))[23]

'떠도는 혼령들을 부르는 비아사'[24] '바기라티 강'[25] '히말라야 기원의 바기타라 강'[26]

---

23) K. M. Ganguli (Translated into English Prose from the Original Sanskrit Text), *The Mahabharata of Krishna-Dwaipayana Vyasa*, Munshiram Manoharlal Publisher Pvt. Ltd. New Delhi, 2000, -**Asramavasika Parva**- pp. 44~52
24) S. Jyotirmayananda, *Mysticism of the Mahabharata*, Yoga Jyoti Press, 2013, p. 238 'Sage Vyasa invokes the presence of the departed souls.'
25) Wikipedia, 'Bhagirathi River'
26) Wikipedia, 'the Himalayan headwaters of the Bhagirathi river'

'초혼제'를 주관한 비아사(Dwaipayana Vyasa)는 '모두 절대 신과 하나가 되었으니 안심하라.[절대자에게 **歸依**]'이다. 이 '주지(主旨)'는 사실상 전 '마하바라타(*The Mahabharata*)'의 '주지(主旨)'이다.

호머도 영웅 오디세우스와 더불어 '망령들의 나라'를 방문해서 '일리아드(*The Iliad*)'의 최고 영웅 '아킬레스 혼백'을 만났다.

((나[오디세우스]와 아가멤논이 그렇게 눈물을 흘리고 있는데...펠레오스(Peleus) 아들 아킬레스(Achilles) 혼령이 걸어왔습니다. 아킬레스(Achilles)는 금방 내[오디세우스]를 알아보고 물었습니다.

"라에르테스 아들 오디세우스여. 무슨 일로 사자(死者)의 집에까지 오셨습니까?...."[540]

내가 바로 질문을 했습니다. "펠레오스의 아들 아킬레스여. 아카이아 사람들 중에 가장 위대한 존재이시여. 나는 바위투성이인 이타카로 돌아가려고 티레시아스와 상담하러 왔지만. 아킬레스여 세상에 당신보다 더욱 큰 은총을 받은 자는 일찍이 없었고, 앞으로도 나올 수 없습니다. 당신의 생전에 우리는 당신을 신으로 존중했으니 여기에서도 위대한 아킬레스여 그대의 힘이 사자(死者)들을 지배할 터이니 슬퍼지는 마시오,"[553] 내가 그렇게 안심을 시켰으나 그는 즉시 항변을 했습니다.

"오디세우스여. 나에게 그런 듣기 좋은 말일랑은 하질 마시오, <u>나는 여기서 모든 사자(死者)를 지배하는 왕이기 보다는, 더럽고 가난한 소작인(小作人)의 노예가 되더라도 차라리 세상에 살고 싶소</u>.....어떻든 내 아들 소식 좀 전해 주시오..."[573]))[일. '제11잭']

이 부분이 호머(Homer)가 그 힌두(Hindu)의 '마하바라타(*The Mahabharata*)'를 알고 있으나 그가 왜 그 '일리아드(*The Iliad*)' '오디세이(*The Odyssey*)'를 새로 펼쳐보였는지 그 이유[현세주의]를 밝힌 대목으로 주목을 요한다.

⑪ '태양신의 소(Sungod's cattle)'

호머의 '오디세이(*The Odyssey*)' '제12책 태양신의 소들'은 역시 각별한 의미를 지니고 있다.

((우리는 스킬라(Scylla)와 카립디스(Charybdis)를 멀리 떠나 히페리온(Hyperion) 왕 헬리오스(Helios)가 소와 양을 기르는 태양의 섬에 도착했습니다...나는 테바의 예언가 티레시아스(Tiresias)의 부탁과 키르케(Circe) 말을 잊지 않아 전우들에게 준엄하게 말했습니다.[293]

'전우들이여. 내가 다시 한 번 티레시아스(Tiresias)말과 키르케(Circe)의 부탁을 반복합니다. 이 태양의 섬에는 인간의 쾌락을 피하도록 하시오. 최악의 재난을 당할 것이라 경고를 했습니다....'[299]

내가 그렇게 말하자...에우릴로코스(Eurylochus)가 말했습니다.

'지독한 오디세우스여...이제 밤이 되었으니...저녁이나 지어 먹읍시다...'[317]

에우릴로코스(Eurylochus)가 그렇게 말하자 동료들이 그 말을 반기었습니다. 그래서 나는 어떤 재난이 우리를 향해 오고 있다는 것을 알았습니다....[327]

내가 양이나 소를 해쳐서는 아니 된다고 거듭거듭 부탁하니, 그들도 해치지 않겠다고 맹세를 했습니다...

....그러나 1개월 동안 남풍이 계속되었습니다. 우리의 식량도 술도 바닥이 나자...전우들은 배를 채우려고 물고기 새들을 잡으러 나섰습니다...[357]

나는 신들에게 기도를 하면 귀향 방도가 알려주실까 하여...손을 씻고 올림포스 신들을 향해 기도를 올렸는데 신들은 내게 단잠을 퍼부어 잠이 들었습니다.[364]

그때 에우릴로코스(Eurylochus)는 친구들에게 숙명의 계획을 펼치었습니다.

'친구들이여, 배고파 죽은 사람보다 더 불쌍한 사람은 없습니다. 헬리오스(Helios) 소들 중에 최고를 골라 하늘의 신들께 제사를 올립시다. 우리가 이타카(Ithaca)에 도착하면 영광스런 태양 신전을 지어드립시다. 만약 신이 진노

를 멈추지 않으신다면 이 섬에 굶어 죽기보다는 차라리 바다에 **빠져버립시다**!'[378]

전우들은 그 에우릴로코스(Eurylochus)의 제안이 반가워 즉시 태양신의 최고 소를 몰고 와 배에서 멀지 않은 곳에서 ....기도를 올린 다음 소를 잡아... 뼈는 불사르고...내장을 맛보고 나머지는 꼬챙이로 꿰었습니다.[392]

나는 그 순간에 잠에서 깨어나 물가 배로 가보니 고기 굽는 냄새가 나를 감쌌습니다. 나는 고통스럽게 신들을 향해 외쳤습니다.

'제우스와 제신들이시여. 제게 잠을 내리시었으니 당신께서 나를 재앙에 빠뜨린 것입니다. 내가 없는 사이에 전우들이 얼마나 괴물 같은 짓을 행했는지 보십시오!(Left on their own, look what a monstrous thing my crew concocted!)'[401] 우리가 소를 죽였다는 사실을 람페티에(Lampetie)가 태양(the Sun, Helios)에게 보고하니 헬리오스가 신들에게 분통을 터뜨렸습니다.

'제우스시여. 제신들이시여. 오디세우스 무리들이 내 소를 죽였으니 얼마나 못된 놈들입니까?...내 소가 죽은 것에 배상이 없으면 나는 앞으로 저승에다가 내 빛을 가져다 줄 겁니다.'[410]]) [오. '제12책']

힌두(Hindu)의 '마하바라타(The Mahabharata)'에는 다음과 같은 기록이 있다.

((바라문을 죽인 자나, 온 세상 사람들의 공통 어머니인 '암소'를 죽인 자나, 보호를 거절한 자가 동일한 범죄자이다.(He that slayeth a Brahmana, he that slaughtereth a cow -the common mother of the worlds -and he that forsaketh one seeking for protection are equally sinful.)))[27]

'힌두의 소 숭배'는 세계적으로 유명한데, 호머가 '오디세이(The Odyssey)' '제12책'에서 '**태양신의 소떼(herds of the Sungod's cattle)**' 이야기에서 '**태양신(Sungod)**'이란 '**소치지 크리슈나(Cowherd Krishna)**'이다.

---

27) K. M. Ganguli (Translated into English Prose from the Original Sanskrit Text), *The Mahabharata of Krishna-Dwaipayana Vyasa*, Munshiram Manoharlal Publisher Pvt. Ltd. New Delhi, 2000, -**Vana Parva**- p. 271

'이 모자이크는 희랍 코린트(Corinth) 박물관에 전시되어 있는 것이다...주(主) 크리슈나(Lord Krishna)가 소들을 이끌며 나무 아래서 다리를 꼬고 피리를 부는 모습이다.'[28]

⑫ '돼지치기 에우마이오스(Eumaeus)'에게 행한 오디세우스의 변명

'<u>알키노오스(Alcinous)왕의 환대</u>'[오. '제7책']로, 오디세우스는 '이타카(Ith-aca)'에 도착했으나 거기에는 이미 '왕궁을 차지하고 있는 막강한 구혼자들'이 버티고 있는 상황에서 그들을 물리쳐야 하는 '특별한 전쟁'이 기다리고 있었다. 출신을 추궁하는 돼지치기 에우마이오스(Eumaeus)에게 오디세우스는 자신은 '크레테(Crete) 힐라크스(Hylax)의 아들 카스토르(Castor)의 서자(庶子)'라고 변명 하였다.

((오디세우스가 말했다.
".....나는 크레테(Crete) 출신임을 자랑으로 알고 있고...힐라크스(Hylax) 아들 카스토르(Castor)의 서자(庶子)입니다...[234] ...아레스(Ares)와 아테나(Athena)가 내게 힘과 용기를 주어서...아카이아 사람들이 트로이에 주둔하기 오래 전에 나는...원양(遠洋)으로 배를 이끌었고...유명한 이도메네오스(Idomeneus) 트로이로 함대를 이끌고 갈 적에 나도 같이 가게 되었습니

---

28) P. N. Oak. *World Vedic Heritage*, New Delhi, 1984, p. 526

다.[270]......아카이아 사람들이 트로이에 9년간 주둔하고 있다가 우리는 10년 만에 '프리암의 도시(King Priam city)'를 함락시키고 고향 배에 승선했으나 신이 함대를 흩어버렸습니다.[275]...하지만 왕은 나를 먼저 출발시켰으니 왕은 둘리키온(Dulichion) 행의 배를 태워 우리 아버지 아카스토(Acastus) 왕께 친절히 데려다 주어라고 명령을 내렸으나 테스프로티아(Thesprotian) 사람이 흉계를 꾸며... 내가 입은 옷을 벗겨내고 이 같은 넝마를 나에게 걸친 다음 이타카(Ithaca) 들녘에 도달한 다음 나를 묶어 버렸는데...신들이 나를 도와...주인댁에 이르게 된 것입니다."[407])[오. '제14책']

힌두(Hindu)의 '마하바라타(The Mahabharata)' '주사위 노름'에 진 판다바들(Pandavas)은 12년 간 '숲 속 고행'을 마치고 13년째는 '완전 신분을 숨기기로 약속'이 되었는데, 판다바들(Pandavas)은 **비라타(Virata) 왕에게 위장(僞裝) 취업을 했을 적**에 -'유디슈티라(Yudhshthira)=칸카(Kanka)', '비마(Bhimasena)=발라바(Vallava)', '아르주나(Arjuna)=브리한날라(Vrihannala)', '사하데바(Sahadeva)=아리슈타네미(Arishtanemi)', '나쿨라(Nakula)=그란티카(Granthika)', '드라우파디(Draupadi)=사이린드리(Sairindhris)'로 이름을 바꾸었다.[29]

⑬ '독수리'와 동일시된 오디세우스

호머(Homer) '일리아드(The Iliad)' '오디세이(The Odyssey)'에 '천둥 번개'와 '독수리'는 '제우스(Zeus)의 응대(應對)'로 해석이 되고 있다. '마하바라타(The Mahabharata)'에 '천둥 번개 신'으로 인드라(Indra)가 있고, 제우스의 '독수리'는 크리슈나(Krishna)의 '가루다(Garuda, 靈鷲)'의 연장(延長)이다. 그런데 '오디세이(The Odyssey)' '제15책'에는 다음과 같은 장면이 제시되어 있다.

---

29) K. M. Ganguli (Translated into English Prose from the Original Sanskrit Text), *The Mahabharata of Krishna-Dwaipayana Vyasa*, Munshiram Manoharlal Publisher Pvt. Ltd. New Delhi, 2000, -**Virata Parva**- pp. 1~20

((메넬라오스 왕은 텔레마코스에게 훌륭한 선물을 챙겨주며 작별인사를 했다.

"두 왕자님 잘 가게나. 위대한 장군 네스토르(Nestor)께도 안부 전하게..."[170]....

텔레마코스가 "그동안 감사했습니다."라는 작별의 말을 전했을 적에, 독수리 한 마리가 거대한 하얀 거위를 채가지고 오니 남녀가 소리치며 달려 왔으나 그 독수리는 다시 수레를 거쳐 오른쪽으로 날아가는 것을 보고 사람들은 기쁜 생각들이 일었다.[184] 피시스트라토스(Pisistratus)가 먼저 입을 열었다.

"저것 좀 보십시오. 메넬라오스 왕이시여. 신께서 저 조짐을 당신께 보이신 겁니까 아니면 저희에게 보이신 겁니까?"[188] 메넬라오스는 어떻게 대답을 할까 생각에 잠겨 있었는데, 긴 예복(禮服)을 차려입은 헬렌(Helen)이 말했다.[190]

"신들이 내게 영감(靈感)을 내리셨으니...<u>독수리 스스가 태어났고 새끼를 둔 험난한 바위산에서 내려와 살진 거위를 채가듯이, 고난을 겪었던 오디세우스가 그의 집으로 돌아와 복수를 할 겁니다. 아니면 이미 집으로 돌아와 구혼자들에게 파멸을 행할 씨앗을 뿌리고 있다는 이야기입니다.</u>"[199] 텔레마코스가 헬렌(Helen)에게 감사했다.

"제우스께서 정말 그렇게 해주신다면, 저는 고향에 돌아가서도 당신을 여신으로 받들어 기도겠습니다."[203].... 텔레마코스와 피시스트라토스(Pisistratus)는 마차로 달려 필로스(Pylos)에 도착했다.[215]))[오. '제15책']

'제우스의 딸 헬렌(Helen)'의 해석으로 '<u>독수리=오디세우스</u>' 등식(等式)을 제시했다.

'마하바라타(The Mahabharata)'에서는 '쿠루크세트라 전쟁(Kurukshetra War)' 즉 '카우라바들(Kauravas)와 판다바들(Pandavas) 전쟁'을 '뱀들을 삼키는 가루다(Gruda) 대결'로 간결하게 제시했으니, 그 '<u>**가루다(Garuda, 靈鷲)=아르주나(Arjuna)**</u>' 등식이 작품 전편을 꿰뚫고 있는 비유이다.

⑭ 안티노오스(Antinous)의 횡포

　'상고(上古) 시대'부터 '역사 이야기의 머리를 이루고 있는 전쟁 이야기'는, 그 '승리의 주체들'이 그 살상 전쟁의 정당성을 어떻게 확보했고, '얼마나 가혹한 채찍이었는가.'를 말함이 그 순서를 이루고 있다.

　호머(Homer)는 그의 '일리아드(*The Iliad*)' '오디세이(*The Odyssey*)'를 통해 영웅 오디세우스(Odysseus)가 사실상 두 번의 '전쟁 승리 주인공'이 되게 했으니, '트로이 전쟁(Trojan War)'은 '친구 메넬라오스를 돕는 전쟁'이었으나, '이타카(Ithaca) 전쟁'은 '자신의 집안'을 구해내는 '자신을 위한 전쟁'이었다.

　그 '구혼자들' 중에 자신이 '페넬로페(Penelope)'와 결혼할 것이라 확신하고 있는 '안티노오스(Antinous)'는 '늙은 거지 행색'으로 나타난 오디세우스에게 다음과 같은 폭행을 먼저 행했다.

　　((아테나 여신이, 오디세우스 곁에 와 말했다.
　　"구혼자들에게 빵을 모아 보면 그들의 선악을 알 수 있을 겁니다."
　　그러나 아테나는 아무도 구해줄 생각이 없었다. 오디세우스가 구걸을 시작하니 그들은 수군거리기 시작했다.
　　"누구야?" "어디서 굴러온 놈이야?"
　　그러자 염소치기 멜란티오스(Melanthius)가 소리쳤다.
　　"내 말을 들어 보시오. 이 이방인을 돼지치기가 이끌고 오는 것을 나는 보았습니다."[409]
　　그러자 안티노오스(Antinous)가 에우마이오스(Eumaeus)에 말했다.
　　"돼지치기여. 무엇 때문에 이런 거지를 도시로 끌고 왔는가?...."[417]
　　에우마이오스(Eumaeus)가 말했다.
　　"안티노오스(Antinous)여. 당신 같이 지체 높으신 분이 어떻게 그런 비루한 말씀을 하십니까!...당신은 궁중의 하인들을 가장 거칠게 대하지만 유독 나한테는 더욱 심하십니다. 하지만 우리 왕비님과 왕자님이 살아 계시는 동안에는, 나는 당신에게는 관심도 없습니다."[431]

텔레마코스가 말했다.

"멈추시오. 에우마이오스(Eumaeus)여....아티노오스(Antinous)가 사람 낯잡아 보는 것은 그 버릇입니다."

안티노오스(Antinous)가 텔레마코스에게 말했다. "맘대로 화를 내는 텔레마코스 왕자님. 모든 구혼자들이 나만큼만 저 사람[오디세우스]에게 준다면 3개월은 먹고 살 것이오."[449]

다른 사람들이 빵과 고기를 나눠 주어 거지 바랑을 채워...오디세우스는 자리로 돌아갈까 하다가 아티노오스(Antinous) 곁으로 가서 말했다.

"한 입 주시지요. 당신은 천한 분 같지 않으시니 내게는 왕처럼 보입니다... 나는 사방을 슬픔과 고통 속에 돌아다니다가 이타카(Ithaca)에 이르렀습니다."[491]

안티노오스(Antinous)가 말을 끊으며 말했다.

"어떤 신이 이런 골칫거리를 우리 잔칫상 머리에 보냈는가! 일단 내 식탁에서 우선 물러서게. 말을 듣지 않으면 그대를 이집트나 키프로스(Cyprus)로 보내 맛 좀 보게 할 거야...."[499]

오디세우스가 말했다.

"안됐구나. 안됐어. 용모는 훌륭하지만 머리가 조금 모자라는군...."[506]

안티노오스(Antinous)는 오디세우스에게 말했다.

"이 홀에서 무서움도 모르고, 나가지도 않는구나. 조롱일랑은 더 이상 못하게 해 주겠다."[507] 그 말과 더불어 안티노오스(Antinous)는 의자의 발판을 집어 들어 오디세우스를 향해 던지니 발판은 오디세우스 오른쪽 어깨에 맞았으나 오디세우스는 바위처럼 끄떡없었다. 오디세우스는 그 문턱으로 되돌아 와 구혼자들을 향해 말했다.[517]

"고상한 여왕의 궁전에 여러 주인님들이여...소떼를 놓고 다툴 적에는 주먹으로 맞아도 유감이란 없습니다. 하지만 안티노오스(Antinous)는 배고픈 거지를 쳤으니...거지들에게도 신이 계시다면 그는 신부(新婦)를 맞기 전에 죽을 겁니다."[526]))[오. '제17책']

'마하바라타(The Mahabharata)'에는 '주사위 노름'으로 판다바들(Pandavas)의 왕국을 빼앗고 그 판다바들(Pandavas)들이 사슴 가죽을 걸치고 숲으로 들어갈 적에, 카우라바들(Kauravas)은 '**판다바들(Pandavas)의 분노**'는 아랑곳 하지 않고 눈앞 승리에 마냥 도취되어 있었다.[30]

⑮ 페넬로페(Penelope)의 '스와얌바라(Swayamvara, 남편 고르기 대회)'

'재주 많은 호머(Homer)'가 그의 '일리아드(*The Iliad*)' '오디세이(*The Ody-ssey*)'를 통해 힌두(Hindu)의 '마하바라타(*The Mahabharata*)' **드라우파디 (Draupadi) 스와얌바라(Swayamvara, 남편 고르기 대회)**'를 '페넬로페 스와얌 바라'로 바꿈에는, [그 '마하바라타(*The Mahabharata*)' 영향을] 더 이상 숨길 것도 말 것도 없게 된 경우이다.

((페넬로페가 하녀들과 함께 활과 화살 통과 쇠도끼들을 들고 와 구혼자들 에게 말했다.

"내 말을 들으시오...내가 여기에 오디세우스 왕의 거대한 활과 12개 쇠도 끼를 가지고 왔는데 이 활에 활줄을 매어 화살로 저 쇠도끼 자루의 구멍들을 관통하면 내가 그분을 따라 신부가 되어 이 궁궐을 떠날 겁니다..."[92]

페넬로페는 돼지치기 에우마이오스(Eumaeus)를 시켜 거대한 활과 빛나는 쇠도끼들을 구혼자들 앞에 갖다 놓게 했다.[94]))[오. '제21책']

⑯ '대회 후유증' 수습하기

그 '스와얌바라(Swayamvara, 남편 고르기 대회)' 뒷수습도 물론 '대회 승자' 가 마땅히 감당을 해야 할 사항이다. 오디세우스 경우는 텔레마코스, 돼지치기 에우마이오스(Eumaeus), 소치기 필로이티오스(Philoethius)가 '**그 큰 일**'을 분

---

30) K. M. Ganguli (Translated into English Prose from the Original Sanskrit Text), *The Mahabharata of Krishna-Dwaipayana Vyasa*, Munshiram Manoharlal Publisher Pvt. Ltd. New Delhi, 2000, -**Sabha Parva**- pp. 142~149

70

담해 처리했다.[오. '제22책']

⑰ '저승' 이야기

힌두(Hindu)의 '마하바라타(*The Mahabharata*)'는 판다바들(Pandavas)들의 '하늘나라 도착하기[승천(昇天)의 책(Svargarohana Parva)]'로 마감을 했다.
호머의 '오디세이(*The Odyssey*)'는 다음과 같은 '저승[死者의 나라] 도착 장면'을 두었다.

((킬렌니아의 <u>헤르메스</u>(Cyllenian Hermes)가 황금 지팡이를 들고 '구혼자들의 영혼들(the suitors' ghosts)'을 이끌었으니, 그 황금 지팡이는 사람들을 잠들게 할 수도 깨울 수도 있는 힘을 지닌 지팡이였다. ....헤르메스가 영혼들을 이끌고 '하얀 바위(the White Rock)'와 '태양의 서쪽 대문(the Sun's Western Gates)' '잠든 땅(the Land of Dreams)'을 지나 '수선화(asphodel)가 핀 들녘'에 이르렀다.....[16] ...아가멤논(Agamemnon) 혼령이 멜라네오스(Melaneus) 아들 암피메돈(Amphimedon)의 혼령을 알아보고 물었다. "암피메돈(Amphimedon)이여, 무슨 변고(變故)를 당하여 이 어둠의 세계로 내려왔는가?...."[129]

...암피메돈(Amphimedon) 혼령이 말했다. "....<u>우리는 오랜 동안 오디세우스 아내 페넬로페에게 구혼을 했었소, 그런데 페넬로페는 베틀을 마련해 놓고...'수의(壽衣)를 마련한다.'고 구혼자들에게 선언을 해 놓고...오디세우스 귀환을 기다리고 있었는데...우리가 모두가 이미 죽은 줄로만 알았던 그 오디세우스가 돌아와서...우리 구혼자 모두를 죽였소.</u>"[209] 아가멤논의 혼령은 소리쳤다. "행복한 오디세우스(Odysseus)여! 얼마나 고결하고 훌륭한 아내를 두었는가!...<u>페넬로페의 위대한 도덕은 시들지를 않았구려. 신들이 페넬로페(Penelope)의 노래를 영원히 세상에 퍼지게 할 것이요...</u>"[223]))[오. '제24책']

Ⅲ. '일리아드(*The Iliad*)' '오디세이(*The Odyssey*)'가 '마하바라타(*The Mahabharata*)'와 다른 점 16가지

① '절대신 권능 찬송'에서 '영웅의 업적 나열'로

<u>힌두(Hindu)의 '쿠루크셰트라 전쟁(Kurukshetra War)'과 호머(Homer)의 '트로이 전쟁(Trojan War)'은 '절대 신의 세상 심판(審判)'이란 거대 주제를 공유했다.</u>

하지만 그 '전쟁의 진행과 종착(終着)'을 더욱 구체적으로 짚어보면, 힌두 (Hindu)의 '마하바라타(*The Mahabharata*)'는 **'영혼불멸[靈魂常住]' '절대신 (God)' '윤회(輪廻)'라는 3대(大) 이론을 바탕으로, '영혼 존중 육체[뱀] 무시' '도덕 존중 욕망 무시' '천국(天國) 존중 현세 무시'를 고집하여 '육체의 희생(犧 牲)을 통한 절대신에로의 귀의(歸依)'**를 처음부터 끝까지 고수하였다.

그런데 호머(Homer)의 '일리아드(*The Iliad*)'와 '오디세이(*The Odyssey*)'는, **'죄악(罪惡)의 트로이(Troy)를 누가 그 징벌(懲罰)을 행했는가?' '그 징벌(懲罰) 수행의 주동자는 누구인가?' '최고 영웅, 최고 명성(名聲)은 과연 누구에게 돌아 갔는가?'**에 초점이 맞추어져, 완전히 **'진짜 영웅(英雄)[오디세우스]의 업적 나 열'**이 그 중심을 이루었다.

② 무기(武器)들의 다양화

힌두(Hindu)의 '마하바라타(*The Mahabharata*)'에 주 무기(武器)는 '활'이고, '철퇴(鐵槌)'와 '원반(原盤)'이 보조(補助) 무기로 등장했다.

그런데 호머(Homer) '일리아드(*The Iliad*)' '오디세이(*The Odyssey*)'에서는 '창'과 '방패'가 주 무기이고, '활'과 '칼'에 '도끼' '돌덩이' '돌팔매'가 보조 무기로 되어 있다.

72

힌두(Hindu)의 '마하바라타(*The Mahabharata*)'는 '화살 종류의 다양화'로 그 공격의 강도(强度)를 [관념적 '명칭'으로]제시하고 있는데, 호머(Homer)의 '일리아드(*The Iliad*)'에서는 '창' '방패'가 절대적인 무기로 등장했고, '활'은 **아폴로(Apollo)신의 전담 영역**으로 국한을 시켰다.

'마하바라타(*The Mahabharata*)'에는 '활쏘기 실력'이 바로 '전투 능력'과 동일시되었는데, 호머(Homer)의 '일리아드(*The Iliad*)'에서는 '빨리 달리는 자(Swift Runner, 健脚)'가 최고 투사로 등장했다.

이것은 힌두(Hindu)의 '수렵(狩獵) 문화'에 대해 호머(Homer)는 '지중해 약탈(掠奪)[빼앗아 도망가기] 문화'를 전제로 그 이야기를 펼친 이유였다.

③ '식사(食事) 존중'의 실존주의

힌두(Hindu)의 '마하바라타(*The Mahabharata*)'는 '영혼 존중 육체 경멸'을 기본 종지(宗旨)로 삼아 '영혼불멸' '육체[욕망, 뱀] 초월' 이론을 **지존(至尊)의 노래(Bhagavat Gita)**'에 담아 '브라만(Brahmanas)' '크샤트리아(Kshatriyas)' '바이샤(Vaisyas)' '수드라(Sudras)' 4계급을 **'하늘이 내린 인간 사회 고정된 신분'**으로 구분하였다.[31]

이에 대해 '일리아드(*The Iliad*)' '오디세이(*The Odyssey*)'에서 호머(Homer)는 최고 영웅 오디세우스 입을 통해 '먹고 사는 인간'이란 그의 치열한 '실존주의(Existentialism)'를 명시했다.

(("**알키노오스(Alcinous) 왕이시여...내 오디세우스는 골격(骨格)에서나 번식(繁殖)에서나 하늘을 다스리는 신(神)과 비슷한 것이 없습니다. 나는 사망이 확실한 인간입니다. 누가 나의 쓰라린 고초를 알겠습니까? 슬픔에 슬픔을**

---

31) K. M. Ganguli (Translated into English Prose from the Original Sanskrit Text), *The Mahabharata of Krishna-Dwaipayana Vyasa*, Munshiram Manoharlal Publisher Pvt. Ltd. New Delhi, 2000, -**Bhishma Parva**- pp. 59~61

겪은 사람들은 다 동일할 겁니다. 내가 겪은 고통은 다 이야기할 수 없고 신들에게 감사할 따름입니다. 비참한 일이지만 내가 저녁 식사를 마치도록 해 주십시오. 염치를 모르는 '이 배[腹]라는 개'보다 더욱 고약한 것은 없을 겁니다. 항상 망각(忘却)을 못 하게 하고, 나를 파괴하고 슬프게 만들고 고통을 주며 '먹고 마셔라!'고 주장을 합니다. '이 개[위장]'는 모든 고통스런 기억도 잊게 만들며 '나를 채워라!'고 명령을 합니다.(I'm nothing like the immortal gods who rule the skies, either in bulid or breeding. I'm just a mortal man....But despite my missery, let me finish dinner. The belly's a shameless dog, there's nothing worse. Always insisting, pressing, it never lets us forget-destroyed as I am, my heart racked with sadness, sick with anguish, still it keeps demanding. 'Eat, drink!' It blots out all the memory of my pain, commanding, 'Fill me up!')

그러나 제발 부탁하건데 당신네들은 내일 첫 새벽에 당신들의 불행한 나그네를 고향으로 가게 해 주십시오. 아, 내가 고향 땅에 내 하인들과 거대한 나의 집을 본다면 편안하게 죽을 겁니다.")[오. '제7책']

④ '명성(名聲, Honor)' -신의 권능으로만 가능한 것.

호머(Homer)는 '인간의 모든 삶은 신(神)이 이미 정해놓은 것'이라는 '인생관' '세계관'을 지니고 있었다.

힌두(Hindu)의 '마하바라타(*The Mahabharata*)' '쿠루크셰트라 전쟁(Kurukshetra War)'에서 판다바들(Pandavas)의 구호(口號)는 "크리슈나[神]가 계신 곳에 정의(正義, righteousness)가 있고, 정의(正義, righteousness)가 있는 곳에 승리가 있다.(There, where Krishna is there righteousness ; and there is victory where righteousness is.)"[32]라고 하여 '절대주의' '전쟁 불가피론(ne-

---

32) K. M. Ganguli (Translated into English Prose from the Original Sanskrit Text), *The Mahabharata of Krishna-Dwaipayana Vyasa*, Munshiram Manoharlal Publisher Pvt. Ltd. New Delhi, 2000, -**Bhishma Parva**- p. 173

<u>cessity of war)</u>'을 마련해 놓고 있었다.

그런데 호머의 '일리아드(*The Iliad*)'에서는 '트로이 전쟁(Troyan War)'을 ['헬렌 찾아오기'보다는 **'아킬레스 무용(武勇) 명성 높여 주기 전쟁'** 쪽으로 그 의미를 부여하고 있다.

> ((아킬레스는 두 팔을 펼쳐 사랑하는 어머니[테티스(Thetis)]를 향해 기도하고 또 기도했다.
> "어머니, 어머니께서는 '짧은 생명'을 주셨으니, 올림포스의 제우스는 제게 <u>'명성(Honor)'</u>이라도 주셔야 할 것입니다. 그런데 아가멤논이 나를 조롱하고 내가 얻은 상[브리세이스(Briseis)]까지 가져가 버렸습니다."[422]))[일. '제1책']

위의 아킬레스 자신의 진술에서 볼 수 있듯이, 그 **'명성(Honor)'**이 **'장수(長壽)'**보다 못 한 것으로 전제되었음은 각별한 주목을 요하는데, 이것은 <u>'현세존중(Secularism)'</u>의 아킬레스 인생관[호머의 인생관]과도 직결이 되어 있는 사항이다.

⑤ '살아남은 자가 최고의 승자(勝者)다.'

힌두(Hindu)의 '염세주의(厭世, Pessimism)'는 유명하여, '마하바라타(*The Mahabharata*)'에는 다음과 같은 **'바수들(Vasus)과 강가(Ganga) 이야기'**가 전하고 있다.

> ((어느 날 천상에서 신들의 모임이 있어 브라흐만을 숭배하고 있었습니다. 많은 성자들과 마하비샤(Mahabhisha) 왕도 거기에 있었습니다. 그리고 강(江)들의 여왕 강가(Ganga)도 참석하여 그 할아버지(브라흐만)께 찬송을 올리고 있었습니다. 그런데 강가(Ganga)의 옷은 달빛처럼 빛났는데, 바람에 벗겨졌습니다. 그래서 그녀의 몸이 드러나자 천상의 신들은 그들의 고개를 숙여버렸습니다. 그러나 마하비샤(Mahabhisha)는 무례하게 그 '강(江)의 여왕'을 응

시했습니다. 그래서 브라흐만은 마하비샤(Mahabhisha)에게 저주를 내렸습니다. "가엾은 자여, 강가의 자태에 그대를 망각했구나. 너는 지상에 태어날 것이다. 그래서 거듭거듭 이 경지를 추구해야 할 것이다. 그리고 강가(Ganga)도 인간으로 내려가 상처(주었음)를 갚아야 한다. 그러나 그대에게 분노가 일어나면 그 때 내 저주에서 해방될 것이다." 바이삼파야나(Vaisampayana)는 계속했다. -그래서 마하비샤(Mahabhisha) 왕은 지상에 모든 왕들과 금욕 자들을 생각해 내어 큰 재능을 지닌 프라티파(Pratipa)의 아들로 태어나기를 원했습니다. 그리고 '강가'도 마하비샤(Mahabhisha) 왕이 견고함을 잃은 것을 알고 그를 생각하며 떠났습니다. 그리고 그녀[강가]가 가는 길에 바수들(Vasus)이 같은 길을 가는 것을 보았습니다. 그래서 여왕은 고충 속에 있는 그들에게 물었습니다. "천상에 계신이여, 모든 점이 바르신데 어찌해서 낙심이십니까?" 그 바수들(Vasus)이 대답했습니다. "여왕이시여, 우리는 가벼운 죄이니, 영명한 바시슈타(Vasishuta)의 진노로 저주를 당했습니다. 바시슈타(Vasishuta)가 앉아서 저녁 예배를 올리는데, 우리는 그를 보질 못하고 무모하게 그를 가로질러 갔습니다. 그가 노해서 <u>너희들은 인간으로나 태어나 버려라!(Be ye born among men!)</u>'는 저주를 받았습니다. 그 브라흐마의 말로 행해진 것은 우리의 능력 밖의 일입니다. 그러기에 당신이 여인이 되시면 우리들은 당신의 애들이 될 것이고 우리는 인간의 태(胎) 속으로 들어가야 합니다." 이렇게 말하자 여왕은 그들에게 물었습니다. "그렇게 될 것입니다. 그러면 그들에게 세상에 누가 당신들의 아버지들로 제일이겠습니까?" 바수들(Vasus)은 대답했습니다. "세상에 프라티파(Pratipa)가 산타누(Santanu)라는 아들을 낳아서 그가 세상에서 유명한 왕이 될 것입니다." 강가(Ganga)가 말했습니다. "천상의 신들이여, 당신들이 말한 것은 정확하게 나의 소망입니다. 나는 그 산타누(Santanu)에게 선행(善行)을 할 것입니다. 그것은 역시 당신들이 말했던 그대로입니다." 그러고 나니 바수들(Vasus)이 강가(Ganga)에게 말했습니다.

  "<u>아이가 태어나면 물에 던지십시오, 그래야 [세상에 머무를 시간이 없기에] 세 가지 저주(천상, 지상, 지하)에서 우리가 구원을 받을 것입니다.</u>" 이에 강가(Ganga)가 대답했습니다.

76

"당신들이 원하는 대로 하겠습니다. 그러나 그러면 왕과의 교합이 모두 소용이 없어지므로 한 명은 세상에 남아 있어야 합니다.")) [33]

'마하바라타(*The Mahabharata*)' '바수들(Vasus)과 강가(Ganga) 이야기'는 '**천상(天上, 하늘나라) 존중**' '**인간(人間) 경멸**'의 대조를 제시여 힌두의 '**염세적 세계관(Pessimism)**'을 대표하고 있어, '**아동(兒童) 때 사망이 최선이라는 논리**'이니 크게 주목을 해야 한다.

호머(Homer)의 '오디세이(*The Odyssey*)'에는 다음과 같은 구절이 있다.

(('권투 경기'에서는 알키노오스(Alcinous) 왕의 아들 라오다마스(Lauda-mas)가 우승하였다...[152]....라오다마스(Laudamas)가 오디세우스에게 말했다. "손님이시어. 혹시 손님도 알고 있는 경기가 있는지 좀 물어봅시다...체격이 훌륭하시니 힘도 셀 겁니다....나는 항상 말합니다...**최강자가 살아남는다고**.(I always say...the strongest alive.)"[161]...그러자 '넓은 바다(Broadsea, 人名)'가 거들었다. "라오다마스(Laudamas)여 핵심을 잘 짚었으니, 저 친구[오디세우스]를 일으켜 세워 한 판 붙어 보시오."[164]))[오. '제8책']

호머(Homer)는 그의 '일리아드(*The Iliad*)' '오디세이(*The Odyssey*)'를 통해, '마지막까지 살아남은 영웅 **오디세우스**'를 그 주인공으로 삼고 있다.

⑥ '출세하여 고향 찾기' -오디세우스의 희망 사항

'<u>트로이 전쟁(Troyan War)</u>'를 승리로 이끈 영웅 오디세우스는, '오직 고향 생각'뿐이었다.

---

33) K. M. Ganguli (Translated into English Prose from the Original Sanskrit Text), *The Mahabharata of Krishna-Dwaipayana Vyasa*, Munshiram Manoharlal Publisher Pvt. Ltd. New Delhi, 2000, -**Adi Parva**- pp. 206~207

((오디세우스는 호소했다. "아레테(Arete) 여왕이시여. 신 같은 렉세노르 (Rhexenor) 왕의 따님이시여! 오랜 고초(苦楚)를 겪으며 저는 이곳에 도착했습니다...신들의 거대한 축복이 당신께 내리기를 빕니다...<u>아무쪼록 제가 빨리 고향으로 돌아가게 도와주옵소서.(But as for myself, grant me a rapid convoy home to my own native land.)</u>...'[181] 그렇게 호소하고 모든 사람들이 침묵한 가운데 화덕 곁 재(灰) 속에 오디세우스는 앉았다....알키노오스가 일어나 말했다. "파에아키아(Phaeacia) 왕들과 장군들이여... 이제 돌아가 주무시고 내일 새벽에 우리 손님에 관해 회의를 열겠습니다. 신에게 제사를 올린 다음 우리는 <u>우리의 새 친구가 고통과 걱정 없이 그의 고향 땅으로 돌아가게 할 겁니다</u>....[242]))[오. '제7책']

힌두(Hindu)의 '마하바라타(*The Mahabharata*)'에 '쿠루크셰트라 전쟁(Kurukshetra War)'은 '카우라바들(Kauravas)의 수도(首都) 하스티나푸라(Hastinapura)를 중심으로 펼쳐진 4촌간의 전쟁'이었다. '100명의 카우라바들(Kauravas)들이 전쟁에 다 죽이고' '승리한 판다바들(Pandavas)'은 오히려 백부(伯父) 드리타라슈트라((Dhritarashtra)에게 '죄송스럽게 되었습니다.'고 사죄의 형식을 취하게 되었다.

그리하여 '마하바라타(*The Mahabharata*)'의 '**전쟁의 의미**'는 오직 '**크샤트리아의 의무(the duties of Kshatriya) 이행**'이고, 궁극의 의미는 '**절대 신과 하나 되기**' '**천국(天國) 획득**'이었다. 힌두(Hindu)의 '마하바라타(*The Mahabharata*)'에 '쿠루크셰트라 전쟁(Kurukshetra War)과' 호머(Homer) '일리아드(*The Iliad*)'에 다룬 '트로이 전쟁(Troyan War)' 궁극의 지향점에서, 힌두 '절대주의', 호머 '현세주의'로 확연히 구분이 되어 있으나, 유일한 공통점이 그 '**크샤트리아의 의무(the duties of Kshatriya) 엄수(嚴守)**'였다.

그래서 '마하바라타(*The Mahabharata*)'의 '아르주나'는 마지막 숨이 붙어 있을 때까지 '신에게 바쳐질 제물[희생매]과의 동행'을 영광으로 알았으나, '오디세우스'는 '고향으로 행진을 저지하는 존재들'을 체질적으로 거부하며, **호머**

(Homer)는 그 '오디세우스'를 앞장세워 자신의 '실존주의' '현세주의'를 명시였다.

⑦ '부자(父子) 관계' 중시

힌두(Hindu)의 '마하바라타(*The Mahabharata*)' 판두 5형제는 모두 그 아비들이 신(神)으로 명시가 되어 있다. 그러므로 사실상 그 모계(母系)만 명시된 경우이다.

그런데 호머(Homer) '일리아드(*The Iliad*)' '오디세이(*The Odyssey*)'에서는 '크로노스(Cronus)의 아들 제우스(Zeu)', '아트레오스(Atreus) 아들 아가멤논', '티데오스(Tydeus) 아들 디오메데스(Diomedes)', '펠레오스(Peleus) 아들 아킬레스', '라에르테스(Laertes)아들 오디세우스' 끝도 없이 늘어놓아 '아비가 분명한 아들딸임'을 다 밝혀 놓았다.

사실상 호머의 작품 속에 '모든 왕조'가 다 제우스(Zeus)의 후손이니, '창조주로서의 제우스(Zeus) 기능도 인정했지만, <u>그 제우스(Zeus)부터 처음 출발한 조상인 그 아비에게 그 영웅들에게 어떻게 관련이 되었는지 그 족보(族譜)를 밝히는데도 주저 하지 않은 시인이 호머(Homer)였다.</u>

그리하여 호머는 '현세주의' 연장 속에 '절대 신의 세계가 상정(想定)되었음'을 거침없이 다 밝힌 셈이다. '<u>호머(Homer)의 일리아드(*The Iliad*) 오디세이(*The Odyssey*) 독서</u>'로 '완고한 그 <u>신비주의</u>'가 사실상 다 폭로되게 된다.

⑧ '여성 미모(美貌)'의 '생태(生態)적 의미' 긍정

'마하바라타(*The Mahabharata*)'에 <u>'미녀(美女)의 문제'</u>는 거의 '<u>남자와 남자 사이 분쟁의 불씨</u>'로서 문제가 되었다. 즉 천상(天上)의 미인 '틸로타마(Tilottama)' 때문에 막강한 순다(Sunda) 우파순다(Upasunda)가 서로 싸우다

망했고, 라마(Rama)의 아내 '시타(Sita)'를 납치했다가 라바나(Ravana)가 망했고, 미인 '드라우파디(Draupadi)'를 사이에 두고 카우라바들(Kauravas) 판다바들(Pandavas)이 전쟁을 치르게 되었다는 등속의 이야기이다.

이에 대해 호머(Homer) '일리아드(*The Iliad*)' '오디세이(*The Odyssey*)'에서 말한 '여성미' '미녀'는 단순히 '남자들의 분쟁 부추기기' 문제를 넘어서 **그 아름다움 자체가 여성 고유의 힘**'이고 '**긍지의 근거**'라는 더욱 구체화된 시각이 발동이 되어 있다.

당초에 '트로이 전쟁(Troyan War)'에 문제가 된 그 '황금 사과'에, '**최고로 아름다운 이에게(For the Fairest)**'라고 문구(文句)에 주목을 해야 한다. 그 '사과'를 3 여신 헤라(Hera) 아프로디테(Aphrodite) 아테나(Athena) 여신이 모두 원했다는 점이 그것이다.[일. 제24책]

뿐만 아니라 헤라(Hera)는 제우스를 자기 맘대로 움직일 의도로 아프로디테(Aphrodite)의 도움을 받았괴일. '제14책], 그리고 굳이 '고향으로 돌아가겠다.'고 고집을 하는 오디세우스에게, 칼립소(Calypso) 여신이 '당신의 부인[페넬로페]보다 오래 살 불사신 내[칼립소]와 함께 지내는 것이 더 좋을 겁니다.'라고 말하니 오디세우스는, 그 자리에서 '페넬로페가 여신과 비교할 수는 없다.'고 확실히 밝혔다.[오. '제5책']

호머(Homer)는 '아름다움'에 대한 **여성 고유의 믿음 소망**'을 벌써 다양하게 펼쳐보였다.[단순한 '남성들의 분쟁 요소'만은 아님]

⑨ 여성들의 '행동 방향[도덕성]' 명시

힌두(Hindu)의 '마하바라타(*The Mahabharata*)' 여주인공 드라우파디(Draupadi)는 판다바(Pandavas) 5형제를 섬겼다고 말하고, 그것을 비판적으로 말했던 카르나(Karna)에게는 무서운 '복수'를 행한 것으로 그 이야기를 전개(展開)했다.

이에 대해 호머(Homer)의 '오디세이(*The Odyssey*)'에서는, 이미 앞서 저승으로 가 있던 아가멤논(Agamemnon) 혼령은, 그 **페넬로페(Penelope)**의 '구혼자들' 중 하나였다가 그 오디세우스에 살해되어 뒤에 저승으로 온 '암피메돈(Amphimedon) 혼령'에게 **페넬로페(Penelope) 수절(守節) 이력**'을 전해 듣고 다음과 같이 탄식했다.

> ((아가멤논의 혼령은 소리쳤다.
> "<u>행복한 오디세우스(Odysseus)여! 얼마나 고결하고 훌륭한 아내를 두었는가!...페넬로페의 위대한 도덕은 결코 시들지를 않았구려. 신들은 '페넬로페(Penelope)의 노래'를 영원히 세상에 퍼지게 할 것이요...</u>"[223])) [오. '제24책']

⑩ '종족주의' '지역주의' 옹호

'지역주의(Regionalism)' '종족주의(Racialism)'는 새[鳥]들이 제 둥우리 찾아가기, 여우가 제 굴로 돌아가기와 같은 것으로, '<u>인간도 날 때부터 함께 살아온 사람들과 지역에 대한 애착</u>'은 극히 자연스런 현상일 것이다. 그러므로 호머(Homer)의 '오디세이(*The Odyssey*)'에서 오디세우스의 이타카(Ithaca) 고향 찾아가기는 말릴 이유가 없는 인간 본성에 의한 회귀(回歸)라고 해야 할 것이다.

하지만 소위 '지성(知性)을 지닌 인간'으로서 그 생각이 '자기 가족' '자기 지역'을 벗어나 '천지(天地) 만물'을 함께 고려하는 '<u>창조주[절대자, 자연 원리]</u>'를 생각하는 것도 필요하고 중요한 것이니, 이것이 다다이스트들의 핵심 '<u>동시주의(同時主義. Simultaneism)</u>'이다.

그러므로 <u>호머(오디세우스)는 이타카(Ithaca) 고향도 생각하고 창조주 제우스도 생각했으니, 3천 년 이후에 전개될 그 '동시주의'를 다 꿰뚫었다고 할 수 있다.</u>

그렇다면 힌두(Hindu)의 '마하바라타(*The Mahabharata*)'는 어떤가? '고향' '이승' '현실' '육체'는 다 무시되고 오직 '정신' '천국' '절대신'으로 지향을 강하고 있는 것이 소위 '**일원론(一元論, Monism)**'이다. 이 사상을 담은 것이 '지존(至尊)의 노래(Bhagavat Gita)'이니, 이 '지존(至尊)의 노래(Bhagavat Gita)'를 말한 이가 '크리슈나(Krishna)'인데, **호머는 그를 '외눈박이 거인(One-Eyed Giant) 폴리페모스(Polyphemus)'로 조롱을 행하였다.**[오. '제9책']

⑪ '공동체 중심주의'에서 '개인주의'로

'**사회 공동체(a community)**'와 '**개인(an individual)**'이란 두 축(軸)은 인간 사회의 영원한 숙제이다. 결론부터 말하면 각 '개인(an individual)'들이 모여 '사회 공동체(a community)'를 이루므로 '개인(an individual)'이 무시된 '사회 공동체(a community)'란 있을 수 없다. 그런데 역사적으로 이름을 남긴 사람들은 그 '사회 공동체(a community)'이론을 마련한 사람들이 '신을 대신한 위대한 왕'으로 추앙을 받고 있는데, 그 최초의 존재로 지목할 수 있는 존재가 앞서 말한 '지존(至尊)의 노래(Bhagavat Gita)'를 말한 '크리슈나(Krishna)'이다.

호머(Homer)가 그의 '오디세이(The Odyssey)'를 통해 말하고 있는 주제(主題)는 한 마디로 '개인주의 찬양'이다.

⑫ '인간을 돕는 신들'의 옹호

호머(Homer)의 지향이 '인간 생명 중심의 **현세주의(Secularism)**'이고 보니, 오디세우스를 가까이 돕는 아테나(Athena) 신도 오직 '오디세우스의 승리'를 위해 온갖 조처를 다하였다.

사실상 힌두(Hindu)의 '마하바라타(The Mahabharata)'에서 판다바들(Pandavas)들의 수호신 크리슈나(Krishna)도 그들의 승리를 위해 온갖 수단을 동원했다고 상술(詳述)이 되어 있다.['드로나(Drona)'를 잡기 위한 속임수 동원, '비마세나(Bhimasena)'와 '두료다나(Duryodhana)'의 전투 규칙 위반 무시 등]

판다바들(Pandavas)들의 수호신 크리슈나(Krishna)와 오디세우스에 대한 아테나(Athena) 신의 돕는 차이점은, '크리슈나(Krishna)의 문제'는 '**전쟁의 승패 문제**'였는데, 아테나(Athena)여신은 '**전쟁 승리와 오디세우스 이타카(Ithaca) 안착(安着)**'에까지 '섬세(纖細)'하게 도왔다.

그리하여 호머(Homer)는 그의 '일리아드(*The Iliad*)' '오디세이(*The Odyssey*)'를 통해 그가 '**제우스(Zeus)와 아테나(Athena)의 계관시인(桂冠詩人, poet-laureate, 御用作家)임**'을 스스로 명시하고 있다.

⑬ '약탈(掠奪)의 생활화' -'지중해(地中海) 해적(海賊) 문화' 옹호

호머(Homer) '일리아드(*The Iliad*)' '오디세이(*The Odyssey*)' 모두 호머의 작품이라고 하지만, '일리아드(*The Iliad*)'의 영웅은 아킬레스(Achilles)이고, '오디세이(*The Odyssey*)'의 영웅은 오디세우스(Odysseus)이기에 그들의 각자의 개성(個性)만큼이나 사실상 호머의 주장도 동일할 수 없다.

우선 **아킬레스(Achilles)**의 경우는 '**약탈(掠奪) 문화 속에 최강자**'의 모습을 그대로 드러내었다. 쉽게 말하여 '원시 지중해 문화의 대표자'이다. 이에 대해 호머는 영웅 '**오디세우스**' 경우는 온갖 미사여구를 동원하여 그 오디세우스가 '호머 문학의 주인공'임을 거듭 확신을 시키고 있다.

그러면 오디세우스 경우 '약탈'은 없었는가? 오디세우스는 알키노오스(Alcinous) 왕게 다음과 같이 털어놓았다.

((이제 내가 트로이를 출발하여 고향으로 가는 길을 제우스께서 나에게 부과한 고통을 말씀드리겠습니다...[44]...바람이 나를 트로이에서 키코네스(Cicones)가 버티고 있는 이스마로스(Ismarus)로 데리고 갔습니다. 나는 그 도시를 공격하여 남자들을 죽이고...약탈을 했습니다...[49]...하지만 키코네스(Cicones)는 다른 키코네스(Cicones)를 불러 대항해 왔으므로...우리는 도망을 쳤습니다...))[오. '제9책']

그리고 파도에 시달리고 지쳐 '경기 참가를 사양하는 오디세우스'에 경기 참가를 종용하는 다음 장면도 호머는 삽입을 했다.

((‘넓은 바다(Broadsea, 人名)’가 끼어들어 말했다.
“알겠습니다. 진짜 남자들이 행하는 경기란 모르고, 그저 바다를 떠돌아다니는 장사꾼이거나 아니면, 그저 황금을 노리는 해적 선장이셨군요! 알겠습니다.”[189]
오디세우스가 그를 노려보고 말했다.
“어린애 같은 말씀을 하시네. 당신은 겁도 없는 바보요...”))[오. ‘제8책’]

그렇다면 당초에 ‘약탈(掠奪) 문화의 영웅 아킬레스’는 도대체 무엇인가? 힌두(Hindu)의 ‘마하바라타(The Mahabharata)’에는 ‘주사위 노름’을 즐기는 유디슈티라(Yudhishthira) 왕에서 ‘왕국’과 ‘아우들’과 ‘왕비’ ‘유디슈티라(Yudhishthira) 자신’까지 ‘주사위 노름’으로 갈취한 사쿠니(Sakuni)란 괴물이 등장하고 있다.

((사쿠니(Sakuni)가 말했습니다. “그 쿤티의 아들[유디슈티라]은 ‘주사위노름(dice-play)’을 모르면서도 그 ‘노름’을 아주 좋아합니다. ‘노름’을 하자고 하면 거절을 못 할 것입니다. 나는 그 ‘주사위노름’에 선수입니다. <u>세상에 아니 3계(三界)에도 [주사위노름으로]나를 당할 자는 없습니다. 주사위노름으로 그 왕국을 차지하고 유디슈티라의 번성을 빼앗을 겁니다. 그러나 그것을 부왕(父王, 드리타라슈트라)께 다 말씀드려야 합니다. 그대 부왕(父王)의 명령이 떨어지면, 유디슈티라의 모든 소유를 모두 빼앗아 드리겠습니다.</u>”))[34]

34) K. M. Ganguli (Translated into English Prose from the Original Sanskrit Text), *The Mahabharata of Krishna-Dwaipayana Vyasa*, Munshiram Manoharlal Publisher Pvt. Ltd. New Delhi, 2000, -**Sabha Parva**- p. 96

'카우라바들과 판다바들의 주사위 놀음'[35] '주사위 놀음을 하는 사쿠니'[36] '노름판에 재산을 다 잃은 유디슈티라가 아내 두라우파디를 걸다.'[37]

'드라우파디의 굴욕 : 두사사나(Dussasana)가 드라우파디의 머리채를 끌며 옷을 벗기려하고 하고 있다.'[38] '드라우파디의 옷 벗기기'[39] '드라우파디는 신의 은총을 받았다.'[40] '사쿠니(sakuni)'

'일리아드(*The Iliad*)' '오디세이(*The Odyssey*)'를 서술한 호머(Homer)의 논리에 의하면 **사쿠니(Sakuni)의 주사위 노름 실력**'도 사실상 '절대신'이 부여한

35) Dr. N. Krishna etc, *Historicity of the Mahabharata*, Aryan Books International New Delhi, 2013, p. 21 'The Kauravas and Padavas engaged in the game of diceplay'
36) Wikipedia, 'Sakuni' -'Shakuni playing dice game'
37) Wkipedia, 'Draupai' -'Draupadi is presented in a parcheesi game where Yudhishthira has gambled away all his material wealth.'
38) Dr. N. Krishna etc, *Historicity of the Mahabharata*, Aryan Books International New Delhi, 2013, p. 20 'Draupadi's humiliation : Dussasana pulling Draupadi by her hair and trying to unrobe her.'
39) P. Thomas, *Epics, Myths and Legends of India*, Bombay, 1980, Plate 156 'Denudation of Draupadi'
40) S. Jyotirmayananda, *Mysticism of the Mahabharata*, Yoga Jyoti Press, 2013, p. 90 'Draupadi receives Divine grace.'

것이다. 그리하여 '절대자'는 그 악마적 존재까지 이용하여 '절대 신의 뜻[세상 심판]'을 달성한다는 것이 소위 **'신정론(神正論, Theodicy)'**인데, 오디세우스(Odysseus)는 그 '해적(海賊)'이 아님을 명시했다.

호머(Homer)가 행한 그 **'약탈 문화의 일부 긍정'**은, 영국(英國)의 **'해적 왕 드레이크(Sir Francis Drake, 1543~1596)'**까지 이어져 있음은 주목을 해야 할 사항이다.

⑭ '손님(guest) 접대(接待)의 양속(良俗)' 찬양

영국의 매켄지(D. A. Mackenzie, 1873~1936)는 **'지중해 족(Mediterranean race)'**이란 말을 사용했는데, 만약 '그들 도래(渡來) 경위'를 따질 것 없이 그 말대로 **'지중해 족(Mediterranean race)'**을 긍정한다면, 호머(Homer)가 그의 '일리아드(*The Iliad*)' '오디세이(*The Odyssey*)'에서 거론한 모든 종족이 '지중해 족'이라고 할 수 있다.

호머(Homer)가 그의 '오디세이(*The Odyssey*)'에서, 그 '오디세우스의 방랑'을 통해 제시한 바는 **A. '이방인을 동물로 생각하여 잡아먹는 경우' B. '잡아두어 두어 고향 생각을 망각하게 하는 경우' C. '접대(接待)해 고향으로 인도하는 경우'** 3 가지로 경우로 나눌 수 있데, 이중에 'C 유형'의 양속(良俗)을 보인 경우는 '제우스(Zeus)를 신앙하고 받드는 종족'이라는 특징을 지닌다고 호머는 주장을 폈다.

이에 대해 힌두(Hindu)의 '마하바라타(*The Mahabharata*)'에 제시된 문화는 육지로 국가와 국가가 서로 연이어 있어, 쉽게 '기습(奇襲)'을 감행할 수도 있고, 염탐 군(스파이)을 투입할 수 있다. 힌두의 영웅 크리슈나(Krishna)는 역시 '기계(奇計)'에 능하여 판다바들(Pandavas)들의 '라자수야(Rajasuya) 대제(大祭)'를 치르는데 장애가 될 수 있는 막강한 군주(君主) 자라산다(Jarasanda) 왕의 마가다(Magadha) 왕국에 '손님'으로 가장을 하고 들어가, 그 자라산다(Jarasanda) 왕과 비마세나(Bhimasena)와 14일 간이나 먹지도 않고 계속 '힘겨루기'를 행해 그 '자라산다(Jarasanda)'를 잡고 그의 아들을 왕으로 세웠다는 기록이 있다.[41]

그러하다면 호머(Homer) '오디세이(*The Odyssey*)'에 공개된 '손님 접대의 양속(良俗)' 오직 **제우스와 아테나 신앙인의 아름다운 모습**'이니, 그 '계관시인(桂冠詩人, poet-laureate, 御用作家)' 호머의 '말 속에 전제된 희망 사항'일 수도 있다.

⑮ '각종 도구'와 '술' '약품'의 자랑

호머(Homer)의 '일리아드(*The Iliad*)' '오디세이(*The Odyssey*)'에는 힌두(Hindu)의 '마하바라타(*The Mahabharata*)'에서는 볼 수 없는, '제우스의 **황금 저울**'[일. '제8책'] '아킬레스의 **방패**'[일, '제16책'] '이집트에서 구해온 **약초**'[오. '제4책'] '트로이 목마'[오 '제8책'] '맛좋은 **술**'[오, '제9책'] '프람니아(Pramnian) 술에 치즈 보리 가루 꿀 **마약**(wicked drugs)'[오. '제10책'] '마법의 **향초**(magic herb)' '마법의 **기름**(magic oil)'[오. '제10책'] '**나무뿌리에 세운 침상**'[오. '제23책'] 등 다양한 '식품'과 '도구'들의 기술을 상세히 제시했다.

이것은 간단히 말해 **감성(感性, 物自體, Sensibility, -the things in themselves)**'과 '이성(理性, 정신, Reason)'[42]을 다 긍정하는 소위 '2원론(Dualism)'에 근거를 둔 바로서, '마하바라타(*The Mahabharata*)'의 '정신 제일주의' '절대주의' '1원론(Monism)'과는 철저히 구분된 '**호머가 먼저 확보한 과학적인 영역**'으로 크게 주목을 해야 마땅하다.

---

41) K. M. Ganguli (Translated into English Prose from the Original Sanskrit Text), *The Mahabharata of Krishna-Dwaipayana Vyasa*, Munshiram Manoharlal Publisher Pvt. Ltd. New Delhi, 2000, -**Sabha Parva**- pp. 46~56

42) I. Kant(translated by J. M. D. Meiklejohn), *The Critique of Pure Reason,* William Benton, 1980, p. 26 'Of Space'

⑯ 최고(最高) 자기도취 자(自己陶醉者)의 서술

힌두(Hindu)의 '마하바라타(*The Mahabharata*)'는 서사자(敍事者)로 우그라스라바(Ugrasrava), 바이샴파야나(Vaisampayana), 마르칸데야(Markandeya), 산자야(Sanjaya) 등을 내세워 황제 자나메자야(Janamejaya) 유디슈티라(Yudhishthira) 드리타라슈트라(Dhritarashtra)의 질문에 대답하는 형식을 취하면서도 '서사(敍事)'에 신중을 기하여 '질문'에 대답이 힘들 때는 스승 비아사(Dwaipayana Vyasa)에게 되묻는 상황에서 전개가 되었고, 원 저자로 알려진 **'비아사(Dwaipayana Vyasa, 編輯者)'**까지 '편집을 행한 사람'으로 규정하여 '저작의 권위'를 다 인정하지 않았다.

그런데 호머(Homer)는 '일리아드(*The Iliad*)'에서는 '제우스=호머' '헤라=호머' '아폴로=호머' '아테나=호머' '아킬레스=호머' 신격(神格, 人格)에 수시로 개입하여 그들의 소임을 대행(代行)했을 뿐만 아니라, '오디세이(*The Odyssey*)'에서 시인(詩人) 본래의 모습으로 돌아와 **'낭송시인(bard) 데모도코스(Demodocus)**=호머'를 칭송하고 다시 '오디세우스=호머' 인격으로 들어가 그 낭송시인에게 **'트로이 전쟁(Trojan War)'**에 **'트로이 목마(Trojan wooden horse)'** 이야기 낭송시키고, [오디세우스]홀로 눈물을 흘렸을 뿐만 아니라 다시 '이야기군 오디세우스'로 둔갑을 시켜 '키클롭스=호머' '키르케 여왕=호머' 등의 무한정 자기 동일시(同一視)를 펼쳐 '마하바라타(*The Mahabharata*)'에서 애를 써서 감춘 소위 '계관시인(桂冠詩人, poet-laureate, 御用作家)'의 정체(正體)를 온전하게 다 드러내 알게 하였다.

사실 호머(Homer)의 '일리아드(*The Iliad*)' '오디세이(*The Odyssey*)'를 읽고도, 인류가 소유한 모든 고전(古典) 속에 빠질 수 없는 **'발화자(發話者)' '청취자(聽取者)' 존재가 모두 계관시인들의 솜씨임을 모르면** 결코 '밝은 판단력'을 보유했다고 말할 수 없을 것이다.

IV. 호머(Homer) 유산(遺産)의 역사적 전개(展開)

호머(Homer) 이후 '서양 철학사'는 '절대주의' '실존주의[현세주의]' 격렬한 세력 다툼의 양상으로 펼쳐졌다. 당초에 힌두(Hindu)가 '육체-뱀' '정신-신'이라는 큰 구분이 너무나 유명하여 그 '절대주의' 앞에 '실존주의'는 기를 펼 수 없었다.

이후 희랍의 플라톤을 거치고, '중세 1500년의 사제(司祭) 통치[Theocracy]'를 지나, 제2차 세계대전의 주범(主犯)인 그 헤겔(Hegel)에게 이르기까지 그 '절대주의'가 '맹위(猛威)'를 떨치었다.

그러나 호머의 '실존주의'는 차라리 '인간의 타고난 본성'으로 '고국(故國)을 찾고' '부모 형제를 찾는 것'은 특별히 교육으로 행하지 않아도, '물고기가 원래 알에서 부화한 장소'로 돌아오는 것과 같고 '철새의 이동' 같은 본성에 기초해 막을 수가 없는 사항이기 때문이다.

그러면 '물고기. 철새, 사자처럼 타고난 형상대로 교육 없이 버려두는 것이 과연 최선인가?'라는 역시 위대한 명제가 기다리고 있다. 결론적으로 인간은 '절대주의'와 '실존주의[현세주의]'를 운명적으로 벗어날 수가 없으니, 이것이 바로 '**다다 혁명 운동**'의 핵심 '**동시주의(同時主義, Simultaneism)**'이다.

'사회 공동체[신이 창조한 세계]'와 '개별 실존의 의미'를 과학적 차원에서 명시를 해 놓고 '**각자의 판단에 맡기자.**[맡길 수밖에 없다.]'는 것이 '동시주의(同時主義, Simultaneism)'의 요핵(要核)이니, '도덕의 실천과 명성의 확보'를 호머(Homer)는 '오디세우스'와 더불어 '**신이 내린 운명적인 영광**'으로 명백하게 했다.

그래서 호머(Homer)는 '위대한 마하바라타(*The Mahabharata*)'에 최초로 반기(反旗)를 높이 들고, 인간 실존(實存)의 노래 '일리아드(*The Iliad*)' '오디세이(*The Odyssey*)'를 오늘날까지 시들지 않게 하였다.

① 헤로도토스의 '역사'

'역사(*The Histories*)'를 서술한 헤로도토스(Herodotus, 484~425 b. c.)는 호머(Homer) '일리아드(*The Iliad*)' '오디세이(*The Odyssey*)' 정신을 계승한 **'확실한 실존주의자'**일 뿐만 아니라 **'감성(感性, Sense, -Sensibility, 물자체 -a thing in itself) 존중'**[Ⅲ. ⒂] 탐색을 더욱 대대적으로 확장하여 소위 **'서구의 물질(物質) 문명의 근본을 제대로 다 확립한 그의 인류 문화적 공적'**은 어느 누구가 대신할 수도 없는 막대한 것이었다.

헤로도토스(Herodotus)의 위대한 공적은 **A. '탈(脫) 신비주의' B. '지리 자연 현상의 면밀한 고찰' C. '영웅[헤라클레스]주의 긍정' D. '민주주의 소개' E. '법 앞에 평등' 명시 F. '개인주의' 긍정 G. '자유' H. '평화' I. '개별 종족 특성 존중'** 등 그야말로 '지구촌(The Global Villages)' 운영의 '대경대법(大經大法)'을 선구적(先驅的)으로 명시(明示)하였다.

이러한 헤로도토스(Herodotus)는. 호머(Homer)가 '일리아드(*The Iliad*)' '오디세이(*The Odyssey*)'의 중심 화제인 '트로이 전쟁(Trojan War)'을 다음과 같이 말했다.

((헬렌이 사실상 트로이에 있었다면 파리스(Paris)가 동의하건 말건 희랍인들에게 넘겨졌을 것이다. 왜냐하면 [토로이 왕]프리암(Priam)이나 다른 왕족들이 단순히 파리스를 헬렌과 계속 동거하게 하는 것으로 프리암 자신과 아들의 생명과 토로이 도시를 위험에 빠뜨릴 정도로 미친 사람들이라고는 믿기지 않기 때문이다. 더구나 (우리가 '서사시' 그대로를 믿는다면)트로이 사람들이 전쟁에 크게 패하여 근심이 시작된 감정을 고려하면, 비록 헬렌이 프리암 왕 자신의 처가 되어 있을지라도 전쟁이 터져 고통을 받는 것에서 해방될 기회가 제공되었다면 헬렌을 희랍으로 꼭 못 넘겨줄 이유가 없기 때문이다. 그리고 파리스는 왕위를 계승할 후계자도 아니고, 나이 든 부왕을 대신해 행동할 수도 없었다. 왜냐하면 헥토르(Hector)가 형이고, 프리암을 계승할

위치에 있었기 때문이다. 트로이 사람들은 사실상 헬렌이 지니고 있지 않았으니, 돌려줄 수도 없었다. 사람들은 희랍인이 진실하다고 하고, 희랍인이 다른 이야기를 거부하는 것은, 그 극한의 대 파괴(전쟁)는 '커다란 죄악[남의 부인의 약탈]'에는 신의 징벌을 맞게 마련이라는 신의 의지에서 온 것이었다고, 나는 단언하지 않을 수 없다.))[43]

헤로도토스는 호머(Homer)도 그의 '일리아드(*The Iliad*)' '오디세이(*The Odyssey*)'를, '**죄를 지으면, 신(神)의 징벌이 내리게 마련이다.**'라고 하여 그 '주제(主題)'로 호머의 '역사적 의미'를 간결하게 하였다.[사실상 헤로도토스는, '호머의 神秘主義 거부 자'임]

② 플라톤의 '국가'

다음은 플라톤(Plato, 428~348 b. c.)이 남긴 가장 유명한 말이다.

(("'**철학자'가 왕이나 통치자가 되든지, 왕이나 통치자가 '철학자'가 되든지 해서, 정치적 힘과 철학을 한 손아귀에 넣지 못 하면, 인간 국가들의 고민들은 결코 햇빛을 볼 수 있는 현실로 나올 수 없습니다.**(The society...can never grow into a reality or see the light of day, and there will be the troubles of states...of humanity itself, till philosophers become kings in this world, or till those we call kings and rulers reality and become philosphers, and political power and philosophy thus come into the same hands...)"[44]))

이렇게 플라톤은 '철인(哲人) 통치'를 강조했는데, 플라톤은 역시 그의 저서

---

43) Herodotus (translated by Aubrey de Selincourt), *The Histories*, Penguin Books, 1954, pp. 170~174
44) Plato. *The Republic*, Penguin Books, 1974, p. 263

'국가(*The Republic*)'에서 그 '**철학자**'를 '**깨달은 자**'로 그 '동굴의 비유(The Figure of the Den, the Allegory of the Cave)'로 설명하였다. 즉 플라톤은 스승 소크라테스의 권위로 '철학자'를 '동굴 속 그림자만 보다가 기존한 관계를 끊고 밝은 태양 이래로 나온 자. **불타(佛陀, Buddha)의 깨달음(覺, enlighten-ment) 경지에 도달한 자**'라고, 추수자(秋水子)는 미루어 볼 수 있었다.

불타(佛陀, 563~480 b. c.)가 처음 그 '**깨달음(覺, enlightenment)**'을 강조한 이래 '무수한 깨달은 자'가 있었고, 앞으로도 배출이 될 것이나, '**부처님이 통치를 해야 한다**.'고 확실하게 말한 자가 '혁명가 플라톤'이었다.

플라톤이 말한 '정치 현실(Realty)'이란 결코 '**감성(感性, Sense, -Sensibility, 물자체 -a thing in itself)을 결여한 것**'일 수는 없으니, 그의 생전에 호머(Homer)를 더러 비판을 했으나, 플라톤의 '최고 정치 논리'도 사실상 호머의 '[햇빛 아래 발동된]**감성(感性, Sense, 물자체 -a thing in itself) 존중 정신**'을 제대로 계승한 '웅변'이었다.

③ 호머를 모두 수용한 로마(Rome) 문화

불핀치(T, Bulfinch, 1796~1867)는, 희랍의 제우스(Zeus)는 로마의 '주피터(Jupiter)'이고, 희랍의 포세이돈(Poseidon)은 로마의 '넵튠(Neptune)'이고, 희랍의 아테나(Athena)는 로마의 '미네르바(Minerva)'이고, 희랍의 아프로디테(Aphrodite)는 로마의 '비너스(Venus)', 희랍의 오디세우스(Odysseus)는 로마의 '율리시스(Ulysses)'로 명칭이 바뀌었다고 하였다.[45]

이후 유럽에서는 희랍 식 신의 명칭보다는 로마 식 신의 명칭을 선호했으니, 유럽의 제국(諸國)들이 이후 로마로 통합이 되게 되었기 때문이다.

---

45) *Bulfinch's Mythology*, Crown Publishers, 1979

④ '신약(新約)' 서술자의 '천사'

'마테복음'에는 다음과 같은 서술이 있다.

((예수 그리스도의 나심은 이러하니라. 그 모친 마리아(Mary)가 요셉과 정혼하고 동거하기 전에 성령으로 잉태된 것이 나타났더니, 그 남편 요셉(Joseph)은 의로운 사람이라 저를 드러내지 아니하고 가만히 끊고자 하여 이 일을 생각할 적에 <u>주의 사자(an angel of the Lord)'가 현몽(現夢)하여 가로되</u> 다윗의 자손 요셉아 네 아내 마리아 데려오기를 무서워 말라. 저에게 잉태된 자는 성령으로 된 것이라 아들을 낳으리니 이름을 예수라 하라 이는 자기 백성을 저의 죄에서 구원할 자이심이라))[마테복음. 1장 18~21절]

이 부분은 호머(Homer)의 '오디세이(*The Odyssey*)' '페넬로페 꿈에 나타난 아테나 여신'과 유사(類似)한 장면 제시이다.

((페넬로페(Penelope)는 아들 텔레마코스가 떠난 것을 뒤늦게 알고....구혼자들이 아들을 죽일 계획을 세운 것까지 알아내어...고민 속에 잠들었는데...아테나 여신이 페넬로페(Penelope) 기도를 듣고 ....이카리오스(Icarius) 왕의 딸 입티메(Iphthime) 환영(幻影)을 페넬로페에게 파견해서..그녀가 잠든 머리 곁에 세웠다.[903]

"주무시군요. 언니...언니의 아들은 분명 돌아옵니다...텔레마코스는 신들의 눈에 죄인이 아닙니다..."[908]

페넬로페가 말했다.

"네가 여기까지 오다니...나는...그이[오디세우스]보다는 그 애[텔레마코스]가 더욱 걱정이다...."[927]

...입티메(Iphthime)가 말했다.

"....용기를 내세요...아테나 여신이 저를 언니에게 보냈습니다..."[933]

....페넬로페(Penelope) 마음은 따뜻해졌다.))[오. 제4책]

⑤ 단테의 '신곡'

 단테(A. Dante, 1265~1321)의 '신곡(神曲, Divine Comedy)'은 '마하바라타 (*The Mahabharata*)'의 '18, 승천(昇天)의 책(Svargarohana Parva)'[제120장]을 그대로 적용한 것이다.

 ((''단테 알리기에리의 신곡 1부인 지옥편에 대한 서술. 단테의 지옥이라고 도 불린다. 신곡 중에서 가장 인기가 많은 부분이자 지옥을 소재로 한 작품 중에서 가장 유명하다. 지옥에는 단테가 개인적으로 싫어하던 사람이나 그의 정치적 라이벌도 많이 들어있다(…). 심지어 이 글을 쓸 당시에는 아직 살아 있었는데도 영혼은 이미 지옥에 있다고 묘사하기도 한다. 단테가 지옥의 몇몇 죄인들에게 동정심을 보이는 것도 특징. 반대로 몇몇 죄인들에겐 꼴 좋다는 식으로 비웃어주기도 한다. 지옥의 최하층에는 마왕 루키페르가 파묻혀 있다. 루키페르는 그 입에 3명의 악인을 물고 있는데, 가운데에 물려있는 것은 이스 카리옷 유다이고, 양 옆에는 카이사르를 암살한 브루투스와 카시우스가 물려 있다. 루키페르의 몸을 타고 올라가 지옥을 빠져나가고 나면 연옥의 산이 있다. 잘 이해가 안 될 수도 있는데, 루키페르의 몸이 지구 한 가운데에 있어 서 아래 방향이 바뀌는 것으로 나온다. 작중 단테도 이 부분에서 약간 헷갈려 한다. 연옥의 산을 오르는 내용이 연옥편이다. 연옥산을 오른 다음에는 베르 길리우스와 헤어지고 대신 베아트리체를 만나 그녀와 함께 천국을 여행하게 된다.''
 "베르길리우스와 단테는 대지의 중심에서 빠져나와 다시 햇살을 받으며 연옥(煉獄, Purgatorio)의 불을 저장한 산에 이른다. 연옥도 몇 개의 구역으로 나뉘어 있으며, 속죄자들은 자신의 죄를 깊이 통찰함으로써 정화될 수 있는 기회를 얻는다. 그들의 죄는 용서받을 수 없는 것이 아니다. 연옥의 구조는 피라미드와 같은 형태로 각 층은 일곱 가지의 대죄, 즉 교만, 질투, 분노, 나태, 탐욕, 탐식, 색욕에 할당되어 있다. 참회가 늦었던 자들은 연옥에 바로 입장할 수 없고, 연옥의 바깥에서 그 세월만큼 기다려야 한다. 문지기 천사는 P 일곱 개를 단테의 이마에 새겨준다. 이것은 '죄'를 뜻하는 'Pecatti'의 머릿글자로, 대죄가 일곱 가지이기 때문에 일곱 개를 새긴 것이다. 단테가 각 층을 통과할 때마다 천사들이 하나씩 지워준다. 지옥편에 비해 평화로운 분위기로 그려져서 그렇지, 방법 자체만 놓고 보면 지옥편 못지 않게 그로테스크한 형벌도 있다"

"천국은 옛 유럽인들의 믿음에 따라 지구를 둘러싸고 있는 여러 겹의 하늘로 이루어진 것으로 묘사되며, 각각의 죄에 따라 벌을 받는 지옥과 연옥처럼 각각의 선에 따라 행복을 누리고 있다.")[46]

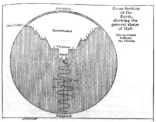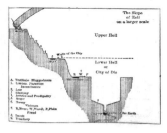

'단테' '지옥 그림'[47]

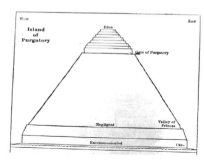

'연옥, 천국 그림'[48]

단테는, 힌두(Hindu)의 영웅 '<u>**유디슈티라(Yudhishshthira)**</u>'의 '지옥' '연옥'

---

46) 나무위키, '단테 신곡 -지옥 연옥 천국'(抄引)
47) Dante Alighieri, *La Divina Commedia*, D. C. Heath and Company, 1933, pp. i , vii
48) Dante Alighieri, *La Divina Commedia*, D. C. Heath and Company, 1933, p. viii

'천국'의 기행(紀行) 그대로 '신약'의 예수를 절대 신의 자리에 두고, 그 '유디슈티라(Yudhishshthira)' 위치에 단테 자신을 두었다. **단테의 '신곡(神曲, Divine Comedy)'은 당시 '로마'를 중심으로 어떻게 '힌두(Hindu) 문화 지우기 운동'이 벌어졌는지를 다 보여주는 작품이다.** 한 마디로 **단테의 '신곡(神曲)'은 그 '기독교 신권 통치(Theodicy)의 흥성과 쇠망'을 아울러 보여주고 있으니,** 단테는 힌두 '마하바라타(*The Mahabharata*)' 시인에게는 성공했을지 모르지만, 니체의 '차라투스트라'의 가르침이 행해진 이후에 단테는 영국의 밀턴(J. Milton, 1608~74)과 더불어 **'두 바보'**로 조롱이 되었다.['가보지 않은 곳을 미리 말했다는 점'에서 -버나드 쇼(G. Bernard Shaw, 1856~1950)의 '범인(凡人)과 초인(超人)'49)]

특히 단테가 추정했던 **'천국(天國)' '에덴(Eden)'이 '지상(地上)의 첨단(尖端)'으로 상정된 것은 힌두(Hindu)가 상상했던 '히말라야' '메루(Meru)' '수미산(須彌山)'과 동일한 곳**이라는 점은 각별히 주목을 해야 한다.

⑥ 셰익스피어의 '햄릿'

셰익스피어(W. Shakespeare, 1564~1616)의 '햄릿(*The Hamlet*)'은 다음과 같이 소개가 되고 있다.

(('덴마크 왕자 햄릿의 비극(The Tragedy of Hamlet, Prince of Denmark)'은...왕자 햄릿이 그의 아버지 왕권을 **빼앗고** 어머니와 결혼하기 위해 그의 아버지를 살해한 아저씨 클로디우스(Claudius)에 대한 복수를 그린 작품이다... -제1막-

주인공 햄릿은 덴마크의 왕자이고, 사망한 햄릿의 아들이고, 아버지의 아우 계승자 클로디우스(Claudius)의 조카이다. 클로디우스(Claudius)는 과부

---

49) B. Show, *Man and Superman*, Holt Rinehart and Winston, 1956, pp. 305~307

가 된 거트루드(Gertrude) 왕비와 서둘러 결혼했고, 왕비는 클로디우스 (Claudius)에게 왕위를 넘겼다.

덴마크는 이웃 노르웨이와 오랜 동안 반목했었는데 햄릿 왕은 수년 전 전투에서 노르웨이 왕 포틴브라(Fortinbras)를 죽이고 덴마크는 노르웨이를 전쟁에 패배시켜 노르웨이 왕권은 허약한 그 아우에게 맡겨졌으나, 덴마크는 죽은 포틴브라(Fortinbras) 왕의 아들 공격에 임박해 있었다.

덴마크의 왕궁 엘시노르(Elsinore) 성루(城樓)의 추운 밤에, 보초 병사 베르나도(Bernardo)와 마르켈루스(Marcellus)가 죽은 왕 햄릿과 비슷한 망령을 본 것을 의논하다가 왕자 햄릿의 친구 호레이시오(Horatio)도 보게 하였고, 3인은 그들이 보았던 것을 왕자 햄릿에게 말하기로 맹세를 했다.......이튿날 궁정 회의가 끝나자 햄릿은 아버지 사망과 어머니의 서두른 결혼이 실망스러웠다. 친구 호레이시오(Horatio)에게 망령 이야기를 들은 햄릿은 그 망령과 만날 것을 결심했다. ...그날 밤 성루에 나타난 그 망령은 자기가 클로디우스 (Claudius)에게 살해를 당했으니 그에게 복수를 하라 하자 햄릿은 동의했고, 망령은 사라졌다.))[*The Hamlet* -Wikipedia]

그 동안 셰익스피어(W. Shakespeare)의 '햄릿(*The Hamlet*)'은 문학작품으로 '세계적 명성'을 누리면서 그 작품 주변 연구도 행해졌으나, 셰익스피어(W. Shakespeare)의 '햄릿(*The Hamlet*)'이 호머(Homer) '일리아드(*The Iliad*)' '오디세이(*The Odyssey*)'에 근본을 두고 있다는 언급을 추수자(跛隨者)는 아직 확인하지 못 했다.

그러나 '일리아드(*The Iliad*)' 제23책 아킬레스 꿈속에 나타난 **죽은 파트로클로스(Patroclus) 망령 이야기**'와 작품 '오디세이(*The Odyssey*)' 제1책에 제시된 **오레스테스(Orestes)의 죽은 아비 원수 갚기**'를 두 기둥으로 삼았다는 사실은 작품의 독서로 쉽게 미루어 볼 수 있는 사항이다.

특히 '왕조 시대 아비와 아들 관계 중시'한 '오디세이(*The Odyssey*)'를 빼놓고는 '햄릿'을 충분히 논했다고 할 수 없으니, **셰익스피어(W. Shakespeare) 자신도 그 '햄릿'과 '오디세이(*The Odyssey*)'와의 관계를 감출 생각이 없었던**

것으로 보이니, '오디세이(*The Odyssey*)'에서 영웅 오디세우스의 아비 '라이에르테스(Laertes)' 명칭을 '햄릿(*The Hamlet*)'에 찬탈자 클로디우스(Claudius)의 왕의 상담자 '폴로니우스(Polonius)의 아들 이름'으로 굳이 드러내고 있다는 사실이 그것이다.

⑦ 괴테의 '파우스트'

괴테(Goethe, 1749~1832)의 '파우스트(Faust)'는 다음과 같이 소개되고 있다.

((파우스트(Faust) 제1부는 다양한 배경을 잡았으니, 우선 하늘나라이다. 악마 메피스토펠레스(Mephistopheles)가 신(神)과 내기를 하였다. 메피스토펠레스는 정의로운 추구를 떠나 알 수 있는 모든 것을 찾고자 하는 신이 사랑하는 존재[파우스트]를 자신이 유혹할 수 있다고 신에게 말한다.

그 다음 장면은 파우스트의 연구소. 파우스트는 과학 인문학 종교적 학습의 공허함에 실망하여 '무한 지식의 세례'를 위한 마법(魔法)으로 방향을 선회한다.

그러나 파우스트는 자기의 시도가 실패하고 있다고 의심을 한다. 좌절한 파우스트는 자살을 생각하나 가까이에서 부활절 찬양 음악소리를 듣고 자살을 포기한다. 파우스트는 조수(助手) 바그너와 산책을 나가 길 잃은 '복슬 개(poodle)'를 데리고 온다. 파우스트 연구소에서 그 '복슬 개(poodle)'는 메피스토펠레스(Mehistopheles)로 변한다.

파우스트는 메피스토펠레스와 합의(合意) 한다. 파우스트가 지상(地上, 이승)에 있을 적에는 메피스토펠레스가 파우스트의 모든 소원을 이루어 주고, 지옥에 가서는 파우스트가 그 악마에게 봉사한다는 것이다.

메피스토펠레스가 파우스트에게 피로 조약에 서명할 것을 말할 때에, 파우스트는 메피스토펠레스가 파우스트의 말을 신용하지 않는 것에 불평을 한다. 결국 메피스토펠레스가 그 논쟁에 이기고 파우스트의 피 한 방울로 '그 계약'에 서명을 한다. 파우스트는 잠깐 여행을 하고 그 다음 마르가레트(Margaret, Gretchen)와 만난다. 파우스트는 그레첸에게 끌려 보석을 가지고 이웃에 도움을 청한다. 메피스토펠레스가 그레첸을 이끌고 와 파우스트 팔에 안겨주었다. 메피스토펠레스 도움으로 파우스트는 그레첸을 유혹한다. 파우스트가 그녀를 몰래 방문하도록 하기 위해 그레첸의 주도로 그녀의 어머니는 잠든 자세로 죽게 된다. 그레첸이 임신한 것을 알고 그레첸의 오빠는 파우스트를 욕하고 파우스트에게 도전을 했으나 오히려 파우스트와 메피스토펠레스에게 사망을 당한다.

그레첸은 그녀의 사생아를 내던져 살인죄를 범한다. 파우스트는 그레첸을 살려내어 감옥에서 벗어나게 하려고 애를 쓴다. 그레첸이 감옥 탈출을 거부하는 것을 안 파우스트와 메피스토펠레스는 토굴 속으로 도망을 쳤으나, 하늘에서 '그레첸은 구원을 받을 것이다.'라 했으나 '그녀는 벌을 받고 있다.'라고 그들에게는 발음이 다르게 들렸다...

제2부에서는 처음 파우스트의 낭만적 이야기는 접어두고 파우스트는 새로운 모험과 목적에 돌입하는 공정한 영역에서 깨어난다. 5막으로 구성이 되었는데 서로 다른 주제를 가지고 있다. 마지막 파우스트는 천국으로 간다. 신은 파우스트 내기에 반만 진 것이다. 신의 은총을 전한 천사가 말한다. "싸우는 사람은 싸우기 위해 사나니, 보상을 얻을 것이다."

제1부에서는 파우스트는 불만족의 상태에 있다. 그 비극의 결론과 도박자들의 드러나기만 한다. 제1부에서는 "작은 세계" 파우스트 자신 지역의 잠정적인 환경이었는데, 제2부에서는 "넓은 세상" 대우주에 자리를 잡는다.))
['Goethe's Faust' -Wikipedia]

힌두(Hindu)의 '마하바라타(*The Mahabharata*)'에는 판다바들(Pandavas)의 '대장정(大長征)에 동행하는 개' 한 마리가 있었는데, 맏형 유디슈티라(Yudhish-thira)가 그 개를 데리고 '천국(天國)'으로 들어가려니 '사크라(Sakra, 인드라 신)'가 "개와 더불어 천국에 온 사람은 없다."고 막았다. 이에 유디슈티라(Yu-dhishthira)가 말하기를 **"충성한 자를 버리는 것은 죄악이라 합니다...내 인생의 끝날 때까지 저 개를 포기할 수 없습니다."**라고 했는데 그 '개'는 유디슈티라(Yudhishthira)의 아버지 '다르마(Dharma)의 변신'으로 오히려 그 유디슈티라(Yudhishthira)를 시험하려고 그와 동행을 했다는 이야기가 있다.[50]

'파우스트(Faust, 괴테)'가 처음 그 '복슬 개(poodle, Mehistopheles)'와 '인생 경영의 계약'을 맺었다는 전제는, 한 마디로 너무나 '추(醜)'하고 '가련(可憐)'한 전제이다. '인간 실존'을 '개'로 격하(格下)시키는 것은 이 괴테(Goethe)의 영향 속에 있었던 헤겔(Hegel)의 경우도 그러했다.[그에 앞서 호머도 '인간 食慾'의 불가피함을 '개'에 비유했다.]

한 마디로 괴테(Goethe)는, **호머(Homer)가 죽을힘을 다해 주장했던 '인간 실존'의 문제**를 간단히 '개와의 계약'이라고 마음 놓고 조롱을 한 셈이다. 그렇다면 그 괴테(Goethe)는 도대체 무슨 수로 언제 그 '마하바라타(*The Maha-bharata*) 식 고상(高尙)한 초월'에 온전하게 이르게 될지 자못 궁금한 일이다. [파우스트(Faust)의 경우는, '그 개가 반만 이겼다.'는 결론이다.]

⑧ 헤겔 '법철학' -미네르바의 부엉이

헤겔(Hegel, 1770~1831)은 자신의 '우울증(憂鬱症, Hypochondria-de-pression)'을 최고 미덕(美德)으로 오해하여, 그의 '법철학(1820)' '서문'에서 '현재가 장미(천국)이고 십자가(죽음)이다.'고 전제하였다. 그리하여 헤겔은 당시 독일 황제 '빌헬름 3세(1797~1840)'를 '살아 있는 신'으로 받들게 하고 '전쟁터에 옥쇄(玉碎)하라.'고 강변(强辯)을 늘어놓았다.

(("이제 이 세계는 어떻게 있어야만 하는가라는 데 대한 가르침과 관련하여 한마디 한다면, 그러한 교훈을 받아들이기 위한 철학의 발걸음은 언제나 느리다고 하는 것이다. 세계의 사상(思想)으로서의 철학은 현실이 그의 형성과정을 완성하여 스스로를 마무리하고 난 다음에라야 비로소 시간 속에 형상화된다. 바로 이와 같은 개념이 가르쳐 주는 이것을 역사도 또한 필연적으로

---

50) K. M. Ganguli (Translated into English Prose from the Original Sanskrit Text), *The Mahabharata of Krishna-Dwaipayana Vyasa*, Munshiram Manoharlal Publisher Pvt. Ltd. New Delhi, 2000, -**Mahaprasthanika Parva**- pp. 1~7

가르쳐 주고 있으니, 즉 그것은 현실이 무르익었을 때에 비로소 관념적인 것은 실재적인 것에 맞서서 나타날 뿐만 아니라 또한 전자는 후자의 실재적인 세계를 그의 실체 속에서 파악하는 가운데 이를 하나의 지적인 왕국의 형태로서 구축하게 된다는 것이다. 그리하여 철학이 자기의 회색빛을 또 다시 회색으로 칠해 버릴 때면 이미 생의 모습은 늙어버리고 난 뒤일 뿐이니 결국 이렇듯 회색을 가지고 다시 회색 칠을 한다 할지라도 이때 생의 모습은 젊어지는 것이 아니며 다만 인식되는 것일 뿐이다. <u>미네르바의 부엉이는 황혼이 깃들 무렵에야 날기 시작한다</u>.")[51]

헤겔의 '법철학'에 서문은 유명한데, 앞서 살폈듯이 '**미네르바(Minerva)**'란 희랍 호머의 '**아테나(Athena)**' 로마 식 명칭이다.

특히 여기에 '**올뻬미-부엉이(owl)**'는 힌두(Hindu)의 '마하바라타(*The Maha-bharata*)'에서 '쿠루크셰트라 전쟁(Kurukshetra War)'에서 패배한 아스와타만(Aswattaman)이 '한 밤중에 대학살'을 행하게 한 '**잔악(殘惡)한 전쟁의 표상**'으로 이미 고정이 되어 있는 새이다.[52]

헤겔의 '미네르바 부엉이 철학(the philosophy of Minerva's owl)의 탄생'은, '세계대전'을 예고한 극우파의 '귀곡성(鬼哭聲)'이다.

---

51) G. W. F. Hegel(translated by H. B. Nisbet), *Elements of Philosophy of Right*, Cambridge University Press, 1991, p. 23 'Preface'

52) K. M. Ganguli (Translated into English Prose from the Original Sanskrit Text), *The Mahabharata of Krishna-Dwaipayana Vyasa*, Munshiram Manoharlal Publisher Pvt. Ltd. New Delhi, 2000, -**Sauptika Parva**- pp. 1~41

'미네르바[아테나] 신상' '미네르바 부엉이'[53]

⑨ 히틀러 '나의 투쟁'

호머(Homer)가 그의 '오디세이(*The Odyssey*)'에서 '이타카(Ithaca) 고향 찾아가기'는 사실상 인간보다 더욱 넓은 '동물들의 귀소(歸巢)본능'인데, 호머 이후 2500년 이상 세월이 흐르고 보니 '독일'에 **히틀러(A. Hitler, 1889~1945)**는 자국의 어려움을 극복하고자 '이탈리아' '일본'과 연합하여 '제2차 세계대전'을 일으키며 '종족주의' '지역주의'를 들고 나왔다.

(("어떤 인종 혹은 여러 인종이 인간문화의 최초의 담당자였는가, 따라서 우리들이 '인간성'이라는 말로 포괄하고 있는 것의 실제 창시자였는가 하는 점에 대해 논쟁하는 것은 쓸데없는 짓이다. 현대에 있어서 이 문제를 제기하는 것은 보다 간단하며, 이런 경우에 대답도 용이하게 나오며 또한 명백하기도 하다. <u>우리가 오늘날 인류 문화로서, 즉 예술, 과학 및 기술의 성과로서 눈앞에 보는 것은 거의 모두 전적으로 아리안(Aryan) 인종의 창조적 소산이다.</u> 바로 이 사실은 아리안 인종만이 시초부터 고도의 인간성의 창시자이며, 그렇기 때문에 우리들이 '인간'이라는 말로 이해하고 있는 것의 원형을 만들

---

53) Wikipedia, 'Minerva's owl'

어냈다는, 근거가 없다고 할 수 없는 귀납적 추리를 허용하는 것이다. 아리안 인종은 어느 시대에나 그 빛나는 이마에서 항상 천재의 신성한 섬광을 번쩍이고, 또 고요한 신비의 밤에 지식의 불을 밝히고, 인간으로 하여금 이 지상의 다른 생물의 지배자가 되는 길을 오르게 한 그 불이 항상 새롭게 피어오르게 한 인류의 프로메테우스이다. 사람들이 그를 추방한다면 깊은 어둠이 아마도 몇 천 년이 되기 전에 되기 전에 다시 지상에 깔릴 것이다. 그리고 인간의 문화도 소멸하고 세계도 황폐해질 것이 틀림없다.")[54]

비록 '현명한 사람'일지라도 어떻게 몇 천 년 이후까지 알 것인가? 그러나 '전쟁 패배'는 여타(餘他)의 명분은 아무 의미가 없다는 것은, 인간이 알고 있는 그 '실존주의'가 다 말해주고 있다.

'과도한 자만심의 주입(注入)과 발동'은, 그 본인에게도 해롭고 주변을 '불안' 하게 하고 그것이 '전쟁의 원인'이라는 점을 바로 그 '히틀러(A. Hitler)'에 앞서 아폴로(Apollo) 신이 '아이네아스(Aeneas)에게 무적의 아킬레스(Achilles)와 대적하라.' 권고했다. 그러나 그 '아이네아스(Aeneas)'는 죽지는 않았었다. [일, 제20책]

V. '다다 혁명 운동(Movement Dada)' 이후의 기준

① 뉴턴의 '프린키피아(*The Principia*, 1687)'

뉴턴(I. Newton, 1642~1727)의 '만유인력의 법칙(The Law of Universal Gravitation)의 발견'은 사실상 그 이전의 코페르니쿠스(Nicolaus Copernicus, 1473-1543)의 '지동설(地動說)'[-'천구(天球)들의 회전에 대하여(*On the revolu-*

---

54) A. Hitler, *Mein Kampf*, Houghton Mifflin Company, 1939, pp. 397~8 'Nation and Race' ; A. 히틀러(서석연 역), 나의 투쟁, 범우사, 1989, p. 294 '민족과 인종'

tions of the heavenly spheres, 1543년)'|과 J. 케플러(Johannes Kepler, 1571~1630)의 '행성 운동의 법칙'['신 천문학(*A new astronomy*, 1609)'이 있었다.

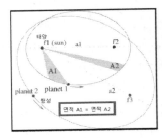 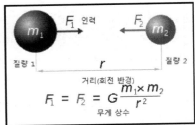

'케플러의 제2 법칙(Kepler's the second law, 1609)' '만유인력의 법칙(Newton's law of universal gravitation)'〉

한 마디로 뉴턴(I. Newton)의 '만유인력의 법칙(The Law of Universal Gravitation)의 발견'은, '인류의 세계사'를 '과학시대'로 진입시킨 그 '결정적인 전환점'이다. 더욱 구체적으로 명시를 하면 <u>**종교적 사제(司祭)의 신권통치(Theocracy)'나 '신체적 강자[영웅]의 강권 통치'가 종식이 되었고, '민주주의(Democracy)' '개인주의(Individualism)' '남의 자유를 짓밟지 않은 조건에서의 각 개인의 최대 자유 보장'이라는 찬란한 문화가 뉴턴(I. Newton)의 '만유인력의 법칙(The Law of Universal Gravitation)의 발견'으로 그 중대한 주장들이 온전하게 펼쳐지게 되었다.**</u>

그리고 뉴턴(I. Newton) 이후의 '계몽주의(啓蒙主義, Enlightenment)'는, <u>**위대한 호머(Homer)가 먼저 세웠고, 혁명의 헤로도토스(Herodotus, 484~425 b. c.)가 그의 '역사(*The Histories*, 446 b. c.)'를 통해 더욱 든든하게 다져놓은 '현세주의(Secularism)' '실존주의(Existentialism)'를 기초로 한 것임은 똑바로 명심해야 할 중차대(重且大)한 사항이다.**</u>

② 볼테르의 '캉디드(*Candide*, 1759)'

헤로도토스(Herodotus, 484~425 b. c.) 이후 서구(西歐)를 움켜잡은 세력은 로마(Rome)로, 1500년 동안의 '가톨릭 사제(司祭)들'의 '신정(神政, Theocracy) 시대'가 열리었다.

이러한 시대에. 영국 뉴턴(Isaac Newton)에 이어 **프랑스에 볼테르(Voltaire, 1694~1778)**가 등장 했다. 볼테르(Voltaire)는 뉴턴의 '프린키피아(*The Principia*, 1687)'를 불어(佛語)로 간행하게 했을 뿐만 아니라[55] 그야말로 '**계몽 (Enlightenment) 시대'**를 선도(先導)하여 그 계몽주의 선봉장(先鋒將)이었다. 볼테르(Voltaire)의 철학적 사상을 담은 저서는 '무식한 철학자(*The Ignorant Philosopher*, 1766)' '역사철학(*The Philosophy of History*, 1765)' '철학비평 (*Philosophic Criticisms*, 1776)' 등이다.

볼테르는 '가톨릭'이 치성(熾盛)했던 프랑스 파리에서 태어나 영국에 유학을 했고, 프랑스 루이 15세 치하에서 국정(國政)에도 관여(關與)를 했고, 그 다음 프러시아(Prussia, 독일)의 프리드리히(Friedrich Ⅱ) 대왕의 '자문관(諮問官)'으로 일했으며, 마지막에는 스위스 제네바(Zeneva) 근처에 '페르네 볼테르 (Ferney Voltaire)'를 세워 거기에서 최고(最高)의 저술들을 남겼고, 1778년 파리로 귀환했으나, 노독(路毒)으로 병사(病死)하였다.

뉴턴(Isaac Newton)은 당시에까지 밝혀진 '자연과학적 정보(情報)'를 망라했음에 대해, 볼테르(Voltaire)는 당시 프랑스 정부(루이14세까지)가 확보한 '인류의 모든 인문학적 정보(情報)'를 망라하여 자신의 글쓰기에 돌입하여 헤로도토스(Herodotus)의 '역사(*The Histories*)'는 물론이고 '성경' 힌두(Hindu)의 '베다', 중국의 '논어(論語)'까지 참조를 했다. 그리하여 내린 결론이 **서양 문명의 진원지(震源地)는 인도(India)**'라는 중대한 결론이었다.

---

55) '샤틀레 에밀리(Emilie du Chatelet, 1706~1749)여사'가 행한 것으로 알려져 있으나, 사실은 볼테르(Voltaire)가 다 행한 것이었다.

볼테르의 '가장 위대한 성취'는, 과학 사상을 토대로 '인간의 행복 추구' 문제를 더욱 과감하고 적극적으로 주장 전개했던 점이다.

'전근대(前近代, premodern)' 소위 '과학적 합리주의가 무시되었던 시대'는 '신(神, Jehovah)=전체주의=국가주의=도덕주의'를 하나로 묶어, **인간(人間) 개인의 자유(自由) 의지의 무시(無視)와 억압을 그 능사(能事, 잘한 일)**'로 알았던 시대였다.

그런데 볼테르는 '**인간 육체와 병행하는 자유 의지(Free Will)**' '**인간의 선택 의지(Will of Choice)**'가 중요함을 세계 최초로 명시하여, 현대 사상을 주도하고 있는 그 '실존철학(Existentialism)'에 소중한 기점(起點)을 마련하였다.[사실상 '호머 정신'의 복원]

볼테르의 저작 중에 가장 유명한 '캉디드(*Candide*, 1759)'[56]는, 한마디로 세계 최초로 인간의 그 '자유 의지(Free Will)', '선택 의지(Will of Choice)', '행복 추구권'을 명시한 세기의 걸작 '목적 소설(a purpose novel)'이다.

그것으로 볼테르는 세계 사상사에 자신의 '실존주의(Existentialism) 창시자 위치'를 공고(鞏固)히 하였다. 사실 '미국의 독립선언(1774)'과 '프랑스 혁명(1789)'은 그러한 볼테르의 '개인 행복 추구권' '자유 의지'를 크게 공인(公認)하게 된 개별 '정치적 사건'일 뿐이다. 그러하기에 **볼테르가 '미국의 독립 선언', '프랑스 혁명'의 원인 제공자라는 지목(指目)은, 결코 과장도 칭찬도 아니다.**

볼테르 이전 '[기독교 중심의]서양 철학'은. G. 라이프니츠(G. Leibniz, 1646~1716)의 '신정론(神正論, theodicy -신의 뜻으로 最上의 인류 역사가 진행되고 있다.)'으로 요약되었다.

이에 대해 볼테르[캉디드(Candide)]는 '현재 우리가 겪고 이 세상이 과연 최상의 진행인가'로 그 G. 라이프니츠[팡글로스(Panngloss)]의 '낙천주의(Optimism)'에 의문을 제기했다. 즉 그 '신정론(神正論, theodicy)'에 대해 볼테르는

---

56) Voltaire(Translated by D. Gordon), *Candide*, Beford/St.Martin's, 1999

그 '낙천주의(Optimism)'를 생명이 있는 한 긍정'을 했지만, '**미신(superstition)**'
을 앞세운 '**살인의 광신주의(fanaticism)**'를 정면으로 부정하고, '**인간 이성(理性) 중심의 자유 의지(Free Will)**' '**선택 의지(Will of Choice)**' '**사해동포주의**'
를 명시한 목적 소설이 바로 볼테르의 유명한 '캉디드(*Candide*)'이다. [호머가
반대한 그 '**키클롭스(Cyclops)**'란 바로 볼테르가 지목한 그 '**광신교도(the fanatic believers)**'임]

　작품 '캉디드(*Candide*)' 주인공 캉디드는 호머의 '오디세이(*The Odyssey*)'에
영웅 오디세우스처럼 여러 곳을 방랑했는데 그 경로를 도식화 한 것이 다음
그림이다.

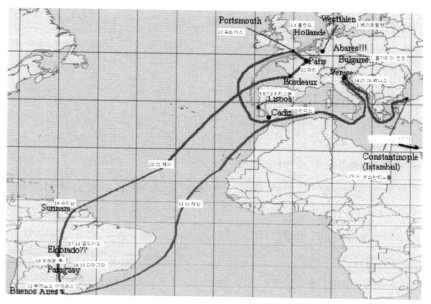

'소설 작품 속에 명시된, 주인공 캉디드(Candide)의 여행 경로(1장 베스트팔렌~30장 콘스탄티노플)'

　작품 '캉디드(*Candide*)'는 전 30장(章)으로 나뉘었는데, 그 무대가 제1장은
'베스트팔렌(Westfallen)'. 제2장은 '불가리아 군대(Bulgares)'. 제3, 4장은 '홀랜

드(Hollande)'. 제5, 6, 7, 8. 9장은 '리스본(Lisbons)'. 제10장은 '카디스(Ca-
diz)'. 제11, 12, 13장은 '부에노스 아이레스(Buenos Aires)'. 제14, 15장은 '파라
과이(Paraguay)'. 제16장은 '오레옹족(Oreillons)'. 제17, 18장은 '엘도라도
(Eldorado)'. 제19장은 '수리남(Surinam)'. 제20, 21, 22장은 '파리(Paris)'. 제23
장은 '포츠머스(Portsmouth)'. 제24, 25, 26장은 '베니스(Venice)'. 제27, 28장,
29, 30은 '콘스탄티노플, 이스탄블(Constantinople, Istanbul)'로 바뀌었다. [굳
이 그 '**트로이(Troy) 근처**'로 접근했음은, 볼테르의 '호머 식 신비주의 반대',
'호머 식 전쟁 반대' **신정론(神正論, Theodicy) 반대** 의지를 밝힌 것임]

볼테르(Voltaire)는 호머(Homer) '일리아드(*The Iliad*)' '오디세이(*The Ody-
ssey*)'에 명시된 '현세주의(Secularism)'와 '감성' 존중의 '실존주의(Existental-
ism)'를 계승하고 헤로도토스(Herodotus, 484~425 b. c.)의 '역사(*The Histo-
ries*, 446 b. c.)'를 계승하여 자신의 '역사철학(*The Philosophy of History*,
1765)'을 저술한 명백한 **희랍 고전주의 작가**였다.

하지만 볼테르(Voltaire)는 역시 뉴턴의 **만유인력의 법칙(The Law of
Universal Gravitation)의 발견**'에 크게 공감하여, '종교적 광신주의'를 반대하
고 '사해동포주의'를 명시하며 소위 '미신(superstition) 타파의 과학시대로 진입
을 시킨 계몽주의(Enlightenment)의 선봉장'이다.

그래서 '**자유' '민주' '평등' '평화' '과학주의' '사해동포주의'를 모두 볼테르
(Voltaire)가 가장 확실하게 다 주장을 했으니**, '현대 인류 세계사의 운영'에
볼테르(Voltaire)처럼 위대한 이가 없을 정도이고, '미국의 독립 선언'과 '프랑스
혁명'에 볼테르(Voltaire)는 그 원인으로 작용을 했다.

③ 칸트의 '순수이성비판' '영구평화론'

볼테르(Voltaire)에 이어 **칸트(I. Kant, 1724~1804)**는 '순수이성비판(純粹理
性批判, *The Critique of Pure Reason* 1781)'을 제작하여 '과학 철학'을 정착하

108

였다.

즉 기존 '신(God) 중심의 철학'을, '개인 이성(理性) 중심 철학'으로 정착시킨 '대(大) 혁명'을 달성했다.

그 칸트에 앞서 **볼테르는 특히 중국 공자(孔子)의 '자연 법(Natural Law) [내가 당하기 싫은 일을 남에게 행하지 말라.-己所不欲 勿施於人]'57) 이론을 소개했다.**

칸트(I. Kant)의 '순수이성비판(純粹理性批判, *The Critique of Pure Reason* 1781)'은 뉴턴(Isaac Newton)의 '만유인력' 이론과 볼테르(Voltaire)가 소개한 '자연 법(Natural Law)'을 토대로 한 것이니, 칸트(I. Kant)의 '최고 자유 이론'은 공자(孔子)의 '자연 법(Natural Law)'을 그대로 '과학주의'에 대입한 것이다.

한국의 이이(李珥, 1536~1584)['기발이승일도설(氣發理乘一途說 -모든 사물 존재에는 그 이치가 있게 마련이다.)'58)]는 그 칸트의 '감성(感性, sensibility)론'에 '물 자체(物自體, the things in themselves)'를 '기(氣, 器)', 칸트의 '오성(悟性, Understanding)' '이성(Reason)'을 '이(理)'라 명시하였다. 그리하여 이이(李珥)는 '이기(理氣)' 2원론의 '과학 철학'을 그 칸트보다 무려 200년을 앞서 밝혔다.[1572년] -[소위 '존재론 -氣, 器'과 '인식론 -理'의 명시임]

인간의 '일상생활'은 그 '감성(感性, sensibility)'을 그 기본 바탕으로 유지가 되는데, 힌두(Hindu)의 '마하바라타(*The Mahabharata*)'는 '감성(感性, sensibility) 무시', '현세 부정' '절대신' '천국' '동물과 다른 절대주의' 이론을 전 인류에 그 이론을 보급했지만, 최초로 호머(Homer)와 헤로도토스(Herodotus)는 지금부터 2500년 전부터 반대 입장들을 확실하게 하였다. 특히 **칸트의 '자유(自由) 이론'은 문자 그대로 '세기(世紀)의 대웅변(大 雄辯)'이다.**

---

57) Voltaire, *The Best Known Works of Voltaire*, The Book League, 1940, pp. 466~468 'Ⅳ. The Chinese Catechism'

58) 李珥 李箕衡 역, 栗谷全書, 한국정신문화연구원, 1987, pp. 69~81 '答成浩原'

(("각 개인의 자유는, 타인의 자유와 함께 한다는 법칙에 준하여 제
정된, 인간 최대 자유(최대의 행복이 아니다. 즉 행복은 이미 스스로 수반되
어지는 것이기 때문이다)를 주안으로 하는 헌법은 적어도 하나의 필연적 이념
이다. 이 이념은 국가의 헌법을 제정하는 데 있어서 뿐만 아니라, 모든 법률의
근저에 놓여 있어야 하는 것이다."))[59]

④ 포콕의 '희랍 속의 인도'

포콕(E. Pococke)의 '희랍 속의 인도(*India in Greece*, 1852)'는, 헤로도토
스(Herodotus)의 '역사(*The Histories*)'와 뉴턴의 '프린키피아(*Principia*, 1687)'
볼테르의 '역사철학(*The Philosophy of History*, 1765)'을 이어, 그의 '과학정신'
'평화정신' '사해동포주의(Cosmopolitanism)'를 전개한 것으로 그 빛나는 정신
은 그대로 '영국'과 '서구'와 '인류'의 자랑이라고 할 만하다.

포콕(E. Pococke)은 헤로도토스(Herodotus)의 '역사(*The Histories*)'와 뉴턴
의 '프린키피아(*Principia*, 1687)' 볼테르의 '역사철학(*The Philosophy of History*, 1765)'을 토대로 새로운 '지리학적 예지(銳智)'를 발동시켜 힌두의 '아타크
의 황금' '인더스의 황금'을 '유대인의 황금' '희랍인의 황금' '이집트의 황금'과
연결시키고, 헤로도토스(Herodotus) 이래 서구인이 주목한 **'자본(資本)'**과 **'헤
라클레스(카슈미르 스키타이 거구(巨軀) 무사 족, 태양족의 체력)'**로 대표되는
'라지푸트(Rajpoots, Kshatriyas)의 힘(체력)'의 전제해 두었고, 힌두(Hindu)의
'영혼불멸론'과 '항해술(航海術)' '세계어로서의 범어(梵語, Sanskrit) 힘'까지를
통합하여 상고(上古)시대 **'힌두 [마하바라타(*The Mahabharata*)]문화의 세계
화'**를 기정사실로 인정했다.

---

59) I. Kant(translated by J. M. D. Meiklejohn), *The Critique of Pure Reason,* William
    Benton, 1980, p. 114 'Of idea in General' ; 칸트(윤성범 역), 순수이성비판, 을유문화사,
    1969, p. 257 '이념 일반에 관하여'

⑤ 니체 -'차라투스트라는 이렇게 말했다.'

19세기 후반에 등장한 독일의 **니체(F. Nietzsche, 1844~1900)**는, '힌두교' '기독교' '불교'의 교조(敎祖)들이 가르친 '영혼 중심' '내세(來世)주의' '천국 중심' '교조(敎條) 중심' '절대주의(Absolutism)'를, '육체 중심' '현세주의' '지상(地上) 중심' '자의(自意) 중심' '실존주의(Existentialism)'를 거듭 명시하였다.

'차라투스트라(Zarathustra, F. Nietzsche)'는 뉴턴(Isaac Newton) 볼테르 (Voltaire) 칸트(I. Kant)와 나란히 유명했다. 1916년 '다다 혁명 운동(Movement Dada)'을 일으켰던 **후고 발(Hugo Ball)** 등은 볼테르(Voltaire)의 '평화주의'와 니체(F. Nietzsche)의 '동시주의(同時主義)'를 그들의 '표준'으로 삼았다.

니체(F. Nietzsche)는 '사제'나 '귀족(크샤트리아)' 중심주의를 **'시민(대중)'으로 초점**을 바꾸어 '디오니소스를 찬양한 사람들과 관람하는 구경꾼'에 초점을 맞추었다. **정확하게 볼테르(Voltaire)의 '혁명'과 칸트(I. Kant)의 '자유주의'를 수용한 그 결과이다.**

니체(F. Nietzsche)는 '인간 모두의 **감성(感性, sensibility)**'과 '종족 보존에 대한 성향(性向)'을 그 '비극(悲劇)' '디오니소스의 고통'으로 설명을 했다[60]. **이러한 니체(F. Nietzsche)의 '탐색'을 바탕으로 프로이트(S. Freud)의 '정신분석'이 나오게 되었다는 점도 명심을 해야 할 사항이다.**

그러면 니체(F. Nietzsche)가 말한 '죽음을 초월한 디오니소스'란 무엇인가? '생식(生殖)' '후손(後孫)'으로 '인간 존재를 영속한다.'는 극히 온당(穩當)한 입지 (立地)에 그러하므로 사실상 '**프로이트(S. Freud)의 이론들**'은 이 명백한 '니체 (F. Nietzsche) 전제'를 제외하면 따로 남을 이론이 별로 없다.

---

60) F. Nietzsche (translated by W. M. A. Haussmann), *The Birth of Tragedy*, The Macmillan Company, 1909, p. 81 '디오소스의 고통이 비극(悲劇)의 주제(theme)다.'

⑥ 프로이트 -'오이디푸스 콤플렉스'

S. 프로이트(S. Freud, 1856~1939)는, 만약 F. 니체의 출현이 없으면 처음부터 '과연 그의 정신분석이 과연 가능했겠는가?'라는 의심이 생길 정도로 많은 공통점을 지니고 있다.

우선 가장 큰 유사점은, 그들이 <u>인간의 '성(sex)'과 '번식(繁殖)'을 정신분석에 그 기본 전제로 삼고 있다는 점이고, 인간의 의식(意識 Conscious, 理性 Reason)보다는 '무의식(본능, Unconscious, mankind's instincts)'을 크게 인정하였다는 사실이다. 이 점은 S. 프로이트가 그 F. 니체의 학문을 가장 확실하게 계승한 사람임을 입증하고 있는 사항</u>이다.

〈'S. 프로이트' '스핑크스와 오이디푸스' '토템과 타부'[61]〉

그러나 <u>S. 프로이트는 더욱 정밀하게 그것이 어떻게 다시 희랍 비극(悲劇, '오이디푸스 왕')과 같은 지를 증명하였다.</u> 그리하여 S. 프로이트는 그 '금기(禁忌, Taboo -犯하지 말라.)'가 오늘날 '도덕'과 '법'의 출발점이 되었다고 설명하였다.

F. 니체와 S. 프로이트의 공통점은 다음과 같다.

---

61) S. Freud, *Totem and Taboo*, W. W. Norton & Company Inc. 1956

1. '의식, 이성(理性)'에 대한 '본능(무의식)' 절대 우위 긍정.
2. 신체 과학(의학)에 기초하고 있다.
3. '생명(육체 욕망)의 긍정'이다.
4. '생산' '번식'을 생명 근본 전제로 수용하고 있다.
5. '희랍 비극'에 대한 해석을 그 출발점으로 잡았다.
6. '비극 주인공' 의미를 '인간 사회 해석'으로 환원시켰다.
7. 대지(大地, 어머니-사회)에 대한 '인간(남성)'의 역할 탐구가 주류를 이루 었다.('父權 중심'의 탐구)

그러나 F. 니체와 S. 프로이트의 근본적 차이점은, **F. 니체는 '꿈(신화, 작품) 과 현실'을 확실하게 구분하지 않고 있음에 대해**. S. 프로이트는 '**꿈과 현실을 혼동하는 사람'이 '미친 사람(mad)'이라는 규정**을 두었다. (이점은 그들의 근 본적 차이점으로, 이후 **다다 초현실주의 운동가들**'은 오히려 F. 니체의 '**광기- 狂氣-꿈**'을 옹호하였음)

S. 프로이트의 '꿈과 현실'의 확실한 구분은, 이후 C. G. 융도 그대로 고수(固 守)하여, F. 니체의 부정적 비판에 가장 큰 무기(武器)로 활용을 하고 있다. S. 프로이트는 자신을 '코페르니쿠스(N. Copernicus, 1473~1543), 다윈(C. Darwin, 1809~1882), 프로이트(S. Freud, 1856~1939) 자신'을 연결하였다.[62] 그리고 S. 프로이트는 'F. 니체'라는 이름을 자신의 저서에 올리지 않았다. 하지만 S. 프로이트의 중요 이론은 F. 니체와 겹치지 않은 부분이 거의 없을 정도이다.

이에 우선 **F. 니체와 S. 프로이트가 평생토록 학문 연구에 표본으로 삼았던 '희랍 비극론'**을 중심으로 그들의 생각을 도식화(圖式化)하면 다음과 같다.

---

62) S. Freud, *On Creativity and the Unconscious*, Harper Colophon Books, 1985, pp. 5-6

비교 대상 / 항목	F. 니체의 '디오니소스' : 풍요의 신	S. 프로이트의 '오이디푸스' : 비극의 주인공
주장자의 자세	종교의 開祖	평범한 시민
계승자	예술가(혁명가) 의식	전통 固守의 보수주의
기본 정신	제왕적 주인공 / 귀족적 주인공 의식	共存의 시민 정신 / 관람자(감상자)
희랍 비극 주제	'출산의 고통' / 풍요의 축제(祝祭)	'거세(去勢, castration)'의 과정 / '자기도취 포기'
정서적 기대 효과	환락의 춤·자기도취 지속 / 죽음=쾌락	'처벌이 불가피한 결과'-'죄인으로 판명된 결과' / '죄'와 '공포'
궁극의 의미	세계(우주)의 변전 / 영원회귀(Eternal Recurrence)-만다라	'인격의 성숙' / '억압-도덕'의 형성
과학적 기초	생물학적 기초	인간 사회적 기초
인생에 의미	'생명 긍정'	'성숙된 삶'
'자기도취 기간'	평생 지속	'아동 시절' 국한
'시학'에 대한 태도	아리스토텔레스 관점 초월	'시학' 존중
가상적 相對 비판	'노예근성의 유대인 겁쟁이'	'아버지를 모르는 미치광이'
'꿈'에 관한 정의	'낮에 행한 것을 밤에 행한다.'	'소망충족(Wish-fulfillment)'

'희랍 비극에 대한 F. 니체와 S. 프로이트의 논술 비교 도표'

'희랍 비극론'에서 세계 3대 챔피언은 아리스토텔레스, F. 니체, S. 프로이트이다. 그런데 아리스토텔레스와 S. 프로이트는 주로 '도덕(Moral)론'에 머무른 해석을 행했음에 대해, 니체는 '죽음을 이기는 예술가의 정신'으로 '웅대한 차라투스트라의 생명의 찬가'로 '디오니소스'를 해석 칭송했다.

앞서 추수자(秋水子)는 니체(F. Nietzsche)를 말하면서 프로이트(S, Freud, 1856~1939)를 '상당히 가볍게' 대접한 셈인데, 그 이유는 프로이트(S, Freud)가 엄연한 그 니체(F. Nietzsche)의 영향 해['희랍 비극 중심주의']에 있었음에도 오직 '자기 자랑'으로 흘러 평생 '니체(F. Nietzsche)' 이름은 거론도 하지 않는 '새침데기'였기 때문이다.

하지만 여기에 역시 특기해야 할 사항은, 호머(Homer)가 그대로 수용하고 있는 **'제우스(Zeus)의 가계(家系)'**-"원래 최고신인 오우라노스(Ouranos)는 그의 아들 크로노스(Cronos)에게 거세를 당해서 대지의 신 가이아(Gaia)에서 분리를 당했고, 그 크로노스(Cronos)는 티탄족(Titans)의 도움을 받은 그의 아들 제우스(Zeus)에게 퇴위를 당했다."는 진술을 처음 플라톤이 '입에 못 담을 이야기'로 강력하게 비난을 했었는데[63], **이것은 역시 프로이트(S, Freud)가 명시**

한, 낮 두꺼운 '오이디푸스 공상(Oedipus Fantasy)의 토로'라는 점이다.

그러기에 프로이트(S, Freud)는 '공상(空想)과 현실(現實)의 철저한 구분 자'로 '신비주의'를 거부한 위대한 '볼테르(Voltaire) 정신'의 정확한 계승자였다.

⑦ 피카소 -'게르니카'

파블로 피카소(P, Picasso, 1881~1973)의 명작 '**게르니카(Guernica, 1937)**'는, 1937년 소위 히틀러(Adolf Hitler) 무솔리니(Benito Mussolini) 프랑코 (Francisco Franco) 연대의 현대 대표적인 '군국주의(militarism)' 망령을 규탄하는 '**다다 혁명 운동의 기념비**'이다.

P. 피카소의 '게르니카(Guernica)'는 스페인의 독재자 프란시스코 프랑코(F. Franco, 1892~1975)와 밀접한 관계를 갖고 있다. 1931년 스페인 혁명이 일어났을 때 프랑코는 거기에 동참하였으나, 1936년 총선에서도 '국민 전선(Frente Popular)파'가 승리하자 동년 7월 17일 프랑코는 '무신론(無神論)에 반대한다.'는 깃발을 들고 반란을 일으켜 스페인 내전을 일으켰다.

1937년 4월 26일 게르니카 폭격이 감행되었을 당시 스페인 국내외 정세는 독일에는 히틀러(A. Hitler, 1889~1945)가 정권을 잡고 있었고, 이탈리아에는 무솔리니(B. Mussolini, 1883~1945)가 집권하고 있었다. '게르니카'가 위치한 북부 바스크(The Basques) 지방은 스페인 북부에 외롭게 남은 공화국지지 지역으로, 여타의 지역으로부터 고립되어 있었다. 그래서 프랑코는 히틀러와 연대하여 1937년 4월 26(월요)일 독일 콘도르 군단(the Condor Legion)의 하인켈 51(Heinkel 51) 폭격기로 무차별 폭격을 감행하여[64] 1654명의 사망자와 889명의 부상자가 나는 참극(慘劇)을 연출하였다.

---

63) Plato. *The Republic*, Penguin Books, 1974, p. 132
64) H. B. Chipp, *Picasso's Guernica History Transformations Meanings*, University of California Press, 1988, p. 24

'1937년 4월 스페인 북부에 고립되어 있는 바스크 지역(검은 지역)', '도시 게르니카의 위치(원 부분)', '폭격으로 폐허가 된 게르니카(검은 부분)'[65]

　이것은 사실상 '제2차 세계대전'의 전조(前兆)였고, 과거 독재적 군주들이 상용하였던 그 방법이었다. 이러한 '군사적 테러'가 바로 '전쟁의 진상(眞相)'이니, 그것은 모두 '경제적 이득'을 전제한 '집단적 이익 추구'가 '적개심'으로 둔갑하여 '생명을 돌아보지 않은 광란(狂亂)'을 행한 결과였다.

　당시에도 신문과 라디오 방송이 있었고, 전화기도 발명이 된 상태이지만, '소식'은 왜곡되어 그 실상을 공개하기보다는 자기편에 유리하게 모든 사실을 은폐하고 왜곡하여 전하기 마련이었다. 그것이 바로 과거 '국가주의' '전체주의' '일방주의'에서 배운 최고의 악습(惡習)이고 '주인인 시민을 기만(欺瞞)하는 행위'이다. 즉 '전투'에 불리한 정보는 엄격히 통제해 버린 경우가 그것이니, 이 무서운 범죄행위를 '국가 민족'이라는 이름으로 정당화하고 있었던 것이 기존한 모든 나라의 역사(歷史)이고 진상(眞相)이었다.

　이에 과감하게 세계 최초로 세계적 연대 속에 '해묵은 인간의 잘못(국가 민족주의 일방주의)'를 청산하자고 '혁명 운동'을 일으켰던 존재들이 '1916년 취리히 다다'였고, 그 선배로서 그들과 시종(始終) 행동을 같이 했던 화가가 바로 P. 피카소였다.

---

65) Ibid, pp. 3, 23, 35

'히틀러 프랑코 무솔리니', '동원된 나치 폭격기', '폐허로 변한 현장'[66]

이 '게르니카(Guernica)의 비극'은, 더욱 대규모로 23년(1914)전에 '제1차 세계대전'으로 이미 체험을 했었고, 취리히 **다다 혁명 운동[1916]**'이 시작된 지 21년이 지났고, 다시 2차 세계대전(1939.9.1.)이 터지기 2년 4개월 전이다.

다음은 P. 피카소가 1937년 4월 26일 게르니카 사태를 보고 그린 작품이 '게르니카'이다.

'게르니카(1937)'[67]

이 그림은 이미 여러 가지 '기법(技法)의 논의'와 의미부여 있어 왔지만, **작품 '게르니카'의 주지(主旨)는 '전쟁 절대 반대'이다.** 인간 사회에서 '살인(殺人)'은 오래 전부터 '극악(極惡)'으로 조심해 왔지만, '전쟁 참여'는 오히려 국가마다

---

66) Ibid, pp. 19, 23, 35
67) P. Dagen, *Picasso*, MFA Publications, 1972, pp. 318~9 'Guernica(1937)'

'의무(義務)'로 지정해 놓고 있는 형편이니, 그것은 근본적으로 '국제적인 연대'를 갖지 않으면 결코 그 해결의 실마리를 찾을 수 없을 것이다. 그 **'다다 혁명 운동'의 필연성이 여기에 다시 명시되게 되었다.**

⑧ 제임스 조이스 -'율리시스'

제임스 조이스(James Joyce, 1882~1941)는 아일랜드 더블린(Dublin)에서 존 조이스(John S. Joyce, 1849~1931)와 어머니 메리 제인 조이스(Mary Jane Joyce, 1859~1903) 사이 10명의 자녀 중 장남으로 태어나 났다.

제임스 조이스의 대표작 '율리시스(*Ulysses*)'는 1918년 3월부터 시카고 '리틀 리뷰(Little Review)'지에 연재되기 시작했으니[68], 그 때 조이스는 이미 '다다 혁명 운동'을 충분히 알고 공감하고 있을 때였다.

제임스 조이스는 그 '다다 정신'을 단순히 '입으로 외치는 추상적 선언'에 그친 것이 아니었다. 제임스 조이스는 그의 광범한 독서를 바탕으로 하여, 그의 '차가운 강철 펜'은 그대로 '영국의 제국주의'를 탄생시킨 결정적인 두 사람 넬슨(Horatio Nelson, 1758~1805) 제독과, 윌리엄 셰익스피어(William Shakespeare, 1564~1616)를 향해 거침없는 공격을 퍼부었다.

이 넬슨(Nelson)과 더불어 '제국주의 영국 정부'가 자국의 간판으로 세계 문화계에 더욱 내세웠던 존재가 윌리엄 셰익스피어(William Shakespeare)였다.

---

68) R. Ellmann, *James Joyce*, Oxford University Press, 1982, pp. 441~2 '제1장 1917년 11월에 집필 완료, 1918년 3월 미국 시카고 *Little Review* 지에 게재'

'셰익스피어(William Shakespeare, 1564~1616)'

셰익스피어 작품 중에도 '더욱 뛰어난 명작'이라 꼽히는 '햄릿'을, 제임스 조이스는 역시 '율리시스(*Ulysses*)[오디세우스]'의 주인공 스티븐(Stephen, Dedalus)의 입을 빌어 다음과 같이 추상(秋霜)같은 '셰익스피어에 대한 공격'을 가하였다.

((사치스럽고 썩어있는 도살(屠殺)의 과장(誇張) (Sumptuous and stagnant exaggeration of murder),

로버트 그린(Robert Greene, 1558~1592)은 셰익스피어를 영혼의 살인자라고 불렀습니다. 셰익스피어가 썰매 같은 도끼를 휘두르며 침을 뱉은 백정(白丁)의 자식임엔 틀림없는 사실입니다. 아홉 개의 생명이 그(햄릿)의 아버지 단 하나의 생명 때문에 박살을 당합니다. 연옥(煉獄)에 있는 우리들의 아버지 말이요. 카키(Khaki) 복의 햄릿 같은 자들이 [사람 잡는]총 쏘기를 지금도 주저하지 않습니다. [〈햄릿〉]제5막의 피비린내 나는 도살장(The blood-boltered shambles in act five)은 스윈번 씨가 노래한 [보어전쟁]강제수용소의 예고편(a forecast of the concentration camp)이었습니다.))[69]

69) H. W. Gabler(edited by), *James Joyce Ulysses*, Vintage Books, 1986, p. 154 ; 김종건 역, 새로 읽는 율리시스, 같은 책, p. 369 : D. Gifford, *Ulysses Annotated*, University of California Press, 1988, pp. 201, 202

'보어 전쟁' 이후 보어인[네덜란드계 백인들]의 수용소, 1900년 12월 26370명의 사망자를 기록한 악명 높은 곳이다. 조이스는 이러한 '帝國主義' 앞세운 색슨 족의 '호전성'은 바로 셰익스피어의 '햄릿' 호전 성과 상통한다고 주장이다.

이 비판 정신이 바로 **'취리히 다다'**가 목숨을 걸고 외쳤던 혁명정신 바로 그것이었다. 영국이 자랑한 '셰익스피어의 근본 사상'은 사실 '살육과 침략의 제국주의 침략 전쟁을 일으킨 제국주의 정신'의 원조(元祖)였다는 제임스 조이스의 주장은, 바로 '제국주의'를 반대하고 목숨을 도망하여 간 스위스 '취리히 다다 혁명 정신'의 정면이었고, 역시 그의 대표작 '율리시스(*Ulysses*)'의 정점(頂點)을 이룬 중핵 사상이다.

앞서 밝혔듯이 '율리시스(*Ulysses*)'는 호머(Homer) '오디세이(*The Odyssey*)'의 로마식 명칭인데, 제임스 조이스(James Joyce, 1882~1941)는 '전쟁의 영웅 오디세우스' 대신에 평화주의자 '스티븐(Stephen, Dedalus)'을 내세워 '제국주의'를 비판하고 '열녀 페넬로페(Penelope)' 대신에 블룸(Bloom)의 아내 몰리(Molly)가 보일런(Boylan)과 놀아나는 것을 오히려 그 블룸(Bloom)이 그 시중을 든다고 서술을 하여, 당시 **'영국의 속국(屬國)이 된 아일랜드'**를 절망적으로 풍자했다.

제임스 조이스(James Joyce)는 그의 '율리시스(*Ulysses*)'를 통해, '반(反) 호머' '반(反) 제국주의' '반 영국' 태도를 명시하였다.

⑨ 마그리트 -'백색 인종'

르네 마그리트(**Rene Francois Ghislain Magritte, 1898~1967**)는 벨기에

120

출신의 '다다 초현실주의 혁명 운동가'로서 누구보다 그 <u>**동시주의(同時主義, Simultaneism)'**</u> 사고에 철저하여 '생명 긍정'의 실존주의(Existentialism) 자유 자주 정신에 투철한 화가였다.

R. 마그리트는 1937년 '백색 인종(The White Race)'이라는 작품을 제작하였다.

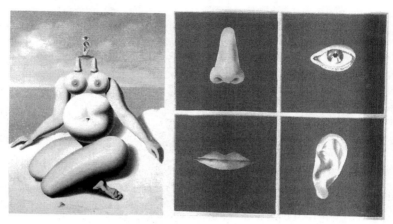

'백색 인종(1937)'[70] '백인종(1937)'[71] −((구조 : '백색 인종⟺신체 부위가 각각임', '백색 인종⟺믿을 수 없는 인종', '백색 인종⟺제국주의자'))

R. 마그리트는 작품 '백색 인종'에서 '눈' '귀' '입' '코' '신체 각 부위'가 각각 독립된 상을 제시하였다. 한 마디로 '눈' '귀' '입' '코' '신체 각 부위'가 각각 '따로 따로'라는 비판이다. 도저히 '신용할 수 없는 인간'이라 비판이다. <u>**'백인종=거짓 말쟁이들(제국주의자)'**</u>란 이야기다.

다음에서도 그 점은 더욱 명백히 되어 있다.

70) T. A. R. Neff(edited by), *In the Mind's Eye : Dada and Surrealism,* Museum of Contemporary Art, 1986, p. 167, 'The White Race(1937)'
71) D. Sylvester, *Magritte,* Mercatorfonds, 1994, Fig. 'The White Race(1937)'

'백인종(1937)'[72] '꾀주머니(1960)'[73] -((구조 : '백색 인종⇔신체 부위 각각임', '백색 인종⇔제국주의 전략가', '심장⇔꾀주머니', '제국주의자⇔꾀주머니 심장'))

R. 마그리트는 '꾀주머니(The Bag of Tricks, 1960)'를 그렸는데 S. 달리는 '욕심 주머니'를 그렸다. R. 마그리트는 '꾀주머니=심장=항아리'의 전제와 '커튼' 로고가 제시되어 제국주의자의 '허욕'을 풍자하였다.

다음은 '밤의 일부(1965)' '왕의 박물관(1966)' '아름다운 관계(1967)'란 작품 이다.

'밤의 일부(1965)'[74] '왕의 박물관(1966)'[75] '아름다운 관계(1967)'[76] -((구조 : '밤의 일부⇔백색 인종', '왕의 박물관⇔폭탄의 백색 인종', '허공의 백색 인종⇔세계에 식민지 개척'))

---

72) Ibid, Fig. 'The White Race(1937)'
73) Ibid, Fig. 1477 'The Bag of Tricks(1960)'

R. 마그리트는 '밤의 일부(1965)'에서 인간의 '육체(실존)'가 없는 '눈' '코' '입'을 허공에 제시하였다. 완전히 '실체(실존)'가 없는 도깨비로 제국주의자를 형상화하였다.

작품 '왕의 박물관(1966)'이란 '역대 제국주의자(왕)'가 남긴 것이란, '속임수(눈 코 입 각각)' '말방울(폭력)' '허공(관념주의)'뿐이라는 R. 마그리트의 조롱이다.

작품 '아름다운 관계(1967)'에서는 '눈' '코' '입'에 비행선을 추가하여 '지구촌'을 대상으로 '식민지 확장'을 꾀하고 있는 '제국주의자'를 풍자하였다. '아름답다⇔추악하다'는 동시주의가 전제되어 있다.

<u>호머(Homer)는 그의 '일리아드(*The Iliad*)' '오디세이(*The Odyssey*)' 주인공 오디세우스(Odysseus)를, '도시의 약탈자(raider of cities)' '교활한 노병(wily old soldier)' '둘러대기 명수(the master improviser)' '교활하기의 대가(the great master of subtlety)' '꾀 많은 남자(a wicked man)'로 부르며 '최고 영웅'으로 치켜세웠다.</u>

그런데 뉴턴(I. Newton, 1642~1727)의 '과학 혁명'이 진행된 '현대'에서 이르러서는 '결코 환영 받을 수 없는 인격의 소유자'임을 <u>천재 화가 마그리트(Rene Francois Ghislain Magritte, 1898~1967)는 여지없이 공격을 했으니, 그러한 사람들은 '군국주의자' '제국주의자' '식민지 운영자'들로 전락(顚落)했기 때문이다.</u>

---

74) S. Gohr, *Marette : Attempting the Impossible,* d. a. p., 2009, p. 290 'The Patch of Night(1965)'
75) Ibid, p. 295 'The King's Museum(1966)'
76) H. Torczyner, *Magritte*, Abradale Press, 1985, p. 59 'The Beautiful Relations(1967)'

VI. '일리아드(*The Iliad*)' '오디세이(*The Odyssey*)' 관련 지도(地圖)

① 올림포스 산(Mt. Olympus)과 프티아(Phthia) 지도

1. '올림포스 산(Mt. Olympus)' 2. '프티아(Phthia)'

———→

(a) 제우스(Zeus)의 '계관시인(桂冠詩人, poet-laureate, 御用作家)' 호머(Homer)가 '가장 신성시했던 성소(聖所)'는 **'올림포스 산(Mt. Olympus)'**이다.

(b) 특히 호머(Homer) '일리아드(*The Iliad*)'는 **절대자 제우스의 세상 통치 [심판] 이야기**를 호머는 '자신의 확신'으로 세상에 전하였다.

(c) 그 제우스의 **'올림포스 산(Mt. Olympus)'** 바로 남쪽에 자리 잡은 왕국 프**티아(Phthia)**는, 호머(Homer) '일리아드(*The Iliad*)'의 최고 영웅 **'아킬레스(Achilles)의 왕국'**으로 먼저 기억을 해야 한다.

124

② 미케네(Mycenae) 스파르타(Sparta) 필로스(Pylos) 지도

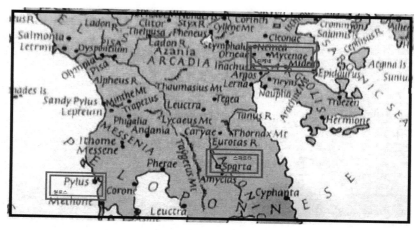

1. 미케네(Mycenae) 2. 스파르타(Sparta) 3. 필로스(Pylus)

——→

(a) 호머(Homer) '일리아드(*The Iliad*)'의 구체적인 전개는, **미케네(Mycenae) 왕 아가멤논(Agamemnon)**과 **프티아(Phthia) 왕 아킬레스(Achilles)**의 '분쟁(紛爭)'으로 시작이 되고, 그들의 '화해(和解)'로 끝나고 있다.

(b) 호머는 '일리아드(*The Iliad*)'에서 **아가멤논(Agamemnon)**을 '아카이 군 최고 사령관'이지만 '탐욕' '무능' '무도덕'의 군주로 제시하여, '아킬레스(Achilles)의 분노'를 조장했던 존재로 제시하고 있다.

(c) 이에 대해 **스파르타(Sparta) 왕 메넬라오스(Menelaus)**는 자기 아내 헬렌(Helen)을 트로이 왕자 파리스(Paris)에게 납치를 당했으나, '**불굴의 용맹을 과시하는 대 영웅**'으로 부각되어 있다.

(d) 그리고 **필로스(Pylus, Pylos) 왕 네스토르(Nestor)**는 호머(Homer)가 그의 '일리아드(*The Iliad*)'를 엮는데 빼놓을 수 없는 '흩어지려는 희랍의 군심(軍心)'을 통합 도출'하는데 '탁월한 능력'을 과시한 '**세대를 초월한 장수(長壽)자**'였다.

③ 트로이(Troy) 지도-1

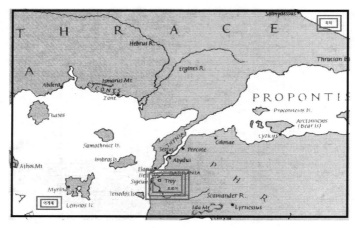

1. 흑해(Black Sea) 2. 트로이(Troy) 3. 에게 해(Aegean Sea)

_____✈

(a) 호머(Homer) '일리아드(*The Iliad*)'는, '**트로이[Ilium] 노래**', '**트로이 이야기**'로 해설이 되고 있다.

(b) '트로이(Troy)'는 '미인 헬렌(Helen)을 납치해 간 파리스(Paris)의 나라'로 악명이 높은데, 호머(Homer)는 결국 헬렌의 입을 통해, '**파리스(Paris)는 용맹도 머리도 없다.**'고 비판을 했다.

(c) 그러나 호머(Homer)는 '파리스(Paris)의 헬렌(Helen) 납치(拉致)'가 그야말로 '절대 신의 뜻'으로, '**인간으로서는 어찌 할 수 없는 운수**', '모두가 신의 뜻'이라는 결론이었다.

④ 트로이(Troy) 지도-2

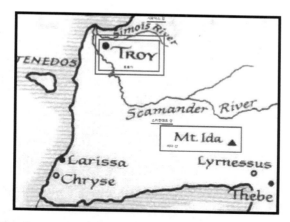

1. '시모이스 강(Simois River)' 2. '트로이(Troy)' 3. '스카만데르 강(Scamander River)'
4. '이다 산(Mt. Ida)'

———✈

(a) 호머(Homer)는 그의 '일리아드(*The Iliad*)'에서 '희랍 군사'는 트로이에 '10
년간 주둔'하며 '트로이 전쟁(Trojan War)'을 치렀다고 했다.

(b) 특히 그 '트로이 전쟁(Trojan War)'이 한창 진행이 될 때에, '절대 신 제우
스'는 자신의 거처를 '올림포스 산(Mt. Olympus)'에서 '**이다 산(Mt. Ida)**'
으로 옮겨 놓고 그 '**트로이 전쟁(Trojan War)'을 '관전(觀戰)했다.**'는 것은,
절대신 '제우스의 존재'를 순전히 '시인의 눈으로 상상'한 경과를 공개한 것
으로 흥미롭다.

(c) 위 지도에 제시된 '스카만데르 강(Scamander River)'과 '시모이스 강
(Simois River)'의 강신(江神)은, 아킬레스가 '트로이 군'을 공략할 적에 일
단 '트로이 쪽'을 도왔다고 호머는 진술을 하였다.

(d) 희랍 군(軍)은, 지도의 서쪽 테네도스(Tenedos) 섬 쪽 바다 가에 주둔을
하였다.

⑤ 오디세우스(Odysseus)의 이타카(Ithca) 귀환 지도

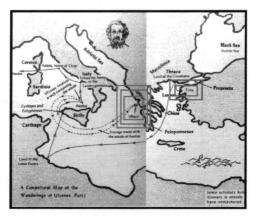

'1979년 불핀치(Bulfinch)가 작성한 **-오디세우스 방랑 추측도**' ['**트로이(Troy)**'에서 '**이타카(Ithaca)**'까지]

1. '트로이(Troy)' →2. '키코네족(Cicones)' →3. '로터스 식사 족(Lotus Eaters)' →4. '**키클롭스(Cyclops)**'
→5. '아이올리아 섬(Island of Aeolia)' →6. '라이스트리오니아 족(Laestryonians)' →7. '**키르케(Ciece)**'
→8. '텔레시아 족(Telesias)' →9. '**사자(死者)의 나라(the Land of the Dead)**' →10. '키르케(Ciece)' →11.
'카립디스(Charybdis)' →12. '스킬라(Scylla)' →13. '**트리나키아(Thrinakia)**' →14. '칼립소(Calypso)' →15.
'**파이아키아(Phaeacia)**' →16. '**이타카(Ithaca)**'

128

(a) 작품 '오디세이(*The Odyssey*)'는, 아테나(Athena) 여신의 격려를 받은 오디세우스의 아들 텔레마코스가 '아버지 소식'을 찾아, '[지도]16. **'이타카(Ithaca)'**에서 배로 필로스(Pylos) 왕 네스토르(Nestor)를 찾아가는 것으로 시작을 하고 있다.

(b) 작품 '오디세이(*The Odyssey*)'에서 **주인공 오디세우스 이야기**'[제5책]는. 님프 '[지도]14. '칼립소(Calypso)'에게 붙들려 있는 '**오디세우스에 대한 신들의 석방 논의**'에서 시작되고 있다.

(c) 그리하여 '오디세우스'는 우선 고향 '이타카(Ithaca)'와 가까운 '[지도]15. **파이아키아(Phaeacia)'** 궁에 도달하여, 국왕 알키노오스(Alcious)와 왕비 아레테(Arete)의 요청으로, '**오디세우스는 긴 방랑의 이야기 꾼**'으로 변하여 그 동안 겪었던 '[지도]1. 트로이(Troy)'를 출발하여 '[지도]15. **파이아키아(Phaeacia)**'에 이르기까지의 '**모험(冒險)담**'을 털어놓게 되었다.[제8책]

(d) 그 오디세우스의 주요 이야기는, '[지도]4. **키클롭스(Cyclops)**'[제9책], '[지도]7. **키르케(Ciece)**[제10책], '[지도]9. **사자(死者)의 나라(the Land of the Dead)**'[제11책], '[지도]13. **트리나키아(Thrinakia)**[제12책]으로 펼쳐졌다.

(e) **호머(Homer)가 상상했던 '제우스(Zeus)가 주관했던 천지 만물'이 '지중해(地中海)권'으로 한정이 된 것은 가장 흥미로운 점이다.**

(f) 앞서 확인한 **볼테르의 소설 '캉디드(*Candide*)'**에 주인공의 방랑이 '남미(南美)'까지 확장이 된 것은, 단순한 지역적 확장이 아니라 '인생관' '세계관' '인종(人種)관' '가치관'에서 '**근대적 대 혁명**'을 달성한 결과로, '**현대 세계의 구극(究極)의 지향점**[四海同胞主義]'을 아울러 명시하고 있는 바로서 반드시 주목을 요한다.['뉴턴의 천문학적 이론'을 수용한 결과임]

제2부
일리아드(*The Iliad*)

'불화(不和)의 사과(The Apple of Discord)' '파리스를 꾸짖는 핵토르(Hector raked Parice with insults)'

'아킬레스(Achilles)' '신마(神馬) 로안 비우티와 다플(the rapid stallions Roan Beauty and Dapple)'

제1책 아킬레스의 분노

분노의 여신이여(Rage Goddess), 펠레오스(Peleus)의 아들 '**아킬레스 (Achilles)의 분노**'를 칭송하소서. 수많은 불굴의 아카이아인의 혼령들이 저승으로 갔고, 그들의 썩은 시체는 들개와 새들의 잔치거리가 되었다. 그리하여 '제우스(Zeus)의 의지'는 목적[인간 심판]을 향해 진행이 되었으니, '**대장 아가멤논(Agamemnon)과 탁월한 아킬레스(Achilles)의 의견 충돌**'이, 그 시작이었다.[8] 어떤 신이 그들을 그처럼 미쳐 싸우게 만들었는가? 제우스(Zeus)의 아들 아폴로(Apollo)와 레토(Leto)가 그렇게 만들었다.[10]

아가멤논(Agamemnon)이 '아폴로 세제(司祭)'를 박대(薄待)하여 아폴로가 화를 내어, 군중(軍中)에 역병(疫病)이 돌아 군사들이 죽어 갔다.

그렇다. 사제(司祭) 크리세스(Chryses)는 막대한 보상금을 챙겨 가지고 그의 딸을 찾으려고 아카이아 사람들의 쾌속선들 추적했다.[14] 분노의 신 활잡이 아폴로의 사제(司祭) 손에는 높은 황금 지팡이가 감겨 있었다. 사제(司祭) 크리세스(Chryses)는 아가멤논(Agamemnon)과 메넬라오스(Menelaus)에게 간구(懇求) 하였다.[16]

"아가멤논(Agamemnon)과 메넬라오스(Menelaus)여! 올림포스의 신들은 '프리암(Priam) 도시[트로이]'를 당신들에게 제공하여 안전하게 고향으로 돌아가게 할 것입니다. 나의 사랑스런 딸을 풀어주시오. 여기에 보상금을 받아주시오. 부디 아폴로 신을 즐겁게 해 주시길 바랍니다."[24]

그러자 모든 아카이아 사람들의 소리쳤다.

"사제를 존중하여 그 보상금을 수용하기로 합시다."

그러나 **아가멤논(Agamemnon)**은 그럴 생각이 전혀 없었다. 그래서 아가멤논(Agamemnon)은 퉁명스런 말로 크리세스(Chryses) 사제를 꾸짖었다.[29]

"늙은 놈, 다시는 신성한 내 함선(艦船) 앞에 꼴도 보이질 말라! 꾸물거리지 말고, 내 앞에 어슬렁거리지도 말라. 그래 보았자 아폴로의 지팡이와 분노가

너를 지켜주지 못 할 것이다. 나는 너의 '딸'을 네게 돌려 줄 생각이 없다. 너의 딸은, 늙기 전에 아르고스(Argos)에 있는 우리 집으로 가 나와 침상(寢牀)을 같이 하며 함께 살 것이다. 이제 즉시 떠나, 더 이상 내 심기를 거스르지 않는 것이 네가 살 길이다."[38] ['神을 무시하는 아가멤논'의 極惡한 발언임]

늙은 사제(司祭) 크리세스(Chryses)는 겁을 먹었다. 그는 아가멤논(Aga-memnon)의 명령에 따라, 말없이 해안(海岸) 가로 내려 왔다. 그리고 안전한 거리를 유지한 다음, 그 늙은 사제는 레토(Leto)의 아들 아폴로(Apollo) 신에게 간구했다.[43]

"들어주옵소서, 은궁(銀弓)과 권능과 역병(疫病)의 신인 아폴로(Apollo)시여. 제가 세운 당신의 신전(神殿)이 즐거우셨고, 당신의 제단에 올린 황소 염소의 번제(燔祭)가 아름다우셨다면 저의 기도를 가납(嘉納)해 주옵소서. 부디 저의 눈물에, 당신의 화살을 돌려주옵소서."[49]

사제(司祭)의 기도가 아폴로에게 들리었다. 아폴로의 가슴에 폭풍이 일어, 활과 전통(箭筒)을 그 어깨에 메고 올림포스 정상(頂上)에서 성큼 내려왔다. 아폴로가 화를 내니, 그의 등 뒤에서는 화살들이 찔렁거렸다.[53] 아폴로는 '죽음의 밤'처럼 행진을 했다. 아카이아 함선(艦船)을 향해 아폴로가 화살을 날리니, 거대한 은궁(銀弓)에서 무서운 굉음(轟音)이 터져 나왔다.[56] 아폴로는 처음엔 노새와 개를 쏘았으나, 다음은 화살로 인간들을 쏘았다. 아폴로가 무더기로 베어 눕혀서, 그 시체들을 태우는 불길이 밤낮으로 이어져 끝이 없었다.[60] 9일 간, 그 아폴로의 화살은 군중(軍中)을 휩쓸었다.[61]

10일이 되었을 때에 **아킬레스(Achilles)**가 회의를 소집했으니, 아카이아 전사들이 쓰러져 죽은 것을 헤라(Hera)가 보고 슬퍼하여, 그 아킬레스(Achilles)에게 그러한 생각[회의 소집]을 하게 했던 것이다.[64]

사람들이 회의장에 모이니, 건각(健脚, swift runner -'팔 다리'는 무력의 상징임)의 아킬레스(Achilles)가 말했다.

"아트레오스(Atreus)의 아들[아가멤논]이여, 우리는 후방(後方)에서 공격을 당해 우리의 장정(長征, '對 트로이 전쟁')이 실패로 돌아갈까 두렵습니다. 전쟁과 역병(疫病)이 아르기베들(Argives)을 옭죄면, 우리는 모두 다 고향으로 돌아가야 할지도 모릅니다.[69] 성자나, 예언가나 해몽(解夢)가에게 한번 물어 봅시다. **꿈도 제우스가 가르쳐준 인간의 길**이므로(dream as well can come our way from Zeus)[73] 왜 아폴로가 진노(震怒)하시는지, 우리가 맹약이나 제사를 그르쳐서 그러한지. 아폴로 신이 양과 염소의 번향(燔香)을 용납하시면 우리는 이 역병(疫病)에서 구원을 받을 수도 있을 겁니다."[77]

아킬레스(Achilles)가 그렇게 제안을 하고 자리에 앉자, 테스토르(Thestor)의 아들 칼카스(Calchas)가 일어났다. **칼카스(Calchas)는 최고로 명석하여, 만물의 과거와 현재와 미래를 다 알고 있었다.**(He knew all things that are, all things that are past and all that are to come.) 칼카스(Calchas)는 아그리베(Agrive) 선박들을 트로이(Troy)로 이끌었던 그 예언가로, **아폴로가 그에게 통찰력을 제공했던 사람이다.**[84] 예언가 칼카스(Calchas)가 말했다.

"제우스의 사랑을 받는 아킬레스(Achilles)여, 당신이 나에게 '아폴로의 분노'를 설명하라 명하십니다. 내가 전부를 다 말하겠습니다. 그러나 아킬레스(Achilles)여. 당신은 당신의 정신과 말과 힘으로 '나를 지켜주겠다.'고 먼저 약속을 해 주어야 합니다. 왜냐하면 내 말에 분노할 사람도 있으니, 내 말은 모든 아카이아 인들이 복종하지 않을 수 없는 강력한 왕['아가멤논(Agamemnon)']을 노(怒)하게 할 것이기 때문입니다. 그가 오늘의 분노를 참을지라도 그는 턱 안에 불길을 감추었다가 조만간 다시 불을 뿜을 것이기 때문입니다. 아킬레스(Achilles)여, 당신은 나를 정말 지켜주시겠습니까?"[97] ['힘과 힘의 대결'을 전제한 발언임]

그러자 아킬레스(Achilles)가 칼카스(Calchas)에게 말했다.

"칼카스(Calchas)여, 용기를 내시오. 신의 뜻을 알고 있다면 공개(公開)를 하시오. 나는 제우스의 사랑을 받고 있는 아폴로를 두고 맹세합니다. 내가 살아서 보고 있는 동안에는 어느 누구도 당신에게 손을 댈 수 없습니다. 아카이아 인중

134

에 최고인 아가멤논(Agamemnon)일지라도, 그렇게 하지는 못 할 겁니다."[108]

그러자 칼카스(Calchas)는 용기를 내어 용감히 말했다.

"아폴로는 우리의 배약(背約)이나 제사를 꾸짖은 것이 아닙니다. 아폴로는 아가멤논(Agamemnon)이 아폴로 사제(司祭)의 딸을 구금해 놓고 보상금도 거절을 하고 그를 박대했기 때문에 아폴로가 화를 낸 것입니다. 우리가 '반짝이는 눈을 지닌 그 소녀'를 그녀의 아비에게 되돌려 주지 않으면, 이 '치욕적인 파괴'를 피할 수 없습니다. 그 소녀를 사제에게 돌려주어야, 아폴로신이 잠잠하게 될 것입니다."[118]

칼카스(Calchas)는 그렇게 말하고 자리에 앉았다. 그러나 사람들 중에 가장 분노가 치솟은 아가멤논(Agamemnon)은, 그 칼카스(Calchas)를 당장 잡을 듯이 노려보며 말했다.[122]

"재앙(災殃)의 예언자여! 나의 권익(權益)에 관해서는 언급을 하지 마시오! 당신의 마음속엔 '불행의 벌레'가 우글거려, 그동안 당신의 예언은 아무 소득도 없이 지나갔소. 그런데 지금 당신은 아폴로 신이 우리 군(軍)을 꾸짖는 이유에 대해 말하기를 내가 '크리세이스(Chryseis) 소녀'에 대한 보상금을 내가 거절하기 때문이라고 말했소. **나는 그녀를 나의 아내 클리템네스트라(Clytemnestra)보다 높게 생각하고 있소.** 그러나 그것[되돌려 주는 것]이 모두에게 최선이라면, 그녀를 기꺼이 포기하겠소. 내가 진정으로 원하는 것은 우리 백성들의 안전이니, 그들이 죽어가는 모습을 나도 차마 볼 수가 없소. 그러나 내게 다른 상(賞)을 속히 주도록 하시오. 아르기베 사람들(Argives) 중에서 유독 나만 '상(賞) 받기'에서 제외될 수는 없소. 나는 지금 내게 온 상을 탈취 당할 상황이요!"[141]

[아가멤논의 '무서운 탐욕'임]

그러자 아킬레스가 즉시 대답했다.

"아가멤논(Agamemnon)이여, 지금 아르기베 사람들(Argives)에게 이미 분배가 끝난 상황에서 무슨 상(賞)을, 누가 당신에게 줄 수 있다는 겁니까? 내가 알기로는 어떤 '**노획물(鹵獲物, troves of treasure)**'도 지금 남아 있지 않습니다. 우리가 약탈한 도시에서 탈취한 모든 것은 모두 나누어 가졌습니다.[본래 '海賊'과 '掠奪'의 무리들임] 그것들을 다시 찾아 모으는 것은 수치스런 일입니다. 그러므로 지금 당신은 그 소녀를 아폴로 신에게 되돌려 주시오. 제우스께서 어느 날엔가 선물을 허락하시어 트로이의 성을 완전히 함락시키면 우리 아카이아 인들은, 당신에게 세 배 네 배로 되돌려 주도록 할 것이요."[152]

그러자 아가멤논(Agamemnon)은 말했다.

"그런 말로 나를 속이려 들지 마시오. 아킬레스여. 당신에게 내가 그냥 넘어갈 수는 없소. 나를 그렇게 바보 취급하려들지 마시오. 당신이 원하는 것은 도대체 무엇입니까? 당신의 상(賞)에만 매달려, 나는 그냥 조용히 빈손으로 견디어라는 말입니까? 당신이 나에게 그 소녀를 내놔라고 내게 명령하는 겁니까? 아니 됩니다, **만약 아르기베인들이 내게 그에 상당한 선물이 없을 경우, 나는 아킬레스(Achilles) 당신 것이든, 아이아스(Ajax) 것이든, 오디세우스(Odysseus) 것이든 반드시 내 것으로 삼고야 말겠소.** 우리는 모든 것을 뒤에 다시 논의를 하기로 합시다. 이제 우리는 검은 배를 바다에 띄워 제물(祭物)과 크리세이스(Chryseis) 소녀를 싣고 가도록 합시다. 아이아스(Ajax)이든지 오디세우스(Odysseus)이든지 아킬레스(Achilles) 당신이든지 선장(船長)이 되어 '아폴로 신의 진노'를 잠재울 의례(儀禮)를 먼저 수행하도록 합시다."[173]

이에 아킬레스(Achilles)가 아가멤논(Agamemnon)에게 말했다.

"염치도 없고 후안무치한 사람이여, 그렇다면[그렇게 '사령관 노릇'을 한다면] 과연 어떤 아그리베 병사(兵士)가 당신의 명령을 따를 것인가? **그들은 자유롭고 즐겁게 당신에게 달려와 아가멤논(Agamemnon) 당신의 적들[트로이 군사들]과 싸우러 왔소.** 이 아킬레스(Achilles)가 여기에 싸우러 온 것은, '트로이의 창잡이들' 때문이 아니고 그들이 나의 가축과 말을 훔쳐서도 아니고 우리 프티아(Phthia)에서 농작물을 망쳐서도 아닙니다....**우리는 '메네라오스(Menelaus)와 당신의 명예'를 찾아주려고, 지금 당신들을 따르고 있습니다.**(we all followed you, to please you, to fight for you, to win your honor back from

136

the Trojans) 못된 개 같은 사람이라고, 당신은 지금 도대체 무엇을 생각하고 있는 겁니까?...이럴 바엔 **나는 차라리 당장 프티아(Pthia)로 돌아가겠습니다.**"[199]

그러나 아가멤논(Agamemnon)은 이에 지지 않고 반격을 했다.

"그대가 고향으로 되돌아가겠다면 나는 굳이 그대를 말리지 않겠소! 제우스께서는 지혜로 세상을 다스리십니다. 다른 사람들이 내 편에 서서 나의 '**명예**'를 지켜 줄 것이오. 아킬레스(Achilles), 나는 당신이 가장 싫소. 당신이 정말 위대한 투사(鬪士)라면 그것도 단지 신의 선물일 뿐이오.['신께서 그렇게 창조해 놓았다'는 논리임] 고향으로 돌아가 '미르미돈 사람들(Myrmidons)'이나 잘 다스리시오![212] 화 잘 내는 당신은 내게 소용없소. 아폴로가 크리세이스(Chryseis) 소녀를 원하시니, 나는 그녀를 배에 실어 보낼 작정이오. 하지만 **나는 당신의 막사로 가서 당신의 전리품인 아름다운 브리세이스(Briseis)를 데려와, 내가 당신보다 얼마나 위대한지를 바로 증명할 작정이오.**"[222]

이렇게 아가멤논(Agamemnon)이 아킬레스(Achilles)를 괴롭히니, 아킬레스(Achilles)는 엉덩이에 긴 칼을 뽑아 아가멤논(Agamemnon)을 당장 죽이려고 그 칼집에서 커다란 칼을 뽑으려는 순간에, **두 사람을 다 사랑하는 헤라(Hera)가, 하늘에서 아테나(Athena)를 내려보내 아킬레스(Achilles) 뒤꼭지에서 그의 불타는 머리털을 잡아당겼다.** 다른 사람들은 보이지 않았으나 아킬레스(Achilles)만 그녀를 금방 알아보고 놀라운 눈을 뜨고 말했다.

"왜 오셨습니까? '천둥의 방패를 지니신 제우스'의 따님이시여. 미친 아가멤논(Agamemnon)을 보셨지요? 어서 제게 진실을 말씀해 주세요. **아가멤논(Agamemnon)은 그 목숨으로 자기 죄 값을 지불할 것입니다.**"[240]

아테나(Athena)가 말했다.

"내가 바로 당신의 분노를 저지하려고 하늘에서 내려왔소. 헤라(Hera)께서는 아킬레스(Achilles)와 아가멤논(Agamemnon)을 다 사랑하시어 둘을 다 보호하라 하십니다. 싸움을 멈추고 칼을 잡지는 마시오...."[291]

이에 아킬레스(Achilles)는 말했다.

"여신이시여, 당신 두 분이 명령을 내리시니, 화가 나 내 가슴이 찢어질 지라 도, 그 명령에 복종을 해야겠지요. 인간이 신(神)에게 복종하여 기도하면, 신 (神)들은 즉시 호응을 하시니까요."[257]

그래서 아킬레스(Achilles)는 칼자루를 잡았던 손을 멈추고, 거대한 그의 칼 을 다시 칼집에 넣었다. 아테나(Athena) 여신은 올림포스 산으로 치솟아 '천둥 의 방패를 지닌 제우스' 궁궐로 돌아갔다.

그러나 아킬레스(Achilles)는 다시 아가멤논(Agamemnon)에게 포위 되었다. 아가멤논(Agamemnon)은 순간도 자기의 화를 늦추지 않고, 아킬레스를 공격을 하였다.

"너는 주정뱅이고 개의 눈에 사슴 새끼 심장이다! 너는 '아카이아 정상(頂上) 의 무사들'과 함께 위험을 무릅쓴 전투를 해본 적도 없었다. 너는 용기가 없고, '죽음'을 무서워하고 있다. 그저 편안하게 캠프들을 돌아다니며, 너에게 반대하 는 사람의 상(賞)들이나 빼앗을 생각을 하고 있는 놈이다. 오 백성들을 잡아먹 는 왕[아킬레스]이여, 네가 다스리고 있는 그 사람들도 무가치한 껍데기들이다. 하지만 이 격분으로 끝장을 내도록 하자.....이 홀(笏)은 아카이아 사람들이 제 우스의 명령을 받을 때마다 높이 들었던 것이다. 앞으로 이 홀이 '나의 맹세'를 뒷받침해 줄 것이다.[280] -**어느 날에 아카이아 아들과 너의 군사들이 그대 '아킬레스'를 그리워할 날이 올 것이다. 그러나 사람 잡는 헥토르(Hector)가 너의 용사들을 쓰러뜨리고 죽여도, 너는 할 일이 없을 것이다. 그래서 너는 아카이아 사람들의 최고[사령관 아가멤논]를 불명예스럽게 하는 것에 분노하 여, 너의 가슴을 찢고 눈물이 터져 나올 것이다.**"[287]

말을 마치고 아가멤논(Agamemnon)이 황금 못이 박힌 홀(笏)을 세우고 자기 자리에 앉으니, 아킬레스(Achilles)는 우울하게 되었다.['신의 명령'에 복종한 그 결과임]

그러자 사람들 사이에서 네스토르(Nestor)가 일어섰는데, 그는 필로스(Pylos)의 웅변가로 그 말이 꿀보다 감미로웠다. **네스토르(Nestor)는 '필로스 성지 (Pylos' holy realm)'에서 이미 두 세대가 태어나 죽음을 보았고, 지금은 제3 세대를 통치하고 있는 사람이었다.**[295][힌두 '비아사-Vyasa' 유사함]

"엄청난 슬픔이 모든 아카이아에게 밀려옵니다! 아카이아 사람들의 회의장에서 가장 뛰어난 두 왕이 다투었다는 것을 저 프리암(Priam)과 그의 아들 그리고 모든 트로이 사람들이 들으면 얼마나 기뻐하겠습니까? 그들은 반드시 기쁨에 뛸 것입니다. 제발 멈추십시오.[302] 내 말을 들어 보시오. 나는 당신들보다 나이가 많고 당신들보다 훌륭한 사람들과 사귀었소. 그러나 지금은 그들을 볼 수 없으나 그들은 다 지상(地上)에서 최고 강자(强者)들이었으니, 명장(名將) 피리토오스(Pirithous), 드리아스(Dryas), 카에네오스(Caeneus), 엑사디오스(Exadius), 왕자 폴리페모스(Polyphemus)와 테세오스(Theseus)가 그들입니다.[311] 그들은 당신들보다 강한 '산 속의 야만인 털이 많은 켄타오르들(Centaurs)'을 물리쳤소. 나는 그들과 동열(同列)에 있었소. 그들은 모두 나의 말을 귀담아 들었고, 내 말로 행동의 표준을 삼았소. 그래서 당신들도 이제부터 역시 내 말을 들어야 합니다.[320] 아가멤논이여 그 소녀를 붙잡고 있지 말고 놔 보내시오...그리고 아킬레스여, 왕의 힘에 대항하여 다투려 하지 마시오. 아가멤논(Agamemnon)은 위대한 제우스가 제공한 홀(笏)을 지닌 왕임을 알아야 합니다.[328] 이 네스토르(Nestor)가 간구(懇求)합니다. 아가멤논은 아킬레스를 향한 분노를 가라앉히십시오. 아킬레스는 전(全) 아카이아 군사를 전쟁의 충격으로부터 막아줄 우리의 억센 성곽입니다."[334]

그러나 아가멤논은 네스토르에게 성급하게 말했다.

"노인장 말씀이 옳습니다. 그러나 저 아킬레스는 군사들의 최상을 원하여, 제가 다 맘대로 하려 합니다. 좋습니다. 그렇다고 내가 저 **아킬레스에게 항복을 해야겠습니까?** 신들이 저 창잡이[아킬레스]를 만들었지만, 이 아가멤논(Agamemnon)을 능멸할 권리까지 과연 저 아킬레스에게 주었겠습니까?"[341]

이에 불이 붙은 아킬레스가 말했다.

"그렇다. 내가 너의 명령을 받는다는 것은 내가 '무용(無用)한 겁쟁이'가 되는 것이다. 네가 남들에게는 무엇이라 지껄이건, 나에게는 앞으로는 명령을 내리려고 하지 말라! 왕이여, 내가 당신에게 경고하노니, **나는 그 소녀['브리세이스 (Briseis)']를 가지고 어느 누구와 다투는 일이 없을 것이다**. 아카이아 사람들이 내게 주었던 것을 이제 당신이 갈취(喝取)해 갈 터니까. 하지만 그밖에 나의 선박에 실어 놓은 여타의 것은 어떤 것에도 손 델 수는 없다. 그런 일을 행하면 '너의 검은 피'가 내 창끝에서 솟을 것이다."[355]

두 사람이 서로 얼굴을 맞댄 말싸움을 끝내니, '아르기베(Argive) 함선 곁에서의 회의'도 끝이 났다. 아킬레스는 자신의 함선으로 돌아왔다.[360]

아가멤논은 배 한 척을 바다에 띄웠는데 20명이 노를 젓게 하여 아폴로 신에게 바칠 제물을 싣고 그 배의 중앙에 크리세이스(Chryseis)를 실었다.[364]

재능이 있는(versatile) 오디세우스(Odysseus)가 선장이 되었다. 모든 것을 실은 배가 바다로 나아가니, 아가멤논(Agamemnon)은 '목욕재계(沐浴齋戒, to wash and to purify themselves)'를 명하여 역병(疫病)에 대처하게 했다. 그들은 깨끗이 씻고 아폴로에게 황소와 염소를 제물로 바쳤다. 황량한 바다에서 향기로운 연기들이 하늘로 올라갔다.[372]

그러나 **아가멤논(Agamemnon)은 그 분쟁(紛爭)을 멈추지 않았다**. 아가멤논(Agamemnon)은 당장 아킬레스에게 위협을 가했다. 아가멤논은 자기 측근인 탈티비오스(Talthybius)와 에우리바테스(Eurybates)를 불렀다.

"빨리 아킬레스 거처로 가서, 그 브리세이스(Briseis)를 데려 오라. 만약 아킬레스가 내주지 않으면 내가 직접 가겠다. 내가 군사를 거느리고 가서 그녀를 빼앗아 오면 그것이 그에게는 더욱 고약한 일이 될 것이다."[382]

아가멤논(Agamemnon)은 사령(使令)들을 엄하게 일러 보냈다. 두 사령(使令)들은 가고 싶지는 않았으나, 소금 바닷가 길을 따라 미르미돈(Myrmidon)들의 거처와 배가 있는 곳으로 향했다. 그들은 그 아킬레스(Achilles)가 검은 함선 곁 자기 막사에 앉아 있는 것을 보았다. 아킬레스는 암울하게 앉아 있었다.

140

아킬레스가 찾아온 두 사람을 보았다. 그들은 아킬레스에 대한 경외심에 그냥 말없이 서 있었다.

그러나 아킬레스는 그 상황을 이미 다 알고 그들을 향해 말했다.

"사령(使令)들이여, 어서 오시오. 그대들은 내게 따로 행한 것이 없으니, 그대들의 잘못은 없소. 아가멤논이 시켜 브리세이스(Briseis)를 데려가려 온 것이지요?"

이어 아킬레스는 파트로클로스(Patroclus)를 향해 말했다.

"파트로클로스(Patroclus)여, 저 소녀를 저들에게 주어 돌아가도록 하시오. 그러나 저 사령(使令)들은 '나의 이 상실(喪失)'에 증인이 될 겁니다...지고한 신들과 인간들의 면전에, 그리고 굽힐 줄 모르는 탐욕의 왕[아가멤논]의 면전에. 군사들이 '창피스러운 냉혹한 패배'에 직면하면 반드시 나를 필요로 하는 날이 올 것이요. 지금은 아가멤논이 그 살인적 횡포로 미쳐 날뛰기에, 나는 아카이아 사람들을 지키려고 나가 싸울 마음이 다 없어졌소."[407]

파트로클로스(Patroclus)는 아킬레스의 명령대로 이행(履行)을 했다. 파트로클로스(Patroclus)가 브리세이스(Briseis)를 이끌어 사령(使令)들에게 내주었다.[410] 브리세이스(Briseis)는 내키지 않은 걸음으로 그들을 뒤따라 나섰다.

그러자 아킬레스는 울며 전우들의 곁을 떠나...멀리 잿빛 바다 해안가에 앉았다. 그리고 아킬레스는 두 팔을 펼쳐 사랑하는 어머니[테티스(Thetis)]를 향해 기도하고 또 기도했다.

"어머니, **어머니께서는 제게 '짧은 생명'을 주셨으니, 올림포스의 제우스는 제게 '명성(Honor)'이라도 주셔야 할 것입니다.** 그런데 아가멤논이 나를 조롱하고 내가 얻은 생[브리세이스(Briseis)]까지 빼앗아 갔습니다."[422]

아킬레스가 울며 기도하니, 바다 깊숙이 '노인이 된 아버지' 곁에 '어머니[테티스(Thetis)]'가 그 기도를 들었다. 그녀는 지체 없이 아킬레스 곁으로 가 말했다.

"아들아 무슨 눈물이냐? 무슨 슬픔이냐? 내게 말하라. 네 속에 있는 것을 다 말하라."[429]

아킬레스는 그녀에게 탄식하며 말했다.

"어머니도 다 아시지 않아요? 왜 수고롭게 내가 다시 말을 해야 하나요?...**우리는 에티온(Eetion)의 신성한 도시 테베(Thebe)를 점령하고 모든 것을 약탈했습니다.** 그리고 군사들은 둘러 앉아 그것을 공평하게 분배를 했습니다. 군사들은 먼저 아가멤논에게 아름다운 '크리세이스(Chryseis)'를 뽑게 했습니다. 그러나 그녀의 아버지는 아폴로신의 사제(司祭)였습니다. 사제 크리세스(Chryses)가 '막대한 보상금'을 들도 와 그의 딸을 되찾아가려 했습니다.....아가멤논이 거절하여 크리세스(Chryses)가 마침내 아폴로에게 기도하여 아폴로의 진노(震怒)로 진중(陣中)이 역병이 돌아 군사들이 쓸어져 죽으니...아가멤논은 결국 크리세이스(Chryseis)를 포기한 대신, '나의 소녀'를 빼앗아 갔습니다. 어머니께서 힘을 지니셨다면 당신의 아들을 지켜주세요.[468] 저는 어머니께서 헤라(Hera) 포세이돈(Poseidon) 팔라스 아테나(Pallas Athena) 등 올림피아 신들이 제우스를 끌어내리려 했을 적에 즉시 '**100개의 손을 가진 자(the hundred-hander)**'[힌두 식 표현임]를 올림포스로 불러...'제우스 흔들기'를 중지하게 하셨다는 것을 수시로 들어 왔습니다.[483] 이제 그 제우스를 찾아가서 그의 무릎을 잡고 부탁해 주셔요... 제우스가 트로이를 도와주시면, 아카이아 인들은 그들은 만(灣) 안에 당장 갇힐 겁니다. 그러면 억센 아카이아들도, **아카이아들 중에도 최고인 이 아킬레스를 그 아가멤논이 어떻게 욕보였는지를 다 명백하게 알게 될 겁니다.**"[490]

그러자 테티스(Thetis)는 눈물을 흘리며 말했다.

"아들아, 내가 왜 너를 낳아 길렀겠느냐? 내가 견디어 왔던 모든 것이, 결국 불행이 되었구나...하지만 내가 눈 덮인 올림포스로 올라가서[500] 번개를 사랑하시는 제우스께 너의 하소를 전하면, 제우스께서도 들어주실 것이다.....어저께 제우스께서 에티오피아 사람들(Aethiopians)과의 잔치로 떠났으니 신들도 다 따라갔다. 그러나 12일 안에 제우스께서 올림포스로 다시 돌아오시면 제우스 궁전의 청동 마루로 찾아가 제우스의 무릎을 잡고 내가 하소를 하면 들어주

142

실 것이다."[509]

그렇게 얘기하는 동안 오디세우스(Odysseus)는 빛나는 제물을 배에 싣고 크리세(Chryse) 섬으로 갔다.[514] 그런 다음 오디세우스(Odysseus)가 소녀 '크리세이스(Chryseis)'를 제단(祭壇)으로 이끌어, 그녀의 사랑하는 아버지 팔에게 안겨주며 말했다.[526]

"크리세스(Chryses)여, 아가멤논 왕이 나를 보내 당신의 딸을 되돌려 보내고 아폴로께 제사를 지내도록 명했습니다. 전 아카이아를 위하여 아폴로 신께 대제(大祭)를 올리면, 우리의 슬픔과 고통도 완화 될 겁니다."[521]

그러자 사제 크리세스(Chryses)는 그 사랑스런 딸을 안았다. 사람들은 즉시 아폴로 신을 위한 제물들을 배열했다. 그런 다음 사람들은 손을 씻고 보리를 들었다. 크리세스(Chryses)는 일어나 팔을 하늘로 올려 큰 소리로 기도를 올렸다.

"아폴로여 들으소서! 당신께서 저의 명예를 지켜주시어 전 아카이아 대열을 무너뜨렸습니다. 지금 제가 거듭 기도하노니, 아카이아 군중(軍中)에서 역병(疫病)을 이제 거두어 주옵소서."[545]

크리세스(Chryses)의 기도가 아폴로에게 들리었다. 사람들은 보리를 뿌리고 희생들의 머리를 뒤로 젖히고 목을 베어 가죽을 벗겼다. 넓적다리 살을 베어 기름으로 싸고 잘게 썬 조각을 다시 접어 살코기를 그 위에 올렸다.[550] 사제는 그것을 장작불에 던져 태우며 그 위에 술을 부었다. 그러는 동안, 젊은이들은 그 곁에 5지창(五枝槍)을 잡고 서 있었다...제사가 끝나자 잔치가 준비되어 다들 잘 먹었다. 식사가 끝나자 젊은이들은 술을 마셨는데...모두 먼저 아폴로 신에게 조금씩 술을 바쳤다. 그리고 온 종일 '병마(病魔)를 쫓을 아폴로 신'을 찬양하는 노래를 불렀다. 그래서 아폴로는 그것을 듣고 기쁨에 넘쳤다.[565] 해가 지자 사람들은 고물 밧줄 곁에 잠을 잤고 날이 밝아...아폴로가 순풍을 불게 하여...아카이아 인들은 자기네들의 막사로 돌아갔다.

그러나 아킬레스는 그 선박 곁에 마련한 막사에 우울하게 있었다.[582] 이제 아킬레스는 남자들이 영광을 얻는 회의에도 나가지 않고 날마다 **함성을 지르며 싸우는 전투를 그리워하며 자기 속만 태우고 있었다**.(day after day he ground his heart out, waiting there, yearning, always yearning for battle cries and combat.)[587]

12일이 지난 새벽이 되니, 신들은 제우스를 앞세우고 올림포스로 돌아왔다. 테티스(Thetis)는 아들의 부탁을 잊지 않고 올림포스로 올라갔다. 테티스(Thetis)는 세상을 살피는 제우스를 보고 나아가 그녀의 왼 손으로 제우스의 무릎을 잡고, 오른 손으로 제우스의 턱을 바치면서 말했다.[599]

"아버지 제우스시여, 신들 중에서 제가 항상 말과 행동으로 당신께 봉사를 드렸으니 이 기도를 들어주십시오. 제 아들 아킬레스를 영광스럽게 해 주십시오....아가멤논 왕이 그를 무시하여 상(賞)으로 얻은 소녀까지 빼앗아갔습니다. 세상을 다스리는 제우스시여, **트로이 사람들이 거듭 승리하게 하여 아카이아 군사들이 부디 내 아들을 소환하게 하여 그가 '높은 명성(Honor)'을 얻도록 해 주십시오!**"[608]

제우스는 아무 말이 없었다. 그러자 테티스(Thetis)가 다시 말했다.

"저의 부탁을 들어 주십시오. 아버지의 머리를 끄덕이시든지 부정하시든지 하세요. 아버지께서는 무엇이 두렵습니까? 거절을 하시면 모든 신들 중에 제가 얼마나 홀대(忽待)되는지 알겠습니다."[616]

제우스가 화를 내며 말했다.

"재앙이다. 네가 나를 헤라(Hera)와 또 싸우게 할 것이다. 헤라(Hera)는 내가 항상 트로이를 편든다고 나를 비난하고 있다. 그러므로 너는 헤라(Hera) 모르게 어서 여기를 떠나라. 내가 다 알아서 하마."[631]

그러나 헤라는 이미 모든 것을 알고 있었다. 헤라는 제우스를 비웃었다.

"못 믿을 당신이여, 어느 신과 무슨 계획을 하셨습니까? 내가 잠깐 등만 돌리면, 당신은 항상 당신 좋을 대로 비밀리에 일을 정하십니다. 당신은 제게 솔직하게 말한 적도 없습니다."[653]

<u>인간과 신들의 아버지(The father of men and gods)</u>인 제우스는 그녀에게 날카롭게 대답했다.[654]

"헤라여, 그대는 내가 생각하고 있는 것을 다 알려고 하지 마시오. 그대가 나의 아내이지만, 내가 모든 신들을 초월하여 계획하는 것은, 그대가 다 의문을 가져야 할 사항이 아니오."[660]

그러자 여왕 헤라가 말했다.

"무서운 제우스시여, 무슨 말씀을 하시는 겁니까?....새벽부터 테티스(Thetis)가 당신 곁에 무릎을 꿇고 당신 무릎을 잡고 있어, 나는 지금 그 테티스가 아킬레스를 높이려고 '<u>아카이아들을 그들의 배에 묶어두고, 트로이 사람들이 그들을 도살하게 해 달라.</u>'는 그 부탁을 당신이 허락을 했는지 그것을 의심하고 있습니다."[672]

그러자 천둥을 휘두르는 제우스는 머리를 돌려 말했다.

"당신의 추측이 나를 미치게 하군요. 헤라(Hera) 당신 말 대로이니, 그렇다면 지금 어떻게 하자는 것이요? 당신은 아무 것도 당신 힘으로는 바꿀 수가 없고 그러한 짓이 당신을 더욱 고약하게 만들 뿐이요. 당신이 진실을 말했다고 해도, 그것은 나의 쾌락이 될 것이요. 이제 자리에 앉아 조용히 내 명령에 복종이나 하시오. 내가 당신에게 내 손을 휘두르면, 많은 올림피아 신들도 결코 당신을 보호하지 못 할 것이요."[683]

제우스는 진정이 되었으나, 헤라는 그 말에 겁을 먹었다. 헤라는 말없이 앉아 있었다. 헤라는 속이 상했다. 그때 아들 헤파이스토스(Hephaestus)가 어머니 헤라를 위로하고 아버지 제우스를 권위를 거듭 명시(明示)하여, 다시 술잔치를 열었다. 하루 종일 여러 신들은 함께 잔치를 즐겼다...해가 지자 각 신들은 자기 처소로 돌아갔는데, 유명한 절름발이 대장장이 헤파이스토스(Hephaestus)가 지었던 곳이다.[731] 그래서 올림포스의 제우스는 조름이 올 때 잠드는 그의 침상으로 갔고, 헤라는 제우스 곁으로 가 누웠다.[1]

'아가멤논과 아폴로 사제 크리세스(Agamemnon and Chryses)' '아킬레스와 아가멤논(Achilles and Agamemnon)'

(a) '일리아드(*The Iliad*)' '제1책'에서 주목해야 할 것은 '인간 현실에 직접 개입하는 아폴로(Apollo)'와 헤라(Hera) 아테나(Athena) 신(神) 문제이다.

(b) '일리아드(*The Iliad*)'의 제일 특징은, **'절대신 제우스가 주도했던 토로이 전쟁(Trojan War)'**이란 사실이다.

(c) 이에 대해 '아킬레스(Achilles)' '아가멤논(Agamemnon)'은 '트로이 정벌'에 나선 왕들로 그 **'제우스의 위대한 뜻[심판 전쟁]'**을 받들어 실천한 '인간들의 왕들'이라는 점이다.

(d) 특히 아가멤논(Agamemnon)는 탐욕 무능의 왕으로 힌두(Hindu)의 '마하바라타(*The Mahabharata*)'에 **드리타라슈트라(Dhritarashtra)** 왕과 유사하게 부각이 되었으니. '대량 살상 전쟁에 주요 인자(因子)'라는 점은 주목을 해야 한다.

---

1) Homer(Translated by Robert Fagles), *The Iliads*, Penguin Books, 2001, pp 77~99 'Book One : The Rage of Achilles'

*[로버트 페이걸즈(Robert Fagles, 1933~2008) : 프린스턴 대학 '비교 영문학 교수'. 희랍과 로마 고전 번역, 특히 **'호머 서사시 번역자'**로 명성을 얻고 있다.]

146

제2책 '트로이'로 집결한 사방의 용사들

　다른 신들이나 인간들의 전차(戰車) 무사(武士)들은 모두 잠들을 잘 잤다. 그러나 **제우스(Zeus)는 어떻게 아카이아 사람들을 죽이고, 아킬레스(Achilles)를 높일까를 궁리하며, 잠을 이루지 못했다.**[5] **결국 제우스는 하나의 계획을 생각해 내었으니, 아가멤논에게 '흉악한 꿈(a murderous dream)'을 꾸게 하는 방법이었다.**

　"'살상(殺傷)의 꿈 신(a murderous dream)'이여, 네가 저 아가멤논의 거처로 내려가 내 명령을 전하라. '전(全) 아카이아 장발족(長髮族)을 무장시켜, 트로이를 공격하라.'고 말하라. '모든 올림포스 신들이 헤라(Hera)의 제안에 동의하여, 트로이에 슬픔이 내려지게 되었다.'고 전하라."[16]

　명령을 받은 '살상(殺傷)의 꿈 신(a murderous dream)'은 아가멤논이 존중하는 네스토르(Nestor) 모습으로 왕의 머리 곁에 섰다.[22] 네스토르(Nestor) 모습의 '꿈 신'은 말했다.

　"아가멤논이여 아직도 자는구나. 모든 군사가 모두 그대의 명령으로 움직이는데. 임무를 내려놓고 밤새도록 잠만 자는가? 임무가 무거우니, 즉시 내 말을 들으시오. 제우스께서 왕에게 명하시기를, '전 아카이아 병력으로 트로이를 공격하라 하셨소.' 올림피아 제신들이 헤라(Hera)의 제안에 동의하여 트로이를 쳐부술 것이요!"[41]

　그 말을 남기고 '살상의 꿈 신(a murderous dream)'은 떠났다. 그래서 아가멤논(Agamemnon)은 그날 바로 '프리암(Priam)의 도시[트로이]'를 차지할 것이라는 바보 같은 생각을 했다.[44]

　아가멤논(Agamemnon)은 꿈에서 깨어나 부드러운 튜닉을 걸치고 그 위에 갑옷을 걸치었다. 발에는 샌들을 신었고 어깨에는 큰 칼을 메었다. 그리고 나서 홀(笏)을 잡고 아그리베들의 배를 향하여 걸어 나갔다.[56] 아가멤논(Agamemnon)은 필로스(Pylos)의 왕 네스토르(Nestor) 배 곁에서 **'장군들의 회의'**를 개

최했다.[63]

아가멤논(Agamemnon)은 말했다.

"친구들이여, 간밤에 나의 꿈 이야기를 들어 보시오. 네스토르(Nestor)와 비슷한 신이 내게 와서 말했소. '아가멤논이여 아직도 자는구나. 모든 군사가 그대의 명령으로 움직이는데 임무를 내려놓고 밤새도록 잠만 자는가? 임무가 무거우니, 즉시 내 말을 들으시오. 제우스께서 명하시기를 전 아카에아 병력으로 트로이를 공격하라 하셨소. 올림피아 제신들이 헤라(Hera)의 제안에 동의하여 트로이를 쳐부술 것이요!'라는 말을 듣고 나의 꿈에서 깨어났습니다. 그렇다면 **우선 우리 아카이아 군사들을 먼저 도발(挑發)을 시켜야 할 것입니다. 옛 방법대로 내가 군사들을 향해 '배를 타고 그냥 고향으로 돌아갑시다.'라고 제안을 하면, 그대 장군들은 그 군사들을 다시 '전투 대형(battle-stations)'으로 불러 세우기로 합시다.**"[89]

그러자 네스토르(Nestor)가 일어섰다.

"나의 친구 아르고스의 왕들이여, 만약 이 꿈을 우리 아카이아의 다른 사람이 꾸었다면, 우리는 거짓이라 믿지 않을 겁니다. 그러나 **최고 사령관 아카이아[아카멤논]**가 꾸었으니, 우리가 아카이아 사람들을 도발(挑發)시킬 수 있을 겁니다."[99]

그렇게 그 네스토르(Nestor)가 앞장을 서서 주도를 하자, 다른 왕들도 아가멤논(Agamemnon)에게 복종을 했다....군사들은 '**제우스의 전령(傳令)이 왔다**'는 소문을 듣고 벌 떼처럼 모여들었다.[109] 군사들이 몰려와 그 엄청난 무게에 땅이 신음하고 으르렁거릴 정도였다. 9명의 전령(傳令)들이 고함을 쳐 "조용히들 합시다. 왕의 말씀을 들어봅시다."고 진정시키니, 사람들은 자리에 앉아 겨우 조용하게 되었다.[115]

아가멤논(Agamemnon) 왕이 '**홀(笏)**'을 잡고 일어났는데, 그 '홀'은 헤파이스토스(Hephaestus)가 제작해 제우스에게 바쳤고, 제우스는 그 '홀'을 헤르메스(Hermes)에게 주었고, 헤르메스는 펠로프스(Pelops)에게 전했고, 펠로프스는

148

아트레오스(Atreus)에게 전했고, 아트레오스는 티에스테스(Thyestes)에게 전했고 티에스테스가 아가멤논(Agamemnon)에게 전했던 홀(笏)이었다.[124]

아가멤논(Agamemnon)이 그 '홀(笏)'을 잡고 말했다.

"친애하는 다나안(Danaans) 전사들이여. 아레스(Ares) 신의 종(slave)들이여! 제우스께서 나를 혼란에 빠뜨렸습니다. 당초에 제우스는 '트로이 성곽을 깨뜨릴 때까지 고향으로 돌아가지 말라.'고 하셨습니다. 그러나 나는 이제야 그분의 얄궂은 계획을 알게 되었습니다. 이제 제우스께서는 치욕적으로 그냥 '아르고스(Argos)로 돌아가라.' 명령을 내리셨습니다. 그러나 우리 후손을 위해서도 이게 무슨 굴욕입니까!......우리 아카이아 군사는 트로이 군사보다 훨씬 강하고 방대합니다. **우리 군사는, 트로이 성안의 사람들 숫자보다 10배가 넘습니다.** 어느 덧 9년의 세월이 흘러...[158] 배들은 썩고 밧줄도 낡아졌습니다. 그러므로 아내와 아이들이 기다리는 고향으로 돌아갑시다. 우리는 트로이를 차지하지 못 할 겁니다."[164]

아가멤논(Agamemnon)은 병사들의 마음을 그냥 떠보려고 한 말이었으나, **모든 병사들이 그 '아가멤논(Agamemnon)의 계획'을 다 알 수는 없었다.**[167] 그래서 '전 대회장'은 '바다의 거대한 파도'처럼 흔들렸다. 제우스 구름에서 불어 온 동풍(東風)과 남풍(南風)이 불어 닥친 이카리아의 바다(Icarian Sea)와 같았다.[170] 그래서 거대한 군사들은 태풍에 휩쓸린 다 자란 곡식들처럼 흔들리었다. 군사들은 고함을 치며 자기들의 배를 향해 달려가니, 그들 발 아래서 먼지가 생겨나고 서로 고함을 쳐 말했다.

"배들을 이끌어 바다로 내려라! 진입로를 치워라!"

그 외치는 소리들이 하늘을 찔렀고, 전사들의 '고향 돌아가기 경쟁'이 벌어졌다.[179]

만약 헤라(Hera)가 아테나(Athena)에게 '경보(警報)'를 발하지 않았더라면, 아르고인들은 다 고향으로 돌아갔을 것이다.[183]

"제우스의 따님 아테나(Athena)여, 지금 모든 아르기베들이 바다를 건너 고향에 가려고 하는 겁니까? '**영광의 트로피**'인 **헬렌(Helen)을 프리암(Priam)과 저 트로이 사람들에게 넘겨주고 그냥 떠나자는 겁니까?**....헬렌을 찾으려고 아르기베 인들이 고향을 떠나 먼 트로이에서 많은 생명을 잃었습니다....어서 저 청동(靑銅)으로 무장한 아카이아 인들에게 가서, 그들의 배를 바다에 띄우지 못 하게 전하시오!"[193]

그래서 **아테나(Athena) 여신은 올림포스 꼭대기에서 내려와 먼저 '제우스 같은 두뇌를 지닌 오디세우스(Odysseus, a mastermind like Zeus)'를 만나 보았다.**[196] 아테나 여신이 오디세우스(Odysseus)에게 말했다.

"위대한 전략가(great tactician) 오디세우스(Odysseus)여, 이게 무슨 일입니까? 아그리베 인들이 고향으로 돌아간다고요? '영광의 트로피' 헬렌(Helen)을 프리암(Priam)과 트로이(Teoy)에 넘겨주고 떠나자는 겁니까? 헬렌을 찾기 위해 그렇게 많은 아르기베 사람들이 머나먼 트로이에서 목숨을 잃었습니다! 포기하지 마세요. 당장 그대의 말로 아카이아 사람들을 정돈시키고 바다에 배를 띄우지 못 하게 하세요."[210]

오디세우스(Odysseus)가 아테나(Athena) 여신의 말을 알아듣고, 달려가며 그의 망토를 벗어던지니, 에우리바테스(Eurybates)가 그것을 집어 들었다.[212] 오디세우스(Odysseus)가 아가멤논과 마주하여, 그 아가멤논의 홀(笏)을 받아들고, 청동 갑옷으로 무장한 아르기베들의 함선으로 들어갔다.[217] 오디세우스(Odysseus)는 왕이나 장군들을 만날 때마다 다음과 같이 말했다.

"친구여, 겁쟁이가 되는 것은 옳지 않습니다. 당신의 부하들을 먼저 챙겨야 합니다. 아가멤논의 목적을 다 알기에는 시간이 필요합니다. 우리는 '**장군들의 비밀회의**'에서 아가멤논의 계획을 이미 다 듣지 않았습니까? **신은 그분이 명령한 군대를 망가뜨리지 않으십니다. 왕들의 명예는 오직 제우스에게서 오는 것이고, 왕들은 다 세상을 다스리는 제우스를 사랑합니다.**"[228]

오디세우스(Odysseus)가 '고향으로 돌아가자!'고 소리치는 일반 병사(兵士)와 만났을 때 그는 홀(笏)로 병사를 치며 말했다.

"이 바보야, 좀 조용히 앉아 있어. 상관(上官)의 명령에 복종하라...왕들이 많은 군사는 망하는 법이야. 오직 한 사람의 왕, 한 사람의 사령관이 있을 뿐이다. 제우스의 홀(笏)을 지닌 왕아가멤논이 지금 너희를 이끌고 있다."[239]

그렇게 오디세우스(Odysseus)가 일일이 장군과 병사들에게 명령을 내리니, 군사들은 배와 막사에서 나와 그 '**회의 장소**'에 다시 모였다. 군사들이 다시 자리에 앉고 질서를 지키려 하지 않았다.....거기에다 **테르시테스(Thersites)는 '떠들기'를 멈추지 않았다.** 그는 이미 아킬레스(Achilles)와 오디세우스(Odysseus)에게도 미움을 샀었는데, 이제 그 **테르시테스(Thersites)**는 아가멤논을 비난을 시작했다.[261]

"아가멤논이여, 이제 당신은 또 무엇을 원하십니까? 당신의 막사는 청동으로 가득하고, 여인들도 많습니다.... 우리는 그동안 당신에게 '최고의 미녀들'을 차지하게 했는데 아직도 더 많은 황금을 당신은 원하십니까? 나나 다른 영웅이 건장한 트로이 용사를 끌어 오면 더욱 많은 배상금을 트로이 사람들이 가지고 올 것 같습니까? 아니면 다른 군사들과 상관이 없는 젊은 여인을 이끌어다가 잠자리를 같이 하려는 겁니까? 하지만 억센 최고 사령관으로서...피 묻은 도륙(屠戮)자로서 당신이 전(全) 아카이아의 아들들을 이끄는 것은 부끄러운 일입니다...'아들들'이라고 내가 말을 했나요? 아닙니다. 어리석고 부드러운 친구들, 불쌍한 변명 자들, 아카이아 남자가 아닌 여자들일 뿐입니다! 우리는 어떻든 우리의 배를 타고 고향으로 갈 것입니다.[274] 그[아가멤논]를 여기 트로이에 남겨, 모든 상(賞) 속에 그가 뒹굴게 합시다.[276] 그[아가멤논]는 우리가 그랬던 것처럼, 자기도 그 고집을 계속할지 포기할지를 자기가 알게 될 것입니다....그가 무시했던 저 아킬레스(Achilles)를 보시오. 주었던 상(賞)까지 **빼앗았습니다.** 아킬레스는 불평이 없었습니다. 하지만 아가멤논이여, 그 잔학(殘虐)은 이제 마지막이 될 것입니다."[281]

그렇게 **테르시테스(Thersites)**는 사령관 아가멤논을 비웃었다.

그러나 오디세우스(Odysseus)는 즉시 테르시테스(Thersites)를 잡을 듯이 노려보며 말했다.

"욕설이 너무 심하구나, 테르시테스(Thersites). 네가 웅변가일자라도 좀 조용히 하라. 너처럼 언쟁(言爭)을 하려는 자가 어디에 있는가? ....그러나 너만 못 한 병사는 한 명도 없다. 최소한 아가멤논과 함께 이곳 트로이로 온 병사 중에는 아무도 없다. 그러므로 왕의 이름을 함부로 입에 담지 말고...고향으로 돌아갈 기회를 엿보며 다시는 불평을 늘어놓지 말라...**우리는 이 장정(長征)이 언제 끝날지...그리고 정말 아카에아 아들들이 부끄러움이 없이 돌아갈지..명백히 다 아는 자는 없다.**[더욱 솔직하고 진실한 진술임] 그러니 아가멤논을 욕하지 말고 너의 자리에 앉아라. 너는 단지 아가멤논에게 우리의 약탈품의 큰 몫을 제공했다고 욕을 했다. 내가 네게 말해 둔다. 네가 다시 이처럼 허튼소리를 지껄이면 내가 너를 잡아 옷을 벗기고 똥개처럼 매질을 하여 배로 돌아가 가게 할 것이고, 그렇게 내가 너에게 못 하면, **나는 나의 목이 잘려도 좋고, 텔레마코스(Telemachus)의 아비도 아니다.**"[308]

이렇게 말한 오디세우스(Odysseus)는 **그 홀(笏)을 잡아 테르시테스(Thersites)의 등과 어깨를 치니, 황금 홀을 맞은 그의 어깨가 당장 부어올랐고 테르시테스(Thersites)는 눈물을 흘리었다.**[315] 사람들의 기분은 상했으나, 역시 그들에게서 웃음이 터져 나왔다. 테르시테스(Thersites)의 고집이 꺾이는 것을 보고 웃는 자가 그 이웃 사람들을 보고 외쳤다.[317]

"**무서운 일격(一擊)입니다! 오디세우스(Odysseus)는 1천 번의 타격을 가한 셈이고, 전략(戰略)을 주도하여 전투 계획을 바르게 다시 세웠습니다. 이것은 오디세우스(Odysseus) 행적 중에서 최고의 결단입니다.**(A terrific stroke!/ A thousand terrific strokes he's carried off- Odysseus,/ taking the lead in tactics, mapping battle-plans./ But here's the best thing yet he's done for men-) 오디세우스(Odysseus)가 저 바보 같은 의견을 막았으니, 왕들을 공격하다가 매를 맞는 사람이 다시는 나오지 않을 겁니다."[324]

병사들은 그런 농담(弄談)들을 주고받았으나, 오디세우스(Odysseus)는 그러질 않았다. 오디세우스(Odysseus)가 홀을 잡고 일어서니, 여신 아테나(Athena)는 그 곁에서 그를 지켜보고 있었다.[327]

아테나가 전령(傳令)의 모습으로 군사들을 잠잠하게 만드니, 오디세우스가 말했다.

"우리 왕인 아가멤논이시여! 아카에아 사람들이 아르고스(Argos)를 출발하여 트로이로 올 때에 당신은 약속했습니다. '**트로이를 함락시지 않으면 고향으로 돌아오지 않겠다.**'는 그 약속을 아직 실행을 하지 못하고 있습니다...우리가 이 트로이에 매달린 해가 9년째입니다. 그 누가 배 머리에서 '불평(不平)하는 아카에아 사람들'을 나무랄 수 있겠습니까?[솔직한 진술임]... 그러나 우리가 '빈손'으로 돌아간다면 무슨 수치입니까? 친구들이여, 조그만 더 용기를 냅시다...예언자 **칼카스(Calchas)가 진실인지 아닌지를 알 때까지 좀 더 기다려 봅시다**...프리암의 트로이(Priam's Troy)를 도륙(屠戮)으로 위협하려고 우리가 처음 아울리스(Aulis)에 집결했을 적에, 우리는 제단에 제물을 바치기에 바빴습니다.[360] 그때 제우스는 핏빛 무늬의 뱀 한 마리를 보내 참새 아홉 마리를 삼켰습니다...그때 예언가 칼카스(Calchas)가 말하기를 '**우리는 9년 동안 트로이에서 싸우고 10년이 되어야 그 트로이를 차지할 것이다.**'라고 풀었습니다. 이제 칼카스(Calchas)가 예언한 9년은 다 지나갔습니다! 아르기베인들(Argives)이여, 프리암(Priam)의 억센 성곽을 우리가 온전 다 차지할 때까지, 부디 '우리의 전투 의지'를 결단코 늦추지 맙시다."[394]

오디세우스(Odysseus)가 이런 말로 군사들에게 다시 불을 지르자, 군사들은 오디세우스(Odysseus)의 이 말에 '함성'으로 답했다.

그러자 말을 탄 네스토르(Nestor)가 말했다.

"아가멤논(agamemnon)이여, 처음 계획을 고수(固守)하여, 다시는 군사들을 혼란에 빠뜨려서는 아니 됩니다....만약 어떤 병사가 고향에 돌아갈 생각으로 그의 배에 손을 대기만 해도, 여러 병사들 앞에서 그를 그 자리에서 죽이시오!... 그리고 아가멤논(Agamemnon)이여, **군사들을 그들 부족(部族)이나 씨족(氏**

族)으로 묶어, 그 부족은 부족을 돕고, 씨족은 그 씨족으로 뭉쳐 함께 싸우게
하십시오. 그렇게 전쟁을 수행하면, 당신 아가멤논(Agamemnon)은 어떤 왕이
겁쟁인지 어떤 왕이 용감한지 금방 다 알 수 있을 겁니다."[438]

그 제안에 아가멤논(agamemnon)이 말했다.

"노인장이여. 당신이 전 아르기베 사람들의 토론자들을 다 물리쳤습니다! 제
우스와 아테나와 아폴로시여. 내가 만약 아카에아 군중에 이 네스토르(Nestor)
같은 열 명이 있다면, 우리는 프리암의 성곽을 하루에 무너뜨릴 수 있을 겁니다.
그러나 폭풍의 방패를 지닌 제우스는 이 아가멤논(Agamemnon)을 무익한 논쟁
에 휘말리게 하였습니다.[군사들을 '억양법으로 격동시키려 했던 자신의 전략
실패'를 自認한 말임]...이제 창과 방패와 전차들을 손질해 둡시다....그러나 내
가 어느 놈이건 배 뒤에 숨어 있는 자를 잡으면....그 자리에서 개들과 새들의
밥이 되게 만들겠소."[468]

아가멤논(Agamemnon)이 그렇게 명령을 내리니....그의 군사들은 남풍을 맞
아 바위에 부딪친 물결과 같았다.[470] 아가멤논(Agamemnon)은 황소 한 마리
로 제우스께 제사를 올렸다....아르기베 장군들을 초대했으니, 네스토르(Nes-
tor), 이도메네오스(Idomeneus)왕, 아이아스(Ajax) 형제, 디오메데스(Diome-
des), 오디세우스(Odysseus)가 초대를 받았다. 메넬라오스(Menelaus)는 부르
지 않아도 왔는데, 그는 형님[아가멤논(Agamemnon)]의 아우 사랑을 알고 있었
다.[485] 아가멤논(Agamemnon) 왕은 목소리를 높여 기도했다.

"위대한 제우스시여, 제가 프리암(Priam) 궁전 문에 불 지르고 헥토르(Hec-
tor)를 잡아 땅에 쳐 박기 전에는 해를 지게 하지 마옵소서."[496]

그러나 **제우스는 그 기도를 듣지 않고, 전쟁의 무게를 더하였다**...제사를
마친 다음 잔치를 열어 마음껏 먹고 마시었다. 네스토르(Nestor)가 입을 열었다.

"아가멤논(Agamemnon)이여, 지체 없이 전령(傳令)을 모든 지역으로 보내
사람들을 배를 따라 모이도록 하십시오. 그러면 우리는 아카에아의 방대(尨大)
한 진중(陣中)을 돌아보며 신속히 '전쟁 의지'를 일깨우도록 합시다."[520]

아가멤논(agamemnon)이 그의 제안을 수용했다....

보이오티아 사람들(Boeotian)은 라이토스(Leitus)와 페넬레오스(Peneleos)가 이끌었다.[584]

아스플레돈(Aspledon)에 살고 있는 사람들은 아스칼라포스(Ascalaphus)와 이알메노스(Ialmenus)가 이끌었다.[602]

스케디오스(Schedius)와 에스트로포스(Epistrophus)는 포키스(Phocis) 사람들을 이끌었다.[607]

로크리아 사람들(Locrians)은 아이아크스(Ajax)가 이끌었다.[618]

아반테족(Abantes)은 엘레페노르(Elephenor)가 이끌었다.[630]

아테네 사람들(Athens)은 메네스테오스(Menestheus)가 이끌었다.[643]

대(大) 아이아스(Ajax)는 살라미스(Salamis)에서 12척의 배를 이끌고 와 아테네 군사들이 있는 곳에 합류했다.[649]

아카에아 전사들은 스테넬로스(Sthenelus)가 지휘했다.[655]

코린트(Corinth) 인과 클레오내(Cleonae) 인 등은 아가멤논(Agamemnon)이 지휘했다.[665]

라케다이몬(Lacedaemon) 스파르타(Sparta) 사람들은 **메넬라오스(Mene-laus)가 이끌었는데, 헬렌(Helen) 때문에 생긴 전쟁으로 사람들이 고통을 겪고 있었으므로 누구보다 복수심으로 불타고 있었다.**[682]

오디세우스(Odysseus)는 자기의 케팔레니아 사람들(Cephallenian)을 이끌었다.[724]

토아스(Thoas)는 전 아이톨리 사람(Aetolian)들을 지휘했다.[738]

헤라클레스의 아들인 억세고 키가 큰 틀레폴레모스(Tlepoemus)는 로데스(Rhodes)에서 9척의 배에 로디아 사람들(Rhodians)을 싣고 왔다.[749]

아카이아(Achaeans) 헬레네(Hellenes) 미르미돈(Myrmidons) 사람들은 아킬레스 이끌고 있었다.[781]

아킬레스는 브리세이스(Briseis) 때문에 화가 나 자신의 선박 사이에 누워

있었다.[785]

그렇게 군사들이 모이니, 불길이 전 대지(大地)를 삼키듯, 제우스가 천둥번개로 땅이 흔드는 듯했다.[894]

한편 **제우스가 보낸 '바람 같이 빠른 전령 여신 이리스(Iris)'가 이리옴(Ilium, 트로이)으로 갔는데, 그 때 트로이 사람들은 프리암(Priam) 궁문 곁에 모여 있었다**.[897]

'이리스(Iris) 여신'은 프리암의 아들 폴리테스(Polites) 형상으로 말했다. 폴리테스(Polites)는 옛 아이시에테스(Aesyetes) 무덤 꼭대기에서, 아르기베 인들(Argives)의 도발 징후를 감시하고 있던 자였다.[904]

이리스(Iris)는 말했다.

"노인 프리암(Priam)이여, 끝없는 대화로 늘 태평이십니다. 엄청난 전쟁이 몰려옵니다. 제가 이제까지 보지도 못한 엄청난 군사가 우리의 궁문 앞 평원에 나뭇잎이나 모래처럼 싸우러 몰려왔습니다. **헥토르(Hector)여, 우선 내가 말한 대로 행하시오. 프리암(Priam) 도시와 동맹들의 군사는 억세고 많지만 그들이 사용한 언어들은 천(千) 가지로 서로 다릅니다. 모든 경계(境界)의 끝에서 모였으니 우선 자기네들 대장들에게 지휘를 하게 하세요.**"[916]

헥토르(Hector)는 여신 이리스(Iris)의 그 말을 유념하였다. 헥토르(Hector)는 즉시 회의를 파하였고, 모든 트로이 사람들은 무기고로 달려가 무장을 했다. 그리고 군사들은 모든 성문을 열고 몰려나갔다. 기병(騎兵)과 전차병(戰車兵) 보병들이 함성을 지르며 나갔다.[920]

그 트로이 성 앞에는 깎아지른 산마루가 있었는데, 멀리 평원으로 통할 수 있게 되어 있었다. 사람들은 그곳을 '덤불 산(Thicket Ridge)'라 불렀는데 신들은 '도약의 아마존 미리네(leaping Amazon Myrine)의 무덤'이라고 불렀다. 트로이 사람들과 그들의 동맹들은 그녀들의 군사를 거기에 주둔을 했다.[926] 프리암의 아들 헥토르(Hector)는 가장 거대하고 용감한 트로이 병사들을 이끌었다.

아프로디테(Aphrodite)는 인간들과 사귀어 **아이네아스(Aeneas) 아카마스 (Acamas) 아르켈로코스(Archelochus)**를 낳았는데, 모두 무예(武藝)에 통달하여 다르다니아 사람들(Dardanians)을 이끌었다.[934]

이다(Ida) 지배하에 있는 젤레아(Zelea) 사람들은 **판다로스(Pandarus)**가 이끌었는데, 그는 아폴로 활을 가지고 있었다.[938]

그리고 아파이소스(Apaesus) 아드레스티아(Adrestia) 사람들은 아드레스토스(Adrestus)가 이끌다.[941]

크로미스(Chromis)는 에노모스(Ennomus)라는 '감시를 하는 새'를 지닌 미시아(Mysian) 사람들을 이끌었는데, 아킬레스가 그들을 격파를 했다.[973]

나스테스(Nastes)는 야만인 카리아 사람들(Carians)을 이끌었는데 그는 소녀처럼 금으로 장식을 하고 전쟁터에 나왔다가 아킬레스에게 격파당하고 금은 아킬레스가 가져갔다.[987]

마지막으로 사르페돈(Sarpedon)과 글라우코스(Glaucus)도 먼 남쪽 리키아(Lycia)와 크산토스(Xanthus)에서 리키아 사람들(Lycians)을 이끌고 트로이로 왔다. 2)

'제우스와 테티스(Zeus and Thetis)' '제우스와 테티스(Zeus and Thetis)'

---

2) Homer(Translated by Robert Fagles), *The Iliads*, Penguin Books, 2001, pp. 100~127 'Book Two : The Great Gathering of Armies'

(a) '일리아드(*The Iliad*)' '제2책'에 무엇보다 주목해야 할 사항은, '**아테나 (Athena) 여신**'과 '**오디세우스(Odysseus)**'의 명시(明示)이다.

(b) 힌두의 '마하바라타(*The Mahabharata*)'에서는 **크리슈나(Krishna)와 아르 주나(Arjuna)의 역할**을 '일리아드(*The Iliad*)' '오디세이(*The Odyssey*)'에 서는 아테나(Athena)와 오디세우스(Odysseus)가 그대로 이행을 하고 있다.

(c) **당초 힌두(Hindu)는 그 '쿠루크셰트라 전쟁(Kurukshetra War)'을 '절대 자의 세상 심판(審判)'이라는 거대한 전제를 두었는데, 호머(Homer)는 '절대신 제우스가 주도를 하고 있는 트로이 전쟁(Trojan War)'이라는 규 정을 하고 '일리아드(*The Iliad*)'를 시작하고 끝내었다.**

제3책 헬렌이 아카이아 명장(名將)들을 소개하다.

그렇게 아카이아 소함대 대장들이 각 부대를 이끌게 했는데, 트로이 군사들 은 새들처럼 떠들었다...그러나 아카이아 군사들은 침묵하고 가슴에는 전의(戰 意)을 불태우고 있었다.[9]

양쪽 군사가 접근하여 가깝게 되니, 트로이 선봉(先鋒)에서 프리암(Priam)의 아들 **파리스(Paris)**가 신처럼 장대(壯大)한 도전자로 뛰어 나왔다. 어깨에 표범 가죽을 두르고 등에는 활을 매고 엉덩이에는 도끼를 꽂고 손에는 청동 날이 달린 두 자루 창을 잡고 있었다.[20]

메넬라오스(Menelaus)는 파리스(Paris)가 군사들 앞에 불쑥 나선 것을 보고, 사슴이나 염소를 발견한 굶주린 사자처럼 그 파리스(Paris)가 반가웠다.[31]

메넬라오스(Menelaus)는 "이제야 복수를 하게 되었구나!" 마음을 먹고 단단 히 무장을 하고 전차(戰車)에서 땅으로 뛰어내려 왔다.[33] 그러나 장군 중에서 도 빛나는 메넬라오스(Menelaus)를 보자 파리스(Paris)의 마음은 금방 흔들렸 다. 파리스(Paris)는 트로이 우군(友軍) 속으로 도망쳐 들어갔으니, 파리스

(Paris)는 그 메넬라오스(Menelaus)가 뱀처럼 무서워하며 그의 몸을 떨고 있었다.[41]

그러자 헥토르(Hector)가 그 아우[파리스]를 꾸짖었다.

"망할 놈의 자식! 파리스(Paris), 왕자의 아름다움으로 여색(女色)에 미쳐서, 여인들을 꾀어내어 이 나라가 다 망하게 되었다! 너는 태어나지 말았거나, 혼전(婚前)에 네가 먼저 죽었어야 했었다. 미쳐 잘란 척 뽐만 내다가 결국에는 적들의 눈앞에 조롱거리가 되다니. 너는 너의 사지(四肢)가 멀쩡하니 적들은 너를 최고 장군(將軍)으로 알았을 것이다. 하지만 너에게는 중심(中心)도 용기 (勇氣)도 없구나. 너는 아버지[프리암]와 우리 도시[트로이]에 골칫거리가 되어 있고, 너를 망치고, 저 적들에게는 기쁨을 주었다. 그래 정말 너는 저 메넬 라오스와는 결코 대적(對敵)도 할 수 없다는 것이냐? 네가 흙먼지 속에 딩굴 때, 그 아프로디테(Aphrodite)가 네게 준 좋은 선물 '라이어' 따위가 무슨 소용이 있겠느냐. 무슨 겁이 그렇게도 많은가. 몇 년 전에 네가 그 행악(行惡)을 저질렀을 적에, 트로이 사람들이 너를 마땅히 돌팔매로 쳐 죽였어야 옳았다."[68]

그러자 파리스(Paris)가 말했다.

"헥토르(Hector) 형님. 다 옳은 말씀이십니다. 당연한 말씀이십니다... 형님의 마음속에, 그 도끼날은 거침이 없으십니다. 하지만 **황금의 아프로디테(Aphro- dite)가 제게 제공한 사랑스런 선물을, 저의 면전에서 제가 포기하도록 강요하 지는 마십시오. 신들의 선물이란 가볍게 버릴 수도 없고, 사람들이 원한다고 다 제공이 되는 것도 아닙니다. 어떻게 우리가 우리 맘대로 그것을 선택하겠 습니까?**[81] [모두 다 '운명'이라는 논리임] 하지만 형님께서 정말 이 전쟁을 여기에서 끝내기를 원하시면, 트로이 사람들과 아르기베 사람들을 먼저 자리에 앉게 하고, **나와 저 메넬라오스를 양 진영 사이에 두어, 우리가 '헬렌(Helen)과 그 녀가 지닌 부(富)'를 걸고 서로 단 둘이 사로 겨뤄 그 우위를 보인 자나 그 승자가 헬렌(Helen)을 차지하기로 하지요.**[89] 그리고 나머지 사람들은 우정의 동맹을 맺어, 우리나라 사람들은 비옥한 토양의 이 트로이에서 평화롭게 살고, 우리의 적들은 아르고스(Argos)로 건너가 여인들이 놀라운 그 아카이아에서 살게 합시다."[92]

헥토르(Hector)는 그 '파리스(Paris)의 제안'을 듣고 즐거워, 자기 긴 창(槍)의 중간을 잡고 걸어 다니며, 즉시 자기편 군사들을 조용히 만들었다.[95] 그러나 아르기베 궁수(弓手)들은 헥토르를 겨누어 화살로 쓰러뜨리려고 했다.

이에 아가멤논 왕이 큰 소리로 말했다.

"멈추시오. 아카이아 아들들이여! 공격을 멈추시오. 빛나는 헬멧을 쓴 저 헥토르가 우리에게 할 말이 있는 것 같소."[101]

아카이아 인들이 공격을 멈추고, 사람들은 금방 조용해졌다.

헥토르(Hector)가 양 군사들을 향해 호소했다.

"내 말을 들어보시오. 트로이 병사들과 아카이아 병사들이여! 트로이 사람들과 아르기베 사람들의 군사 장정(長征)을 일으킨 그 '파리스(Paris)의 제안'을 우선 들어보시오. 당신들과 우리의 양군(兩軍) 사이에서, **파리스(Paris)와 메넬라오스(Menelaus)가 '헬렌과 그녀의 부(富)'를 놓고 단둘이 서로 겨뤄, 이긴 쪽이 그녀와 보물을 차지하고, 나머지 사람들은 피로 맹세하고 상호 우정을 다지자는 제안이요.**"[114]

헥토르(Hector)가 그 말을 마치자, 양군(兩軍) 사이에는 침묵이 흘렀다.

그러자 메넬라오스(Menelaus)가 양(兩) 진영을 향해 말했다.

"나는 좋다고 생각합니다. 누구보다 내가 그 '복수심'에 시달렸으나, **결국 우리는 다시 평화를 찾아야 합니다.**[正義로운 메넬라오스] 파리스의 원인 제공과 나의 강렬한 불만으로, 여러 분들이 지금 겪고 있는 고통을 생각해 보십시오. 이제 단 둘이 싸우면 '운명'이 정해질 겁니다. 그러면 여타 사람들은 '평화'를 찾을 겁니다. 어린 백양(白羊)과 흑양(黑羊)을 가져와 태양과 대지에 제물로 바치고 제우스께도 달리 제사를 지내야 합니다... 전권(全權)을 지닌 프리암(Priam)도 모셔와 신용이 없는 아들들을 대표하여 피로 맹세를 하게 해야 합니

160

다. 제우스 앞에 맹세는 아무도 어길 수 없습니다.[130] 젊은이들은 항상 당장 싸우고자 하지만, 앞날을 내다 볼 수 있는 노인은 '평화(平和)'가 최고일 터이니, '평화'가 우리 양쪽 군사들을 모두 위한 길입니다."[134]

아카이아 군사들과 트로이 군사들 모두가 그 말을 반겼다. '전쟁의 고통'을 끝내기를 희망해서 그러 했다.[136] 군사들은 전차를 줄지어 멈추어 세워 놓고, 땅으로 내려와 무기도 내려놓고 빽빽이 모여 발을 디딜 틈도 없었다.[140]

헥토르(Hector)는 두 사람의 전령(傳令)을 보내 양들과 프리암(Priam)을 모셔오게 했고, 아가멤논 왕은 탈티비오스(Talthybius)를 보내 한 마리 양을 추가해 가져오게 했다.[144]

한편 올림포스에서는 헬렌(Helen)에게도, 헥토르 누이동생 라오디케(Lao-dice)으로 분장한 천사 이리스(Iris)를 파견했다. 그래서 이리스(Iris)가 헬렌의 방으로 가보니, 헬렌은 진홍색 예복에다가 신들의 손아귀 속에 자신 때문에 고통을 겪고 있는 트로이와 아르기베 군사의 무한 전투를 가로뜨기로 수(繡)를 놓고 있었다.[154] 이리스(Iris)는 가까이 가 헬렌에게 말했다.

"아기씨, 서두르세요. 사람들이 얼마나 놀라운 일을 행하고 있는지 제가 보여 드리겠습니다. 트로이 사람들과 아르기베 사람들은 들녘에서 방금 전까지도 '피 터지는 비인도적 서로 죽이기'를 원했었습니다.[160] 그런데 지금은 모든 군인들이 조용히 싸우기를 멈추고, 긴 창들을 내려놓고, 자기 방패에 기대어다 멈추어 있습니다.[163] **파리스(Paris)와 메넬라오스(Menelaus)가 아기씨를 놓고 창을 들고 단 둘이 서로 겨루어, 둘 중에 '승자'가 아기씨를 '아내'라고 부를 것이랍니다.**"[166]

그렇게 말한 '이리스(Iris) 여신'은, 그 헬렌(Helen)의 마음속에 전 남편과 부모에 대한 그리움을 함께 불어넣었다.['생각의 발동'까지 모두 신들의 소관임] 그러자 헬렌은 급히 부드러운 리넨으로 자기 얼굴을 가리고 울며 방을 나갔는데, 아이트라(Aethra)와 클리메네(Clymene)가 그녀의 뒤를 따라 함께 나섰다. 그녀들은 금방 '<u>스카이안 성문(Scaean Gate)</u>' 위에 도착했다.[174]

거기에는 프리암(Priam)을 중심으로, 판토스(Panthous) 티모에테스(Thy-moetes) 람포스(Lampus) 클리티오스(Clytius) 히케타온(Hicetaon) 우칼레곤(Ucaleon) 안테노르(Antenor)가 같이 있었다. 노인들은 그 성문 위에 자리를 잡고 있었다.[179] 그들은 긴 세월을 '전투'로 보냈고, 모두 조용하고 명확한 '웅변가들'이었다....

트로이의 늙은 장군들은 높은 탑에 앉아 있다가, 성벽을 따라 오는 헬렌(Helen)을 보고

그들은 점잖게 서로 말했다.

"세상에 누가 그들[파리스와 헬렌]을 꾸짖겠소? 아, 다년간 트로이와 아르기베의 전쟁의 노고(勞苦)가 저 같은 한 여인 때문이라니, 미인(美人), 미인이 정말 무섭습니다! 죽음을 모르는 여신[아프로디테]이, 바로 우리들의 눈을 쳤습니다! 그러나 아직 그녀가 여기 트로이에 있으니, 그녀를 배에 태워 보내면 우리나 후손을 위해서 슬픔은 잠재울 수 있을 겁니다."[194]

노인들은 나직이 말을 했으나, 프리암은 큰 소리로 헬렌(Helen)을 불렀다.

"애야! 여기로 와 내 앞에 앉아라. 그러면 오래 전의 '너희 남편[메넬라오스]'도 볼 수가 있고, 친척들과 백성들도 다 볼 수 있을 것이다. 나는 너를 굳이 탓할 생각은 없다. 나는 지금 '신들의 꾸지람'을 받고 있다. 신들이 이 전쟁을 바로 내게 내리신 것이다. 저 아카이아 인들을 상대로 한 처참한 전쟁이다. 이리 가까이 오너라. 저 끔찍한 전사(戰士)의 이름을 내게 말해 보라. 다른 사람들보다 훨씬 키가 크고 건장한 저 사람이 너도 보이지? 나는 일찍이 저렇게 '당당한 사람'을 본 적이 없으니, 그는 틀림없이 왕일 것이다."[207]

그러자 헬렌(Helen)이 프리암(Priam)께 아뢰었다.

"존경하고 사랑하는 아버님, 당신께서도 두려우시지요. **제가 당신의 아드님 [파리스]을 따라 트로이로 왔던 날, 내 친척과 내 아이와 나 또래의 친구를 버리고 왔던 그 때에 저는 마땅히 죽었어야 했습니다.**[213] 그 '죽음'이 없었으니, 지금은 눈물이 날 뿐입니다. 하지만 아버님이 물으시니 대답을 해 올리겠습

니다. 저 키가 큰 남성은 '아트레우스(Atreus)의 아들 **아가멤논(Agamemnon)**' 입니다. 왕이고 건장한 창잡이입니다."[217]

프리암이 헬렌의 말을 듣고 말했다.

"아트레우스(Atreus)의 아들 아가멤논이여, 그대는 얼마나 복이 많은가! 행운의 아들이여, 그대 앞에는 축복의 길이 열렸다! 그대가 거느리고 있는 저 막대(莫大)한 아카이아 군사들[트로이 인구의 10배]을 좀 보라!"[223]

프리암(Priam)은 다시 오디세우스(Odysseus)를 가리키며 헬렌(Helen)에게 물었다.

"얘야, 저 사람에 대해서도 말해 보라. 아가멤논(Agamemnon)보다는 키는 작지만 어깨는 더욱 넓구나. 너도 보이지? 자기 무기는 초원(草原)에 내려놓고, 전사들을 정렬시키고 있구나. 양떼를 이끌고 가는 '길잡이 양과 같구나."[239]

제우스의 딸, 헬렌(Helen)이 대답했다.

"저 사람은 라에르테스(Laertes)의 아들로, 위대한 전략가 오디세우스(Odysseus)입니다. 그는 바위가 많은 이타카(Ithaca)에서 태어났고, 세상에서 뛰어난 온갖 변란에 빠르게 대응하며 요령과 변전의 재주꾼입니다.(he's quick at every treachery under the sun the man of twists and turns.)"[244]

헬렌이 말을 멈추자, 기민한 안테노르(Antenor)가 헬렌 말을 이었다.

"부인(婦人) 말씀이 정말 옳습니다. 지난 날 저 오디세우스 왕이, 부인[헬렌]의 석방을 위해 메넬라오스(Menelaus)와 함께 앞서 여기[트로이]로 왔었는데, 내가 그들을 우리 집에 두어 두 사람의 특징을 알게 되었습니다. 그들이 우리 '트로이 사람들의 모임'에도 참석을 했었습니다. 서 있을 때는 메넬라오스(Menelaus) 체격이 오디세우스를 앞질렀으나, 자리에 앉으니 오디세우스의 풍모가 더욱 당당했습니다. 그들이 말을 시작하니 메넬라오스(Menelaus)의 말은 빨랐으나, 오디세우스는 더 나이가 적었지만 말 수가 적었고 요지에 벗어난 것이 없었습니다. 오디세우스는 서 있을 적에 그의 홀(笏)을 앞뒤로 흔들지 않았고 홀을 꼭 쥐고 땅에다 시선을 고정하여 멍청한 바보처럼 보였습니다.

그러나 그의 가슴에서 터져 나온 느리고 장대한 말은, 겨울철 눈보라 같아서 아무도 저 오디세우스를 당할 자가 없었고 모두 다 그의 모습에 놀라 제대로 응시할 수도 없었습니다."[268]

프리암(Priam)은 '제 3의 투사' 아이아스(Ajax)를 가리키며 헬렌에게 물었다.

"저 강하고 잘 생긴 자는 누구인가? 그의 키는 머리 하나만큼 다른 사람보다 높고, 어깨도 장대하구나!"

긴 예복을 걸친 빛나는 헬렌이 말했다.

"저 사람은 '아카이아인들의 성곽' 아이아스(Ajax)입니다. 크레타 사람들과 함께 서 있는 이도메네오스(Idomeneus)도 보입니다. 저 이도메네오스(Idome-neus)가 크레타에서 스파르타로 오면, 메넬라오스(Menelaus)는 빠짐없이 우리 집으로 초대를 하곤 했습니다..."[279]

바로 그 때에 트로이 전령(傳令)들이 프리암(Priam) 왕에게, 신들에게 올릴 공물(供物)을 가지고 도착했다.[293] 양 두 마리와 양가죽에 담은 포도주를 가진 이다이오스(Idaeus)가, 노왕(老王) 프리암(Priam)에 도달하여, 날카로운 말로 그를 일으켜 세웠다.[297]

"라오메돈(Laomedon)의 아들이여, 일어나시오. 트로이와 아르기베의 사령 관들이 대왕을 불러 '맹약(盟約)'을 확인하시라.'고 합니다. 파리스(Paris)와 메네라오스(Menelaus)가 헬렌을 놓고 창을 들고 싸워, 이기는 쪽이 헬렌과 재보(財寶)를 차지하고[304] 여타 사람들은 피로 우정을 맹세하여 우리는 비옥한 트로이에 평화롭게 살고 적들은 여성들이 아름다운 아카이아에 건너가 살기로 했습니다."[308]

프리암은 몸을 떨었으나, 즉시 일행에게 자신의 수레에 멍에를 채우게 명령을 내렸다.[310] 사람들이 준비를 마치니 프리암은 그 수레에 올라, 말고삐를 당겼다. 안테노르(Antenor)도 함께 수레에 올라, 두 사람은 '스카이안 대문(Scaean Gates)'을 나와 평원(平原)으로 갔다[314]

아카이아 인과 트로이 인들이 줄지 선 곳에 이르러 그들은 수레에서 내렸

164

다.[316] 아가멤논 왕과 오디세우스가 인사를 하려 즉시 자리에서 일어났다. 전령은 신에게 올릴 제물에 맹세를 적은 천을 감아 날인을 했다. 전령들은 커다란 그릇에 술을 붓고 이어 물을 부어 희석을 시켰다. 아가멤논은 큰 칼 곁에 매달린 단도를 뽑아 양들의 머리에서 털을 자르니, 전령들이 그 양들의 머리털을 아카이아와 트로이 장군들에게 보여주었다.[326] 그런 다음 아가멤논 (Agamemnon)은 팔을 들고 장엄한 목소리로 기도를 올렸다.

"**이다(Ida) 산**에서 우리를 굽어보고 다스리시는 아버지 제우스시여! 우리를 알고 만사(萬事)를 들으시는 태양 헬리오스(Helios)시여! 그리고 강들 신이시여! 대지의 신이시여! 맹세를 어기는 자들에게 벌을 내리는 신들이시어. 우리의 맹세와 약속을 지켜주시고 증언해 주옵소서. 만약 파리스가 메넬라오스를 쓰러뜨리면, 그가 헬렌과 그녀의 재물을 차지할 것이고 우리는 고향으로 돌아갈 것입니다. 그러나 메넬라오스가 파리스를 쓰러뜨리면 트로이 사람들은 헬렌과 그녀의 재산을 포기해야 합니다. 그리고 트로이 사람들은 우리에게 적절한 배상도 해야 합니다. 그러나 프리암과 그 아들들이 배상을 거절하면 아가멤논은 배상을 받을 때까지 다시 싸울 겁니다."[345]

아가멤논은 자기의 단도로, 양(羊)들의 목을 베어 땅에 던졌다. 그러자 사람들은 희석용 그릇에서 포도주를 그들의 잔에 담아 땅에 부으며 신들에게 기도했다.

"위대한 제우스, 영광의 신이시여! 먼저 이 맹약을 어긴 자는 그들의 골을 이 술처럼 땅바닥으로 쏟아지게 하시고, 그들의 후손들도 아내들을 적들에게 앗기게 하옵소서."[356]

그러나 제우스는 그들의 기도를 용납하지 않았다. 프리암(Priam)은 그들의 중앙에서 일어나 떠날 차비를 하며 말했다.

"맹세를 행한 트로이 사람들과 아카이아 사람들은 내 말을 들으시오. 나는 바람 부는 트로이로 다시 돌아갑니다. **내 아들[파리스]과 메넬라오스가 싸우는 것을 내가 두 눈을 뜨고 차마 볼 수가 없소**. 물론 제우스와 신들을 다 알고 계시겠지요. 어느 사람이 죽게 될지를…"[366]

귀족 프리암(Priam)은 수레에 양들을 싣고 말고삐를 당겼다. 안테노르(Antenor)도 프리암을 따라 빛나는 그 수레에 올랐다.[368]

그러자 프리암의 아들 헥토르(Hetor)와 오세우스(Odysseus)는, '두 투사(鬪士)'가 다툴 땅을 재었다. 그러고 나서 누가 먼저 창(槍)을 던질지 재비를 뽑기 위해 투구 속에 두 개의 돌을 집어넣었다. 군사들은 두 손을 들고 호소했다.[373]

"이다(Ida) 산에서 우리를 다스리시는 아버지 제우스시여! 누구나가 일단 '저승(the House of Death)'으로 가게 되면, 우리 모두의 우정의 협약을 우선 지켜주옵소서."

키가 큰 헥토르가 헬멧을 흔들자, 파리스(Paris)의 제비가 튀어나왔다.[381] 병사들은 자기 말[馬] 곁에 청동 무기를 내려놓고 땅에 줄지어 앉았다.

거대한 파리스(Paris)는 먼저 그의 다리에 잘 만든 정강이받이를 감고 있었고 그 뒤에는 은으로 만든 발목 가리개를 하고 있었다. 파리스(Paris)는 그의 가슴에 가슴 받이도 걸치었으니, 그의 아우 리카온(Lycaon)의 작품이었다. 그의 어깨에는 은을 박은 청동 칼과 거대하고 든든한 방패를 메었고, 머리에는 말총으로 장식한 투구를 썼고 마지막으로 파리스는 그의 손에 창을 잡았다.[395]

메넬라오스도 허리띠를 둘렀다. 두 사람은 서로 맞은편에서 무장을 마치고 섰는데, 그 사이에는 아무도 없었다. 두 사람은 이미 제어 둔 장소에 서서 긴장과 분노에서 각자의 창들을 흔들었다. 갑자기 파리스가 그림자가 긴 창을 날려 메넬라오스의 방패 중앙을 맞혔다. 그러나 그 창은 방패를 뚫지는 못 하고 단단한 메넬라오스의 방패에 그 창끝이 휘어졌다.[406]

이제 자기 차례가 된 메넬라오스는, 청동 창을 세우고 아버지 제우스께 기도를 올렸다.

"제우스시여. 화려하게 꾸민 저 파리스, 내게 먼저 잘못을 범한 저놈을 내 손으로 부디 잡게 해 주옵소서! 그리하여 사람들이 영원히 '친절한 주인'을 해치지 못 하게 하옵소서."[412]

메넬라오스는 그렇게 기도하고 긴 창을 날렸다. 창은 파리스 방패 중앙을 지나 정교하게 만든 가슴 받이까지 뚫고 나가 파리스의 옆구리를 갈겼다. 그러나 창이 조금 빗나가, 그 파리스를 죽이지는 못했다.[418] 그러자 메넬라오스는 즉시 그의 칼을 빼어, 파리스의 투구를 내려쳤다. 그러자 오히려 메넬라오스의 칼이 부서져 나갔다. 메넬라오스는 하늘을 향해 울부짖었다.[423]

"제우스시여. 어떤 신도 당신보다 지독하지는 않으실 겁니다. 여기에서 내가 저 파리스를 멸(滅)할 줄 알았는데, 오히려 내 창은 빗나갔고, 칼은 내 손에서 박살이 났습니다."[427]

메넬라오스가 다시 그 파리스에게 달려들어, 파리스의 말총 투구를 잡고 그를 끌고 아르기베인들의 줄로 이끌고 가니, 파리스는 그 투구 가죽 끈에 그의 목이 졸려 있었다. 그래서 메넬라오스가 그 가죽 줄을 당겨 '결정적인 승리'를 거둘 순간이었다.[432]

그런데 **제우스의 딸 아프로디테(Aphrodite)가 위협적인 그 가죽 끈을 순간 잘라버렸다. 그러자 메넬라오스 주먹에는 그 파리스의 헬멧만 들려 있었다. 메넬라오스는 그 투구를 자기 편 아르기베들에게 던졌다. 그러자 아프로디테 (Aphrodite)는 쉽게 그 파리스(Paris)를 납치하여 '안개 소용돌이(swirls of mist)'로 감싸, 향기가 넘치는 그 파리스의 침상(寢牀)에 데려다 놓았다.**[441]

그렇게 파리스를 탈출시킨 다음 아프로디테(Aphrodite)는 그 헬렌(Helen)을 부르러 갔다. 그때 헬렌은 가파르게 돌출된 탑 안에 트로이 여성들에게 둘러싸여 있었다.[444] 아프로디테(Aphrodite)는 앞서 헬렌이 라케다이몬(Lacedae-mon, 스파르타)에 있을 적에 털옷을 짜 주었던 할망구 모습을 하고, 향기로운 헬렌의 옷을 이끌며 말했다.

"서두르세요. 파리스 왕자님이 당신을 찾고 있습니다. 빨리 댁으로 가셔요! 왕자님이 전투를 하시다가 오신 것이라고는 생각할 수 없고, 춤을 추시다가 잠깐 빠져 나오신 듯, 지금 편안하게 침실에서 예복을 입으시고 빛나는 모습으로 기다리십니다."[455]

그렇게 말하자 헬렌은, '빛나는 목과 부푼 가슴에 빛나는 눈을 지닌 여신[아프로디테임]'을 즉시 알아보고 놀라 말했다.

"뭐라고요? 나를 미치게 하는 여신이여! 아직도 나를 속여 거듭 망하게 하려는 겁니까? 이번에는 나를 다시 어디로 보내렵니까? 프리기아(Phrygia), 마에오니아(Maeonia) 유혹의 나라 거대 호화 도시로 다시 떠나게 하려는 겁니까? 거기에도 역시 '잘 생긴 남자들'이 있습니까? 그런데 왜 지금입니까? **메넬라오스가 잘 생긴 남자 파리스를 이겼기 때문입니까?** 아니면 나처럼 싫은 그 메넬라오스가 나를 자기 고향으로 데려 가기를 원해서입니까? 그런 부도덕하고 교활한 마음으로 지금 나를 찾아왔습니까? 됐습니다. 당신이나 거서 그의 곁에 있어주세요![470] 신들의 고귀한 도덕의 길을 영원히 버리시려면, 부디 '올림포스 산'으로는 다시 가지 마세요! 그 파리스가 당신과 결혼하여 당신을 노예로 삼을 때까지 그 파리스에게 봉사하고 그를 보호해 주세요. 나는 결코 영원히 다시 가지 않을 겁니다. 다 잘못된 일입니다. 그 **겁쟁이와 침상(寢牀)을 같이 하는 것은, 비할 데 없는 나의 불명예입니다**. 모든 트로이 여성들이 나를 비웃을 것이니, 오, 이 고통. 끝이 없는 나의 실망일 뿐입니다!"[478]

그러나 아프로디테가 헬렌에게 버럭 화를 내었다.

"나를 화나게 하지는 마세요. 불쌍하고 고집 센 여인이여! 내가 지금 그대를 선망(羨望)하듯이 신의 진노로 그대를 버릴 수도 있습니다. **내가 양쪽 트로이 사람과 아카이아 사람들부터 그대를 미워하는 어려움을 그대에게 안기면, 당신의 운명은 당장 먼지투성이로 전락을 합니다.**"[484]

아프로디테가 그렇게 위협하자, 헬렌은 겁을 먹었다. 은빛 예복을 입은 헬렌은 조용히 그 여신의 뒤따라 나서니, 그녀를 본 사람은 아무도 없었고 아프로디테 여신이 그 헬렌을 앞장서서 인도했다.[489] 즉시 그들이 파리스의 호화 저택에 도달하자, 하인들은 각자의 일을 시작했고, 헬렌이 계단을 올라 높은 지붕 아래 그들의 침실로 향했다.

아프로디테는 급히 파리스 앞에다가 의자를 가져다 놓으며, 헬렌이 파리스를

대면해 앉게 하고, 아프로디테는 만면에 웃음을 지어 보였다.[496]

제우스의 딸 헬렌은 남편을 흘겨보며 질책했다.

"싸우다가 집으로 오셨군요! 아 위대한 군인 나의 전남편에게, 당신은 마땅히 죽었어야 옳았습니다. 그런데 당신은 내 앞에서 '메넬라오스보다 힘과 팔뚝과 창에서 더 훌륭한 투사'라고 항상 뻐기셨지요? 그런데 왜 저 메넬라오스에게 되돌아가 일대일로 겨루지 않으세요? 하지만 내가 잠깐 충고를 하겠습니다. -더 이상 메넬라오스와 싸우지 마세요. 싸우면 메넬라오스의 창이 당장 당신을 찌를 겁니다."[510]

그러자 파리스는 그 헬렌의 도발(挑發)에 즉시 응수를 했다.

"여보, 더 이상 나를 그렇게 조롱하지 마시오. 정말 이번에는 저 아테나 (Athena) 덕에 메넬라오스가 나를 이겼지만, 내일 나는 저 메넬라오스를 틀림없이 눕혀 놓겠소. 우리를 돕는 신도 우리는 가지고 있소. 어서 사랑의 침상으로 갑시다. 내가 처음 사랑의 라케데몬(Lacedaemon, 스파르타) 산에서 당신을 휩쓸어 올 적에, 배를 타고 바다를 건너오며 우리는 그 바위 섬(Rocky Island)에서 사랑에 빠졌지만, 지금처럼 내가 그대에게 압도된 적은 없었소. 억누를 수 없는 그리움에 나는 완전히 압도되어 있소!"[524]

파리스가 침상으로 그 헬렌을 이끌자, 그녀도 파리스와 함께 했다. 그래서 두 사람은 거대한 침상에서 사랑을 나누었다.[526]

한편 메넬라오스는 거대한 파리스(Paris)를 잡으려고 야수처럼 찾고 다녔으나 어디에서 그를 찾을 것인가? 어느 트로이 사람이나 아카이아 동맹들도 메넬라오스에게 '그 파리스의 행방(行方)'을 알려 줄 사람은 없었다.

모든 트로이 사람들은 그 파리스를 죽도록 싫어했다. 사령관 아가멤논은 군사들에게 말했다.

"트로이 사람(Trojans)과 다르단 사람(Dardans), 그리고 트로이 동맹들이여! 메넬라오스가 확실히 승리를 했으니, 당신들은 즉시 헬렌과 그녀의 재보를 내 놓고, 우리에게 적절한 보상을 행하도록 하시오!"

그와 같은 아가멤논의 주장에 그의 군사들은 함성(喊聲)으로 대답을 했다.[540]3)

'헬렌이 프리암에게 아카이아 장군들을 소개하다(Helen Reviews the Champions)' '아프로디테가 파리스를 납치해 갔다.(Aphrodite snatched Paris away.)'

✈

(a) '일리아드(*The Iliad*)' '제3책'에서 먼저 명시되어야 문제는 '**제우스의 딸 헬렌(Helen)**' 문제이다.
(b) 우선 '트로이 전쟁'과 관련된 '헬렌(Helen)'은 다음과 설명이 되고 있다.

(("트로이 왕 프리암(Priam)의 잘생긴 젊은 아들 파리스(Paris)가 '이다 산(Mount Ida)'에서 양들을 돌보고 있었는데, 위대한 세 여신 헤라 아프로디테 아테나가 '최고로 아름다운 이에게(For the Fairest)'라고 적힌 황금 사과를 들고 와 각자 여신들은 그 왕금사과가 자기 것이라고 우기며 그 판결을 파리스(Paris) 왕자에게 요구했다. 파리스(Paris)는 그 사과를 '세상에서 가장 아름다운 여인을 아내로 제공하겠다.'고 약속한 아프로디테에게 주었다. 파리스(Paris)가 스파르타를 방문했을 적에 아프로디테의 도움으로 메넬라오스 왕의 부인 미모의 헬렌(Helen)이 남편과 아이를 놔두고 파리스(Paris)를 따라

3) Homer(Translated by Robert Fagles), *The Iliads*, Penguin Books, 2001, pp 128~144 'Book Three : Helen Reviews the Champions'

170

트로이로 오게 되었다. 메넬라오스와 오디세우스가 트로이로 가 헬렌의 반환을 요구했다. 하지만 그들의 호소는 거절이 되었고...이에 트로이 원정(遠征)이 시작되었는데 아가멤논의 영도(領導) 아래 1천척의 함대를 트로이로 이끌고 가, 10년 동안 트로이를 포위하고 있었다.")4)

(c) 그렇다면 '트로이 전쟁'을 '절대 신의 세상 심판'이라는 거대한 명제에서 보면, '**파리스 왕자의 헬렌(Helen) 납치 문제**'는 '**세상 심판 전쟁의 불씨 제공**'으로 '**위대한 신의 힘 보여주기**' 방편일 뿐이다.

(d) 이러한 거대한 '**전쟁의 불씨로 작용했던 여인**'의 전제가, '마하바라타(*The Mahabharata*)'에서는 판두(Pandu) 5형제의 공동처(共同妻) '**불 속에서 탄생했다는 드라우파디(Draupadi)**'를 앞서 제시했다.

(e) 호머는 문제의 '헬렌(Helen)'을 '제우스의 딸'이라고 말했으니, 이미 '막강한 특권'이 부여되어 있는 상태였다.

(f) 호머(Homer)는 '**트로이 전쟁(Troyan War) 원인**'을 '일리아드(*The Iliad*)' 마지막 '제24책'에서 말하고 있고 있으니, '**여신들의 불화(The Discord of Goddesses)**' 때문이라는 것이다.

제4책 '진리'가 전쟁으로 폭발되다.

멀리 올림포스 황금 마루[궁전]에서는, 헤베(Hebe)가 신주(神酒)를 올리며 신들이 제우스를 모시고 회의를 하고 있었다. 신들은 황금 잔을 들고 트로이를 내려다보고 있었다...[4] ...그런데 갑자기 제우스가 헤라(Hera)에게 조롱을 하여 화나게 만들었다.

"**메넬라오스(Menelaus)는 헤라(Hera)와 아테나(Athena) 두 여신을 그의 후원자로 갖고 있으나 그녀들은 멀리서 구경이나 하고 있는데, 웃음을 좋아하**

---

4) Homer(Revised from the Translation of George H. Palmer), *Odyssey*, The Classic Appreciation Society of the Cambridge University, 1953, pp. 466~7

는 아프로디테(Aphrodite)는 정성껏 파리스(Paris)를 돕고 있군요.[이미 '황금 사과 문제로 3여신(女神)들이 정서적으로 상호 분할되어 있는 정황'을 제우스가 알고 행한 진술임] 그런데 왜 파리스(Paris)가 죽었다고 생각할 때에, 아프로디테는 파리스를 빼내 갔나요? 승리는 확실히 메넬라오스(Menelaus) 것입니다. 그러므로 우리는 전쟁을 어떻게 전개시킬지 계획을 세워야 합니다. 즉 다시 고통을 높이고 지독한 싸움을 하게 할지 아니면, 양군에게 평화 협정을 지키게 할지를 말입니다. 아. 여러 신들이 다 좋다고만 한다면, 인간들은 프리암 (Priam)의 성곽에 그대로 살게 하고, 헬렌(Helen)은 메넬라오스가 데려 가게 하면 어떨까요?"[22]

제우스가 그렇게 말하자, **아테나(Athena)와 헤라(Hera)는 불평을 나누며 '트로이의 파괴'를 몰래 계획했다.**[25] 아테나는 평정을 유지하며 아무 말도 하지 않았고 아버지께 불평은 있었으나 무서워 참았다. 그러나 헤라는 참지 못 하고 화를 쏟아냈다.

"공포의 당신이여. 지금 뭐라고 말씀을 하시는 겁니까? 그동안 나의 수괴트 로이 원정을 행한 9년간의 수괴를 다 무시하자는 겁니까? 프리암(Priam)과 그의 아들들에게 고통을 주려고, 내가 땀을 흘리고 말들을 피곤하게 하며 아카이아 군사들을 동원한 노고는 다 무위(無爲)로 돌려라는 겁니까? 좋을 대로 하십시오. 하지만 신들은 당신께 찬성을 하지 않을 겁니다."[34]

천둥과 구름을 부리는 제우스가 화를 내어 말했다.

"만족을 모르는 헤라여! 프리암(Priam)과 그의 아들들이 당신에게 무엇을 잘 못하여 당신은 잘 지은 저 트로이 성곽을 완전히 다 파괴 하겠다는 건가요? **당신은 트로이 성문과 성곽을 부수고 프리암과 그의 아들들과 군사들을 통째 로 삼켜야 결국 분이 풀리겠다는 것이지요.**[42] 좋아요, 좋을 대로 하세요. 그러나 다음에 당신과 나 사이에 우리가 싸울 거리를 남겨 두질 맙시다. 다시 말하거니와 '당신이 사랑하는 도시'를 내가 벌주려 할 때, 나를 막지는 마시오. 이번엔 당신 생각에 맡길 터이니 다음에는 내게 다 맡기시오. 내가 마지못해 허락하는 겁니다. 태양과 별이 빛나는 모든 인간이 거주하는 도시들 중에 나는 '트로이'를 제1로 생각했습니다. 강력한 창을 휘두르는 프리암과 그의 사람들은, 그동안 나의 제단에 제물을 올리지 않은 적이 없었고 술잔을 올리고 깊은 훈향 (薫香)을 계속 올려 왔었습니다."[58]

그러자 헤라가 말했다.

"그렇게 하세요. 나는 아르고스(Argos) 스파르타(Sparta) 미케네(Mycenae)를 내가 가장 좋아하지만, 화가 나시면 언제나 파괴하세요. 나는 당신을 거슬러 막을 수도 없습니다. 나는 당신과 동일하게 **크로노스(Cronus)를 아버지로 하고 있고 딸 중에는 가장 큰언니입니다.**['신들의 家系'를 밝힌 부분임]... 서로 양보하면 다른 신들도 우리를 따를 겁니다.[74] 어서 아테나(Athena)에게 명하여 맹약을 어긴 트로이 사람들이 먼저 아르기베들을 짓밟아 승리를 하게 해 하세요."[79] ['인간의 모든 일이 신의 뜻과 무관하게 진행된 것은 없다'는 호머 神觀의 명시임]

제우스가 응낙하여 아테나(Athena)에게 명령을 내렸다.

"어서 트로이와 아카이아 군사들에게 내려가 먼저 약속을 어긴 트로이 사람들을 짓밟아 아르기베인들이 승리를 하게 하라."[84] [먼저 헤라의 말은 '아키아들을 도발시켜라' 말임에 대해, 제우스는 '전투의 결과'를 말한 것임]

아테나(Athena)는 기다리고 있던 터라 바위 많은 올림포스 꼭대기에서.... 떨어지는 별처럼 아테나는 대지를 지나 양군(兩軍)이 자리 잡은 중앙에 내리니 트로이와 아르기베 사람들이 모두 공포에 사로잡혔다.

아테나(Athena)는 안테노르(Antenor)의 아들 창잡이 라오도코스(Laodocus)의 모습을 하고 트로이 군사 속으로 들어가 활잡이 판다로스(Pandarus)를 찾으러 다녔다.[102] **라오도코스(Laodocus)로 가장한 아테나는, 판다로스(Pandarus)에게 말했다.**

"리카온(Lycaon)의 아들 판다로스여. 그대의 활 솜씨로 저 **메넬라오스**에게 화살 하나를 날릴 수 있겠는가? 그러면 전 트로이 사람들에게 영광이고 누구보다 **파리스** 왕자가 좋아 할 것이요.[112] 그러면 누구보다 빛나 왕자에게서 무한한 선물을 받을 것이요. 부디 저 메넬라오스를 그대의 화살로 쏘아 잡아, 그를 화장(火葬)용 장작더미 위에 올려 슬퍼들 하게 만드시오! 무적의 저 메넬라오스에게 화살을 날리세요, 하지만 먼저 아폴로 신께 그대가 고향 젤레아(Zelea)로 돌아가면 새로 태어난 양을 잡아 제사를 올리겠다고 맹세하시오.'[119]

그렇게 아테나가 미련한 판다로스(Pandarus)를 선동했다. 판다로스(Pandarus)에게는 빛나는 활이 있었는데...판다로스(Pandarus)는 전통(箭筒)에서 깃털 달린 화살을 꺼냈다.[137]....고향에 돌아가면 아폴로에게 제사를 올리겠다고 맹세를 한 다음, 그 화살을 활에 장전하여 날렸다.[140]...아테네가 도와주어 그 화살은 메넬라오스 혁대에 꽂혔으나 메넬라오스의 살갗을 스쳐 검은 피가 흘러내려 그의 발목을 적시었다.[166] 상처에서 흘러내린 피를 보고 아가멤논은 치를 떨었고...달려가 메넬라오스의 손을 잡고 깊이 탄식하며 말했다.[175]

"사랑하는 아우야, 내가 피로 맹세했던 그 맹세가 바로 네 홀로 죽음에 놓이게 만들었구나. 내가 너를 우리 앞에 내세워 트로이 사람들과 싸우게 했는데, **트로이 사람들이 맹약을 짓밟았다.**[180] 그러나 트로이 사람들이 '맹약'과 '양의 피'와 '제주(祭酒)'와 '오른손 악수'를 다 무(無)로 돌릴 수는 없다. 저 제우스의 진노가 즉각 발동되지 않아도 시간이 가면 우리의 노여움은 더욱 큰 노여움이 될 터이니, 저 위반자들(Transgressors)은 그들의 머리통들과 아내와 자식들로 무서운 대가(代價)를 치를 것이다.[188] 그러나 메넬라오스여, 만약 네가 지금 운명적으로 죽어야 한다면, 나는 치욕을 안고 아르고스로 돌아가야 할지도 모른다. 군사들이 당장 고향으로 가자고 할지 모르니까. 그리고 프리암(Priam)과 트로이 사람들에게 '승리의 트로피'인 헬렌(Helen)을 넘겨 줄 수밖엔 없고[201] 원수(怨讐)들 남겨둔 채 너는 트로이에 썩을 것이다. 그러면 어떤 트로인들은 유명(有名)한 메넬라오스 무덤을 밟으며 자랑스러워 할 것이다. '아가멤논이 노하여 적들에게 분을 풀려고 군사를 이끌고 왔지만 실패하여 메넬라오스는 흔적만 남겨 두고 고향으로 돌아갔지.' 이렇게 트로이 사람은 승리의 나발들을

174

불 것이니, 만약 그 날이 오면 대지(大地)의 신께서는 이 아가멤논을 통째로 삼켜버리시기를!"[211]

그러자 메넬라오스가 오히려 아가멤논을 진정시켰다.

"용기를 내십시오. 잠시도 우리 군사들을 놀라게 해서는 아니 됩니다. 화살은 치명적인 곳에서 빗나갔으니, 나의 허리띠와 구리 파편이 나의 하부를 지켜 주었습니다."[217]

아가멤논이 말했다.

"메넬라오스, 제발 너 말과 같기를 바란다! 의사(醫師)를 불러 상처의 고통을 멈추게 해야겠다."

아가멤논은 전령(傳令)에 명했다.

"탈티비오스(Talthybius)여. 어서 마카온(Machaon)을 불러와 이 메넬라오스를 보게 하라. 트로이 사람인지 리키아 사람인지 한 궁수(弓手)가 메넬라오스를 맞혔으니, 그에게는 영광이고 우리에게는 심각한 타격이다."[227]

전령이 마카온(Machaon)을 찾아내어 말했다.

"아가멤논 왕께서 부르십니다. 아카이아 장군 메넬라오스가 피격을 당하여 그를 살펴보라 하십니다."[237]

마카온(Machaon)이 광대한 아카이아 캠프를 통과하여 메넬라오스 곁에 도달했다. 마카온(Machaon)은 메넬라오스 허리띠에 박힌 화살을 뽑아내고 화살 미늘들을 제거하고 허리띠와 구리 파편을 푼 다음 마카온(Machaon)은 상처를 살핀 다음 그 피를 빨아냈다. 키론(Chiron)의 노예 의사가, 마카온(Machaon) 아버지 아스클레피오스(Asclepius)에게 전했던 방법을 능란하게 사용하였다.[252] [힌두(Hindu)에는 언급이 없는 '의술(醫術)'의 제시]

아카이아 인들이 그 메넬라오스를 치료하고 있는 동안, **트로이 공격대가 다가 오니, 아카이아 인들에게 무서운 전의(戰意)가 불타올랐다.**[256] 아가멤논 은 잠시도 쉬지 않고 전투에 매달렸다. 아가멤논은 빛나는 청동 전차와 말들을 에우리메돈(Eurymedon)에게 맡겨 놓고 스스로의 다리가 지칠 때에 달려오라

명령을 내려놓고, 도보로 군사들 대열 사이를 걸어 다니며 군사들을 독려했다.[266]

아가멤논은 전차부대 앞에 멈추어 말했다.

"나의 아르기베 사람들이여. 전의(戰意)를 늦추지 마시오! **맹세컨대 아버지 제우스께서는 맹약을 먼저 짓밟은 '저 트로이 거짓말쟁이들'을 지켜주지 않을 겁니다.** 우리가 저들의 도시를 점령하면 독수리들이 그들의 날고기를 삼킬 것이고 부녀자와 어린이는 우리 배에 다 실을 겁니다."[274]

그러나 가증스럽게 전쟁에 물러나는 사람들을 만나면 아가멤논은 다음과 같이 꾸짖었다.

"치욕의 위선자들(braggarts)이여! 너희는 부끄러움도 없느냐? 들녘을 쏘다니던 사슴 새끼들처럼 싸울 생각을 내던지고 도대체 무엇을 기다리는가? 저 트로이 사람들이 바닷가 너희 배로 오기를 기다리나? 아니면 제우스께서 손길을 뻗혀 너희 겁쟁이들 목숨을 구해주시기를 바라나?"[284]

아가멤논은 이렇게 아카이아 사람을 도발시키며 정렬(整列)을 시켰다. 아가멤논이 군중 속을 돌아다니다가 크레타 사람들이 둘러싸고 있는 이도메네오스(Idomeneus)를 발견했다. 이도메네오스(Idomeneus)는 멧돼지처럼 전위부대를 이끌었고, 메리오네들(Meriones)은 후미 대대들을 이끌었다.[290] 그들을 보고 아가멤논은 너무나 기뻐서 그에 인사하고 칭송을 늘어놓았다.

"이도메네오스(Idomeneus)여, 당신은 우리 아르기베 전차 투사 중에 제일입니다. 나는 전쟁을 할 때나 다른 일을 할 때나...우리가 잔치를 할 때도 당신을 제일로 대접했습니다. 과거처럼 총중(叢中)에서 그런 투사가 되어주시오."[302]

이에 이도메네오스(Idomeneus)는 말했다.

"당신의 친구인 나를 믿으십시오. 나는 처음부터 지금까지 확실합니다. 당신의 아카이아 사람들을 어서 분기(奮起)시켜, 나가 싸우도록 하십시오. 트로이 사람들은 지금 맺은 약속을 먼저 자기들이 짓밟았으니, 저들에게 남은 것은 죽음과 슬픔입니다."[309]

그 말을 들은 아가멤논은 기운이 생겨, 성큼 성큼 계속 더 걸어 가다가 구름 같은 보병들을 이끄는 '아이아스(Ajax) 형제'를 발견했다...

아가멤논은 기쁨에 탄성(歎聲)이 터졌다.

"청동으로 무장을 한 우리 아르기베들의 대장 아이아스여!...우리 모든 군사들의 가슴에 저와 같은 용맹을 다 지녔다면 프리암(Priam)의 성곽을 당장 깨뜨릴 수 있으련만..."[333]

아가멤논의 발길은 네스토르(Nestor)에 이르렀다. 그 '필로스(Pylos)의 웅변개네스토릭'는 말했다.

"아가멤논이여...어느 누구도 자기의 말 타기와 용맹을 믿어, 홀로 트로이 사람들을 상대하려 앞장서지 말라고 당부를 하시고, 일단 싸움이 터지면 적들이 파고 들어올 틈을 내주어서는 아니 됩니다. 그리고 트로이 전차를 만난 전차대원은, 자신의 전차에서 창으로 적을 공격을 하되 그 창을 던져서는 아니 됩니다. 굳세고 용맹스럽게 싸우는 것보다 더 좋은 것이 없으니, 그러한 전법(戰法)을 가진 사람들은, 도시를 공격하여 다 승리를 거두었습니다."[356] ['전략가' 네스토르의 말임]

노장(老將) 네르토르가 그의 장정(長征) 체험에서 얻은 전법(戰法)을 군사들에게 일러 준 것이다. 아가멤논은 그 노장 네스토르(Neator)의 충고가 기뺐다.

"늙은 전마(戰馬)시여...다른 무사들이 당신의 나이를 가져가고, 당신이 젊은 이로 진군을 했으면 좋겠습니다."[365]

이에 네스토르(Neator)가 말했다.

"정말입니다. 지난 날 그 억센 에레우탈리온(Ereuthalion)을 내가 베어 눕혔습니다...그러나 신들은 우리에게 모든 것을 단번에 다 제공하지는 않으십니다. 지금 나는 기병(騎兵)과 함께 있으니, 그들에게 책략과 단련법을 전하고 있습니다. 이것이 노인의 권리이고 긍지입니다."[376]

네스토르(Neator) 말을 들은 다음, 아가멤논은 페테오스(Peteos)의 아들 전차 투사 메네스테오스(Menestheus)가 편하게 서 있는 것을 보았다. 그리고 그 곁에는 위대한 전략가 오디세우스도 케팔레니아 사람들(Cephallenians)이 모여 있는 속에 있었고 싸우자는 사람이 없이 구경하고 기다리고 있었다.[383] 금방 생긴 '트로이 사람들의 약속 파기 소식'을 아직 듣지 못 했기 때문이다.

아가멤논은 그들을 향해 비웃음을 터뜨렸다.

"신들을 사랑하는 페테오스(Peteos) 아들[메네스테우스(Menestheus)]이여. 그리고 간계의 대장(the great tactician)인 오디세우스(Odysseus)여. 어찌해 대열에서 이탈하여 몸들을 사리고 있습니까? 전열에 앞장을 서서 '전쟁의 불길'을 막는 것이 당신들의 의무입니다. 아카이아 사람들이 잔치를 열 때면, 나는 당신들을 첫째로 알아 구운 고기와 꿀 같이 단 술을 마음껏 들게 했습니다. 그러나 아카이아 10개 부대가 당신들 앞에 먼저 무자비하게 싸움을 펼쳐도 당신들은 보고 즐기기만 할 겁니까?"[404]

그러자 오디세우스(Odysseus)가 아가멤논을 노려보며 즉시 쏘아 붙였다.

"아가멤논 무슨 말씀을 그렇게 하십니까? 이 말씀이 정말 당신의 말씀입니까? 당신은 내가 어떻게 아르기베 군사들이 트로이 기병과 대항을 할 적에 감히 뒤꽁무니를 **뺀**다고 말할 수 있습니까?[410] 이 '**텔레마코스(Telemachus)의 사랑하는 아비**'가 저 적장들과 싸우는 것을 보면 금방 다 아실 일을, 당신은 어떻게 그런 바보 같은 말씀을 하십니까."[404]

오디세우스(Odysseus)의 불 같이 화내는 모습을 보고, 아가멤논은 즉시 조롱을 취소하고 웃으며 말했다.

"위대한 전략가 오디세우스(Odysseus)여. 내가 쓸데없는 말을 다시는 하지 않으리다. 당신에겐 앞으로 명령도 없을 터이니, 당신의 정신은 나와 같고, 나의 노력과 일치합니다. 우리는 눈과 눈으로 압니다. 됐습니다. 우리는 그것을 즉시 실행할 터이니 우리 사이에 통과해야 할 간격이 생긴다면, 신들께서 그것을 없애 줄 겁니다."[425]

아가멤논은 다른 대장들도 찾았으니, 티데오스(Tydeus)의 아들 성급한 **디오메데스(Diomedes)**와 카파네오스(Capaneus)의 아들 스테넬로스(Sthenelus)를 만났다.[428] 아가멤논(Agamemnon)이 그들 아비의 전력(戰歷)을 예를 들며 그들의 싸움을 독려했더니...**디오메데스(Diomedes)**는 왕의 조롱에 아무 대답이 없었으나, 카파네오스(Capaneus)의 아들 스테넬로스(Sthenelus)는 반격을 펼쳤다.

"거짓말 하지 마시오. 아가멤논(Agamemnon)이여. 우리는 우리들 아버지보가 훨씬 더 위대합니다. 우리는 신들의 전조(前兆) 제우스의 후원으로 허약한 병력을 이끌고 나가 더욱 강한 테베(Thebes)의 일곱 성문을 공격했습니다. 우리 아비들은 허세로 사망해 했으니, 우리를 우리 아버지와 동급(同級)으로 말하지는 마십시오!"[476]

그러자 강단(剛斷)의 **디오메데스(Diomedes)**가 그 테넬로스(Sthenelus)를 흘겨보며 말했다.

"조용히 하라. 이 친구야. 전(全) 아르기베 인들을 이끌어, 전투를 행하시는 우리의 사령관 아가멤논이시다.[480] 아그리베 전사들이 저 트로이를 함락시키면, 영광이 다 저 분께 돌아갈 것이다. 그러나 우리 전우들이 죽어나가면 저분의 무한 슬픔이니, 우리부터 서둘러 일어나야 한다!"[484] ['대의(大義)'를 존중한 '당당한 장군'의 말임]

디오메데스(Diomedes)는 그런 말을 하고 완전 무장을 하고 돌격을 하려고 전차에서 뛰어내렸다. 확신에 찬 **디오메데스(Diomedes)**가 앞으로 달려 나갔다.[489] 서풍으로 거대한 파도가 해안가를 치듯 그 기세가 그러하였다.[490]

아카이아 대군(大軍)은 끊임없이 전장(戰場)으로 몰려 왔다.[496]....트로이 군사는 젖 짜기를 기다리는 암양과 같았다.[503] 아레스(Ares)가 트로이군을 이끌었고, 아르기베들은 아테나(Athena)가 도왔다.[510]....안틸로코스(Antilochus)가 최초로 트로이 장군을 잡았는데 그는 트로이 군 전열에 선 탈리시아스(Thalysias)의 아들 에케폴로스(Echepolus)였다.[530] 안틸로코스(Antilochus)가 에케폴로스(Echepolus)의 투구를 공격하니....에케폴로스(Echepolus)는 탑처럼 무너져 내렸다.[535] 그리고 텔라모니아의(Telamonian) 아이아스

(Ajax)는 안테미온(Anthemion)의 아들 시모이시오스(Simoisius)를 공격했다.[548] 트로이 시모이시오스(Simoisius)는 사자 같은 아이아스(Ajax)의 창에 쓰러졌다.[554] 아이아스(Ajax)가 시모이시오스(Simoisius)를 죽이자 프리암(Priam)의 아들 안티포스(Antiphus)가 아작스(Ajax)를 향해 창을 던졌으나 빗나가 오디세우스의 전우 레우코스(Leucus)를 쳐서 죽였다.[569] 오디세우스가 화가 나 창을 잡아 프리암의 서자(庶子) 데모콘(Democoon)을 공격했다.[577] 그러자 '트로이군(軍)의 전위 부대'가 드디어 위축이 되고 헥토르(Hector)도 그렇게 되었다.[584]

그러자 아폴로(Apollo) 신이 페르가모스(Pergamus) 산에서 트로이 사람들을 내려다보며 외쳤다.

"일어서라 트로이 사람들이여! 아킬레스는 지금 속이 상해 싸우지 않고 있다."[594]

그러나 제우스의 딸 아테나(Athena)는 아르기베들을 격려하고 다녔다. 아마린케오스(Amarinceus)의 아들 디오레스(Diores)가 오른쪽 정강이에 돌 공격을 받아 죽었다. 임브라소스(Imbrasus) 아들 피로스(Pirous)가 던진 돌이었다. 피로스(Pirous)는 디오레스(Diores)를 돌로 친 다음, 창으로 그의 배꼽을 찔렀다.[609] 그러나 피로스(Pirous)가 도망을 치자 아이톨리안(Aetolian) 토아스(Thoas)가 창으로 젖꼭지 위 가슴을 찔렀다. 토아스(Thoas)는 피로스(Pirous)를 잡았으나 그의 무기를 빼앗지는 않았다.[5]

---

5) Homer(Translated by Robert Fagles), *The Iliads*, Penguin Books, 2001, pp 145~163 'Book Four : The Truce Erupts in War'

'의사(醫師) 마카온과 메넬라오스(the doctor Machaon and Menelaus)' '아테나와 디오메데스(Athena and Diomedes)'

(a) '일리아드(*The Iliad*)' '제4책'에서는 '<u>인간들의 전쟁이란 그 시작도 그 진행도 그 결과도 모두 신의 뜻이라는 호머의 전쟁 철학</u>'이 거듭 반복이 되고 있다.

(b) 힌두(Hindu) '마하바라타(*The Mahabharata*)'에서는, '능력도 없이 욕심만 부리는 문제의 두료다나(Duryodhana)'에게 거듭 '<u>판다바들(**Pandavas**)과 화해하라.</u>'고 비슈마(Bhishma), 드로나(Drona), 아스와타만(Aswattha-man), 사쿠니(Sakuni)가 반복 권고가 있었다. 최소한 '행악자(行惡者)'의 '개과천선(改過遷善)'의 기회를 부여한 경우였다.

(c) 그러나 두료다나(Duryodhana)는 그들의 요구를 다 물리치고 스스로의 목숨을 버릴 때까지 버티는 것으로 되어 있다.[개인의 주체 의식 명시]

(d) 그렇다면 '마하바라타(*The Mahabharata*)'에서는 '전쟁 문제'를 많이 '인간 개인의 탐욕의 문제'로 전제했으나, 호머 '일리아드(*The Iliad*)'에서는 '아킬레스의 특징' '두료다나(Duryodhana)의 욕심'도 '모두 신의 창조물'이므로 '모두 신의 계획'이라는 확신으로 서술을 한 셈이다.

(e) 이 문제는 '<u>인간에게 과연 자유(선택) 여지가 있는가?</u>'라는 심각한 문제에 봉착하게 된다. 하지만 <u>호머는 '인간의 선택 의지 자체를 거부[무시]하는 절대 신 관'을 보였음은 가장 주목을 해야 한다.</u>

이 '<u>호머(**Homer**)의 절대 신관(神觀)</u>'은 한마디로 '계몽주의(Enlighenment)' 이후에 대두된 중대한 '<u>개인의 자유(선택 의지)</u>'를 완전 부정하는 '<u>가공(可恐)할 절대신 론</u>'이다.

제5책 신들과 싸운 디오메데스

여신 **아테나(Athena)는, 티데오스(Tydeus) 아들 디오메데스(Diomedes)를 아르기베들 중에 드높이 올려 '명성'을 획득하도록, 그에게 '힘과 용맹'을 부여하였다.**[3] 아테나(Athena)는 디오메데스(Diomedes)의 방패와 투구를, '대양(大洋)에 목욕하고 수확기에 빛나는 별'처럼 빛나게 해주었다.[6] 아테나(Athena)는 디오메데스(Diomedes)의 머리와 어깨도 빛나게 해 그를 '전투 중심'으로 들어가게 했다.[7]

트로이 측에는 헤파이스토스(Hephaestus) 신을 받드는 사제(司祭)의 아들 **페게오스(Phegeus)**와 이다에오스(Idaeus)가 있었는데, 모든 공격에 훈련이 되어 있었다. 페게오스(Phegeus)와 이다에오스(Idaeus)가 전차를 타고 앞으로 돌진해 나오니 디오메데스(Diomedes)는 발로 걸어 나가 그들을 맞았다. 그들이 서로 가까워지니 페게오스(Phegeus)가 디오메데스(Diomedes)를 향해 창을 던졌는데 그 창은 디오메데스(Diomedes) 어깨 위로 빗나갔다.[17] 이번에는 디오메데스(Diomedes)가 창을 던져 페게오스(Phegeus) 가슴팍을 뚫으니[20] **그의 아우 이다에오스(Idaeus)는 그 죽은 형을 구할 생각도 못 하고 전차에서 뛰어 내려 도망을 치니, '불의 신(the god of fire)[헤파이스토스(Hephaestus)]'이 그를 감싸 목숨은 구해 주었다.**[26]

용감한 디오메데스(Diomedes)가 그들을 물리치고, 그들의 말들은 자기의 빈 함선으로 보냈다.[49] 사제의 두 아들이 죽고 도망치는 것을 보고, 트로이 전사(戰士)들은 망연자실(茫然自失)했다.[30] 그러자 아테나(Athena)가 아레스(Ares)의 손을 잡고 말했다.

"아레스(Ares)여, 아레스(Ares)여, 인간의 파괴자여. 왜 인간들을 싸우게 하나요? 제우스가 선택하여 양쪽에 영광을 주도록 놔두고, 우리는 제우스 진노(震怒)에서 한발 물러나 있어야 합니다."[38]

아테나가 고집스런 아레스를 꾀여내 스카만데르(Scamander) 강 모래 제방

에 앉게 하혔다. 그러는 동안 아르기베인들은 트로이 사람들의 전세(戰勢)를 꺾었다.[41]

아가멤논은 할리조니아 사람들(Halizonias)의 왕 거인 오디오스(Odius)를 그의 전차(戰車)에서 끌어내려 그의 등에 창을 꽂아 죽였다.[47]

이도메네오스(Idomeneus)는 파이스토스(Phaestus)를 죽였다.[52]

메넬라오스(Menelaus)는 스카만드리오스(Scamandrius)를 창으로 잡았다,[55]

메게스(Meges)는 페다에오스(Pedaeus)를 죽였다.[75]

그렇게 군사들은 거칠게 공격들을 행했으나, 그 **디오메데스(Diomedes)**는 어느 편인지도 분간할 수 없었다. 그는 겨울철 폭풍우로 불어난 강물이 제방을 무너뜨리듯이 트로이 군사들을 공포 속으로 몰아넣었다.[103]

그러자 빛나는 궁수(弓手) 판다로스(Pandarus)가, 트로이 군사를 무찌르고 있는 **디오메데스(Diomedes)**를 겨누었다. 판다로스는 활을 느려 디오메데스(Diomedes)의 오른쪽 어깨에 명중시켰다. 디오메데스(Diomedes)를 명중한 판다로스는 큰 소리를 쳤다.[111]

"공격하라. 트로이 사람들이여! **아카이아 최고 장군이 치명상을 입었으니, 궁구(弓手, the Archer -아폴로)께서 나를 리키아(Lycia)에서 이곳으로 보내셨느니라.**"[114]

그렇게 뻐기었으나 그 화살은 디오메데스(Diomedes)를 눕히지는 못 했다. 디오메데스(Diomedes)는 카파네오스(Capaneus)의 아들 스테넬로스(Sthenelus)를 불렀다.

"친구여, 어서 전차에서 내려와 내 어깨에서 이 화살을 뽑아다오."[120]

스테넬로스가 달려와 박힌 화살을 뽑아내니, 상처에서 붉은 피가 솟았다.[124] 그러자 디오메데스(Diomedes)는 큰 소리로 기도를 했다.

"제우스의 딸 아테나시여! 이 화살을 날린 자를 어서 제 앞으로 이끌어 오소서, 그가 뽐내는 모습을 내가 보고 있을 수가 없습니다."[132]

아테나(Athena)가 그 기도를 들어 일단 디오메데스(Diomedes)의 사지(四

肢)를 온전하게 해 주고 나서 그에게 말했다.

  "디오메데스(Diomedes)여. 내가 그대의 아버지 티데오스(Tydeus)의 힘을
그대에 부여하였다. 그리고 그대 눈을 가린 안개를 걷어내어 그대는 인간과
신을 구분할 수 있게 되었다.(so you can tell a god from man on sight.)...만
약 아프로디테(Aphrodite)가 이 전장(戰場)에 나타나거든 바로 그대의 창으
로 찔러라."[148]

  여신 아테나(Athena)는 다시 디오메데스(Diomedes)를 장군들의 전열에 서
도록 하였다.[150] 용기백배한 디오메데스(Diomedes)는, 목동이 없는 양떼 속
에 미친 사자가 되었다. 디오메데스(Diomedes)는 트로이 군사들 속으로 뛰어
들어 난폭하게 그들을 짓밟았다.[158] 디오메데스(Diomedes)는 전열에 트로이
장군 아스티노스(Astynous)와 히피론(Hypiron)을 죽였다...디오메데스(Dio-
medes)는 파에노프스(Phaenops) 아들 크산토스(Xanthos)와 톤(Thoon)도 잡
았다.[170]...이어 디오메데스(Diomedes)가 프리암(Priam)의 두 아들 에켐몬
(Echemmon)과 크로미오스(Chromius)를 잡았다.[180]...그러자 트로이 군 지
휘자인 아에네아스(Aeneas)가 궁수(弓手) 판다로스(Pandarus)를 찾아 그에
게 말했다.

  "판다로스여, 당신의 활과 화살과 명예는 어디로 갔습니까? 제우스께 맹세하
고 저 디오메데스(Diomedes)를 잡으시오. 저 놈이 우리 군사를 망치고 있습니
다."[199]

  그러자 리카온(Lycaon)의 빛나는 아들 판다로스(Pandarus)가 대답했다.

  "트로이의 군사(軍師)이신 아에네아스(Aeneas)여. 나는 티데오스(Tydeus)
아들놈[디오메데스(Diomedes)]을 자세히 보았습니다. 하지만 그가 신이 정확
히 아니라고 말씀 드릴 수도 없습니다. 만약 그가 인간이라면, 누구도 나의
화살을 피할 수 없으니. 나는 그가 이미 저승(the House of Death)으로 갔다고
생각을 했습니다.[213] 어떻든 나는 그를 아직 잡지 못 했으니, 약간 신의 광란
이 그에게 작용하고 있는 듯합니다(So it is god rampaging)! 그런데 지금 나의

전차도 부하도 없습니다. 리카온(Lycaon) 궁전에는 11대의 전차가 있습니다. 늙은 창잡이 리카온(Lycaon)께서 '이 군사와 전차로 트로이 사람들을 이끌어라' 하셨는데 마초(馬草, 말먹이)를 델 수 없어 나는 그냥 나의 활과 화살을 믿고 걸어서 왔습니다. 이미 나는 최고의 남자 디오메데스(Diomedes)와 메넬라오스(Menelaus)를 화살로 공격하여 피를 쏟게 했습니다. 하지만 오히려 그들의 분노를 불렀을 뿐입니다. 운이 나빴습니다."[241]

이 판다로스(Pandarus)의 대답에, 트로이 군사(軍師) 아에네아스(Aeneas)는 말했다.

"고향 이야기로의 변명은, 이제 그만 두시오! 싸우는 이 마당에 다른 말은 소용이 없습니다. 어서 내 전차에 오르시오! 당신은 저 트로스(Tros) 말들이 우리를 사나운 추격에도 얼마나 잘 안전하게 도시로 날라 줄 것인지 알게 될 것입니다. 만약 제우스께서 티데오스(Tydeus) 아들[디오메데스(Diomedes)]에게 또 다시 '영광'을 내린다고 해도 말입니다. 어서 채찍과 고삐를 잡으시요! 내가 이 전차에서 내려 걸을까요, 아니면 내가 이 말들을 몰까요?"[254]

판다로스(Pandarus)가 말했다.

"아에네아스(Aeneas)여, 당신이 말들의 고삐를 잡고 말을 몰아주세요. 우리가 디오메데스(Diomedes)에게서 후퇴를 할 경우, 말들은 나보다는 당신에게 더 순종(順從)을 할 터이니, 당신이 마차를 몰면 내가 창을 잡고 대적을 하겠습니다."[264]

두 사람이 합의를 보고 그 디오메데스를 향해 달려갔다.

카파네오스(Capaneus) 아들 스테넬로스(Sthenelus)가, 그들을 먼저 보고 디오메데스(Diomedes)에게 말했다.

"사랑하는 내 친구여, 유명한 궁수 판다로스(Pandarus)와 아프로디테(Aphrodite)가 그의 어미라는 아에네아스(Aeneas)가 오니, 대항을 하지 말고 우선 피하시요."[277]

그러나 디오메데스(Diomedes)는 스테넬로스를 노려보며 말했다.

"후퇴를 감히 입에 담다니. 아테나가 나에게 '용감 하라.' 하셨다...아테나께서 내게 영광을 허락하시면 저 두 놈을 내가 다 잡을 터이다..."[304] [호머는 '아테나 교 포교자'임]

...두 공격수가 앞으로 달려 나가니, 먼저 판다로스(Pandarus)가 소리쳤다.

"내 화살은 실패 했으나, 이젠 내 창(槍) 맛을 보아라."[310]

판다로스(Pandarus)가 창을 날리니, 그 창은 디오메데스(Diomedes) 방패를 뚫고 가슴 받이를 뚫었다. 판다로스(Pandarus)가 소리쳤다.

"내가 너의 옆구리를 쳤으니, 너는 금방 죽을 것이다."[315]

디오메데스(Diomedes)가 꿋꿋하게 말했다.

"빗나갔어 이놈아. 둘 중에 한 놈은 내가 죽여 놓겠다."[320]

디오메데스(Diomedes)가 창을 던지니, 아테나는 그 창이 판다로스(Pandarus)의 양미(兩眉)간을 치게 했다....판다로스(Pandarus)는 전차에서 떨어졌다...아에네아스(Aeneas)는 아르기베들이 그 판다로스(Pandarus) 시체를 끌고 갈까봐 창과 방패를 들고 전차에서 뛰어내렸다.[330]...그러자 디오메데스(Diomedes)가 거대한 돌을 들어 아에네아스(Aeneas) 공격하여 죽게 되었으나 그의 어머니 **아프로디테(Aphrodite)**가 소치기 목동이었던 안키세스(Anchises)왕에게 낳아주었던 아들이었기에, 즉시 그 아에네아스(Aeneas)를 지켜 주었다.[350] 아프로디테(Aphrodite)는 사랑하는 그 아들을 지켜주었으나...<u>**디오메데스는 그 아프로디테가 겁 많은 여신임을 알아, 아프로디테를 뒤 따라가 그녀를 날카로운 창으로 '가냘픈 손목(limp wrist)'을 찌르니, 그녀의 몸에서....불사(不死)의 피가 흘러내렸다.**</u>[381]

<u>**그러자 아프로디테는 그 아들을 놔버리니, 포에보스(Phoebos)의 아폴로(Apollo)가 그 아에네아스(Aeneas)를 붙들어 다시 검은 구름으로 감쌌다.**</u>[389]

아프로디테가 아레스(Ares)를 찾아내어[400]....그 아레스의 도움으로 아프로디테는 올림포스(Olympus)에 이르러, 어머니 디오네(Dione)에게 호소했다.

[423]...디오네(Dione)가 그 아프로디테를 달래 주고...아프로디테의 영액(靈液, ichor)를 닦아주자, 손목에 상처가 낫고 고통도 즉시 사라졌다.[478]

그러자 헤라(Hera)와 아테나(Athena)가 다시 그 제우스를 도발시켰다.[431]

"아버지 제우스시여, 제가 추측한 것을 말씀드리면 또 화를 내시겠습니까? 우리의 '사랑의 여신'이 트로이 남자들을 위하여, 또 다른 아르기베 여성 중 하나를 데려 가려고 시도를 했다가 황금 바늘 끝에 그녀의 팔목을 긁힌 것 같습니다!"[439]

그러자 제우스는 아프로디테를 불러 말했다.

"얘야, 전쟁은 너의 일이 아니다. 결혼이나 그리움을 보살피도록 하라. 피흘리는 일은 모두 아테나(Athena)와 아레스(Ares)가 맡을 일이다."[434]

그러는 동안 디오메데스(Diomedes)는, 아폴로가 그 아에네아스(Aeneas)를 지켜주는 것을 알고서도 신 앞에 굽히지를 않았다. 디오메데스(Diomedes)가 3번이나 아에네아스(Aeneas)를 요구하니, 아폴로는 3번을 거절했다. 그러나 디오메데스(Diomedes)가 4번째 요구를 하자 아폴로가 그에게 경고를 발했다.

"디오메데스(Diomedes), 포기하라! 충분히 행했다. 우리 신들은 너희 인간과는 다르다. **죽음이 없는 신들과 대지를 걷는 인간들은 결단코 같지 않다.**"[510]

아폴로는 아에네아스(Aeneas)를 휩쓸고 가 신성한 페르가모스(Pergamus) 산 속 자신의 신전에 내려놓았다. 레토(Leto)와, 화살 소나기를 날리는 아르테미스(Artemis)가 그 아에네아스(Aeneas)를 치료하여 자랑스러운 모습으로 되돌려 놓았다. 그리고 역시 아폴로는 아에네아스(Aeneas)의 환상(幻像, phantom)을 만들어 트로이 사람들 주변에 세웠더니, 용감한 아카에아 사람들은 다투어 쇠가죽으로 무장한 아에네아스(Aeneas)를 난도질했다.[520] 그러자 아폴로가 아레스(Ares)에게 말했다.

"아레스(Ares)여, 저 악마 같은 디오메데스(Diomedes)가, 이제는 아버지 제우스와도 싸우겠소! 저 디오메데스(Diomedes)가 아프로디테의 손목을 공격하더니, 이제는 나에게도 도전을 하는구려!"[528]

그러자 **아레스(Ares)는 트라케(Thrace) 왕자 아카마스(Acamas)로 변장을 하고** 프리암(Priam)의 아들을 도발시켰다.

"충성스런 프리암(Priam)의 아드님들이여. 얼마나 더 오래 저 아카이아 사람들의 도살(屠殺)을 보고만 있을 작정입니까? 성문 곁에서 싸울 때까지 기다릴 겁니까? 귀족 헥토르(Hector)에 필적(匹敵)하는 안키세스(Anchises)의 아들 아에네아스(Aeneas)가 주저앉고 있습니다. 모두 일어나 싸워 우리들의 전우를 구해내야 합니다."[539]

이처럼 아레스(Ares)가 군사들의 전의(戰意)를 불 지르자, 사르페돈(Sarpedon)이 그 헥토르(Hetor)를 꾸짖었다.

"헥토르(Hetor)여. 당신의 가슴에 지니고 있던 용기는 지금 다 어디로 갔소? 군사들은 사자(獅子)를 둘러 싸고 있는 개들처럼 겁을 먹고 있습니다. 헥토르(Hetor)여. 나는 당신과 생사를 같이 할 동맹입니다. 나는 처자식을 버려두고 이웃을 도우러 여기에 왔습니다. 세상을 휩쓸고 있는 거대한 저 그물을 보십시오...그것이 장차 당신을 압도할 겁니다."[566]

사르페돈(Sarpedon)이 그처럼 헥토르를 도발하자, 헥토르가 무장을 하고 전차에서 뛰어내려 창을 들고 싸움을 독려하여 그 아르기베 군사들과 마주쳤으나, 아르기베들은 도무지 물러서질 않았다.[573]

양군(兩軍)은 뒤엉켜 대 혼전을 이루었고, 아테나(Athena)가 전선(前線)에서 물러나자 아레스(Ares)는 트로이 군사를 도우러 아폴로의 명령에 따라 짙은 어둠을 펼치었다.[590]

아폴로는 아이네아스(Aeneas)에게 용기를 부여하여, 트로이 군사 중에 다시 서게 하였다.[598] 이에 아카이아들은 어떻게 했는가? 두 아이안테스(Aeantes)와 디오메데스, 오디세우스가 앞장을 서 공격을 독려했다.[601] ...양군(兩軍)이 마주서 있는데, 아가멤논이 소리쳤다.

"남자답게 용기들을 내시오! 피 흘려 싸우는 전우의 말을 두렵게 생각하시오! 살려고 '영광'을 버린 것처럼, 무서운 것이 없소!"[614]

아가멤논은 페르가소스(Pergasus)의 아들 데이콘(Deicoon)을 공격했다. [622] 이에 아이네아스(Aeneas)가...아르기베의 두 장군 크레톤(Crethon)과 오르실로코스(Orsilochus)를 죽였다.[425] 메넬라오스가 그들을 가엽게 생각하여 자기 창을 잡고 전면에 나서니, 아레스(Ares)는 메넬라오스도 아이네아스(Aeneas) 손에 죽기를 바라고 있었다.[648]...네스토르(Nestor)의 아들 안틸로코스(Antlochus)가 메넬라오스를 따라나섰다.[650] 그러자 아이네아스(Aeneas)가 그들과 맞대결을 피하니, 그들은 살해된 장군들을 끌어다 놓고...그들[메넬라오스와 안틸로코스]은 다시 필라에메네스(Pylaemenes)를 잡았다.[662] 이번에는 헥토르가 함성을 지르며 달려 나오니 트로이 군사들도 그의 뒤를 따랐다.[680] **아레스(Ares)가 '죽음의 여왕 에니오(Enyo)'와 함께 그 헥토르를 앞서거니 뒤서거니 도우며 야만적인 혼란의 전투를 부추겼다.[684] -[모두가 '신들의 뜻으로 진행 되는 전쟁'임]**

그렇게 아레스(Ares)가 전쟁을 주도하니, 디오메데스(Diomedes)는 위축이 되었다. 디오메데스(Diomedes)가 전우에게 말했다.

"전우들이여, 우리가 '헥토르를 놀랍고 용감한 장군'이라 하는데 얼마나 바보 같은 생각이요? 아레스 신(神)이 그 헥토르와 동행을 하고 있으니, 지금도 그 아레스는 인간의 모습을 하고 있습니다! **신들과 싸울 필요는 없으니, 우리의 얼굴만 트로이 군사를 향하고, 서서히 후퇴를 합시다.**"[694]

디오메데스(Diomedes)가 그렇게 말하는 동안, 트로이 군사들이 몰려와, 헥토르는 메네스테스(Menesthes)와 안키알로스(Anchialus)를 찔렀다. 그들이 쓰러지자 대(大) 아이아스(Ajax)가 그들을 불쌍하게 생각하여 창으로 셀라고스(Selagus)의 아들 암피오스(Amphius)를 잡았다....그러나 트로이 군사들의 공격이 거세져 대(大) 아이아스(Ajax)도 뒤로 물러섰다.[720] 그리고 헤라클레스(Heracles) 아들인 틀레폴레모스(Tlepolemus)는 키가 크고 건장했는데, 사르페돈(Sarpedon)과 맞붙게 되었다[723]....두 사람이 함께 창을 던져 틀레폴레모스(Tlepolemus)의 창은 사르페돈(Sarpedon)의 목을 찔러 사망하게 되었으나, 사르페돈(Sarpedon)의 창은 틀레폴레모스(Tlepolemus)의 왼쪽 허벅다리를 찔렀다. 헤라클레스가 그의 목숨을 건져주었다.[760]

오디세우스는 틀레폴레모스(Tlepolemus)가 상처를 입고 끌려오는 것에 화가 나...코에라노스(Coeranus) 크로미오스(Chrominus) 등 리키아(Lycian) 전위 군을 살해하였다.[776]...그러나 아르기베 전사(戰士)들은, 아레스(Ares)와 헥토르 생각에 뒤로 밀리었다.[807]

이때에 아레스(Ares)와 헥토르는 누구를 죽였는가? 먼저 테우트라스(Teuthras)를 죽였고, 오레스테스(Orestes), 트레코스(Trechus) 오에노마우스(Oenomaus) 헬레노스(Helenus) 오레스비오스(Oresbius)를 차례로 죽였다. [815]

헤라(Hera)가 그것을 보고 아테나(Athena)를 보고 말했다.

"무슨 재변(災變)인가? 우리는 메넬라오스에게 트로이 성곽을 공략하게 하고, 고향으로 갈 것이라고 이미 약속을 했는데, 저렇게 아레스(Ares)가 휘젓고 다니게 해서는 틀림없이 '빈 약속'이 될 것이다. 마음을 단단히 먹고 대책을 세워야 한다."[823]

그 헤라(Hera)의 명령을 그 아테나(Athena)가 따랐다....그녀들[헤라, 아테나]은 제우스를 다시 찾아가, 헤라가 제우스에게 물었다.

"제우스시여....아레스(Ares)의 난폭이 노엽지도 않으세요?...제가 아레스를 전장에서 쫓아내면 노여워하실 건가요?"[877]

제우스가 말했다.

"그렇다면 아테나(Athena)를 보내, 저 아레스(Ares)를 치도록 하시오."[881]

두 여신은 시모이스(Simois)강과 스카만데르(Scamander)강이 만나는 트로이 평원에 도달했다.[891] 헤라가 우렁찬 스텐토르(Stentor)의 목소리로 말했다.

"부끄럽고 수치스럽다 아르기베 인들이여! 아킬레스(Achilles)가 앞장을 섰을 적에는 트로이 사람들이 감히 '다르단 성문(Dardan Gates)'을 나오지도 못 했는데, 이제는 도시를 떠나 너희 배들 앞에서 싸우는구나!"[910]

헤라가 각 군사들에게 용기를 불어넣었고, 아테나가 디오메데스(Diomedes)

를 보니 그는 판다로스(Pandarus)가 쏜 화살 상처를 식히고 있었다.[914] 아테나가 디오메데스(Diomedes)에게 말했다.

"그대의 아버지 티데오스(Tydeus)는 그러질 않았소…그대[디오메데스(Dio-medes)]는 저 티데오스(Tydeus) 아들이 아닙니다."[938]

디오메데스(Diomedes)가 아테나에게 절하며 말했다.

"솔직히 말씀드리겠습니다. 여신께서는 앞서 내게 '신들과는 싸우지 말라.' 당부하셨는데, 아프로디테가 전장에 나타나면 그것은 예외라고 하셔서 제가 날카로운 창으로 그 여신을 찔렀습니다. 지금 나의 전우들이 무더기로 땅에 누운 것은, 아레스(Ares) 신이 가담하고 있기 때문으로 나는 알고 있습니다."[951]

아테나는 디오메데스(Diomedes)를 일으켜 세웠다.

"디오메데스(Diomedes)여, 그대가 나의 기쁨이다.…미쳐 날뛰는 아레스(Ares)도 두려워 말라. 아레스는 헤라와 나에게는 '아르기베들을 돕겠다.'고 약속을 해 놓고, 지금은 트로이 사람들의 난폭을 주도하고 있다."[963]

아테나가 디오메데스(Diomedes)의 말고삐와 채찍을 잡고 아레스(Ares)를 향해 달려가니, 아레스(Ares)는 쓰러진 페리파스(Periphas)를 보살피고 있었다. 아테나는 어두운 헬멧으로 자기 얼굴을 가려서 아레스는 그 아테나를 볼 수 없었다.[976] 그러나 살인마 아레스(Ares)가 디오메데스(Diomedes)를 먼저 보고 그를 향해 창을 던지니, 아테나는 그 창을 빗나게 만들었다.[986]…이제 디오메데스(Diomedes)가 아레스에게 창을 던져 그 아레스(Ares)의 벨트 아래 배를 찔렀다.[990]…아레스는 아픔에 9천명이나 1만 명의 병사의 천둥 같은 함성을 질렀다.[994]

…그 아레스가 제우스에게 상처를 보여주며 말했다.

"제우스시여. 이 야만적 행위를 보십시오. 우리 신들은 인간들에게 친절을 보이다 보면 고통을 받습니다. 우리 모두는 다 아버지께 복종을 하는데, 오직 아테나에게는 아무 말이 없으십니다.… 아테나는 앞서 저 디오메데스(Diomedes)를 시켜 아프로디테의 손목을 찌르더니, 이번에는 나에게 도전을 하게 했습니다."[1022]

그러자 제우스가 그 아레스를 노려보며 말했다.

"너는 두 번 다시 내 앞에서 그 얼굴을 보이지 말라. 나는 올림포스 신들 중에 네가 가장 싫다. 네가 좋아 하는 것이 '피 흘리는 전쟁'이다...그러나 내 아들인 네가, 고통스러워하는 것을 보니 안 되었구나....헤라는 내가 잠잠하게 만들기 어려운데, 그 헤라가 너에게 고통을 준 것이다."[1041]

제우스는 의신(醫神)에게 명하여 아레스를 치료하게 했다.[6]

'아레스를 향해 창을 던지는 디오메데스(Diomedes casting his spear against Ares)' '디오메데스와 아이네아스(Diomedes and Aeneas)'

(a) 앞서 힌두(Hindu)의 '마하바라타(*The Mahabharata*)'에서는 시바(Siva) 신이 영웅 아르주나(Arjuna)에게 "**네가 나를 볼 수 있는 안목을 제공하겠다.**(I will grant thee eyes to see me in my true form.)"[7]는 구절을 두고 있다.

(b) 호머(Homer)는 그의 '일리아드(*The Iliad*)' 제5책에서 '**아테나(Athena)' 여신이 '신을 볼 수 있는 안목'을 영웅 '디오메데스(Diomedes)'에게 부여**

6) Homer(Translated by Robert Fagles), *The Iliads*, Penguin Books, 2001, pp 164~194. 'Book Five : Diomedes Fights the Gods'
7) K. M. Ganguli (Translated into English Prose from the Original Sanskrit Text), *The Mahabharata of Krishna-Dwaipayana Vyasa*, Munshiram Manoharlal Publisher Pvt. Ltd. New Delhi, 2000, -**Vana Parva**- p. 89

했다고 활용을 하고 있다.

(c) '**신을 볼 수 있는 눈의 소유**'는 처음 '마하바라타(*The Mahabharata*)'에서
는 시바(Siva) 신이 영웅 아르주나(Arjuna)에게 행한 것을 호머(Homer)는
그의 '일리아드(*The Iliad*)' '제5책'에서 '아테나(Athena) 여신'이 장군 '디오
메데스(Diomedes)' 행한 것으로 말했다.

(d) 호머(Homer)는 물론 '**신을 볼 수 있는 눈의 소유**'했을 뿐만 아니라 '신들
의 마음까지 꿰뚫어 알고 있는 시각'을 다 발동하고 있었다.[힌두의 '**산자
야(Sanjaya)**'도 그러했음]

제6책 헥토르가 트로이 성(城) 안으로 들어가다.

'아카이아 사람들'과 '트로이 사람들'은 그렇게 서로 맞부딪치어 격렬한 공방
을 계속 하였다. 시모이스(Simois) 강둑과 크산토스(Xanthus) 강둑 사이를 청
동 창을 휘두르며 몰려다녔다. 그 아카이아 장군 아이아스(Ajax)가 최초로 '트로
이 전선(戰線)'을 깨뜨려, 아카이아 군에게 희망을 주었다.[10] 아이아스(Ajax)
는 에우소로스(Eussorus)의 아들 아카마스(Acamas)의 투구를 쳐서 그를 잡았
다.[14]....디오메데스(Diomedes)는 악실로스(Axylus)와 칼레시오스(Calesius)
를 죽였다.[22]

에우리알로스(Euryalus)는 쌍둥이 드레소스(Dresus)와 오펠티오스(Ophe-
ltius)를 죽였다.[33]....아스티알로스(Astyalus)는 폴리포에테스(Polypoetes)를
죽였다.....오디세우스는 피디테스(Pidytes)를 죽였고,...안틸로코스(Antilochus)
는 아블레로스(Ablerus)를 아가멤논은 엘라토스(Elatus)를 잡았다.[44]....메넬
라오스는 아드레스토스(Adrestus)를 생포했다......아드레스토스(Adrestus)의
말들이 버들가지(tamarisk branches)에 걸려 요동을 치니 아드레스토스(Adre-
stus)는 전차에서 떨어져 먼지 구덩이에 박혔는데, 메네라오스에게 살려달고
애원을 하니 메네라오스는 그를 포로로 잡아두었다.[61]

아가멤논이 그것을 보고 메넬라오스를 꾸짖었다.

"그렇게도 마음이 약한가?…. 트로이 사람들은 하나도 살려둘 필요가 없다!"[70]

그 말에 메넬라오스가 아드레스토스(Adrestus)의 등을 주먹으로 밀어내니, 아가멤논이 그 옆구리를 창으로 찔렀다.[76]…이에 네스토르(Nestor)가 전군에 알렸다.

"다나안(Danaans) 전사(戰士)들이여, 약탈은 행하지 마시오…먼저 죽이고 나면, 널린 것이 모두 우리 것입니다."[83]

그래서 트로이 병사들은 결국 성(城)안으로 후퇴를 했다. 그러나 프리암(Priam)의 아들이며 최고 점쟁이인 헬레노스(Helenus)가 아이네아스(Aeneas)와 헥토르(Hector)를 찾아가 말했다.[90]

"장군들이시여, 당신들은 트로이와 리키아(Lycia) 전사들의 대장이십니다.....헥토르(Hector)여, 당신은 어머니께 부탁하여 성(城)안의 모든 귀부인들을 아테나(Athena) 신전(神殿)으로 이끌고 가 '성스런 도시 트로이를 위해 거친 창잡이 **디오메데스(Diomedes)**를 떼어 내 주시면 12마리 송아지를 제물로 올리겠습니다.'라고 기도를 올리게 하십시오."[118]

헥토르가 장병들을 향해 말했다.

"용맹스러운 트로이 병사와 동맹들이여. 용기를 내십시오! 내가 최고의 제물로 신들에게 기도를 올리게 할 터이니 내가 돌아 올 때까지 기다리시오."[134]

그런데 전의(戰意)에 넘치는 히폴로코스(Hippolochus)의 아들 **글라우코스(Glaucus)**와, 티데오스(Tydeus) 아들 **디오메데스(Diomedes)**가 양군(兩軍) 사이에서 서로 만났다.

디오메데스(Diomedes)가 먼저 입을 열었다.[141]

"당신은 누구인가? 전에 못 보던 친구요…그대가 불사신(不死神)이라면 나는 신(神)과는 싸우고 싶지 않소. 드리아스(Dryas)의 불패(不敗)의 아들 리쿠르고스(Lycurgus)도 오래가지는 못 했소."[152]

이에 힙폴로코스(Hippolochus) 아들 **글라우코스(Glaucus)**가 자신 있게 대

194

답을 했다.[169]

"용감한 티데오스(Tydeus) 아들[디오메데스(Diomedes)]이여. 왜 내게 출신을 묻는가?....아르고스(Argos)와 같은 지역인 그 코린트(Corinth)에 가장 꾀가 많은 시시포스(Sisyphus)가 살고 있었소. 아이올로스(Aeolus)의 아들 **시시포스(Sisyphus)**는 **글라우코스(Glaucus)**라는 아들을 두었고 글라우코스는 **벨레로폰(Bellerophon)**이라는 용감한 미남 아들이 있었습니다. 그러나 그보다 훨씬 강한 프로에토스(Proetus) 왕이 벨레로폰(Bellerophon)을 아르고스에서 추방을 했습니다.[186] 프로에토스 아내 안테아(Antea)가 그 벨레로폰(Bellerophon)에게 미쳐 그를 유혹하려다가 실패하니, '프로에토스 왕이시여. 벨레로폰(Bellerophon)이 나를 농락하려 했으니 그를 죽이든 당신이 죽든 하시오.'라고 고자질 행하니[195] 왕은 그 말을 듣고도 벨레로폰(Bellerophon)을 죽이기가 꺼림직 하여, 그 벨레로폰에게 징표를 주어 리키아(Lycia)로 보냈습니다.[198] 프로에토스는 **벨레로폰(Bellerophon)**에게 '가거든 죽여라는 징표'를 주어 안테아(Antea)의 아버지 크산토스(Xanthus)에게 보냈습니다.[205] 크산토스는 그 벨레로폰(Bellerophon)을 대대적으로 환영하여 9일 동안 아홉 마리 황소를 잡아 잔치를 베풀었습니다. 10일이 되는 새벽에 크산토스 왕은 **벨레로폰(Bellerophon)**에게 '증서'를 보자고 했습니다.[209] 크산토스 왕은 사위 프로에토스(Proetus) 그 [죽여라는]메시지를 확인하고, **신들 중에 태어난 키메라(Chimaera)를 잡으라고 명령을 내렸는데, 그 키메라(Chimaera)는 머리는 사자이고 허리는 염소이고 꼬리는 뱀인 괴물로, 숨을 쉴 적엔 불길을 뿜고 있었습니다.**[215] 그러나 벨레로폰(Bellerophon)은 결국 그 괴물을 잡았고, 다음은 솔리미(Solymi)족을 복속을 시켰고 세 번째 시험인 아마존족(Amazons)도 잡았습니다. 그리고 벨레로폰(Bellerophon)의 귀국길에 매복(埋伏)된 리키아 최고 병사들까지 다 뭉개버렸습니다.[223] 크산토스 왕은 진정한 신들의 아들인 **벨레로폰(Bellerophon)**의 본 모습을 본 것입니다. 크산토스 왕은 자신의 딸을 주어 **벨레로폰(Bellerophon)**을 사위로 삼았는데 세 자녀를 두었으니 이산데르

(Isander)와 **힙폴로코스(Hippolochus)**, 라오다미아(Laodamia)가 그들인데, 라오다미아는 제우스를 모셔서 우리의 대장 사르페돈(Sarpedon)을 낳았습니다.[236] 그러나 벨레로폰(Bellerophon)도 신들의 증오를 받아 알레안(Alean) 평원을 홀로 방황을 했습니다.[240] 벨레로폰(Bellerophon)의 아들 이산데르(Isander)는 아레스(Ares)에게 죽임을 당했는데 그 **힙폴로코스(Hippolochus)**가 바로 우리 아버지이십니다.[244] 아버지께서 나를 트로이로 보내면서, '아들아. 항상 최선을 다해 용감히 싸워 코린트에서는 가장 용감한 장군들인 조상의 명예를 더럽혀서는 아니 된다'고 당부하셨습니다."[253]

글라우코스(Glaucus)의 그 말을 듣고, 디오메데스(Diomedes)가 말했다.

"훌륭하십시다. 당신은 나의 친구입니다....우리의 할아버지 때부터 우리의 손님이었습니다. 귀족 오에네오스(Oeneus)가 당신의 용감한 할아버지 **벨레로폰(Bellerophon)**을 손님으로 맞아 20일을 머물게 했습니다.[260] 그래서 우리 선조는 벨레로폰(Bellerophon)에게 빛나는 홍색 벨트를 선물했고, 벨레로폰은 손잡이가 달린 황금 잔을 주었습니다...우리 아버지 티데우스(Tydeus)는 내가 어렸을 적에 아카이아 군에 참여하여 테베(Thebes)에서 사망하여 나에게 기억이 없습니다.[267] 이제 나는 아르고스 심장부에서는 당신의 주인이고, 내가 당신의 리키아(Lycia)를 방문하면, 당신이 주인이고 나는 손님입니다.[269] 여기가 비록 전쟁터이지만 서로 창으로 겨루기는 피합시다. 당신 말고도, 잡을 트로이 군사들은 얼마든지 있습니다...당신도 나 말고 잡을 아르기베 군사들이 많을 겁니다. **무기를 교환하여 우리의 조상 때부터 우리가 친구였을 사람들이 알게 합시다!**"[277] ['평화'를 존중한 '호머 정신'이 반영된 이야기]

두 무사는 전차에서 내려와 서로의 손을 잡았다. 그러나 제우스는 글라우코스(Glaucus)의 혼을 빼앗아, **글라우코의 황금 무기는 황소 1백 마리 값이고 디오메데스의 청동 무기는 불과 9마리 값이었다.**[282] -[역시 '물질적 계산'에 철저한 호머]

그러는 동안, 헥토르가 '스카이안 성문(Scaean Gates)'의 거대한 참나무에

196

도착하니, 트로이 부녀(婦女)들이 몰려와 아들들과 오빠와 남편들의 안부('安否)를 물었다. 그러나 헥토르는, 넘치는 슬픔에 전 트로이 여인들에게 단지 "신들께 기도를 올립시다."라는 말만 되풀이 했다. 헥토르가 프리암 궁전에 도착했다. 그 궁전은 장대한 돌로 지은 궁전인데, 50개의 침실이 있고, 거기는 프리암의 아들들이 자기 부인들을 데리고 잠자는 곳으로, 맞은편에는 정원이 있고, 프리암의 딸들과 사위들이 거처하는 12개 침실이 따로 마련되어 있었다.[298]

헥토르 어머니 **헤쿠바(Hecuba)**는, 그녀의 딸 중에 제일 아름다운 라오디케(Laodice)를 데리고 나오다가 헥토르와 마주쳤다. 헤쿠바(Hecuba)는 아들의 손을 잡고 말했다.

"아들아 격렬한 전투를 버려두고 어떻게 여길 왔느냐?.....기다려라 내가 꿀 포도주를 가져오마. 지칠 때는 술도 힘을 돋게 하니까."[310]

그러나 헥토르는 머리를 흔들며 말했다.

"어머니, 술은 가져오지 마세요...어머니께서도 기도를 올려야 합니다. 왕궁에서 가장 좋고 값 비싼 옷을 고르시고 성안에 노 귀부인들을 이끌고 '아테나 신전'으로 가서서 그 옷을 여신의 무릎 위에 펼쳐 놓으세요.[324] 그런 다음 만약 아테나(Athena) 신이 트로이의 여인들과 아동들을 불쌍히 여겨 디오메데스(Diomedes)를 물리쳐 주신다면 12마리 암송아지를 제물로 바치겠다고 약속하세요!"[329]

헥토르 어머니 **헤쿠바(Hecuba)**는 시녀들에게 성 안에 노 귀부인을 불러오게 명령을 내렸다. 그리고 시도니아(Sidonian) 여인의 작품인 아름다운 예복을, 아테나 여신에게 올릴 선물로 꺼내 들었다. 그런 다음 귀부인의 행렬을 이끌었다.[351] 그녀들이 아테나 신전에 이르자 트로이 사람들이 아테나의 여사제(女司祭)로 뽑은 테아노(Theano)가 문을 열어주었다.[355] 그녀들은 통곡을 하며, 테아노(Theano)처럼 아테나를 향하여 두 팔을 펼치니, 테아노(Theano)는 예복을 들어 아테나의 무릎에 펼치었다.[359] 그리고 기도를 올렸다.

"영광의 아테나 여신이시여! '스카이안 성문(Scaean Gates)' 앞에 디오메데스

(Diomedes)가 쓰러지게 만들어, 그의 창을 막아주소서! 당신이 트로이 부녀자와 아동을 불쌍히 여기어 그렇게 해주시면 당신의 신전에 12마리 암 송아지를 제물로 올리겠습니다.”[365]

그러나 아테나 여신은 테아노(Theano)의 기도를 듣지 않았다.

한편 헥토르(Hector)가 파리스(Paris)의 거대 저택에 도달하니...파리스(Paris)는 방패와 활을 손질하고 있었고, 헬렌(Helen)은 수를 놓고 있는 여인들과 함께 앉아 있었다.[382] 파리스를 본 헥토르가 그에게 쏘아붙였다.

“무슨 일을 하고 있는 거냐? 이 끓어오르는 분노는 마땅히 네가 간직해야 할 거야! 도시 주변에서 우리 백성들이 죽어가는 것은, 다 너 때문이다. 이 가증스러운 전투에서 가장 먼저 꽁무니를 뺀 자도 너였다. 전 트로이가 적들의 햇불로 재로 변하기 전에, 어서 당장 일어나라!”[342]

이에 신과 같이 거대한 파리스(Paris)가 말했다.

“헥토르여. 형님께서 저를 그렇게 비판하시는 것은 당연하십니다. 제가 다 감당을 하겠습니다. 제가 방에만 쳐 박혀 있었던 것은, 우리 트로이인에게 무슨 다른 감정에서 그런 것이 아니고, 내 자신이 슬픔에 빠져 있고 싶어서 그러했던 것입니다. 저의 아내[헬렌]도 저에게 나가 싸우라고 합니다. ‘승리란 항상 이 사람에서 저 사람에게 옮겨 다닌다는 것[勝敗 兵家 常事]’을 형님도 아시잖아요? 형님이 앞장을 서시면 제도 무장을 하고 바로 뒤를 따르겠습니다.”[404]

헥토르는 말이 없었다. 헬렌(Helen)이 헥토르에게 말했다.

“시아주버님. 제가 간악(奸惡)하여 모두가 공포에 떨게 만든 잡년(bitch)입니다! 이런 일이 있기 전 태어날 적에 광풍이나 노도가 마땅히 나를 휩쓸어 갔어야 했습니다![412] 그러나 **신들이 정하신 일이라면, 저는 사람들의 비웃음에서 막아 줄 더욱 훌륭한 남자의 부인이 되었어야 했습니다.** 그러나 저이[파리스]는 생각에 ‘확실한 것’이 없으니, 과거도 그러했고 앞으로도 그러할 겁니다. 그래서 그 결과를 자기가 반드시 받을 겁니다. 시아주버님, 이 자리에 잠깐 쉬세요. **저는 매춘부이고 파리스는 미치광이입니다.** 이 두 사람으로 제우스께서 살상(殺傷)의 운명[전쟁]을 만드셨으니, 우리는 앞으로 태어날 세대의 '**노래 [詩] 속**'에 남을 겁니다."[426]

키가 큰 헥토르는 돌아설 자세로 말했다.

"헬렌. 나를 자리에 앉으라고 말하지 마시오. 쉴 틈이 없습니다. 우리 트로이 병사들이 지금 나를 기다리고 있습니다. 하지만 저 친구[파리스]를 일으켜 세우세요...**내가 또다시 돌아올지는 그 누가 알겠습니까?**"[438]

헥토르는 급히 자기 집으로 갔다. 그러나 부인 **안드로마케(Andromache)**는 보이지 않았다.[442] 헥토르가 하인에게 물었다.

"**안드로마케(Andromache)**는 어디로 갔나?"[451]

하인이 대답했다.

"마님께서는....우리 군사들이 압박을 받는다는 소식을 들으시고 놀라 미친 듯이 아이들을 데리고 트로이의 거대 탑으로 올라가셨습니다."[461]

이에 헥토르가 자기 집에서 나와, 도시를 통과하여 '스카이안 대문(Scaean Gates)'에 이르러 전쟁터로 나가려는 순간에 부인이 그를 보고 달려 왔다.[466]

부인 안드로마케(Andromache)가 말했다.

"무모한 당신이여. 당신의 불같은 용기가 결국 당신을 망칠 것입니다. 아이들이나 저는 안중(眼中)에도 없으시지요? 운명이 나를 과부로 만들 것이고, 적들이 당신을 죽일 겁니다....."[520]

헥토르가 말했다.

"여보. 나도 다 알고 있소. 그러나 **나는 트로이 사람들을 위해 죽을 겁니다**. 나는 항상 트로이 병사들의 선두에 서서, '아버지의 위대한 명예와 나의 명예를 위해 싸워라.'고 어릴 적부터 배웠습니다...."[556])

헥토르가 그의 아들을 향해 팔을 벌리니, 아이는 헥토르의 투구에 놀라 울며 유모의 품으로 숨었다. 그러자 아빠와 엄마가 다 웃었다. 헥토르는 투구를 벗어 놓고 아이를 안아 쓰다듬어 입 맞추며 제우스께 기도했다.

"제우스시여. 제신(諸神)들이시여, **나의 아들도 나처럼 강하고 용감하여 트**

로이 사람들 중에 그 영광이 첫째가 되게 해 주옵소서. 그리고 전 트로이를 강력하게 이끌어 트로이 사람들이 '제 아비보다 더욱 훌륭하구나!' 일컫게 만들어 주옵소서. 제 아들이 '피 묻은 전리품(bloody gear)'을 가져와 제 어미의 마음을 즐겁게 하도록 해 주소서."[574]

기도를 마친 헥토르는 아기를 부인에게 안겨주었다. **안드로마케(Androm-ache)**는 아기를 가슴에 안으며, 눈물 젖은 눈으로 웃었다. 헥토르가 그것을 보고 안쓰러워 점잖게 말했다.

"안드로마케(Andromache)여. 너무 상심(喪心)하지 마시오, **운명**에서 거슬러서 어느 누구도 나를 헤칠 수는 없소. 운명 그것으로부터는 용감한 자도 겁쟁이도 어느 누구도 도망을 못 하오. 우리는 태어날 때 그것과 동행하고 있으니 부디 집으로 돌아가 물레질 배 짜기 당신 일에 힘쓰시고 다른 여자들도 열심히 일을 하게 하시오. **남자의 할 일이란 '전쟁'이니, 트로이 사람들 중에서 그 일은 내가 바로 으뜸이요.**"[578]

헥토르가 안드로마케(Andromache)와 이별할 즈음에, 파리스(Paris)가 도착했다.

"형님. 서둘러라고 말씀하셨는데, 다리를 이끌고 이제야 왔습니다."

헥토르가 말했다.

"말릴 수 없는 사람이여. 그 누가 너를 전투에서 과소평가 하겠는가? 그러나 네가 전투를 거부하고 꽁무니를 빼어, **너를 위해 싸우는 트로이 군사들이 너를 무시할 때, 나는 무척 속이 상했다.** 하지만 이제 싸우러 나가자. 우리가 이 트로이에서 저 아르기베들을 몰아내면, 제우스께서 우리에게 '자유의 술잔'을 들게 하실 것이다."[631][8]

---

8) Homer(Translated by Robert Fagles), *The Iliads*, Penguin Books, 2001, pp 195~213. 'Book Six : Hector Returns to Troy'

'스카이안 대문(Scaean Gates)'

'헥토르가 성 안으로 들어가다.(Hector Returns to Troy)'

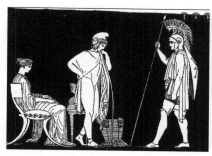

'헥토르가 파리스를 꾸짖다.(Hector raked Parice with insults)' '헥토르와 그 부인(Hector and his wife at the Scaean Gates)'

———✈

(a) 이 '일리아드(*The Iliad*)' '제6책'에서 트로이 명장(名將) '헥토르(Hetor)' 서

술에 주목을 해야 한다. 호머는 헥토르의 성격을 한 마디로 요약했으니 **'남자의 할 일이란 전쟁이니, 트로이 사람들 중에서 그 일은 내가 바로 으뜸이요.'**라는 진술이 그것이다.

(b) 이것은 소위 헥토르의 입으로 **'크샤트리아의 의무(the duties of Kshatriya)'**를 밝힌 대목이니, 이 헥토르가 '트로이 왕국 실제 왕'이다.

(c) 헥토르가 파리스를 꾸짖고 격려하는 모습도, 프리암(Priam)의 아들 중에 그가 제일임을 입증하고 있다.

(d) 호머(Homer)의 '일리아드(*The Iliad*)' '오디세이(*The Odyssey*)'를 관통하고 있는 일관된 정신이 바로 **'크샤트리아의 의무(the duties of Kshatriya)'**이고, 이것은 역시 작품 '마하바라타(*The Mahabharata*)'를 성립시키고 있는 그 척추(脊椎)이다.

제7책 아이아스(Ajax)와 헥토르

헥토르가 무기를 번쩍이며 성문을 나가자, 파리스도 형의 곁을 따라 나갔다. 두 사람이 전투에 참가를 하니...트로이 군사들은 모두 반겼다.[6] 파리스(Paris)가 먼저 아레이토스(Areithous) 왕의 아들 메네스티오스(Menesthius)를 잡았다....헥토르는 에이오네오스(Eioneus) 목을 창으로 찔렀다.[18]....이러한 트로이군의 광란(狂亂)에 아테나(Athena) 여신은 올림포스 꼭대기에서 '신성한 트로이(sacred Troy. 일리오스)'로 내려갔다. **아폴로도 페르가모스(Pergamus) 산에서 뒤쫓아 따라내려 갔으니, 트로이의 승리를 원해서였다.** 두 신은 커다란 참나무 곁에서 대면을 했다.[26] 아폴로가 말했다.

"다음은 무엇을 행하시렵니까?...틀림없이 아르기베인들이 곧 승리를 할 터인데, 전쟁의 물결을 잠깐 돌립시다. [아테나]당신은 죽어가는 트로이 사람들에게 자비심이 없습니다. 이번엔 내 말을 들으시오, 최소한 오늘은 전쟁의 열기를 낮추고, 내일 다시들 싸우게 합시다."[36]

아테나가 말했다.

"하늘의 활잡이[아폴로]시여. 그러면 어떻게 전투를 멈추게 하시겠다는 건지 그 방안을 말해 보시오."[42]

아폴로가 대답했다.

"헥토르의 힘을 나누어 아르기베 사람 중 하나와 일대일로 대결을 시키면, 단 둘이만 피터지게 싸울 겁니다."[47] -[힌두의 대결 방식]

아폴로의 제안에 아테나는 잠시 반대하지 않았다.

프리암의 아들 헬레노스(Helenus)가 신들의 뜻을 알아, 바로 헥토르에게 말했다.

"헥토르 형님. 트로이 군사들과 아르기베 군사들을 일단 자리에 앉히고, 형님과 아카이아 최고 용맹(勇猛)자와 단 둘이 다투어도, 형님은 죽지는 않는다는 신들의 목소리를 내가 들었습니다."[60]

헥토르는 그 말이 듣고 반가워, 즉시 헥토르는 창 손잡이 중간을 잡고 모두 땅에 조용히 앉게 하니, 아가멤논도 아르기베들을 자리에 앉게 했다.[65]

아폴로 신과 아테나 신도 독수리처럼 널따란 참나무 꼭대기에 천천히 내려앉았다.[70] [힌두의 '비마와 두료다나'의 대결을, '크리슈나와 라마'가 관전했던 것과 동일한 장면이다.]

헥토르가 일어나 양쪽 군사들에게 말했다.

"내 말을 들으시오, 트로이와 아카이아 병사들이여! 우리가 맹약을 행했으나 제우스께서는 그것을 무효로 만들어 아르기베 인들이 트로이 성을 차지하든지 아니면 그대들이 배 앞에 부셔지든지 하기로 결단을 보신 것이 명백합니다. 하지만 모든 아카이아 장군 중에 최고인 자를 뽑아 이 헥토르와 대결을 해봅시다....그리하여 뽑힌 자가 나를 죽이면 나의 무기와 갑옷을 벗겨 당신들 배로 가져가되[91] ....내 시체는 내 친구들에게 주어 화장(火葬, rites of fire)을 하게 해주시오. 하지만 만약 아폴로의 도움으로 그 뽑힌 영웅을 내가 잡을 경우는 내가 그의 갑옷과 무기는 거두어 아폴로 신전에 올릴 것이고 그의 시체는 그대들 장발(長髮)의 아카이아 인들에게 주어 넓은 헤레스폰트(Hellespont)에

'무덤(peap his barrow high)'을 만들도록 하겠소."[100]

헥토르가 그렇게 말하자, 아카이아 진영에서는 '대결의 거절에서 오는 수치심과 대결에 대한 두려움'으로 긴 침묵이 흘렀다.[107]

그러나 결국 메넬라오스가 일어서서 말했다.

"우리들이 저 헥토르와 대결을 못 하면 무슨 창피입니까. 아카이아 모든 사람들은 땅 속으로나 물속으로 들어가 썩어야 할 것입니다!...내가 저놈과 싸우겠습니다. 승리는 신이 주도 하십니다."[117]

그러자 아가멤논이 메넬라오스 오른 손을 잡고 말했다.

"너 미쳤구나. 아우야! 격정은 필요 없다. 중심을 잡아라. 너는 너보다 훌륭한 저 헥토르와 싸워서는 아니 된다. 모든 장군이 헥토르에게 위축(萎縮)이 되어 있고, 너 보다 훨씬 강한 아킬레스(Achilles)도 저 헥토르와 대결하는 것은 두려워하고 있다.[132] 돌아와 자리에 앉아라. 다른 장군이 저 헥토르와 맞서게 해야 한다."[154]

메넬라오스가 물러서니, **네스토르(Nestor)** 왕이 일어나 말했다.

"엄청난 슬픔이 전 아카이아들에게 닥쳐왔습니다. 미르미돈 족(Myrmidons)의 명장 노기병(老騎兵) 펠레오스(Peleus)가 이것을 보았으면 얼마나 통탄을 하겠습니까? 지난 날 그의 궁전에서 그는 나에게 '**아르기베들의 빛나는 혈통(血統)**[당초 힌두의 과학임] 이야기'를 듣고 놀라고 기뻐했습니다. 그런데 만약 저 헥토르 앞에 다 몸들을 사린다는 말을 들으면, 그 펠레오스(Peleus)는 신들에게 두 손을 들고 생명이 사지(四肢)를 떠나 저승에 잠기게 해 달라고 틀림없이 빌었을 것입니다...[151] 제우스여 아테나여 아폴로시어 내가 다시 젊어진다면 ....저 번쩍이는 헬멧을 쓴 헥토르를 내가 상대해 주었을 것이요...."[186]

그 노인의 질책(叱責)에, 아홉 명이 장군들이 일어섰다. 먼저 아가멤논(Agamemnon)이 일어섰고, 티데데스(Tydides)와 대(大) 소(小) 아이아스(Ajax), 이도메네오스(Idomeneus), 메리오네스(Meriones), 에우리필로스(Eurypylus), 토아스(Thoas), 오디세우스(Odysseus)가 그들이었다.[194]

이에 네스토르가 다시 말했다.

"처음부터 마지막까지 제비를 만들어, 누구의 제비가 뽑히는지 알아봅시다."[201]

그래서 각 장군들이 돌멩이에 이름을 적어 아가멤논 헬멧에 넣었다. 전사들은 신들에게 손을 올려 기도를 했다. 기도를 마친 다음 네스토르(Nestor)가 그 헬멧을 흔들어 튀어나온 돌멩이는 대(大) 아이아스(Great Ajax) 제비였다.[210] 그래서 전령(傳令)이 그 제비를 들고 대(大) 아이아스(Great Ajax)가 전 아카이아 최고 장병으로 선발이 되었음을 알리었다. 그러고 나서 전령이 대(大) 아이아스(Great Ajax) 곁에 그 제비를 갖다 놓으니, 대(大) 아이아스(Great Ajax)는 소리쳤다.

"전우들이여....내가 뽑혀, 나의 가슴은 기쁨으로 충만합니다...내게는 저 헥토르를 능가하는 힘이 있습니다...어떤 인간도 우리를 두렵게 할 수는 없고, 어떤 인간도 나를 이길 수 없습니다."[226]

대(大) 아이아스(Great Ajax)가 무장을 하고 나서니, 이렇게 기도하는 사람도 있었다.

"제우스시여. 아이아스(Ajax)가 빛나는 승리를 거두게 해 주옵소서. 그러나 헥토르도 아끼시면 두 사람의 용맹을 다 보게 해 주옵소서."[236]

대(大) 아이아스(Great Ajax)가 무장을 하고 나서니 '거대한 전쟁의 신' 같았다...대(大) 아이아스(Great Ajax)가 나타나...트로이 병사들의 다리들이 저절로 떨렸고, 헥토르의 가슴도 뛰었다.[248] 헥토르는 청동 방패를 들고 나갔다...헥토르는 자신이 먼저 제안을 했으므로 물러설 수도 없었다.[250] 대(大) 아이아스(Great Ajax)는 무거운 청동 방패를 지녔으니 힐레(Hyle)의 장인 티키오스(Tychius)가 만들어 준 것이었다.[253]

....대(大) 아이아스(Great Ajax)가 헥토르에게 말했다.

"헥토르여. 당신은 오늘 사자(獅子) 같은 아킬레스(Achilles) 말고도 아르기베 진중(陣中)에 그대를 상대할 장군들이 많다는 것을 알게 될 것이요."[270]

헥토르가 말했다.

"텔라몬(Telamon)의 아이아스(Ajax)여. 그대는 나를 아녀자(兒女子)로 생각지는 마시오. 사람 잡는 전쟁을 나도 잘 알고 있소…. 각오하시오. 나는 그대를 이리저리 돌려 칠 생각은 없고, 공개적으로 공격을 하겠소."[285]

헥토르가 창을 던져 아이아스(Ajax) 방패를 찔렀으나…방패의 가장자리를 맞혔다. 그러나 아이아스(Ajax)가 던진 창은 헥토르 방패 중앙을 뚫고 헥토르의 옆구리를 찔렀으나 죽을 정도는 아니었다.[294] 두 사람은 긴 창을 잡고 멧돼지를 향해 달려드는 사자처럼 돌진했으니 헥토르는 아이아스(Ajax) 방패 중앙을 쳤으나 창끝이 구부러졌고, 아이아스(Ajax) 창은 헥토르의 목을 공격하여 검은 피가 솟았다. 그러나 헥토르는 전투를 포기하지 않고 큰 돌을 아이아스(Ajax)를 향해 던졌으나 돌은 방패를 쳤다. 이번에는 아이아스(Ajax)가 더 큰 돌을 헥토르에게 던지니 그 돌이 헥토르의 방패를 쳐서 헥트르는 뒤로 자빠지게 했다. 그러나 아폴로가 그를 다시 일으켜 세웠다.[314]

그래서 두 사람은 칼을 잡고 다시 또 겨루게 되었다. 그런데 제우스(Zeus)의 전령과 인간의 전령(傳令)들이 달려와 그들 사이를 갈라놓고 그들 가운데 섰다.[320] 전령(傳令) 이다에오스(Idaeus)가 말했다.

"멈추시오 내 아들들이여. 죽어서는 아니 됩니다. 그대들은 위대한 투사들임을 우리들은 잘 알고 있소, 밤이 되었으니, 쉬는 것이 옳소."[325]

그러나 아이아스(Ajax)는 말했다.

"이다에오스(Idaeus)여. 저 헥토르가 먼저 우리 중에 가장 용감한 자와 싸우자고 했으니, 그에게 말해 보시오. 나는 그가 하자는 대로 할 겁니다."[329]

이에 헥토르가 말했다.

"아이아스(Ajax)여. 당신은 신이 제공한 힘과 체격과 감성을 지닌 아카이아 최고 창잡이입니다. 오늘만은 우리의 결사전을 그만 두기로 합시다. 어떤 운명의 힘이 한쪽으로 넘겨 줄 때까지, 우리는 다시 싸울 수 있습니다. 결국 밤이 되었습니다. 밤에 맡기기로 합시다. 그래서 당신은 약간의 기쁨을 저 아카이아

인에게 전하고 **나도 프리암의 위대한 도시로 돌아가 트로이 사람들에게 약간의 기쁨을 전할 것입니다. 사람들은 나의 귀환을 보면 신들께 찬송을 올릴 겁니다.**[323] 이리 오세요. 잊을 수 없는 선물을 교환합시다. 그리하여 트로이와 아르기베 병사들이 '처음에는 서로 삼킬 듯이 싸웠지만, 나중엔 우정으로 묶이었군.'이라 말하게 합시다."[328]

헥토르는 아이아스(Ajax)에게 은박이 칼을 칼집까지 주었고, 아이아스(Ajax)는 헥토르에게 진홍색 전대(戰帶)를 주었다.[331] 아카이아 사람들은 아이아스(Ajax)를 호송하여 아가멤논에게로 갔다. 아가멤논은 5년 자란 황소를 잡아 제우스께 제사를 올리었다.[360] 그리고 잔치를 열어 배부르게 먹었다……

네스토르(Nestor) 노인이 일어나 말했다.

"아가멤논 왕이여. 아르기베 장병들이여. 여기에 얼마나 많은 아카이아 사람들이 죽었습니까….시신(屍身)들을 모아 화장을 한 다음….우리가 고향으로 돌아가면 그 뼈를 망자의 아들에게 전하도록 합시다."[385]

그렇게 말하니 여러 장군들이 그 말에 동의를 했다.[396]

한편 트로이 높은 성채(城砦)에서 회의가 열렸는데 명석한 안테노르(Antenor)가 말했다.

"트로이 사람(Trojans)과 다르다 사람(Dardans)과 충성스런 우리 동맹들이여, 내 말을 들으시오. 내 마음 속 진실을 털어놓겠습니다. 아트레우스(Atreus) 아들들[아가멤논, 메넬라오스]에게 헬렌(Helen)과 그녀의 재보를 그냥 돌려주기로 합시다. 우리는 맹약을 깼고 불법으로 싸우고 있으니 우리가 무엇을 다시 얻겠습니까?"[406]

그렇게 요점을 지적하고 자리에 앉으니, '멋있는 머리카락을 지닌 장대한 파리스(Paris)'가 일어나 말했다.

"멈추시오. 안테노르(Antenor)여. 나를 무시하는 그런 말씀은 이제 그만하시오…아마 신들이 당신의 감성(感性)을 앗아갔는지도 모르겠소.[424] **내가 우리 트로이 사람들에게 말해두건대, 나는 저 헬렌(Helen)을 포기하지 않습니다.**

재물(財物)이야 내 창고에 있는 것을 보태어 그들에게 되돌려 주겠습니다."[428]

그러자 프리암(Priam)이 말했다.

"트로이 사람(Trojans)과 다르다 사람(Dardans)과 충성스런 우리 동맹들이여, 내 말을 들으시오. 다들 저녁 식사를 하고, 보초(步哨)를 잘 서도록 하시오. 그리고 첫 새벽이 오면 이다에오스(Idaeus)가 전령이 되어, 아가멤논과 메넬라오스에게 그들의 원정(遠征)에 원인을 제공한 저 **파리스(Paris)의 말**을 전하고, 그들이 원한다면 망자(亡者)를 화장(火葬)할 동안 전투를 멈추자고 전하시오."[436]

사람들은 왕의 명령에 따라 저녁을 먹고 보초를 섰고, 이다에오스(Idaeus)가 첫새벽에 전령이 되어 프리암의 말을 전했다.[459]

전령의 말을 들은 전 아르기베 장병들은 잠깐 침묵이 흘렀다. 그러나 마지막에 디오메데스(Diomedes)가 소리쳤다.

"**파리스(Paris)의 재물은 받지 맙시다. 헬렌(Helen)도 받지 맙시다.** 트로이가 이미 우리 밧줄에 걸리었으니, 망할 운명임이 명백합니다."[465]

그렇게 말하자 모든 아카이아 장병들이 함성(喊聲)으로 대답을 하였다. 아가멤논이 프리암의 전령 이다에오스(Idaeus)에게 말했다.

"이다에오스(Idaeus)여. **아카이아 사람들의 저 함성을 당신 귀로 들으셨지요? 내 생각도 그렇습니다.** 그러나 '사자(死者)들을 화장(火葬)하는 제안'에는 이의(異議)가 없습니다."[474]

그런 다음 아카이아 사람들은 잔치를 했고, 트로이 사람들은 그들의 동맹과 식사를 했는데, 제우스는 양쪽 군사들에게 재난(災難)을 어떻게 내릴 것인가를 생각했다.9)

---

9) Homer(Translated by Robert Fagles), *The Iliads*, Penguin Books, 2001, pp 214~230. 'Book Seven : Ajax Duels with Hector'

'헥토르와 아이아스(Hector and Great Ajax)' '헥토르와 아이아스(Hector and Great Ajax)'

'헥토르와 아이아스(Hector and Great Ajax)' '헥토르와 아이아스(Hector and Great Ajax)'

(a) '일리아드(*The Iliad*)' '제7책'에 헥토르(Hector)와 대(大) 아이아스(Great Ajax)의 대결은 '마하바라타(*The Mahabharata*)'의 비마세나(Bhimasena)와 두료다나(Duryodhana) 대결의 변용(變容)이다.

(b) '마하바라타(*The Mahabharata*)'에 **최후(最後)의 대결**을 호머는 '**우정(友情)의 대결**'로 바꾼 것은, 호머의 '현세주의'에 기초를 둔 것이다.

제8책 전투의 흐름이 바뀌다.

첫 새벽에 제우스는 올림포스에서 회의를 열었다. 제우스는 여러 신들을 모아 놓고 말했다.

"내 말을 들으시오. 여신이나 어떤 신이건 간에, 앞으로 트로이 사람이나 아카이아 사람들을 도우려는 자를 내가 다 잡아낼 터이니, 나에게 복종들을 하시오. 만약 나의 명령을 어긴 신이 이 올림포스로 돌아오면, 나는 빛으로 그를 채찍질을 하여 곤욕을 치르게 하거나 땅 속 깊은 타르타로스(Tartarus) 검은 안개 속으로 쳐 던져버릴 것이오."[16]

여러 신들은 침묵에 잠겼는데, 아테나(Athena)가 일어나 말했다.

"높고 억센 아버지시여. 누가 감히 아버지의 명령을 거스를 수가 있겠습니까? 하지만 우리는 아르기베의 창잡이들이 피 흘리고 죽어가는 것이 너무 불쌍합니다. 그렇습니다. 우리는 다 당신의 명령대로 전쟁에 개입은 하지 말아야 합니다. 하지만 우리는 아르기베들이 당신의 불같은 진노에 떨어지지 않도록 목숨을 건질 전략만을 제공하려 합니다."[22]

제우스가 대답했다.

"세 번째 태어난 나의 딸 아테나여. 염려마라. 네가 세상에 선의(善意)를 갖고 있다는 것을 나도 다 알고 있다."[26]

그렇게 말한 다음, 제우스는 바람처럼 달리는 두 마리 말을 자신의 전차에 매게 하였다. 황금 갑옷을 입고 황금 채찍을 들고 제우스는 그 전차에 올라...**이다(Ida) 산 경사지에 도착하였고, 제우스의 숲과 제우스에게 연기를 올리는 제단(祭壇)이 있는 가르가론(Gargaron) 정상(頂上)에 올랐다.**[56] 인간과 신들의 아버지인 제우스는 말들을 풀어 놓고 짙은 안개로 둘러쳤다. 그리고 그 산 꼭대기에 좌정(坐定)하니 **트로이 성곽과 아카이아 전함(戰艦)들이 한 눈에 다 내려다 보였다.**[62] 아카이아 인들은 서둘러 막사에서 식사를 했고, 트로이 사람들은 적은 병력이지만 시내의 모든 병력을 긁어모아 자녀와 부인들을 지키기

위해 전투에 나섰다. 성문들이 활짝 열려 기병 전차병 보병들이 소란스럽게 쏟아져 나갔다.[70]

양군(兩軍)이 전투 지점에 도착하자 병사들이 잡고 있는 방패와 창들이 맞부딪치어 요란한 소리가 땅을 흔들었다. 순간에 비명들과 고함소리도 터져 나왔다. 죽이고 죽임을 당해 땅에는 피가 개울을 이루었다.[77] 아침나절은 전투가 더욱 거세져 사람들은 무기를 휘둘러 사람들이 계속 쓰러졌다.

해가 정오(正午)에 오르자 제우스는 신성한 '**황금저울(his sacred golden scales)**'을 꺼내들었다. 제우스는 저울 양쪽에 운명의 사자(死者) 두 사람을 두었으니, 한 족은 트로이 기병(騎兵)이었고, 다른 쪽은 청동으로 무장한 아르기베 병사였다. 제우스가 그 중앙을 드니 아카이아 운수는 내려가고, 트로이 운수는 하늘로 치솟았다.

그러자 제우스는 이다(Ida) 산에서 거대한 벼락을 아카이아 병사들을 향해 내려쳤다.[90] 그러자 이도메네오스(Idomeneus)도 아가멤논(Agamemnon)도 대소(大小) 아이아스(Ajax)도 감히 땅위에 바로 서 있을 수가 없었다...

트로이의 거대한 파리스(Paris)가 노 기병(騎兵) 네르토르(Netor)에게 화살을 날려 그 말의 골을 가격하였다. 네르토르(Netor) 노인을 당혹에 빠뜨려 후퇴를 못 하고 있었는데...헥토르가 그를 향해 달려 왔다. **디오메데스(Diomedes)**가 급히 구하지 않았던들 그는 죽임을 당했을 것이다.[106] 디오메데스(Diomedes)가 오디세우스(Odysseus)를 향해 소리쳤다.

"겁쟁이처럼 도망을 치는 거야?...."[123]

그러나 오디세우스는 그 말을 듣지 못 하고, 아르기베 전함(戰艦)을 향해 달려갔다. 그래서 디오메데스(Diomedes)는 홀로 전선(前線)으로 달려가 그 네스토르(Nestor)에게 말했다.

"어서 내 전차에 오르시오...."[130]

그래서 **네스토르는 디오메데스 전차에 올라 그 전차 말고삐를 잡았다.**[134] 그들은 다시 헥토르를 찾아내어 디오메데스(Diomedes)가 그를 향해 창을 던졌으나 빗나가 그의 마부 테바에오스(Thebaeus)를 찔러...그를 죽였다. 헥토르는 다시 아르케프톨레모스(Archeptolemus)를 그의 마부로 삼았다.[148]

그러한 대(大) 혼전(混戰)이 없었더라면, 트로이 사람들은 양들처럼 트로이 성(the walls of Troy, Iilios)안에 그대로 갇혀 있었을 것이다.

그러나 제우스가 다시 급히 벼락을 던졌다.[150] 그 벼락이 디오메데스(Diomedes) 전차 앞에 떨어졌다....네스토르는 그 말고삐를 놓치고 말았다.[157] 네스토르가 디오메데스(Diomedes)에게 외쳤다.

"**'승리'는 디오메데스 당신이 아닌, 제우스로부터 오는 것**(Victory comes from Zeus but not for you.)이니, 아직도 그것을 모르겠습니까? 신이 '최소한 오늘의 승리'는 저 헥토르에게 돌리고 있으나, '내일의 승리'는 우리 것입니다. 제우스를 거스르면 살아남을 수도 없습니다."[164]

그러나 디오메데스(Diomedes)는 말했다.

"노병(老兵)이시여, 당신 말이 옳습니다만 여기에서 우리가 전투를 중단하면 다른 날 헥토르가 '내가 추격을 했더니 디오메데스(Diomedes)도 자기 함선(艦船)으로 도망을 쳤다.'고 뻐길 것입니다. 그날엔 부디 이 디오메데스(Diomedes)를 대지(大地)가 삼켜버리시기를!"[171] -[디오메데스(Diomedes)의 '투지'를 밝힌 대목임]

마부가 된 네스토르(Nestor)가 말했다.

"무슨 말씀인가요? 디오메데스(Diomedes)여. 헥토르가 그대를 '겁쟁이'라고 비웃어도 트로이와 다르단 군사들은 그 말을 믿지 않을 것이고, 트로이의 방패잡이의 부인들도 그대가 그녀의 남편들을 먼지 속에 팽개쳤으니, '헥토르의 뻐김'을 신용하지도 않을 겁니다."[177]

그렇게 말하고 말머리를 돌려 후퇴를 하니, 헥토르와 트로이 군사들이 대(大)공세(攻勢)로 돌아섰다.

헥토르가 소리쳤다.

"디오메데스(Diomedes)여, 다나안(Danaan) 기사들이 그대를 영광스런 자

212

리에 올려놓고 고기와 술잔을 올려 제일로 존중했다. 이제 저들이 그대를 경멸할 것이니, 너를 여인(女人)이라 할 것이다. 너는 계집애, 까부는 괴뢰(傀儡, 꼭두각시)일 뿐이다! 너는 우리의 성벽에는 오르지도 못 할 것이고, 우리 여인들을 너희들 배에 싣지도 못 할 것이다. 내가 먼저 너를 어둠의 신에게로 보내주마."[188]

디오메데스(Diomedes)는 말머리를 돌려 마주 싸울 것인가를 생각했다. 디오메데스(Diomedes)에게 세 번이나 그 도전의 마음이 발동했으나, 이다(Ida)산의 제우스는 벼락을 세 번이나 거듭 날렸다.[193]

제우스가 토로이인들에게 승리의 신호를 보내니 전쟁의 흐름이 완전히 바뀌게 되었다. 그래서 헥토르는 큰 목소리로 전사(戰士)들을 불렀다.

"트로이, 리키아, 다르다의 투사들이여. 투쟁의 의지를 불러 세우라. 아버지 제우스께서 나에게 영광과 승리를 약속하셨다.[200] 저 아르기베 놈들 방어벽 따위는 생각할 것도 없다. 저들은 나의 맹공(猛攻)을 막을 수 없다. 우리 말들이 저들이 파 놓은 해자(垓字)를 뛰어 넘을 것이다. 내가 그들의 함선에 도착하면 잊지 말고 부디 횃불을 준비했다가 그 불을 내게 전하라. 내가 그네들의 함선에 불 지르고 군사들을 죽일 터이니, 아르기베 대장들은 배 안에서 다 공포에 빠질 것이다!"[208]

그렇게 말한 헥토르는 다시 그의 말[馬]들을 격려했다.

"황금, 백족(白足), 화탄(火炭), 은마(銀馬)여! 안드로마케(Andromache)가 꿀 같은 먹이로 너희를 길렀던 은혜를 이제 내게 갚아야 할 것이다....우리가 네스토르(Nestor)의 방패와 헤파이스토스(Hephaestus)가 만든 디오메데스(Diomedes)의 갑옷을 벗겨오고, 저들이 오늘밤 저들의 배에 오르면 우리의 소망은 일단 이루어진 셈이다."[223]

그렇게 해서 헥토르는 그 헤라(Hera) 여왕을 격노하게 만들어 올림포스 산이 흔들렸고, 헤라는 억센 신 포세이돈(Poseidon)에게 말했다.[226]

"땅을 흔드는 포세이돈(Poseidon)이여. 이제 그대조차 죽어가는 아르기베

인들에게 조금도 동정심이 없군요. 그들은 에게(Aegae)항구와 헬리케(Helice)에서 그대에게 선물을 바치며 그대 마음을 훈훈하게 했었습니다. 그러므로 당신은 그들[아르기베 인]의 승리를 도모해야 마땅합니다. **만약 아르기베들을 돕는 우리 신들이, 트로이 인들을 돕는 제우스를 일단 분리하면 제우스는 이다(Ida) 산위에서 속만 태우고 있을 겁니다.**"[236]

이에 포세이돈(Poseidon)이 말했다.

"헤라여. 무슨 그런 거친 말씀을 함부로 하십니까? 나는 제우스와는 싸울 생각은 없습니다. 당신이나 여타 신들도 역시 그러 할 것입니다. 제우스는 너무나 강대하여 우리 모두를 다 뭉개버릴 것입니다."[241]

신들이 이처럼 장광설(長廣舌)을 펴고 있는 동안, 아카이아 군사들은 함선과 방어벽 사이로 빼곡히 몰려와 후퇴해 있었다. 제우스가 헥토르에게 '명성'을 주었기 때문이다. 그래서 헥토르가 그들 함선에 불을 지를 수도 있었다.

그러자 **헤라(Hera)는 아가멤논(Agamemnon)에게 달려가 그를 독려했다.**[250] 아가멤논(Agamemnon)은 아카이아 함선과 막사를 돌아다니다가 오디세우스의 검은 함선에 도착했다. 그곳은 아이아스(Ajax) 캠프나 아킬레스(Achilles) 숙소와 가까워 목소리가 들릴 만한 거리였다. 헤라(Hera)의 독려를 받은 아가멤논(Agamemnon)은 쩌렁쩌렁 울리는 큰 목소리로 말했다.

"부끄럽고 수치스럽도다. 너희 아그리베 인들이여! 고기 먹고 술 마시며 떠들던 '세상에서 제일'이라던 그 장담(壯談)들은 다 어디에 갔습니까?....전군(全軍)에 저 헥토르를 당할 자가 없어, 그가 우리 함대에 불을 지를 지도 모릅니다. 아버지 제우스시여...저는 아버지 신전에 살진 황소를 빠짐없이 바쳐 왔습니다...이 기도를 꼭 받아들여서, 저 트로이 군사들이 물러가게 해 주옵소서."[278]

아가멤논(Agamemnon)이 눈물짓는 모습을 보고, 제우스는 동정심이 발동했다. 그래서 제우스는 그의 군사를 지켜주고 피를 흘리지 않게 하려고 마음을 먹고 **즉시 독수리를 띄워 달리는 새끼 사슴을 발톱에 움켜잡고 날아가 아카이아 병사들이 제사를 지내는 제우스 제단 곁에 떨어뜨렸다.** 그 제우스 독수리

를 보고 아카이아 병사들은 복수전을 펼치었다.[288]

우선 디오메데스(Diomedes)가 해자(垓字)를 건너 달려가 트로이 대장 아겔라우스(Agelaus)를 잡았다.[294] 이어 아가멤논과 메넬라오스가 디오메데스 뒤를 따랐고, 이어 대소(大小) 아이아스(Ajax) 이도메네오스(Idomeneus) 메리오네스(Meriones) 에우리필로스(Eurypylus) 테우케르(Teucer)가 차례로 나섰는데 특히 테우케르(Teucer)는 아이아스 방패를 울타리 삼아 아이아스가 그의 방패 가장자리를 잠깐 들면, 테우케르(Teucer)는 목표를 잡아 명중시켰다.[310] 그리하여 테우케르(Teucer)는 오르실로코스(Orsilochus) 오르메노스(Ormenus) 오펠레스테스(Ophelestes) 다에토르(Daetor) 크로미오스(Chromius) 리코폰테스(Lycophontes) 아모파온(Amopaon) 멜라니포스(Melanpipus)를 화살로 잡아 땅에 뉘였다.[317] 이에 아가멤논이 테우케르(Teucer)를 칭찬해 말했다.

"친애하는 테우케르(Teucer)여, 당신의 활솜씨는 우리 군사들의 자랑입니다...만약 제우스와 아테나가 우리를 도와 저 트로이 성을 함락시키면, **나 다음으로 그대를 제일 먼저 삼각대와 좋은 말이 이끄는 수레와 미인을 당신에게 선물로 주겠소**."[332]

이에 테우케르(Teucer)가 아가멤논에게 대답했다.

"위대한 사령관이시여. 왜 저를 치켜세워 거북스럽게 만드십니까? 저는 어떻든 제가 가지고 있는 힘으로 저 트로이 적들이 물러가게 하기 전에는 멈추지 않을 겁니다. 여덟 발의 화살을 날려, 여덟 병사를 잡았으나, '미친 개 헥토르'는 아직 잡지 못 했습니다."[431]

테우케르(Teucer)는 결국 헥토르를 향해 화살을 날렸다. 그러나 화살은 빗나가 프리암의 아들 고르기티온(Gorgythion)에게 적중되었다.... 테우케르(Teucer)가 다시 헥토르에게 화살을 날렸으나 역시 **아폴로가 그 화살을 빗나게 만들었다**. 그 화살은 헥토르의 마부 아르케프톨레모스(Archeptolemus)에게 적중이 되었다. 헥토르는 마부의 아우 케브리오네스(Celbriones)에게 대신 말고삐를 잡게 했다.[365]

헥토르는 마차에서 내려 돌멩이를 잡아 그 테우케르(Teucer)를 쳤다. 테우케르(Teucer)가 급소를 맞아 쓰러지니 아이아스가 테우케르(Teucer)를 방패 뒤에 숨겨 메키스테오스(Mecisteus)와 알라스토르(Alastor)가 쓰러진 테우케르(Teucer)를 함선으로 날랐다.[381]

그러자 제우스는 다시 트로이 군사들이 아르기베 군사들을 공격하게 하여 해자(垓字)를 건너 도망가게 만들었다...그래서 헥토르는 다시 아르기베들을 괴롭혔고, 그들은 공포에 휩싸여 해자를 건너 되돌아 가야했다.

헤라가 딸 아테나에게 말했다.

"제우스의 딸이여. 우리가 더 이상 무관심할 수 없잖소? 전 아르기베들이 후퇴하며 지금 죽어가고 있습니다. 마지막 기회입니다....저 악당 헥토르가 학살을 행하는 것을 더 이상 우리는 참을 수 없습니다."[407]

아테나가 말했다.

"아르기베들이 저 헥토르를 잡도록 해야 합니다. 그러나 제우스께서 격노하여 모든 나의 계획을 무시하십니다. 제우스께서는 당신의 아들 헤라클레스(Heracles)가 에우리스테오스(Eurystheus) 노역(勞役)에서 죽게 되었을 때에 내가 구해주었으나, 헤라클레스(Heracles)는 자기가 하늘을 향해 슬피 울 때에 그 생명을 구해 준 것은 생각도 없나 봅니다.[417]...그러나 제우스께서 그의 사랑스런 딸을 다시 부를 날이 올 겁니다. 그러니 어서 마구(馬具)를 챙기세요.. 그래서 헥토르가 전쟁의 문턱에서 어떻게 날뛰고 있는지 개나 새들이 그 고기를 포식하게 하는지 가서 알아봅시다."[435]

헤라가 채찍으로 말들을 후려치자, 하늘의 문들이 열리었다.[449]....그러나 이다(Ida) 산에 제우스가 그것을 보고, 황금 날개를 지닌 이리스(Iris)를 불러 말했다.

"이리스(Iris)여, 어서 가 그녀들을 다시 돌아가게 하여, 나의 일에 참견하지 말도록 하라. 전쟁터에서 다투는 것이 무슨 꼴이냐....내가 벼락을 내려치면 찢어진 상처들을 치료해야 할 것이다.[464].."

216

이리스(Iris)는 제우스의 메시지를 그녀들에게 전했다.[474]

그러자 헤라가 아테나에게 말했다.

"제우스와 우리가 다툴 수는 없다. 사람들이 죽고 사는 것은 다 그들의 운수이니 그들에게 맡기기로 하자. 트로이 사람들과 아르고스 인들의 운명은, 제우스가 결정을 하시게 하는 것이 옳다."[496]

그렇게 말하고 그녀들은 말머리를 돌렸다....제우스가 이다(Ida) 산을 떠나 올림포스 산에 이르렀다.[506]....제우스가 황금 보좌(寶座)에 앉으니, 아테나와 헤라가 제우스에게서 멀리 떨어져 앉아 있었다.[512] 제우스는 그녀들의 불만을 알고 있지만 짐짓 물었다.

"아테나와 헤라는 무슨 일인가? 혹시라도 남성들이 목숨을 걸고 싸우는 살육의 전쟁에 애들을 쓰다 지친 것은 아니겠지요? ...나에겐 올림포스 제신(諸神)들도 어찌할 수 없는 막강한 힘이 내 손에 있으니, 나를 되돌려 놓을 수는 없을 것이요.....[527]"

헤라가 분을 삭이지 못 하고 말했다.[533]

"다 죽게 될 아르기베 창잡이들이 불쌍합니다...우리는 당신의 분노로 전멸(全滅)을 당할 저들에게 전략(戰略)이나 제공할까 합니다..."[540]

이에 제우스가 말했다.

"내일은 더욱 많은 아르기베 병사들이 죽게 될 겁니다. **아킬레스(Achilles)가 일어나기 전에는, 헥토르가 전쟁을 포기하지 않습니다**....[550] 분노는 그냥 접어 두시오. 나는 그런 일에 신경을 쓰지 않겠습니다..."[558]

이에 헤라(Hera)는 한마디 말도 보텔 할 수가 없었다.[560]...이제 해가 바다로 지고 밤이 찾아왔다...헥토르는 함선들로부터 트로이 병사들을 이끌어 내어 강을 향해 나와 널따란 평지로 나왔다.

헥토르는 11완척(腕尺, cubit, 44cmX11)의 창을 들고 다음과 같이 말했다.

"트로이와 다르단 그리고 우리의 동맹들이여. 내 말을 들으시오. 나는 전 아카이아 군사를 무찌르고 트로이 성으로 돌아갈 것을 생각했었소, 그러나 밤이 몰려왔으니, 밤이 그들을 살려 주었소. 좋습니다. 우리도 일단 이 밤에 우리를 맡깁시다. 우리도 저녁을 먹고 말들도 풀어 놓고, 먹이를 주도록 합시다. 성안에서 소들과 양들을 몰고 오고 빵과 꿀 술과 장작도 가져 오도록 하시오. 그리하여 밤새도록 새벽까지 하늘까지 불길을 올려 '장발(長髮)의 아카이아들(the long-haired Achaeans)'이 밤을 타서 도망을 못 하게 만들어야 합니다. 아니 됩니다. 안되고말고요. 한 놈도 상처 없이 도망가게 해서는 아니 됩니다. 그래야 후세들도 우리 트로이와의 전쟁을 꺼릴 것입니다. 그리고 전령들에게 전하여 성곽을 두르고 있는 탑 위에 소년들과 노인들을 배치하여 지키게 하고 우리의 부인들은 불을 밝혀 감시하여 침략자들이 성안으로 들어감을 막아야 합니다.....날이 밝아 **디오메데스(Diomedes)**가 나를 공격해 오면 내가 그를 내 창으로 잡을 겁니다...."[629]

이러한 헥토르의 말에 트로이 사람들은 함성을 보냈다.....[10]

'제우스(Zeus)' '이다 산의 제우스(Ida Zeus)' '헥토르(Hector)'

————→

(a) 힌두 '마하바라타(*The Mahabharata*)'의 대신(大神)은, '브라흐마' '비슈누' '시바'로 나뉘어 있으나, 호머 '일리아드(*The Iliad*)' '오디세이(*The Ody-*

10) Homer(Translated by Robert Fagles), *The Iliads*, Penguin Books, 2001, pp 231~249. 'Book Eight : The Tide of Battle Turns'

ssey)'에서는 제 신들이 크로노스(Cronus) 아들들과 딸들로 분화(分化) 분권(分權) 되어 있는 것이 그 특징이다.

(b) 그리고 '마하바라타(*The Mahabharata*)'와 호머 '일리아드(*The Iliad*)' '오디세이(*The Odyssey*)' 서로 구분이 가장 큰 특징은 '마하바라타(*The Mahabharata*)'의 종지(宗旨)가 '절대 신에의 귀의(歸依)' '절대주의'임에 대해, 호머는 '현세주의' '실존주의'이다.

(c) 더욱 구체적으로 서로를 구분해 보면, **'마하바라타(*The Mahabharata*)'는 일관되게 '절대신과 하나 되기'를 그 '최고 목표'로 반복하고 있음에 대해. '일리아드(*The Iliad*)' '오디세이(*The Odyssey*)'는 '절대 신(제우스)이나 포세이돈의 진노(震怒)'를 피하고 '실존적 소망을 성취[성공 하여 고향 가기]'를 최고 목표로 제시한 구체적은 상황 보고서이다.**

제9책 아킬레스에게 사절(使節)을 파견하다.

트로이 사람들은 파수(把守)를 보고 있었다. 그러나 최고의 전우들이 죽고 없어져 견디기 어려운 공포와 비탄에 휩싸여 있었다.[3]....

아가멤논이 군사들을 향해 말했다.[18]

"나의 친구인 여러 왕들과 장군들이시어! 제우스께서 나를 혼란에 빠뜨리고 계십니다. **'내가 트로이 성곽(the walls of Ilium)을 무너뜨리기 전에는 고향으로 가게 하지 않겠다.'**는 맹세에 동의(同意)를 하셔 놓고...이제는 야만적 살상(殺傷)을 당하게 만들어, 치욕의 귀향(歸鄉)을 명령하고 계시기 때문입니다....제우스는 막강하십니다. 그러므로 다들 내 말을 따르시오. 우리 다 우리가 사랑하는 고향 땅으로 돌아갑시다. 우리가 트로이를 차지할 가망이 없는 것 같습니다."[32]

이에 **디오메데스(Diomedes)**가 말했다.

"아가멤논이여. 내가 먼저 당신의 어리석음을 공박할 터이니, 화는 내지는 마시오....제우스께서는 당신께 반쪽만 주셨습니다....당신은 왕의 홀(royal scepter)은 지니고 계시나 '용맹(courage)'은 찾을 수가 없습니다...**당신이 귀향(歸鄕)하고 싶으시면 돌아가시오. 당신을 따라온 미케네(Mycenae) 사람들도 데리고 가도 됩니다. 그러나 장발(長髮)의 아카이아 사람들은 우리가 저 트로이를 약탈할 때까지 남아 있을 겁니다. 만약 그들도 고향으로 떠나면 나와 스테넬로스(Sthenelus)가 여기에 남아 저 트로이를 빼앗을 때까지 싸울 겁니다. 우리 모두는 신과 함께 여기로 왔다는 사실을 잊지 말기로 합시다.**"[57]

그렇게 말하자 아카이아 병사들이 **디오메데스(Diomedes)**에게 환호의 함성을 보냈다.

이번엔 네스토르(Nestor)가 일어서서 말했다.

"디오메데스(Diomedes)여. 그대는 전쟁터에서 뛰어나고 회의장에서도 탁월합니다....나이로는 내 막내아들 또래이지만, 여러 대장들에게 '속 시원한 말'을 해주었소....이제 밤이 되었으니 저녁 식사를 합시다. 그리고 방어벽과 해자(垓字) 사이에 보초를 세워야 할 것입니다....아가멤논(Agamemnon)이여, 당신은 우리의 가장 위대한 왕이십니다. 노(老) 장군들을 위해 잔치를 열어야 할 것이니, 당신의 막사에는 트라케(Thrace)에서 매일 배로 실어 나르는 포도주가 넘쳐나지 않습니까? '**거대한 호의(好意)'가 여러 사람들을 통치하는 법입니다.** 그리고 최고의 충고에 항상 귀를 기우려야 합니다.....우리가 뭉칠 것인가 갈라설 것인가가 바로 오늘 밤에 달렸습니다."[92]

군사들이 모두 네스토르(Nestor) 말과 명령에 매달리게 되었다. 사람들이 보초(步哨)를 서겠다고 나섰으니, 네스토르(Nestor) 아들 트라시메데스(Thrasymedes), 아레스(Ares)의 아들 아스칼라포스(Ascalaphus) 이알메노스(Ialmenus) 메리오네스(Meriones) 아파레오스(Aphareus) 데이피로스(Deipyrus), 크레온(Creon)의 아들 리코메데스(Lycomedes)가 그들이었다. 7명의 대장이 각각 1백 명의 병사를 이끌고 방벽과 해자(垓字) 사이 불을 피우고 저녁식사를 했다.[102] 한편 아가멤논은 장군들을 자신의 막사로 이끌고 가 잔치를 열어 그들을 기쁘게 해주었다. 이에 네스토르(Nestor)가 말했다.

"우리의 대 사령관이며 우리의 대왕이신 아가멤논(Agamemnon)이여. 내 말은 대왕에게서 시작을 하고 대왕에게서 끝을 내겠습니다. 대왕께서는 모든 장군을 거느리고 계시고, 제우스께서도 왕홀(王笏)을 주셨으니 누구보다 당신이 새겨듣고 실천을 하셔야 합니다. 우선 내가 최우선이라 생각되는 것부터 말씀드리겠습니다. 그 일이 생긴 이후 지금까지, 어떤 것도 내가 아직 간직하고 이 문제보다 더욱 우선적인 것은 없습니다. 빛나는 우리 대왕이시여. **대왕께서는 우리 중 어느 누구도 동의하지 않는 아킬레스(Achilles) 막사에서 브리세이스(Briseis) 소녀를 탈취하여 그를 극도로 화나게 만드셨습니다.**[128] **나는 그점에 대해서 대왕께서 진실로 그러시지 말기를 원했었습니다. 하지만 대왕께서는 고압적인 분노로, 신들도 존중하는 위대한 사람을 무시했고, 아킬레스가 그의 군공(軍功)으로 얻은 그녀를 대왕이 탈취하여 아직껏 소지하고 계십니다.**[132] 그래서 지금 늦기는 했으나, 아킬레스에게 따뜻하고 호감이 가는 말과 우정의 선물을 보내, 그 점을 우리가 바로잡게 해 주십시오."[135]

이에 아가멤논(Agamemnon) 왕은 즉시 대답을 했다.

"노인이시여. 그것은 사실입니다. 나의 '미친 행동'을 잘 지적해 주셨습니다. 바로 미친 장님의 망동(妄動)이었습니다. 옳은 지적이십니다. 제우스가 사랑하는 그 투사 아킬레스는 전군(全軍)과 동일한 무게를 지니고 있으니, 아킬레스는 자신을 뽐낼 만하고, 아카이아 군사의 큰 상처였습니다.[142] 내가 안목이 부족하여 무분별하게 화를 냈으니, 지금 내가 굽혀 그것을 바로잡도록 합시다. 나는 우정을 회복하기 위해 무한정의 보상을 행하겠습니다. 여러분 앞에 제공할 선물을 공개 하겠습니다.

-새로운 삼각대 일곱 개, 금괴(金塊) 10개, 가마솥 20개, 나에게 트로피를 안긴 말 12필, 그리고 여공(女工)에 능한 부인 7명, 그리고 내가 빼앗아 왔던 브리세오스의 딸(Briseus' daughter), 지금 내가 맹세하거니와 나는 그녀와 침상을 같이 한 적이 없습니다. 그리고 신들이 허락하여 프리암(Priam)의 성곽을 차지하면 헬렌(Helen) 다음으로 아름다운 미녀 20명을 그에게 먼저 고르라고

하겠습니다. 그리고 우리가 그리운 땅 아카이아의 아르고스(Argos)로 돌아가
면, 나는 그를 내 사위로 삼겠습니다....그리고 성곽 도시 일곱을 제공할 것이니,
카르다밀레(Cardamyle), 에노페(Enope), 히레(Hire), 페레(Pherae), 안테아
(Anthea), 페다소스(Pedasus)가 그들입니다.....이 모든 것들이 아킬레스의 분
노를 끝내게 했으면 합니다. 아무쪼록 그를 나에게 복종하게 만드시오....나는
그보다 나이도 많고 더욱 큰 나라 왕입니다."[193]

네스토르가 그 왕의 제안을 수용하며 말했다.

"너그러운 사령관인 우리들의 아가멤논이시여! 누구도 대왕께서 아킬레스에
게 제시한 선물을 적다고 말하지 않을 겁니다. 빨리 명을 받들 사람을 뽑아
아킬레스 막사로 보내기로 합시다. **제우스가 좋아하는 포이닉스(Phoenix)가
길을 인도하게 하고, 대 아이아스(Ajax)와 지혜의 왕(tactful royal) 오디세우
스(Odysseus)가 나서시오, 전령(傳令)은 오디오스(Odius)와 에우리바테스
(Eurybates)가 맡아 그들을 호송하시오.** 손들을 씻고 침묵하고 제우스께 기도
합시다. 제우스께서 은전(恩典)을 베푸실 겁니다."[205]

네스토르의 신속한 결단은, 사람들을 다 기쁘게 만들었다. 전령들이 물을
가져와 손들을 씻고 희석된 술을 가져와 각 잔에 조금씩 부어 신에게 바치고
헌주(獻酒)를 마치고 마음껏 마셨다. 다들 아가멤논의 막사에서 모임을 마치고
나오니, 네스토르 노인이 유독 오디세우스(Odysseus)를 보고 부탁을 했다.

"무적(無敵)의 아킬레스를 데려오는데, 그대의 정성을 다하도록 하시오."
[215]

아이아스와 오디세우스는 '고만(高慢)한 아킬레스'를 모셔오기를 신에게 기
도를 올리었다. 그들이 미르미돈(Myrmidon)들의 막사에 도착하니, 아킬레스
(Achilles)는 그가 에크티온(Ection) 시(市)를 파괴할 때에 노획(鹵獲)한 은으로
장식된 훌륭한 악기를 연주하며, 마음을 달래고 있었다. 그 때 아킬레스는 '유명
한 전쟁 영웅들의 노래'를 부르니 그의 기분은 좋았다. 그 아킬레스의 맞은편에
파트로클로스(Patroclus)는, 아킬레스가 그의 노래 끝내기를 기다리며 외롭게

222

앉아 있었다.[230]

오디세우스(Odysseus) 등이 도착하여, 전령들이 아킬레스 앞에 서니, 아킬레스는 라이어를 손에 든 체 자리에서 일어나 그들을 보았다. 파트로클로스(Patroclus)도 역시 일어섰다.

아킬레스가 말했다.

"친구들이여, 어서 오시오. 나는 분노(忿怒) 속에서도, 아카이아 군 중에 최고로 친한 그대들만 기다리고 있었소."[239]

아킬레스가 오디세우스 등을 인도하여, 진홍색 카펫에 앉히고, 곁에 기다리고 서 있는 파트로클로스(Patroclus)에게 말했다.

"파트로클로스(Patroclus)여, 내가 가장 좋아하는 내 친구들이 나를 찾아 왔으니 이 귀한 손님들에게 커다란 술잔을 하나씩 그 앞에다 가져다 놓게."

아킬레스의 좋은 친구 파트로클로스(Patroclus)는 아킬레스의 말대로 행했다.[246]

아킬레스는 신들께 제사 올릴 것을 말하니, 파트로클로스(Patroclus)가 먼저 고기를 베어 불 속에 던졌다.[254] 그리고 나서 그들은 차려 놓은 고기와 술을 먹기 시작하여 그것을 먹을 만큼 먹고 젖혀 놓았을 적에, 아이아스(Ajax)가 오디세우스에게 눈짓을 보내니 오디세우스가 그것을 알아챘다.

그리하여 오디세우스가 술잔에 술을 가득 부어 아킬레스를 향하여 건배하고, 오디세우스가 입을 열었다.

"아킬레스여, 부디 건강하시오. 우리는 앞서 아가멤논의 막사에서 이미 성찬(盛饌)을 들었는데, 여기에서 다시 마음속 깊은 환대를 받고 있습니다.[273] 그런데 **우리는 너무나 견디기 어려운 냉혹한 재난(災難) 때문에, 여유 있는 잔치는 못 되었습니다.** 신의 후손인 아킬레스여....제우스께서 트로이 군사들에게 번개로 신호를 보내, 지금 헥토르가 힘자랑을 하니 당할 사람이 없습니다.[286]...늦기는 했지만 만약 당신이 곤경에 빠진 우리 아르기베들을 위해 저 트로이 군사들을 물리쳐주면, 그대에게 도대체 무슨 근심이 따로 남아 있겠소?

일단 우리가 망하고 보면, 백약(百藥)이 소용 없습니다.[303]

오 옛 친구여. 당신의 부친 펠레오스(Peleus)께서도 '너의 가슴에 있는 자만심을 조심하라.' 하셨습니다.[310] 아킬레스여. 만약 당신이 분노를 멈추면 아가멤논 왕은 그가 앞서 행한 그 모욕에 대한 보상을 확실히 다 약속을 했습니다.

-새로운 삼각대 일곱 개, 금괴(金塊) 10개, 가마솥 20개, 왕에게 트로피를 안긴 말 12필, 그리고 여공(女工)에 능한 부인 7명, 왕이 빼앗은 브리세오스의 딸(Briseus' daughter), 프리암(Priam)의 성곽을 차지하면 헬렌 다음으로 아름다운 미녀 20명을 그대에게 먼저 고르게 하겠다고 약속했고, 아르고스(Argos)로 돌아가면 그대를 왕의 사위로 삼고 성곽 도시 일곱을 주겠노라 이름까지 들어가며 확약을 했습니다."[371]

이에 아킬레스는 말했다.

"위대한 전략가(great tactician)인 오디세우스여. 나는 **'그대가 나를 데려갈 수 없는 이유'**를 똑 바로 말해주겠소.[376] **나는 저 '아가멤논'이 저승의 문턱만큼이나 싫습니다.**(I hate that man like the Gate of Death.)[378] **그는 말과 행동이 항상 다릅니다.**(He says one thing but hides another in his heart.)[379] 바로 말하겠습니다. 그것이 최선이니까요. 저 아가멤논에게 내가 설득될 것 같습니까? 절대 안 됩니다....용감한 자나 겁쟁이나 사람은 누구나 다 죽게 마련입니다.[387]....나는 저 자랑스러운 헥토르와 싸울 생각이 전혀 없습니다.[433]....아가멤논은 나에게 영광스러운 상을 내리고 그는 그것들을 도로 다시 빼앗아 갔습니다. 얼마나 못된 짓입니까? 그 사람이 바로 당신네들이 떠받드는 아가멤논 왕이십니다. 돌아가서 내가 말한 그대로 꼭 다 말해 주세요.[452] **그는 부끄러워할 줄도 모르는 '개'입니다.** 그는 나를 앞으로 두 눈 뜨고 바로보지도 못 할 겁니다. 나는 결코 그와 머리를 맞대어 함께 계획하거나 행동하지 않을 겁니다.[447]....나의 어머니 여신 테티스(Thetis)께서는 죽을 때까지 두 가지 '운명'을 주셨습니다. **내가 트로이를 공략하면 '영광'이 불멸이나 일찍 죽을 것이고, 고향으로 돌아가면 '영광'은 없으나 장수(長壽)할 것이라는**

것이 그것입니다.[504]...나는 고향으로 돌아갑니다....그대들은 저 트로이가 망할 날을 결코 볼 수 없을 겁니다..."[522]

아킬레스가 말을 마치자, 그 아킬레스의 말이 너무나 격렬하여, 모두가 벙어리가 되었다. 결국 아카이아 함대를 걱정하여 노인 마부(馬夫) 포이닉스(Poenix)가 눈물을 흘리며 말했다.

"아킬레스여! 고향에 돌아간다고 말을 했느냐? 헥토르가 함선들을 다 불을 질러도 싸울 생각이 전혀 없다는 거냐? '분노'가 지금 너를 지배하고 있구나. 하지만 너와 내가 어떻게 서로 나뉠 수가 있겠느냐? 나만 이 해변에 남아 있을 수는 없다. 당초 프티아(Phthia)에서 이 아가멤논(Agamemnon)에게로 올 적에, 펠레오스(Peleus) 왕이 나에게 너를 데리고 함께 가라 했었으니...나만 여기에 남아 있을 생각은 전혀 없다...[550] .....헥토르가 아카이아 전함(戰艦)들을 불태우면, 다시 구하기는 어렵다. 선물을 준다고 할 적에 나가 싸우면, 아카이아 인들이 너를 신(神)으로 존중할 것이다...."[737]

마부(馬夫) 포이닉스(Poenix)의 이 말에 아킬레스가 말했다.

"신들의 사랑을 받고 계시는 아버지 포이닉스(Poenix)여. 나에게 그 같은 '명성' 따위는 소용없습니다....하지만 '저 선물들'은 나를 묶고 있습니다....앞으로 다시는 저 '아가멤논의 쾌락을 돕자.'고 내 앞에 통곡하며 '나의 결심'을 흔들지는 마십시오. 나는 당신이 아가멤논을 편들기에, 이제 당신마저 무시를 합니다.....저 친구들은 가야 하겠지만, 어르신께서는 오늘 여기에 주무시죠. 우리가 고향으로 돌아갈지 여기에 머무를 지는 내일 내가 결정을 내리도록 하겠습니다."[766]

아이아스(Ajax)가 자리에서 일어서며 말했다.

"오디세우스여, 우리는 돌아갑시다. 여기에 온 목적은 얻은 게 없는 것 같습니다. 돌아가 아카이아 사람들에게 사실 대로 보고를 합시다.....한 계집뿐만 아니라 뛰어난 미인 일곱을 준다고 하니 아킬레스여, 아무쪼록 마음을 좀 너그럽게 품어 보시오. 전(全) 아카이아 군사들이 우리를 보내, 당신 캠프로 찾아 온 우리는, 그대의 가장 친한 친구들이요."[785]

이에 아킬레스는 부끄럽다는 듯 말했다.

"아이아스(Ajax)여. 다 옳으신 말씀이나, 아가멤논이 네게 화를 냈던 것을 생각하면. 피 묻은 전쟁 따위는 생각하기도 싫습니다. 당신은 내 생각을 바로 왕에게 전달하시오. 헥토르가 우리 미르미돈(Myrmidon) 함선과 막사에까지 불로 공격하기 이전까지는 나는 이 전쟁에 가담하지 않을 겁니다."[801]

아킬레스가 그 말을 마치자, 각자 손잡이 달린 술잔을 들어 신들께 헌주(獻酒)하고 오디세우스가 길을 인도를 하여 다시 돌아왔다.

파트로클로스(Patroclus)는 하인들에게 명하여 포이닉스(Phoenix) 노인에게 잠자리를 마련하도록 했다.[809]

사절(使節)들이 아카이아 캠프로 돌아오자, 아가멤논이 오디세우스에게 말했다.

"어서 오시오. 오디세우스여! 아킬레스가 응낙을 했습니까? 거절을 했습니까?"

참을성 있는 오디세우스가 대답을 했다.

"우리의 위대한 사령관이며 왕이신 아가멤논이여. **아킬레스는 '분노'를 포기할 생각이 없었습니다.** 당신도 선물도 다 무시했습니다. 아킬레스가 말하기를, 대왕과 대왕의 장군들이, 군사들과 배들을 지켜야 한다고 말했습니다. 그리고 내일 새벽이 오면, 배를 띄워 출발을 하겠다고 우리를 위협했습니다. 그리고 우리에게도 ' 귀향하시오. 당신들의 눈으로 트로이 함락을 못 볼 것입니다.'라고 까지 말했습니다. 이것이 그의 대답이었습니다...포이닉스(Phoenix) 노인을 아킬레스가 자기 캠프에 있으라고 말했으나, 그 노인도 아킬레스에게 권유는 했으나, 강요하지는 못 했습니다."[845]

그 오디세우스의 보고에, 다 벙어리가 되어 말이 없었다.

결국에 **디오메데스(Diomedes)**가 입을 열었다.

"아가멤논이여. 대왕께서는 아킬레스에게 당초에 그렇게 '거대한 선물 공세'를 하지 말았어야 했습니다. 아킬레스 원래 거만한데다가, 대왕이 더욱더 그를 거만하게 만들었기 때문입니다. **고향으로 돌아가건 여기에 머물건 자기 마음대로 하라고 하십시오. 신이 그의 생각에 불을 붙이면 언제나 다시 싸우러 올 것입니다.**[658] 그러므로 제 말대로 하십시오. 음식과 술을 잘 드신 다음 우선 주무시고 날이 밝으면 아가멤논 당신께서 급히 전차(戰車) 무사(武士)와 장군들을 배치(配置)하시고, 당신이 전선(戰線)에 앞장을 서십시오!"[865]

그러자 아카이아 왕들도. 모두 '응낙의 함성'을 외쳤다.[11]

'아킬레스에게 사절(使節)이 파견되다.(The Embassy to Achilles)' '브리세오스의 딸(Briseus' daughter)'

----->

(a) 소위 힌두(Hidu)의 '크샤트리아의 의무(the duties of Kshatriya)'를 풀어 말하면 **'목숨을 내놓고 왕국 지키기를 고집하지 않는 자는 결단코 왕이 아니다[될 수 없다].**'는 쉬운 공리(公理)다.

(b) 그러므로 '**아킬레스(Achilles)의 용맹 자랑**'은 바로 '상고(上古)시대 모든 왕들'의 기본 자세이고, 소망이라는 점은 이에 거듭 확인들이 되어야 한다.

(c) '신에게의 복종'은 사실상 '의례(儀禮) 이상의 것이 아님'을, 호머는 그의 '현세주의'로 확실하게 입증을 하고 있다.

---

11) Homer(Translated by Robert Fagles), *The Iliads*, Penguin Books, 2001, pp 251~275. 'Book Nine : The Embassy to Achilles'

제10책 야간 약탈

아카이아의 다른 왕들은 다 깊은 잠에 빠졌으나, 아가멤논(Agamemnon)은 잠을 이루지 못 했다....[3].......아가멤논은 트로이 평야를 바라보다가 1천 개의 불들이 트로이 성벽을 향해 타오르고 피리소리 함성 소리에 놀랐다.[16] 그리고 아카이아 군사와 배들을 돌아보니 머리카락이 뜯기는 아픔을 느끼며, 아가멤논은 제우스를 우러러 보며 전의(戰意)를 이끌어 올렸다.

아가멤논은 '네스토르(Nestor)'를 생각해 내고는 그와 재난을 피할 방도를 생각하는 것이 최상이라는 생각이 들었다.[24] 아가멤논은 급히 일어나 ....복장을 갖추고 창을 잡았다.[28]

그런데 메넬라오스(Menelaus)도 잠을 이루지 못 했다. 오직 자기를 위해서 바다를 건너온 자기네 군사들이 '최악의 상황'에 이를지 모른다는 우려에서였다.[33] 메넬라오스(Menelaus)도 일어나 무장(武裝)을 하고 형을 만나려고 일어났다...아가멤논은 메넬라오스를 보고 반가웠다.

메넬라오스(Menelaus)가 형을 보자 먼저 말문을 텄다.[43]

"형님, 그처럼 전투 복장을 하셨으니, 무슨 일이십니까? 트로이 군중으로 누군가를 스파이로 보내시려는 겁니까? 이 상쾌한 밤에 혼자서 그런 일을 감당할 자는 아마 없을 겁니다."[48]

아가멤논이 싸늘하게 대답했다.

"메넬라오스여. 우리에게 지금 필요한 것은 전략(戰略)이다. 그동안 우리를 지켜주셨던 제우스 마음이 바뀐 것 같다. 우리의 제사(offerings)보다는, 헥토르가 올린 제사에 관심을 두신 것 같다. 나는 헥토르처럼 하루에 그렇게 '대량 학살을 행한 이야기'를 들어본 적이 없다....어서 가서 아이아스(Ajax)와 이도메네오스(Idomeneus)를 불러 오라. 나는 네스토르(Nestor)를 찾아가 그가 방비(防備)에 참여할 지를 알아볼 작정이다."[69]

메넬라오스가 말했다.

"좋습니다. 그런데 형님, 나는 그들과 그곳에 머물게 할까요, 아니면 여기로 데리고 올까요?"[73]

아가멤논이 말했다.

"거기에 머물러 있어라...."[83]

아가멤논은 메넬라오스를 보내고, 검은 배 막사에 있는 네스토르를 찾아갔다......네스토르는 팔을 베게 삼아 잠들었다가 어둠 속을 향하여 말했다.

"모두 잠든 밤에 어슬렁거리는 놈은 누구냐?....무엇을 찾고 있는가?"

아가멤논이 말했다.

"우리 아카이아의 영광인 네스토르여, 그대가 어찌 이 아가멤논을 모르는가?[101] 제우스께서 나를 고난의 수렁에 던졌습니다....우리 아카이아 군사가 당한 고통을 생각하면 나는 잠을 이룰 수가 없습니다.[108] 만약 당신이 그렇게 해 줄 수 있다면 파수병이 있는 곳으로 내려가서 파수를 제대로 보고 있는지 살펴주면 어떻겠소?"[117]

네스토르가 대답했다.

"인간의 왕 아가멤논이여, 제우스께서도 헥토르의 소망을 다 들어주지는 않을 겁니다.[121]

만약 아킬레스가 분노를 푼다면 헥토르도 부담을 가질 터인데...

우선 갑시다. 다른 사람들도 깨워야 합니다. 디오메데스(Diomedes), 오디세우스(Odysseus), 아이아스(Ajax), 필레오스(Phyleus)의 아들도 깨웁시다. 그리고 대 아이아스(Ajax) 이도메네오스(Idomeneus)도 깨웁시다. 하지만 메넬라오스는 책망을 들어야 할 겁니다. 당신께만 다 떠맡기고 잠을 잡니까? 더 이상 견딜 수 없는 이 어려운 상황에 스스로 앞장을 서서 장군들에게 도움에 청해야 옳지 않습니까?"[138]

아가멤논이 대답했다.

"옳은 말씀입니다. 책망은 다른 날 행해 주시죠. 메넬라오스는 성의가 없어서가 아니라 나를 쳐다보고, 내가 먼저 하기를 기다리기 때문입니다. 이번에도 메넬라오스가 먼저 일어나 다른 사람들을 불러 모으러 갔습니다. 갑시다. 내가 메넬라오스에게 파수병들과 함께 모여 기다리라고 일렀습니다."[148]

그러자 네스토르는 말했다.

"그렇다면 메넬라오스를 욕할 사람은 없을 겁니다."[153]

네스토르가 갑옷을 챙겨 입고 오디세우스를 찾아가 깨웠다. 오디세우스가 말했다.

"무슨 급한 일이 생겼기에 그대들은 이 신성한 밤중에 돌아다닙니까?"[163]

이에 네스토르가 말했다.

"오디세우스여. 화 내지 마시오. 큰 슬픔이 우리 아르기베들을 덮쳤소. 우리가 도망을 해야 할 것인지 싸워야 할 것인지를 의논할 사람들을 지금 모으고 있습니다."[172]

오디세우스가 따라나서니, 다시 디오메데스를 찾아갔다....그들은 디오메데스가 막사 밖에 잠들어 있는 것을 보았다....네스토르가 디오메데스를 흔들어 깨웠다...

"디오메데스 일어나시오. 밤새도록 무슨 잠이요? 트로이 군사들이 단지 한 발 건너에 있다는 것을 그대는 모르고 이렇게 태평이요?"[189]

디오메데스가 소리쳤다.

"노인장 너무하십니다. 젊은 사람을 시키시면 아니 됩니까? 당신은 우리보다 더욱 힘이 넘치십니다."[197]

네스토르가 부드럽게 말했다.

"친구여 그대 말이 옳소....하지만 우리 군은 지금 위기에 몰려, 살 것인가 죽을 것인가 칼날 위에 서 있는 상황입니다. 소(小) 아이아스(Ajax)와 메게스(Meges)에게도 좀 찾아가 깨워 오시오."[207]

그러자 디오메데스는 기다란 사자 가죽을 몸에 걸치고 창을 잡고 나서서 그들을 깨워 데리고 왔다. 그리하여 그들 일행은 파수병들이 있는 곳으로 갔다. 파수병들은 양들을 지키는 개처럼 지키고 있었다...

네스토르는 따뜻한 말로 그 파수병들을 격려했다.

"여러분은 졸면 아니 되고, 파수를 제대로 서야 합니다. 그대들이 우리 병사들의 생명을 지키고 있습니다."[228]

그래서 그들은 해자(垓字) 건너 공지(空地)에서 의논을 시작 했다.[240]

네스토르(Nestor)가 입을 열었다.

"친구들이여. **우리 중에 누가 저 트로이 군 속으로 잠입(潛入)할 자가 없겠습니까?** 들어가 그 병사 중에 낙오자를 잡거나, 그들 가운데 소문을 들을 수도 있을 것입니다. 적들이 무엇을 계획하는지. 다음 계획은 무엇인지. 포위를 풀지 조일지를 알아 올 수가 있을 겁니다. 그러한 정보를 수집해 오는 그는 지상의 영광을 얻을 것이고 모든 왕들이 검은 양을 줄 것이고 모든 잔치에 초대도 받을 겁니다."[255]

네스토르의 그러한 제안에 모든 사람들이 잠자코 있는데, **디오메데스(Diomedes)**가 말했다.

"내가 저 적군 속으로 들어가겠습니다.[260] 다른 동료 한 사람이 나를 호위하면 더욱 자신 있게 수행할 수 있겠습니다만…"[266]

그러자 여러 사람들이 디오메스와 동행할 것은 자원했다. 대소(大小) 아이아스(Ajax), 메리오네스(Meriones), 네스로르 아들[안틸로코스(Antilochus)], 메넬라오스, 오디세우스가 그들이었다.[273] 그러자 아가멤논이 말하였다.

"디오메데스여. 내 마음의 기쁨이여….전우 중에 가장 마음에 드는 전우를 그대가 직접 고르시오…"[280]

디오메데스가 말했다.

"내가 고르라 하시면 어떻게 오디세우스(Odysseus)를 빠뜨릴 수 있겠습니까?…**아테나(Athena) 여신이 사랑하고 있는 사람입니다**…"[289]

이에 오디세우스가 간단히 대답했다.

"디오메데스(Diomedes)여. 나에게는 칭찬도 비난도 소용이 없소. 아르기베 병사들이 다 알고 있습니다…새벽이 가까워졌으니 빨리 출발을 하도록 합시다."[295]

두 사람이 무장을 하고 출발을 하니 **아테나(Atena) 여신이 한 마리 해오라기 (heron)를 날려 보냈다.** 그들은 그 해오라기를 보지는 못 했으나, 그 울음소리를 들었다.

오디세우스가 신호를 알고 여신께 기도를 올리었다....[331]

디오메데스도 여신께 기도를 올렸다.

"제우스의 따님이시여.... 저를 지켜 주시면 1년생 송아지를 바치되 그 뿔을 황금으로 감아 희생으로 올리겠습니다."[355]

아테나 여신은 그들의 기도를 들었다. 기도를 마친 사자(獅子) 같은 두 사람은, 시체들과 무기들과 피의 웅덩이를 건너 밤을 헤치며 들어갔다.[350]

한편 헥토르도 트로이 사람들을 잠재우지 않고, 장군들을 불러 모아 자신의 전투 계획을 짜고 있었다.

"누가 그 임무를 감당하여 후한 상을 받겠습니까? 내가 그에게는 아카이아 함선 말고도 '빛나는 전차 1대와 최고 혈통인 말 2필'을 줄 것입니다...'밤 순찰 (巡察)'을 행해 오는 일입니다. 저 적들이 함대를 이전처럼 지키고 있는지, 우리에게 난타(亂打)를 당하여 도망갈 계획을 세우고 있는지를 알아 오는 일입니다."[364]

그러한 헥토르의 제안에 모든 장군들이 침묵하고 있었는데, 신과 같은 전령 (傳令) 에우메데스(Eumedes)의 아들 **돌론(Dolon)**이란 자가 있었다. 그는 다섯 자매 중에 유일한 아들로 황금과 청동도 많았다.

"헥토르여. 내가 배들과 그들의 모임을 정찰하고 오겠습니다. 어서 **아킬레스를 실어 나르는 그 말들과 전차를 내게 주시겠다**고 홀(笏)을 들어 맹세를 하십시오. 내가 그 정탐(偵探)을 맡겠습니다. 아가멤논의 배까지 전군을 순찰해 오겠습니다! 적들이 붕괴되어 도망을 할 지 버티고 싸울 지를, 적장들은 의논을 하고 있을 겁니다."[381]

돌론(Dolon)이 장담을 하고 나서니 헥토르가 홀을 들고 맹세했다.

"제우스와 헤라의 이름으로 그대가 살아오면 그대 말고는 '그 전차와 말들'을 탈 사람이 없을 것이라고 맹세 하노라."[386]

헥토르는 헛된 맹세로 그 돌론(Dolon)을 부축이니…돌론(Dolon)은 헥토르를 위해 정보(情報)를 수집하러 캠프를 떠났으나, 돌아오진 못 했다.[394] 말들과 군사들을 뒤에 두고 돌론(Dolon)이 속도를 내어 달려가니 귀신과 같은 오디세우스가 그 돌론(Dolon)을 보고 디오메데스에게 말했다.

"트로이 캠프에서 달려 나오는 저 놈은 누구지? 우리 함선을 정찰하려는 놈이거나 쓰러진 시체에서 갑옷을 벗겨 가려는 사람인지 알 수가 없소. 그를 일단 지나가게 했다가, 우리가 그를 뒤쫓아 잡읍시다. 그가 일단 우리를 앞지를 경우, 그를 우리의 함선 쪽으로 몰아 트로이로 도망을 치게 해서는 아니 됩니다."[406]

그들은 시체들 사이에 몸을 숨기고 있었다. **돌론(Dolon)**이 1펄롱(furlong, 200m) 정도 앞섰을 적에….두 사람은 그 돌론(Dolon)을 뒤에서 추적을 했다. 돌론(Dolon)은 자기를 추적하는 사람을 보고는 그를 호출해 가려고 헥토르가 보낸 트로이 사람으로 알았다.[416] 그러나 창을 던져 닿을 거리로 가까이 되자, 돌론(Dolon)은 추적자들이 적(敵)임을 알고 더욱 빨리 도망을 치기 시작했다.[420] 디오메데스(Diomedes)와 오디세우스는, 토끼를 쫓는 두 마리 사냥개와 같았다.…아테나가 그들을 도와…디오메데스가 그 돌론(Dolon)을 가까이 추적하여 그의 곁에 창을 던지며 말했다.

"멈춰라. 멈추지 않으면 찔러 잡을 것이다. 내가 일부러 살려 둔 것이니, 도망갈 생각은 말라."[435]

디오메데스는 일부러 오른쪽 어깨 너머로 창을 던져 창이 땅 바닥에 박히게 했다. 돌론(Dolon)은 발길을 멈추고….눈물을 흘리며 호소했다.

"살려주십시오. 보답을 하겠습니다. 황금과 청동은 무한히 있습니다. 우리 아버지는 내가 아그리베 함선 안에 살아 있다는 소식을 들으면 '막대한 보상금'을 보내 올 겁니다."[446]

이에 오디세우스가 말했다.

"용기를 내라. 죽을 생각은 하지 마라. 솔직히 말하라. 무슨 일로 함선을 향해 기어왔는가?....헥토르가 시켰느냐? 아니면 자진해 행한 것이냐?"[455]

돌론(Dolon)은 다리를 떨며 말했다.

"헥트르가 시켰습니다...정탐(偵探)을 해오라고 했습니다..."[465]

오디세우스가 미소를 지으며 말했다.

"기가 막히구나. '아킬레스의 말과 전차'까지 선물로 걸었다니...정확하게 대답하라...헥토르와는 어디에서 헤어졌고...그의 무기는 어디에 있고, 그의 전차는 어디에 있는가? 트로이군은 어떻게 파수를 세웠으며 어떻게 다음 계획을 세웠는지...함선 가까이 있는가? 아니면 트로이로 돌아갈 것인가?"[476]

돌론(Dolon)이 말했다.

"자세히 다 말씀드리겠습니다. 헥토르는 선왕(先王) 일로스(Ilus) 무덤에 장군들을 모아 놓고 계획을 세우고 있습니다...파수 문제는 군사 중에서는 선발을 않고 트로이 토박이 사람들이 불을 피워놓고 서로 격려하며 지키고 있습니다..."[489]

오디세우스는 더욱 자세히 추궁했다.

"간결하게 답하라. 그들은 어디에서 잠을 자고, 다 섞이어 잠을 자는가 아니면 구분을 하여 잠을 자는가? 꼭 알아야겠으니 다 말하라."[492]

돌론(Dolon)이 말했다.

"그럼요, 다 말씀 드리겠습니다. 바다 쪽으로는 카리아 사람들(Carians)과 페오니아 사람들(Paeonians), 렐레게 사람들(Leleges) 카우코니아 사람들(Cauconians) 펠라스기아 사람들(Pelasgians)이 있고, 팀브리아(Thymbria) 내지(內地) 쪽으로는 리키아 사람들(Lycians)과 미시아 사람들(Mysians) 프리기아(Phrygian)의 기병들과 메오니아(Maeonian) 전차부대가 있습니다...마지막 소대(小隊)를 말씀 드리겠습니다....트라키아 사람들(Thracians)의 왕 레소스(Rhesus)는 그의 말(馬)은 내가 본 중에 최고이니 눈보다 희고 빠르기 바람 같고, 전차(戰車)는 금은으로 장식을 하여 실로 장관을 이루었습니다..."[514]

234

디오메데스(Diomedes)가 그 돌론(Dolon)을 노려보며 말했다.

"만약 우리가 너를 놓아주면...너는 내일 우리 배를 다시 엿보러 올 것이다..."[522]

디오메데스가 돌론(Dolon)의 목을 찔러 죽였다...

오디세우스는 돌론(Dolon)의 무기와 갑옷을 들고, 아테나에게 기도를 올렸다.

"여신이시여. 당신이 최고이십니다. 우리를 트라키아(Thracian) 캠프로 안내해 주소서."[534]

그렇게 기도를 올리었다.....그리고 그들은 그 레소스(Rhesus) 캠프에 도착했다.

오디세우스가 디오메데스를 향해 말했다.

"여기가 돌론(Dolon)이 말했던 그곳이요....말들을 풀던지 사람들을 감당하던지 서로 분담을 합시다."[556]

아테나가 디오메데스에게 용기를 불어 넣으니, 디오메데스는 칼로 트라키아 사람들을 죽이기 시작하여 12명을 베어 눕혔다....오디세우스는...사람들의 시체를 피해 말을 조심스럽게 이끌어 내었다.[570] 트라키아(Thracia) 왕 레소스(Rhesus)는 13번째로 살해를 당했다.....디오메데스는 빛나는 마차를 어떻게 옮길까를 망설이고 있는데...아테나 여신이 디오메데스에게 말했다.

"디오메스여 빨리 함선으로 돌아가라. 다른 신이 트로이 사람들을 깨울지 모른다."[591]

디오메데스는 여신의 목소리를 알아듣고, 오디세우스가 잡고 있는 그 말들에 올라 아카이아 배로 향했다...

아폴로도 아테나가 트로이 군사를 학살한 것을 알고, 트라키아 장군 힙포콘(Pippocoon)을 깨웠는데 그는 레소스(Rhesus)왕의 친척이었다. 힙포콘(Pippocoon)가 일어나 보니 시체가 널려 있고, 말들도 없어졌다...[607]

한편 디오메데스와 오디세우스 두 사람은, 말들을 달려 돌아다가 그 돌론

(Dolon)에게 빼앗은 갑옷과 무기를 챙겨 들고, 다시 함선 쪽으로 달렸다...[614]

네스토르가 먼저 말발굽 소리를 듣고 말했다.

"아르고스 장군들이여. 말발굽 소리가 들리니 오디세우스와 디오메데스였으면 좋겠소..."[642]

그 네스토르의 말이 끝나기 전에 두 사람이 도착했다. 네스토르가 물었다.

"오디세우스여. 이 말들을 어떻게 얻었소?..."[639]

오디세우스가 말했다.

"아카이아 최고 영광 네스토르여. 신들이 원하시면 이들보다 더욱 훌륭한 말도 주실 겁니다. 신들이 우리보다 훨씬 강하십니다....이 말들의 주인을 디오메데스가 죽였습니다...그리고 우리는 우리 배를 엿보러 온 정탐꾼도 우리가 잡았습니다."[651]

...그들은 목욕을 마치고, 아테나 여신께 포도주를 올렸다.[12]

'오디세우스와 디오메데스가 돌론을 잡다.(Odysseus and Diomedes capture Hector's spy Dolon.)'
'디오메데스가 돌론의 목을 찌르다.(Diomedes struck Dolon square across the neck.)'

----✈

(a) 호머는 작품 '일리아드(*The Iliad*)' '오디세이(*The Odyssey*)'를 관통해, 여신 아테나(Athena)와 장군 오디세우스(Odysseus)를 앞 세웠다.
(b) 이것은 '마하바라타(*The Mahabharata*)'에 크리슈나(Krishna)와 아르주

----

12) Homer(Translated by Robert Fagles), *The Iliads*, Penguin Books, 2001, pp 276~295.
'Book Ten : Marauding Through the Night'

나(Arjuna) 관계와 동일하면서도 역시 차이가 나는 주목을 요하는 대목이다.

(c) 크리슈나(Krishna)와 아르주나(Arjuna)는 일찍이 천상(天上) 신령일 때부터 막강한 인연을 지닌 존재들로서 '쿠루크셰트라 전쟁(Kurukshetra War)'을 주도하였고, 힌두 '바라타(Bharata) 왕조'의 시조(始祖)에 해당한다고 힌두들을 해설을 하고 있다.

(d) 이에 대해 여신 아테나(Athena)와 장군 오디세우스(Odysseus)는 '트로이 전쟁(Trojan War)' 승리로 이끈 주역(主役)이고 이후 온갖 역경을 극복하고 '이타카(Ithaca) 왕국'까지 제대로 지켜냈다는 것이 그 대강(大綱)이다.

(e) 영웅 오디세우스(Odysseus)는 제우스의 딸 아테나의 도움으로 '고향 이타카 왕국 회귀에 성공'한 영웅이지만, '마하바라타(*The Mahabharata*)'의 '아르주나(Arjuna)'는 '비슈누(Vishnu) 신의 화신' 크리슈나(Krishna)의 제자로 왕국의 시조(始祖)이며 '절대 신'의 사제(司祭)로 명시가 되어 있다.

제11책 영광스런 아가멤논의 날

새벽의 여신이 그녀의 남편 티토노스(Tithonus) 곁에서 일어나니, 신들과 인간들의 세계가 밝았다.

제우스는 스트리페(Strife) 여신을 아카이아 함선으로 보내 무시무시한 전쟁을 일으키게 했다... 스트리페(Strife) 여신은 오디세우스 검은 배 앞에 섰으니, 그 배의 양쪽 끝에 아이아스(Ajax) 캠프와 아킬레스 캠프가 있었기 때문이다.[10]

스트리페(Strife) 여신은 오디세우스 배 앞에 서서 모든 아카이아 사람들의 가슴에 '미친 전쟁'을 멈추지 않도록 강력한 힘을 불어넣었다. 즉 **배를 타고 고향으로 돌아가기보다는 전쟁을 좋아하게 만들었다.**['쿠루크셰트라 전쟁(Kurukshetra War) 18일 동안' 발동이 된 '好戰性'과 동일함]

아가멤논(Agamemnon)은 군사들을 무장하도록 독려하고 자신은 발목은 은으로 만든 걸쇠를 잠근 다음 키니라스(Cinyras)가 선물한 가슴받이를 둘렀다.... 어깨에는 칼을 메고...그의 몸에 맞는 화려한 방패도 있었다...아가멤논은 말총으로 장식한 헬멧을 쓰고 두 자루 창을 잡았다.[50] 아테나와 헤라가 천둥을 보내 황금이 많은 미케네(Mycene) 왕아가멤논을 축복해 주었다. 각 대장들은 그의 마부에게 명령을 내렸다.

"말들을 해자(垓字) 곁에 대기시키도록 하라."

군사들은 완전 무장들을 하고 걸어서 해자(垓字) 가장자리로 집결을 하니, 새벽부터 요란했다. **제우스가 하늘을 소용돌이쳐 피의 비를 뿌리게 만들었으니, 억센 투사들을 저승으로 가도록 만들었기 때문이다.**[63]

한편 트로이 군사들은 높은 평원에 자리를 잡았는데, 키가 큰 헥토르(Hector) 주변에 강건한 폴리다마스(Polydamas)와 신처럼 존경을 받는 아에네아스(Aeneas)가 있었고, 안테노르(Antenor)의 아들인 폴리보스(Polybus), 그리고 아게노르(Agenor) 왕, 미혼의 아카마스(Acamas) 3인은 불사신과 같았다. 헥토르가 그의 둥근 방패를 들고 전열(前列)에 나서니, 구름을 뚫고 빛나는 '견성(犬星, Dog Star)' 같았다.[70]

아카이아 사람들과 트로이 사람들은 접전(接戰)을 펼쳐, 들녘에서 밀이나 보리를 베듯이 상대 군사들을 서로 죽였다...[80] 그러나 어느 쪽도 물러설 생각은 없었고, 늑대들처럼 서로 찌르고 죽이니, 신들 중에 스트리페(Strife)만 싸우는 그들을 즐기며 바라보고 있었다.[86]

오전 내내 무기들을 휘두르며 서로 죽이기를 계속했다.[98] 하지만...정오 무렵이 되자 아르기베들이 트로이 대군을 무찌르고 뚫고 나가 동료 병사들을 불렀다.[105] 그러자 아가멤논(Agamemnon)이 먼저 달려 나가 장군 비에노르(Bienor)를 죽이고, 마부 오일레오스(Oileus)도 잡았다...그 다음 아가멤논(Agamemnon)은 안티마코스(Antimachus)의 아들 피산데르(Pisander)와 힙폴로코스(Hippolochus)를 잡았다.[144]....안티마코스(Antimachus)는 파리스(Paris) 왕자로부터 황금을 받고 헬렌(Helen)의 반환에 반대했던 사람이다....

그들이 아가멤논에게 붙들리니,

"생포를 해 주십시오. 넉넉히 몸값을 받으실 겁니다...."[157]

그러자 아가멤논이 말했다.

"교활한 안티마코스(Antimachus)! 너희는 그의 아들이다. 메넬라오스와 오디세우스가 트로이에 사절(使節)로 갔을 적에 안티마코스(Antimachus)는 회의장에서, 그들을 죽여 아르고스로 돌아가지 못 하게 해야 한다고 주장을 했었다....아비의 횡포에 죄 값을 치러야 한다."[165]

아가멤논은 그들을 죽였다.... 아가멤논은 그의 아르기베 병사들을 격려하여 추격을 계속했다....아가멤논은 달아나는 보병들을 죽이며 들판을 가로질러 나갔다.[188]

그러나 제우스는, 그 헥토르(Hector)를 먼지 구덩 속에서 끌어내었다.[190]... 트로이 군사들은, 옛날 다르다노스(Dardanus)의 아들 일로스(Ilus) 무덤을 지나...트로이 성에 이를 때까지 도망을 쳤다. 그리하여 '스카이안 대문(Scaean Gate)'과 큰 참나무 사이에 이르렀을 때에야 양군(兩軍)은 일단 멈추어 섰다.[199]

아가멤논(Agamemnon)이 깎아지른 그 도시[트로이 성]에 도달하려 하자, 제우스가 하늘에서 번개를 쥐고 이다(Ida) 산으로 내려와, 이리스(Iris) 여신에게 명령을 내렸다.

"어서 헥토르에게 전하라. **아가멤논이 활략을 할 때는 다른 군사들이 대적을 하게 하고 개입을 하지 말고 있다가....저 아가멤논이 창이나 활에 다쳐 그의 전차에 실리면, 헥토르는 정박해 있는 배에까지 나갈 것이고, 해가 지고 어둠이 오면 지상을 다 휩쓸게 될 것이다.**"[227] [모두 '제우스의 전략'임]

바람 같이 빠른 이리스(Iris) 여신 트로이로 내려가 헥토르에게 ....제우스가 말한 바를 그대로 전했다.[243] 이리스(Iris) 여신이 바람처럼 떠나니, 헥토르는 전차에서 땅으로 내려와 두 자루 창을 들고 군사들 사이를 돌아다니며 싸움을 독려하여 엄청난 살상전이 일어났다.[250] 그러면 누가 아가멤논(Agamemnon)

에게 도전을 하였는가?

안테노르(Antenor)의 아들 이피다마스(Iphidamas)가....아가멤논에게 도전을 하였다.[266]

이피다마스(Iphidamas)는...아가멤논의 혁대를 찔러서 창이 구부러지고 말았다. 그러자 힘이 센 아가멤논은 이피다마스(Iphidamas)의 창을 끌어당겨 그의 목을 베었다...[287] 그러자 이피다마스(Iphidamas)의 아우 코온(Coon)이 형이 죽은 것을 보고 그의 몸을 숨겨 아가멤논에게 접근하여....아가멤논의 팔굽 아래 팔목을 창으로 찔렀다.[296] 아가멤논은 그 코온(Coon)의 방패 아래를 공격하여 그의 사지를 자르고 목을 베어 안테노르(Antenor)의 두 아들은 다 저승으로 갔다.[309]

아가멤논(Agamemnon)은 앞장을 서서 창과 칼과 돌로 적군을 공격하며 싸움을 멈추지 않았다...하지만 창으로 공격을 당한 상처에서 극심한 고통이 그 아가멤논의 힘을 빼앗아 갔다. 그래서 아가멤논은 마부에게 '빈 배로 말 머리를 돌리라' 이르고 군사들을 향해 말했다.[321]

"아르기베 장군들이여, 제우스가 나를 말리시니 나는 돌아가지만, 대대적인 공습에 단단히 대비를 해 주십시오."[324]

이에 헥토르가 명령을 내리었다.

"트로이와 리키아, 다르다의 전사들이여 용기들을 내시오. 적들의 왕아가멤논이 상처를 입고 도망을 칩니다. 제우스가 나에게 '영광'을 내리십니다. 저 아르기베들을 향해 말 머리를 돌려 우리가 큰 승리를 지금 바로 획득을 해야 합니다."[337]

헥토르는 군사들을 사냥꾼이 사나운 개들을 휘몰듯이 하였다... 그리하여 헥토르는 아르기베의 장군 아사이오스(Asaeus) 아우토노스(Autonous) 오피테스(Opites) 돌로프스(Dolops) 오펠티오스(Opheltius) 아겔라오스(Agelaus) 아이심노스(Aesymnus) 오로스(Orus) 힙포노우스(Hipponous)를 죽였다.[352]

이에 아카이아 병사들은 걷잡을 수 없는 혼란에 빠져 함선 쪽으로 도망을

240

했다.

오디세우스가 디오메데스에게 말했다.

"도대체 어떻게 된 것입니까? 용기들은 다 어디로 갔습니까? 헥토르가 우리의 함선을 차지하면, 무슨 창피입니까?"[366]

디오메데스가 말했다.

"내가 다 막아내겠습니다. 제우스께서 우리보다 트로이 군사를 돕고 있습니다."[371]

그렇게 말하면서 디오메데스는 팀브라이오스(Thymbraeus)를 창으로 잡아 그의 전차에서 땅으로 떨어뜨리니 오디세우스가 그를 죽였다.[374]...오디세우스는 히포다모스(Hippodamus)와 히피로코스(Hypirochus)도 죽였다.[389]

그런데 디오메데스가, 그가 잡은 파이온(Paeon)의 창잡이 아들 아가스토로포스(Agastrophus)의 갑옷을 벗기고 있는데, **헬렌(Helen)의 남편 파리스 (Paris)가 그의 활을 잡아 디오메데스의 오른쪽 발뒤꿈치를 뚫었다**(punched the flat top Diomdes' right foot).[443]...부상을 당한 디오메데스가 전차에 오르니 마부가, 그를 함선 쪽으로 바로 싣고 갔다.[473]

아르기베 군사들이 다 도망을 해서, 오디세우스 혼자만 남았다.[475]

오디세우스는 속으로 생각했다.

"오 신(神)이시여. 어떻게 해야겠습니까? 도망을 치면 비겁한 짓이고, 붙잡히면 더욱 고약할 겁니다...비겁자는 도망을 칠 것이나, 자리를 지키고 버티어 상처 받은 자들을 지켜 주는 것이 옳은 일일 것입니다."[486]

그러한 생각을 하고 있을 적에, 트로이 군사들이 몰려와 오디세우스를 포위하였다....

오디세우스는 먼저 데이오피테스(Deopites)를 찌르고 다음은 토온(Thoon)과 엔노모스(Ennomus)를 죽였다. 그 다음 케르시다마스(Chersidamas)를 찌르고....카로프스(Charops)를 죽였는데 그의 아우 소코스(Socos)가 달려들어 외쳤다.[508]

"고약하기로 유명한 오디세우스다……너는 오늘 우리 히파소스(Hippasus) 두 아들을 다 죽이든지, 네놈이 나에게 죽든지 결판을 내자."[511]

그렇게 말한 소코스(Socos)가 오디세우스 방패를 찌르니, 창은 오디세우스의 방패와 가슴받이를 지나 살가죽을 뚫었다. 그러나 **팔라스 아테나(Pallas Athena)는 그가 치명상을 입지 않도록 했다**. 오디세우스는 아직 죽지는 않은 것을 알고 소코스(Socos)에게 말했다.

"너는 내가 트로이 사람들과 더 이상 싸우지 못 하게 만들었으나…오늘 내가 너를 저승으로 보내 주마."[525]

오디세우스는 도망치는 소코스(Socos) 등에 창을 박아 죽였다…오디세우스 가 피를 흘리고 있는 것을 보고 트로이 군사들이 달려드니, 오디세우스는 그의 머리가 터지도록 동료 장군들을 불렀다.

메넬라오스(Menelaus)가 오디세우스의 외침을 듣고 곁에 있는 아이아스 (Ajax)에게 말했다.

"아이아스여….오디세우스의 고함소리입니다…어서 구하러 갑시다…"[554]

메넬라오스와 아이아스가 그 오디세우스를 찾아내……아이아스가 성곽 같은 방패를 잡고 오디세우스 곁에 서니, 트로이 군사들은 흩어지니 메넬라오스가 오디세우스를 이끌어 전차에 실었다.[576] 아이아스는 트로이 군사들에게 달려 들어 도리클로스(Doryclus)를 죽이고 판도코스(Pandocus) 리산데르(Lysander) 피라소스(Pyrasus) 필라르테스(Pylartes)에게 상처를 입혔다.[579]…그리 하여 아이아스(Ajax)가 전장을 휩쓸고 다녔으나 헥토르는 그 사실을 모르고 있었으니. 헥토르는 스카만데르(Scamander) 강둑에서 키 큰 네스토르(Nestor) 와 이도메네오스(Idomeneus)와 싸우고 있었기 때문이었다. 헥토르는 그 속에 서 싸우고 있었다.

아카이아 병사들은 용감히 싸웠으나 **헬렌(Helen)의 남편 파리스(Paris)**가 미늘이 셋 달린 화살을 마카온(Machaon)의 오른쪽 어깨에 쏘았다.[600]

이도메네오스가 네스토르에게 말했다.

"네스토르여, 어서 저 마카온(Machaon)을 수레에 실어....의사의 치료를 받도록 하시오."[607]〉

헥토르와 같은 전차에 있던 케브리오네스(Cebriones)가 트로이 군사들이 쫓기는 것을 보고 헥토르에게 말했다.

"헥토르여. 우리는 지금 전투의 가장자리에 있어 중앙에 군사들은 후퇴를 하고 있습니다. 거인 아이아스가 어깨에 성곽 같은 방패를 메고 우리 군사를 몰아치고 있습니다. 우리도 서둘러 저쪽으로 갑시다......"[623]

그렇게 말하고 케브리오네스(Cebriones)가 말들에게 채찍을 날리어 아이아스에게 달려가...헥토르는 창과 칼과 돌멩이들을 휘둘렀으나, 그 아이아스와의 대결은 하지 않았다.[637]

그러나 제우스께서는 이다(Ida) 산 위에서 내려다보시고, 아이아스에게 겁을 먹여 한 걸음씩 뒤로 물러서게 만들었다.[643] [다 '신이 행하신 것'임]

그 아이아스가 천천히 후퇴하기 시작하자...트로이 군사들은 각자 창을 날려 아이아스의 거대한 방패를 치며 그를 추격했다.[674] 그러자 에우아이몬(Euaemon)의 아들 에우리필로스(Eurypylus)가 대(大) 아이아스가 수세(守勢)에 몰리는 것을 보고, 트로이 장군 아피사온(Apisaon)을 창으로 죽였다. 그런데 그 파리스(Paris)가 다시 활을 잡아 화살로 에우리필로스(Eurypylus)의 오른쪽 허벅다리를 공격했다....에우리필로스(Eurypylus)도 동료들의 부축을 받으며 역시 물러섰다.[691]

하지만 아킬레스(Achilles)는 끝까지 잠자코 보고만 서 있었다.
그러다가 갑자기 그 아킬레스(Achilles)가 **파트로클로스(Patroclus)를 찾았으니 그것이 아킬레스의 운명이 정해지는 순간이었다.**[714]

파트로클로스(Patroclus)가 달려와 물었다.

"무슨 일로 부르셨습니까?"

아킬레스가 말했다.

"파트로클로스(Patroclus)여...아카이아 인들이 더 이상 견딜 수 없는 곤경에 이르렀습니다.....어서 네스토르(Nestor)를 찾아 가 싸움터에서 실려 온 부상자가 누구인지 알아보시오..."[727]

네스토르가 그 파트로클로스(Patroclus)를 보자 부드럽게 그의 손을 잡고 이끌고 가 깨끗한 의자에 앉도록 했다.[765]

그러나 파트로클로스(Patroclus)는 앉기를 거절하며 말했다.

"앉아 있을 겨를이 없습니다....마카온(Machaon)이 부상당해 실려 오는 것을 내 눈으로 보았으니, 아킬레스에게 전해야겠습니다...."[775]

이에 네스토르는 말했다.

"그 아킬레스가 왜 우리 아카이아 사람들이 화살에 맞은 것을 슬퍼해야 합니까?......이미 앞서 디오메데스가 화살에 맞았고,....오디세우스, 아가멤논, 에우리필로스, 마카온이 상처를 입어 지금 후퇴해 있습니다....늦었으나 지금이라도 그 아킬레스에게 권해 보시오. 혹시 그가 나설지도 모르니까....적들도 지금 지쳐 있으니, 당신들이 일어서면 그들을 트로이 성 안으로 몰아넣을 수 있을 겁니다."[961]

파트로클로스(Patroclus)가 다시 아킬레스 함선으로 되돌아오다가, 허벅다리에 화살을 공격을 받은 에우리필로스(Eurypylus)를 만나 그에게 말했다.

"안됐습니다. 에우리필로스여. 아카이아 인들이 헥토르를 막아내고 있습니까 아니면 그의 창 아래 쓰러지고 있습니까?"[981]

에우리필로스(Eurypylus)가 말했다.

"희망이 없습니다.....파트로클로스(Patroclus)여. 아카이아 병사들은 그들의 함선 사이에 다 죽게 될 겁니다....우선 나부터 좀 구해주시오...사람들이 말하기를 **켄타우르(Centaurs) 중에 가장 인정이 많은 키론(Chiron)이 강력한 약품을 아킬레스에게 가르쳤고, 당신은 그 아킬레스 친구이니 당신도 아마 의사(醫師)일 겁니다...**"[999]

파트로클로스(Patroclus)는 에우리필로스(Eurypylus)를 그의 막사로 데리고 가 화살을 뽑아내고 더운물로 씻어내고 쓰디쓴 뿌리를 갈아 상처를 덮으니,

244

고통이 가시고 상처가 나았다.[13]

'아가멤논(Agamemnon)'[14] '아킬레스와 키론(Achilles and Chiron)'

✈

(a) 호머(Homer)는 이 '일리아드(*The Iliad*)' '제11책'에서, 소위 '트로이 전쟁 (Trojan War)'을 '절대 신(Zeus)이 주관 하신 전쟁임'을 남김없이 드러내었 다. 그러므로 힌두(Hindu)의 '마하바라타(*The Mahabharata*)'와 더불어 **'절대 신의 세상 심판 전쟁'**임을 유감없이 다 맞히고 있는 셈이다.

(b) 왜냐하면 처음 '여신들의 불란 요소'인 '황금 사과의 주인' 문제부터 인간이 결정할 사항은 극히 일부로 파리스가 '아프로디테'에게 손을 들어준 것밖에 없기 때문이다.

(c) 만약 그것이 '트로이 전쟁(Trojan War)'에 '진정한 원인'이라면, 힌두 (Hindu)의 '마하바라타(*The Mahabharata*)'에서 '불 속에 탄생한 미인(美 人) 드라우파디(Draupadi)'가 카우라바들(Kauravas)과 판다바들(Panda-vas) 사이에 불화의 불씨가 되어 '쿠루크셰트라 전쟁(Kurukshetra War)' 터져 **'16억 6천 2만 명'**이 죽었고 2만 4천 1백 65명 도망을 쳤고'[15] 크리슈

13) Homer(Translated by Robert Fagles), *The Iliads*, Penguin Books, 2001, pp 296~324. 'Book Eleven : Agamemnon's Day of Gloy'

14) *Bulfinch's Mythology*, Avenel Books, 1979, Agamemnon

15) K. M. Ganguli (Translated into English Prose from the Original Sanskrit Text), *The Mahabharata of Krishna-Dwaipayana Vyasa*, Munshiram Manoharlal Publisher Pvt.

나, 판다바 5명, [카우라바를 편든] 3명[크리파(Kripa), 아스와타만(Aswa-tthaman), 크리타바르만(Kritavarman)]이 '총 9명'이 남은 '대 학살 전쟁'과 하나도 다를 것이 없는 '**절대 신의 세상 심판 전쟁**'이라는 대전제에 완전 겹치는 것이다.

(d) 힌두는 거듭 '운수(Fate Time)'이라는 말을 썼고, 호머는 '제우스의 뜻'으로 일관되게 진술했다.

(e) 이 '**인간 학살(虐殺)의 대 전쟁**'을 '**인간들이 공조(共助)해서 막아내야 한다.**'는 것이, 1916년 '취리히 다다 혁명 운동(Movement Dada)'의 근본 취지였으니, '이보다 더욱 위대한 혁명'은 '인류 역사'에 없었다.

제12책 트로이 군사들이 방어벽을 후려치다.

파트로클로스(Patroclus)가 에우리필로스(Eurypylus)를 치료하고 있는 동안 사람들은 싸우기를 계속하고 있었다.[2]....**헥토르가 살아 있는 동안에는 아킬레스는 계속 속으로 분노하고 있을 것이고, 프리암의 성곽도 유지될 것이고 아카이아 방어벽도 서 있을 것이다.**[15] 그러나 헥토르가 쓰러지고, 아카이아 사람들도 죽고 프리암(Priam)의 높은 성곽이 10년 만에 함락이 되면 살아남은 아르기베들은 고향으로 갈 것이고, 결국 포세이돈과 아폴로가 모든 강물을 모아 들녘을 휩쓸고 방어벽도 망가뜨릴 것이다.[21]....아폴로는 강물들을 다 그곳으로 모이게 하여 9일 동안 방어벽을 허물 것이고 제우스는 비를 퍼부어 그 방어벽을 바다로 쓸어갈 것이다.....[40]

아르기베 병사들은 제우스의 분노에 밀려 헥토르가 무서워 배 머리에 묶이게 되었다.[48]

헥토르 곁에 서 있던 폴리다마스(Polydamas)가 군사들을 향해 말했다.

"헥토르와 트로이 장군들 그리고 동맹들 여러분! 여러분 모두가 이 해자(垓

Ltd. New Delhi, 2000, -**Stree Parva**- p. 40

字)를 건너는 것은 미친 짓입니다. 이 해자(垓字) 안에는 날카로운 말뚝들이 서 있고, 말뚝 너머에는 저 방어벽이 세워져 있습니다. 그래서 이 해자(垓字) 안에서는 기병(騎兵)들은 싸울 수가 없고...저 아르기베들이 배에서 나와 우리를 공격할 경우 우리가 해자(垓字) 안에 있으면 트로이로 소식을 전할 사람도 없을 겁니다. 그러니 내 말대로 합시다. 마부와 말들은 이 해자(垓字) 곁에 놔두고 병사들을 무장을 하고 걸어서 장군 헥토르를 따르기로 합시다..."[96]

폴리다마스(Polydamas)의 주장에 헥토르가 동의하였다. 헥토르는 그의 전차에서 완전 무장을 하고 땅으로 내려왔다.

다른 전차 기병들도 헥토르를 보고 자기네들 마부들에게 말했다.

"너희는 이 해자(垓字) 곁에서 말고삐를 잡고 기다려라. 좋은 계획이시다." [103]

전사들이 나누어 5개 대대(大隊)를 이루었고 그 대대에를 이끄는 장군들이 있었다.

제1대대는 헥토르와 왕자 폴리다마스(Polydamas)가 이끌었는데, 최강의 대대로 방어벽을 넘어 함선 부리에까지 나아가 싸울 병사들이었다. 이 제1대대에 케브리오네스(Cebriones)가 뒤늦게 세 번째 장군으로 가담을 했다...[112]

제2대대는 파리스(Paris) 왕자와 알카토오스(Alcathous) 아게노르(Agenor)가 이끌었다.

제3대대는 헬레노스(Helenus)와 데이포보스(Deiphobus) 아시오스(Asius)가 이끌었다.

제4대대는 아에니아스(Aeneas)와 안테노르(Antenor)의 두 아들 아카마스(Acamas)와 아르켈로코스(Archelochus)가 이끌었다.

제5대대는 사르페돈(Sarpedon)도 유명한 동맹군을 이끌며 글라우코스(Glaucus)와 아스테로파이오스(Asteropaeus)를 부장으로 두고 있었다....[129]

그렇게 모든 트로이 병사와 '그 동맹들은 폴리다마스(Polydamas)의 계획을 따랐다. 그런데 히르타코스(Hyrtacus)의 아들 아시오스(Asius)는 전체 계획을 따르지 않고 말을 몰고 함선으로 나아갔으니, 트로이로 돌아가지 못 할 운수였다. 아시오스(Asius)가 트로이로 돌아가기 전에 이도메네오스(Idimeneus)의 창이 그를 쳐 죽였기 때문이다.[139]

제3대대 아시오스(Asius)는, 함선 왼쪽으로 접근을 했는데, 그곳은 아르기베들이 평원에서 함선으로 돌아오는 길목이었다. 아시오스(Asius)가 다가가 보니 문들도 열어 놓고 밖에서 함선 쪽으로 달려오는 병사들을 기다리고 있었다.[145] 아시오스(Asius)와 그의 병사들은 아카이아 병사들이 더는 버티지 못 할 것이라고 생각을 했다. 그래서 아시오스(Asius)는 자기 대대를 그 방어벽 대문 앞에서 함성을 지르며 바로 진입시키려 했으나 그 대문에는 두 사람의 전사(戰士)가 기다리고 있었으니, 폴리포이테스(Polypoetes)와 레온테오스(Leonteus)였다.[154]

이들은 그 아시오스(Asius)의 병사들을 보고도 위축되지 않았다. 트로이 군사들은 가죽 방패를 들고 함성을 지르며 아시오스(Asius) 이메노스(Iamenus) 오레스테스(Orestes) 아시오스 아들 아다마스(Adamas) 토온(Thoon) 오에노마오스(Oenomaus)를 따라 성문으로 직진했다.

라피트스(Lapiths)가 방어벽 뒤에서 트로이 군사들이 몰려오는 것을 보고 "고리를 걸고 함선을 보호하라!" 외치니 아르기베들을 공포에 휩쓸렸으나 폴리포이테스(Polypoetes)와 레온테오스(Leonteus)는 대문 앞에서 싸웠다....방어벽 위에 서 있던 사람들은, 미리 쌓아둔 돌덩이를 그 트로이 군사들을 향해 던졌다...[181]

이에 히르타코스(Hyrtacus) 아들 아시오스(Asius)는 고통스럽게 외쳤다.

"아버지 제우스이시여. 당신마저 거짓말쟁이십니다. 나는 아르기베들이 이처럼 거세게 대항해 오리라고는 전혀 생각하지 않았습니다....저들은 단지 두 사람인데도, 죽을 때까지 항전을 고집할 태세입니다."[199]

이 아시오스(Asius)의 항변은 제우스를 움직이지 못 했으나, **제우스는 헥토르에게 상(賞)을 내릴 생각이었다**.[201] 그런데 트로이의 다른 대대(大隊)들은

248

다른 대문에서 싸웠다...

제1대대의 폴리포이테스(Polypoetes)는 다마소스(Damasus)를 쓰러뜨리고....필론(Pylon)과 오르메노스(Ormenus)를 죽였다.[216] 레온테오스(Leonteus)는....안티파테스(Antiphates) 메논(Menon) 오레스테스(Orestes) 이아메노스(Iamenus)를 잡았다.[224]....

폴리다마스(Polydamas)와 헥토르는 강군(强軍)을 거느리고 방어벽을 깨뜨리고 함선에 불을 지르려고 해자(垓字)를 통과하려 했다. 그런데 **갑자기 독수리 한 마리가 왼쪽에서 그들을 가로질러 갔다. 그 독수리 두 발톱에는 아직 살아 있는 거대한 뱀을 거머쥐고 있었는데 뱀은 아직 싸우기를 멈추지 않고 머리를 돌려 독수리 가슴을 무니 독수리는 뱀을 땅 바닥에 버리고 그냥 바람을 따라 날아갔다**.[239]...

이에 폴리다마스(Polydamas)가 헥토르에게 말했다.

"헥토르여....독수리가 전조(前兆)를 보였으니...우리가 아르기베들의 성문과 방어벽을 깨뜨리고 공격을 해도, 결국 저들을 놔두고 우리는 돌아와야 할 겁니다....신들이 조짐을 보여 주셨으니 트로이 군사들은 그것에 복종함이 옳을 겁니다."[260]

이에 헥토르가 폴리다마스(Polydamas)를 노려보며 말했다.

"폴리다마스(Polydamas)! 그만하시오....제우스께서 나에게 응낙하신 것을 잊을 수 없소....만약 또 다시....다른 병사들에게 돌아가자 호소를 할 경우에는...그대는 나의 창을 받을 각오를 하시오."[289]

그렇게 말하고 헥토르가 앞장을 서자, 그의 군사들은 무서운 함성을 지르며 그 뒤를 따랐다. 그러자 **이다(Ida)산 꼭대기에 제우스는 흙먼지 선풍(旋風)을 함선을 향해 치며 헥트르와 트로이 군사들에게 영광을 내리었다**.[196]

두 아이아스가 아르기베 사람을 방어벽에서 격려하며 전의(戰意)를 부추기면서 싸움을 독려했다...그러나 헥토르와 트로이 군사들은 만약 **제우스가 제5대대 소속의 자기 아들 사르페돈(Sarpedon)을** 즉시 보내지 않았더라면 방어벽 대문의 잠금 쇠도 열지 못 했을 것이다.[341]....**사르페돈(Sarpedon)**은 힙폴로코스(Hippolochus) 아들 글라우코스(Glaucus)에게 말했다.

"글라우코스여...그 동안 리키아인들이 항상 우리를 윗자리에 모셨으니...우리가 리키아인들의 전열(前列)에 섭시다...친구여. 우리가 적들의 추격을 피할 수 없을 바엔 우리가 적들을 죽여 우리가 영광을 차지하든 적들이 우리를 죽여 영광을 가져가던 그렇게 결판을 냅시다."[380]

사르페돈(Sarpedon)과 글라우코스(Glaucus)가 앞장을 서서 나아가니...페테오스(Peteos)의 아들 메네스테오스(Menestheus)가 그들을 보고 무서워.....전령(傳令)을 보내 두 아이아스(the Great and Little Ajax)에게 도움을 요청했다.....[418]...그러자 두 아이스(Ajax)는 즉시 응했다.....두 아이아스가 나서자 그들의 아우 테우케르(Teucer)와 판디온(Pandion)도 뒤따라 나섰다.[428]....아이아스는 먼저 사르페돈의 친구 에피클레스(Epicles)를 돌로 쳐 죽였다....그러자 글라우코스(Glaucus)가 방어벽에 기어오르고 있을 적에 테우케르(Teucer)의 화살이 그의 어깨를 쏘아 전의를 상실하게 만들었다.[450] 그것을 보자 사르페돈(Sarpedon)의 가슴이 아팠으나, 전투 기상이 꺾이지는 않았다. **사르페돈(Sarpedon)**은 창으로 알크마온(Alcmaon)을 찌르고....그의 강력한 손으로 방어벽을 잡아당기니 전 방어벽이 무너져 위부분이 다 날아갔다.[463] 그리하여 테우케르와 아이아스가 그 **사르페돈(Sarpedon)**에게 달려들었으나 제우스가 그 사르페돈(Sarpedon)을 살려 주었다.[절대 신의 아들 사랑]..사르페돈(Sarpedon)은 리키아인들을 향해 외쳤다.

"리키아인들이여. 무엇을 하고 있는가. 이미 방어벽을 깨뜨려 함선(艦船)에로의 길을 열었다. 우리 군이 우위를 확보해야 한다."[479]

그래서 리키아인들은 사르페돈(Sarpedon) 주위로 몰렸으나 방어벽 뒤에는 아르기베인들이 빼꼭히 버티고 있었다...[486]

...결국 **제우스는 그 헥토르에게 '최초로 방어벽을 공격할 거대한 영광'을 내렸다.**[508]

헥토르가 군사들에게 날카롭게 명령을 내렸다.

"어서 아카이아 방어벽을 부수고, 불을 들고 적들의 함선으로 전진하라."[512]

헥토르가 거대한 둥근 돌을 집어 들었는데 그 돌은 두 사람이 들어도 수레에 실을 수 없는 무거운 돌이었다. 제우스께서 그 헥토르를 도와 그 돌을 쉽게 들 수 있게 해주었다.[523]....헥토르가 그 돌을 들어 방어벽의 문을 치니 문들은 그냥 박살이 났고....헥토르가 두 손에 창을 들고 진입하니....아무도 그 헥토르를 제지할 수도, 그와 싸울 수도 없었다.

헥토르가 트로이 군사들을 향해 외쳤다.

"방어벽을 후려쳐라!"

트로이 군사들이 밀려들어가니, 아르기베들은 소동을 일으키며 다 흩어져 함선으로 후퇴를 했다.16)

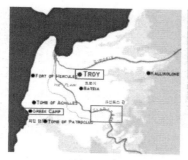

'희랍 캠프(Greek Camp), 크산토스(Xanthus, Scamander)강, '트로이(Troy)' '방어벽(the Achaeans' rampart)'

---

16) Homer(Translated by Robert Fagles), *The Iliads*, Penguin Books, 2001, pp 325~340. 'Book Twelve : The Trojans Storm the Rampart'

'메네스테오스가 대(大) 아이아스에 도움을 요청했다.(Menestheus called Great Ajax)' '헥토르가 돌을 들어 방어벽 문을 박살냈다.(Hector hurled a blow at the gates.)'

'함선들(the ships)'

(a) 위의 가상으로 그린 '방어벽(the Achaeans' rampart)'을 '트로이' 성(城)를 기준으로 고려할 때, '지도의 대각선'으로 흐르는 강이 '크산토스(Xanthus, Scamander)강'이고 서쪽(좌측) 해안가에 '아카이아(희랍)' 함선들이 주둔 했다.

(b) 호머(Homer) '일리아드(*The Iliad*)'에서 '헥토르의 최고 반격(反擊)'으로 알려진 것이 이 '제12책'이다.

(c) 호머는 '트로이 전쟁(Trojan War)' 모든 것이 '제우스의 뜻 아닌 것이 없다.' 신념을 여기에서도 그대로 제시하고 있다.

(d) 그리고 힌두(Hindu)의 '마하바라타(*The Mahabharata*)'는 '4촌간의 전쟁'으로 전제를 했는데, 호머(Homer) '일리아드(*The Iliad*)'는 사실상 '제우스의 후손들 간의 전쟁'이고, '제우스의 아들 딸'이 '적대적'으로 다투는 양상을 보였다는 점은 주목을 해야 한다.

(e) 호머(Homer)는 '트로이 전쟁(Trojan War)'을 '헬렌 트로피 찾아오기'로 규정을 했으니, 호머(Homer)의 관심은 '제우스' '오디세우스' '아킬레스' '헥토르' '아가멤논' 등 '최고 영웅들'에만 있었다.

(f) 한 마디로 호머(Homer) 식 '영웅주의'는 신들 중에도 탁월한 신과 인간 중에

252

서도 신과 같이 뛰어난 존재들의 경쟁문학임을 확실히 알아야 할 것이다.

제13책 함선 빼앗기 전투

제우스는 헥토르와 트로이 군사를 아카이아 함선 가까이 이끌어다 놓고, 전쟁에 휩쓸린 그곳을 떠나, 신의 눈을 돌려 트라키아(Thracian) 미시아(Mysian) 힙페몰기(Hippemolgi) 알비(Albi) 지역을 바라보고 있었다.[8]...제우스는 트로이로는 눈을 돌리지 않아도, 어떤 신(神)도 트로이 군이나 아카이아 군사에게 개입하지 않을 것이라고 생각했다.[12]

하지만 지진(地震)의 신 포세이돈(Poseidon)은 눈을 감고 있지는 않았다. 트라케(Thrace)를 향한 사모스(Samos) 산 정상에서 그 '지진(地震)의 신'은 이다(Ida)산과 프리암(Priam)의 도시와 아카이아 전함들을 지켜보고 있었다. 포세이돈(Poseidon)은 트로이 군사에게 아르기베들이 공격당하고 있는 것을 불쌍하게 생각하며, 그 제우스에게 분노를 느꼈다.[19] 포세이돈(Poseidon)은.... 서너 걸음으로 목적지에 도착했다.

에게(Aegae) 해(海) 깊은 속에 포세이돈(Poseidon)의 황금 궁전이 있었다.[26]...포세이돈(Poseidon)은 청동(靑桐) 발굽의 말 두 필을 전차에 멍에를 지어....바람처럼 달려....아카이아 함대로 달렸다.[39]

바다 속 테네도스(Tenedos)와 임브로스(Imbro) 벼랑 사이에 널찍한 동굴이 있었는데, 거기에다 포세이돈(Poseidon)은 말을 세워 놓고, 아카이아 캠프로 갔다.[48] 헥토르를 따르는 트로이 군사들은 선풍(旋風)의 불길처럼 쉬지 않고 휩쓸며 앞으로 나아가며 아르기베 함선을 다 차지하려고 온 힘을 다해 돌격을 했다.[54]...

포세이돈(Poseidon)이 대소(大小) 아이아스(Ajax)에게 말했다.

"아이아스여....용기를 내시요...."[73]

포세이돈(Poseidon)은 그들의 사지(四肢)에 힘이 생기도록 자신의 지팡이로 그들을 쳤다.[76]...그래서 두 아이아스(Ajax)는 불길 속에 의기양양하여 전의를 불러일으켰다.[99].....포세이돈(Poseidon)은 테우케르(Teucer) 레이토스(Leitus) 페넬레오스(Peneleus) 토아스(Thoas) 데이피로스(Deipyrus) 메리오네스(Meriones) 안틸로코스(Antilochus)에게도 큰 소리로 말했다.[112]

"부끄럽습니다. 그대 아르기베들이여. 어설픈 풋내기들이여. 하지만 그대들이 함선을 지키려고 싸우면 지킬 수 있다고 나는 믿습니다....트로이 사람들은 아르기베의 분노와 힘에 맞서려 하지 않았습니다....그런데 지금은 트로이에서 멀리 달려 나와 아그리베 함선 주변에 싸우고 있습니다...여러분은 용사로서 수치와 긍지를 가져야 할 것입니다...."[147]

그리하여 두 아이아스(Ajax)를 중심으로 전사들이 버티고 섰는데...트로이 군사들이 몰려왔으니, 헥토르가 이끄는 군사는 벼랑에서 떨어진 바위처럼....제지를 할 수가 없었다....[170]

헥토르는 외쳤다.

"트로이 사람과 리키아 사람들과 다르다의 전위(前衛) 병사들이여!(Trojans! Lycian! Dardan skirmishers)...최고의 신 제우스께서, 내가 돌진하면 저 아카이아 사람들이 나를 절대로 당할 수 없다는 것을 내게 직접 알려주셨습니다. 그들은 나를 더 이상 막을 수 없습니다."[185]

헥토르가 그렇게 외치자, 프리암(Priam)의 아들 데이포보스(Deiphobus)가 방패를 들고 용감하게 앞으로 걸어 나갔다. 그러자 메리오네스(Meriones)가 그를 향해 창을 던져 빗나가지는 않았으나 그를 찌르지는 못 했다.[195]....메리오네스(Meriones)는 다시 그의 전우들 속으로 후퇴를 했다...[198]....테우케르(Teucer)가 최초로 창잡이 임브리오스(Imbrius)를 죽였다.[205].....테우케르(Teucer)가 임브리오스(Imbrius)의 갑옷과 무기를 앗으러 달려 나가자, 헥토르가 그 테우케르(Teucer)를 향하여 창을 던졌.....테우케르(Teucer)는 겨우 그 창날을 피했으나 그 창은 암피마코스(Amphimachus)의 가슴을 쳤다...[223]....

그러자 헥토르가 암피마코스(Amphimachus) 투구를 벗겨가려 하자, 아이아스(Ajax)가 헥토르를 향해 창을 던졌다. 그러나 헥토르의 전신은 청동으로 감싸여 있어 그의 피부를 건드릴 수도 없었다. 아이아스(Ajax)가 다시 헥토르 방패를 찔러 힘으로 밀치니, 두 사람 사이에 공간이 확보되었다.[231]...아테네의 장군 스티키오스(Stichius)와 메네스테오스(Menestheus)가 암피마코스(Amphima-chus)를 아카이아 진영으로 옮겨왔다.[234]..... 두 아이아스(Ajax)는 죽은 임브리오스(Imbrius)를 보고...그의 무기와 갑옷을 벗겨 왔다.[241]...소(小) 아이아스(Ajax)가 암피마코스(Amphimachus)의 죽음에 화가 나 임브리오스(Imbrius)의 머리를 베어 헥토르 발 앞에 던졌다.[245]....포세이돈(Poseidon)은 자기 손재[암피마코스(Amphimachus)]의 죽음에 화가 나 아카이아 인들의 막사를 돌아다니며 싸움을 독려했다.[249].....이도메네오스(Idomeneus)가 포세이돈과 마주쳤다. **포세이돈이 안드라이몬(Andraemon)의 아들 토아스(Thoas) 목소리로 이도메네오스(Idomeneus)에게 말했다.**[259]

"이도메네오스(Idomeneus)여. 저 트로이 군사들을 평정했던 아카이아 아들들의 위엄은 다 어디로 갔습니까?"

이에 이도메네오스(Idomeneus)가 말했다.

"토아스여. 그대의 꾸짖음을 받을 자는 없을 겁니다....부디 모든 병사들을 격려해 주시오."[273]

이에 포세이돈이 말했다.

"이도메네오스(Idomeneus)여, **겁쟁이들은 이 트로이에서 고향으로 결코 돌아가지 못 할 겁니다**...가장 겁 많은 자들도 한데 묶어 당신과 내가 힘을 모아 최선을 다하도록 합시다."[282]

포세이돈 신이 떠나자 이도메네오스(Idomeneus)는 막사로 돌아와 찬란한 갑옷을 갖추어 입고 막사 바로 앞에서 창을 가지러 온 메리오네스(Meriones)와 마주쳤다.[290]....이도메네오스(Idomeneus)는 메리오네스에게 새로운 창을 제공하니...메리오네스가 그에게 물었다.

"이도메네오스(Idomeneus). 어디로 가서 싸우시렵니까? 전(全) 군의 오른쪽입니까 중앙입니까 아니면 왼쪽입니까? 내가 생각하기에는 왼쪽처럼 힘든 전투를 하는 곳은 없습니다."[363]

전쟁의 신 같은 메리오네스(Meriones)가 길을 인도하여 바로 전선(前線)에 도착했다.[383]

크로노스(Cronus)의 강력한 두 아들이 제우스(Zeus)와 포세이돈(Poseidon)이었다. 두 신은 서로 다투며 영웅들에게 고통을 안기고 있었다. 제우스는 트로이 군사와 헥토르를 이기게 하여 결국 '아킬레스 영광'을 드높여 주려 하지만, 아르기베 전군(全軍)을 트로이 성 앞에 이기게 할 생각은 없었다. **제우스가 원하는 전부는 '테티스(Thetis)의 의지가 강한 아들의 영광'이었다.** (all the Father wanted was glory for Thetis and Thetis' strong-willed son,)[407]

그러나 포세이돈은 트로이 군사들에게 쓰러지는 아르기베 투사들을 가슴 아파했다. 그래서 위대한 제우스에게 포세이돈은 분노를 느끼고 있었다. 두 신은 동일한 아비의 아들이지만 제우스가 형이고 아는 것이 더 많았다. 그래서 포세이돈은 물러나 몰래 군사들을 격려하고 다녔다.[417]

이도메네오스(Idomeneus)는 트로이 군사 속으로 뛰어들어 오트리오네오스(Othryoneus)를 죽였다.[422]...오트리오네오스(Othryoneus)는 프리암의 딸 카산드라(Cassandra)에게 구혼해 놓고 그가 트로이에서 아르기베들을 물리치면 프리암은 결혼을 응낙하기로 한 인물이었다...[432]...이도메네오스(Idomeneus)가 오트리오네오스(Othryoneus)의 다리를 잡아 이끌어 가니...마부 아시오스(Asius)가 그 이도메네오스(Idomeneus)를 창으로 찌르려 했으나 이도메네오스가 그를 먼저 쳤다.[450]......억센 안틸로코스(Antilochus)가 마부 아시오스(Asius)를 잡아 그들을 아르기베들 속으로 이끌고 갔다.[467]....데이포보스(Deiphobus)는 끌려간 아시오스(Asius)를 보고 화가나 이도메네오스를 향해 창을 던졌으나 그는 창을 피했는데.... 그 창은 힙파소스(Hippasus)의 아들 힙세노르(Hypsenor)를 잡았다.[480]...데이포보스(Deiphobus)는 큰 소리로 외쳤다.

"아시오스(Asius)가 원수도 못 갚고 죽었다고 말하지는 말라. 저승으로 동행자를 내가 하나 붙여 보냈노라!"[484]

힙세노르(Hypsenor)의 시체를 그의 친구 메키스테오스(Mecisteus)와 알라스토르(Alastor)가 빈 함선으로 옮겼다.[491]...이도메네오스(Idomeneus)는 전의(戰意)가 식지 않아 다시 알카토오스(Alcathous)를 죽였다...[515]

이에 다시 이도메네오스가 외쳤다.

"어떠냐. 데이포보스(Deiphobus)여! 우리는 한 사람이 쓰러졌으나, 내가 3명을 잡았으나 많이 죽인 것도 아니다. 이 멍청한 놈아 어서 오라. 너에게 제우스 후손의 면모를 보여 주마....."[527]

이에 데이포보스(Deiphobus)의 마음은 흔들리었다....아이네아스(Aeneas)를 찾아갔다...

"아이네아스(Aeneas)여, 당신의 도움이 필요합니다....저 이도메네오스가 알카토오스(Alcathous)를 죽였습니다."[541]

그리하여 아이네아스(Aeneas)가 데이포보스(Deiphobus)를 대동하고 이도메네오스를 찾아 나섰다.... 하지만 이도메네오스는 아이네아스를 보고도 물러서지 않았다. 이도메네오스는 아스칼라포스(Ascalaphus) 아파레오스(Aphareus) 데이피로스(Deipyrus) 메리오네스(Meriones) 안틸로코스(Antilochus)를 불렀다.[554]....아이네아스(Aeneas)도 데이포보스(Deiphobus) 파리스(Paris) 아게노르(Agenor)를 불렀다....아이네아스(Aeneas)가 먼저 이도메네오스(Idomeneus)를 향해 창을 던졌으나 그는 창을 비켜 창은 땅바닥에 꽂혔다.[584]

이번에는 이도메네오스(Idomeneus)가 창을 던져 오에노마오스(Oenomaus)를 잡았다...그러나 트로이 장군들이 오에노마오스에게 달려왔고.....데이포보스(Deiphobus)가 이도메네오스(Idomeneus)에게 창을 던졌으나 그는 피했으나 그 창이 아칼라포스(Ascalaphus)를 찔렀다. 데이포보스가 그의 투구를 벗겨 가려 하니 이도메네오스(Idomeneus)가 데이포보스 어깨를 공격하여 데이포보스 아우 폴리테스(Poltes)가 데이포보스의 허리를 안고 전쟁터에서 떠났다...[624] 아이네아스(Aeneas)는 칼레토르(Caletor)의 아들 아파레오스(Aphareus)를 잡았다...[630] ....안틸로코스(Antilochus)는...토온(Thoon)을 죽이고 투구와 갑옷을 벗기려고 갔다가...트로이 장군들의 공격을 받았으나 죽지는 않았다...[666]

헬레노스(Helenus)는 데이피로스(Deipyrus)의 측면 두상을 칼로 쳐, 그의 투구가 땅바닥에 떨어지고 그도 넘어졌다....그러자 메넬라오스가 창을 들고 그에게 달려가니 헬레노스(Helenus)는 화살을 날려 메넬라오스의 오른쪽 가슴을 맞혔으나 가슴받이 판을 치고 퉁기어 나왔다.[679] 그러자 메넬라오스가 헬레노스(Helenus)를 향해 창을 던져 그의 활을 부셔버리니 헬레노스(Helenus)는 트로이 장군들 속으로 들어갔다....[692] 그러자 피산데르(Pisander)가 메넬라오스(Menelaus)에게 달려가 창으로 그의 방패를 공격했다....메넬라오스가 칼을 뽑아 피산데르(Pisander)에게 덤벼드니...그도 도끼로 저항해 왔으나 **메넬라오스(Menelaus)**는 그 피산데르(Pisander)를 땅위에 누이고 나서 말했다.

"너희는 결국 우리의 다나오스 함선에서 물러가게 될 것이다. 제우스께서 너희 도시도 폐허로 만들 것이다....너희 트로이 사람들은...친절을 베풀었던 나의 아내를 훔쳐간 놈을 위해 싸우고 있다.[720]....**제우스여...이 모든 야만적 대 학살이 당신으로부터 나온 것이라고들 합니다.**(all this brutal carnage comes from you.)[629] 어찌 하여 당신께서는 저 트로이 사람들을 향해 호의(好意)를 보이십니까?..."[736]

메넬라오스는 다시 필라이메네스(Pylaemenes) 왕의 아들 하르팔리온(Harpalion)을 죽였다...[760]....그러자 파리스(Paris)가 친구 죽음에 노하여 화살을 날리니....화살은 예언가 폴리도스(Polyidus)의 아들 에우케노르(Euchnor)에 적중이 되었다.....[776]

그러나 헥토르는 함선 왼쪽에서 어떻게 트로이 군사들이 죽어가고 있는지 모르고 있었다.[781]....보이오티아(Boeotian) 이오니아(Ionian) 군사들은 헥토

258

르가 함선으로 돌진하는 것을 막고 있었다.[796]

대소(大小) 아이아스는 ....한 마음이 되어 앞장을 서서 싸웠다.[813]...그래서 헥토르와 트로이 군사들은...전의(戰意)를 잃어갔다.[838]

이에 폴리다마스(Polydamas)가 헥토르에게 말했다.

"우리 장군들을 안전한 이곳으로 불러 모으십시오. 그런 다음에 우리가 함선으로 달려갈지 이 해안에서 물러날지를 결정해야 합니다..."[863]

이에 헥토르가 말했다.

"폴리다마스(Polydamas)여. 여기서 군사들을 붙들고 기다리시오. 내가 저쪽으로 가서 새로운 공세를 펼치겠소."[870]

헥토르가 그쪽으로 달려가 데이포보스(Deiphobus) 헬레노스(Helenus) 아다마스(Adamas) 아시오스(Asius)를 찾았으나 이미 죽었거나 부상을 당해 보이질 않았다.[879] ...헥토르는 파리스를 찾아내어 물었다.

"파리스여. 여자 때문에 사람들을 파멸에 들게 만든 파리스여. 데이포보스(Deiphobus) 헬레노스(Helenus) 아다마스(Adamas) 아시오스(Asius)는 다 어디에 있는가?..."[894]

파리스가 대답했다.

"헥토르 형님...이전의 싸움에서 나는 후퇴를 했으나, 오늘은 그러질 않았습니다...어머니께서 나를 결코 겁쟁이로 낳지는 않았습니다...우리는 형님을 따라 쉬지 않고 싸웠으며, 싸우다가 친구들도 죽었습니다.....[912]

그 파리스의 말이, 헥토르를 진정시켰다....헥토르가 장군 폴리다마스(Polydamas) 팔케스(Phalces) 오르타이오스(Orthaeus) 폴리페데스(Polyphetes) 팔미스(Palmys) 힙포티온(Hippotion)의 두 아들 아스카니오스(Ascanius)와 모리스(Morys)를 이끌고 전투가 가장 치열한 곳으로 나가니....이에 제우스도 싸움을 도왔다...[931]

헥토르가 트로이 군사들의 앞장에 서니, 결의 찬 아이아스가 헥토르에 도전하며 말했다.

"이 미친놈아. 덤벼라...너는 우리 함선을 약탈하기를 원할 것이나, 우리는 너희 트로이를 함락시킬 것이다...."[947]

이에 헥토르가 말했다.

"네놈도 역시 내 창을 받아 쓰러질 것이다....."[962]

그리하여 양군(兩軍)의 함성이, 제우스의 맑은 하늘에 울려 퍼졌다.[17]

'포세이돈은 전 아르기베 군사 살상에는 반대했다.(Poseidon had no lust to destroy the whole Argive force...)'

(a) 이 '일리아드(*The Iliad*)' '제13책'에서 가장 돋보이는 진술은, -메넬라오스 가... "....**제우스여...이 모든 야만적 대 학살이 당신으로부터 나온 것이 라고들 합니다.**(all this brutal carnage comes from you.)[629]..."-라고 외쳤던 대목이다.

(b) 이 부분은 전 '트로이 전쟁(The Trojan War)'의 전모(全貌)를 요약한 말이다.

(c) 앞서도 살핀 바와 같이, 문제의 핵심인 '파리스(Parice)와 헬렌(Helen)의 경우'를 돌아보면, 당초에 '**황금 사과의 주인 판결의 임무**'가 그 파리스 (Parice)가 자의(自意)로 소망해서 맡게 된 것이 결코 아니었기 때문이다.

(c) '**모든 이야기의 의미**'는 '이미 있었던 일'로 서술이 되지만, '**현재와 미래에 대한 안목**'을 얻을 수 없는 이야기란 벌써 다 폐기가 되었다.

---

17) Homer(Translated by Robert Fagles), *The Iliads*, Penguin Books, 2001, pp 341~368. 'Book Thirteen : Battling for the Ships'

(d) 호머(Homer)는 무엇보다 '**인간에 생긴 모든 일이 그대로 다 절대 신의 뜻**'이라는 거대한 결론을 먼저 전제하고 있다. 이것은 중국 문헌에는 '사주팔자(四柱八字)'를 믿는 것과 유사하고, 힌두의 '절대신'에 4종성(種姓)을 부여했다는 것과 동일한 인생관 세계관이라 할 수 있다.

(e) 그러나 호머(Homer)는 무엇보다 '**식사(食事)의 중요 성**'을 누구보다 앞서 확인 주장했던 '실존주의자' '현실주의자'라는 점을 그의 전 '일리아드(*The Iliad*)' '오디세이(*The Odyssey*)'를 통해 확실히 밝혔다.

(f) 그러므로 이미 **호머(Homer) 문학 속에 '절대주의'와 '현세주의'는 뚜렷한 공존(共存)**을 확인할 수 있다. 그리고 이것을 더욱 구체화한 것이 <u>1916년 취리히 '다다 혁명 운동'의 동시주의(同時主義, Simultaneism)이다</u>.

제14책 헤라가 제우스의 허(虛)를 찌르다.

늙은 네스토르(Nestor)는 술을 마시고 있었으나, 전쟁의 높은 함성을 피할 수 없었다.

네스토르(Nestor)는 아스클레피오스(Asclepius)의 아들을 보고 말했다.

"마카온(Machaon)이여, 우리가 어떻게 해야 하겠는가? 함선(艦船) 가까이 함성들이 더욱 거세지고 있질 않는가? …내가 일단 나가서 전황(戰況)을 알아봐야겠네."[9]

네스토르(Nestor)는 그의 아들 트라시메데스(Thrasymedes) 방패를 들었으니, 아들이 먼저 아버지의 튼튼한 방패를 들고 출전을 했기 때문이다.[13] …네스토르(Nestor)가 그의 막사에서 나가자마자 즉시 멈추어 섰으니…아르기베들의 방어벽이 이미 무너져, 트로이 군사들의 기세에 눌려 놀라 도망쳐 온 친구들을 보았기 때문이다.[17]. …네스토르(Nestor)가 어디로 향할까 망설이고 있는데… **디오메데스(Diomedes)와 오디세우스(Odysseus)와 아가멤논(Agaemnon)이 부상을 당해 함선 곁길을 걸어오다가, 그 네스토르(Nestor)와 마주쳤다.**[34]

아가멤논이 네스토르(Nestor)에게 말했다.

"아카이아(Achaea)의 위대한 긍지인 네스토르(Nestor)여. 어찌하여 사람들이 죽어가는 전선에서 물러나 여기 바닷가에 와 계십니까?.... 당신의 군사들도 아킬레스처럼 이직도 나에게 분노를 품고 있다면, 얼마나 수치스런 일입니까?..."[63]

이에 늙은 네스토르(Nestor)가 참고 말했다.

"옳은 말씀입니다. 큰 재난이 우리에게 왔습니다....비명 소리가 하늘을 찌르고 있습니다. 우리가 무엇을 해야 할지, 서로 머리를 맞대고 생각을 해 봅시다..."[76]

이에 아가멤논은 바로 행동으로 옮길 자세로 말했다.

"군사들은 무섭게 싸우고 있으나, 해자(垓字)도 방어벽도 소용이 없고 우리 아르기베 군사들은 큰 손상을 입었습니다...제우스께서 아카이아 사람들이 죽는 것으로 보고 즐기시는 것이 분명합니다....**트로이 군사들이 야간에 공격을 포기할 경우 우리는 남은 군사를 이끌어 재난을 피해 야음(夜陰, pitch darkness)을 타서 달아나는 것도 무방할 것입니다. 포로가 되거나 죽음을 피하는 것이 더 훌륭한 일입니다.**"[98]

이에 오디세우스가 아가멤논을 노려보고 있다가 쏘아붙였다.

"아가멤논이여. 무슨 말씀이십니까? 그런 말을 당신 입에 담을 수 있습니까? 이 점이 바로 당신의 허점입니다. 당신은 우리의 왕이 아니라, 걸레 같은 겁쟁이들의 사령관이십니다. **제우스께서 남자란 젊었을 때나 늙을 때나 마지막 한 사람 남을 때까지 전쟁에서 용감하게 싸우라고 명령을 내리셨습니다.**(the men whom Zeus decrees, from you to old age, must wind down our brutal wars to bitter end until we drop and die, down to the last man.)[크샤트리아의 의무] 그러한데 어떻게 당신은 저 트로이를 포기하자고 하십니까?...내가 당신께 말해 둡니다. 늘어선 배들을 바다에 띄우기 전에 사람들은 모두 전쟁을 포기하고 어디로 도망갈까 살필 겁니다. 그러므로 당신 계획은 우리 모두를

262

죽이는 계획입니다."[127]

이 오디세우스의 말에 아가멤논은 즉시 물러나 사과를 했다.

"오디세우스여, 정말 뼈아픈 지적이요...좋은 계획들을 말씀해 주시면 기꺼이 따르겠습니다."[133]

그러자 **디오메데스(Diomedes)**가 말했다.

"멀리 생각할 것도 없습니다. 제 말을 듣고 나를 따라나서면 됩니다...우리가 비록 부상(負傷)을 당했지만, 싸움터로 다시 나갑시다. 다른 방법은 없습니다. 그러나 부상에 또 부상을 더할 수는 없으므로, '창을 서로 던지는 구역'에서는 피해 있기로 하고, 앞으로 나서기를 싫어하는 병사들을 격려해 전투에 참가하게 하고, 꾸물거리는 자들을 엄벌하기로 합시다."[161]

여타 사람들이 그 말에 동의하니, 아가멤논이 앞장을 섰다. 그러자 포세이돈이 노 병사(老 兵士)의 모습으로 아가멤논의 오른손을 잡고 말했다.

"아가멤논이여. 지금 아킬레스의 독한 마음은, 동료들의 살상을 보고도 오히려 즐거워하고 있을 겁니다. 아킬레스는 냉혹하니 그냥 내버려둡시다. 아가멤논이여, 격렬한 흙먼지가 저 평원의 트로이의 왕들과 장군들을 휩쓸어 트로이가 망할 날을 꼭 볼 겁니다....."[180]

포세이돈은 그렇게 말하고 나서, 9천명이나 1만 명이 함께 외치는 천둥 같이 큰 소리로 들녘이 울리게 하였다. 그리하여 각 아카이아 병사들의 가슴에 불굴의 투지를 심어주었다.[187]

그때 올림포스 꼭대기에 그녀의 황금 자리에 앉아 있던 헤라(Hera)가 그것을 내려다보고, 전투에서 아카이아를 돕고 있는 자가 해신(海神)[포세이돈]임을 알아보고 마음이 즐거웠다.

그런데 헤라는 제우스가 이다(Ida) 산꼭대기에 있는 것을 보고는......한 가지 방안을 생각해 내었다.[198]....헤라는 '**제우스와 사랑을 나눈 다음에, 그를 잠들게 해야 한다.**'는 계획이 그것이었다....헤라는 자기 방으로 들어가 문들을 잠그고...우선 신찬(神饌)을 먹고 온 몸을 깨끗이 하고 ... 향기로운 의상을 몸에 감고..면사포를 쓰고...아름다운 샌들도 신었다. 그리고 나서 단장(丹粧)을 마치고 방을 나간 헤라는 아프로디테(Aphrodite)를 찾았다.[232]

"애야, 나를 좀 도와다오..."[235]

아프로디테(Aphrodite)가 대답했다.

"하늘의 여왕 헤라시여. 말씀을 해 주시면 제가 할 수 있는 것으로 도와 드리겠습니다."[239]

이에 헤라(Hera)가 말했다.

"나에게 모든 신들과 인간들을 제압할 수 있는 사랑과 매력을 다오! 나는 풍성한 대지의 끝 대양(大洋)으로 가서, 나를 길러주시고 후원해 주시는 신들의 근원 어머니인 '테티스(Mother Tethys)'를 찾아 갈 것이다...나는 신들을 방문하여 그들의 반목(反目)들을 종식시키고 나의 말로 그들을 사랑으로 이끌어, 나를 그들의 영원한 사랑 친구로 알게 할 것이다."[293]

이에 아프로디테(Aphrodite)가 웃으며 대답했다.

"불가능한 일들이십니다. 하지만, 당신은 막강한 제우스의 팔 안에 주무시니, 그것마저 제가 거절할 수는 없을 겁니다."[296]

아프로디테(Aphrodite)는 그렇게 말하고 그녀의 가슴에서 '가슴 띠'를 풀어 헤라(Hera)에게 주었으니, 그 속에는 '정열(情熱)' '동경(憧憬)' '밀어(蜜語)' '미치게 만드는 마법'이 들어 있었다.

"그것을 두르시면...당신이 원하시면, 못 이룰 바가 없을 겁니다."[267]

헤라(Hera)는...아토스(Athos) 동쪽 토아스(Thoas)의 렘노스(Lemnos) 시(市)에 도착하여 '수면(睡眠)의 신'에게 말했다...

"신들과 인간들의 잠(Sleep)을 주재(主宰)하는 신이여...전번처럼 이번에도 제우스를 잠들게 도와주시면...당신이 쉴 수 있는 의자를 만들어 드리겠습니다."[189]

그러자 '잠의 신'은 부드럽게 물러서며 말했다.

"헤라여, 모든 신들과 인간들은 잠재울 수 있으나, 제우스만은 아니 됩니다...

앞서도 당신의 요청으로 제우스의 거만한 아들 헤라클레스(Heracles)가 트로이를 약탈하고 떠날 적에, 내가 제우스에게 달콤한 잠을 제공했는데, 당신[헤라]은 분노로 바다에 살인적 돌풍을 몰아쳐 헤라클레스(Heracles)를 친구들에게서 때내어 사람들이 와글거리는 코스(Cos)로 보내버렸지요. 그러나 잠에서 깨어난 제우스는 신들을 궁전 밖으로 내던지고 내[잠의 신]를 불러 가장 고약한 범죄자 취급을 하여 바다에 잠겨 죽게 되었는데, 밤의 신이 저를 구해주었습니다. 헤라여. 당신은 그런 불가능한 일을 저에게 또 요구하고 계십니다."[318]

헤라(Hera)가 다시 제안을 했다.

"잠의 신이여. 지금 트로이를 지켜주시는 제우스께서 당신의 아들 헤라클레스(Heracles) 경우처럼 화를 내실 것 같습니까? 여보세요. 나는 그대에게 그대가 원했던 그라케족(Graces)의 여신을 그대 아내로 주겠습니다."[324]

이에 '잠의 신'이 말했다.

"그러시면 저 스틱스(Styx)의 불멸의 물결에 당신의 한 손을 대고, 다른 손을 대지(大地)에 대고 맹세해 주세요. 그리하여 당신이 그라케족(Graces) 중에 젊은 파시테아(Pasithea)를 내 아내로 주겠다는 것을 증언하게 하세요."[332]

헤라(Hera)가 맹세를 했다....

그들[헤라와 잠의 신]은 임브로스(Imbros) 성(城)과 렘노스(Lemnos)를 떠나...'이다 산(Mount Ida)'에 도착하여...잠의 신은...이다 산에서 키가 가장 큰 소나무 꼭대기에 자리를 잡았다.[346]...헤라(Hera)는 이다(Ida)의 최고봉 가르가론(Gargaron) 꼭대기로 갔다. 제우스가 헤라를 보자. '처음 부모 모르게 사랑을 나누었던 그 충동'이 일었다.

제우스가 말했다.

"헤라. 어디를 가는 길이요? 타고 다니던 말들과 수레는 어디에 두고 올림포스를 떠나 어디로 가는 겁니까?"[361]

헤라가 대답했다.

"나는 풍성한 대지의 끝 대양(大洋)으로 향하여, 나를 길러주시고 후원해 주시는 신들의 근원 어머니 '테티스(Mother Tethys)'를 만날 겁니다...나는 그 신들을 방문하여 그들의 반목들을 종식시키고 나의 말로 그들을 사랑으로 이끌어, 나를 영원한 그들의 사랑 친구로 알게 할 것입니다. 나의 말들은 '이다(Ida) 산자락에' 두었으나 올림포스 산에서 이리 온 까닭은 내가 몰래 용궁으로 가면 당신이 뒤에 나에게 화를 내실까봐 먼저 찾아왔습니다."[375]

제우스가 말했다.

"왜 그렇게 서두릅니까? 여행은 내일 가시오. 어서 침상으로 갑시다! 내가 여신이나 인간 중에 지금의 당신에게처럼 욕망에 압도되게 한 자는 없었소.... 내가 피리토오스(Pirithous)를 낳은 익시온(Ixion)의 부인이나, 아크리시오스(Acrisius)의 딸 다나에(Danae), 미노스(Minos)와 라다만티스(Rhadamanthys)를 출산 한 포에닉스(Phoenix) 딸 에우로파(Europa), 헤라클레스(Heracles)를 출산한 알크메나(Alcmena), 디오니소스(Dionysus)를 낳은 세멜레(Semele), 여왕 데메테르(Demeter), 영광의 레토(Leto)도 지금 당신보다는 못 했소!....나는 참을 수가 없소."[394]

헤라가 대답했다.

"제우스여. 지금 뭐라고 하시는 거요? 온 세상이 모두가 보고 있는 이 '이다(Ida) 산'에서 사랑을 나누자고요? 신들 중에 한 명이라도 우리가 함께 잠든 것을 보아, 신들이 우리를 추방하면 어떻게 하시려고 그러십니까? 그 가공할 그 추문(醜聞)을 생각해 보세요. 나는 헤파이스토스(Hephaestus)가 만들어준 드높은 당신의 궁전이 아니면, 그런데 흥미가 없습니다."[407]

제우스가 말했다.

"헤라. 염려 마시오. 내가 우리를 '황금 구름'으로 감싸면, 신이나 사람이나 가장 날카로운 태양의 눈빛도 보질 못 할 겁니다."[412]

그렇게 해서 제우스는 가르가론(Gargaron) 정상(頂上)에서 '잠의 신'에게 정복을 당하고 나니...그 '잠의 신'은 즉시 아카이아 함선으로 달려가 포세이돈에게 말했다.

"어서 제우스가 잠에 빠져 있는 동안, 아르기베들에게 힘을 주어 영광을 차지하게 하시오... "[428]

아르기베들을 돕도록 '잠의 신'이 그 포세이돈(Poseidon)을 부축이자, 그는 전열(前列)로 뛰어나가 신의 강한 목소리로 말했다.

"아르기베들이여. 다시 저 헥토르가 함선들을 차지하게 해서, 어떻게 그에게 '영광'을 다 넘길 것인가?...내가 앞장을 설 터이니, 거대한 방패들을 잡고 나를 따르시오."[457]

모든 군사들이 그 말에 복종했다. 디오메데스(Diomedes)와 오디세우스 (Odysseus) 아가멤논(Agamemnon)은 상처에도 불구하고 군사들을 정렬(整列)시켰다....거대한 손으로 무서운 긴 칼을 잡은 포세이돈이 앞장을 섰다...[460]

헥토르도 트로이 군사를 정렬시켰다.

헥토르가 먼저 대(大) 아이아스(the giant Ajax)에 창을 던졌다. 그 창은 아이아스 가슴에 교차된 가죽 끈을 쳤으나 상처를 내지는 못 했다. 헥토르는 자기 창이 아이아스를 찌르지 못 했음에 화가 났으나...돌아와 대열에 몸을 숨기려 했다.[482]....대(大) 아이아스(the giant Ajax)는 돌아서는 헥토르에게 돌멩이를 집어 들어 헥토르의 목 가까운 가슴을 공격하였다....헥토르는 거대한 참나무가 눕듯이 쓰러졌다...[494]...그러자 아카이아 군사들은 함성을 지르며 그 헥토르를 잡을 심산(心算)으로 창들을 그에게 던졌다.

그러나 너무도 신속하게 트로이 장군들이 그 헥토르를 에워쌌으니, 아이네아스(Aeneas) 폴리다마스(Polydamas) 아게노르(Agenor) 사르페돈(Sarpedon) 글라우코스(Glaucus)가 그들이었다.[504]

전우들이 헥토르를 그의 전차에 실어 전장을 빠져 나가, 트로이를 향해 후퇴를 했다. 그들이 크산토스(Xanthus) 강물에 이르러 사람들이 헥토르를 전차에서 강가 둑에 누이고 물을 뿌리니 헥토르는 숨을 쉬고 눈을 떴으나, 검은 피를 토하고 다시 쓰러져 눈을 감고 의식을 잃었다.[518]

한편 아르기베 군사는 헥토르가 완전 빠져나가자, 더욱 거세게 트로이 군사들을 공격했다. 소(小) 아이아스(Little Ajax)는 창으로 사트니오스(Satnius)를 잡았다....[527]...폴리다마스(Polydamas)가 그의 시체를 구하러 급히 나섰다...폴리다마스(Polydamas)는 프로토에노르(Prothoenor)의 오른쪽 어깨를 찔렀다...[530]

폴리다마스(Polydamas)는 큰 소리로 외쳤다.

"내 창을 받은 자는 저승으로 갈 것이다..."[537]

아르기베 사람들이 그 떠드는 소리를 듣고 모두 분노를 느꼈다. 아이아스가 급히 그 폴리다마스(Polydamas)를 향해 창을 던졌으나 그는 급히 피하고 안테노르(Antenor)의 아들 아르켈로코스(Archelochus)가 그 창에 죽었다.[545]

이제 올림포스 궁전에 뮤즈(Muses)는 노래를 해 보소서.(Sing to me now, you Muses who hold the halls of Olympus) 유명한 포세이돈 신이 전세(戰勢)를 바꾸어 누가 큰 공을 세웠는지를.[597]

대(大) 아이아스(the giant Ajax)가 으뜸으로 그는 기르티오스(Gyrtius)의 아들 히르티오스(Hyrtius)를 잡았다.

다음은 안틸로코스(Antilochus)이니, 팔케스(Phalces)와 메르메로스(Mermerus)를 죽였다.[600]

메리오네스(Meriones)는 모리스(Morys)와 힙포티온(Hippotion)을 죽였고 테우케르(Teucer)는 페리페테스(Periphetes)와 프로토온(Prothoon)을 눕혔다. 메넬라오스는 히페레노르(Hyperenor)를 잡았다....

그 중에서도 아이아스(Ajas)가 가장 뛰어났다...[610][18]

18) Homer(Translated by Robert Fagles), *The Iliads*, Penguin Books, 2001, pp 369~386. 'Book Fourteen : Hera Outflanks Zeus'

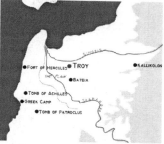

'헤라가 제우스의 허를 찌르다.(Hera Outflanks Zeus)' '[좌측에서 우측으로]희랍 캠프(Greek Camp) 스카만데르(Skamander)강' '트로이(Troy) 시모시스(Simosis, Xanthus)강'

✈

(a) '전쟁 이야기'인 힌두(Hindu)의 '마하바라타(*The Mahabharata*)'와 호머(Homer) '일리아드(*The Iliad*)' '오디세이(*The Odyssey*)'는 모두 '**크샤트리아의 의무(the duties of Kshatriya)**'를 최고의 덕목(德目)으로 하였다.

(b) 이 '일리아드(*The Iliad*)' '제14책' 오디세우스 입으로 밝혀지고 있다.

(("아가멤논이여. 무슨 말씀이십니까? 그런 말을 당신 입으로 하실 말씀입니까? 당신이 문제입니다. 당신은 우리의 왕이 아니라 걸레 같은 겁쟁이들의 사령관이십니다. 제우스께서 남자란 젊었을 때나 늙을 때나 마지막 한 사람 남을 때까지 전쟁에서 용감하게 싸우라고 명령을 내리셨습니다.(the men whom Zeus decrees, from you to old age, must wind down our brutal wars to bitter end until we drop and die, down to the last man.)[크샤트리아의 의무] 그러한데 어떻게 당신을 트로이를 포기하지고 하십니까?...내가 당신께 말해 둡니다. 늘어선 배들을 바다에 띄우기 전에 사람들은 모두 전쟁을 포기하고 어디로 도망갈까 살필 겁니다. 그러므로 당신 계획은 우리 모두를 죽이는 계획입니다."[127]))

(c) 그리하여 호머는 '일리아드(*The Iliad*)' '오디세이(*The Odyssey*)'의 영웅 '**오디세우스(Odysseus)**'를 힌두(Hindu)의 '마하바라타(*The Mahabharata*)' 영웅 '**아르주나(Arjuna)**'와 동일시하는 가장 큰 등식(等式)을 드러내고 있다.

(d) 그리고 이 '일리아드(*The Iliad*)' '제14책'의 '**헤라가 제우스의 허(虛)를 찌**

르다.'에 '제우스'와 '헤라' 이야기는, 역시 **'마하바라타(*The Mahabharata*)'** 에 '드와이파야나 비아사(Dwaipayana Vyasa)'의 출생 설화 '신령 파라사 라(Parasara)'와 '사티아바티(Satyavti)'의 교혼담[19]의 재탕(再湯)이다.

(e) 그리고 이 '일리아드(*The Iliad*)' 제14책'에서 밝혀야 할 가장 중대한 문제 가 '뮤즈(Muse)=호머(Homer)' 등식이다.

((....이제 올림포스 궁전에 뮤즈(Muses)는 노래를 해 보소서.(Sing to me now, you Muses who hold the halls of Olympus) 유명한 포세이돈 신이 전세(戰勢)를 바꾸어 누가 큰 공을 세웠는지를.[597]))

(f) '마하바라타(*The Mahabharata*)'를 서술한 '비아사(Vyasa)'도 '브라흐마 (Brahma)'와 동열(同列)의 존재로 '숭상'이 되었고, 우그라스라바(Ugrasra- va) 수카(Suka) 산자야(Sanjaya) 바이삼파야나(Vaisampayna) 등도 목소 리가 뛰어난 가수와 시인을 겸했던 존재들이다. '일리아드(*The Iliad*)' '오 디세이(*The Odyssey*)'를 지은 호머도, 시인 가수를 겸한 제자를 두었던 '비아사(Vyasa)'와 완전 일치하고 있다.

제15책 항만(港灣)에 갇힌 아카이아 군사들

트로이 군사들은 말뚝이 솟아 있는 해자(垓字)를 지나 후퇴를 했으나, 다수가 아르기베들의 손에 죽고 나머지는 그들의 전차들을 세워놓은 곳에 도착했으나, 큰 공포에 휩쓸려 있었다.[4]

'**이다(Ida) 산의 잠**'에서 깨어난 제우스가 트로이 군사와 아카이아 군사를 살펴보니, 트로이 군사들은 한쪽으로 쏠려 공포에 사로잡혀 있었는데, 공격을 행하는 아카이아 사람들은 그 포세이돈이 이끌고 있었다.[9] 그리고 제우스가

---

19) K. M. Ganguli (Translated into English Prose from the Original Sanskrit Text), *The Mahabharata of Krishna-Dwaipayana Vyasa*, Munshiram Manoharlal Publisher Pvt. Ltd. New Delhi, 2000, -**Adi Parva**- pp. 121~127

270

그 헥토르를 보니, 헥토르 동료들은 곁에 무릎을 꿇고 있고 헥토르는 피를 토하며 의식을 잃고 사지(四肢)를 벌리고 누워 있었다...[13]...

제우스는 헥토르가 쓰러져 있는 것을 보고 그가 안쓰러워 무서운 얼굴로 헤라(Hera)를 보며 말했다.

"무슨 짓이요? 분별없는 헤라여. 그대가 저 헥토르(Hector)와 그 군사를 물리친 것에 나는 놀랍지도 않습니다. 이전에도 그대는 내가 그대를 채찍으로 거듭쳐서, 그대는 징벌(懲罰)의 선풍(旋風)속에 매달려, 내게 잘못을 맹세를 했었소. 그 때가 생각도 안 납니까? 내가 그대의 발을 모루(anvils)에 묶고, 그대의 손을 황금 사슬로 묶어 공중에 매달린 것을 벌써 다 잊었다는 것이요? 그리고 억센 신들도 내가 높은 올림포스에서 추방을 했으니, 누가 그대를 도왔겠소? 나는 어느 신이건 잡히는 자를 산채로 죽어라고 땅바닥에 던졌소... 하지만 **내 아들 헤라클레스(Heracles)에 대한 나의 강한 슬픔은 가시질 않았소**.[34]...그대는 그때 북쪽 회오리바람을 꼬여내어 헤라클레스(Heracles)를 황량한 염해(鹽海) 너머로 날려버렸소. 그대는 항상 내 아들[헤라클레스]에게 몹쓸 계획을 꾸몄소. 그대가 헤라클레스(Heracles)를 코스(Cos)의 와글거리는 도시로 내쳤을 적에, 나는 그를 안전하게 아르고스(Argos)로 다시 데려왔으나, 이미 엄청난 고통을 겪은 다음이었소. 내가 그대에게 기억을 도와 준 것은 그대가 그대의 배신(背信)을 당장 멈추라는 것이요.[40] 그대는 침상(寢林)의 욕망으로 나를 눈멀게 해 놓고.... 나에게 요격(邀擊)을 가한 셈이요."[44]

헤라가 말했다.

"땅과 하늘과 스틱스(Styx)의 검은 폭포를 두고 맹세합니다....저 포세이돈을 내가 시키지는 않았습니다...."[58]

헤라가 그렇게 호소하자 제우스는 웃으며 말했다.[61]

"잘 했소. 헤라여....시간이 가면 당신도 내 마음을 알 것이요. 그리고 포세이돈도 제 갈 길을 가게 할 것이요....헤라여. 가서 이리스(Iris)를 내게 보내고, 아폴로에게도 전하시오.[70] 이리스(Iris)는 아카이아 청동(靑銅) 군사들을

도망치게 할 것이고 포세이돈이 전쟁을 포기하고 용궁으로 돌아가게 할 겁니다. 그리고 아폴로를 헥토르에게 보내, 그의 호흡을 돌려주고 고통을 멈추게 하여 헥토르를 다시 전장으로 되돌아가게 할 것이요. 헥토르가 아카이아들을 철저하게 공략하면, 아카이아 군사들은 무서워, 펠레오스(Peleus) 아들 아킬레스 함선 안으로 들어갈 겁니다. 그러면 아킬레스는 친구 파트로클로스(Patroclus)를 전투에 참전하게 하면 그 파트로클로스(Patroclus)가 내 아들 사르페돈(Sarpedon)을 포함한 전 트로이 용사(勇士)들을 잡을 것이나, 헥토르는 그 파트로클로스(Patroclus)를 트로이 성 앞에서 자기 창으로 잡을 겁니다.[84] 그 파트로클로스(Patroclus)가 일단 죽고 나면, 아킬레스가 헥토르를 눕힐 겁니다. 그 이후에는 아테나의 거대한 구상인 아카이아 군사가 트로이의 높은 성을 차지할 때까지 전투가 멈추지 않고 그 전세(戰勢)를 이어 갈 겁니다.[89] 하지만 처음 테티스(Thetis)가 내 무릎을 잡고 '아킬레스가 천벌(天罰)을 행하게 해 달라'는 호소에 내가 응했던 것(I vowed my head in assent that day the goddess Thetis cluched my knees, begging me to exalt Achilles scourge of cities.)이 이루어 질 때까지는 어떤 신도 아르기베 군사들을 도울 수 없습니다."[96]

헤라는 제우스 말에 복종하여 이다(Ida)산에서 올림포스로 되돌아 왔다.[98] 여러 신들이 헤라를 반겼으나 헤라는 준엄하게 선언했다.

"다시는 내게 여러 말들을 하지 마시오. 여러 신들은 제우스의 엄격함을 알아야 합니다....[122]....제우스를 거역하는 것은 얼마나 바보 같은 일입니까? 제우스에게 우리가 대항하는 것은 다 미친 짓입니다..."[137]

헤라는 아폴로와 이리스(Iris)를 궁전 밖으로 불러내어 말했다.

"제우스께서 너희를 이다(Ida)산으로 부르셨다. 제우스께서 시키는 대로 행하라."[177]

....두 신이 이다(Ida)산에 이르니...제우스는 가르가론(Gargaron) 정상(頂上)에 계셨다.

272

제우스는 먼저 이리스(Iris)에게 명했다.

"어서 포세이돈에게 가서 살상 전쟁은 그만 두고 바다 속으로 돌아가라고 하라. 만약 명령을 어길 경우 내 힘을 못 당할 것이다. 내가 형(兄)이니 나와 맞먹을 수는 없을 것이다."[200]

이리스(Iris)가 달려가 포세이돈에게 말했다.

"바다의 신이시여. 제우스의 전갈(傳喝)이십니다. 이제 살상 전쟁은 그만 두시고 바다나 다른 신들에게 가시라는 명령입니다……"[218]

그러자 포세이돈은 화를 내며 말했다.

"무슨 말씀이냐! 너무 거만하시다! 나의 뜻을 자기 맘대로 하려는 거야?…. 크로노스(Cronus)와 레아(Rhea)는, 제우스와 나와 하데스(Hades) 3형제를 낳아, 세상을 3등분 하여 하데스(Hades)는 저승의 왕이 되었고, 제우스는 하늘의 왕이 되고 나는 바다의 왕이 되었다. 그러나 땅과 올림포스 산은 우리의 공동 소유이다. 그래서 나는 제우스의 말을 듣지 않을 것이다!…제우스는 자기의 딸이나 아들들에게나 명령하는 것이 옳을 것이다."[237]

이리스(Iris)는 급히 포세이돈을 달랬다.

"바다의 신이시여. 당신은 정말 제게 그 '거칠고 굽힘 없는 대답'을 그대로 제우스께 전하라라는 겁니까? 조금도 변함이 없으십니까? 제우스의 마음은 항상 바뀝니다. 당신은 제우스의 진노가 옛 형제들에게 어떻게 발동되는지를 잘 아시지 않습니까?"[244]

포세이돈이 말했다.

"이리스(Iris)여. 그것은 사실입니다. 하지만 제우스가 '세계를 나누어 소유하고 있는 나'를 욕하면 화가 납니다. 어떻든 이번에는 내가 양보를 하겠습니다……"[258]

포세이돈은 전선(戰線)에서 물러나 바다로 돌아갔다.[261]

제우스가 즉시 아폴로에게 명했다.

"어서 저 헥토르에게로 가라. 포세이돈도 바다로 돌아갔으니 너는 나의 방패와 검은 태슬(tassels, 徽章)을 잡고 아르기베 군사들을 흔들어 그들의 장군들이 놀라 패주하게 하라. 아폴로여. 헥토르를 보살펴어 용기를 북돋아 아르기베들이 그들의 함선까지 이르게 하라…"[279]

아폴로가 제우스의 명령을 받아 이다(Ida) 산에서 내려가….헥토르(Hector)를 보았다. 헥토르는 이미 회복을 하여 일어나 동료들을 알아보았다. 숨쉬기가 편해졌으니 이미 제우스가 그를 되살려 놓은 것이다. 아폴로가 헥토르에게 말했다.

"헥토르(Hector)여. 그대는 왜 그대의 군사들과 떨어져 여기에 앉아 있는가? 어떻게 반사(半死) 상태에 이르게 되었는가?"[291]

헥토르(Hector)가 말했다.

"나를 보고 물으시는 당신은 누구입니까? 당신은 못 들었습니까? 장군 아이아스(Ajax)가 내가 자기 군사들을 죽였다고 돌로 내 가슴을 쳤습니다. 나는 정말 죽는 줄 알았습니다."[301]

그러자 아폴로가 말했다.

"용기를 가지시오. 나는 포에보스 아폴로(Phoebus Apollo)로, 제우스께서 그대를 도우라 해서 급히 내려왔소. 내가 앞장을 설 터이니 일어나 당신의 전차부대를 몰아 빈 함선으로 바로 돌격을 하시오…"[301]

그렇게 아폴로는 헥토르에게 무서운 힘을 불어넣었다….신의 명령을 받은 헥토르는 그의 기병들을 독려했다.[320]

그러자 아르기베 사람들은 전의(戰意)가 급격히 떨어졌다…안드라이몬(An-draemon)의 아들 토아스(Thoas)가 말했다…

"나는 엄청난 기적(奇蹟)을 보고 있습니다. 헥토르가 도망을 쳤다가 다시 돌아왔습니다! **우리는 아이아스(Ajax) 손에 저 헥토르가 죽기를 바랐습니다. 신이 헥토르를 도운 것입니다**…그러기에 우선 내 말대로 합시다. 군사들은 함선으로 일단 후퇴를 시키고, 최고의 장군들이 남아 저 헥토르와 맞서 싸우도록 합시다…."[353]

274

군사들은 그 토아스(Thoas)의 전략을 따랐다. 그래서 대 아이아스(Great Ajax) 이도메네오스(Idomeneus)왕, 테우케르(Teucer) 메리오네스(Meriones) 메게스(Meges) 등 최고 병사들이 남아 헥토르와 맞서기로 하고, 나머지 군사들은 함선으로 후퇴를 했다.[359]

헥토르가 이끄는 트로이 군사들은.... 아폴로가 그 앞장을 섰다....[367]...헥토르는 스티키오스(Stichius)와 아르케실라오스(Arcesilaus)를 죽였고...아이내아스(Aeneas)는 메돈(Medon)과 이아소스(Iasus)를 죽였다...폴리다마스(Polydamas)는 메키스테오스(Mecisteus)를 죽였다...

폴리테스(Polites)는 에키오스(Echius)를 죽였고...아게노르(Agenor)는 로니오스(Clonius)를 죽였다.[400]

파리스(Paris)는 다이오코스(Deiochus) 어깨를 찔렀다.......

아르기베들은 해자(垓字)를 건너 방어벽 안으로 후퇴를 했다. 그러자 헥토르가 트로이 군사를 향하여 외쳤다.

"피 묻은 전리품은 그냥 버려두고, 함선을 공격하시오! 누구든지 함선 공격에 벗어나 머뭇거리는 자는 현장에서 내가 즉시 잡아 죽일 것이요..."[413]

트로이 전차들이 달리고 아폴로가 인도(引導)하니, 방어벽은 아이들 모래언덕처럼 쉽게 무너졌다....[432])

그러자 네스토르(Nestor)가 기도했다.

"제우스시여. 도와주소서...."[442]

제우스는 네스토르 기도를 들어 천둥으로 대답을 했다. 그러나 트로이 군사들은 천둥소리를 듣고도 더욱 거세게 아르기베들을 공격했다....[450]

한편 파트로클로스(Patroclus)는 그의 친구 에우리필로스(Eurypylus) 막사(幕舍)에서 그를 치료해 주고 있었다.[460] 그런데 트로이 군사들이 방어벽을 공격하니, 아카이아 사람들은 공포의 고함들을 질렀다.

그 소리를 파트로클로스(Patroclus)가 듣고 탄식했다.

"에우리필로스(Eurypylus)여. 그대도 내가 필요하지만 큰 전투가 벌어졌으니 내가 여기에 붙어 있을 수가 없소. 나는 아킬레스에게로 돌아가야겠소. 신이 도우시면 그가 혹시 일어설지 누가 알겠소?"[474]

파트로클로스(Patroclus)는 그렇게 말하고 발걸음을 재촉했다. 그러는 동안 아르기베들은 트로이 군사들의 공격을 막고는 있었으나, 함선으로부터 격퇴를 하지는 못하고 있었다. 그리고 트로이 군사들도 그 아르기베들의 방어를 뚫고 함선이나 막사로 가는 길을 마련하지는 못했다.[480]

헥토르가 전투의 버팀대인 아이아스(Ajax)에게 덤벼들었으니, 신이 그 헥토르를 이끌었기에. 아이아스도 그 헥토르를 물리칠 수가 없었다.[489]

트로이의 클리티오스(Clytius)의 아들 칼레토르(Caletor)가 함선을 향해 불을 날랐다. 그러자 아이아스(Ajax)가 창으로 그의 가슴을 찔렀다.[492]

헥토르가 아이아스(Ajax)를 향해 창을 날렸으나 빗나가 마스토르(Mastor)의 아들 리코프론(Lycophron)을 쳤다.[503]

아이아스(Ajax)가 그의 아우를 불렀다.

"테우케르(Teucer)여. 우리의 믿음직한 친구가 죽었다... 헥토르가 그를 죽였다. 서둘러 활을 잡아라."

테우케르가 활을 느려 피세노르(Pisenor)의 아들 클리토스(Clitus)를 맞혔다.

폴리다마스(Polydamas)가 프로티아온(Protiaon)의 아들 아스티노오스(Astynous)를 죽이고 소리쳤다.

"모두 나의 동작을 자세히 보라."

그렇게 말하고, 전선(前線)의 군사와 싸우려고 방향을 선회하였다.... 테우케르(Teucer)가 다시 활을 잡아 헥토르(Hector) 가슴을 겨누어 '헥토르의 함선 공격'을 멈추게 하려 했다...그러나 헥토르를 지키는 제우스를 막을 수는 없다...

제우스는 테우케르의 활을 빼앗고 화살을 축을 뽑아버렸다. 테우케르가 형에게 말했다.

"이게 무슨 일이요? 어떤 힘이 우리의 전의(戰意)를 꺾고 우리의 계획을 망치고 있습니다. 누가 나의 활과 화살을 다 빼앗아 갔습니다."[550]

아이아스(Ajax)가 말했다.

"너무나 안 됐구나. 그러면 활과 화살은 버리고, 방패와 창을 잡아라…"[557]

헥토르(Hector)는 테우케르(Teucer)가 활을 포기하는 것을 보고, 자기 군사들을 향해 외쳤다.

"트로이, 리키아, 다르다 전사들이여! 함선을 향하여 돌격하라. '최고 활잡이 [테우케르(Teucer)]'의 활과 화살을 제우스께서 막아주시는 것을 이 두 눈으로 똑똑히 보았다……"[579]

헥토르(Hector)의 말은 각 병사들의 정신에 불을 질렀다.[581]

하지만 아이아스(Ajax)도 군사들의 용기를 북돋우었다.

"어차피 이것이냐 저것이냐….지금은 용감히 싸우는 것이 제일이다…"[595]

아이아스(Ajax)가 그렇게 말하자 각 용사들은 전의(戰意)를 다시 가다듬었다. 헥토르가 페리메데스(Perimedes)의 아들 스케디오스(Schedius)를 죽이니, 아이아스(Ajax)는 보병 대장 라오다마스(Laodamas)를 죽였다.

결국 사람들을 잡아먹는 사자들처럼, 트로이 군사들은 함선(艦船)을 공격을 개시하였다…제우스는 헥토르에게 '영광'을 주어…당신의 눈으로 화염에 휩쓸린 함선을 보고자 했다…헥토르(Hector)는 급히 배 고물을 잡고 트로이 군사들을 향해 외쳤다.

"어서 불을 가져오라. 모두 일제히 함성을 질러라. 이제 제우스께서 도와주셔서 오늘 이 함선들을 우리가 다 차지하게 되었다.…"[841]

헥토르의 함성이 커질수록 트로이 군사들의 공격은 더욱 거세어졌다. 아이아스(Ajax)도 자리를 고수할 수가 없어서 조금씩 뒤로 밀리었다. 아이아스(Ajax)는 7피트 함교(艦橋)에 버티고 서서 불을 들고 오는 트로이 병사를 창으로 밀어내어….트로이 군사 12명이 부상을 당했다.[20][866]

'파트로클로스와 그의 친구 에우리필로스(Patroclus and Eurypylus)'
'아킬레스와 키론(Achilles and Chiron)'

'이다 산(Mt. Ida)', '불을 나르는 트로이 병사들을 무찌른 아이아스(Ajax kept beating the Trojans flinging tireless fire.)'

(a) '일리아드(*The Iliad*)' '제14책'에서 제우스는 '자신의 결백을 주장하는 헤라'에게, '일리아드(*The Iliad*)' 전체에 담긴 '절대 신[제우스]의 뜻'을 간명하게 앞서 제시하고 있다.
이는 '마하바라타(*The Mahabharata*)'의 '서술 방식'으로, '마하바라타(*The Mahabharata*)'는 '전(全) 18책 내용'을 권두(卷頭)에 요약했고, 필요에 따라 수시로 '앞으로 전개될 내용을 미리 알려주는 방식'을 적용했다.

(b) 그리고 '마하바라타(*The Mahabharata*)'에 '절대 신의 화신 크리슈나(Krishna)'는 '일리아드(*The Iliad*)' '오디세이(*The Odyssey*)'에 4가지 유형으로 변용되어 제시되었는데 이 '제14책'에서는 'C. **헤라클레스(Heracles)**

---

20) Homer(Translated by Robert Fagles), *The Iliads*, Penguin Books, 2001, pp 387~411. 'Book Fifteen : The Achaean Armies at Bay'

278

-외척(外戚) 시달린 무서운 체력의 소유자'로 제시되어 각별한 주의(注意)가 필요하다.

(c) 그리고 이 '일리아드(*The Iliad*)' '제14책'에 포세이돈의 말로 밝혀진 '신들의 가계(家系)'는 '희랍 지방 설화'를 바탕으로 한 것일 지라도, '**포세이돈(Poseidon)=시바(Siva)**'라는 등식(等式)은 작품 '오디세이(*The Odyssey*)'를 통해 반복 입증이 되고 있어 주목을 요하는 사항이다.

제16책 파트로클로스의 투쟁과 사망

그렇게 사람들이 싸우고 죽어가는 도중에, **파트로클로스(Patroclus)는 아킬레스(Achilles)에게 도착을 했다.** 파트로클로스(Patroclus)는 한 없이 눈물을 쏟았다....[5] 그러자 아킬레스가 그를 보고 물었다.

"파트로클로스(Patroclus). 왜 우는가? 소녀처럼 어린애처럼 왜 우는가?...솔직히 다 털어놓게......."[21]

파트로클로스(Patroclus)가 아킬레스에게 말했다.

"아킬레스여. 아카이아 사람들에게 큰 슬픔이 닥쳤소...디오메데스는 화살에 맞고 오디세우스, 아가멤논, 에우리필로스가 다 부상을 당했소...아킬레스여....그대의 어머니께서 제우스에게 불길한 말을 들었다면...우선 나라도 우리 미르미돈(Myrmidon)의 군사들을 이끌게 해 주시오...그 동안 우리는 힘들을 쓰지 않았으니, 저 트로이 사람들을 그들의 도성(都城)으로 돌아가게 할 수는 있을 것이오."[53]

그러자 아킬레스가 파트로클로스(Patroclus)에게 크게 화를 내며 말했다.

"파트로클로스(Patroclus) 무슨 말이야? 예언이나 어머니 말씀 따위는 내게 문제도 아니네. 아가멤논이 나에게서 상으로 받은 그 소녀를 빼앗아가, 나에게 상처와 굴욕감을 안겼기 때문이네...하지만 지난 일을 다 잊기로 하세....함성과 학살이 우리 배에까지 도달하기 전까지는 나에게 '참전(參戰)'이란 없네....하지만 트로이 군사들이 우리 함선으로 몰려왔다면 그대가 우리 미르미돈(Myrmidon) 군사를 이끌어 보게...**제우스께서 그대에게 영광을 내리실 지라도, 우리 함선을 구하거든 즉시 돌아오도록 하게**....”[119]

파트로클로스(Patroclus)와 아킬레스가 그렇게 대화를 하고 있는 동안에, 아이아스(Ajax)는 트로이 군사들을 더 이상 막고 있을 수가 없었다.[121]....헥토르가 아이아스(Ajax)에게 달려들어 아이아스의 ‘물푸레나무 창(ash-wood pike)’을 잘라버리니...아이아스(Ajax)는 그것이 신들의 소행임을 알아차려 후퇴를 했다.[145]...아이아스(Ajax)가 물러서자, **트로인 군사들은 배 안으로 불을 던지니 불길이 배 위에 솟아올랐다**.[150].....아킬레스가 파트로클로스(Patroclus)에게 말했다.

“일어서게 파트로클로스(Patroclus)여. 함선 위에 치솟은 불길이 내게도 보이네...어서 무장을 하게. 내가 우리 군사들을 불러 모을 터이니.”[155]

파트로클로스(Patroclus)는...청동갑옷을 입고...두 자루 창을 잡았다...

그러자 아킬레스가,...**아우토메돈(Automedon)에 명하여 전차(戰車)를 대령하게 했으니, 질풍 같이 달리는 준마(駿馬) ‘로안 비우티(Roan Beauty)’와 ‘다플레(Dapple)’에 멍에를 얹고, ‘용감한 무용수(Bold Dancer)[馬名]’도 그들 곁에 달리게 했으니, ‘용감한 무용수(Bold Dancer)[馬名]’는 아킬레스가 에에티온(Eetion) 도시를 함락시고 얻은 말이었다**.[184]...미르미돈 족(Myrmidons) 장군들이 아킬레스 왕자에게 모여들었다....[198]...아킬레스가 동방(東方)의 토로이로 올 적에 50척의 배에 군사를 실었는데 각 배 한 척에는 50명의 전사(戰士)가 타고 있었고 5명의 장군들이 이끌게 했다.

제1부대는 메네스티오스(Menesthius)가 이끌었고...제2부대는 에우도로스(Eudorus)가 이끌었고...제3부대는 피산데르(Pisander)가 이끌었고....제4 부대는 늙은 포에닉스(Phoenix)가 이끌었고 제5 부대는 알키메돈(Alcimedon)이 이끌었다.[232]

아킬레스가 군사들을 모아놓고 말했다.

"미르미돈 족(Myrmidons)이여. 그대들은 내가 분노해 있을 적에, '**무정한 펠레오스 아들[아킬레스]이여...그렇게 독한 분노가 그대 마음속에 있을 바엔 차라리 고향으로 돌아갑시다.**'라고들 말했습니다. 하지만 지금 엄청난 전투가 눈앞에 전개되고 있습니다. 모든 사람들은 용기를 가지고 트로이 군사들과 싸워야 할 것입니다."[248]

아킬레스 왕의 그 말은, 용사들의 마음에 '투쟁의 불'을 붙였다....파트로클로스(Patroclus)와 아우토메돈(Automedon)이 군사들의 선두에 섰다.[260]....아킬레스는 막사로 돌아와 어머니 테티스(Thetis)가 배에 실어준 뚜껑달린 궤짝을 열었다...아킬레스는 그 속에서 잘 생긴 컵을 꺼내...빛나는 포도주를 부어 놓고...하늘을 향해 기도했다...[274]

"펠라스기아의 제우스(Pelasgian Zeus)시여. 도도나(Dodona)에 거하시는 왕이시여...제 친구 파트로클로스(Patroclus)가 함선의 적들을 물리치면, 반드시 우리 군사와 함께 제게 돌아오게 해 주옵소서."[293] ['운명(殞命)'을 피하고 싶은 아킬레스]

그 아킬레스의 기도를, 제우스는 하나는 들어주고 다른 것은 들어주질 않았다. 즉 파트로클로스(Patroclus)가 함선에서 적들을 맹공(猛攻)하는 것은 허락했으나, 전투에서 '무사한 귀환'은 들어 주지 않았다.[298].....미르미돈들(Myrmidons)의 장군들은 대담한 파트로클로스(Patroclus)과 함께 용감히 싸웠다.[304]

파트로클로스(Patroclus)는 동료들에게 외쳤다.

"미르미돈들(Myrmidons)이여. 아킬레스의 형제들이여...용감히 싸웁시다....그래야 아가멤논도 그의 잘못을 알게 될 겁니다...."[322]

트로이 군사들은 파트로클로스(Patroclus)의 용감한 모습을 보고....그 아킬레스가 전투에 뛰어든 것으로 알고 흔들리기 시작했다.[333]

파트로클로스(Patroclus)는 먼저 창을 던져...피라이크메스(Pyraechmes)의 오른쪽 어깨를 맞혀 그를 먼지 속에 눕혔다....[340]...파트로클로스(Patroclus)

가 트로이 장군을 잡아 트로이 군사들이 겁먹고 그들의 공격을 멈추게 한 다음, 함선의 불길을 잡았다. 불길은 프로테실라오스(Protesilaus) 배를 반쯤 불태웠다.[345]...아르기베들은 불길을 잡고 나서도 싸움을 그만두지 않았다...[347]... 용감한 파트로클로스(Patroclus)는 아레일리코스(Areilycus)의 엉덩이를 찔렀고....메넬라오스(Menelaus)는 토아스(Thoas)의 가슴을 찔러 죽였다...메게스(Meges)는 암피클로스(Amphiclus)의 허벅지를 찔렀다......마리스(Maris)는 안틸로코스(Antilochus)를 창으로 공격하였다...[377]

트로이 군사들은 전의(戰意)를 상실하고 도망가기에 바빴다.[421]....헥토르도 그의 빠른 말들에게 몸을 싣고 후퇴를 했다...[434]

파트로클로스(Patroclus)는 앞장을 서서 외쳤다.

"트로이 군사들을 다 잡아라!"

파트로클로스(Patroclus)는 '헥토르를 잡기'가 소망이었다. 그러나 그 헥토르는 그의 날랜 말들이 그를 실어 가버린 다음이었다.[454]

파트로클로스(Patroclus)는 트로이 군사들의 선두(先頭)를 돌파하여...그들의 트로이 성(城)으로 후퇴를 막아, 아르기베들의 대대적인 살상을 도왔다.[473]

파트로클로스(Patroclus)는 먼저 창잡이 프로노스(Pronous)를 쓰러뜨렸고, 에놉스(Enops)의 아들 테스토르(Thestor)를 잡으러 갔다. 파트로클로스(Patroclus)가 그 테스토르에게 달려 들어.... 그의 오른쪽 어깨를 찔러 바다 속에서 물고기를 끌어 올리듯 앞으로 잡아 당겨....죽였다.[489]...이어 파트로클로스(Patroclus)는 에릴라오스(Erylaus) 머리를 돌로 쳐 죽였고, 암포테로스(Amphoterus) 에리마스(Erymas) 에팔테스(Epaltes) 틀레폴레모스(Tlepolemus) 에키오스(Echius) 피리스(Pyris) 이페오스(Ipheus) 에우입포스(Euippus) 폴리멜로스(Polymelus)를 차례로 땅바닥에 눕히었다.[498]

이에 **사르페돈(Sarpedon)**[제우스의 아들]은 전우들이 쓰러져 죽는 것을 보고, 그들을 살해한 그 파트로클로스(Patroclus) 만큼이나 투지(鬪志)가 넘쳐 있었다. 그리하여 자기의 리키아 사람들에게 거칠게 말했다.

"리키아 사람들이여. 어디로 도망을 가는가? 공격을 개시하라. 내가 저놈을 당장 잡겠다...."[505]

사르페돈(Sarpedon)은 그렇게 말하고 전차에서 뛰어내렸다. 그러자 파트로클로스(Patroclus)도 그를 보고 전차에서 뛰어내렸다. 그들은 두 마리 독수리처럼 덤볐다...[511]....그래서 하늘의 제우스는 '위대한 두 투사(鬪士)'를 보고 연민(憐憫)의 감정이 일어났다. 그래서 제우스는 헤라(Hera)에게 말했다.

"나의 독한 운명이여...내 아들 중에 가장 사랑스러운 사르페돈(Sarpedon)이 저 메노에티오스(Menoetius) 아들 파트로클로스(Patroclus)에게 죽을 운수입니다. 내 가슴이 찢어질 듯하니 사르페돈(Sarpedon)이 살아 있는 동안 트로이 전쟁터에서 멀리 떨어진 리키아(Lycia)의 푸른 들로 데려다 놓으면 어떻겠소? 그렇지 않으면 저 파트로클로스(Patroclus)가 그를 죽일 것이요."[521]

헤라가 말했다.

"제우스여. 무슨 말씀이십니까? 인간은 다 죽게 마련인데, 당신께서는 사르페돈(Sarpedon)을 죽음의 고통에서 벗어나게 하려 하십니까? 당신께서 당신 좋을 대로 사르페돈(Sarpedon)을 죽음의 고통에서 제외시키면, 모든 신들이 당신에게 동의하지 않을 겁니다...당신께서 파트로클로스(Patroclus)에게 사르페돈(Sarpedon)이 쓰러지는 것을 슬퍼하는 것은 결코 옳지 않으니, 그를 그냥 죽게 내버려 두세요. 그가 죽어 그의 영혼이 육신을 떠나면 그의 시체를 들 넓은 리키아(Lycia)로 보내 그의 형제와 나라 사람들이 제왕(帝王)의 의례로 무덤을 만들고 비석을 세우게 하십시오."[543]

이렇게 헤라가 말하니, 제우스는 헤라의 말을 따르기로 했다.....두 전사(戰士)가 가까워져 접전을 펼치어 먼저 파트로클로스(Patroclus)가 사르페돈(Sarpedon)의 유명한 마부 트라시멜로스(Thrasymelus)를 창을 던져 죽였다. 이에 사르페돈(Sarpedon)은 파트로클로스(Patroclus)에게 창을 던졌으나 빗나가 그의 말 '**용감한 무용수(Bold Dancer -馬名)**' 오른쪽 어깨를 찔러 숨지게

했다...[557]

두 투사는 다시 창던지기를 주고받아, **파트로클로스(Patroclus)가 던진 창이 사르페돈(Sarpedon)의 가슴에 박혔다**....[579]

사르페돈(Sarpedon)은 죽어가며 외쳤다.

"사랑하는 글라우코스(Glaucus)여....이 사르페돈(Sarpedon)을 위해 싸워주시오..."[591]

글라우코스(Glaucus)는 이미 부상을 당하고 나서 아폴로에게 기도를 올리었다...아폴로가 그 기도에 응답해 글라우코스 상처를 치료하고 용기를 불어 넣으니, 글라우코스(Glaucus)도 신의 감지하셨음을 알았다.[624]...그래서 글라우코스(Glaucus)는 리키아 장군들을 찾아가 전투를 독려하고 이어..... 헥토르를 찾아가 호소했다.

"헥토르여...당신네들을 도우러 왔던 사르페돈(Sarpedon)이 파트로클로스 (Patroclus) 창에 맞아 쓰러져 있습니다..."[641]

글라우코스(Glaucus)가 호소하자 헥토르는 엄청난 슬픔에 잠겼다...

그리하여 트로이 사람들, 리키아 사람들, 미르미돈들과 아카이아 양군(兩軍) 사이에, 사르페돈(Sarpedon)의 시체를 놓고 다시 격렬한 전투가 일어났다...[665]...아가클레스(Agacles) 아들 에피게오스(Epigeus)가....사르페돈(Sarpedon) 시체를 잡자마자 헥토르는 돌멩이를 들어....에피게오스(Epigeus)의 목을 쳐 죽였다...[686]

이에 파트로클로스(Patroclus)는 그의 친구의 죽음에, 트로이 군사들에게 맹공을 퍼부어 이타이메네스(Ithaemenes)의 아들 스테넬라오스(Sthenelaus)를 돌로 쳐 죽였다. 이에 양군은 조금 물러서 그 사이에 공간이 생겼다.[691]...그러나 글라우코스(Glaucus)는 용사 바티클레스(Bathycles)를 죽였다.

제우스는 대량 살상 전투를 내려다보고 있다가, 파트로클로스(Patroclus)가 그 원인임을 알고, '그를 어떻게 죽게 할 것인가'를 생각했다. 사르페돈 (Sarpedon)의 죽음 위에 그냥 쓰러지게 할지, 아니면 더욱 살상을 계속하게 할지가 그것이었다....제우스는 헥토르를 겁먹게 만드니, 헥토르가 명령을 내렸다.

"트로이 군사들이여 후퇴하라!"[765]

제우스는 아폴로에게 명령을 내렸다.

"포에보스(Phoebus)여....사르페돈(Sarpedon)의 시신을 수습하여...그의 몸을 깨끗이 한 다음 신유(神油)를 바르고 신의(神衣)를 입혀 넓은 리키아(Lycia) 평원으로 보내면, 나라 사람들이 '제왕의 장례'를 따라 그의 묘와 비석을 마련할 것이니 그렇게 하라."[788]

아폴로는 제우스의 명령을 따랐다.

파트로클로스(Patroclus)는 계속...트로이 리키아 전선(前線)으로 달려 나갔다....그리고 아드레스토스(Adrestus) 아우토노오스(Autonous) 에케클로스(Echeclus) 페리모스(Perimus) 에피스토르(Epistor) 멜라닙포스(Melanippus) 엘라소스(Elasus) 물리오스(Mulius) 필라르테스(Pylartes)를 죽였다.[815]

아폴로가 다가가 파트로클로스(Patroclus)에게 말했다.

"파트로클로스(Patroclus)여, 물러서라! 너의 창 앞에 '트로이 성'은 망하지는 않을 것고, 너보다 위대한 아킬레스에게도 '트로이 성'은 무너지지 않는다."[827]

한 편 헥토르는 '스카이안 성문(Scaean Gates)'까지 물러나 있었다.

아폴로가 헥토르의 외삼촌 아시오스(Asius) 모습으로 헥토르에게 다가가 말했다.

"헥토르여. **왜 그대의 의무(your duty)인 '전투'를 그만두고 있는가**?...어서 일어나 저 파트로클로스(Patroclus)에게 달려들면, 아폴로가 그대에게 '영광'을 내릴 수도 있을 거야!"[866]

아폴로는 무리 속으로 들어가 아르기베들에게는 혼란 속에 퇴각을 하게 만들었고, 헥토르와 트로이 군사들에게는 '행운'을 제공했다.[871]...헥토르는 아르기베 병사들은 무시하고 파트로클로스(Patroclus)를 향해 나아가니...파트로클로스(Patroclus)는 그의 전차에서 뛰어내려 왼손에 창을 잡고 오른손으로 돌을 잡아 헥토르의 마부 케브리오네스(Cebriones)의 이마를 쳐…그의 목숨을 앗았다.[866]…트로이 군사와 아르기베 군사들이 혼전을 펼쳤으나…아카이아 사람들이 케브리오네스(Cebriones) 시체를 가져갔다.[903]……파트로클로스(Patroclus)는 9명의 트로이 전사를 다시 죽였다.[911]…**아폴로가 짙은 안개로 가리고 파트로클로스(Patroclus)에게 접근하여, 그의 어깨와 헬멧을 치니, 파트로클로스(Patroclus)의 두 눈이 빙글 돌았다**…[925]…파트로클로스(Patroclus)는 다시 20명의 전차 마부를 베어 죽였다.[942]…**파트로클로스(Patroclus)가 ….지쳐 그 전우들 속으로 돌아갔다.[951]….그를 지켜보고 있던 헥토르가 부상을 당한 파트로클로스(Patroclus)의 복부(腹部)를 공격해 죽였다**…[957]…헥토르가 말했다.

"파트로클로스(Patroclus). 너는…우리 트로이 성을 함락시키고…고향으로 가려고 생각했겠지…이제 너는 독수리들의 밥이 되게 되었다…."[984]

파트로클로스(Patroclus)가 죽어가며 말했다.

"헥토르여. 지금은 네가 승리했으나, 제우스와 아폴로의 선물일 뿐이다…너는 아킬레스 손에 죽을 운명이다."[1000]

헥토르가 창을 들고 파트로클로스(Patroclus)의 마부 아우토메돈(Automedon)을 향해 달려가니, 준마(駿馬)들이 그를 싣고 전장을 빠져나갔다.21)

---

21) Homer(Translated by Robert Fagles), *The Iliads*, Penguin Books, 2001, pp 412~441. 'Book Sixteen : Patroclus Fights and Dies'

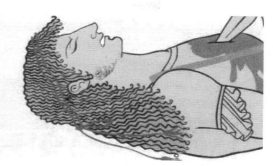

'파트로클로스(Patroclus)' '사르페돈의 죽음(The Death of Sarpedon)'

'파트로클로스의 죽음(The Death of Patroclus)'

———✈

(a) 호머는 작품 '일리아드(*The Iliad*)'를 통해 '전장의 사건 전개'를 소상히 중계했을 뿐만 아니라 '신들의 일거수일투족(一擧手一投足)'을 상세 전하고 신들의 마음속에까지 들어가 그들의 의도를 미리 '청취자(聽取者)들'에게 알리었으니, 이것이 바로 그 '마하바라타(*The Mahabharata*)' 식 진술 방식이다.

(b) 그리고 '절대 신[제우스]'의 '판결 기준'으로, **'인간 생명 살상(殺傷) 정도'로 운명(殞命) 정해지도록 한 '인과응보(因果應報) 론'을 운영하고 있는데**, 이것도 역시 그 힌두(Hindu)의 '마하바라타(*The Mahabharata*)' 그 공식을 수용한 것이다.

(c) '천둥 벼락을 구사하는 힌두(Hindu)의 신'으로 '인드라(Indra) 신'이 있는데, 그 '인드라(Indra) 신'도 '그 아들[아르주내 사랑'이 각별했다. 그런데 제우스도 자기 아들 '사르페돈(Sarpedon)'이 파트로클로스(Patroclus)에게 죽임을 당하자 그를 헥토르를 통해 죽였다는 '사건 전개 방식'은 당초 '인간들의 일 진행 방식'을 그대로 '신들의 세계에 적용한 것'이고 역시 '마하바라타(*The Mahabharata*)' 방식이다.

(d) 그리고 '**헥토르의 말[馬]**'이나 '**아킬레스의 말[馬]**'이나 모두 '인간을 초월한 신의 기능을 존재'로 신비화(神秘化)하고 있음은, '**희랍의 이오니아 족[騎馬族]**'이란 당초에 힌두(Hindu)의 '**크샤트리아(Kshatriya)들의 서진(西進) 결과'라는 위대한 포콕(E. Pococke)의 주장**'[희랍 속의 인도(*India in Greece*, 1851)']을 입증하고 있는 그 소중한 단서(端緒)들이다.

제17책 메넬라오스의 최고 시간

메넬라오스(Menelaus)는…파트로클로스(Patroclus)가 죽은 것을 모르고 있었으나…그 파트로클로스(Patroclus)가 죽어 누워 있는 그 주변에 있었다…[5].…에우포르보스(Euphorbus)가 파트로클로스(Patroclus)의 시체를 탐내어 메넬라오스를 향해 말했다.

"메넬라오스여. 내가 트로이 사람 중에 가장 먼저 저 파트로클로스(Patroclus)를 공격했다…너는 그냥 조용히 물러나 있어라…"[18]

이에 메넬라오스(Menelaus)는 크게 화를 내며 말했다.

"호언장담이란 쓸데없다…죽기 전에 말조심하라…."[36]

에우포르보스(Euphorbus)가 다시 말했다.

"너는 네가 죽인 우리 형님의 피 값을 내게 치러야 한다…도망가지 말라…"[47]

에우포르보스(Euphorbus)는 창을 던져 메넬라오스 방패 중앙을 공격했으나, 그의 창끝이 구부러졌다…메넬라오스(Menelaus)는….그 에우포르보스(Euphorbus)의 목을 찔러 잡았다.[78]...

아폴로가 키코네스(Cicones) 장군 멘테스(Mentes)의 모습으로 헥토르에게 말했다.

"헥토르여...메넬라오스(Menelaus)가 트로이의 용감한 장군 에우포르보스 (Euphorbus)를 죽였습니다..."[90]

헥토르는 우울한 마음으로 달려 가보니 한 병사가 에우포르보스(Euphorbus) 의 갑옷을 벗기고 있었다....헥토르가 접근하니...메넬라오스(Menelaus)는..... 급히 아이아스(Ajax)를 향해 외쳤다.[136]

"아이아스(Ajax)여, 어서 오시오...파트로클로스(Patroclus)의 시체를 지켜 야 합니다..."[140]

메넬라오스(Menelaus)와 아이아스(Ajax)가 함께 달려가 보니...헥토르가 파 트로클로스(Patroclus)의 시체를 끌고 가다가, 아이아스와 메넬라오스를 보고 시체를 버리고 자기 전차로 올라갔다. 그래서 그들이 파트로클로스(Patroclus) 의 시체 곁에 섰다.[158]

그러자 리키아 장군 글라우코스(Glaucus)가 헥토르를 노려보며 말했다.

"헥토르여 그대는 우리의 사르페돈(Sarpedon) 왕의 시체까지 저 아르고스 인들에게 내맡기었소...만약 트로이 사람에게 '용맹'이 있다면, 저 파트로클로스 (Patroclus)의 시체를 트로이 성으로까지 가져 갈 수 있을 것이오..."[193]

헥토르가 글라우코스(Glaucus)를 노려보며 말했다.

"글라우코스(Glaucus)여. 그대는 나를 겁쟁이라 말하나....내 곁에 서서 내가 겁쟁이인지 아닌지 좀 지켜보시오...."[209]

헥토르는 트로이 군사들을 향해 외쳤다.

"트로이 리키아 다르단 용사들이여. 이것들이 바로 내가 파트로클로스(Patro-clus)를 죽이고 얻은 아킬레스의 갑옷과 투구입니다!"[214]

제우스는 멀리서 그러한 헥토르(Hector)의 모습을 지켜보고 있었다. 제우스 는 머리를 흔들며 마음속으로 생각했다.[229]

"불쌍한 병사여. **죽음이 곁에 이르렀는데도 너의 죽음 따위는 생각도 않는 구나.**(Poor soldier. Never a thought of death weighs down your spirit now, yet death is right beside you,)..헥토르여, 앞으로의 전투에서 나는 너를 인정한다.(I will grant you to compensate for all that is to come)..."[239]

제우스는 헥토르에게 아레스(Ares) 정신을 주입하여 무서운 힘을 발휘하게 했다...[243]

헥토르가 메스틀레스(Mesthles) 글라우코스(Glaucus) 메돈(Medon) 테르실로코스(Thersilochus) 아스테로파이오스(Asterpaeus) 디세노르(Disenor) 힙포토오스(Hippothous) 포르키스(Phorcys) 크로미오스(Chromius) 엔노모스(En-nomus)를 불러 놓고 말했다.

"내 말을 들으시오. 내가 우리 국경에 사는 그대들을 불러 모은 것은....트로이 여인과 아동들을 지키기 위해서 그러했던 것입니다....파트로클로스(Patro-clus)의 시체를 우리 쪽으로 이끌어 오거나 대(大) 아이아스(Ajas)를 잡은 자에게는, 내가 전리품(戰利品)의 반을 그에게 제공 하겠소..."[265]

헥토르의 맹세가 끝나자, 트로이 군사는 맹렬하게 돌격을 행하였다...

그러자 아이아스가 메넬라오스에게 말했다.

"우리 둘만으로는 상대하기 어렵습니다....어서 원군(援軍)들을 부릅시다."[281]

메넬라오스가 외쳤다.

"아르기베 왕들이여.....파트로클로스 시체가 트로이 개밥이 되게 되었으니 어서 와서 우리를 도우시오..."[291]

그러자 먼저 소(小) 아이아스(Ajas)가 달려갔고, 이어 이도메네오스(Idome-neus) 메리오네스(Merioneus)가 달려 나가니 아카이아(Achaea) 병사들이 대거 따라나섰다.[297]...트로이 군사들은 하구(河口)에서 바다로 들어가는 강물과 같았다...하지만 아르기베들은 파트로클로스(Patroclus) 시체를 방패로 둘러싸고 꿋꿋이 버티고 서 있었다...[305]

290

헥토르와 트로이 군사들을 기쁘게 하려고, 레토스(Lethus)의 아들 힙포토오스(Hippothous)가 혼전(混戰)을 뚫고 나가 파트로클로스(Patroclus)의 발을 잡아 이끄니, 소(小) 아이아스(Ajax)가 즉각 창으로 투구를 찔러... 힙포토오스(Hippothous)를 파트로클로스(Patroclus) 발 곁에 쓰러뜨렸다.[344]...소(小) 아이아스(Ajax)는 이어 포르키스(Phorcys)도 찔러 히포토오스 시체 곁에 다시 눕게 했다...그러자 이 아르기베들의 반격(反擊)에, 트로이 군사들은 그들의 성곽 곁으로 후퇴를 했다.[370]

아폴로가 전령(傳令) 페리파스(Periphas)로 변장을 하고 아이네아스(Aeneas)를 도발시켰다.

"아이네아스(Aeneas)여. 신들이 반대를 하면 트로이 성(城)인들 어떻게 보존할 수 있겠습니까?...제우스께서는 우리와 함께 우리에게 승리를 선언했습니다. 그러함에도 당신들은 겁만 내고 싸울 줄을 모르군요."[386]

아이네아스(Aeneas)는 그가 바로 아폴로임을 알아보고 헥토르를 향해 외쳤다.

"헥토르여. 우리가 저 아르기베들에게 밀려서 트로이로 후퇴를 한다는 것은 얼마나 창피스런 일입니까? ...신들 중에 한 분이 제우스께서 아직 우리를 돕는다고 하시니, 아르기베들이 파트로클로스의 시체를 함선으로 가져가지는 못하게 합시다."[395]

그렇게 말하고 아이네아스(Aeneas)는 레오크리토스(Leocritus)를 창으로 찔러 잡으니...그의 친구 리코메데스(Lycomdes)가 창을 던져 힙파소스(Hippasus)의 아들 아피사온(Apisaon)을 쳤다.[403]

아이아스(Ajax)는 파트로클로스 시체를 방패로 둘러싸 단단히 지키게 하고, 전투를 이어가니 대지(大地)는 피로 물들고 서로 죽이기기는 계속 되었다.[422]...

한편 **아킬레스는 파트로클로스(Patroclus)의 죽음을 모르고 있었다.** 군사들이 함선에서 멀리 떨어진 트로이 성 아래에서 싸우고 있었으므로, 아킬레스는 그가 살아서 곧 돌아올 것으로 알고 있었다.[470]....아킬레스는 파트로클로스

가 자기 없는 사이에 트로이 성을 공격하리라고는 꿈에도 생각하지를 않았다.[473]

한 아르기베 병사가 말했다.

"전우들이여. 우리가 파트로클로스 시체를 두어 트로이 군사들에게 넘겨 줄 바에는 차라리 우리를 이 땅덩어리가 삼켜 다 죽도록 합시다."[486]

어떤 강고한 트로이 사람은 말했다.

"전우들이여. 저 시체 곁에 우리가 다 죽는다고 해도 그것은 우리의 운명이 아닙니까? 한 사람도 이 전투에 물러서지 맙시다."[489]

그래서 그들의 무기들의 소음이 하늘까지 닿았다...**그 전차 무사[파트로클로스]가 죽은 다음에 '아킬레스의 말들'은 울고 있었다. 마부 아우토메돈(Auto-medon)이 말들에게 최선을 다 했다. 그러나 두 마리 말은 머나먼 헬레스폰트(Hellespont) 해안에 이르는 바닷가에 우뚝 멈춰 서서 함선으로 돌아갈 생각을 하지 않았다.** 말들은 **무덤 앞에 세워둔 비석처럼 우뚝 서서...그네들 머리를 땅바닥에 대고 주인을 그리며 뜨거운 눈물을 흘리고 있었다.**(Staunch as pillar planted tall above barrow...so they stood...their heads trailing along the ground, warm tears flowing down from their eyes to wet the earth...the horses mourned, longing now for their driver.)..[508]

제우스는 말들이 눈물을 흘리는 것을 보고 불쌍한 생각이 들어 속으로 말했다.

"불쌍한 것들. 우리가 왜 너희를 저 펠레오스(Peleus) 왕에게 주었던가. 무슨 이유로 불사(不死)의 동물들을 사망할 인간들에게 주었는가?....내가 너희 다리에 힘을 줄 터이니 아우토메돈(Automedon)을 구해 함선으로 돌아가라..."[524]

뒤 따라 전차에 오른 라에르케스(Laerces)의 아들 알키메돈(Alcimedon)이 아우토메돈(Automedon)을 보고 말했다.

"아우토메돈(Automedon)이여. 어떤 신이 당신에게 전략을 주셨는가?...그냥 트로이 전선(戰線)으로 달려 나가면, 저 헥토르가 금방 아킬레스 무기[말과 마차]를 낚아챌 것이오."[543]

292

아우토메돈(Automedon)이 뒤를 돌아보며 외쳤다.

"알키메돈(Alcimedon)이여. 파트로클로스 말고 누가 저 신마(神馬)를 몰겠는가?...이 전차에 올라와 고삐와 채찍을 잡으면 나는 땅으로 내려가 보병으로 저들과 싸우겠소."[550]

알키메돈은 전차에 올라 고삐와 채찍을 잡고 아우토메돈은 땅으로 내려왔다.

그 광경을 헥토르가 보고 아이네아스(Aeneas)에게 말했다.

"아이네아스(Aeneas)여. 아킬레스의 좋은 말을 내가 알고 있는데, 서투른 마부가 고삐를 잡았습니다. 우리가 합심을 하면 저 말들을 차지할 수 있을 겁니다...."[562]

아우토메돈(Automedon)은 알키메돈에게 일렀다.

"알키메돈이여. 말들을 내 곁에 가까이 두어 나의 목에 그 말들이 숨을 쉬게 하시오. 헥토르가 오면 우리를 죽이고 이 아킬레스의 전차를 빼앗지 않으면 돌아가지 않을 것 같소...."[579]

그렇게 당부를 하고 아우토메돈(Automedon)는 두 아이아스(Ajax)와 메넬라오스(Menelaus)를 불렀다.

"아이아스(Ajax)와 메넬라오스(Menelaus)여...아이네아스(Aeneas)와 헥토르가 나를 잡으러 오고 있습니다...."[588]

아우토메돈(Automedon)은 창을 들어 아레토스(Aretus)를 공격해 그를 잡았다.[590]...헥토르가 아우토메돈(Automedon)에게 창을 던졌으나 급히 몸을 구부리니, 창은 땅바닥에 박혔다.[602]......헥토르와 아이아스(Aeneas)와 크로미오스(Chromius)는 죽은 아레토스(Aretus)를 그냥 버려두었다...[610]....아우토메돈(Automedon)은 갑옷을 벗기며 외쳤다.

"하늘이 도와, 내 잡은 사람은 파트로클로스의 반(半)도 안 되지만, 그에 대한 나의 슬픔이 조금은 누그러졌다!"[615]

제우스가...팔라스(Pallas)여신을 ...메넬라오스에게 보냈다. 팔라스(Pallas)여신은 포에닉스(Phoenix)의 모습으로 말했다.

"메넬라오스여. 아킬레스의 절친한 친구[파트로클로스]가 트로이 개밥이 되는 것은 수치스런 일입니다. 전력을 다해 지켜내야 합니다."

메넬라오스가 즉시 말했다.

"포에닉스(Phoenix)여. 팔라스(Pallas)가 도와주시면 나는 파트로클로스를 위해 끝까지 싸우겠습니다...."[644]

이에 팔라스(Pallas)여신은 기쁨을 느꼈다......한편 아폴르는 아시오스(Asius) 아들 파에노프스(Phaenops)의 모습으로 헥토르에게 말했다.

"헥토르여. 그대가 메넬라오스에게 이렇게 물러서면, 어느 아카이아 사람들이 당신을 두려워하겠습니까? 약골(弱骨)인 메넬라오스가 당신 코앞에서 당신의 전우 에에티온(Eetion)의 아들 포데스(Podes)를 죽여 끌고 갔습니다."[669]

헥토르가 슬픔을 품고 전진하니...제우스는 이다(Ida) 산 구름 속에서, 트로이 군사에게 승리를 안기고, 아르기베들은 공포감으로 도망치게 만들었다.[675]

헥토르는 레이토스(Leitus) 손목에 부상을 입혔고, 이도메네오스(Idomeneus)가 헥토르에게 창을 던져 젖꼭지 부분을 쳤으나 창끝이 구부러지니, 트로이 병사들이 함성을 질렀다. 헥토르가 이도메네오스에게 창을 던졌으나 빗나가 그의 마부 코에라노스(Coeranus)를 잡았다.[689] ...아이아스(Ajas)와 메넬라오스도 장님이 아니어서, 제우스가 트로이 편을 들고 있다는 것을 알고 있었다.[706]....아이아스(Ajas)가 메넬라오스에게 말했다.

"내 친구 안틸로코스(Antilochus)를 찾아보시오. 그가 아직 살아 있으면, **어서 저 아킬레스에게 달려가서 그의 절친한 친구[파트로클로스]가 죽었다는 소식을 전하도록 하시오.**"[737]

메넬라오스가 안틸로코스(Antilochus)를 찾아내어 말했다.

"안틸로코스(Antilochus)여. 생기지 말아야 할 '기가 막힐 무서운 소식' -**최고의 무사(武士) 파트로클로스(Patroclus)가 죽었다는 소식을 그 아킬레스에게 전하시오**..."[781]

메넬라오스는 두 아이아스(Aiax)에게 말했다.

"내가 안틸로코스(Antilochus)를 아킬레스에게 보내 소식을 전하게 했습니다……우리는 파트로클로스의 시체를 함선으로 가져갈 방도를 생각해 봐야 합니다…"[803]

대(大) 아이아스(Aiax)가 말했다.

"그대와 메리오네스(Meriones)가 그 파트로클로스의 시체를 어깨에 메시오. 우리 둘[대소 아이아스(Aiax)]은 저 헥토르와 트로이 군사와 맞서 싸우겠습니다.…"[811]

두 아르기베 전사[메리오네스(Meriones)와 메넬라오스]가 그 파트로클로스(Patroclus) 시체를 들어 어깨에 메고.…대소 아이아스(Ajax)가 한 몸처럼 무섭게 트로이 군사를 공격하니 헥토르와 아이네아스(Aeneas)가 도망을 쳤다…[852][22)]

'아우토메돈과 그의 말들(Automedon and His Horses)'
'메넬라오스의 최고 시간(Menelaus' Finest Hour)'

———✈

(a) 이 '일리아드(*The Iliad*)' '제17책'에 우선적으로 관심이 쏠리는 사항은, '말[馬]의 신격화', '말[馬]의 신비주의' 문제이다. 이는 소위 '**기마족(騎馬族) - 이오니아 족**'과 관련된 것으로 자세한 검토를 요한 사항이다.

———

22) Homer(Translated by Robert Fagles), *The Iliads*, Penguin Books, 2001, pp 442~465. 'Book Seventeen : Menelaus' Finest Hour'

((...그래서 그들의 무기들의 소음이 하늘까지 닿았다...그 전차 무사[파트로클로스]가 죽은 다음에 '아킬레스의 말들'은 울고 있었다. 마부 아우토메돈(Automedon)이 말들에게 최선을 다 했다. 그러나 두 마리 말은 머나먼 헬레스폰트(Hellespont) 해안에 이르는 바닷가에 우뚝 멈춰 서서 함선으로 돌아갈 생각을 하지 않았다. 말들은 무덤 앞에 세워둔 비석처럼 서서...그네들 머리를 땅바닥에 대고 주인을 그리며 뜨거운 눈물을 흘리고 있었다.(Staunch as pillar planted tall above barrow...so they stood...their heads trailing along the ground, warm tears flowing down from their eyes to wet the earth...the horses mourned, longing now for their driver.)..[508]....제우스는 말들이 눈물을 흘리는 것을 보고 불쌍한 생각이 들어 속으로 말했다.

"불쌍한 것들. 우리가 너희를 왜 펠레오스(Peleus) 왕에게 주었던가. 무슨 이유로 불사(不死)의 동물들을 사망하게 될 인간들에게 주었는가?....내가 너희 다리에 힘을 줄 터이니 아우토메돈(Automedon)을 구해 함선으로 돌아가라..."[524]))

(b) 이 '말[馬]의 신비화'도 단연 '마하바라타(The Mahabharata)'가 선점(先占)을 한 이야기이니, 태초에 '감로수(甘露水, netar)'를 얻으려고 '우유 바다 휘젓기(Churning of the milk ocean)'를 행할 적에 신마(神馬) '우차이스라바(Uchchaihsrava)'가 나왔다고 하고[23], 힌두의 최고 무술 교사(教師) 드로나(Drona)는 자기 아들이 태어날 적에 그 '신마(神馬)'와 동일한 울음을 울어 이름을 아스와타만(Aswatthaman)이라 했는데 역시 최고의 '크샤트리아(Kshatriya)'가 되었다.

(c) 그리고 '마하바라타(The Mahabharata)'의 최고 영웅 크리슈나(Krishna)는 아르주나(Arjuna)의 전차마부였는데, 전쟁이 끝난 36년 크리슈나가 죽을 무렵이 되니 그가 몰던 4마리 말들[사이비야(Saivya) 수그리바(Sugriva) 메가푸슈파(Meghapushpa) 발라하카(Valahaka)]은 크리슈나 전차를 끌고 가 바다에 버렸다는 이야기[24]가 있다.

23) K. M. Ganguli (Translated into English Prose from the Original Sanskrit Text), *The Mahabharata of Krishna-Dwaipayana Vyasa*, Munshiram Manoharlal Publisher Pvt. Ltd. New Delhi, 2000, -**Adi Parva**- p. 57

24) K. M. Ganguli (Translated into English Prose from the Original Sanskrit Text), *The*

제18책 아킬레스의 방패

안틸로코스(Antilochus)가 그 아킬레스(Achilles)에게 달려갔다...아킬레스(Achilles)는 속으로 생각하고 있었다.

"무엇 때문에 아카이아 군사들이 후퇴를 하는 것일까...신들이시여 어머니께서 예언하신 슬픔을 불러오게 하지는 마십시오....어머니는 미르미돈족(Myrmidons)의 내가 젊을 때에 트로이 사람에게 내가 죽을 것이라 예언을 해서.... '파트로클로스(Patroclus)에게 심각한 전투만 잡고 즉시 함선으로 돌아오고 헥토르와는 싸우지 말라'고 했었는데..."[15]

뜨거운 눈물을 흘리며 안틸로코스(Antilochus)는 아킬레스에게 '소식'을 전했다.

"아 아킬레스여. **너무나 아픈 소식을 전합니다...파트로클로스(Patroclus)가 쓰러졌습니다**...헥토르가 그의 갑옷을 벗겨 가고 그의 시체를 놓고 지금 양군(兩軍)이 치열한 공방(攻防)을 벌리고 있습니다."[23]

그러자 슬픔의 검은 구름이 아킬레스를 덮었다. 아킬레스는 두 손으로 흙을 퍼서 그것으로 온 몸에 뒤집어쓰고, 먼지 속을 뒹굴며 그의 머리털을 쥐어뜯었다.[30]....아킬레스가 소리쳐 우니, 어머니 테티스(Thetis)가 들었다.[40]

테티스(Thetis)가 아킬레스에게 물었다.

"아들아 무슨 일이냐?..."[90]

아킬레스 말했다.

"나의 절친한 친구, 파트로클로스(Patroclus)가 죽었습니다...."[109]

테티스(Thetis)도 눈물을 흘리며 말했다.

"아들아. 네 말을 들어보니, **저 헥토르가 죽은 다음엔, 바로 네가 죽을 운명이다.**"[113]

아킬레스가 소리쳤다.

Mahabharata of Krishna-Dwaipayana Vyasa, Munshiram Manoharlal Publisher Pvt. Ltd. New Delhi, 2000, -**Mausala Parva**- p. 4

"그렇다면 당장 제가 죽겠습니다...고향으로 돌아가지 않겠습니다...친구를 죽인 저 핵토르(Hector)를 당장 만나야겠습니다....**제우스가 사랑했던 아들 헤라클레스(Heracles)는 엄청난 힘을 가졌음에도 '운명의 신(Fate)'과 헤라(Hera)의 야만스런 노여움으로 결국 죽음을 당했습니다.**(Not even Heracles fled his death, for all his power, favorite son as he was to Father Zeus the King.)[140]...제게도 그와 똑 같은 운명이 기다리고 있다면, 나는 편안히 죽겠습니다. 하지만 순간이나마 제가 '위대한 영광'을 당장 거머쥐게 해 주세요.(And I too, if the same fate waits for me...I'll lie in peace, once I've gone down to death. But now, for the moment, let me seize great glory!)....어머니는 나를 설득할 수 없습니다."[150]

테티스가 말했다.

"아들아 네 말이 옳다. 전우(戰友)를 구하는데 겁먹지 말라. 하지만 너의 훌륭한 '전쟁 도구(War-gear)'는 헥토르가 다 가져갔다...그러므로 내가 내일 해가 뜰 때까지 헤파이스토스(Hephaestus)에게서 훌륭한 무기를 가져올 터이니, 너는 나를 기다려라."[162]

테티스(Thetis)는 아들에게 좋은 무기를 얻어다 주기 위해 급히 올림포스로 올라갔다.[172]

한편...헥토르(Hector) 등은 세 번이나 파트로클로스(Patroclus) 시체를 이끌어 가려 했으나, 아이아스(Ajax) 형제가 그들을 물리쳤다...[183]...그러다가 다시 헥토르가 그 시체를 앗아갈 상황에 이르렀다...[193]

헤라(Hera)가 보다 못해 이리스(Iris) 여신을 그 아킬레스에게 보내 말했다.

"아킬레스여...파트로클로스를 지켜 주세요...."[210]

아킬레스가 대답했다.

"이리스(Iris) 여신이여. 무슨 말씀이신가요?...내가 지금 어떻게 싸울 수 있겠습니까? .....방패는 아이아스(Ajax) 정도는 돼야겠고, 내가 지금 누구의 갑옷을 입어야 하겠습니까?"[225]

이리스(Iris) 여신이 말했다.

"우리가 다 알고 있습니다...우선 그대가 해자(垓字)로 나가기만 해도, 아카이아 병사들은 용기백배할 할 겁니다..."[233]

그렇게 말하고 이리스(Iris) 여신이 떠나자, 아킬레스가 일어섰다...[235],,,아킬레스는 방어벽을 넘어 해자(垓字) 곁에 나가섰으나, 아르기베 병사 대열과는 섞이지 않았다...[249]

이에 아킬레스가 그의 참을 수 없는 노여움에....**큰 함성을 지르니**...트로이 군사들은 무서운 공포감에 도망을 쳤다...[253]

아킬레스가 세 번을 큰 고함쳤더니, 그 자리에서 트로이 최고의 기병(騎兵) 12명이 놀라 죽었다....[266]...아르기베들은 그 기회를 살려, 파트로클로스(Patroclus)의 시체를 들것에 누이었다...[269]

헤라(Hera)가 태양을 바다 깊이 잠기게 했다...[279]...

트로이 군사들은 저녁 식사를 하기 전에 회의를 열었다...판토오스(Panthous)의 아들 폴리다마스(Polydamas)가 회의를 이끌었다...폴리다마스(Polydamas)가 말했다.

"친구여 잘 생각해 봅시다. 이 들판에서 새벽을 기다려야 할 지, 성 안으로 후퇴를 해야할 지를....저 아킬레스가 우리의 공포의 대상입니다...그는 우리의 도성(都城)을 차지한 다음에야 그의 공격을 멈출 것입니다..."[329]

헥토르가 그 폴리다마스(Polydamas)를 노려보며 말했다.

"폴리다마스(Polydamas)여. 성 안으로 돌아가자는 말은 이제 그만 하시오....제우스께서 내게 영광을 내려 지금 우리는 아르기베들을 그들 함선에 고정을 시켜 놓고 있소...아킬레스가 공격해 오더라도 나는 피할 생각이 없소. 내가 그를 맞아 싸울 것이니, 내가 승리할지 그가 승리하게 될지 결국 알게 될 겁니다..."[360]

헥토르가 말을 마치자, 트로이 군사들은 다 환영을 했다. 그들은 모두 헥토르 말에 찬성했고, 폴리다마스(Polydamas) 의견을 따르자는 사람은 하나도 없었

다.[364]

한편 아킬레스는 미르미돈 사람들(Myrmidons)을 향해 울며 소리쳐 말했다.

"오 나의 장군들이여! 나는 이미 메노에티오스(Menoetius) 왕궁에서, 트로이를 함락시킨 다음에 그의 아들을 오포이스(Opois) 고향으로 데려다 주겠다고 약속을 했었습니다....하지만 파트로클로스(Patroclus)여. 이제 나는 그대를 따라 지하(地下)로 갈 겁니다.... 나는 그대를 죽인 저 헥토르를 우선 잡고 트로이 12명 장군들의 목을 치기 전에는 파트로클로스(Patroclus) 그대를 결단코 땅에 묻지 않을 것이요..."[399]

제우스가 헤라를 보고 말했다.

"헤라여. 아킬레스가 일어나니 결국 당신 뜻을 이루게 되었소...."[418]

테티스(Thetis)는 헤파이스토스(Hephaestus) 집에 도착했다.[431]...

헤파이스토스(Hephaestus)가 테티스(Thetis)에게 말했다.

"테티스(Thetis)여. 무슨 일이십니까....내가 절름발이로 태어났기에 어머니가 황량한 해변에 나를 버려졌을 적에.....에우리노메(Eurynome)와 테티스(Thetis) 당신이 저를 구해 주셨습니다...."[478]

테티스(Thetis)가 눈물을 흘리며 말했다.

"헤파이스토스(Hephaestus)여. 올림포스 여신 중에 나처럼 슬픔을 품고 사는 여신은 없습니다....제우스께서 나를 아이아코스(Aeacus)의 아들 펠레오스(Peleus)와 결혼을 시켜서 그 양반은 지금 노령으로 궁중에 계시지만...젊은 아들 아킬레스는 트로이로 보내 싸우게 했는데......아가멤논과 불화하여...자기 함선에 칩거하고 있었습니다. 그런데...트로이 군사들이 아카이아 사람들을 그들의 함선에 고정을 시키고 압박을 가하니, 아킬레스가 친구 파트로클로스(Patroclus)에 자신의 갑옷을 제공하여 나가 싸우게 했습니다. 그런데 파트로클로스(Patroclus)는 '스카이안 대문(the Scaean Gates)' 앞까지 나가 싸우다가 아폴로에게 살해되어, 영광이 헥토르에게 넘어갔습니다....그래서 아킬레스 갑옷과 무기는 다 없어졌습니다. 아킬레스는 지금 억장이 무너져 있는 상태입니다."[539]

이에 헤파이스토스(Hephaestus)는 말했다.

"무기에 대해서는 염려를 하지 마십시오. 아킬레스의 고통과 죽음을 막아줄 수 있는 무기라면, 최상의 무기로 만들어 드리겠습니다."[246]

헤파이스토스(Hephaestus)는 ...우선 '거대한 방패(a great massive shield)'를 제작했는데, ...그는 방패에 5개 층상(層相)의 무늬를 넣었다...[564]

헤파이스토스(Hephaestus)는 방패의 중앙에 대지와 하늘과 바다 태양과 달과 별들을 그려넣었다...[571]...그리고 제2 환(環)에는 두 가지 도시 형상을 담았으니...'평화의 도시'와...'전쟁의 도시' 모습이 그것이었다...[585] 그리고 방패의 제3환(環)에는 경작(耕作)과... 포도수확...모습을 그려 넣었다...[685]....

헤파이스토스(Hephaestus)가 전쟁 도구들을 만들어 그 테티스(Thetis)에게 주었더니, 테티스는 찬란한 '전쟁 도구들'을 들고, 매[鷹]처럼 눈 덮인 올림포스 산에서 내려갔다.25)

'헤파이스토스가 거대한 방패를 만들다.(Hephaestus makes a great and massive shield.)' '아킬레스의 방패(the shield of Achilles)'

---

25)   Homer(Translated by Robert Fagles), *The Iliads*, Penguin Books, 2001, pp 466~487.
       'Book Eighteen : The Shield of Achilles'

(a) 이 '일리아드(*The Iliad*)' '제18책'에 크게 눈에 뜨이는 것이 '화가 난 아킬레스(Achilles)의 커다란 함성' 문제이다.

((이리스(Iris) 여신이 말했다. "우리가 다 알고 있습니다...우선 해자(垓字)로 나가기만 해도 아카이아 병사들은 용기백배할 겁니다..."[233] ...그렇게 말하고 이리스(Iris) 여신이 떠나자 아킬레스가 일어섰다...[235],,,아킬레스는 방어벽을 넘어 해자(垓字) 곁에 섰으나, 아르기베 병사 대열과는 섞이지 않았다...[249]...거기에서 아킬레스가 참을 수 없는 노여움에....큰 함성을 지르니...트로이 군사들은 무서운 공포감에 도망을 쳤다...[253]......<u>아킬레스가 세 번을 고함쳤더니, 그 자리에서 트로이 최고의 기병(騎兵) 12명이 놀라 죽었다</u>....[266]...아르기베들은 그 기회를 살려 파트로클로스(Patroclus)의 시체를 들것에 누이었다...[269]))

(b) '마하바라타(*The Mahabharata*)'에서 '<u>비마세나(Bhimasena)의 고함소리</u>'[26]는 유명한데, 호머는 그 '비마세나(Bhimasena)의 고함소리'를 그대로 '<u>아킬레스의 고함 소리</u>'로 활용을 해 보였다.

(c) 그리고 이 '일리아드(*The Iliad*)' '제18책'에 주목을 해야 할 사항은 아킬레스(Achilles)가 '죽어야 할 자신의 운명'을 '헤라클레스 운명'을 생각했다는 점이다.

((....테티스(Thetis)는 눈물을 흘리며 말했다. "아들아. 네 말을 들어보니, 헥토르가 죽은 다음에 네가 죽을 운명이다."[113].....아킬레스가 소리쳤다. "그렇다면 당장 죽겠습니다...고향으로도 가지 않겠습니다...친구를 죽인 헥토르와 만나겠습니다......<u>제우스가 사랑했던 아들 헤라클레스(Heracles)가 엄청난 힘을 가졌음에도 '운명의 신(Fate)'과 헤라(Hera)의 야만스런 노여움으로 죽음을 당했습니다.</u>(Not even Heracles fled his death, for all his power,

---

26) K. M. Ganguli (Translated into English Prose from the Original Sanskrit Text), *The Mahabharata of Krishna-Dwaipayana Vyasa*, Munshiram Manoharlal Publisher Pvt. Ltd. New Delhi, 2000, -**Vana Parva**- pp. 298~308

favorite son as he was to Father Zeus the King.)[140]...제게도 똑 같은 운명이 기다리고 있다면, 나는 편안히 죽겠습니다. 하나 순간이나마 '위대한 영광'을 당장 거머쥐게 해 주세요.(And I too, if the same fate waits for me...I'll lie in peace, once I've gone down to death. But now, for the moment, let me seize great glory!)....어머니는 나를 설득할 수 없습니다."[150]))

(d) 포콕(E. Pococke)은 그의 '희랍 속의 인도(*India in Greece*, 1851)'에서 '**헤라클레스(Heracles)**'를 '**인더스(Indus water) 크리슈나(Krishna)**'로 풀었으니, 그것을 수용하면 '**세상 심판의 대행자 -살상 전쟁의 주체**'로 아킬레스(호메)는 '**아킬레스=크리슈나**' 등식(等式)을 은연중에 승인하고 있는 셈이다.

제19책 아킬레스의 무기들

새벽의 신이 황금 예복을 걸치고 대양(大洋)의 물로부터 솟아오르니, 신들과 인간 세계가 밝았다. 테티스(Thetis)는 '**헤파이스토스(Hephaestus)의 선물**'을 들고 함선으로 가지고 왔다. 테티스는 아킬레스가 파트로클로스 시체를 껴안고 슬퍼하는 것을 보고...아킬레스 손을 잡으며 그의 이름을 불렀다.[9]

"아들아. 너의 마음이 상하겠지만, '친구의 죽음'을 떠나 진정(鎭定)하여라...아킬레스야. 이 영광스런 무기들을 받아라..."[14]

테티스(Thetis)는 무기들을 아킬레스의 발아래 내려놓았다....모든 미르미돈(Myrmidon) 병사들은 감히 쳐다볼 수도 없었지만...아킬레스는 그의 가슴이 뿌듯했다...[24]

아킬레스가 테티스(Thetis)를 향해 말했다.

"어머니. 무기와 갑옷은 인간으로서는 만들 수 없는 신의 작품임이 분명합니다...저는 무장을 하고 떠나야 하는데 ...친구의 시신(屍身)은 지금 썩어가고 있습니다...”[33]

테티스가 말했다.

“예야 그건 걱정 마라. 내가 전투로 쓰러진 병사들을 파먹은 독한 파리들을 쫓아버리고 지금보다 더욱 생생한 육신을 지니도록 해 놓겠다...그러니 너는 아르기베 전사(戰士)들을 회의장으로 불러 모아라. 우선 ‘거만한 아가멤논 사령관에 대한 너의 분노의 포기’를 선언 하고, 서둘러 전투 준비를 행하라.”[42]

테티스(Thetis)는 아들에게 ‘무서운 용기’를 주입하고, 파트로클로스(Patro-clus) 콧구멍으로 육체를 신선하게 해 주는 ‘신주(神酒)’를 부어넣었다.[45]

아킬레스는 바다 물가를 따라 성큼성큼 걸으며, 커다란 목소리로...“집합을 하시오.”라고 외쳤다.

그래서 두 아이아스(Ajax)와 부상을 당한 오디세우스...등이 먼저 앞자리를 차지했고, 아가멤논은.... 부상당한 몸을 이끌고 맨 나중에 도착을 했다.[60]

그렇게 아카이아 군사들이 다 모이니, 아킬레스가 일어나 말했다.

“아가멤논이여. 나와 당신이 한 사람 젊은 계집 때문에 속상해 했던 분노는, 아르테미스(Artemis) 여신이 차라리 그녀를 함선 아래서 화살로 죽였으면 생기지도 않았을 겁니다...얼마나 많은 전우들이 적군의 손에 의해 흙먼지 속으로 쓰러져야 했습니까! ....**이제 신의 도움으로, 모든 나의 분노는 정지(停止)가 되었습니다.** 분노를 계속하며 속을 태우는 것은 잘못된 일이었습니다. 아카이아 인들이여, 어서 우리의 전투를 개시합시다...”[84]

아킬레스가 자신의 분노를 접었다는 그 맹세는, 아카이아 군사들을 기쁨에 들뜨게 만들었다.....이에 아가멤논 왕이 먼저 일어서서 말했다.

“친구들이여. 다나안(Danaans) 전사들이여. ....내가 아킬레스에 대한 나의 속 깊은 감정을 털어놓겠습니다....그동안 나를 향한 불평이 많은 것으로 나는 알고 있습니다....하지만 **나를 비난하지는 마십시오! 제우스와 운명의 신과 분노의 신이 ‘나의 정신’을 미치광이로 만들었습니다.**(But I am not blame!

Zeus and Fate and the Fury stalking through the night, they are the ones who drove that savage madness in my heart.)[102]....나는 앞서 회의장에서, 내가 아킬레스에게 제공할 상을 나의 권위로 이미 약속을 했습니다....신이 이행(履行)을 반드시 하게 할 겁니다....선물 제공 문제는 나는 전적으로 착한 오디세우스에게 일임하여 온전하게 행할 것입니다.."[174]

이에 아킬레스가 말했다.

"인간들의 왕이시며 우리의 사령관인 아가멤논이여...선물 문제는 당신 좋을 대로 행하십시오...지금은 우리의 전투가 급하고 우선 당장 처리를 해야 할 큰 문제들이 남아 있습니다. 무단히 시간을 허비함은 잘못 된 일입니다...."[184]

'**전략에 강한 오디세우스(Odysseus fine at tactics)**'가 고집을 했다.

"너무 그렇게 서두르지는 마십시오. 신과 같은 아킬레스(Achilles)여. **아카이아 군사들은 지금 굶고 있습니다. 그들을 휘몰아 저 트로이 군사와 당장 싸울 생각은 하지 마시오...음식과 술을 들고 나면, 용기도 솟을 터이니...군사들이 우선 식사들을 하게 합시다**...그리고 인간의 왕 아가멤논이 군사들이 모인 가운데 약속한 선물은 군사들과 아킬레스 당신이 보는 앞에서 행하여, 아킬레스 당신의 마음을 훈훈하게 했으면 좋겠습니다..."[219]

이에 아가멤논이 부드럽게 말을 했다.

"오디세우스여. 당신의 제안이, 나를 즐겁게 합니다. 어떻게 그처럼 요점을 잘도 지적해 냅니까! 나는 당신이 말한 아킬레스에게 행했던 맹약을 즐겁게 실행할 것이고, 신의 눈에도 그 맹세가 어긋남이 없게 할 겁니다. 그러니 아킬레스여. 당장 전쟁터로 달려갈 마음을 우선 붙들어 주시오. 군사들도 마찬가지입니다. 나의 막사에서 재보를 날라 오면 피로써 맹세를 행할 수 있습니다. 그리고 오디세우스여, 우리가 아킬레스에게 이미 약속했던 모든 것을 나의 함선에서 날라 오되, 그 여인들도 빠뜨리지 마시오. 여기에 우리 군의 사례(射禮)를 앞에 갖다 놓고, 탈티비오스(Talthybius)에게 태양과 제우스신에게 제사할 멧돼지도 가져오게 하시오."[236]

이에 아킬레스(Achilles)가 말했다.

"인간들의 왕이며 우리의 사령관이신 아가멤논이여. 그러한 일은 우리가 쉬고 있을 적이나 내 가슴에 분노(忿怒)가 식었을 적에 행하시는 것이 옳을 겁니다. 들녘에는 제우스가 헥토르를 도와 눕힌 우리 군사들의 시체들로 가득합니다. 그러함에도 오디세우스와 당신은 잔치를 주장하십니다!...내가 지금 아르기베들을 전장으로 몰고 갔다가 해가 진 다음에 멋진 잔치를 열도록 합시다...."[255]

그러나 '**냉정한 전략가 오디세우스(Odysseus cool tactician)**'는 아킬레스에게 말했다.

"펠레오스(Peleus)의 아들 아킬레스여. '창(槍) 휘두르기'에는 그대가 나보다 훨씬 뛰어나지만, 판단력에서는 내가 그대보다 오히려 낫소. 나는 그대보다 나이가 많고 세상을 더 많이 알고 있소. 그러므로 내 말을 새겨들어야 합니다. 전사(戰士)란 '전투'에 금방 염증을 내기 마련입니다...아킬레스 당신은 이미 죽은 사람을 생각하여, 사람들이 굶주린 채로 슬퍼하기를 바랍니까? 불가능한 일입니다. 날이면 날마다 너무 많은 대군(大軍)이 쓰러졌습니다!...우리의 전사(戰士)자는 하루 동안 슬퍼하고 하루가 지나면 땅에 묻어야 합니다. **지겨운 학살(虐殺) 다음에는 오직 '음식과 술'이 우리가 다시 적과 용감히 싸우게 한다는 것은 반드시 알아야 해야 합니다.....**"[281]

오디세우스는 네스토르(Nestor) 아들들과, 필레오스(Phyleus) 아들 메게스(Meges)와, 크레온(Creon)의 아들 메리오네스(Meriones) 토아스(Thoas) 리코메데스(Lycomedes) 멜라닙포스(Melanippus)를 이끌고, 아가멤논 막사로 가서 약속을 받은 3발 솥 7개, 번쩍이는 가마솥 20개, 12마리 말, 여인 7명에 브리세이스(Briseis), 금괴(金塊) 10개 등의 선물을 가져다 그들을 회의장 가운데 두었다.[293]

아가멤논이 자리에서 일어서자 사령(使令) 탈티비오스(Talthybius)가 그의 팔로 돼지를 잡고 왕의 곁에 서자 아가멤논은 단도를 뽑아 돼지 머리털을 조금

잘랐다...

그리고 아가멤논은 하늘을 향하여 기도를 올렸다.

"최고의 신 제우스여. 나의 증언자가 되옵소서. 땅과 태양과 복수의 신도 들으소서. 나는 브리세이스(Briseis)에게 손을 댄 적이 없고 그녀는 내 침상에서 봉사한 적도 없습니다...내 말이 거짓이라면 신들이 저를 용서하지 않을 겁니 다..."[314]

기도를 마치고 아가멤논이 돼지 목을 찌르니, 탈티비오스(Talthybius)는 돼지 머리를 잘라 바다 속으로 던져 물고기 밥이 되게 했다.[317]

그러자 아킬레스(Achilles)가 일어나 아르기베 전우들에게 말했다.

"아버지 제우스께서는 인간들에게 '눈 먼 광기'도 내리십니다! 아가멤논이 내게 그 '광기'의 발동이 없었다면 나의 뜻에 반해 소녀를 데려가지도 않았을 것이니, 바로 제우스께서 아카이아 살상을 가져오신 것입니다. 어서 가서 식사(食事) 들을 하세요. 금방 전투가 개시될 겁니다."[326]

이렇게 말하고 회의를 끝냈다. 군사들은 각자 함선으로 돌아가고 미르미돈들 (Myrmidons)은 아킬레스에게 제공된 선물들을 챙겨 함선으로 돌아갔다.... [332]

아카이아 장군들이 아킬레스를 둘러싸고 앉아 그에게 식사를 권했으나 그는 말했다.

"제발 나더러 먹으라고 권하지는 마십시오. 고통스런 슬픔이 내 가슴을 쳤으니, 해가 질 때까지는 아무 것도 먹을 수가 없을 것 같습니다..."[365]

하늘의 제우스가 슬퍼하는 아킬레스를 보고 불쌍한 생각이 아테나에게 명했다.

"얘야 너는 저 아킬레스를 잊었느냐? ...그는 지금 먹지 않고 주려 있으니 가서 신주(神酒, nectar)와 신식(神食, ambrosia)을 그 뱃속에 넣어주어라."[413]

아테나는....아버지 명령대로 아킬레스에게...신주(神酒, nectar)와 신식(神食, ambrosia)을 넣어주고... 올림포스로 돌아갔다...[420]

군사들이 함선에서 쏟아져 나오니...무기들이 하늘에 번쩍이고... 군사들의 발걸음이 천둥이 울리는 듯했다...[429]...아킬레스도 장대한 헤파이토스(He-phaetus)가 만들어 준 무기로 무장을 하고....헬멧을 쓴 다음... 아킬레스는 갑옷이 몸에 맞는지 확인하고 나서 창을 잡았다. 그 창은 아버지 펠레오스(Peleus)가 아킬레스에게 준 것으로 아킬레스만 구사할 수 있는 창이었다. [463]...

마부(馬夫) 알키모스(Alcimus)와 아우토메돈(Automedon)이 말들에게 멍에를 매었다...아우토메돈(Automedon)이 먼저 전차에 올랐고, 이어 아킬레스가 올랐다. 아킬레스가 말들을 향해 외쳤다.

"빛나는 '빛의 발굽(Lightfoot, 馬名)'의 후예인 '로안 비우티(Roan Beauty)'와 '카르게르(Charger)'여! 부디 '너희의 전차 무사(your charioteer)'를 살려, 기다리는 아르기베 친구들에게 싣고 되돌아와야 하느니라. 이 아킬레스를 저 파트클로스에게 그러했던 것처럼 전장(戰場)에 버려두지는 말아야 할 것이야!"[477]

그러자 헤라(Hera)가 그말에게 인간의 목소리를 허락한 '로안 비우티(Roan Beauty)'는 멍에가 땅에 닿도록 머리를 처박고 말했다.

"그럼요. 억센 아킬레스여! 우리들은 당신의 목숨을 지킬 겁니다. 그러나 당신의 죽을 날이 가깝습니다. 우리의 잘못이 아니고 위대한 신이 계시고 강한 운명이 계십니다....우리는 서풍(西風)처럼 달리겠지만...당신이 죽을 때까지만 달릴 겁니다. 아킬레스여 신과 인간이 당신을 죽일 겁니다!"[494]

'분노의 신'이 그 말을 벙어리로 만들었다...그러나 아킬레스는 울분을 터뜨렸다.

"로안 비우티(Roan Beauty)' 왜 나의 운명을 예언하는가? 나도 머나먼 이역(異域) 여기에 죽을 것을 이미 다 알고 있다. 그러나 트로이 군사들의 피가 이 전장(戰場)에 넘칠 때까지, 나는 멈출 수 없다."[501]

아킬레스는 그렇게 큰소리를 치며 선두에서 그 말들을 몰았다.[27]

---

27) Homer(Translated by Robert Fagles), *The Iliads*, Penguin Books, 2001, pp 488~502. 'Book Nineteen : The Champion Arms for Battle'

'테티스는 무기를 아킬레스 발아래 내려놓았다.(Thetis laid the armor down at Achilles' feet.)'

———✈

(a) 이 '일리아드(*The Iliad*)' '제19책'에서 역시 주목해야 할 이야기는 역시 '말 [馬]에 대한 신비주의'와 '말의 신격화'이다.

((...마부(馬夫) 알키모스(Alcimus)와 아우토메돈(Automedon)이 말들에게 멍에를 매었다...아우토메돈(Automedon)이 먼저 전차에 올랐고, 이어 아킬 레스가 올랐다. 아킬레스가 말들을 향해 외쳤다. "빛나는 '빛의 발굽(Light- foot, 馬名)'의 후예인 '로안 비우티(Roan Beauty)'와 '카르게르(Charger)'여! 부디 '너희의 전차 무사(your charioteer)'를 살려, 기다리는 아르기베 친구들 에게 싣고 되돌아와야 하느니라. 이 아킬레스를 파트클로스에게 그러했던 것처럼 전장(戰場)에 버려두지는 말아야 할 것이야!"[477]... 그러자 헤라 (Hera)가 그에게 인간의 목소리를 허락한 '로안 비우티(Roan Beauty)'는 멍에 가 땅에 닿도록 머리를 처박고 말했다.

"그럼요. 억센 아킬레스여! 우리들은 당신의 목숨을 지킬 겁니다. 그러나 당신의 죽을 날이 가깝습니다. 우리의 잘못이 아니고 위대한 신이 계시고 강한 운명이 계십니다....우리는 서풍(西風)처럼 달리지만...당신이 죽을 때까 지만 달릴 겁니다. 아킬레스여. 신과 인간이 당신을 죽일 겁니다!"[494]...분노 의 신이 말을 벙어리로 만들었다...그러나 아킬레스는 울분을 터뜨렸다. "로

안 비우티(Roan Beauty)' 왜 나의 운명을 예언하는가? 나도 머나먼 이역(異域) 여기에 죽을 것을 알고 있다. 트로이 군사들의 피가 이 전장에 넘칠 때까지 나는 멈출 수 없다."[501]...아킬레스는 그렇게 소리치며 선두에서 말들을 몰았다.))

(b) 힌두(Hindu)의 '마하바라타(*The Mahabharata*)'는 '인류 신화(神話)의 원천(源泉)'이다. 호머는 그 '마하바라타(*The Mahabharata*) 서술 방식'에 따라 '일리아드(*The Iliad*)' '오디세이(*The Odyssey*)'를 통해 그 자신이 바로 '제우스교도'임을 밝히고 '원시 지중해 권(地中海 圈) 문화'를 선도(先導)했다.

(c) 앞서 밝혔듯이 **힌두(Hindu)의 '기마(騎馬) 문화' '크샤트리아(Kshatriya) 문화' '태양족의 문화'가 어떻게 서진(西進)하여 정착했는지 그 전모(全貌)**를 호머(Homer)의 '일리아드(*The Iliad*)' '오디세이(*The Odyssey*)' '작품 자체들(The Works In Themselves)'이 여지없이 다 말해 주고 있다.

(d) 이 사실은 천재 대가(大家) 볼테르(Voltaire)가 그의 '역사철학(*The Philosophy of History*, 1765)'을 통해 먼저 확인했고, 역시 '세계 역사학의 대가(大家)' 포콕(E. Pococke)이 그의 '희랍 속의 인도(*India in Greece*, 1851)'를 통해 더욱 구체적으로 입증을 했다.

(e) 이에 추수자(秋水子)는 "'마하바라타(*The Mahabharata*)'→ '일리아드(*The Iliad*)' '오디세이(*The Odyssey*)'→헤로도토스의 '역사(*The Histories*, 446 b. c.)'"의 흐름을 소상하게 읽어낼 수 있게 되었다.

제20책 전장(戰場)으로 내려온 올림포스의 신들

그리하여 아카이아 함선 곁에서는 전투를 하고 싶어 못 견디는 아킬레스(Achilles)를 중심으로 무장을 했는데, 그곳은 평야 지대로, 고지대에 자리를 잡은 트로이 군사들과 대면한 곳이었다....

그 때 제우스는 테미스(Themis)에게 명하여 신들의 회의를 소집하도록 했다.[7]...강들의 신, 바다의 신, 숲의 요정, 샘물, 풀밭의 신까지 빠짐없이 소집이

되었다....지진(地震)의 여신도 소식을 들어 참석했다...그녀는 제우스의 생각이 궁금했다.[17]

"제우스여, 무슨 일이신가요? 트로이와 아카이아 군사 문제입니까?..."[22]

제우스가 대답했다.

"지진의 신이 나의 생각을 맞추었습니다...저 인간들이 죽어가며, 내 신경을 건드리고 있습니다. 나는 여기 올림포스에서, 그냥 바라만 보고 있을 겁니다. **여러 신들은 저 트로이 군사를 돕던 아카이아 군사를 돕던 각자의 생각대로 하시오**...우리가 저들을 막지 않아, 아킬레스가 저 트로이 군사와 싸우게 되면 그 앞에 트로이 군사들은 무서워 떨 것이고, 친구의 죽음으로 불이 붙은 아킬레스의 분노가 저 트로이 성곽까지 부술지 염려가 됩니다."[36]

제우스의 명령에 따라...신들은 양쪽 군사들을 향하여 달려갔다.

헤라와 아테나 포세이돈 헤르메스(Hermes) 헤파이스토스는 아카이아 함선으로 달려갔다...[44]...그러나 아레스(Ares) 아폴로 아르테미스(Artemis) 레토(Leto) 강신(江神) 크산토스(Xanthus) 아프로디테(Aphrodite)는 트로이 군사 쪽으로 내려갔다.[48]

신들이 인간들에게 냉정함을 견지했을 적에는 아카이아 군사들이 승리의 영광을 유지했지만 위대한 아킬레스가 오랜 동안 참전의 침묵을 깨고 전선(戰線)으로 나서자, 트로이 군사들은 무서워 오금을 못 펴고 떨고 있었다...[56]...그러나 올림피아 신들이 인간 전사(戰士)들 속에 개입하면서부터는 용사들에게 억센 힘들을 부여했으니, 아테나는 방어벽 밖 해자(垓字) 곁에서 함성을 질렀고,...아레스(Ares)는...시모이스(Simois) 강둑과 동산(東山, Sunlight Hill)을 오르내리며 트로이 군사들을 격려했다.[64]...제우스는 하늘에서 천둥을 울렸고, 포세이돈은 땅과 산악(山岳)을 흔들었다...저승(死界)의 왕 하데스(Hades)도 그의 자리에서 솟아올라 굉음(轟音)을 울렸다...

포세이돈(Poseidon)에게는 아폴로가, 아테나(Athena)에 대해서는 아레스(Ares)가, 헤라(Hera)에는 아르테미스(Artemis)가, 레토(Leto)에게는 행운의

헤르메스(Hermes)가, 불의 신 헤파이스토스에게는 강신(江神) 크산토스(Xan-thus)-스카만데르(Scamander)가 각각 맞섰다.[69]

　신들은 신들과 대항했듯이 아킬레스(Achilles)는 누구보다 우선 헥토르(Hector)를 찾아 나섰다....하지만 아폴로는 프리암의 아들 리카온(Lycaon)의 목소리로 아이네아스(Aeneas)에게 말했다,

　"지난 날 트로이 어전(御前) 회의에서 그대가 '아킬레스와 대적(對敵)하겠다.'고 장담했던 것은 어떻게 된 것이요?"[101]

　그러자 아이네아스(Aeneas)가 아폴로 신에게 말했다.

　"프리암의 아들이여. 나를 왜 저 아킬레스와 대적을 하라고 압박을 하십니까? 그것은 제 의지 밖의 문제입니다...아킬레스가 우리 소떼를 습격하고 리르네소스(Lyrnessus) 페다소스(Peda sus) 성(城)을 약탈했을 적에 내가 그를 막아내려다가 제우스께서 나를 겨우 살려주셨습니다..."[122]

　아폴로가 말했다.

　"영웅이여, 무슨 까닭으로 당신 자신이 '불사(不死)의 신(神)'이라는 것을 생각도 못 합니까? 사람들은 그대가 제우스의 딸 '아프로디테(Aphrodite)의 아들'이라고 말을 하나, 아킬레스는 그만 못한 여신인 이오인족(Ioins)의 소생(所生)입니다. 제우스의 딸 아프로디테의 아드님[아이네아스(Aeneas)]이여. [아킬레스 어머니]테티스(Thetis)는 늙은 해신(the Old Man of the Sea) 출신입니다. 그러므로 그대의 억센 힘으로, 저 아킬레스를 공격하시오!..."[131]

　그렇게 아폴로가 아이네아스(Aeneas)를 격려하여 그들 선두 대열에 세웠다. 그러나 헤라는 그 사실을 모르고 외쳤다.

　"포세이돈과 아테나여, 합심하여 결정을 하시오. 아이네아스(Aeneas)가 아킬레스에게 달려 나가고 있으니, 아폴로가 시킨 것 같습니다...우리도 저 아킬레스에게 용기를 잃지 않게 해야 합니다..."[155]

　이에 포세이돈이 말했다.

　"헤라(Hera)여. 정신 좀 차리시고, 너무 그렇게 날뛰지 마십시오. 최소한 나

는 우리 아카이아 쪽 신들을 몰아 저 트로이를 돕는 신들과 싸울 생각은 없습니다. 우리[아카이아] 쪽이 너무 강합니다. 우리 신들을 전장에서 일단 떠나 자리를 옮겨 구경이나 하도록 합시다. 그러나 아레스나 아폴로가 아킬레스 행동을 방해하고 싸움에 나설 경우에는 우리도 싸울 겁니다...”[169]

포세이돈은 헤라클레스가 쌓았던 성채(城砦)로 아카이아를 돕는 신들을 안내했다....멀리 맞은편 동산(東山, Sunlight Hill)의 이마에는 트로이를 돕는 신들이 모여 있었다...[180] ...이처럼 제우스는 명령을 내려놓았으나, 올림피아 신들은 양쪽에 자리를 잡고서.... 서로 무서운 전쟁에 가담하기를 꺼려하고 있었다.[185]

그러나 전 평야가 사람과 말들로 가득 차 있었다....최고의 챔피언인 아이네아스(Aeneas)와 아킬레스는 서로 거리를 좁혔다.[190] ....거리가 서로 가까워지니, 아킬레스가 먼저 입을 열었다.

“아이네아스(Aeneas)여. 무슨 까닭으로 대열을 벗어나 이렇게 앞으로 나왔는가? 그대가 감히 나와 맞설 생각인가?...설령 그대가 나를 죽인다고 할지라도, 프리암(Priam)이 그대에게 그의 왕관을 줄 것 같소? 그에게는 여러 아들들이 있습니다...그냥 당신의 대열로 물러가시오...”[252]

이에 아이네아스(Aeneas)는 깊은 한숨을 쉬고 말했다.

“펠레오스(Peleus)의 아들 아킬레스여. 그대는 나를 어린애 바보로 놀리고 있지만...우리는 서로의 출신을 다 알고 있소. 우리 모두는 인간들의 칭송들을 들어왔습니다....사람들은 당신을 펠레오스(Peleus) 아들이라고 하고, 어머니는 바다의 여신 테티스(Thetis)라고 말합니다. **나는 아이네아스(Aeneas)로, 앙키세스(Anchises) 혈통이고 어머니는 아프로디테(Aphrodite)이십니다**. 오늘은 우리들 부모 중 한 쪽이 아들의 죽음을 슬퍼할 것은 명백하오...아킬레스여 그대가 나의 출신이 궁금하다면 대략 일러주겠소. 우리 시조(始祖)는 다르다노스(Dardanus)이시니 제우스의 아드님이십니다. 다르다노스(Dardanus)가 에리크토니오스(Erichthonius) 왕을 낳았고...에리크토니오스(Erichthoius)는 **트로**

이 사람들의 왕 트로스(Tros)를 낳았고, 트로스(Tros)는 아들 3형제를 두었으니 일로스(Ilus)와 **아사라코스(Assaracus)**, 신처럼 잘 생긴 가니메데(Ganymede)가 그들이었소. 가니메데(Ganymede)는 제우스께서 신으로 선발하여 당신과 신들의 술잔을 나르게 하셨고, 일로스(Ilus)는 라오메돈(Laomedon)을 낳았고, 라오메돈(Laomedon)이 티토노스(Tithonus)와 프리암(Priam)과 람포스(Lampus) 클리티오스(Clytius) 히케타온(Hicetaon)을 낳았고, **아사라코스(Assaracus)는 카피스(Capys)를 낳고 카피스(Capys)가 낳은 앙키세스(Anchises)가 나를 낳았으나, 프리암(Priam)은 헥토르(Hector)를 낳았습니다**. 이것이 우리 집안 내력이니, 전투에서 발휘된 힘은 모두 제우스께서 주관을 하십니다. 아킬레스여 어서 덤비시오....그대의 욕설로는 나를 후퇴시킬 수 없소. 우리는 청동으로 끝까지 싸울 것이니, 서로에게 창 맛을 보여주도록 합시다."[297]

아이네아스(Aeneas)가 무거운 창을 잡아 아킬레스를 향해 던졌다. 아킬레스는 그의 큰 방패를 앞으로 내밀었다...아이네아스(Aeneas)의 창은 아킬레스의 방패를 뚫을 수가 없었다...원래 절름발이 대장장이 헤파이스토스가 방패를 5겹으로 제작을 하여, 청동 두 겹은 뚫었으나 중앙 황금 겹에서 막혔다.[313] 이번에는 아킬레스가 창을 던져 아이네아스(Aeneas) 방패 가장자리를 치니...창은 방패를 뚫었으나....아이네아스(Aeneas)가 몸을 낮게 구부려 아킬레스 창은 아이네아스(Aeneas) 등을 지나 땅에 깊이 박혔다.[321]...거대한 창의 공격을 피한 아이네아스(Aeneas)는...칼을 빼어든 아킬레스에게 다시 덤벼들었다. 아이네아스(Aeneas)는 이번에는 돌을 집어 들었다...그 돌로 그 아킬레스의 투구나 방패를 공격할 생각이었다.[332]... 그러자 포세이돈이 주변 신들에게 말했다.

"이제 아이네아스(Aeneas)가 죽어 저승으로 가게 되었소! ...아폴로가 시킨 게 틀림없소. 철없는 아이네아스(Aeneas)! 아이네아스(Aeneas)가 왜 이유도 없이 저기서 죽어야 합니까? 그는 신들에게도 정성을 다했습니다...**그러므로 우리가 그를 도와주기로 합시다. 아킬레스가 저 아이네아스(Aeneas)를 죽이면 제우스도 분노하실 겁니다**. 다르다노스(Dardanus) 후손인 아이네아스

(Aeneas)는 결국 살아남을 겁니다. 저 아이네아스(Aeneas)가 프리암(Priam)을 계승할 터이니, 그가 장차 트로이 사람들을 통치하게 될 겁니다."[356]

이에 헤라(Hera)가 말했다.

"포세이돈이여. 아이네아스(Aeneas)를 살리던 죽이던 마음대로 하세요. 모든 신들 앞에서 나와 아테나는 아카이아 전사들이 기어코 저 트로이를 불타게 할 것이라고 이미 맹세를 했습니다!"[365]

포세이돈은 그 헤라의 말이 끝나자, 군사들을 뚫고 나가 두 영웅이 싸우는 곳에 도착했다. 포세이돈은 즉시 아킬레스 눈앞에 짙은 안개를 쏟아 부어 놓고, 그의 물푸레나무 창을 발아래 가져다 놓은 다음 아이네아스(Aeneas)를 들러 공중에 던져 전장 변두리 '카우코니아 사람들 부대(Cauconian units)'가 머무르는 곳에 이르게 했다. 그런 다음 포세이돈은 아이네아스(Aeneas)에게 말했다.

"아이네아스(Aeneas)여. 어떤 신이 그대에게 '분노한 아킬레스'와 싸우라는 그 미친 짓을 권합디까?....즉시 후퇴를 해야 하느니, 대항을 했다가는 죽는 일밖에 다른 일은 없소...하지만 저 **아킬레스가 일단 죽으면, 용기를 내서 앞장 서서 싸우시오. 그러면 아카이아 사람 중에 그대를 쓰러뜨릴 사람은 없소**."[386]

포세이돈은 그렇게 이르고 아킬레스 앞에 안개를 흩어 버렸다.[389]

아킬레스는 신이 행한 혼미(昏迷) 속에 있다가 혼자서 말했다.

"불가능한 기적이 내 눈 앞에 전개되었다! 내가 던졌던 창은 지금 내 곁에 있고, 내가 잡으려던 그 사람은 종적(蹤迹)을 감추었으니...아 신들이 아이네아스(Aeneas)를 사랑한 것이 명백하다. 하지만 그가 허풍을 친 것으로 생각되나 그는 가버리게 놔두고...나는 전투에 굶주린 아르기베들을 이끌어 나머지 트로이 군사들이나 무찔러야겠다."[402]

아킬레스는 그 전선(前線)으로 나가 전사(戰士)를 격려했다.

"용감한 아카이아 투사들이여. 트로이 사람들에게 절대 물러서지 마십시오. 각자 일대일로 겨뤄야 할 것이니, 내가 비록 강하지만, 모두를 다 내가 감당할 수는 없습니다...하지만 맹세컨대 내가 일단 적들의 부대 속으로 들어가면, 어떤 트로이 사람도 내 창을 피할 수는 없습니다!"[424]

헥토르도 트로이 군사들을 독려했다.

"용감한 트로이 용사들이여. 아킬레스를 무서워하지 마시오. 나는 죽음이 없는 신과 싸울 수는 없지만, 아킬레스의 '큰 소리'가 다 이루어지게 하지는 않겠소..."[424]

아폴로가 헥토르 곁에서 말했다.

"헥토르여. 아킬레스와 맞서지는 마시오. 일단 전열(前列)에서 물러나 있으시오...아킬레스가 그대를 바로 창으로 찌르거나 칼로 무찌를 것이요."[432]

헥토르는 신의 목소리를 듣고, 전우들 틈으로 들어갔다...그러나 아킬레스는 야만적 함성을 지르며 오트린테오스(Otrynteus) 아들 이피티온(Iphition)을 죽이고...[437]...이어 안테노르(Antenor)의 아들 데몰레온(Demoleon)을 죽였다...[460]...그 다음 아킬레스는... 힙포다마스(Hippodamas)를 죽였다.[455]....그 다음 아킬레스는...프리암(Priam)의 막내아들 폴리도로스(Polydorus)를 죽였는데...[475]...헥토르가 아우 폴리도로스가 죽는 것을 보고 더 이상 참고 있을 수 없어 멀리서 아킬레스에게 도전을 하려고 창을 잡았다. 그러나 아킬레스가 먼저 헥토르를 발견하고 뛰어 달려 나왔다.

"내 친구를 죽인 놈이다. 더 기다릴 것도 없다. 우선 한판 붙어 보자."[485]

아킬레스는 헥토르를 향하여 큰 소리로 말했다.

"어서 덤벼라. 즉시 죽여주마."[487]

하지만 헥토르도 겁내지 않았다.

"아킬레스여. 그대는 나를 어린이 바보로 알아 겁 먹이려 하는가? 나도 욕하기에는 이골이 나 있다. 네가 나보다 용맹스럽다는 것은 나도 알고 있으나, 모든 결정은 신들이 내리신다. 내가 약하긴 하지만, 내 창도 너의 생명을 끊어놓을 수 있다."[496]

헥토르는 힘을 모아 아킬레스에게 창을 던지니, **아테나 여신이 아킬레스**

등 뒤에서 창을 혹 불어 날려 그 창이 헥토르 발 앞에 떨어지게 만들었다.[500]...[완전히 '신들이 주도한 전투'임]

아킬레스가 화가 나 헥토르를 죽이려고 야수 같은 함성을 지르니, **아폴로가 헥토르를 안개로 감쌌다.** 아킬레스가 헥토르에게 달려들어 세 번을 내려 쳤으나 다 실패했다. 아킬레스는 네 번째 공격을 행하고 나서 겁먹은 목소리로 말했다.

"개 같은 놈. 이번에도 또 빠져나갔구나. 네가 매달린 그 아폴로가 너를 빼내 주신 거다. 그래도 우리는 끝까지 싸울 터이니, 신들 중에 한분이라도 나를 도우시면 다음번에는 너를 꼭 죽여주마. 다른 놈들이나 잡으러 가자."[514]

아킬레스는 전진(前進)을 계속하여, 드리옵스(Dryops) 목을 찔렀고...[514] ...필레토르(Philetor)의 아들 데무코스(Demuchus)를 뭉개버렸고...이어 비아스(Bias)의 아들 라오고노스(Laogonus)와 다르다노스(Dardanus)를 창과 칼로 죽였다.[522]...

아킬레스는 이어 알라스토르(Alastor) 아들 트로스(Tros)를 잡았고...[533]... 이어 물리오스(Mulius)를 죽이고...아게노르(Agenor)의 아들 에케클로스(Echeclus)를 잡았다.[236]...

아킬레스는 이어 데우칼리온(Deucalion)을 죽이고...피라스(Piras)의 아들 리그모스(Rhigmus)를 잡았고 그의 마부 아레이토오스(Areithous)도 죽이며 아킬레스의 공격은 계속되었다.[28]

---

28) Homer(Translated by Robert Fagles), *The Iliads*, Penguin Books, 2001, pp 503~519. 'Book Twenty : Olympian Gods in Arms'

'활잡이 신 아폴로(The Archer Apollo)' '아폴로가 헥토르를 데리고 살아지다.(Apollo whisked Hector away.)'

(a) 호머(Homer)의 여러 장기(長技) 중에, '제우스 신 중심의 족보(族譜) 만들기'는 그의 '장기 중에 장기'였다.

((....거리가 서로 가까워지니 아킬레스가 먼저 입을 열었다. "아이네아스(Aeneas)여. 무슨 까닭으로 대열을 벗어나 이렇게 나왔소? 그대가 나와 맞설 용기가 있소?...설령 그대가 나를 죽이더라도 프리암(Priam)이 왕관을 그대에게 줄 것 같습니까? 그 왕에게는 아들들이 있습니다...그냥 당신의 대열로 물러가시오..."[252] 이에 아이네아스(Aeneas)는 깊은 한숨을 쉬고 말했다. "펠레오스(Peleus)의 아들 아킬레스여. 그대는 말로 나를 어린애 바보로 놀리고 있지만...우리는 서로의 출신을 다 알고 있소. 우리는 인간들의 칭송들을 들어왔습니다....사람들은 당신을 펠레오스(Peleus) 아들이라고 하고 어머니는 바다의 여신 테티스(Thetis)라고 말합니다. 나는 아이네아스(Aeneas)로 앙키세스(Anchises) 혈통이고 어머니는 아프로디테(Aphrodite)이시다. 오늘 우리들 부모 중 두 사람은 아들의 죽음을 슬퍼할 것은 명백하오...아킬레스여 그대가 나의 출신이 궁금하다면 대략 일러주겠소. 시조(始祖)는 다르다노스(Dardanus)이시니 제우스의 아드님이시다. 다르다노스(Dardanus)가 에리크

318

토니오스(Erichthonius) 왕을 낳았고……에리크토니오스(Erichthoius)는 트로이 사람들의 왕 트로스(Tros)를 낳았고, 트로스(Tros)는 아들 3형제를 두었으니 일로스(Ilus) 아사라코스(Assaracus) 신처럼 잘 생긴 가니메데(Gany-mede)가 그들이었소. 가니메데(Ganymede)는 제우스께서 신으로 선발하여 당신과 신들의 술잔을 나르게 하셨고, 일로스(Ilus)는 라오메돈(Laomedon)을 낳았고, 라오메돈(Laomedon)이 티토노스(Tithonus)와 프리암(Priam)과 람포스(Lampus) 클리티오스(Clytius) 히케타온(Hicetaon)을 낳았고, 아사라코스(Assaracus) 카피스(Capys)를 낳고 카피스(Capys)가 낳은 앙키세스(An-chises)가 나를 낳았으나 프리암(Priam)은 헥토르(Hector)를 낳았다. 이것이 우리 집안 내력이니, 전투에서 발휘된 힘은 모두 제우스께서 주관을 하신다. 아킬레스여 덤벼라…너의 욕설로는 나를 후퇴시킬 수 없다. 우리는 청동으로 끝까지 싸울 것이니, 서로에게 창 맛을 보여주도록 하자"[297]))

(b) 호머가 '일리아드(*The Iliad*)'를 통해 과시하고 있는 '족보(族譜) 엮어 만들기'는 원래 힌두(Hindu)의 '마하바라타(*The Mahabharata*)'에서 연유한 것으로 그것이 '이집트 사제들의 족보 만들기' 호머의 '희랍 왕족 제우스 후손 만들기'로 이어졌다.

(c) 모두 '태초(太初)의 이야기들'이니, 누가 한가롭게 시시비비를 가릴 사람도 없으나, 총명한 '역사의 아버지' 헤로도토스(Herodotus, 484~425 b. c.)는 그의 '역사(*The Histories*, 446 b. c.)'에서 "**테베(Thebes)에 제우스(Zeus) 의 사제인 역사가(歷史家) 헤카테오스(Hecataeus)는 그의 가계를 신에게 서 유래한 16대로 만들려 하였다.** 사제들은 나를 신전의 커다란 홀로 데리고 가 거기에 둔 목상(木像)들을 보여주었다. 고위 사제는 죽기 전에 거기에 세울 목상을 준비했다. 사제들은 최근에 죽은 고위 사제부터 그 오른쪽으로 전(全) 목상을 보여주었는데, 각자가 그 오른쪽 사제의 아들이다. 사제들은 헤카테오스(Hecataeus)가 신(神)에게 돌린 그 연대기[신들이 계승을 했다는 역사적 연대를 믿지 않았다. 그리고 **어떤 인간도 신(神)을 그 조상(祖上)으로 가질 수 없다고 했다.(the priests denied that any man had ever had a divine ancestor.)**"[29]라고 간단히 결론을 내리고 있다.

---

29) Herodotus (translated by Aubrey de Selincourt), *The Histories*, Penguin Books, 1954,

제21책 아킬레스가 강신(江神)과 싸우다.

아킬레스가 이끈 군사들은, 제우스가 낳은 크산토스(Xanthus, Scamander) 강에 이르렀다. 아킬레스는 군사를 둘로 나누어 한쪽 군사는 평야를 지나 트로이 성으로 향해 가며 트로이 군사를 무찌르게 했다. 헤라는 그 트로이 군사들 앞에 짙은 구름을 펼쳐 갈 길을 막았다.[9]...아킬레스가 크산토스(Xanthus, Scamander)강에 이르니 [도망치는 트로이]말과 사람들이 아우성을 치고 있었다.[19] 아킬레스는 창을 강둑에 놔두고 손에 칼을 잡고 트로이 군사를 무찌르기 시작했다...트로이 사람들은 강 절벽에 웅크리고 있었는데...아킬레스는 파트로클로스(Patroclus)를 죽인 죄 값으로 12명의 젊은 트로이 사람을 생포(生捕)하여 자기 함선으로 보냈다....[37]...

아킬레스는 프리암(Priam)의 아들 **리카온(Lycaon)**을 앞서 아버지의 과수원에서 잡아......그 리카온(Lycaon)을 렘노스(Lemnos)에서 팔았는데, 야손(Jason)의 아들이 값을 지불하고 노예로 삼았다. 임브로스(Imbros)의 에에티온(Eetion)이 보상금을 지불하고 아리스베(Arisbe) 성(城)으로 리카온(Lycaon)을 보냈다. 리카온(Lycaon)은 거기에서 도망을 쳐 그 아버지 궁으로 왔다.[51]...그런데 그 리카온(Lycaon)이 아킬레스에게 다시 붙잡혀 살려 달라 애원을 했으나...아킬레스는 그를 살려두지 않았다.[154]...[아킬레스에게 죽을 '팔자-운명'이라는 이야기임]

아킬레스의 광포(狂暴)함에...강신(江神)이 화가 났다...악시오스(Axius) 강은 펠레곤(Pelegon)을 낳았고, 펠레곤(Pelegon)은 아스테로파이오스(Asetropaeus)를 낳았는데...그가 아킬레스에게 도전을 했다.['**자연물(自然物)=신격(神格)=인격(人格)**'의 공식은 Hindu가 앞서 개발한 것임]...아스테로파이오스(Astropaeus)는 두 개의 창을 구사했으나...아킬레스는 칼로 아스테로파이오스

p. 186

320

(Asteropaeus)를 베어 눕혔다...[230]....아킬레스가....파이오니아족의(Paeo-
nian men) 대장 아스테로파이오스(Asetropaeus)를 죽이니[196]......부하들은
도망을 쳤다. 그런데 아킬레스는 도망치는 그 부하들 중에 테르실로코스
(Thersilochus) 미돈(Mydon) 아스티필로스(Astypylus) 므네소스(Mnesus) 트
라시오스(Thrasius) 아이니오스(Aenius) 오펠레스태스(Ophelestes)도 역시 죽
이니 강신(江神)이 화가 나 인간의 모습으로 소리쳤다.[239]

"멈추시오 아킬레스여. 신들이 항상 그대 곁에 있지만. 그대는 지금 너무
크게 화를 내고 있소...그대가 더욱 살상을 감행하여 시체들로 강물을 막으면...
내가 그대에게 공포를 내리겠소!"[250]

이에 아킬레스가 말했다.

"제우스의 아들 스카만데르(Scamander, Xanthus)여. 당신이 내게 명령을 하
지만, 나는 저 트로이 군사들을 물리치는 것을 포기할 수 없습니다..."[255]

아킬레스는 살상을 멈추지 않았다....스카만데르(Scamander, Xanthus)는 아
킬레스가 죽인 시체들을 쌓아올렸다. 그래서 강물은 마른 들판까지 덮어...아킬
레스는 들판에까지 떠밀려 가 아킬레스 다리는 공포에 흔들렸으나 강신(江神)
은 공세를 멈추지 않았다.[280]

강신(江神) 스카만데르(Scamander, Xanthus) 위협에 놀란 아킬레스(Achil-
les)가 하늘을 향하여 외쳤다.

"아버지 제우스여! 이 스카만데르(Scamander, Xanthus) 위협에 나를 도울
신은 과연 없단 말입니까? ...나의 어머니처럼 무서운 책망을 들어야 할 신은
없습니다. 어머니는 **내가 헥토르 죽이기를 원하면, 아폴로의 화살에 맞아 트**
로이 성 아래서 죽을 것(I'd die beneath the walls of the armored Trojan,
cut down in blood by Apollo's arrow! I wish Hector had killed me.)이라고
거짓말을 내게 했기 때문입니다...그런데 나는 지금 살인적인 강신(江神)에게
죽을 운명에 이르렀습니다..."[320]

이에 포세이돈과 아테나가 아킬레스 곁으로 다가가서...먼저 포세이돈이 아

킬레스에게 말했다.[324]

"아킬레스여! 용기를 내시오. 무슨 겁이 그렇게 많소? 그대가 이 강물에 죽을 운수는 아니오...트로이 군사들을 그들의 성안으로 다 모라 넣기 전까지는 쉬지를 마시오. 하지만 그대가 헥토르의 목숨을 끊은 다음에는, 부디 함선으로 꼭 돌아가도록 하시오.(But once you've ripped away Prince Hector's life, back to the ships you go!)..."[336]

그러한 격려를 받고, 아킬레스는 아직도 넘치는 강물에 휩쓸려 들판으로 떠 밀려갔다...[342]

...아테나는 아킬레스에게 용기를 불어넣었다. 하지만 크산토스 강신(Xanthus River)도 아우 시모이스(Simois)를 불러.... 계속 수위를 높여 아킬레스를 위협했다...[368]

헤라(Hera)는 그 아킬레스가 위협을 당하는 것을 보고 '불의 신'-헤파이스토스(Hephaestus)에게 말했다.[376]

"애야. 네가 저 크산토스 강신(Xanthus River)을 대적할 수 있을 것이다. 서둘러 불을 쏟아 내려 저 아킬레스를 구하도록 하라. 내가 서풍과 남풍 신을 바다에서 부를 터이니, 너는 강변 수목에 불을 질러라...."[387]

헤라의 명령에 헤파이스토스가 신불[神火]을 지르니...강신(江神)은 뜨거워 견딜 수가 없었다....[405]

"헤파이스토스여. 멈춰주시오.... 아킬레스가 어서 트로이 성에서 사람들을 몰아내게 하시오. 이 전쟁이 도대체 내게 무슨 상관이요? 내가 왜 저 트로이 사람들을 도와야 합니까?"[409]

강신(江神)의 호소를 들은 헤라(Hera)가 헤파이스토스에게 말했다.

"헤파이스토스여. 멈추시오. 인간들 때문에 신들을 공격하는 것은 옳은 일이 아닙니다."[432]

올림포스 꼭대기에 앉아 있는 제우스는, 신들이 전쟁에 개입해 혼란에 빠진 것으로 보고 깊은 즐거움에 웃음을 지었다...[444]

322

아레스(Ares)가 아테나(Athena)에게 대들어 욕을 퍼부었다.

"개 파리(dog-fly) 같은 것이라고! 왜 고약한 마음으로 분쟁을 부추기는 거야. 너는 티디데스(Tydides) 아들[디오메데스]를 시켜 나를 창으로 찌른 것은 세상이 다 알 있다. 내가 너에게 복수를 할 것이다."[454]

아레스가 거대한 창으로 아테나의 '폭풍의 방패(battle-shield of storm)'를 찔렀다....

아테나는 돌멩이를 잡아 아레스의 목을 치니...아레스는 먼지 속에 쓰러졌다.[465]

아테나가 웃으면 말했다.

"간(肝) 큰 바보. 감히 나와 힘을 겨루려 하다니. 헤라의 저주를 알아야 한다...너는 아카이아 군사들에게는 등을 돌리고 거만한 트로이 군사들을 지키려했었다."[473]

그러자...아프로디테(Aphrodite)가 아레스의 손을 이끌어...힘을 회복하게했다.

이에 헤라가 아테나에게 말했다.

"저것들 바라...'개 파리[아프로디테]'가 미친놈을 이끌고 가네!"[483]

아테나가 아프로디테에게 달려들어 주먹으로 가슴을 쳤다. 아프로디테가 쓰러지니 아테나가 큰 소리를 쳤다.

"트로이를 돕는 신은.... 아레스와 아프로디테처럼 나의 분노를 맞게 될 것이요."[494]

아테나가 뽐을 내자 헤라는 미소를 지었다.

포세이돈이 아폴로를 향해 말했다.

"아폴로여, 다른 신들이 다 전쟁에 개입을 하는데 멀리서 보고만 있는가? 그대는 생각나지 않는가? 제우스께서 우리를 트로이 라오메돈(Laomedon)에게 1년간 노예로 보냈을 적에 나는 트로이 성곽을 쌓고 그대는 이다(Ida) 산자락에 소들을 키웠지. 라오메돈은 임금 한 푼도 없었지...그런데도 그대는 저 라오메돈 백성들에게 호의(好意)를 보일 작정인가?..."[525]

이에 아폴로가 말했다.

"포세이돈이여...**인간들이란 나뭇잎과 같아서, 여름에는 흙을 의지해 왕성했다가 금방 시들어 죽게 마련입니다. 우리 신들은 작은 일로 서로 다투지 말고, 싸움은 저 인간들에게나 맡깁시다.**(...the wretched mortals...like leaves, no sooner flourishing, full of sun's fire, feeding on earth's gift, than they waste away and die. Stop. Call off this skirmish of ours at once -let these mortals fight themselves to death.)"[532] -[호머의 인생관]

아킬레스는 쉬지 않고 트로이 군사들의 살상(殺傷)을 계속했다.[600] 나이든 프리암(Priam)은 신이 세운 성곽에 올라 아킬레스가 살려고 도망치는 트로이 군사를 공격하는 것을 탑에서 내려다보고...문지기에게 명령을 내렸다.

"트로이로 돌아오는 사람들을 위해 성문을 활짝 열어놓아라...그들이 성안으로 일단 들어오면 성문을 닫고 단단히 잠그도록 하라..."[617]

아폴로가 아킬레스를 만나려고 계속 앞으로 나갔다...안테노르(Antenor)의 아들 아게노르(Agenor)에게 용기를 불어넣어 참나무에 기대어 아킬레스를 안개 속에 기다리게 했다.[632].....그 아게노르(Agenor)가 아킬레스에게 창을 들고 말했다.

"**아킬레스, 너는 바로 오늘 저 트로이 성을 함락시키고 싶지?...그 속에는 수백 명의 무사들이 있다. 바보....고집스런 너도 곧 운명(殞命)을 맞게 될 것이다.**"[676]

아게노르(Agenor)가 날카로운 창을 던져 아킬레스 정강이 쳤으나.. 그곳은 헤파이스토스가 만들어 준 정강이 보호대가 있어 뚫을 수도 없었다.[684]

이번에는 아킬레스가 아게노르(Agenor)를 공격하려 하자, 아폴로는 아게노르(Agenor)를 안개로 감싸 숨기고 아폴로 자신이 아게노르(Agenor) 모습으로 아킬레스 가는 길에 섰다. 그리하여 아폴로신은, 추적하는 아킬레스를 그의 감정을 부추기며, 밀밭 들을 지나 스카만데르(Sacamander, Xanthus)를 향해 아

324

킬레스를 이끌고 갔다. 그러는 동안 나머지 트로이 병사들은 성 안으로 모두
들어가게 되었다.[30]

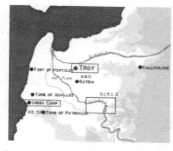

'희랍 캠프(Greek Camp), 크산토스(Xanthus, Scamander)강, '트로이(Troy)' '아킬레스가 강신(江神)
과 싸우다.(Achilles Fights the River)'

———✈

(a) 힌두(Hindu)의 '마하바라타(*The Mahabharata*)'에 절대 신으로는, '브라흐
마(Brahma)' '비슈누(Vishnu)' '시바(Siva)' 3신이 존재하고 비슈누(Vi-
shnu)의 화신 '크리슈나(Krishna)'가 18일 간의 '쿠루크셰트라 전쟁
(Kurukshetra War)'을 주도했다는 것이 그 대강(大綱)이다.

(b) 그런데 호머 '일리아드(*The Iliad*)'에서는 절대 신 제우스(Zeus) 관할 아래
'트로이'를 돕는 아폴로 아프로디테 아레스가 정해져 있고, '희랍'을 돕는
헤라(Hera)와 아테나(Athena)가 고정이 되어 있다.

(c) 그리고 **힌두(Hindu)의 '마하바라타(*The Mahabharata*)'는 '천국 중심' '절
대 신에의 귀의' '절대주의(Absolutism)'가 명시되어 있지만, 호머는 '일
리아드(*The Iliad*)' 주인공 아킬레스(Achilles)부터 '죽음' '저승'을 기분
나쁘게 생각하는 '현세주의(Secularism)'이다.**

(d) 힌두의 '절대주의(Absolutism)'에 호머의 '현세주의(Secularism)'가 가장 큰
차이점이다.

(e) 그러므로 헤라(Hera)와 아테나(Athena)는 '현세주의(Secularism)'를 펀드

---

30) Homer(Translated by Robert Fagles), *The Iliads*, Penguin Books, 2001, pp 520~539.
  'Book Twenty One : Achilles Fights the River'

는 신들이므로 사실상 '마하바라타(*The Mahabharata*)'에는 그 존재가 명시될 수 없는 신이다.

(f) 그런데 이후 '종교의 역사적 전개'를 짚어보면, **'현세주의(Secularism)' 돕는 신이 없으면 '신도(信徒, 大衆)와의 연합'을 잃게 되어 '그 종교 자체'가 존폐의 위기에 직면하게 된다.** 그러므로 모든 종교에는 항상 '현세주의'가 전제되기 마련으로 원리상 '동시주의(Simultaneism)'는 저절로 성립이 되게 되어 있다.

(g) 특히 '일리아드(*The Iliad*)' '제21책'에 마련된 아폴로의 다음 말은 바로 호머의 '인생관'으로 주목할 만하다.

((포세이돈이 아폴로를 향해 말했다.

"아폴로여, 다른 신들이 다 전쟁에 개입을 하는데 멀리 떨어져 보고만 있는가? 그대는 생각나지 않는가? 제우스께서 우리를 트로이 라오메돈(Laomedon)에게 1년간 노예로 보냈을 적에 나는 트로이 성곽을 쌓고 그대는 이다(Ida) 산자락에 소들을 키웠는데, 라오메돈은 임금 한 푼도 없었지...그런데도 그대는 저 라오메돈 백성들에게 호의를 보일 작정인가?..."[525]

이에 아폴로가 말했다.

"포세이돈이여...인간들이란 나뭇잎과 같아서 여름에는 흙을 의지해 왕성했다가 금방 시들어 죽게 마련입니다. 우리 신들은 작은 일로 서로 다투지 말고, 싸움은 저희 인간들에게나 맡깁시다.(...the wretched mortals...like leaves, no sooner flourishing, full of sun's fire, feeding on earth's gift, than they waste away and die. Stop. Call off this skirmish of ours at once -let these mortals fight themselves to death.)"[532]))

(h) 사실상 **제우스, 헤라, 포세이돈, 아폴로, 아테나, 아킬레스, 오디세우스의 말은 그대로 '호머(Homer) 자신의 말'**이므로 위 '아폴로의 말'도 바로 '호머의 말'임을 알면 '**인간이 소유한 모든 전적(典籍) 근본**'이 다 밝혀진 셈이다.

제22책 헥토르(Hector)의 죽음

새끼 사슴들처럼 성곽으로 몰려 들어간 트로이 사람들은, 땀을 닦고 물을 마시며 마른 목들을 축였다.

한 편 아카이아 군사들은 성벽을 향해 접근하고 있는데, 헥토르는 트로이 성 스카이안 성문(Scaean Gates) 앞에 서 있었다....아폴로는 키가 큰 아킬레스를 돌아보며 말했다.[8]

"아킬레스여, 그대는 인간이고 나는 신인 줄을 모르는가? 트로이 사람들이 대패하여 성으로 들어가 숨었는데 그대만 여기에 와 있지만 그대는 나를 죽일 수 없고 나는 죽지도 않는다."[16]

화가 난 아킬레스가 소리쳤다.

"내가 더 많은 트로이 병사들을 잡았을 터인데, 신들 중에 가장 고약한 당신이 내 가는 길을 방해하였소. 이제 당신이 나의 큰 명예를 빼앗았으니 트로이 사람들을 당신들이 다 지켜 줄 작정인가요? **나는 어떤 벌이 내린다고 해도 무섭지 않습니다. 내가 힘을 가지고 있었더라면 더 큰 보복을 행했을 겁니 다!**"[24]

아킬레스는 다시 트로이 성을 향해 달려갔다...늙은 왕 프리암(Priam)은, 아킬레스가 '오리온의 개(Orion's Dog)' '불타는 별'처럼 성을 향해 달려오는 것을 보고.... 헥토르를 향하여 말했다.[64]

"헥토르야. 전우들과 떨어져 혼자서 거기에 서 있지 말라. 아킬레스는 너보다 훨씬 강하다. ....늙은 나를 가엽게 생각하라..."[88]

프리암 곁에 서 있던 헥토르의 어머니도 젖가슴을 드러내며 말했다.

"헥토르야. 이것을 보고 네 어미도 생각을 해라. 너는 내 가슴을 보면 성질을 부드럽게 했었지...."[112]

부모의 설득에도 헥토르는 결코 굽히질 않았다...[117]

헥토르는 속으로 생각했다.

"내가 성(城)안으로 들어가면 폴리다마스(Polydamas)가 나를 비웃을 거야. 그는 지난밤에 나에게 성으로 돌아가자고 했으니까...그러니 성곽 앞에서 내가 아킬레스를 죽이든 그가 나를 죽이든 하는 것이 옳은 거야.[131] 하지만 생각해 보자....**파리스(Parice)가 트로이로 싣고 온 저 헬렌(Helen)과 그녀의 재보(財寶)를 되돌려 주겠다고 내가 약속을 해주면?**[138]...아니 내가 숨어서 연애하는 애들처럼 무슨 생각을 하고 있지?...그와 한판 붙어 제우스가 누구에게 영광을 내리는지 알아보는 것이 옳아."[156]

헥토르가 기다리고 있는데, 전쟁의 신 같은 아킬레스(Achilles)가 오른쪽 어깨에 창을 메고 번쩍이는 투구를 쓰고 다가왔다.[159]...헥토르는 아킬레스를 보고 서 있을 수가 없어...도망치기 시작했다...아킬레스가 헥토르를 뒤쫓으니...헥토르는 트로이 성곽을 따라 도망을 쳤는데...프리암 도시를 세 바퀴나 돌았다...[118]

신들이 구경을 했는데, 제우스가 말했다.

"내가 아끼는 사람이 내 눈 앞에서 그의 성곽 주위를 돌고 있으니 저 헥토르가 불쌍하구나..."[209]

그러자 아테나가 말했다.

"아버지. 무슨 말씀이십니까? 죽기로 다 작정이 된 인간들을 다 살려줄 작정이십니까? 좋을 대로 하십시오. 하지만 신들은 아버지께 동의를 하지 않을 겁니다."[217]

이에 제우스가 말했다.

"아테나여, 용기를 가져라. 내가 한 말에 너무 신경 쓰지 말라. 나를 믿어라....가서 너 생각대로 하라."[221]

아테나는 올림포스 꼭대기에서 행동을 취하려고 내려갔다.[223]....그들이 네 번째 바퀴를 돌려는 그 출발점에 이르렀을 적에 제우스는 '황금 저울'을 집어 들었다. 거기에 '두 개의 인간 죽음의 운명을 뉘었으니(two fates of death that lays men low)' 한 쪽은 아킬레스의 것이고 다른 쪽은 헥토르의 것이었다. 제우스가 중앙을 잡아 높이 드니 헥토르의 운명의 날은 저승으로 내려가니, 아폴로는 그 제우스 곁을 떠났다.[254]

아테나가 아킬레스에게 달려가 말했다.

"우리의 소망이 이루어지게 되었소. 아킬레스여, 제우스께서 그대를 사랑하지 않을 수 없게 되었으니 우리가 저 헥토르를 잡을 겁니다...내가 헥토르에게 대면하여 싸우라고 권할 것이니 여기서 기다리시오."[267]

아테나는 아킬레스에게 그렇게 이르고, 헥토르에게는 데이포보스(Deiphobus) 모습을 하고 그에게 말했다.

"형님. 아킬레스의 야만적인 추적을 받아 '프리암(Priam)의 도시'를 돌며 얼마나 힘 드셨습니까? 우리가 힘을 합쳐 저 아킬레스를 공격하기로 합시다."[274]

헥토르가 말했다.

"데이포보스(Deiphobus)야! 프리암(Prian)과 헤쿠바(Hecuba)가 낳은 형제 중에 나는 너를 가장 사랑한다....다른 사람들은 성(城)내에 머물러 있는데 너는 나를 위해 감히 성(城)밖으로 나왔구나."[282]

여신은 말했다.

"형님. 아버지 어머니 전우들은 나에게 성 안에 머물기를 간청했습니다...이제 아킬레스가 우리 둘을 죽여 우리의 피 묻은 장비를 벗겨 함선으로 가져갈지 형님의 창에 그가 쓰러질지 알게 될 것입니다."[292]

이에 헥토르가 아킬레스에게 말했다.

"아킬레스여. 이전처럼 도망은 가지 않겠다. 죽든 죽이든 결판을 내자....하지만 신들 앞에 맹세를 하자. 나는 너처럼 너의 시체를 손상하지는 않겠다. 나는 너의 시체를 친구들에게 돌려 줄 터이니, 너도 그렇게 하겠다고 맹세를 하라."[307]

아킬레스가 헥토르를 노려보며 말했다.

"용서할 수 없는 헥토르여. 그만 멈추어라...인간과 사자(獅子) 사이, 양 새끼와 늑대 사이에 무슨 맹세가 따로 필요하겠는가?..."[320]

말을 마치자 아킬레스가 헥토르에게 창을 던졌으나 창은 헥토르를 벗어나 땅바닥에 박혔다. 아테나가 그 창을 집어 아킬레스에게 되돌려주었다.[326]

　헥토르가 아킬레스에게 말했다.

　"아킬레스. 너의 창은 빗나갔다...이제 내 창을 받아라..."[340]

　헥토르는 창을 날려 아킬레스 방패 중앙을 쳤으나 창은 퉁기어 나왔다...헥토르는 던질 창이 없어져 데이포보스(Deiphobus)를 불렀다. 하지만 데이포보스(Deiphobus)는 곁에 없었다.[347]

　헥토르는 생각했다.

　"내게 죽을 시간이 왔구나. 데이포보스(Deiphobus)가 나를 지켜줄 것이라 나는 생각을 했는데, 아테나가 나를 속였구나...하나 투쟁은 멈출 수 없다."[362]

　헥토르가 날카로운 칼을 잡고 휘두르니 아킬레스는 청동 방패로 막았다.... 아킬레스가 헥토르의 목을 찔러 눕혔다.[389]

　"헥토르여. 너는 파트로클로스(Patroclus) 갑옷과 투구를 벗겨갈 적에는 나를 생각하지는 않았을 것이다. 이 바보 같은 녀석...내 힘으로 결국 너를 박살냈으니, 나는 너를 개와 새들이 먹게 할 터이다..."[397]

　헥토르는 죽어가며 말했다.

　"나를 아르기베 함선 곁 개들에게는 먹이지 말라...우리 아버지 어머니가 황금을 선물로 가져올 터이니...집으로 돌려보내 화장(火葬)을 하도록 하라."[405]

　아킬레스가 노려보며 말했다.

　"구걸일랑은 이제 그만 하라...나의 분노는 너의 생살을 뜯고 싶다. '배상금'이라 했느냐? 프리암이 네 몸뚱이만한 황금을 가져와도 어림없다..."[417]

　숨이 끊어지며 헥토르는 말했다.

　"나는 나의 운명을 알고 있고, 나는 너를 다시 이길 기회도 없다...**나의 저주(curse)가 신을 노하게 할 것이니, 파리스(Paris)와 아폴로가 스카이안 성문(Scaean Gates)에서 너를 죽일 것이다!**"[420]

330

헥토르는 죽어 그의 영혼은 저승으로 갔다...

아킬레스는 헥토르가 살아있는 것처럼 그를 비웃었다.

"죽여라 죽여! 나는 제우스와 다른 신들께서 나를 부르시면, 언제든지 편안하게 죽음을 맞을 것이다."[432]

헥토르 시체에서 갑옷과 투구를 벗긴 다음 아킬레스는 말했다.

"전우들이여. 아르기베 왕들이여. 나의 장군들이여. 신들께서 나를 도와 우리에게 고통을 안긴 헥토르를 잡았습니다....이제 승리의 노래를 부르며...헥토르 시체를 가지고 우리 함선으로 갑시다..."[465]

아킬레스는 헥토르의 양 다리 발목 뒤꿈치 힘줄(the tendons, anckle to heel behind both feet)을 뚫어 생가죽 끈으로 묶어 그의 전차에 매달고, 말들을 채찍질 하니 그들은 나는 듯이 달렸다. 그래서 헥토르의 잘 생긴 머리통을 흙먼지가 덮었다...[476] ...헥토르 아머니 헤쿠바(Hecuba)는...소리쳐 울었다, [520]....31)

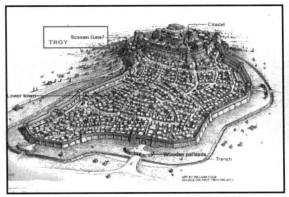

'트로이, 스카이안 대문(Troy, Scaean Gate)' '헥토르의 죽음(The death of Hector)'

---

31) Homer(Translated by Robert Fagles), *The Iliads*, Penguin Books, 2001, pp 540~558. 'Book Twenty Two : The Death of Hector'

'헥토르의 죽음(The death of Hector)' '헥토르 시체를 끌고 가는 아킬레스(Achilles dragging Hector's lifeless body in Troy.)'

———✈

(a) 힌두(Hindu)의 '마하바라타(*The Mahabharata*)' '쿠루크셰트라 전쟁(Kuru-kshetra War)'에서는, 먼저 대장군 **비슈마(Bhishma)**를 '화살 침대'에 눕혔고, 최강자 **카르나(Karna)**를 죽이고, 마지막 비마세나(Bhimasena)가 **두료다나(Duryodhana)**를 꺾음으로 '전쟁'이 종료가 되었다.

(b) 크리슈나와 아르주나가 연합 전선을 펼치었고, 마지막을 비마세나(Bhima-sena)가 마감을 한 것이다.

(c) '일리아드(*The Iliad*)'의 '**아킬레스(Achilles)와 헥토르(Hector)의 대결**'은 '마하바라타(*The Mahabharata*)'에 '크리슈나(Krishna)와 **비슈마(Bhish-ma) 대결**'과 유사하다.

(d) 원래 '**비슈마(Bhishma)**'은 '타살(他殺) 불능의 존재'였는데, 10일 동안 전쟁을 주도하다가 마지막 '화살 침상 누운 것'으로 그의 소위 '**크샤트리아의 의무(the duties of Kshatriya)**'의 모범을 보인 존재이고 '절대 신의 복종심'을 아울러 간직한 존재로 서술이 되었다.

(e) 이에 대해 '일리아드(*The Iliad*)'에 헥토르(Hector)는 '문제의 사건[헬렌의 납치]에 연루된 것'은 없으나 '트로이 왕' '트로이 왕국의 수호자'로서 역시 '**크샤트리아의 의무(the duties of Kshatriya)**'를 다한 '당당한 왕 다운 왕'이니, 작품 '마하바라타(*The Mahabharata*)'와 '일리아드(*The Iliad*)'의 중추는 그 '**크샤트리아의 의무(the duties of Kshatriya) 이행**'으로 그 '공동의 척추(脊椎)'가 되어 있음은 무엇보다 주목을 해야 할 사항이다.

332

(f) 그리고 힌두(Hindu)의 '마하바라타(*The Mahabharata*)'에는 '<u>모든 저주</u> <u>(curse)가 실현됨</u>'을 생생하게 보여주었으니, 그 가장 두드러진 예가 '판두 **(Pandu)왕의 사망**'[32]과, '**크리슈나(Krishna) 사망**'[33]에 대한 저주(curse) 였다. 그런데 호머는 '일리아드(*The Iliad*)' 최고 영웅 '아킬레스 죽음'을 헥 토르의 저주(curse)로 예언을 하였다.

((아킬레스가 노려보며 말했다.

"구걸일랑은 이제 그만 하라...나의 분노는 너의 생살을 뜯고 싶다. '배상금' 이라 했느냐? 프리암이 네 몸뚱이만한 황금을 가져와도 어림없다..."[417] 숨이 끊어지며 헥토르는 말했다.

"나는 나의 운명을 알고 있고, 나는 너를 이길 기회도 없다...<u>나의 저주</u> <u>(curse)가 신을 노하게 할 것이니, 파리스(Paris)와 아폴로가 스카이안 성문</u> <u>(Scaean Gates)에서 너를 죽일 것이다!</u>"[420]

헥토르는 죽어 그의 영혼은 저승으로 갔다...

아킬레스는 헥토르가 살아있는 것처럼 그를 비웃었다.

"죽여라 죽여! 나는 제우스와 다른 신들께서 나를 부르시면, 언제든지 편안 하게 죽음을 맞을 것이다."[432]))

제23책 파트로클로스 장례식 게임

아카이아 군사들은 헬레스폰트(Hellespont)에 정박(碇泊)해 있는 함선에 도 달하자, 각자 자기들 배로 흩어져 돌아갔다.

그러나 아킬레스는 미르미돈족(Myrmidons)에게 실망을 주지 않으려고 전우

---

32) K. M. Ganguli (Translated into English Prose from the Original Sanskrit Text), *The Mahabharata of Krishna-Dwaipayana Vyasa*, Munshiram Manoharlal Publisher Pvt. Ltd. New Delhi, 2000, -**Adi Parva**- pp. 202~206

33) Vettam Mani, *Puranic Encyclopaedia -A Comprehensive Work with Special Reference to the Epic and Puranic Literature*, Motilal Banarsidass Publishers Delhi, 1975, 'Krsna I' p. 428

들에게 엄한 명령을 내렸다.

"죽음을 두고 맹세한 전우들이여! 우리는 아직 우리의 전차에서 말들을 풀어 놓지 맙시다. 말과 전차를 탄 채로 고(故) 파트로클로스(Patroclus)를 슬퍼합시다. 그를 애도하고 눈물 흘려 우리 마음이 진정이 되면 우리의 말들을 풀어주고 저녁 식사를 하기로 합시다."[12]

전군(全軍)이 한 결 같이 통곡하고 애도(哀悼)를 했다. 각자 전차를 몰고 파트로클로스(Patroclus) 시체를 세 바퀴 돌았다.[15] 미르미돈(Myrmidon) 병사들이 슬퍼하니 테트스(Thetis)도 슬픔이 복받쳐 모래알을 적셨고, 전우들의 투구와 갑옷이 눈물로 젖었다.

아킬레스는.... 파트로클로스(Patroclus) 가슴에 손을 얹고 말했다.

"파트로클로스(Patroclus)여 그대 비록 저승일 지라도 잘 계시시오. 그대에게 했던 내 약속은 다 이행을 하고 있소....그 헥토르를 내가 잡아 이끌고 왔으니, 장차 개들에게 먹일 작정이니...오직 그대를 죽인 트로이 사람들에 대한 나의 분노 때문이요."[26]

아킬레스는 파트로클로스(Patroclus) 시체 곁에 헥토르의 시체를 그의 얼굴을 땅으로 향하게 하여 먼지 속에 던져 놓았다. 그런 다음 군사들의 무장을 해제하게 하고 말들을 풀어 놓고 아킬레스는 함선 곁에 자기 자리를 잡았다. 미르미돈족(Myrmidons)은...황소와...양과 염소 돼지를 잡아 장례 음식을 마련했다...[40]

아킬레스가 아가멤논 잔치에 초대를 받아...그의 막사에 이르니...거대한 삼발 솥에 더운 물을 마련하여 그의 몸을 씻도록 마련을 해 놓고 있었다. 아킬레스는 거절을 하며 맹세했다.[50]

"아니 됩니다.... 제우스시여! 내가 파트로클로스(Patroclus) 시체를 장작더미에 올리고 그를 위해 나의 머리털을 자르기 전에는 조금도 '상례(喪禮)'에서 벗어날 수 없습니다..."[61]

아킬레스는 미르미돈 군사들 가까이 있었으나, 해안(海岸) 가 파도가 부서지

는 탁 트인 공간에 누워 있다가...잠이 들었다.[70]

죽은 파트로클로스(Patroclus) 귀신이 나타났다...[76]

"잠들었군. 아킬레스? 생전에는 그처럼 나를 잊지 못 하더니 친구여. 금방 죽었는데 벌써 잊었소? 부디 어서 나의 '장례'를 치러서, 내가 '저승의 문턱(the Gates of Hades)'을 통과하게 해주오. 모든 영혼들이 멀리 나를 밀어내어, 내가 강을 건너 그들과 섞이는 것을 말리고 있소. 영혼들이 나를 그 '사자의 집(the House of Death)'로의 진입(進入)을 막아, 계속 방랑을 하게 만들고 있소. 눈물로 애원(哀願)하노니 부디 **나를 화장(火葬, the soothing rite of fire)을 해서 저승에서 다시 이승으로 돌아올 수 없게 해주오**. 결코 우리는 다시 살아 친구가 될 수는 없소...아킬레스여 그리고 그대는 트로이 성 아래 전투에서 사망할 터이니, 나의 뼈와 그대의 뼈를 나누지 말고 함께 간직하도록 해 주시오...두 개의 손잡이가 달린 하나의 황금 항아리에 그대의 뼈와 함께 간직을 하게 해 주시오!"[120]

그러자 아킬레스는 부드럽게 약속을 했다.

"친구여. 왜 그런 말을 내게 하는가? 나는 그대와 약속을 했던 대로 행하고 있고, 앞으로도 그대의 요구대로 다 그렇게 할 것이네. 아 이리 가까이 오게! 잠시나마 막힌 가슴에 서로의 눈물을 흘리며 위로를 해보세!"[126]

아킬레스가 아가멤논(Agamemnon)을 향해 말했다.

"아가멤논이여. 슬퍼할 사람들은 충분히 슬퍼했습니다. 당신의 군사들은 우선 당신에게 복종을 하니 장작더미 준비가 끝났으니 저녁 식사를 준비하게 하시지요. 그리고 망자(亡者)와 가까운 장군들은 여기에 남는 것이 좋겠습니다."[184]

아가멤논은 아킬레스 말대로 군사들을 흩어 보내고 주요 장군들만 그 곳에 남았다. 쌓아 올린 장작더미는 길이와 너비가 100피드(x30cm=30m)였는데 그 위에 파트로클로스(Patroclus) 시체를 올렸다. 시체는 머리에서 다리까지 기름으로 감쌌다. 짐승들의 몸통으로 시체 주변을 둘러 세웠다. 그리고 말 네 마리...개 두 마리...'트로이 병사 12명'을 죽여 장작더미 위에 올렸다. 그러고 나서 아킬레스는 소리쳤다.

"잘 가시오, 파트로클로스(Patroclus). 그곳이 비록 저승일망정! 내가 그대에게 행한 약속은 그대로 다 행할 것입니다....프리암의 아들 헥토르(Hector)의 살을, 들개가 먹게 할 것이요."[210]

아킬레스는 그렇게 위협을 했으나...아프로디테(Aphrodite)가 헥토르의 몸에 장미향(薔薇香)의 기름을 발라 아킬레스가 끌고 다녀도 상처가 나지 않게 조처하였다. 그리고 아폴로도 검은 구름을 내려 그의 신체가 시들지 않도록 했다.[220]

그런데 파트로클로스(Patroclus)의 시신(屍身)을 올린 그 장작더미는 불타오르지 않았다. 아킬레스가 두 바람 신 제피르(Zephyr)와 보레아스(Boreas) 즉 서풍과 북풍 신에게 비싼 희생을 올리겠다고 약속을 하고 어서 장작을 태워 재로 만들어 달라고 기도를 올렸다.[227]

이에 천사(天使) 이리스(Iris)가 메시지를 가지고 바람신에게 달려갔더니 그들은 제피르(Zephyr) 궁전에서 술잔치를 벌리고 있었다. 이리스(Iris)가 소식을 전했더니...두 바람 신은 밤새도록...트로이 땅 장작더미로 바람을 보내니... 아킬레스는 금 항아리에 술을 손잡이 달린 컵에 담아 계속 땅에 부으며 파티클로스 혼백을 불렀다.[264]...새벽 별이 돋을 무렵에...아킬레스는 지쳐 잠들었다.[267]

아가멤논과 그의 추종들이 아킬레스에게 다가가니...그 발자국 소리에 잠을 깬 아킬레스가 아가멤논에게 말했다.

"사령관이시어....우선 술을 부어 잔불을 끄게 하시고...파트로클로스 뼈를 수습하여 황금 항아리에 간직하게 해 주십시오..."[285]

아킬레스의 그 말을 듣고 ....그 말대로 집행을 하여. 황금 항아리를 린넨 보자기로 덮어 가져다 놓았다.[292]...사람들은 '장작더미를 태웠던 장소' 둘레를 돌로 옹벽을 쌓고 그 안을 흙으로 채웠다....**아킬레스는 그 안에 큰 원을**

그렸고, '장례식 경기(funeral games)'를 행하려고 자기 함선에서 경기 상품 (賞品)으로 가마솥과 세발 솥, 말과 노새, 암소, 잘생긴 여성을 데려다 놓게 하였다.[301]....최고의 전차 몰이 용사에게는 수공예에 능한 여인과 두 손잡이 달린 세발솥이 상품으로 마련이 되었고, 2등에겐 6년 배기 새끼 밴 암말. 3등엔 새 가마솥 한 개. 4등에겐 황금 막대기 2개. 5등에게는 두 손 잡이가 달린 항아 리 한 개로 정하였다.[311]...

아킬레스가 일어서서 아르기베 병사들에게 말했다.

"아카이아 병사들이여. 상품들이 마련이 되어 전차 무사들을 기다리고 있습 니다. 경기를 행할 경우 내가 참여하면 내 말들의 속력을 당신들이 알듯이 내가 1등을 할 것입니다...오늘은 내 말들이 '강한 전차 무새파트로클로스'를 상실했 기에, 나는 경기에 빠지겠습니다....하지만 모든 아카이아 용감한 전차 무사들 은 당신들의 자리를 잡아보시오."[328]

아킬레스가 그렇게 선언하자, 에우멜로스(Eumelus) 왕이 일어섰고...강력한 **디오메데스(Diomedes)**...메넬라오스(Menelaus)...네스토르(Nestor) 아들 안 틸로코스(Antilochus)...메리오네스(Meriones)가 참가 선언을 했다.[397]

아킬레스가 참가자의 제비를 투구에 넣고 돌리니 안틸로코스 제비가 먼저 튀어 나와 안쪽 트랙을 달리게 되었고, 이어 에우멜로스, 메넬라오스, 메리오네 스, 디오메데스로 정해져 디오메데스가 제일 밖 가 쪽 트랙을 달리게 되었 다.[404]...아킬레스는 들녘 멀리 반환점(返還點)에 늙은 포에닉스(Phoenix) 왕 을 앉혀 사실을 보고하게 했다.[407]

참가자들은 신호에 따라 채찍을 말 등을 후려치며 함성을 질렀다.....디오메 데스(Diomedes) 말들이 다른 주자(走者)들을 먼지 속에 남겨두고 앞장을 섰고, 다음은 메넬라오스 그 다음이 안틸로코스였는데...안틸로코스는....말을 억세 게 몰아 메넬라오스를 추월했다...폭풍처럼 달려온 **디오메데스(Diomedes)** 가...전차에서 내려오자 그의 보조자는 즉시 상품들을 휩쓸어 갔다...[571]...2 등은 안틸로코스(Antilochus)....3등은 메넬라오스(Menelaus)...4등은 메리오네스(Meriones)...5등은 에우멜로스(Eumelus)였다...[592]...

아킬레스는 에우멜로스(Eumelus)가 안 되었다는 생각이 들어 일어나 말했다.

"최고의 전차 무사가 꼴찌를 했으나 2등 상품(賞品)을 주기로 합시다."[597]

그 아킬레스 주장에 동료들은 찬성을 했으나... 안틸로코스(Antilochus)는 말했다.

"아킬레스여. 당신은 경기의 주관자로서 내게 정해진 상을 빼앗을 작정입니까?....메리오네스가 안됐으면 당신 막사에서.... 선물을 꺼내다 주시오..."[618]

그 말에 아킬레스는 미소를 지으며....황동 가슴받이를 에우멜로스에게 주었다...[629]

메넬라오스가 안틸로코스에게 불만을 늘어놓았다.

"안틸로코스여 그대는 평소 양식이 있는 사람이었는데, 그대가 행했던 것을 생각해 보시오. 그대는 나의 말보다 훨씬 느린 말들을 몰아 내 마술(馬術)을 무시하며 나를 앞장서서 나갔소. 그러니 아르기베 장군들은 우리 사이 이 문제에 판결을 내려 주시오..."[650]

안틸로코스(Antilochus)가 그 메넬라오스(Menelaus) 말에 즉시 물러섰다.

"알겠습니다. 메넬라오스 왕이여. 나는 당신보다 훨씬 나이가 어립니다...참으시고 나가 받은 암말 상은 당신께 드리겠습니다...."[661]

이에 안틸로코스 아버지 네스토르(Nestor)가 암말을 이끌어 메넬라오스에게 넘겼다. 그러자 메넬라오스의 마음은 이슬처럼 풀렸다...

"안틸로코스여. 이제는 내가 양보를 할 차례인 것 같소...비록 이 암말이 처음부터 내 것이라 할지라도 그대에게 주겠소. 그리하여 여기 우리 백성들이 내 마음이 부드럽다는 것을 알게 할 것이요"[679]

메넬라오스가 안틸고코스에게 그 암말을 다시 넘겨주었다. 메넬라오스는 가마솥은 상으로 받고 4등을 한 메리오네스(Meriones)는 두 개의 황금 막대기를 상으로 받았다.[684]

5등 상으로 정해진 손잡이가 달린 항아리를 아킬레스가 들고 가 그 곁에서 있던 네스토르 노인에게 주며 말했다.

"어르신. 당신도 상을 받으실 만합니다..."[694]

이에 네스토르(Nestor) 노인이 일어나 옛날 자기 이야기를 했다.

"그렇다. 내 아들아...나도 젊어서는 바위처럼 튼튼했다...아무도 나를 당할 자가 없었으니...나는 권투로 클리토메데스(Clytomedes)를 부셨고, 플레우론(Pleuron)에 앙카에오스(Ancaeus)가 내게 도전하여 그의 무릎을 꿇게 하였다. 달리기에서 나는 이피클로스(Iphclclus)를 이겼고, 창던지기에서 나는 필레오스(Phyleus)와 폴리도로스(Polydorus)보다 내가 멀리 던졌다. 전차 경기에서만은 내가 악토르(Actor) 아들들이 나를 이겼지만 그들은 수를 써서 이긴 거야...그대는 친구를 위해 장례를 치르고 있으니...아킬레스여, 신의 가호가 있기를 빕니다!"[726]

네스토르(Nestor) 노인 이야기를 듣고 난 아킬레스는. 다음 '권투 경기' 승자(勝者) 선물로 여섯 살 배기 노새와, 패자(敗者) 선물로 손잡이가 달린 컵을 내놓고 아르기베 병사들을 향해 말했다.

"아케이아 남자들이여! 주먹을 가지고 겨뤄보시오...승자에게는 이 노새를 줄 것이고 패자에게는 두 귀가 달린 컵이 기다리고 있습니다."[740]

유명한 권투 선수 에페오스(Epeus)가 등장했고...에우리알로스(Euryalus)가 등장하여...에페오스(Epeus)가 에우리알로스(Euryalus) 턱을 공격하여...승리 했다.[778]

아킬레스는 즉시 제3 경기 '레슬링' 선물을 마련하였다. 승자(勝者)에게는 황소 12마리 가치가 있는 거대한 세발솥을 상으로 걸었고, 패자(敗者)에게는 황소 4마리에 상당하는 솜씨가 좋은 여성이 상이었다...이에 대(大) 아이아스(Ajax)가 나섰고, 그에 도전하여 꾀 많은 오디세우스(Odysseus)가 일어섰다.[790]

...두 챔피언은 허리띠를 단단히 매고 링 안으로 들어가 거대한 팔로 서로를 잡고 엉겨 붙었다.... 대 아이아스가 오디세우스에게 말했다.

"라에르테스 아들이여. 그대가 나를 들든지 내가 그대를 들든지 하고, 여타 사항은 제우스께 맡깁시다."[805]

아이아스가 오디세우스를 들어 올리니, 오디세우스는 아이아스의 뒷다리를 쳐서 오디세우는 쓰러진 아이아스 가슴 위에 넘어졌다.[오디세우스의 한판 승] 그들은 다시 붙어 오디세우스가 아이아스를 들려고 했으나 아이아스 발이 땅에서 잠깐 들리었으나 온전하게 들어 올리지 못 했다. 그러자 오디세우스는 무릎을 감아 두 사람은 모두 흙먼지 속에 묻혔다.[무승부] 그러자 두 사람은 다시 일어나 다시 경기를 시작했다. 이에 아킬레스가 말했다.

"더 겨루지는 마십시오, 두 사람이 다 승자이십니다. 상품은 나누어 가지시오…"[820]

다음으로 아킬레스는 '달리기(footrace)' 상품을 내걸었다…1등에게는 은으로 만든 술 항아리….2등에게는 황소 한 마리…3등에게는 황금 막대기 반 토막을 걸었다…아킬레스가 말했다.

"이 상품에 도전할 남성은 어서 나오시오."

이에 오일레안 아이아스(Oilean Ajax)와 오디세우스와 안틸로코스가 나섰다. 출발선에서 출발을 할 적에는 아이아스가 오디세우스를 앞섰다. 그러나 **오디세우스는 아테나 여신에게 기도를 하여…우승을 차지했다. 소(小) 아이아스는 발이 미끄러졌으니 아테네 여신이 그렇게 만들었다**…[870]

안틸로코스(Antilochus)는 꼴찌 상을 받았으나 친구들에게 농담을 했다.

"아이아스는 나보다 나이가 젊지만, 오디세우스는 이미 젊은 나이를 지났으나 '푸른 노인'이십니다. 우리의 아킬레스를 제외 하면, 오디세우스를 당할 자가 없을 겁니다."[880]

이에 아킬레스는 안틸로코스(Antilochus)에게 반 토막 황금 막대기 하나를 덤으로 주었다.

그 다음 아킬레스는 창 한 자루와 방패와 투구를 가져오게 하였다…파트로클로스가 사르페돈(Sarpedon) 왕에게서 노획(鹵獲)한 것이었다…

아킬레스가 일어나서 말했다.

"이 무기를 위해 도전할 남성을 초대합니다. 두 사람이 서로 겨뤄 먼저 상대
방에게 상처를 낸 자가 승자입니다. 나는 승자에게 트라키아 사람이 제작한
칼도 줄 것이고...두 무사(武士)를 나의 저녁 식사에 초청도 할 겁니다."[899]

이에 대(大) 아이아스가 일어났고, 강력한 디오메데스(Diomedes)가 도전을
했다...두 사람이 서로 겨뤄 거리가 좁혀지자 아이아스가 창을 던져 상대 방패
를 쳤으나 상처를 내지는 못 했다...디오메데스(Diomedes)가 아이아스 방패
너머 목을 노리니 아이아스 친구들이 "나누어라. 똑 같이 상을 나누어라."고
소리쳤다. 그러자 아킬레스는 긴 칼을 디오메데스에게 주었다...[916]

그 다음 아킬레스는 '무쇠 덩어리(a lump of pig iron)'를 내 놓았다.['멀리
던지기' 경기]..

아킬레스는 말했다.

"이 상을 놓고 겨룰 사람은 나오시오. 이 무쇠 덩이를 차지한 사람은 앞으로
철(鐵)을 구입하러 도시로 갈 필요가 없었을 겁니다."[927]

이에 폴리포이테스(Polypoetes), 레온테우스(Leonteus) 대(大) 아이아스
(Great Ajax) 에페오스(Epeus) 왕이 나섰다. 그 중에.....에페오스(Epeus) 왕이
그 무쇠 덩어리를 가장 멀리 던져 그 부하들이 그 무쇠 덩어리를 그네 함선으로
메고 갔다.[941]

다음은 '활쏘기' 시합이었다.

아킬레스는 양날 도끼 10개, 외날 도끼 10개를 상으로 걸었다. 바다가 멀리
돛대를 세우고 그 끝에 비둘기 발을 가볍게 묶어 두었다. 도전한 궁수는 그것을
목표로 하기로 했다.

"저 비둘기를 맞힌 사람이 양날 도끼를 가질 것이고, 비둘기 아닌 끈만 맞혀
도 외날 도끼는 차지할 겁니다."[950]

테우케르(Teucer) 왕이 나섰고, 이도메네오스(Idomeneus)의 부장(副將) 메
리오네스(Meriones)가 나섰다. 그들은 제비를 뽑아 테우케르(Teucer) 왕이 먼
저 쏘게 되었다.[954]

테우케르(Teucer) 왕은....비둘기 다리를 묶고 있는 끈을 잘라 우레 같은 박수를 받았다...이에 메리오네스(Meriones)는 아폴로에게 새끼 양을 희생으로 바치겠다고 약속하고 활을 잡아...그 화살이 비둘기를 관통해서 메리오네스(Meriones) 발아래 떨어졌다...[972]...메리오네스(Meriones)가 양날 도끼를 가져갔고, 테우케르(Teucer) 왕은 외날 도끼를 차지했다...[977]

마지막 '창던지기' 상품으로 긴 창과 황소 한 마리 가치가 있는 가마솥을 상으로 걸어 놓고 '창잡이들'을 불렀다. 아가멤논 왕이 일어섰다. 이도메우스의 부장 메리오네스(Meriones)도 일어났다.

그러나 아킬레스가 끼어들었다.

"아가멤논이여. 당신의 '투창 솜씨'는 우리 모두가 잘 알고 있습니다...1등상을 함선으로 가져가시오. 이 '창'은 메리오네스(Meriones)에게 상으로 주도록 하겠습니다."[991]

그 아킬레스 제안을 아가멤논은 거절할 수가 없었다.[34]

'파트로클로스의 화장(The soothing rite of fire of Patroclus)' '아킬레스여, 당신은 트로이 성 아래서 죽을 겁니다.(Achilles you are to die in battle beneath the Trojan walls.)'

34) Homer(Translated by Robert Fagles), *The Iliads*, Penguin Books, 2001, pp 559~587. 'Book Twenty Three : Funeral Games for Patroclus'

'아킬레스의 죽음(The Death of Achilles)'

——→

(a) 호머(Homer) '일리아드(*The Iliad*)' 성립 중추(中樞)가 그 '크샤트리아의 의무(the duties of Kshatriya)'에 생태적 기질을 과시하고 있는 존재가 아킬레스(Achilles)이고 역시 그와 분리해서 고려할 수 없는 존재가 파트로클로스(Patroclus)이다. 그런데 '일리아드(*The Iliad*)' '제23책'에는 다음과 같은 장면이 제시되어 있다.

((...아킬레스는 미르미돈 군사들 가까이 있었으나, 해안(海岸) 가 파도가 부서지는 탁 트인 공간에 누워 있다가...잠이 들었다.[70]...죽은 파트로클로스(Patroclus) 귀신이 나타났다...[76] "잠들었군. 아킬레스? 생전에는 나를 잊지 못 하더니 친구여. 금방 죽었는데 벌써 잊었소? 부디 어서 나의 '장례'를 치러서, 내가 '저승의 문턱(the Gates of Hades)'을 통과하게 해주오. 모든 영혼들이 멀리 나를 밀어내어, 내가 강을 건너 그들과 섞이는 것을 말리고 있소. 영혼들이 나를 그 '사자의 집(the House of Death)'로의 진입을 막아, 계속 방랑을 하게 하게 만들고 있소. 눈물로 애원(哀願)하노니 부디 <u>나를 화장(火葬, the soothing rite of fire)을 해서 저승에서 다시 이승으로 돌아올 수 없게 해주오.</u> 결코 우리는 다시 살아 친구가 될 수는 없소...아킬레스(Achilles)여 그리고 그대는 트로이 성 아래 전투에서 사망할 터이니, 나의 뼈와 그대의 뼈를 나누지 말고 함께 간직하도록 해 주시오...두 개의 손잡이가 달린 하나의 황금 항아리에 그대의 뼈와 함께 간직을 하게 해 주시오!"[120]...그러자 아킬레스는 부드럽게 약속을 했다. "친구여. 왜 그런 말을 내게 하는 건가? 나는 그대와 약속을 했던 대로 행하고 있고, 앞으로도 그대의 요구대로 다 그렇게 할 것이네. 아 이리 가까이 오게! 잠시나마 막힌 가슴에 서로의 눈물을

흘리며 위로를 해보세!'[126]))

(b) 여기에서 우선적으로 확인을 혜야 할 사항이, **호머[파트로클로스(Patro-clus)]의 '화장(火葬, the soothing rite of fire) 문화의 긍정' 문제이다.** 이것은 '**희랍은 인도의 식민지**'라 규정한 포콕(E. Pococke)['희랍 속의 인도 (*India in Greece*, 1851)']의 주장을 구체적으로 입증하고 있기 때문이다.

(c) 그리고 위에서는 호머는 '**꿈의 예언적 기능**'의 활용을 통해, -'아킬레스 (Achilles)여 그리고 그대는 트로이 성 아래 전투에서 사망할 터이니, 나의 뼈와 그대의 뼈를 나누지 말고 함께 간직하도록 해 주시오.'라고 '아킬레스 (Achilles)의 사망'을 미리 밝혔던 점이다. 그 '**크샤트리아의 의무(the du-ties of Kshatriya) 이행(履行)**'에 항시 유념하고 있어야 할 전제였다.

(d) 이 '일리아드(*The Iliad*)' 제23책' '**아킬레스(Achilles)의 파트로클로스(Pa-troclus) 꿈 이야기**'와 '오디세이(*The Odyssey*)' '제1책'에 제시된 '**오레스테스(Oretes)의 죽은 아비 원수 갚기 이야기**'를 더하면, 바로 **셰익스피어 (W. Shakespeare)**의 '**햄릿(*The Hamlet*)**'이 된다는 것은 어려운 추상이 아니다.

(e) 그리고 호머(Homer)는 아킬레스(Achilles)가 '**파트로클로스 장례식 게임**' 으로 여러 가지 '경기 대회'를 펼치었다고 구체적인 '경기 진행 상황'을 제시했는데, 이는 물론 힌두(Hindu)의 '마하바라타(*The Mahabharata*)'에 제시된 '**드로나(Drona) 제자들의 무예 자랑[學藝會]**'[35]과 '**스와얌바라(Swa-yamvara, 남편 고르기 대회, 활쏘기 시합)**'의 확장 연장이다.

(f) 호머(Homer)는 아킬레스(Achilles)가 '**파트로클로스 장례식 게임**'을 통해 '남성들의 무서운 경쟁의식'을 생생하게 펼치었을 뿐만 아니라, 네스토르 (Nestor)의 아들 안틸로코스(Antilchus)가 '전차 경기 2등상'을 놓고 메넬라오스(Menelaus)와 시비가 생겼을 적에 그 안틸로코스(Antilchus)가 보인 '양보의 미덕(美德)'은 '호머(Homer) 문학의 위대한 승리'에 해당한다.

(g) 그리고 **호머(Homer)가 소개하고 있는 '레슬링(wrestling)'은 한국의 '씨름'과 완전 동일하고**, 오늘날 올림픽 경기 종목으로 채택이 되어 있는 소

---

35) K. M. Ganguli (Translated into English Prose from the Original Sanskrit Text), *The Mahabharata of Krishna-Dwaipayana Vyasa*, Munshiram Manoharlal Publisher Pvt. Ltd. New Delhi, 2000, -**Adi Parva**- pp. 284~287

위 '레슬링(wrestling)'은 당초 '호머(Homer)의 소개'와는 '완전히 **다른 종류의 게임**'이다.

제24책 아킬레스와 프리암

게임들이 끝났다. 모였던 군사들은 흩어져 함선으로 돌아가 식사를 하고 잠잘 생각들을 했다. 그러나 아킬레스는 생각을 불태우며, 파트로클로스를 그리워하며 잠을 이루지 못 했다...[12]

아킬레스는 헥토르의 시체를 그의 전차에 매달고 파트클로스 무덤을 세 바퀴 돌고 나서 그의 막사로 돌아오니 헥토르의 시체는 먼지 속에 있었다....아폴로가 헥토르를 가엽게 생각하여...그의 시체가 손상되지 않도록 조처했다.[25]...

신들이 분노하여 헤르메스(Hermes)를 보내 '헥토르 시체를 **빼내자**'는 주장을 했으나 헤라(Hera)와 포세이돈(Poseidon)과 아테나는 트로이와 프리암(Priam)과 그 백성들을 아주 싫어했다.

당초에 파리스(Paris)의 광기로 전쟁이 시작되었으니, 파리스(Paris)가 양(羊)들을 먹이고 있을 적에 헤라(Hera)와 아테네(Athena) 아프로디테(Aphrodite)가 그를 찾아 왔었는데. 파리스(Paris)는 아프로디테 제안을 취하여, 헤라와 아테네를 화나게 했기 때문이다. 파리스(Paris)는 재난을 가져올 욕망에 눈이 멀어 있었다.[36]...

하지만 헥토르가 사망한 다음 12일이 되는 새벽에, 아폴로는 신들에게 말했다.

"너무들 하십니다. 헥토르(Hector)는 황소와 염소를 불사르며 신들에게 그의 정성을 다 했습니다... 저 아킬레스(Achilles)는 인정머리가 없고...포악하기만 합니다."[64]...

헤라가 화를 내며 말했다.

"아폴로여. 당신 말에도 일리(一理)는 있습니다. 하지만 인간의 젖을 먹고 자란 헥토르(Hetor)와 내가 기른 '여신[테티스] 아들' 아킬레스(Achilles)는 다릅니다...."

이에 제우스가 말했다.

"헤라여. 신들을 향하여 화를 내지 마시오. 두 사람이 동등한 명예를 획득하게 할 수는 없습니다. 하지만 신들이 헥토르도 사랑을 하고 있고, 나도 그러합니다...**테트스(Thetis)를, 불러서 '아킬레스가 프리암에게서 헥토르의 몸값을 받고 그의 시체를 반환하라.'고 전하게 합시다.**"[95] [모두가 '신의 뜻'임]

제우스가 여신 이리스(Iris)에게 명령을 내려....테티스가 도착하니...제우스는 테티스에게 말했다.[126]

"테티스(Thetis)여...헥토르 시체와 아킬레스가 행한 트로이 징벌(懲罰)을 놓고 신들의 9일간 분쟁(紛爭)이 있었다...어서 아킬레스 막사로 가 전하도록 하라. -신들은 헥토르 시신을 아킬레스가 보유함에 화를 내고 있고, 내[제우스]가 이리스(Iris)를 보내 프리암(Priam)도 설득을 할 터이니, 보상을 받고 분노를 풀라,-고 전하라."[146]

테티스(Thetis)가 아킬레스에게 제우스 명령을 전하니, 아킬레스는 "알겠습니다..."라고 대답했다.[170]...이리스(Iris)는 프리암(Priam)에게 제우스의 명령을 전했다.

"제우스께서 프리암(Priam) 당신에게 헥토르 보상금을 마련하여 아킬레스의 마음을 달래라고 하였습니다...."[223]

프리암은 부인 헤쿠바(Hcuba)에게 제우스의 명령을 알리었다...헤쿠바(Hcuba)는 프리암의 말을 듣고 말했다

"아니 됩니다. 거기[희랍 함선들의 정박지(碇泊地)]가 어디라고 가시겠다는 겁니까? ...그 애[헥토르]의 운명은 그 애의 것입니다...."[257]

프리암은 말했다.

"내 뜻대로 할 터이니 막지 마시오...그것이 나의 운명이라면 차라리 함선 곁에서 내가 죽겠소..."[270]

프리암(Priam)은 보물 창고에서 여자 의상 12벌, 외투 12벌, 황금 막대기 10개, 세발솥 2개, 가마솥 4개, 거대한 컵 하나를 꺼내들었다....

프리암(Priam)은...헬레노스(Helenus) 파리스(Paris) 아가톤(Agathon) 팜몬(Pammon) 안티포노스(Antiphonus) 폴리테스(Polites) 데이포보스(Deiphobus) 힙포토오스(Hippothous) 디오스(Dius) 9명의 아들을 향하여 말했다.

"욕된 놈들, 나의 굴욕들이여!...한 놈이라도 저 헥토르(Hector)를 대신했더라면 좋았을 것을... 모두 내 운명이다...어서 수레에 짐들을 실어라..."[312]

프리암은 제우스께 기도했다.

"이다(Ida) 산에서 우리를 다스리시는 아버지 제우스여. 아킬레스로부터 저를 구해주소서...."[372]

제우스가 프리암(Priam)의 기도를 들어 독수리를 보내 감응을 알리고...아들 헤르메스(Hermes)를 보내 프리암(Priam)을 안내하게 했다.[402]...

안내자헤르메스가 프리암에게 말했다.

"나는 아킬레스의 시종(侍從)입니다..."[476]

프리암은 다시 물었다.

"정말 그대가 아킬레스의 시종(侍從)이라면...내 아들은 아직 함선 곁에 있는지 개들에게 던져주었는지 말해 보시오..."[482]

헤르메스가 말했다.

"헥토르는 죽은지가 12일이 지났으나...온전히 그대로 있습니다..."[499]

헤르메스는 우선 파수병들을 잠들게 하고...프리암(Priam)과 짐수레를 안으로 인도했다...[539]...

헤르메스가 프리암(Priam)에게 결국 자기의 정체를 밝혔다.

"노인장. 나는 아버지 제우스께서 보낸 헤르메스(Hermes)입니다....그대가 아킬레스의 다리를 잡고, 그 아킬레스의 아비 어미를 빌어 애원(哀願)을 하면, 아킬레스의 마음이 움직일 겁니다."[547]

프리암(Priam)은 이다이오스(Idaeus)에게 짐수레를 지키게 하고...아킬레스에게 다가갔다...아킬레스는 저녁을 먹고 쉬고 있는데....프리암이 다가와 다리를 잡고 손에 입을 맞추니...아킬레스 무서움에 사로잡혔다...아킬레스 주변 사람들도 놀랐다...[568]...

프리암(Priam)은 아킬레스를 향하여 말했다.

"위대한 아킬레스여. 나처럼 늙은 그대 아버지를 생각하시오...그 분도 그대가 살아 있다는 것을 알면, 날마다 희망을 가지고 기다릴 겁니다....나는 아들이 여럿이나......헥토르(Hector)가 혼자 남아 그의 조국(祖國)을 지키다가 그대 손에 죽어서, 내가 그의 보상금을 마련하여 아들을 데려가려고 이 함선으로 찾아 왔습니다. 부디 그대 아버님을 생각하여 나를 불쌍하게 생각해 주시오..."[591]

프리암(Priam)의 그 말은 아킬레스에게 자기 아버지를 생각나게 했다. 그 말은 아킬레스에게 울고 싶은 충동을 일으켰다. 아킬레스는 프리암(Priam)의 손을 가볍게 밀치었으나, 프리암은 죽은 헥토르를 생각하고 울었고, 아킬레스는 자신의 아버지와 파트로클로스 생각에 울음이 터졌다...[599]...

아킬레스가 자리에서 일어나 프리암(Priam)의 손을 잡고 일으키며 말했다.

"불쌍한 사람이여...어떻게 아들을 죽인 사람을 찾아올 생각을 했습니까?...이 의자에 앉으시오....한 번 죽은 아들을 되살릴 수는 없소."[646]

이에 프리암(Priam)이 강하게 항의했다.

"아킬레스여. 자리에 앉으라고 나에게 말하지 마시오...어서 지체 말고, 그 헥토르를 되돌려 주시오...내 눈으로 우선 아들을 꼭 보아야겠습니다...."[654]

아킬레스가 프리암(Priam)을 노려보며 말했다.

"노인. 더 이상 나를 화나게 하지는 마시오. 나는 당신 아들을 돌려주기로 결심은 되어 있소. 제우스의 메신저로 어머니 테티스(Thetis)께서 다녀가셨고, 신들 중에 한 분이 당신을 안내했다는 것을 나는 다 알고 있습니다...."[669]

아킬레스가 밖으로 나가자, 두 부장(副將) 아우토메돈(Automedon)과 알키모스(Alcimus)도 따라나섰다...두 부장(副將)은 말과 노새의 멍에를 풀고 그들

348

은 '헥토르 몸값'을 수레에서 들어 내리었다. 그들은 프리암(Priam)이 아들의 시신(屍身)에 입혀 갈 두 벌의 외투와 셔츠를 남겨두었다.[680]

아킬레스는 시비(侍婢)를 불러 헥토르 시신을 씻기고 향유를 바르고 옷을 입혀 대령(待令)을 하게 했다...시비(侍婢)들이 명령대로 행한 다음 아킬레스는 헥토르 시신을 침상에 뉘이고 짐수레에 실었다.....그런 다음 아킬레스는 고통 스럽게 친구의 이름을 부르며 말했다.[694]

"파트로클로스(Patroclus)여. 부디 내게 화를 내지는 마시오. 나는 헥토르의 시체를 돌려보내기로 작정을 했소. 만약 저승에서라도 그대가 알 수 있다면, 내가 항상 그러 했듯이 나는 그 '배상금'의 일부를 그대에게 제공할 것이 요."[698]

그리고 아킬레스는 그의 막사에 있는 프리암(Priam)을 향해 말했다.

"노인이여. 당신 아들은 이제 당신 요구대로 자유롭게 되었습니다. 내일 아침 에 당신 아들을 볼 수 있을 겁니다....우리는 우선 먹어야 합니다. 트로이로 돌아가면 마음껏 울게 될 겁니다."[730]

아킬레스는 백양(白羊)을 잡아...프리암(Priam)을 식사하게 했다.

그들은 식사를 마치고, 프리암(Priam)이 아킬레스를 향하여 말했다.

"내 아들이 죽고 난 다음 9일 동안 슬픔에.... 먹지도 못 하고 잠을 이루지도 못 했습니다. 우선 잠을 자고 싶으니 잠자리를 마련해 주십시오..."[755]

아킬레스는 퉁명스럽게 대답했다.

"노인은 밖에서 주무셔야겠습니다. 아카이아 장군들이 방문할 수 있으니...만 약 아가멤논에게 알려지면 몸값 흥정으로 더욱 늦어질 수 있습니다...."[774]

이에 프리암(Priam)이 공손히 말했다.

"아킬레스여. 당신께서 내게 헥토르(Hector)를 '왕례(王禮)'로 매장(埋葬)을 허락하신다면...9일 동안은 궁내에서 슬퍼하고 10일째 되는 날에 헥토르를 매 장하고, 11째 날에는 무덤을 만들고. 12일이 되어야 서로 다시 싸울 수 있을 겁니다."[285]

아킬레스는 말했다.

"프리암(Priam)이여. 당신께서 말씀하신대로 될 겁니다. 당신이 말씀하신 기간 동안에는 내가 공격을 못 하게 저지를 하겠습니다."[788]

그리하여 프리암(Priam)과 전령(傳令)은 현관 은신처에서 잠이 들었는데... 헤르메스(Hermes)는 잠을 못 이루고 있다가...프리암(Priam)의 머리 곁에 나타나 말했다.

"노인이여. 정신 차리십시오. 아킬레스가 당신 목숨은 살려주었으나, 그대는 아직 적중(敵中)에 있습니다. ...만약 아가멤논 왕이 당신이 여기 있는 줄을 알면, 당신을 여기에 잡아 두고 아들들에게 3배의 배상금을 요구할 겁니다. 저들이 알면 어찌하려고 여기에 머물러 있습니까?"[809]

노인이 공포에 잠을 깨니, 헤르메스(Hermes)는 노새와 말을 몰아 아킬레스 캠프에서 나와...크산토스(Xanthus) 강 여울목에 도착한 다음 헤르메스(Hermes)는 올림포스로 돌아갔다.[810]

아무도 프리암(Priam) 일행을 본 사람이 없었으나, 여신 아프로디테(Aphrodite)와 같은 프리암의 딸 카산드라(Cassandra)가 페르가모스(Pergamus) 꼭대기에 올라갔다가 아버지와 전령(傳令)을 먼저 알아보았다...[825]

카산드라(Cassandra)는 전 트로이를 달리며 외쳤다.

"트로이 남녀들이여....트로이 최고 영광이었던 헥토르가 지금 돌아왔습니다."[830]

그리하여 트로이 사람들은 헥토르의 장례까지 마치었다.[36]

---

36) Homer(Translated by Robert Fagles), *The Iliads*, Penguin Books, 2001, pp 588~614. 'Book Twenty Four : Achilles and Priam'

'프리암과 헤쿠바(Priam and Hcuba)'

'아킬레스 앞에 무릎을 꿇고 있는 프리맘(Priam kneeling before Achilles)' '헥토르 시신이, 트로이로 운반되다.(Hector brought back to Troy)'

———✈

(a) 호머(Homer)는 '일리아드(*The Iliad*)' '제24책'에서 '트로이 전쟁(Trojan War)' 원인을 공개했다.

((신들이 분노하여 헤르메스(Hermes)를 보내 '헥토르 시체를 빼내자'는 주장을 했으나 헤라(Hera)와 포세이돈(Poseidon)과 아테나는 트로이와 프리암(Priam)과 그 백성들을 아주 싫어했다.

당초에 파리스(Paris)의 광기로 전쟁이 시작되었으니, 파리스(Paris)가 양(羊)들을 먹이고 있을 적에 헤라(Hera)와 아테네(Athena) 아프로디테(Aphrodite)가 그를 찾아 왔었는데. 파리스(Paris)는 아프로디테 제안을 취하여, 헤라와 아테네를 화나게 했기 때문이다. 파리스(Paris)는 재난을 가져올 욕망에 눈이 멀어 있었다.[36]...))

'헤라, 아테나, 아프로디테, 파리스(Hera, Athena, Aphrodite and Paris)'

(b) 호머(Homer)는 **'여신들의 분노'**가 '트로이 전쟁(Trojan War)의 원인'이라 고 밝힌 셈인데, 힌두의 '마하바라타(*The Mahabharata*)'에 '쿠루크셰트라 전쟁(Kurukshetra War)'이 **'불 속에 태어난 미인 드라우파디(Draupadi) 의 눈물의 호소가 그 원인'**[37]으로 전개되었다는 것은 작품이 입증을 하고 있다.

(c) 다시 말해 '쿠루크셰트라 전쟁(Kurukshetra War)'은 **'드라우파디(Draupa-di)의 한(恨) 풀어주기'**가 바로 '정의(Righteousness) 실현 전쟁'이 되었는 데, 호머(Homer)는 '트로이 전쟁(Trojan War)'을 **'아프로디테(Aphrodite) 버르장머리 잡기[헬렌(Helen) 되찾아 오기]'**가 바로 '정의(Righteousness) 실현 전쟁'이라고 밝힌 셈이다. ['무수한 인간 살상의 전쟁' 원인]

(d) 즉 **'절대 미인 -드라우파디(Draupadi)와 헬렌(Helen)[아프로디테(Aphro-dite)]'**이 '전쟁의 중심'에 자리를 잡고 있다는 점은 '가장 명백한 공통점' **이다.** ['미인'이란 '인간 번식 욕망'의 표상으로 '식사 욕망'과 더불어 '실존 주의 2대 구성 요소'이다.]

(e) 더욱 간결하게 말해, **'모든 인간의 죽음'이란 '욕망 추구[육체 운영]에 대한 대가 치르기'**라는 대(大) 전제(前提)에 호머(Homer)의 '일리아드(*The Iliad*)'와 힌두(Hindu)의 '마하바라타(*The Mahabharata*)'는 크게 서로 겹 쳐 있다.

---

37) K. M. Ganguli (Translated into English Prose from the Original Sanskrit Text), *The Mahabharata of Krishna-Dwaipayana Vyasa*, Munshiram Manoharlal Publisher Pvt. Ltd. New Delhi, 2000, -**Vana Parva**- pp. 27~31, 33~34, 50

제3부
'오디세이(*The Odyssey*)'

'트로이 목마(木馬, Trojan wooden horse.)'

'데모도코스가 **트로이 목마(木馬)**를 노래했다.(Demodocus sang of Trojan wooden horse.)'

제1책 텔레마코스에게 여신 아테나가 나타나다.

'신성한 트로이 성(the hallowed heights Troy)'을 함락시키고 약탈했던 그 사람[오디세우스]이, 일이 꼬이고 행로를 이탈했던 이야기를, 뮤즈(Muse) 신이여 들려주소서.

오디세우스(Ogysseus)는 여러 도시를 보았고, 많이 배웠고, 많은 고통을 겪으며 자신과 전우들을 고향으로 데려오려고 바다에서 비탄에 잠겼다. 그러나 그는 전우들을 그 재난에서 구하지는 못 했으니, 전우들은 '태양의 소(the cattle of the Sun)'를 살해하여 다 죽을죄를 지었기 때문이다. 그래서 태양신이 귀로(歸路)를 차단해 버렸다.[10]

제우스의 딸 뮤즈(Muse)가 그의 이야기를 시작해서, 우리 시대에까지 들려주고 있다.

그래서 트로이에서 고향으로 돌아온 생존자는 전쟁과 파도에서 도망을 친 자였고[15]...도망에 성공한 자는 단 한 사람이었으니, 그의 마음은 아내와 고향 생각뿐이었으나 **마법을 거는 칼립소(Calypso)**가 그를 동굴에 잡아두고 남편으로 삼으려 했다.[20] ...포세이돈(Poseidon)만 빼고 모든 신들이 그를 가엽게 생각하고 있었으나 고국 이타카(Ithaca)에도 시련들이 기다리고 있었다. **포세이돈(Poseidon)은 위대한 오디세우스(Odysseus)가 고향 땅에 도착할 때까지 그를 끝까지 괴롭혔다.**[24]

포세이돈(Poseidon)은 인계(人界)에서 멀리 떨어진 에티오피아 사람들(Ethiopians)을 방문했다. 그곳 사람들은 둘로 나뉘어 있었으니, 그 한 쪽은 태양신이 지는 쪽이고 다른 쪽은 태양신이 솟은 쪽이었다. 거기에 포세이돈(Poseidon)은 1백 마리가 넘은 황소와 양들의 공물(供物)을 즐기려고 가 있었다.[30]...하지만 다른 신들은 올림포스 궁전에 모여 있었는데, **제우스는 살해된 아이기스토스(Aegisthus), 즉 아가멤논(Agamemnon)의 아들 오레스테스(Orestes)가 살해한 아이기스토스(Aegisthus)을 생각하고 있었다.**

제우스는 말했다.

"아 신들만 탓하는 인간들은 얼마나 부끄러워 할 줄을 모르는가. 저희들이 재앙과 고통을 받아 마땅한 짓을 저희가 저질러놓고...아이기스토스(Aegisthus) 경우를 생각해 봅시다. 헤르메스(Hermes)가 그에게 '아가멤논(Agamemnon)을 **죽이지 말라. 범하지 말라. 오레스테스(Orestes)가 보복을 할 것이다.**'라고 경고를 했으나, 아이기스토스(Aegisthus)는 결국 그 죄 값을 치렀습니다....''[52]

그러자 아테나(Athena)가 말했다.

"제우스시여. 아이기스토스(Aegisthus)는 제가 죽을 짓을 했습니다...하지만 오디세우스(Odysseus)가 바다 한 가운데 섬에서 가족을 떠나 고통을 받고 있는 것을 생각하면 저의 가슴은 아픕니다....아틀라스(Atlas)의 딸이 요술을 걸어 오디세우스(Odysseus)가 이타카(Ithaca)로 돌아갈 생각을 못 하게 막고 있습니다...제우스시여. 아버지께서는 이제 그 오디세우스(Odysseus)에게는 관심이 없으시고 그가 바친 제사도 잊으시고 그를 끝내 죽게 할 작정이십니까?"[76]

제우스가 대답했다.

"너는 무슨 말을 그렇게 하느냐? 어떻게 내가 그 오디세우스(Odysseus)를 잊겠느냐? 오디세우스(Odysseus)는 빼어난 지혜에 신들에게 바치는 공물(供物)도 탁월했다. **오디세우스(Odysseus)는 앞서 키클롭스 족(Cyclops)의 신과 같은 폴리페모스(Polyphemus)를 장님을 만들었는데, 폴레페모스는 포세이돈(Poseidon)과 관계가 있는 님프 토오사(Thoosa)의 아들이기에 포세이돈이 분노하고 있는 것이다.**....오디세우스(Odysseus)를 고향으로 돌려보낼 방법을 생각해 보자..."[95]

아테나가 말했다.

"아버지. 신들이 오디세우스(Odysseus) 귀향을 결국 허락할 것이라면...헤르메스(Hermes)를 오기기아(Ogygia) 섬으로 내려 보내 그 님프에게 아버지 명령을 전하게 하여 오디세우스(Odysseus)를 고향으로 계속 항해하게 하시고, 저는 이타카(Ithaca)로 가서 오디세우스(Odysseus)의 아들[텔레마코스]에게 용기를 불어 넣도록 하겠습니다.…"[112]

그래서 아테나(Athena)는…이타카(Ithaca) 섬에 있는 오디세우스(Odysseus) 집 대문 앞에 이르렀다. 아테나는 타피안 족(Taphians)의 왕 멘테스(Mentes) 모습으로 창을 들고 있었다.

그 때 대문 앞에는 '**거만한 구혼(求婚)자들**(the swaggering suitors)'이 쇠가 죽을 깔고 놓고 '주사위 놀이(rolling dice)'를 하고 있었다.…[131]

여신을 가장 먼저 알아본 사람은, 그 **구혼자들** 가운데 있었던 오디세우스(Odysseus)의 아들 텔레마코스(Telemachus)였다. 텔레마코스는 아버지 생각에 우울한 생각에 빠져 있었는데…그가 아테나[멘테스 왕]를 본 것이다. 그는 아테나를 향해 말했다.

"환영합니다. 이방인시여! 우선 저녁 식사를 드시고, 필요한 것을 말씀하시죠."[146]

텔레마코스가 안내를 하니, 아테나는 그의 뒤를 따라갔다.……텔레마코스는 아테나 여신을 궁 안으로 안내를 한 다음.....그 아테나의 반짝이는 눈에 머리를 가까이 하고 물었다.

"이방인(異邦人)이시여.…당신은 누구이시며 어디 무슨 도시에서 오셨으며, 당신의 부모는 누구이십니까? 어떤 배를 타고 오셨으며 선원들이 어떻게 해서 이 이타카(Ithaca)에 당신을 내려다 놓았습니까? 당신은 언제 여기를 처음 오셨으며, 혹시 옛날 우리 아버지의 손님 친구였습니까? 여기를 발로 걸어서 왔을 리는 없으니 말입니다.…"[207]

아테나가 말했다.

"모든 이야기를 다 들려주겠네. 나의 부친 이름은 앙키알로스(Anchialus)이고 나는 멘테스(Mentes)라는 사람으로, 타피안(Taphian) 족의 왕이라네. 나는 배로 방금 도착을 했어.…그대의 아버지와 나는 오랜 친구였네.…그대의 아버지는 귀향(歸鄕) 길에 올라 신들의 방해를 받고 있으나, 위대한 오디세우스

(Odysseus)는 아직 살아 있네. 바다 섬 속에 야만인들의 포로가 되어 있으나... 고향에 반드시 돌아 올 거야...불사(不死)의 신들이 내 마음에 준 확신으로 이 말을 하는 것이네...그분은 결국 귀향을 계획하실 거야....**그대가 정말 오디세 우스 아들이긴 한가**?.....지난날에는 나는 자주 오디세우스와 만났지만 그가 아르기베(Argive) 장군들과 배를 타고 트로이로 떠난 다음부터는 오디세우스를 만나지 못했으니까."[246]

텔레마코스(Telemachus)가 대답했다.

"어머니는 내가 당신의 아들이라고 항상 얘기해 왔습니다...."[255]

여신이 텔레마코스(Telemachus)에게 말했다.

"내 말을 믿게. 만약 페넬로페(Penelope)가 그대 같은 아들을 낳았다면, 신들은 그대 집안을 찬양 받지 못 할 가문(家門)으로 그냥 내버려두지는 않을 거야...그런데 무슨 잔치이고, 몰려온 저 사람들은 누구인가?.....지각 있는 사람이 저들을 보면, 저런 행동들에 분노할 거야."[266]

텔레마코스(Telemachus)가 대답했다.

"그분[오디세우스]이 계셨더라면 우리 집은 더욱 부유했을 터이지만, 그 분이 사라진 다음은 신들은 행운은 가져가고, 오히려 보복(報復)이 내렸습니다. 그분이 차라리 트로이 전쟁에 돌아가셨다면 나는 이처럼 슬프지는 않을 겁니다. '아카이아 연합군'이 그분의 묘를 만들었을 것이고, 그분은 아들에게도 위대한 명성을 안기었을 것이기 때문입니다. 그러나 선풍(旋風)이 그 분을 휩쓸고 갔다면 '명성'도 없습니다...잘 들으십시오...**찾아온 사람들['거만한 구혼(求婚)자들 (the swaggering suitors)']은, 둘리키온(Dulichion) 사메(Same) 자킨토스 (Zacynthus) 등 주변 섬들을 다스리는 귀족들입니다. 그들 중에 우리 어머니 와 결혼한 자가, 이 이타카(Ithaca)를 다스릴 겁니다. 그리하여 어머니는...지 금 구혼을 거절하지도 용납하지도 못 하고 있는 형편입니다**..."[293]

아테네가 말했다.

"정말 부끄러운 일이오. 아 그대는 그 오디세우스(Odysseus)가 그립겠군요...그가 돌아와 복수를 하게 될 지는, 오직 신들에게 달렸소...하지만 내가 그대에게 말해두지만....**날이 밝으면 섬의 영주들을 불러 집합시키어 구혼자들을 자기 집으로 돌려보내고, 어머니는 결혼을 하려면 자기 친정집으로 돌아가게 하시오...내가 그대에게도 충고를 하겠소. 20명이 노를 저을 배를 마련하여 우선 아버지 소식을 찾아 직접 나서시오...우선 필로스(Pylos)의 네스토르(Nestor) 왕에게 아버지 소식을 알아보고, 스파르타(Sparta)로 가서 메넬라오스(Menelaus)에게 묻도록 하시오**...그분들이 그대 아버지가 살아서 고향으로 갔다고 하면 1년을 더 기다려 보고, 만약 별세를 했다고 하면...장례를 치르고 무덤을 만들고 어머니에게 다른 남편을 제공하도록 하시오...그리고 더 이상 어린이 같은 생각에 머물러서는 아니 되니....**자기 아버지를 살해했던 그 교활한 아기스토스(Aegisthus)를 죽이고 유명하게 된 오레스테스(Orestes)의 영광스런 이야기를 그대는 듣지도 못 했소?**...나는 우리 선원들이 기다리는 내 배로 일단 가봐야 겠소. 모든 것이 그대에게 달려 있으니, 내 말을 부디 명심하도록 하시오."[351]

텔레마코스(Telemachus)가 대답했다.

"오 이방인시여. 당신은 아버지처럼 친절하게 나를 일깨워 주셨습니다...하지만 더 머물러 목욕도 하시고 쉬시며...저의 감사 선물도 받아가세요..."[360]

아테나가 사양하며 말했다.

"나를 잡아두려 하지 마시오. 나는 앞으로 긴 여행을 해야 합니다. 선물은 보관을 해 두었다가, 내가 귀국을 할 적에 가져가도록 하겠소. 나는 내가 그대에게 제공할 귀한 선물도 가져올 것입니다."[365]

그렇게 말하고 여신은 새처럼 떠났다. 그러나 **여신은 텔레마코스(Telemachus)에게 용맹과 용기를 제공했다. 그리고 그의 아버지에 대한 그리움도 더하도록 만들었다.**...한편 텔레마코스(Telemachus)는 그 '이방인'이 '신'과 같다는 생각을 했다.[373]

이카리오스(Icarius)의 딸 페넬로페(Penelope)는 자기 2층 침실에서 혼자 잠들려 했으나 아래층의 '트로이를 떠난 아카이아 인들의 귀향(The Achaeans' Journey from Troy)' 노래가 그녀의 귀에 거슬려, 아래층으로 내려와 큰 소리를 질렀다.

"페미오스(Phemius)[詩人, 가수임]여! 다른 노래도 많을 터인데...그 중에서 왜 그 노래만 불러야 합니까? 유독 그 노래가 내 가슴을 찢습니다...."[396]

이에 텔레마코스(Telemachus)가 말했다.

"어머니 시인들을 나무라시면 아니 됩니다. 시인은 항상 우리를 즐겁게 합니다....**어머니는 어머니의 일이나 하세요. 물레질, 배 짜기, 하녀들의 관리가 따로 있지 않습니까? 명령을 내리는 일은 누구보다 이 집을 다스리는 내게 있습니다.**"[414]

이 '남자다운 텔레마코스(Telemachus) 말'에 페넬로페(Penelope)는 놀라며, 자기 방으로 돌아가 아들의 좋은 생각을 간직했다...

그러나 '**구혼자들(the suitors)**'은 큰 소리로 떠들며 다 자기들이 페넬로페(Penelope)와 침상을 같이 하게 해 달라고 기도를 올리었다.

이에 텔레마코스(Telemachus)가 말했다.

"**구혼자들**이여...너무 떠들지 마시오. 여기에서는 신처럼 노래하는 시인의 노래를 듣는 것이 가장 훌륭한 일입니다. 하지만 내일 아침에는 회당에 모이기로 합시다. 그러면 내가 내 왕궁에서는 당장 나가달라는 명령을 내릴 겁니다. 당신들이 잔치를 할 곳은 많습니다. 당신네 집으로 돌아가 당신네들 재산으로 그렇게들 하시오...."[437]

텔레마코스(Telemachus)가 그렇게 선언하자...

에우피테스(Eupithes)의 아들 **안티노오스(Antinous)**가 침묵을 깨뜨렸다.

"좋습니다. 텔레마코스(Telemachus)여. 신들이 그대에게 높고 억센 말을 가르쳤군요. 나는 제우스께 '**텔레마코스를 이타카(Ithaca) 왕으로 만들지는 마옵소서.**'라고 기도를 드려왔소..."[445]

그러나 냉정한 텔레마코스(Telemachus)는 확실하게 말했다.

"안티노오스여. 내 말이 당신 귀에 거슬릴지 모르나, 제우스께서 내게 왕관을 주시면 나는 행복하게 받을 겁니다. 당신은 남이 못 되기를 바라는 최악(最惡)의 생각을 하는 겁니까? 왕이 된다는 것은 결코 나쁜 일이 아닙니다....'[456]

폴리보스(Polybus)의 아들 에우리마코스(Eurymachus)는 말했다.

"텔레마코스(Telemachus)여. 이타카를 누가 다스릴 지는 신들의 소관이지요....그런데 그대를 찾아온 손님은 누구였소?...'[469]

텔레마코스(Telemachus)가 대답했다.

"에우리마코스(Eurymachus)여. 우리 아버지 귀향은 영원히 사라진 것이 명백합니다. 나는 소문 따위는 믿지 않을 겁니다....**그 이방인은 옛 가족 친구로 자기가 앙키알로스(Anchialus) 아들 멘테스(Mentes)라고 말했습니다**...'[477]

텔레마코스(Telemachus)는 밤새도록 '아테나 여신이 일러준 여행 경로'를 생각하고 있었다.[38]

'오레스테스가, 아비 아가멤논을 살해한 아이기스토스를 죽였다.(Oresthes killed Aegisthus who'd killed his father Agamemnon.)'

——→

(a) 호머(Homer)가 이 '오디세이(*The Odyssey*)' '제1책'에서, 무엇보다 '오레

---

38) Homer(Translated by Robert Fagles), *The Odyssey*, Viking Books, 1996, pp 77~92 'Book One : Athena Inspires the Prince'

스테스(Oresthes)의 아이기스토스(Aegisthus) 살해(殺害)', '**아비 죽인 원수 갚기**'를 제우스(Zeus)와 아테나(Athena) 입으로 반복 강조해 보인 것에 주목을 해야 한다.

(b) '일리아드(*The Iliad*)'의 중요 문제는 '빼앗긴 아내 다시 찾아오기'였는데, 그 이상으로 중요한 것이 과거 왕권 사회에서 '**아버지 왕통(王統)을 그 아들에게 전해주는 문제**'였다.

(c) 힌두(Hindu)의 대서사시 '마하바라타(*The Mahabharata*)'도 황제(皇帝) 자나메자야(Janamejaya)[아르주나의 증손재]의 '**아비 죽인 원수 갚기** 이야기'39)부터 시작이 되고 있다.

(d) 사실상 '원시 군소(群小) 왕국'에서 '무력(武力)'의 소지(所持)'가 없으면 당장 멸망을 당하게 마련이고, 설영 '왕국의 처음 세운 재(始祖王)'가 무력(武力)을 소유한 장군이라고 할지라도, **왕위 계승할 형제나 아들이 없는 경우는 그냥 남의 손에 넘어가게 되는 그 '위태로운 왕국이 된다는 평범한 이치'가 작품 '오디세이(*The Odyssey*)'의 요점이다.**

제2책 텔레마코스의 출항

다시 날이 밝자 텔레마코스(Telemachus)는 잠자리에서 일어나 옷을 입고 어깨에 칼을 메었다. 발에 샌들도 신고 침실을 나서는 모습이 신(神)과 같이 훌륭했다. 텔레마코스(Telemachus)는 즉시 낭랑하고 큰 목소리로 전령(傳令)을 불러 아카이아(Achaeans) 사람들을 회의장으로 불렀다.[7] 전령들이 소리쳐 전하자 사람들은 즉시 집합 장소로 몰려왔다. 텔레마코스(Telemachus)가 걸어 나가니 두 마리 개가 그 뒤를 따랐다. **아테나(Athena) 여신이 텔레마코스(Telemachus)에게 놀라운 빛을 부여하여**, 텔레마코스(Telemachus)가 그 사

---

39) K. M. Ganguli (Translated into English Prose from the Original Sanskrit Text), *The Mahabharata of Krishna-Dwaipayana Vyasa*, Munshiram Manoharlal Publisher Pvt. Ltd. New Delhi, 2000, -**Adi Parva**- p. 43

람들 앞에 나타나니 다들 그 모습에 놀랐고, 텔레마코스(Telemachus)가 그의 아버지 자리에 앉도록 원로들이 길을 터주었다.[14]

처음 말을 시작한 사람은, 노장(老將) 아이깁티오스(Aegyptius)였다. 나이가 들어 허리는 굽었으나 세상을 보는 식견(識見)이 있었다. 그의 아들 하나는 오디세우스(Odysseus) 왕과 함께 출전한 창잡이 안티포스(Antiphus)가 있었으나 키클롭스(Cyclops)가 그를 잡아먹었다.[20]

그리고 다른 세 아들이 있었으니, 에우리노모스(Eurynomus)는 그 구혼자들과 놀았고, 나머지 둘은 아버지 농사일을 거들었다. 노장(老將)은 아직도 군인 정신을 망각할 수 없었고, 죽은 아들을 생각하며 일어나 말을 했다.

"이타카(Ithaca) 사람들이여. 오디세우스 왕이 출항한 이후에 우리는 한 번도 회합(會合)을 가져본 적이 없었습니다. 누가 이전처럼 회합을 소집했습니까? 그에게 위기가 왔습니까? 몰려오는 군사에 대한 정보를 듣고 우리에게 경고를 하려는 겁니까?.... 회의를 소집한 그는 용감한 사람입니다. 신이 그와 함께 하시기를 빌고, 제우스께서 그의 소망을 다 이루어 주시기를 빕니다!"[34]

이 말이 반가워 텔레마코스(Telemachus)는 앉아 있을 수가 없어 일어나니, 전령(傳令) 피세노르(Pisenor)가 지휘봉(홀)을 그의 손에 쥐어주었다.

"어르신 여러분. 회의를 소집한 사람은 멀리 있지 않고 당신들도 곧 아시게 될 겁니다. 내가 이 회의를 소집했습니다...우선 우리 집에 닥친 문제점들을 들어보십시오...떠난 우리 아버지께서 이곳을 다스렸으나...더욱 고약한 재난이 지금 우리 집을 절단(切斷) 내고 있습니다. 우리 어머니 의사(意思)와는 다르게 '**구혼자(求婚者)들**'이 들끓고 있으니, 여기에 모이신 훌륭한 분들의 아드님들이기도 합니다....하지만 그 구혼자들은 우리 어머니의 아버지인 이카리오스(Icarius)를 찾아가 구혼을 하면 당장 죽게 될 것이므로, 우리 집으로 떼 지어 몰려와 매일 소와 양, 염소를 잡아먹고 있습니다...."[85]

텔레마코스(Telemachus)는 그의 홀을 땅바닥에 던지며 분통을 터뜨렸다. 그러자 동정심이 회의장을 휩쓸었다...모든 사람들이 침묵을 하고 있는데...**안티**

노오스(Antinous)가 말했다.

"텔레마코스(Telemachus). 그대는 지금 거침없는 분노로 힘차게 말을 하는 군! 그대는 우리를 비난하고, 우리에게 탓을 다 돌리고 있네만...사실은 **오히려 그 '비난'은 교활한 그대 어머니가 받아야 마땅하네**. 우선 내 말을 들어보게. 그녀가 우리를 속인 지가 3년이 지나가고 4년이 되어가고 있네. 그녀는 거대한 베틀을 왕궁에 들여 놓고 말했지. '**구혼자들이여. 이제 오디세우스 왕이 없으 니 내가 직물(織物)을 마칠 때까지 기다려 주시오. 이 수의(壽衣)는 라에르테 스(Laertes)[오디세우스의 아버지] 왕을 위한 것이니, 많은 재산을 지닌 그분 에게 수의(壽衣)가 없으면, 나라 여인들이 나를 흉볼 것입니다**.'- 이러한 그녀 의 말을 우리 모두가 믿고 있었지. 그런데 사실 그녀는 매일 베 짜기를 계속했으 나, 밤에는 횃불을 켜놓고 그것을 다시 풀어 내렸네. 그렇게 우리를 3년 동안이 나 속인 거야....텔레마코스(Telemachus) 이것이 그대에게 줄 우리 구혼자들의 대답일세. 이 점에 대해서는 그대와 우리 백성들도 다 알아야 할 사항이네. 우리가 정말 맘에 들지 않으면, 그녀의 아버지에게 보내 그녀가 좋아하는 사람 과 결혼을 하도록 하게....**하지만 페넬로페(Penelope)의 계획은 이미 한계를 넘었으니...그녀가 아르기베(Argive)의 한 남자와 결혼할 때까지 우리는 다른 곳으로 결코 가지는 않을 것이야**."[142]

텔레마코스(Telemachus)가 말했다.

"안티노오스(Antinous)여. 나를 낳아 길러준 어머니를 내가 어떻게 어머니의 뜻에 반해 내쫓겠습니까? 그리고 아버지께서 지금 살아계시는지 돌아가셨는지 누가 확실하게 압니까? 내가 어머니를 외가(外家)로 보내려면, 이카리오스 (Icarius)에게 우선 큰 대가를 치러야 할 겁니다. 나는 그런 말은 못 합니다....그 리고 당신들의 마음속에 만약 **수치심(羞恥, shame)**이란 것이 있다면, 우리 왕 궁에서 당장 나가야 합니다...그렇지 않으면 제우스께서 당신들에게 복수를 하 도록 나는 소리쳐 기도를 올릴 작정입니다."[164]

텔레마코스(Telemachus)의 기도가 제우스에게 전해져, 제우스가 신호를 보냈으니, **독수리 두 마리가 날아와...회의 장 주변을 돌다가 군중 앞에 내려앉아 서로 물어뜯고 싸웠다 -흉조임(a glaring fatal sign)- 그러더니 도시의 오른쪽으로 날아 사라졌다.**['살아 있는 神의 役事']

마스토르(Mastor)의 아들인 노장(老將) 헬리테르세스(Helitherses)가 말했다.

"이타카(Ithaca) 사람들이여. 내 말을 들으시오...누구보다 **구혼자들**은 들으시오. 커다란 재앙이 당신들의 머리통을 향하여 굴러오고 있습니다. 명백히 오디세우스는 멀리 있지 않고 가까이 와 있습니다...그런 재앙이 오기 전에 우리는 궁리를 해야 합니다...나는 오디세우스가 아르기베들과 트로이로 떠날 적에, **많은 재난을 겪고 모든 선원을 잃고 20년이 지난 다음에 고향으로 올 것**이라 이미 앞서 말을 했습니다..."[197]

이에 폴리보스(Polybus)의 아들 에우리마코스(Eurymachus)가 말했다.

"노인장. 그만 해 두시오. 그런 '예언(豫言)'은 당신 집에가 아들들에게나 들려주시오...새[독수리]들이란 세상에 널려 있습니다...당신이 그 오디세우스를 말했습니까? 오디세우스는 먼 곳에서 이미 죽었습니다...텔레마코스(Telema-chus)가 우리 앞에 있지만, 나는 그가 어머니를 그녀의 친정으로 보내야 한다고 충고합니다....나는 당신[헬리테르세스(Helitherses)]에게 묻습니다. 누가 당신의 말을 두려워 할 겁니까? 텔레마코스(Telemachus)에게도 부담이 될 것이고, 우리가 '구혼'을 멈추게도 하지 못 할 겁니다...."[230]

텔레마코스(Telemachus)가 말했다.

"에우리마코스(Eurymachus)와 나머지 다른 **구혼자들**이여. 나는 이 문제를 더 이상 당신들에게 호소를 하지 않을 작정입니다. 신들이 알고 계시고 아카이아 사람들이 다 알게 되었기 때문입니다. 나는 우선 아버지 소식을 들으러 스파르타(Sparta)와 필로스(Pylos)로 가기 위해 배와 20명의 선원이 필요합니다....."[248]

그 텔레마코스(Telemachus) 곁에 있던 **멘토르(Mentor)**가 일어섰으니, 그는 오디세우스 친구로, 오디세우가 떠날 적에부터 그에게 가사(家事)를 전담시키었었다.

"이타카(Ithaca) 사람들이여. 내 말을 들어보십시오. 친절과 온화와 정의를 생각하는 사람을 왕으로 맞아서는 아니 됩니다.[反語法] 포악하고 항상 화를 내는 왕이어야만 합니다. **신과 같이 온후한 오디세우스를 생각한 사람은 지금 한 사람도 없습니다**...나는 조금이라도 그 '**구혼자들**'을 탓할 생각은 없으나.....그들은 오디세우스가 귀향을 하지 못 할 것이라고 말하며...그 오디세우스의 재물 소비를 계속하고 있는 것은 사실입니다..."[271]

그러자 에우에노르(Euenor)의 아들 레오크리토스(Leocritus)가 **멘토르 (Mentor)**를 향하여 큰 소리로 말했다.

"바보 같은 멘토르(Mentor)여. 무슨 말을 그렇게 하고 있는 거요? 하지만 우리를 다 몰아내기는 힘들 것이요. '**식사' 문제로 우리와 싸우자는 겁니까? 설영 오디세우스가 이타가(Ithaca)에 다시 올 지라도....이러한 상황에서 우리와 싸우다가는 반드시 굴욕적인 종말을 맞을 겁니다**. 그래서 내가 당신이 '바보 같은 말'을 한다는 것이요..."[289]

그렇게 '회합'은 끝이 나고 사람들은 각자 자기 집으로 돌아갔으나, **구혼자들** 은 다시 오디세우스 궁전으로 몰려왔다.[292]

텔레마코스(Telemachus)는 바닷가로 나갔다. 그리고 아테나(Athena)를 향해 기도했다.

"신이시여. 당신은 어저께 우리 집에 오셨지요? 당신은 나에게 바다로 나가 아버지 귀향 소식을 알아보라 하셨으나, 나라 사람들과 특히 **구혼자들**에게 어떻게 해야 할지 알려주십시오."[299]

아테나(Athena)는 멘토르(Mentor) 모습으로 말했다.

"텔레마코스(Telemachus)...저 **구혼자들**은 미친놈들이니 신경 쓰지 말게. 그들은 단 하루에 모두 망할 것을, 깨닫지도 못 하고 있네...하지만 그대는 그대의 여행을 서둘러야 할 것이니...배와 선원과...술과 식량을 준비해야 할 거야... 내가 우선 배를 구해보겠네."[329]

텔레마코스(Telemachus)가 아픈 마음으로 궁에 돌아와 보니, **구혼자들**은

뜰에서 염소 가죽을 벗기고 돼지를 굽기 위해 그슬리고 있었다.

안티노스(Antinous)가 텔레마코스의 손을 잡으며 다정하게 말했다.

"텔레마코스(Telemachus). 큰소리를 친 나의 젊은 친구여. 앞으로 폭력적인 말이나 행동은 삼가 하고 이전처럼 우리와 잘 먹고 마시기로 하세. 그대가 아버지 소식을 들으러 필로스(Pylos)로 가겠다면 우리가 배와 선원들은 빨리 구하도록 도와주겠네."[342]

그러나 텔레마코스(Telemachus)는 말했다.

"안티노스(Antinous)여. 내가 왜 지금 당신들과 함께 즐겨야 합니까?.....나는 내가 필로스로 가든 여기에 머물던, '당신들의 머리통 파괴 시도'를 멈추지 않을 겁니다...."[356]

그렇게 말하고 텔레마코스가 그의 손에서 안티노오스 손을 냉정히 치웠으나, 다른 **구혼자들**은 잔치 준비를 하며 돌려가며 다시 텔레마코스를 조롱했다.

"맙소사. 신이시여. 텔레마코스(Telemachus)가 우리를 다 죽이려 한답니다! 그가 필로스와 스파르타로 가서 우리를 잡을 사람을 찾으러 간답니다...왜 독약인들 못 가져오겠어요?"[366]

다른 **구혼자**가 말했다.

"누가 압니까? 그도 자기 아비처럼 배를 타고 가다가 먼 곳에서 죽을지..."[372]

텔레마코스(Telemachus)는 아버지 광으로 올라가...포도주와 보리 가루를 챙겨두도록 하녀(下女)들에게 일렀다...

한편 **아테나는 다시 텔레마크스로 가장(假裝)을 하고**, 도시를 돌아다니며 명령을 내렸다.

아테나는 프로니오스(Phronius)의 아들 노이몬(Noemon)에게 말했다.

"밤이 되면 우리 배 곁으로 가 있게."[427]

밤이 되자 여신은 배를 들어 물에 띄웠다....[433]...그런 다음 여신이 오디세우스 왕궁으로 가서 구혼자들에게는 잠들이 쏟아지게 조처를 했다...그리고 다시 아테나는 멘토르(Mentor)의 모습과 목소리로 왕자에게 말했다.

"텔레마코스(Telemachus)여. 무장을 한 그대 전우들이, 그대의 명령을 기다리고 있소. 서두르시오"[445]

아테나가 앞장을 서니 텔레마코스는 그 뒤를 따랐다...

텔레마코스가 명령을 내렸다.

"어서 출발 준비들을 하시오!"

전우들은 명령에 따라 전나무 돛대를 세우고 쇠가죽 끈으로 흰 돛을 올리니... 배는 긴 밤을 지나 새벽까지 달려 나갔다.40)

'텔레마코스의 출항(Telemachus Sets Sail)'

────✈

(a) 호머(Homer)는 그의 전 '일리아드(*The Iliad*)'를 통해서, **힌두(Hindu)의 '마하바라타(*The Mahabharata*)'의 영웅 아르주나(Arjuna)를 돕던 크리슈나(Krishna)를 온전히 '아테나(Athena) 여신'로 대신(代身) 배치하여 '오디세우스의 귀국(歸國)'을 도왔다.**

(b) 호머(Homer)는 이 '오디세이(*The Odyssey*)'에서는 힌두(Hindu)의 건국

──────────

40)   Homer(Translated by Robert Fagles), *The Odyssey*, Viking Books, 1996, pp 93~106 'Book Two : Telemachus Sets Sail'

시조 아르주나(Arjuna)와 오디세우스(Odysseus)를 더욱 근접시키어, 작품 '**오디세이(*The Odyssey*)**'가 그 '**마하바라타(*The Mahabharata*)**'의 **변종 (變種)임을 남김 없이 다 드러내었다.**

(c) 즉 '일리아드(*The Iliad*)'에서는 그 '마하바라타(*The Mahabharata*)'의 '크 리슈나(Krishna) 기능'을 '통합적으로 분산 재배치하였음'에 대해, '오디세 이(*The Odyssey*)'에서는 '마하바라타(*The Mahabharata*)'의 '**아르주나(Ar- juna)=오디세우스(Odysseus)**' 등식(等式)을 더욱 명시하며 거기에 호머 (Homer) 자신의 '현세주의' 신념을 확실하게 보이고 있다.

(d) 이 '오디세이(*The Odyssey*)'의 '제2책'에서 '**헬리테르세스(Helitherses)의 예언(豫言)**'은, '마하바라타(*The Mahabharata*)'에서 두료다나(Duryodhana) 탄생 시에 아비 드리타라슈트라(Dhritarashtra) 왕에게, '대왕의 종족을 절단 할 자이니 버려라.'라고 했던 **비두라(Vidura)의 말**[41]과 동일한 예언이다.

제3책 네스토르 왕의 회상(回想)

태양이 솟아오르자, 찬란한 바다에 아침이 왔다....텔레마코스의 배는 필로스 (Pylos)의 넬레오스(Neleus) 성(城)에 도착했다. 그곳에서는 마침 백성들이 해 안 가로 몰려와 포세이돈(Poseidon)에게 검은 황소를 잡아 제사를 올리고 있었 다....백성들은 아홉 줄로 나뉘었는데, 한 줄은 500명이었는데, 소 9마리가 제공 되었다.[9]

신께는 황소의 대퇴골(大腿骨)을 불살라 바치고, 사람들은 소의 내장을 맛보 고 있었는데, 텔레마코스 선원들은 바로 그곳에 도착한 것이다...아테나(Athe- na)가 앞장을 섰고, 텔레마코스(Telemachus)는 나중에 내렸다.

여신이 텔레마코스(Telemachus)에게 말했다.

---

41) K. M. Ganguli (Translated into English Prose from the Original Sanskrit Text), *The Mahabharata of Krishna-Dwaipayana Vyasa*, Munshiram Manoharlal Publisher Pvt. Ltd. New Delhi, 2000, -**Adi Parva**- p. 242

"텔레마코스(Telemachus)여. 수줍어 할 필요는 없습니다. '우리는 아버지의 소식을 들으러 왔습니다.'라고 말하고...바로 네스토르(Nestor)에게 나아가 속마음을 털어놓으세요. 그는 너무나 현명하고 정직합니다."[22]

텔레마코스(Telemachus)가 말했다.

"멘토르(Mentor, 아테나)여, 내가 어떻게 그 왕에게 인사를 할 것이며 나는 대화도 서툽니다..."[26]

이에 여신[멘토르(Mentor)]은 텔레마코스(Telemachus)에게 거듭 확신을 심었다.

"텔레마코스(Telemachus). **그대는 생각나는 대로 말을 하면, 나머지는 신의 도울 것이요. 그대는 신의 뜻으로 태어났습니다.**"[32]

아테나가 이끄는 텔레마코스(Telemachus) 일행이 네스토르(Nestor)가 그의 아들들과 잔치를 하고 있는 곳으로 나아가니....그들은 이방인(異邦人)들을 보고 환영을 하며 자리를 권했다. 네스토르의 아들 **피시스트라토스(Pisistratus)**가 먼저 와 그들을 인도하여, 아버지와 형 트라시메데스(Thrasymedes) 곁에 앉게 하고 아테나에게 황금 술잔에 술을 부어 바치며 말했다.

"이방인이여. 포세이돈에게 기도합시다. 그 신을 위해 잔치하는 도중에, 당신들은 도착했습니다...모든 인간에게는 신들이 있어야 하지만, 저 남성[텔레마코스]은 내 나이 또래이니 연장자인 당신께 먼저 이 황금 잔을 올립니다."[56]

아테나는 피시스트라토스(Pisistratus) 행동이 맘에 들어...포세이돈에게 기도했다.

"포세이돈이여 내 말을 들어주시오...텔레마코스가 목적을 달성하고 속히 귀향하도록 도와 주십시오."[69]

사람들이 마음껏 먹고 마신 다음 노왕(老王) 네스토르(Nestor)가 말했다.

"이제 식사들을 즐겼으니 손님들은 어디서 무슨 일로 오셨는지 말해 주시오...."[83]

텔레마코스(Telemchus)가 대답했다.

"넬레오스(Neleus) 왕의 아드님이시여. '아카이아(Achaea)의 긍지'시며 영광이시여...우리는 니온(Nion) 산 아래 이타카(Ithaca)에서 왔습니다....오디세우스(Odysseus) 소식을 듣고자 왔나이다...그분은 당신과 함께 트로이를 함락시켰다고들 합니다....아시는 대로 진실을 들려주십시오."[112]

네스토르가 말했다.

"아, 친애하는 소년이여.....우리는 프리암(Priam) 왕의 성(城)[트로이] 전투에서 수많은 최고의 용사들이 죽었으니...우리 편에서는 대장군 아이아스(Ajax) 아킬레스(Achiles) 파트로클로스(Patroclus)가 다 거기서 죽었네. 내 아들 안틸로코스(Antlochus)도 역시 거기서 죽었어....우리는 9년 동안 그 트로이 사람들과 전쟁을 치렀는데 다행히 제우스께서 결국 우리에게 승리를 안겨 주셨네.... '계략(計略, sheer cunning)'에서는 그 오디세우스를 당할 자가 없었네...오디세우스는 나와 의견이 어긋난 적이 거의 없었네...하지만 우리가 '프리암(Priam) 도시'[트로이]를 함락시킨 다음에는 제우스께서 아카이아 사람들을 멍청하게 만들어서, 그들에게서 귀향(歸鄕)할 생각들을 빼앗아 재난을 당하게 만들었네.

제우스의 딸 아테나가, 아트레우스(Atreus) 두 아들[아가멤논과 메넬라오스]을 불화(不和)하게 만들었지. 해가 질 무렵에 두 형제는 무모(無謀)하게 아카이아 장군들을 소집해 놓고, 술을 마시며 장광설(長廣舌)을 늘어놓은 것이 화근(禍根, a crisis)이었네.

메넬라오스(Menelaus)는 자기 백성들을 귀향길에 오르게 결심을 시켜놓고 있었지만, 아가멤논(Agamemnon)은 귀향이 반갑지 않았었네. 아가멤논(Agamemnon)은 거기에 더 머무르며 '아테나의 진노'를 잠재워야 한다고 주장을 했던 거야. 바보 같이 아가멤논(Agamemnon)은 신들의 마음이 그렇게 금방 바뀌지 않는다는 것을 모르고 있었어. 두 왕이 다투고 이견이 충돌하니 우리 전우들은 잠도 이룰 수가 없었지. 어떻든 제우스께서 다 그렇게 만드신 거야. 새벽에 우리 중 절반은 바다에 함선을 띄워 약탈 물건들을 실었으나, 나머지 반은 바닷가 캠프에 그대로 남아 아가멤논의 다음 명령을 기다리고 있었지...우리는 테네도스(Tenedos)에 도착하여 신들에게 제물을 바치고 선원들의 귀향을 원했지만, **제우스는 잔인한 힘을 다시 우리에게 저주의 불화를 내리려 했던 거야**(that cruel power loosed a cursed feud on us once again)...**오디세 우스는 우리와 함께 돌아오다가 그 아가멤논에게로 다시 되돌아갔었네.**

나는 '들끓는 신의 재앙'을 피해서, 나의 성(城)을 향해 계속 우리 배를 몰았었네...티데오스(Tydeus) 아들 **디오메데스(Diomedes)**도 트로이에서 도망을 해나왔다고 하고....뒤에 메넬라오스도 우리와 합류를 했고...'사자(獅子) 같은 아킬레스(Achilles)'가 이끈 미르미돈족(Myrmidons)도 온전하게 귀향을 했다고 하고, 폴라스(Polas)의 아들 필로크테테스(Philoctetes)도 안전했다고 하고, 이도메네오스(Idomeneus)도 크레타(Crete)로 온전하게 돌아갔다고 하네.

그러나 **아가멤논은 간부(姦夫) 아이기스토스(Aegisthus)의 끔찍한 살해를 행했어. 하지만 아가멤논의 아들 오레스테스(Orestes)가 그 아이기스토스 (Aegisthus)를 통쾌하게 잡았네**...텔레마코스여 그대도 부디 용감하여, 사람들이 그대를 오래도록 칭송(稱頌)을 하도록 하게."[228]

이에 텔레마코스(Telemachus)가 대답했다.

"오 넬레오스(Neleus) 아들 네스토르여. 아카이아의 긍지이며 영광이시어. 전 아카이아 인들이 그 '**오레스테스(Orestes) 명성**'을 온 세상에 노래할 것입니다. 신께서 제게도 그러한 힘을 주신다면, 무법적이고 야만적인 저 **구혼자들**에게 나도 복수를 행할 것입니다...하지만 신들께서 아버지와 저에게 그러한 기쁨을 허락하지 않는다면, 모든 것을 다 참아내겠습니다."[237]

그러자 네스토르 노인은 말했다.

"그대가 그대 '어머니의 **구혼자들**'을 들어 말했지만...그(오디세우스)가 그들의 난동(亂動)에 복수를 할지는 과연 그 누가 알겠는가..."[255]

텔레마코스(Telemachus)가 말했다.

"어르신이여, '그런 일[復讐]'이 제게는 생기지 않을 것 같습니다. 당신이 말씀하신 것은, 제게 엄청난 문제로 상상하기도 어렵습니다. 제가 원하는 희망 사항이지만, 일어날 수는 없을 것 같습니다..."[259]

이에 아테나 신[멘토르(Mentor)]이 눈에 불을 켜며 말했다.

"텔레마코스(Telemachus)! 무슨 말을 그렇게 하고 있는가? 아무리 멀리 떨어진 곳의 인간의 일일지라도, 신은 모두 즐겨 챙겨 행하시네. 나라면 아가멤논처럼 서둘러 귀향하여 자신의 부인 곁 화로(火爐)가에 그 아이기스토스(Aegisthus)에게 죽기보다는, 차라리 고난의 항해(航海)를 해서라도 고향으로 안전하게 돌아오겠네. 비록 신이라고 할지라도, 운명이 그를 한번 삼켜버리면, 별 수가 없는 법이라네."[271]

텔레마코스(Telemachus)가 말했다.

"멘토르(Mentor)여...우리 아버지 귀향을 말했습니까? 상상할 수도 없는 일입니다. 아버지는 오래 전에 이미 돌아가셨습니다....하지만 네스토르(Nestor)께서는, 감성과 정의와 식견에서 모든 인간을 초월하시니, 다른 질문도 드려야겠습니다. **사람들은 어르신께서 3대를 통치하고 계신다고들 말하고 있는데 저에게는 불사신과 같이 보이십니다.** 아가멤논은 어떻게 죽었고, 메넬라오스는 지금 어디에 있습니까?..."[287]

그러자 네스토르가 말했다.

"내가 기꺼이 그에 대한 사실을 다 말해주겠네...만약 메넬라오스가 트로이에서 돌아왔을 적에 그 아이기스토스(Aegisthus)가 아가멤논의 궁에 사는 것을 보았더라면, 무슨 일이 생겼을지는 쉽게 짐작할 수 있지...우리가 트로이에서 야영(野營)을 하며 싸우러 나가 있는 동안 **그 아이기스토스(Aegisthus)는 고향에 머무르며 아가멤논의 처(妻, 왕비) 클리템네스트라(Clytemnestra)를 꼬여내었네.** 아가멤논은 트로이로 떠나며 한 남자를 두어 엄히 그 왕비를 지키라고 명령을 해두었네. 그러나 운명에 그녀가 굴복하여, 아이기스토스(Aegisthus)는 아가멤논 왕의 명령을 받은 그 사람을 섬으로 보내, 새들의 밥을 만들었고, 아이기스토스(Aegisthus)는 그녀를 자기 집에 데려다 놓고 영원한 욕망을 위해 신들의 제단에 제물을 바치고 신전에 황금과 직물(織物)을 선물했네...다년간

372

나의 전우였던 메넬라오스와 나는 동일한 소(小)함대로 트로이를 떠났었지. 그러나 아테나를 숭배하는 소우니온(Sounion) 근해(近海)에 이르렀을 적에 아폴로 신이 메넬라오스 키잡이를 죽였네. 그래서 오네토르(Onetor)의 아들 프론티스(Phrontis)가 대신 키잡이가 되었네. 그래서 메넬라오스는 그 키잡이를 매장(埋葬)하느라고 뒤처지게 되었네. 다시 출발을 했으나 넘치는 파도가 우리들의 배들을 덮쳐 폭풍을 피해 말레아(Malea) 갑(岬)으로 피해갔네....그 바람은 메넬라오스 일행을 이집트(Egypt)까지 몰고 갔었지....그러는 동안 그 문제의 **아이기스토스(Aegisthus)는 고향에서 그 사악(邪惡)한 작업을 계속 했었지. 귀향한 아가멤논 왕을 죽이고 백성들을 무시하며 7년 동안 미케네(Mycenae) 부(富)를 자기가 장악을 했었네.** 그러나 8년 만에 망했으니, **왕자 오레스테스(Orestes)가 아테네 시(Athens)에서 돌아와 교활한 그 '부살지적(父殺之賊)' 아이기스토스(Aegisthus)을 때려잡았던 거야.** 그래서 오레스테스(Orestes)가 그의 어머니와 아이기스토스 장례를 치르고 있던 중에 바로 그날, 메넬라오스가 도착했던 거지...

그러므로 소년이여, **너무 오래도록 집에서 멀리 떨어져 있으면 아니 되는 거야**...그대의 배와 선원과 함께 떠나든 아니면 육로(陸路)로 가 '붉은 머리털의 왕[메넬라오스]'의 고향 '해 돋은 라케데몬(sunny Lacedaemon -스파르타)'으로 가서 왕에게 물으면 '그 전체(全體)의 진실'을 말해 줄 것이네..."[368]

네스토르(Nestor)가 말을 마치자 해가 지고 어둠이 내려왔다.

여신 아테나[멘토르(Mentor)]가 말했다.

"좋은 노병(老兵)의 말씀이었습니다. 어서 제물(祭物, 犧牲)들의 혀들을 자르고, 포세이돈 신에게 제사를 올립시다...우리들은 다시 우리 길을 떠나야 합니다."[377]

희생과 헌주를 바치고 아테나와 텔레마코스(Telemchus)는 그들의 배로 향했다. 이에 네스토르가 완강히 반대하며 거기에 머물기를 청했다.....

이에 아테나가 말했다.

"친애하는 노인이여, 당신 말씀이 옳습니다. 텔레마코스(Telemachus)를 당신 궁궐로 데려가 자게 하십시오. 하지만 나는 우리 배로 돌아가야 합니다...."[414]

여신은 독수리처럼 날아갔다. 거기에 아카이아 인들은 모두 놀랐고, 늙은 네스토르 왕은 텔레마코스(Telemachus) 손목을 잡고 말했다.

"친애하는 소년이여. 보호자가 없다고 겁내지 마시오. 신들이 그대를 지켜줄 겁니다...."[429] ['**신을 볼 수 있는 눈과 볼 수 없는 눈**'을 호머는 구분하고 있음]

다시 아침이 되어 네스토르 아들들은 마차를 준비해, 거기에 텔레마코스(Telemachus)를 싣고 하루 종일 달려 또 다시 어둠이 찾아 왔다.[42]

'네스토르 왕과 텔레마코스(The king Nestor and Telemachus)'

------✈

(a) '오디세이(*The Odyssey*)' '제1책'에서 제우스와 아테나의 입으로 반복 제시된 '**오레스테스(Orestes)의 아이기스토스(Aegisthus) 살해(殺害)**' '아비 죽인 원수 갚기'는 '오디세이(*The Odyssey*)' '제3책'에 다시 네스토르(Nestor) 왕의 입을 통해 반복되고 있다.

(b) 앞서 '일리아드(*The Iliad*)'에 제시된 '**크샤트리아의 의무(the duties of**

42) Homer(Translated by Robert Fagles), *The Odyssey*, Viking Books, 1996, pp 107~123 'Book Three : King Nestor Remembers'

Kshatriya)'['남자의 나라 지키기 정신']와 더불어 **빼놓을** 수 없는 것이 '아버지 정신의 계승'의 모범으로 '오레스테스(Orestes)의 아이기스토스(Aegisthus) 살해(殺害)'가 반복되고 있다.

(c) '크샤트리아의 의무'와 더불어 '왕들의 태자(太子) 교육의 큰 방향'이 바로 이 **'아비 죽인 원수 갚기'**였다.

제4책 스파르타의 왕과 왕비

텔레마코스(Telemachus) 일행은 산들로 둘러싸인 라케데몬(Lacedaemon, 스파르타)의 메넬라오스(Menelaus) 궁전에 도달했다. 메넬라오스는 집안 친지(親知)들을 불러 놓고 딸과 아들을 혼인(婚姻) 시키는 겹경사를 치르는 중이었다.

메넬라오스(Menelaus)는 그의 딸을 '아킬레스(Achilles) 아들'에게 주기로 이미 몇 년 전 트로이 원정 때에 약속을 한 상태였는데, 그날 혼인을 거행한 것이고...메넬라오스(Menelaus)의 아들 메가펜테스(Megapenthes)는 여비(女婢) 소생(所生)으로 스파르타 알렉토르(Alector)의 딸을 신부로 맞고 있는 중이었다.[14]

헬렌(Helen)은 딸 헤르미오네(Hermione)를 낳은 뒤로는 아프로디테(Aphrodite)처럼 출산이 없었다.[16]....메넬라오스는 친척과 친지를 모아놓고 궁중에서 잔치를 하고 있었다...[23]

텔레마코스와 네스토르 아들[피시스트라토스(Pisistratus)]은 궁궐 대문 앞에서 마차를 멈추고 서 있었다....그것을 본 메넬라오스 시종(侍從)이 메넬라오스에게 알렸다.

"메넬라오스여...장대한 제우스 혈손 같은 사람들이 도착을 했는데 그들의 말 멍에를 벗기게 할까요, 아니면 다른 곳으로 가게 할까요?"[34]

이에 메넬라오스는 시종에게 화를 내며 말했다.

"에테오네오스(Eteoneus). 이전부터 우리 집에 오신 모든 손님을 환대를 하였는데...너는 지금 바보 어린애가 되었구나...어서 모셔와 잔치를 함께 하도록 하라."[42]

텔레마코스와 네스토르 아들[피시스트라토스(Pisistratus)]은 메넬라오스 궁전의 화려함에 놀랐다...목욕을 마친 다음...메넬라오스 곁 의자에 앉았다.

메넬라오스는 따뜻하게 말했다.

"환영합니다. 우선 음식을 먼저 드시지요. 내가 출신은 차후 들어볼 것이나, **부모의 혈통은 벗어나기 어려우니, 그대들의 아버지는 아마 훌륭한 왕들일 것입니다.**(But your parents' blood is hardly lost in you. You must be born of kings).."[72] -['힌두 遺傳 철학' 반복]

텔레마코스가 네스토르의 아들 피시스트라토스(Pisistratus)에게 조용히 말했다.

"피시스트라토스(Pisistratus)여.....화려한 궁궐의 모습은 올림포스 제우스 궁전도 아마 이러하겠지요..."[84]

그러자 메넬라오스는 다음과 같이 말했다.

"소년들이여, 어찌 '인간의 부(富)'를 '영원한 제우스 궁전의 부(富)'에 비교할 것인가.... 나는 8년 동안 키프로스(Cyprus) 페니키아(Phoenicia) 이집트(Egypt) 에티오피아(Ethiopians) 시도니아(Sidonians) 리비아(Libya)까지 유랑을 하다가...귀국을 했습니다.....**하지만 우리 아카이아 사람(Achaean) 중에서 그 오디세우스처럼 많은 고생을 하며 성공을 한 사람은 없습니다(No one, no Achaean, labored hard as Odysseus labored or achieved so much)**. 내가 지금 그를 생각하면, 내 가슴이 미어지는 슬픔에 잠깁니다. 죽었는지 살았는지 누가 알겠습니까?

그의 늙은 아버지 라에르테스(Laertes)와 아내 페넬로페(Penelpe) 아기 텔레마코스(Telemachus)는 지금 얼마나 애타게 그를 기다리고 있겠습니까?"[125]

텔레마코스는 그 '메넬라오스 말 속'에 '아버지 성함'을 듣고....텔레마코스 눈에서는 저절로 눈물이 쏟아졌다....[133]...그러는 동안, 헬렌(Helen)이 높은 방에서 황금 화살을 든 아르테미스(Artemis)처럼 내려와....그녀의 남편[메넬라

오스[?]에게 자세한 이야기를 들으려고 그의 곁 의자에 앉았다.[152]

헬렌(Helen)이 말했다.

"메넬라오스 왕이시어...새로 도착한 손님들에 대해 우선 내 생각을 먼저 말해보면, 남자건 여자건 세상에 저렇게 똑 같은 모습을 나는 일찍이 본적이 없습니다. 저 사람은 오디세우스(Odysseus) 아들 텔레마코스(Telemachus)가 분명합니다..."[162]

이에 메넬라오스가 말했다.

"부인. 당신이 먼저 말을 했지만, 나도 그렇다는 생각이 드오. 오디세우스의 다리, 손, 눈과 머리와 머리털까지 이 소년은 다 닮았구려...."[170]

이에 피시스트라토스(Pisistratus)가 말했다.

"메넬라오스 왕이시여. 당신 말씀 그대로 그 '위대한 영웅의 아들'이 바로 여기에 왔습니다...우리는 대왕의 신과 같은 목소리가 즐겁습니다. 고상한 전차무사 네스토르(Nestor) 왕께서 저를 시켜 '대왕을 만나고자 하는 텔레마코스'를 제게 인도하라 했습니다.... 텔레마코스는 아버지가 떠난 다음, 지금 집안 사정은 더욱 고약해져 있는 상황이라고 합니다."[184]

메넬라오스 왕은 외쳤다.

"여하튼 놀라운 일이요. 최고로 친한 친구의 아들이 우리 집으로 찾아오다니! 그 친구는 나에게 '백 가지 공적(功績)'을 이루게 하였습니다. 나는 맹세했거니와 만약 올림포스 제우스가 우리의 순항을 허락을 하셨다면 누구보다 나의 좋은 배로 나는 오디세우스를 고향으로 모시었을 것이요...아무도 우리 둘 사이를 나눌 수 없었는데, 죽음의 먹구름이 우리를 덮쳤으니...틀림없이 신이 시기(猜忌)하여 귀향(歸鄉)을 못 하게 만든 것이요."[203]

그렇게 메넬라오스가 비탄(悲嘆)에 잠기니, 헬렌(Helen)도 울고 텔레마코스도 울고 피시스트라토스(Pisistratus)는 형 안틸로코스(Antilochus)를 생각하며 울었다...[210]

네스토르 아들[피시스트라토스(Pisistratus)]이 말했다.

"노(老) 내스토르(Nestor)께서는, 인간 중에서는 대왕[메넬라오스]이 가장 현명한 분이라고 말했습니다...제게는 사망한 형이 있습니다. 대왕은 아실지 모르지만 나의 죽은 형 안틸로코스(Antilochus)를 나는 본 적도 만난 적도 없지만 최고의 무사였다고 합니다."[226]

메넬라오스가 말했다.

"더 나이가 든 사람도 그대처럼 말을 잘할 수 없을 것이요....위대한 네스토르 왕에게...뛰어난 창잡이 아들이 있었지요...

이제 우리는 너무 오래 울었으니, 우선 저녁 식사를 하고 내 이야기는 내일 다 들려주기로 하겠네."[239]

그 때 **제우스의 딸 헬렌(Helen)**은 다른 것들도 생각을 해 냈으니...마실 술에 **'고통을 잊은 약'**을 넣었다.....그 약은 '세상에 백 가지 향초(香草)가 자라는' 이집트의 여인 폴리담나(Polydamna)가 그녀에게 특별히 선물한 약(藥)이었는데...선약(仙藥)을 섞은 술동이를 이끌고 술잔들을 채워 마시게 한 다음, 헬렌(Helen)이 말을 시작했다.[264]

"우리 메넬라오스 왕과 여기에 손님으로 오신 위대한 왕들의 아드님들을 진심으로 환영합니다. 제우스께서 우리에게 이 기쁨의 시간과 슬픔의 시간을 허락하시었습니다. **인간 만사(萬事)가 모두 제우스의 권능 아래 있습니다**.(all lies within his power.) 옛 이야기로 돌아가, 우리의 생각들을 따뜻하게 해 봅시다. 어떤 경우에는 내가 명백하게 밝힐 수 있을 겁니다. '겁먹지 않은 위대한 오디세우스 위업(the exploits crowding fearless Odysseus' record)'을 내가 다 말할 수는 없지만, 아카이아 사람들이 트로이 땅에서 고통을 겪고 있을 적에 **오디세우스는 얼마나 드높은 공적(功績)을 그가 세웠습니까**! 그는 모진 매를 맞고 상처를 받은 채로 노예처럼 넝마를 걸치고 적굴(賊窟, enemy's city -트로이)로 들어와 거지로 가장을 해 도시를 돌아다녔으니, 아카이아 함선 속에 장군의 모습이란 찾을 수가 없었습니다. 그것이 오디세우스(Odysseus)가 트로이로 잠입(潛入)한 방법이었습니다.['苦肉之計'] 아무도 그를 알아보지 못 했으나, 나는 그가 바로 그 오디세우스임을 알고 캐물었으나 교묘하게 비켜가며 둘러댔습니다. 그러나 내가 그를 목욕시키고 기름을 바르고 입을 옷을 제공하고, '오디세우스가 자기 함선(艦船) 자기 막사로 되돌아가기 전에는 트로이 사람들에게 그가 오디세우스임을 밝히지 않기로 약속'을 한 다음에야, 오디세우스는 천천히 아카이아 전략을 내게 다 털어 놓았습니다. 그런 다음 오디세우스는 그의 긴 칼로 트로이 병사들을 죽이고 '트로이 정보'를 갖고 그의 전우들에게로 되돌아갔습니다. 트로이 여인들은, 죽은 병사들을 슬퍼했지만 나는 그렇지 않았습니다. **내 마음은 이미 바뀌어 고향으로 돌아가고 싶어졌습니다**!(I yearned to sail back home again!) 미친 아프로디테(Aphrodite)의 '뇌(腦)도 매력도 없는 남자'를 따라, 내가 내 남편 내 아기 내 고국을 버리고 오게 만든 것을, 너무나 뒤 늦게 슬퍼하게 되었습니다."[298] ['오디세우스에게 매료'되어 헬렌도 귀국을 결심했다는 이야기임]

그러자 메넬라오스가 말했다.

"부인이여. 잘 말씀하셨소.['**고통을 잊은 약**'의 효과 발동] 하지만…. 내가 세상 여행을 많이 했지만 오디세우스 같은 남자는 한 번도 보질 못 했습니다. '두려움을 모르는 오디세우스(that fearless Odysseus)'는 무슨 생각을 가지고 과연 그렇게 할 수 있었던가! 무슨 생각으로 '목마(木馬, the wooden horse)' 속에 트로이를 공략할 최고의 장군들을 그 속에 담으려고 했는지….그리고 무슨 배짱으로 '트로이에 영광을 주겠노라.' 하고 트로이 데이포보스(Deiphobus) 왕자 앞으로 그 목마(木馬)를 밀고 가게 했는지. 헬렌(Helen) 당신은 그 목마를 돌며 그 목마의 허리를 두드리며 고향에 두고 온 부인들의 목소리로 아카이아 장군들의 이름들을 불렀었지요. 당신의 목소리는 오래도록 우리가 두고 온 '고향 장군 부인의 목소리'였습니다. **디오메데스(Diomedes)와 나와 오디세우스는 당신의 목소리를 듣고도 꾹 참고들 있었으나**, 안티클로스(Anticlus)가 인사를 받으려하자 오디세우스가 그의 큰 손으로 그의 입을 틀어막았습니다. 그래서 그가 우리 모두를 살렸습니다. 결국 아테나 여신이, 당신들을 이끌어 그 목마(木

馬)에서 떠나게 했습니다만…"[324]

텔레마코스(Telemachus)가 말했다.

"메넬라오스 왕이시여…그러한 것들도 결국 우리 아버지를 구해주지는 못했군요…피곤하니 우선 잠자리를 마련해 주십시오…"[331]

이튿날 아침 메넬라오스는 잠자리에서 일어나 복장을 갖추고….텔레마코스 곁으로 가 다정하게 그에게 물었다.[348]

"무슨 일로 우리 라케데몬(Lacedaemon)[스파르타]으로 오게 되었는가?…"[351]

텔레마코스가 말했다.

"메넬라오스 왕이시여. 저는 우리 아버지 소식을 들으러 찾아왔습니다.…"[369]

메넬라오스가 말했다.

"신들께서 나를 이집트에 묶어 놓을 적 이야기네…이집트 해안가에 파로스(Pharos)라는 섬이 있었는데…신들께서 우리를 거기에 20일 동안 붙잡아 두셨네.…나를 불쌍하게 생각한 **포세이돈(Poseidon)의 신하인 이집트 프로테우스(Proteus)의 딸**이 내게 방법을 일러 주었네…

…그 여신[이집트 **프로테우스(Proteus)의 딸**]이 말했네. '…정오(正午)가 되면…바다의 노인[이집트 프로테우스]이 그 바다 속에서 나와 물개들(Seals) 사이에 누울 것입니다.…강한 병사 3명을 선발하여 그 물개들 사이에 함께 누워 있다가 그를 붙들고 방법을 물어 보세요.'라고 일러주고는…물개 가죽 4개를 건네주었네.[490]

우리가…물개 가죽을 쓰고 물개들 사이에 숨어 있다가…우리가 그 노인을 붙드니, 그는 처음 **거대한 사자(lion)로 변했고, 그 다음은 뱀(serpent)이 되었다가, 다시 표범(panther)으로 되었다가, 또 멧돼지(wild boar)로 변하다가 다시 가지 치솟은 나무(tree)가 되어도 우리가 그를 계속 붙잡고 있으니, 그 늙은 요술쟁이(the old wizard)는 우리에게 질문을 쏟아내었네.**[518]

380

'메넬라오스. 어떤 신이 나를 기다렸다가 잡어라 가르쳤나? 도대체 원하는 것은 무엇인가?'[520] 내가 말했었네.

'노인시여...우리는 너무 오래도록 이 섬에 붙들려 있습니다...누가 나의 항해를 막고 있으며, 어떻게 해야 나의 귀향(歸鄕)이 가능하겠습니까?'[528]

그 예언가는 말했네. '고향에 돌아가려면 제우스와 제신(諸神)께 제사를 올려야 합니다....'[539]

이어 내가 트로이를 출발한 이후의 상황을 그 노인에게 물으니, 노인은 말했네. '메넬라오스여 왜 그것을 내게 묻나?...두 장군만 빼고 귀향길에 다 죽었고, **한 사람은 지금 섬 안에 포로가 되어 있네**....아이아스(Ajax)는...큰소리를 치다가 **삼지창(三枝槍, trident)을 든 포세이돈(Poseidon)**에게 죽었고... 그대 형님 아가멤논(Agamemnon)은...태풍에 휩쓸렸으나 헤라(Hera)가 살려내어.... 안전하게 귀향한 것 같았으나...**교활한 그 아이기스토스(Aegistus)가... 기다리다가 환영 잔치를 열어 놓고...소 잡듯이 그를 죽였지...**'[604]

프로테오스(Proteus)가 그렇게 말하자, 나는 '죽었다는 형님[아가멤논] 소식'에, 모래밭에 무릎을 꿇고 통곡을 했었소...바다의 노인[프로테오스]은 말했소.

'메넬라오스여 왜 그렇게 울어야 하는가? 그대가 빠르게 귀국을 하면 그 살인자[아이기스토스]가 아직 살아 있거나, 아니면 오레스테스(Orestes)가 그를 잡아 장례 잔치를 하고 있을 거야.'[616]

나는 다시 그 예언가[이집트 프로테우스(Proteus)]에 물었네. '두 사람에 대해서는 알겠습니다만 **절해고도(絶海孤島)에 포로가 된 내 친구**[오디세우스]에 대해 더욱 알고 싶습니다.'[623]

노(老) 예언가는 말했네.

'라에르테스(Laertes)의 아들 오디세우스(Odysseus)는 그의 집이 아타카에 있지...나는 그가 님프 칼립소(Calypso) 집에서 눈물을 흘리고 있는 것을 보았소...

메넬라오스 그대는 아르고스(Argos)에서 죽을 운명이 아니고...제우스의 사위이고 헬렌(Helen)의 남편이니, 눈도 내리지 않고 겨울도 폭우도 없는, 서풍이 노래하는 세상 끝 엘리시아 들녘(the Elysian Fields)으로 가시게 될 겁니다.'[642]

그렇게 노인은 말을 마치고 바다로 돌아갔고, 나는 내 배로 돌아와......순풍(順風)을 만나 귀향을 했다네...

텔레마코스여. 우리 궁에 10여일 보내면 내가 세 마리 말이 끄는 마차와 그대가 신에게 헌주(獻酒)할 컵 하나를 주어 이 메넬라오스를 기념하게 하고 싶네."[666]

텔레마코스가 말했다.

"메넬라오스여. 그렇게 오래도록 저를 잡아두려 하지는 마십시오...필로스(Pylos)에서 지금 나의 전우들이 나를 애타게 기다리고 있습니다....그리고 우리 이타카(Ithaca)에는 마차를 달릴 넓은 길이 없고, 말 목장도 없고 염소들만 기르고 있습니다..."[685]

텔레마코스가 그렇게 대답을 하자, 메넬라오스는 그의 손을 잡으며 말했다.

"훌륭한 가문의 후손임을 그대 말이 다 증명을 하고 있소...다른 선물을 대신 주도록 하겠소..."[697]

한편 이타카(Ithaca) 오디세우스 궁전 앞에서는 '구혼자들'이 원반던지기 창던지기 놀이를 하고 있었다...안티노오스(Antinous)와 에우리마코스(Eury-machus)가 그들의 대장이었다...[708] ....'구혼자들' 중에 프로니오스(Phro-nius) 아들 노에몬(Noemon)이, 안티노오스(Antinous)에게 물었다.

"안티노오스(Antinous)여. 텔레마코스가 필로스(Pylos)에서 언제 돌아옵니까? 나는 당장 배가 필요합니다...."[716]

'구혼자들'은 당초에 텔레마코스가 필로스로 가리라고는 꿈에도 생각하지 않고 있었다....[720]

안티노오스(Antinous)가 노에몬(Noemon)에게 되돌려 질문을 했다.

"언제...누구와 갔고...배는 누가 주었는지 빼앗아 갔는지 자세히 말을 해보시오…"[727]

노에몬(Noemon)이 말했다.

"배는 내가 자진해 마련해 주었소…이 고장 젊은이들이 동행을 했는데…우두머리는 **멘토르(Mentor)** 같은 사람이 승선(乘船)을 하는 것을 보았는데…나는 그 멘토르를 어제께도 만났으니…혹시 그가 신(神)일 수도 있소."[738]

노에몬(Noemon)이 그렇게 말하고 떠나니, '**구혼자들**'은…모여 궁리를 했다…

안티노오스(Antinous)가 일어나 말했다.

"텔레마코스가 무엄(無嚴)하게도 큰 일 저질렀소…서둘러 병사 20명과 배를 마련해 이타카(Ithaca)와 사메(Same) 바위섬 사이에 기다리고 있다가 그를 잡아야 합니다."[756]

'**구혼자들**'은 그 제안에 모두 찬성을 했다…

페넬로페(Penelope)는 아들 텔레마코스가 떠난 것을 뒤늦게 알고….'**구혼자들**'이 아들을 죽일 계획을 세운 것까지 알아내어…고민 속에 잠들었다….그런데 아테나 여신이 페넬로페(Penelope)의 기도를 듣고….이카리오스(Icarius) 왕의 딸 입티메(Iphthime) 환영(幻影)을 페넬로페에게 파견해서..그녀가 잠든 머리 곁에 세웠다.[903]

"주무시군요. 언니…언니의 아들은 분명 돌아옵니다…텔레마코스는 신들의 눈에 죄인이 아닙니다…"[908]

페넬로페가 말했다.

"네가 여기까지 오다니…나는 지금…그이[오디세우스]보다는 그 애[텔레마코스가 더욱 걱정이다…."[927]

입티메(Iphthime)가 말했다.

"용기를 내세요…아테나 여신이 저를 언니에게 보냈습니다…"[933]

페넬로페(Penelope) 마음은 따뜻해졌다…..43)

'스파르타의 왕과 왕비(The King and Queen of Sparta)'

(a) 이 '오디세이(*The Odyssey*)' '제4책'에서는 소위 '트로이 전쟁(Troyan War)'의 핵심을 이루고 있는 '미인 헬렌(Helen)의 문제'에 '호머(Homer)식 대답'이 제시되어 있다.

(b) 한 마디로 '마하바라타(*The Mahabharata*)' 속의 '미인 드라우파디(Draupadi)'가 그 '쿠루크셰트라 전쟁(Kurukshetra War)'에 핵심을 이루고 있는데, 호머는 '아프로디테'와 '헬렌'을 '드라우파디(Draupadi)'의 대신으로 내세워 '일리아드(*The Iliad*)'를 서술하였다.

(c) 당초 '**드라우파디(Draupadi)'는** 세속적으로는 드루파다(Drupada) 왕의 딸이지만, 그 드루파다 왕은 옛 친구 도로나(Drona)에게 '왕국의 절반을 빼앗긴 것'에서 앙심을 품고, '**제사에 능한 최고의 바라문 우파야자(Upayaja)'에게 '암소 1만 마리'의 '희생제'를 열어 그 '불속[火中]'에서 아들 드리슈타듐나(Dhrishtadyumna)와 더불어 끄집어냈다는 '신화(神話) 중의 신화(神話)적인 존재'이다.**[44]

(d) 그런데 '판두 5형제' 중에 '활쏘기의 명수' 아르주나(Arjuna)가 그 '드라우파디(Draupadi)의 스와얌바라(Swayamvara, 남편 선발 대회)'에 우승하여 그녀를 장형(長兄) 유디슈티라(Yudhishthira)에게 바치니, 유디슈티라

43) Homer(Translated by Robert Fagles), *The Odyssey*, Viking Books, 1996, pp 124~150 'Book Four : The King and Queen of Sparta'

44) K. M. Ganguli (Translated into English Prose from the Original Sanskrit Text), *The Mahabharata of Krishna-Dwaipayana Vyasa*, Munshiram Manoharlal Publisher Pvt. Ltd. New Delhi, 2000, -**Adi Parva**- pp. 337, 339~343

384

(Yudhishthira)는 그녀를 5형제의 공동 처(妻)로 삼아 5형제에게 '5명의 아들'을 낳아주었다는 '신비의 여주인공'이다.

(e) 호머는 그 '트로이 전쟁(Trojan War)' 중심부에 자리 잡은 그 '헬렌(Helen)'을 '제우스 딸'로 명시해 놓고, '10년 이상의 파리스(Paris) 왕자의 부인 노릇'은 '모두 제우스의 뜻'으로 설명을 했으니, 동양 말로는 '그렇게 살 팔자(八字)'라는 논리였다.

(f) 그리고 이 '오디세이(*The Odyssey*)' '제4책'에서 지나칠 수 없는 부분이 '제우스의 사위 메넬라오스(Menelaus)의 영웅담 -이집트 프로테우스(Proteus) 포획 이야기'이다.

((...여신이 말했네. '...정오(正午)가 되면...바다의 노인[이집트 프로테우스]이 바다에서 나와 물개들(Seals) 사이 누울 터이니....강한 병사 3명을 선발하여 물개들 사이에 누워 있다가 붙들고 방법을 물어 보세요.'라고 일러주고는...물개 가죽 4개를 건네주었네.[490]

...물개들 사이에 숨어 있다가 ...노인을 붙드니 처음은 거대한 사자(lion)로 변했고, 그 다음은 뱀(serpent)이 되었다가, 다시 표범(panther)으로 되었다가, 또 멧돼지(wild boar)로 변하다가 다시 가지 치솟는 나무(tree)가 되어도, 우리가 그를 계속 붙잡고 있으니 그 늙은 요술쟁이(the old wizard)는 우리에게 질문을 쏟아내었네.[518] '메넬라오스. 어떤 신이 나를 기다렸다가 잡아라 가르쳤나? 원하는 것은 무엇인가?'[520] 나는 말했었네. '...노인시여...나는 너무 오래 이 섬에 붙들려 있습니다...누가 나의 항해를 막고 있으며 귀향은 가능하겠습니까?'[528] 그 예언가는 말했네. '고향에 돌아가려면 제우스와 제신(諸神)께 제사를 올려야 합니다....'[539]))

문제는 '늙은 요술쟁이(the old wizard)'의 '**변신술(變身術)**'이다.

(g) '마하바라타(*The Mahabharata*)'에는 다음과 같은 구절이 있다.

((그런데 그 '제 7일 째 날'이 되어 최고의 바라문인 유식한 카샤파(Kasyapa)가 뱀에게 물린 '왕[파리크시트-Parikshit]'을 치료해 주려고 왕궁으로 향해 가고 있었습니다.

.... -그러자 그 탁샤카(Takshaka)가 말했습니다. "오 카샤파여, 당신은 내가 물었던 왕을 치료할 수 있습니다. 내가 이 나무를 물어 당신 앞에 불태울 터이니 당신이 말한 '주문(呪文, mantras) 기술'을 보여 주시오." 그러자 카샤파가 말했습니다. "뱀 왕이여, 정 그렇게 생각하면 이 나무를 물어 보면 내가 나무를 살려 놓겠소."

......-카샤파가 그렇게 말하자 그 뱀 왕은 그 버니언 나무(banian tree)를 그 물어 불타오르게 했습니다. 그러자 뱀 왕은 카샤파에게 말했습니다. "최고의 바라문이여, 그래 이 나무를 살려보시오."

......-물린 그 나무는 이미 재[灰]가 되었습니다. 그러나 카샤파는 그 재를 잡고 말했습니다. "오 뱀 왕이여, 내가 이 나무를 살려 놓을 터이니 보시오." 그렇게 말하고 그 최고의 바라문은 재로 된 그 나무를 그 '주문(呪文)'의 지식(知識, vidya)'으로 살려냈습니다. <u>그래서 그는 그 재가 처음 싹이 돋게 하고, 이어 두 잎으로 변하게 했고, 줄기가 돋고, 가지가 나 잎들까지 모두 갖추어졌습니다.[45]</u>))

(h) 한 마디로 호머의 '일리아드(*The Iliad*)' '오디세이(*The Odyssey*)'에 나타나 있는 '신화' '신비주의' 모두 '마하바라타(*The Mahabharata*)'의 '신화' '신비주의'의 반복이거나 그 '변용(變容)'이다.

(i) 이 '일리아드(*The Iliad*)' '제4책'에 소개된 '메넬라오스(Menelaus)의 이집트 프로테우스(Proteus) 포획 이야기'는 한국의 '김수로왕(金首露王)과 석탈해(昔脫解) 변신(變身)담'[46]과 동일하니, **태고 적부터 행해진 인류 문화 교류의 부정**'과 '고대인(古代人) 무시하기' '현대인들의 자기 과신(過信)'이 가장 큰 그 걸림돌들이다.

---

45) K. M. Ganguli (Translated into English Prose from the Original Sanskrit Text), *The Mahabharata of Krishna-Dwaipayana Vyasa*, Munshiram Manoharlal Publisher Pvt. Ltd. New Delhi, 2000, -**Adi Parva**- p. 93

46) 한국(韓國)의 '가락국기(駕洛國記)'에 -수로왕(首露王)이 등극해 있을 적에 탈해(脫解)가 찾아와 왕권을 두고 '재주 내기'를 자청하여 **탈해가 순간 매[鷹]로 변하니 수로는 독수리[鷲]가 되었고, 탈해가 참새[雀]로 바뀌니 수로는 다시 송골매[鶻]로 바뀌어** 탈해가 항복하여 계림(鷄林)으로 들어갔다.-는 등속(等屬)의 '변신 설화'는, '세계적 해양 교류 문화의 자취'로 그 의미를 지니고 있다.

386

(j) 그리고 '삼국지통속연의(三國志通俗演義)'[卷之十 黃蓋獻計破曹操 -황개가 조조를 격파할 계책을 내다.]에 오(吳)나라 장군 황개(黃蓋)와 감택(闞澤)이 조조(曹操)를 속이기 위해 펼쳤다는 그 '**고육지계(苦肉之計)**'도 '트로이 전쟁(Trojan War)'에서 오디세우스(Odysseus)가 앞서 펼쳤다는 점도 그 '목마(Wooden Horse)'[목우유마(木牛流馬)] 문제와 아울러 상고(詳考)를 를 요하는 사항이다.['오디세이(*The Odyssey*)' '제8책']

제5책 오디세우스의 파선(破船)과 님프

티토노스(Tithonus)의 아내인 새벽의 신(Dawn)이 잠자리에서 일어나니. 신과 인간 세계가 밝았다. 신들이 제우스를 둘러싸고 앉아 회를 하였다. **아테나 (Athena)가 먼저 님프 칼립소 궁전(the nymph Calypso's house)에 포로가 되어 시련을 겪고 있는 오디세우스를 상기(想起)하게 하였다.**[6]

"제우스여. 홀(笏)을 가진 어떤 왕도 친절하고 온화하고 인정이 있고 정의(正義)을 생각하지 말고 잔인하고 광포하라고 하세요. 오디세우스(Odysseus)는 자기 백성들을 자기 아이들에게처럼 친절하게 다스렸는데 지금은 님프 칼립소 (Calypso) 집에 붙잡혀서 고향으로 돌아갈 수 없게 되었고....그의 아들도 귀향 길에 죽이자고 계획이 서 있습니다. 아들[텔레마코스]은 아버지 소식을 들으려고 필로스(Pylos)와 라케데몬(Lacedaemon)[스라르타]으로 찾아가 있습니다."[23]

제우스가 말했다.

"**얘야. 무슨 말을 하는 거냐? 오디세우스를 당초 돌아가게 하자는 것은 너의 생각이었고, 텔레마코스를 항해(航海)하게 한 것도 다 너의 재주였고, '구혼자들'을 망하게 하여 온전하게 고향으로 돌아갈 힘이 네게 있는 것도 명백한 사항이다.**"[31]

제우스는 그렇게 말하고, 아들 헤르메스(Hermes)에게 말했다.

"헤르메스(Hermes)여. 오디세우스(Odysseus)가 그 유랑(流浪)을 멈추고, 고향으로 돌아가게 해야 하겠다는 것이 우리 신들의 생각이라는 것을 저 님프(nymph)에게 전하라. 하지만 신들이나 사람들의 호위 없이 그는 뗏목을 타고 20일 동안 고생을 하다가 신들과 가까운 파이아키아(Phaeacians)의 스케리아(Scheria)에 도착하게 될 것이고...오디세우스는 결국 고향에 돌아가 그 사랑하는 사람들과도 만나게 될 것이다."[46]

헤르메스(Hermes)는...피에리아(Pieria) 산을 넘어...요정이 살고 있는 그 동굴에 도착했다.[64]

여신(女神) 칼립소(Calypso)는...헤르메스를 의자로 앉힌 다음 그에게 물었다.[97]

"어떻게 여길 다 오셨습니까?...."[102]

헤르메스가 말했다.

"제우스께서 명령하시기를 오디세우스(Odysseus)는 자기 백성들을 떠나 여기서 죽을 운수는 아니고, 결국 고향으로 돌아갈 운명이라고 하셨습니다."[128]

칼립소(Calypso) 여신은 화를 내며 말했다.

"너무들 하십니다! 질투하는 당신들이여. 여신들이 인간들과 동침(同寢)하는 것이 그렇게도 싫으십니까? 새벽의 여신이 오리온(Orion)을 택했을 적에도...아르테미스(Artemis)는 델로스(Delos)에서 그를 화살로 잡았고...데메테르(Demeter)가 이아시온(Iasion)과 상관하니...제우스가 아시고...그를 죽였습니다...그러다가 그러한 심술을 이제는 내게 보이시군요...오디세우스는 제우스가 파도를 날려 그 배를 부수자 선원들은 다 물에 빠져 죽고 오직 그만 용골대(keel-board)를 잡고 바람에 밀려 여기로 떠밀려 왔습니다. 그래서 나는 그를 환영했고 오래도록 늙지 않게 해 주겠다고 약속까지 했습니다...하지만 제우스께서...그를 다시 황량한 저 바다로 내보라고 명하시니...나는 즐겁게 그를 고향에 도착하도록 돕겠습니다."[160]

헤르메스는 떠나고, 칼립소(Calypso) 여신이 오디세우스를 찾으니....그는

눈물과 슬픔으로 바다를 바라보고 있었다.[175]

칼립소(Calypso) 여신이 말했다.

"나무를 베어 뗏목을 만들면...내가 빵과 물과 포도주를 드리겠습니다...그것이 신들의 계획이십니다."[189]

오디세우스가 소리쳤다.

"나를 고향으로 가라고요? 그것은 불가능한 일입니다...저 바다는 배로도 제대로 건널 수가 없습니다...나는 당신의 맹세 없이는 뗏목에 오르지도 않을 겁니다..."[199]

오디세우스의 주장을 듣고 나서 여신은 웃으며 말했다.

"오, 꾀 많은 당신(a wicked man). 무슨 일을 상상하고 무슨 생각을 하시나요? 대지와 하늘과 스틱스(Styx) 폭포를 두고 맹세합니다....나는 결코 당신을 해치지 않을 겁니다..."[212]

칼립소(Calypso) 여신은 잔치를 열어...그 오디세우스와 마주앉아 말했다.[223]

"라이르테스(Laertes) 아들 오디세우스여....아직도 고향으로 가시기를 원하십니까? ..그러시면 보내드리겠습니다...그곳에 도착하기 전에 다시 많은 고통을 겪어야 하실 겁니다...당신의 부인보다 더욱 오래 살 '불사신' 나와 함께 지내는 것이 더 좋을 겁니다...어찌 여신과 인간 여인을 비교할 수 있겠습니까?..."[236]

이에 오디세우스는 말했다.

"위대한 여신이시여. 내 아내 페넬로페(Penelope)는 현명하기는 하지만, 당신보다 훨씬 떨어짐을 내가 다 알고 있습니다...하지만 나는 오래도록 나의 귀향(歸鄕)을 기다려 왔습니다...."[247]

칼립소(Calypo)는 오디세우스를 보낼 생각으로...큰 도끼...양날도끼를 챙겨주어...오디세우스는 뗏목을 만들었고...칼립소가 돛을 만들 천까지 마련을 해주어...돛까지 달았다.[287]

오디세우스가 출발 준비를 시작하여...4일이 지나 그 작업이 끝났고, 5일 후에 여신은 섬에서 오디세우스를 보내며, 두 개의 가죽 부대에 술과 물을 담고 살코기도 부대도 따로 마련해 주었다...그리고 여신이 순풍을 불게 하여 오디세우스는 방향타로 항로를 잡아...밤이면 계속 '플레이아데스(Pleiades) 별'과 늦게 지는 '농부(Plowman)별' 그리고 '큰곰(the Great Bear)별'을 살피며....항해를 계속하여....17일을 항해하고 18일을 맞으니 파이아키아 족의 섬(Phaeacians' island) 산들이 보이기 시작했다...[308]

그런데 에티오피아(Ethiopians) 친구들과 이별을 하고 돌아오던 그 **포세이돈(Poseidon)**이 솔리미(Solymi) 산 근처에 이르러, 바다를 항해하고 있는 그 오디세우스를 보고 화가 났다.[313]...포세이돈은 속으로 생각했다.

"저것 봐라! 내가 에티오피아에 가 있는 동안 신들이 마음들을 바꿔 오디세우스가 벌써 고통에서 벗어날 파이아키아(Phaeacia) 해안 가까이 왔구나. 하지만 나는 너를 다시 고난 속으로 몰아넣을 거야!"[320]

포세이돈은 구름을 불러 모으고 회오리바람을 일으키어 바다와 육지를 대혼란 속에 빠뜨렸다.....큰 파도가 덮쳐...칼립소가 제공한 선물들을 다 휩쓸어갔다....[360]...그런데 바다 속에 사는 **카드모스(Cadmus) 딸 레우코테아(Leucothea)**가 오디세우스를 불쌍하게 생각하여 물결을 헤치고 솟아올라....친절하게 물었다.[372]

"불쌍한 사람. 무엇 때문에 포세이돈의 노여움을 사 이 고생을 하십니까?....옷을 벗고 바다에 뛰어들어 수영을 하면...파에아키아(Phaeacian) 땅에 도달할 수 있습니다..."[386]

오디세우스는 결국 바다에 뛰어들어 수영을 시작했다....[412]

포세이돈이 오디세우스를 내려다보며 말했다.

"가봐라 가봐. 네가 제우스가 사랑하는 [파이아키아]사람들 품에 도달하기까지는 몇 마일을 더 가야 한다. 너도 내가 내린 벌이 가볍다고는 말할 수 없을 거야."[417]

그렇게 말하고 포세이돈은 자기 궁전이 있는 에게(Aegae) 항구로 그의 말[馬]들을 몰았다.[420]

아테나는 오디세우스를 생각하여, 바람들의 방향을 바꾸게 하고...바다를 잠잠하게 만들었다...이틀 밤 이틀 날을 바다 속을 헤매다가...3일 만에야 오디세우는...땅에 이르렀다.[440]

땅으로 올라온 오디세우스는 숲으로 향해...다가가니,,, 같은 뿌리에서 돋아난 두 그루 올리브 숲을 발견했다.[528]...,오디세우스는 그 올리브의 쌓인 잎들을 침대 삼고 이불 삼아...단잠에 빠졌다. 모두 아테나가 도우신 것이다.[47]

'오디세우스의 파선(破船)과 님프(Odysseus –Nymph and Shipwreck)'

---✈

(a) '마하바라타(*The Mahabharata*)'에서는 '비아사(Vyasa)의 예언'을 통해 '판두 5형제의 앞날'을 제시했고 그 '해결사'로 크리슈나(Krishna)가 그 앞장을 섰다.

(b) 작품 '오디세이(*The Odyssey*)'는 주인공 '오디세우스의 운명'은 전적으로 그 '아테나 여신'이 다 챙겨주고 있다.

(c) '오디세우스의 고향 찾아가기'는 차라리 '모든 인간의 본능' 더욱 넓게는 '새와 짐승들'도 지녔다는 소위 **귀소본능(歸巢本能)**'으로 보아야 할 문제이다.

---

47) Homer(Translated by Robert Fagles), *The Odyssey*, Viking Books, 1996, pp 152~167 'Book Five : Odysseus -Nymph and Shipwreck'

(d) 하지만 '현대인의 고향'은 과연 어느 지역[지방]에 있고 '그 고향과 과연 지역적으로 정신적의 한정함이 과연 필요 한가?'를 반드시 생각을 해 보아야 한다.

(e) 오히려 '과학 문명'은 '그 지독한 지역주의 고집에 해답'을 제공했으니 '쉽게 고향 방문'이 가능해졌고, '만날 사람과도 쉽게 상봉할 길'이 항상 열려 있다.

(f) 그리고 그 '지역주의' '종족주의' '폐쇄주의' '독존주의(獨尊主義)'를 바탕으로 오늘날도 '지구촌의 전쟁 참화'가 계속되고 있다는 사실을 알 필요가 있다. 다시 말해 **무서운 고향 찾기 고집들**'을 바탕으로, 태초에서부터 인류가 행해온 '엄청난 분쟁(紛爭)의 참화를 누가 과연 책임을 질 것인가?' 고려하면, '사람들의 고향 찾기 취미'도 '각 개인적 선택 사항' **개인의 취향 문제**'로 돌릴 사항이고, **'인류 보편의 미덕'으로 내세울 하등의 이유는 없다**.

제6책 공주와 이방인

그렇게 오디세우스가 올리브 나무 아래 잠이 들어 있는 동안...아테나(Athena) 여신은...파이아키아족(Phaeacians)의 도시에 도착했다.

그 파이아키아 사람들(Phaeacians)은 몇 년 전에는 거만한 키클롭스(Cyclops)와 인접한 히페리아(Hyperia)에 거주를 했었다. 키클롭스는 더욱 강하여 끝없이 그들을 약탈했다. 이에 신(神)과 같은 왕 나우스시토오스(Nausithous)가 백성들을 이끌어 스케리아(Scheria)에 정착을 시키고 성곽을 쌓고 집을 짓고 신전을 세우고 토지를 분할하였다.[12] 하지만 나우스시토오스(Nausithous)가 사망하니 알키노오스(Alcinous)가 통치를 하게 되었다.[14]

아테나 여신은 오디세우스의 귀향 계획을 실현하기 위해 바로 왕 알키노오스(Alcinous) 집으로 가서...그의 딸 나우시카아(Nausicaa)가 잠든 머리맡에 그녀의 동갑 친구 선원(船員) 디마스(Dymas) 딸의 모습으로 나타나서 말했다.[27]

"나우시카아(Nausicaa)야....좋은 옷들이 널려 있으니...저렇게들 그대로 놓아둘 생각이니?...결혼식도 멀지 않았으니...아버지께 부탁하여...수레에 싣고 빨래터에 가도록 해야지..."[44]

말을 마치고 아테나는 올림포스로 떠났다....[52]

나우시카아(Nausicaa)는....아버지 알키노오스(Alcinous) 왕에게 부탁하여 왕이 수레를 마련해 주니...어머니는 먹을 것도 마련해 주었다....[90]...하녀들을 대동한 나우시카아(Nausicaa)가 강둑에 이르자, 풍성한 물이 넘쳐흐르고 있었다....그녀들은 우선 노새들의 멍에를 풀어 클로버 강둑에 놔두고...빨래를 마친 다음, 바다 기슭에 빨래를 널어놓고 점심을 먹었다. 빨래가 마르기를 기리며 나우시카아(Nausicaa)는 공놀이를 시작했다...[111]....그녀들이 돌아가야 할 무렵에, 아테나(Athena) 여신은 그 오디세우스를 깨워 그 나우시카아(Nausicaa)를 만나게 하여 파이아키아(Phaeacians) 도시로 데려가게 할 생각이었다.[124]

공주가 날린 공이 소녀들에게서 빗나가 깊은 물로 날아가니 그녀들은 모두 소리쳤다. 그 소리에 오디세우스가 잠에서 깨어났다....[130]...오디세우스는 잎 이 많은 올리브 가지를 꺾어 아래 부분을 가리고...그 소녀들을 향해 나아가 니...소녀들은 오디세우스의 놀라운 모습에 기겁을 해서 해안가로 도망을 쳤 다.[152]...그러나 나우시카아(Nausicaa)에게는 아테나가 그녀에게 용기를 주 어...그 자리에 버티고 서 있었다....[160]

오디세우스가 그 나우시카아(Nausicaa)에게 애원을 했다.

"여왕이시여. 그대는 여신이십니다...내게 슬픔이 닥쳐와 20일 동안 바다에 갇혀 있다가 이제 겨우 벗어났습니다. 나를 불쌍하게 생각하여 이 몸을 가릴 헌 옷을 주시고...찾아갈 도시를 알려주십시오..."[203]

나우시카아(Nausicaa)가 말했다.

"이방인(異邦人)이여. 당신은 악(惡)한 사람이거나 바보스런 사람은 아니라 는 생각이 듭니다...일단 당신이 우리나라 우리 도시로 왔으니...필요한 것들을 얻을 수가 있을 겁니다....우리들은 '파이아키아 사람들(Phaeacians)'이고, 왕은 '알키네오스(Alcinous)'이고 나는 그 왕의 딸입니다."[215]

나우시카아(Nausicaa)는 시녀들을 향해 말했다.

"왜 사람을 보고 도망들을 치느냐? 내가 보니 도둑 같지는 않구나. **파이아키 아 사람들(Phaeacians)은 땅에 살아 있는 사람을 죽도록 버려두는 법이 없 다.**['인방(仁邦)'임]..모든 이방인과 거지들도 다 제우스께서 보내신 사람들이 다...너희는 저 사람에게 먹을 것을 가져다주고, 강물에서 목욕을 하게 돕도록 하라."[232]

그러자 그녀들은 나우시카아(Nausicaa)가 명에 따라 오디세우스를 호젓한 장소로 데려가...입을 내의와 겉옷을 주고, 강물에 목욕한 다음 바를 올리브 기름을 주었다...[239]

그러자 오디세우스가 말했다.

"소녀들이여. 내가 목욕을 하고 오일을 바르는 동안, 조금 멀리 떨어져 기다리시오..."[245]

오디세우스가 강물에 목욕을 마치고...몸에 오일을 바르고 제공된 옷을 입고 나니, 아테나 여신이 그 오디세우스를 더욱 멋있게 만들었다. **키는 더욱 크게 만들었고 신체는 더욱 웅장하게 보이게 했고 그의 이마에서 곱슬머리 [curls -영웅 '아르주나(Arjuna)'의 대표적 특징임]가 히아신스 떨기(hyacinth clus-ters)처럼 흘러내리게 만들었다.**[260]

그러자 공주가 놀라 시녀들에게 말했다.

"올림포스 신들도 이 사람을 다 거느릴 수가 없어서 우리의 고상한 백성들 사이에 섞이게 했나 보다....저 이방인에게 우선 충분히 먹을 것을 제공하라."[272]

시녀들이 오디세우스 앞에 먹고 마실 음식을 자져다 놓으니...오래도록 굶주린 오디세우스는 몇 년간 맛보지 못 한 음식 같았다.[276]...오디세우스 식사를 하는 동안 나우시카아(Nausicaa)는 수레에 짐을 챙겨 싣게 한 다음 오디세우스에게 말했다.

"우리가 도시로 가는데 같이 갑시다. 당신을 아버지 궁전에서 만나게 될 겁니다...그러나 만약...우리가 함께 동행을 하여 도시로 들어가면, 사람들이 우리 등 뒤에서 '나우시카아(Nausicaa)가 저 키 크고 잘생긴 이방인을 끌고 오는 거야? 그녀의 남편감일지 몰라...파선을 당한 사람일까?...그녀는 파이아키아 사람들(Phaeacians)은 안중에도 없었지' 그렇게들 흉을 볼 겁니다...그러므로 이 길을 따라 가면 '아테나 신에게 바쳐진 빛나는 숲'과 마주칠 터인데, 거기에 우리 아버지 소유지가 있습니다...거기서...당신은 우리가 아버지 집에 도착할 동안 기다렸다가, 우리가 집에 닿았겠다 싶으면 출발하여, 알키노오스 (Alcinous) 궁전을 물어 찾아오세요...당신이 일단 저택으로 들어서면 서둘러 우리 어머니를 먼저 뵈어야...그대의 귀향(歸鄕)에 도움이 될 겁니다."[345]

말을 마치고 나우시카아(Nausicaa)는 노새에게 채찍을 날렸다...오디세우는 그 자리에서 아테나에게 기도를 올리었다.

"제우스의 따님이시여....포세이돈 신이 내 배를 부수었으나 당신은 내 기도를 듣지 않으셨습니다...제가 부디 이 파이아키아(Phaeacian) 백성들에게 은혜와 사랑을 받게 도와주옵소서!"[360]

아테나는 오디세우스 기도를 들었으나 모습을 나타내지는 않았으니, 그 포세이돈의 분노로 '오디세우스의 귀향길'이 계속 방해를 당하고 있었기 때문이다.[48]

'공주와 이방인(The Princess and the Stranger)'

———✈

(a) 이 '오디세이(*The Odyssey*)' '제6책'에서는 아테나(Athena) 여신과 오디세우스(Odysseus) 관계는 너무나 '자세하고 친밀하여', '인간들의 최대 문제 전쟁'에서 일개 '동화(童話)같은 이야기'로 금방 바뀌어 버렸다.

(b) 즉 힌두(Hindu)의 '마하바라타(*The Mahabharata*)'는 '인류의 삶과 죽음의 거대한 문제'를 끝까지 물고 늘어져, '힌두교' '불교' '기독교'를 아우르는 '거대한 원천(源泉)'을 이루었음에 대해, 호머의 '일리아드(*The Iliad*)' '오디세이(*The Odyssey*)'에서 보인 '아테나 여신'은 '너무나 상세한 이야기' 소위 **'세말주의(細末主義, trivialism)'**로 흘러 결국 '절대신'의 권위가 '개인 소망 충족의 방편(方便)'으로 변했다.

---

48) Homer(Translated by Robert Fagles), *The Odyssey*, Viking Books, 1996, pp 168~178
  'Book Six : The Princess and the Stranger'

(c) 하지만 이러한 성향도 이후 '종교적 취향'으로 부정할 수 없는 특징으로 정착했다.[祈福 信仰]

(d) 이 '오디세이(*The Odyssey*)' '제6책'에 제된 바, 위대한 제우스(Zeus) 신의 일부인 '아테나 여신'은 '나우시카아(Nausicaa) 공주의 빨래터 가기'까지 '대신(大神)의 관심'이 베풀어졌다는 점이 그것이다.

(e) 호머는 앞서 '일리아드(*The Iliad*)'에서는, '트로이 전쟁'이 명백히 '절대 신 [죽음 관장 신의 세상 심판]'이라는 '마하바라타(*The Mahabharata*)'의 '거 대 전제'를 확실하게 적용했으나, 작품 '오디세이(*The Odyssey*)'에서는 호 머 자신의 철학 '**현세주의(Secularism)**'을 역시 그 '절대 신의 일부인 아테 나 신'을 통해 다 성취하려고 보니, '**신과 인간 사(事)를 한 눈에 꿰고 있는 호머 같은 재능**'으로도, 그 '**절대주의와 현세주의 통합**'에 이렇게 '동화 같 은 궁색한 상황'에까지 이르게 된 것이다.

(f) 여하튼 제우스의 딸 '아테나 여신'은, 영웅 오디세우스 후견 신(後見 神)으 로, '오디세우스 난관 극복'에 끝까지 보살폈다는 것이 바로 작품 '오디세이 (*The Odyssey*)'이니, 그 이름을 '**아테나 여신의 활략 전기(傳記)**'이라 해도 무방할 것이다.

제7책 파이아키아 궁전과 장원(莊園)

오디세우스(Odysseus)가 그 아테나(Athena) 숲에서 기도하고 있을 적에, 공 주 나우시카아(Nausicaa) 일행은 그녀 아버지 궁전에 도착했다. 공주가 문 앞에 도착하자 그녀의 오빠들이 노세 멍에를 풀고 옷가지를 궁 안으로 운반했다. 나우시카아(Nausicaa)는 그녀의 침실로 향했다.[7]...**바로 그 무렵에 오디세우 스는 도시로 향했는데, 아테나 여신이 영웅을 호위하여...짙은 안개로 감싸 시내를 통과하는데 불필요한 시비(是非)를 막아주었다**....[20]...

오디세우스가 도시로 들어 갈 적에 아테나 여신은 작은 소녀 모습을 하고 오데세우스 앞에 섰더니, 오디세우스가 그녀에게 물었다.[23]

"소녀야. 말 물어보자. 알키노오스(Alcinous) 궁전을 아느냐?...나는 이방인으로...여기가 모두 낯선 곳이란다..."[29]

여신은 말했다.

"오 늙은 이방인이여. 우리 아버지 집 오른 바로 쪽에 왕궁(王宮)이 있으니, 나를 따라 오세요..."[41]

여신은 다시 오디세우스 곁을 안개로 감쌌다...[52]

그들이 왕궁에 도착하자 아테내소녀가 말했다.

"늙은 이방인이여. 여기가 당신이 찾고자 하는 그 왕궁입니다...용기를 내십시오...여왕의 이름은 '아레테(Arete)'인데, 그녀는 우리 백성들의 호소에 모두 응답을 하여서 명성을 얻고 있습니다...포세이돈의 아들이 나우시토오스(Nausithous)이고...나우시토오스는 렉세노르(Rhexenor)와 **알키노오스(Alcious)** 두 아들을 두었는데...렉세노르는 아폴로 화살에 죽고 아들이 없었습니다...여왕 아레테(Arete)는....감성과 판단력이 뛰어나 백성들의 분쟁을 해소시켜, 남자들까지도 그녀의 호감 받기를 원합니다...만약 당신이 그 여왕의 호감을 산다면 귀향(歸鄉)할 희망이 생길 겁니다."[89]

이렇게 말해주고 **아테나 여신은 황량한 바다를 건너 스케리아(Scheria)를 뒤에 두고 마라톤(Marathon)에 도착하여 아테네(Athens) 거리에 있는 '아테나(Athena) 여신의 견고한 궁전'으로 갔다.**[93] -['높은 올림포스 산 위 궁전'이 아니라 '인간 도시 속의 신전(神殿)'으로]

오디세우스가 알키노오스(Alcinous) 궁전으로 들어가 보니...궁전은 뜨는 해와 달이 빛나듯 번쩍거렸다...황금 문...청동 문턱...은으로 만든 문설주...황금 문고리로 장식이 되어 있고, 문 양족에는 헤파이스토스가 황금과 은으로 제작한 불사(不死)의 두 마리 개가 지키고 있었다.[109]...문으로부터 멀리 떨어진 방에는 어좌(御座)들이 벽을 뒤로 하고 놓여 있었고, 잘 만들어진 직물(織物)들이 그 위에 덮여 있었다. 황금으로 만든 소년들이 손에 횃불을 켜 들고 밤새도록 불을 밝히고 있었다.[118]

알키노오스(Alcinous)에게는 50명의 하녀(下女)가 있었는데 일부는 맷돌

(handmill)을 돌리고 일부는 실을 잣고 천을 짰는데 그 빠르기가 바람 같았다...[128] 높은 대문 앞에는 장원(莊園)이 있었으니 4 에이커(acres -4km²x4) 넓이로...배나무 사과나무 무화과 올리브가 온화한 서풍(the West Wind)을 받아 일 년 내내 꽃피고 열매를 맺었고, 포도도 그러하였다...[157]

오디세우스는 놀랍다는 생각을 품고...그 궁전으로 들어가니, 파이아키아(Phaeacian)의 왕들과 장군들은, 헤르메스(Hermes)께 헌주(獻酒)를 하고 있었다.... 오디세우스는 그가 아레테(Arete) 여왕과 알키노오스(Alcinous) 왕에게 도달할 때까지 아테나가 베푼 그 안개를 감고 있었다.[167]...오디세우스가 아레테 여왕 무릎으로 손을 뻗치자, 그 안개는 사라지고 영웅[오디세우스]가 모습을 드러내었다.

궁전 잔치판에 잠시 침묵이 흘렀다. 모두가 놀랐으나....오디세우스는 바로 여왕을 향해 호소를 시작했다.

"아레테(Arete) 여왕이시여. 신 같은 렉세노르(Rhexenor) 왕의 따님이시여! 저는 오랜 고초(苦楚)를 겪으며 어렵게 이곳에 도착을 했습니다...신들의 거대한 축복이 당신께 내리기를 빕니다...아무쪼록 제가 빨리 저의 고향으로 돌아가게 도와주옵소서.(But as for myself, grant me a rapid convoy home to my own native land.)..."[181]

그렇게 호소한 다음에, 모든 사람들이 침묵을 하고 있는 동안 오디세우스는 화덕 곁 재(灰) 속에 앉았다. 이에 파에아키아(Phaeacia) 왕들 중에 가장 나이 많은 에케네오스(Echeneus)가 일어나 말했다.

"손님을 재 속 땅바닥에 모시다니! 알키노오스(Alcinous)여. 이건 도리가 아닙니다. 당신의 백성들은 모두 당신이 행한 대로 행할 것이니, 저 이방인을 은으로 장식한 의자에 앉도록 합시다. 그리고 전령(傳令)에게 술을 더 가져오게 하여 우리와 함께 제우스께 헌주를 올리고 가정부에게 명하여 우리 손님에게 저녁 식사를 제공하도록 합시다."[197]

그 말을 듣고 알키노오스는 오디세우스 손을 이끌어 그의 아들 **라오다마스**

(Laodamas)가 앉아 있던 자리에 앉았다.....하녀(下女)가 물을 가져오자...오디세우스는 손을 씻고...식탁을 이끌어다 곁에 놓고 빵과 채소를 풍성히 제공하여 오래 굶주렸던 오디세우스는 먹고 마시게 되었다.[210]

알키노오스 왕이 전령을 불러 말했다.

"폰토노오스(Pontonous)여. 술동이를 가져 오라. 모든 우리 잔치 손님들이 제우스께 헌주를 올려야겠다."[215]...그들은 헌주를 올리고 마음껏 마셨다...

알키노오스가 일어나 말했다.

"파에아키아(Phaeacia) 왕들과 장군들이여... 이제 댁으로 돌아가 주무시고 내일 새벽에 우리 손님에 관해 회의를 열도록 하겠습니다. 신에게 제사를 올린 다음, 우리의 새 친구가 고통과 걱정 없이 그의 고향 땅으로 돌아가게 할 겁니다.....하지만 그가 만약 신통력을 지닌 신이라면, 신들이 새로운 방법으로 역사(役事)를 하실 겁니다....[242]

이에 오디세우스가 말했다.

"알키노오스(Alcinous) 왕이시여...**저는 골격(骨格)에서나 번식(繁殖)에서나 하늘을 다스리는 신(神)과 같은 점은 전혀 없습니다. 저는 그저 '사망이 확실한 인간'일 뿐입니다.** 누가 저의 쓰라린 고초를 다 알겠습니까? 슬픔에 슬픔을 겪은 사람들은 다 동일합니다. 내가 겪은 고통은 다 말할 수는 없고, 오직 신들께 감사할 따름입니다. **비참한 일이지만 제가 이 저녁 식사를 마치도록 해주십시오. 염치를 모르는 '이 배[腹]라는 개[犬]'보다 더욱 고약한 것은 없을 겁니다. 항상 망각(忘却)을 못 하게 하고, 저를 파괴하고 슬프게 만들고 고통을 주며 '우선 먹고 마셔라!'고 주장을 합니다. '이 개[위장]'는 모든 고통스런 기억도 잊게 만들며 '어서 나를 채워라!'고 명령을 합니다.** (I'm nothing like the immortal gods who rule the skies, either in bulid or breeding. I'm just a mortal man....But despite my missery, let me finish dinner. The belly's a shameless dog, there's nothing worse. Always insisting, pressing, it never lets us forget-destroyed as I am, my heart racked with sadness, sick with

400

anguish, still it keeps demanding. 'Eat, drink!' It blots out all the memory of my pain, commanding, 'Fill me up!')

그리고 정말 부탁하건데, 당신네들은 내일 첫 새벽에 당신들의 불행한 나그네를 고향으로 꼭 가게 해 주십시오. 아, 내가 고향 땅에 나의 하인들과 거대한 나의 집을 본다면, 그제야 나는 편안하게 죽을 수 있을 겁니다."[261]

오디세우스의 호소가 너무도 절실하여, 모든 사람들이 그 새 친구를 그의 고향으로 보내기로 그 자리에서 다 찬성을 하였다.(All burst into applause, urging passage home their newfound friend, his pleading rang so true.) 그래서 다시 한 번 더 헌주를 올리고 마음껏 마신 다음에 귀가들을 했다.[206]

그래서 오디세우스와 알키노오스(Alcinous) 왕과 아레테(Arete)가 남으니, 하인(下人)들이 컵과 접시를 치웠다. 여왕 아레테(Arete)는 오디세우스가 걸치고 있는 외투와 셔츠가 여왕의 하녀들이 만든 것임을 알고 날카롭게 그에게 물었다.

"이방인이여. 당신은 누구이고 어디서 오셨으며 누가 그 입고 있는 옷은 주었습니까? 당신은 앞서 '바다를 방랑했다'고 말씀하지 않았습니까?"[276]

오디세우스가 말했다.

"왕비님. 나의 고난을 이루다 말씀드리기는 어렵습니다. 모두 신들께서 저에게 내리신 겁니다. 하지만 여쭈어 올리겠습니다...제우스께서 나의 함선을 깨뜨려 나의 선원들은 다 죽었고 저는 배의 용골대를 잡고 9일 동안 바다를 떠돌다가 10일이 되는 밤에 칼립소(Calypso)의 섬 오기기아(Ogygia)로 떠밀려갔습니다....여신 칼립소(Calypso)가 저를 보살피어 그곳에 7년을 머물렀습니다...8년이 되자 제우스의 명령이 계셨는지...여신의 마음이 바뀌어 견고한 뗏목에 양식과 옷가지를 실어 순풍을 불게 하여 저를 보내주었습니다. 그래서 17일 동안 항해를 잘 하고 18일이 되니 여왕님의 땅 그늘진 산들이 보여 제 가슴이 뛰었습니다...그런데 포세이돈(Poseidon) 신이 제게 고통을 안기려고, 바람으로 바다를 흔들어...다시 타고 있던 뗏목을 박살내어...나는 맨몸으로 수영(水泳)을 해서 바다 밖으로 나온 다음...나뭇잎을 덮고 쓰러져 잠들었습니다...다시 아침이 오고 대낮이 될 때까지 나는 잠을 자고 있다가...해가 기울 무렵에 잠에서 깨어 났는데...그때 마침 왕비님의 따님과 시녀들이 빨래를 마치고 공놀이를 하며 놀고 있었습니다. 따님은 여신과 같았습니다. 제가 따님에게 애원(哀願)을 했는데, 따님은 훌륭한 생각을 갖고 있었습니다. **따님이 제게 빵과 포도주와 이옷을 제공한 것입니다....**"[341]

알키노오스(Alcinous) 왕이 말했다.

"친구여. 내 아이가 도리에 맞지 않은 행동을 한 것 같습니다. 그대가 처음 딸아이에게 거처(居處)를 물었을 적에, 마땅히 하인을 시켜 함께 돌아왔어야 옳았을 것이요."[345]

오디세우스가 대답을 했다.

"대왕이시여. 공주님은 잘못이 없었습니다. 우리가 함께 동행을 하면, 우리를 본 사람들을 당황하게 할까봐 제가 선택을 하지 않았습니다..."[350]

알키노오스(Alcinous) 왕이 말했다.

"내 친구여...나는 쓸데없이 화를 내지는 않습니다...나는 그대 호송(護送) 날을 내일로 잡겠습니다...바다가 잠잠해지면 그대는 즉시 고향 집에 도달할 겁니다...."[376]

알키노오스(Alcinous) 왕의 말을 듣고, 오디세우스는 기도를 올렸다.

"높은 곳에 거하시는 아버지 제우스시여. 알키노오스(Alcinous) 왕의 말씀이 이루어져... 제가 부디 고향으로 가게 해 주옵소서."[382]

아레테(Arete) 여왕은 하녀에게 명하여 오디세우스에게 잠자리를 마련해 주도록 했다.[49]

---

49) Homer(Translated by Robert Fagles), *The Odyssey*, Viking Books, 1996, pp 179~190 'Book Seven : Phaeacia's Halls and Gardens'

'파이아키아 궁전과 정원(Phaeacia's Halls and Gardens)'

————✈

(a) 작품 '오디세이(*The Odyssey*)' '제7책'의 오디세우스의 '**알키노오스(Alci-nous) 왕궁 도착**'은 '마하바라타(*The Mahabharata*)'에 '판다바들(Panda-vas)'의 '**비라타(Virata) 왕궁**[50]으로 들어간 것과 동일하다.

(b) 오디세우스는 '**알키노오스(Alcinous) 왕궁 도착**'을 계기로 '트로이 전쟁 이후 10간의 해상 방랑'을 종료하게 되었지만 '구혼자들을 물리쳐야 하는 큰 전투'로 돌입하게 되는데, 판두 5형제는 '고통스런 12년 숲 속 생활'을 마감하고 그 '**비라타(Virata) 왕궁**'에서 1년을 보내고 바로 다시 '18일 간의 쿠루크셰트라 전쟁(Kurukshetra War)'을 치르게 된다.

(c) 오디세우스에게 '**알키노오스(Alcinous) 왕궁 도착**'은 '10년 방랑의 끝'을 의미하지만, 다시 '오디세우스 혼자 감당해야 할 구혼자들과 전쟁'이 시작되는 그 지점이다.

---

50) K. M. Ganguli (Translated into English Prose from the Original Sanskrit Text), *The Mahabharata of Krishna-Dwaipayana Vyasa*, Munshiram Manoharlal Publisher Pvt. Ltd. New Delhi, 2000, -**Virata Parva**- pp. 1~20

제8책 음악과 경연 대회의 하루

새벽이 되자 알키노오스(Alcinous) 왕과 오디세우스는, 배들이 곁에 있는 회의장으로 향했다......알키노오스(Alcinous) 왕이 회의를 주재했는데...아테네 여신은 전령(傳令)의 모습으로 외치고 다녔다...[11]

"파에아키아(Phaeacia) 왕들과 장군들이여 회의장으로 나와 도착한 이방인에 대해 의논을 해 봅시다!...그는 신과 같은 모습입니다."[15]

아테나가 오디세우스를 더욱 빛나고 웅장하게 보이게 했으니...모인 사람들이 오디세우스 모습에 모두 감탄을 하였다...

알키노오스(Alchinous) 왕이 모인 사람들을 향해 말했다.

"이 이방인(異邦人)이 어디에서 왔는지는 알 수 없으나...내 궁궐로 찾아와... 고향으로 보내달라고 호소를 하여, 귀향(歸鄕)을 시키기로 이미 결정을 보았습니다...배 한 척을 바다에 띄우고 52명의 선원(船員)을 뽑아 그를 인도(引渡)해야 하겠습니다....그리고 나는 다른 왕들과 대장들과 더불어 나의 궁전으로 가서 환송 잔치를 열 터이니, **신께서 재능을 부여한 낭송시인(bard) 데모도코스(Demodocus)도 참석하도록 불러 오시오**..."[53] -['데모도코스(Demodocus)' 는 힌두(Hindu)의 '바이삼파야나'에 해당함]

선발된 52명의 선원들은 바다가 기슭으로 가 출발 준비를 마치었다....알키노오스(Alcinous) 궁전으로 거서...[65]...왕은...양 12마리 돼지 8마리 황소 2마리를 제물로 바쳤다...[71]

뮤즈(Muse) 신의 은총을 받은 '**낭송시인(bard) 데모도코스(Demodocus)**'에게는 행운(幸運)과 불행이 겹쳤으니, 뮤즈는 그에게 '감동적인 노래 능력'을 제공했으나, 그를 '장님[盲人]'으로 만들었다. 그 '시인(詩人)'이 하객(賀客)의 중앙에 수금(竪琴, lyre) 폰토노오스(Pontonous)를 매달아 놓고 연주하며 노래하게 준비를 해놓고, 전령은 그 곁에 빵과 술을 가득 담은 바구니를 가져다 놓았다.[83]

뮤즈 신이 '**낭송시인(bard) 데모도코스(Demodocus)**'에게 낭송하게 한 노래는 '영웅들의 유명한 이야기'였으니 그 내용은 -**오디세우스(Odysseus)와 아킬레스(Achilles)가 잔칫상 머리에서 전쟁 문제로 극렬하게 논쟁을 펼칠 적에 사령관 아가멤논(Agamemnon)이 마음속으로 그 논쟁을 즐겼던 장면이었다. 아가멤논(Agamemnon)이 피토(Pytho)에 있는 아폴로 신전에서 신탁(神託)을 듣기 위해 그 신전 문턱을 넘는 순간이 바로 '트로이와 아카이아 병사들의 멸망과 시련으로 떨어지는 시작**'으로, 제우스[아폴로]의 '승리의 조짐(the victory sign)'이라는 내용이었다.[97] ['**세상의 심판자로서의 제우스**'를 거듭 강조한 대목임]

그 시인의 노래를 듣고...오디세우스는 눈물이 솟아 머리를 숙이고 눈물을 훔쳤다.['전쟁 결과' 모두가 죽거나 불행에 빠져 있으므로]

다시 '**낭송시인(bard) 데모도코스(Demodocus)**'가 노래를 시작하자, 오디세우스는 오히려 괴로워하며 신음을 했으니, 오직 알키노오스(Alcinous) 왕만이 그 오디세우스 모습을 알았다. 알키노오스(Alcinous) 왕이 말했다.

"파이아키아(Phaeacia) 왕들과 장군들이여...우리가 음식과 음악의 잔치를 즐겼으니, 우리 손님[오디세우스]이 고향에 돌아가면 우리 이야기를 펼치도록 '권투 경기' '레슬링' '멀리뛰기' '달리기' 재능들도 보여주도록 합시다."[121]

많은 젊은이들이 경기에 참가하겠다고 일어섰으니....알키노오스(Alcinous) 왕의 아들 할리오스(Halius)와 클리토네오스(Clytoneus)도 경기에 참가를 했다...[139]

경기가 시작되어...'달리기'에서는 클리토네오스(Clytoneus)가...다른 사람들을 따돌렸고....[146]...'레슬링'에서는...'넓은 바다(Broadsea, 인명)'가 우승을 했고...'멀리뛰기'에서는 '바다 탐지(Seagirt)'가 챔피언이 되었고...'원반던지기'에서는 로우하드(Rawhard)가 가장 멀리 던졌다.[150]...'권투 경기'에서는 알키노오스(Alcinous) 왕의 아들 **라오다마스(Laudamas)**가 우승하였다...[152]

그 라오다마스(Laudamas)가 오디세우스에게 말했다.

"손님이시어. 혹시 손님도 알고 있는 경기가 있는지 좀 물어봅시다...체격이 훌륭하시니 힘도 셀 겁니다....나는 항상 말합니다...**최강자가 살아남는다고.**(I always say...the strongest alive.)"[161]

그러자 '넓은 바다(Broadsea, 人名)'가 끼어들어 거들었다.

"라오다마스(Laudamas)여, 핵심을 잘 짚었으니, 저 친구(오디세우스)를 일으켜 세워 한 판 붙어 보시오."[164]

그리고 오디세우스 면전에 와 말했다.

"이방인 나리. 그대가 혹시 경기를 아신다면...살아 있는 동안에는 남자(男子)가 손과 발로 쟁취한 승리보다 더 큰 영광이 어디 있겠소? '풍파(風波) 걱정'은 이제 내려놓으시고 경기를 한번 펼쳐 보시오..."[175]

오디세우스가 날카롭게 말했다.

"**라오다마스(Laudamas)**여. 그대에게 나는 이미 내가 당한 고통으로 지쳐 있다고 말을 했는데, 왜 다시 내게 경기를 하자고 하십니까?...나는 지금 회의장에 모인 백성들에게, 귀향(歸鄕)을 애걸하고 있는 형편입니다."[182]

'넓은 바다(Broadsea, 人名)'가 끼어들어 말했다.

"알겠습니다. 당신은 '진짜 남자들이 행하는 경기'란 모르고, 그저 바다를 떠돌아다니는 장사꾼이거나 아니면, 그저 황금을 노리는 해적 선장이셨다는 말씀이군요! 알겠습니다."[189]

오디세우스가 그를 노려보고 말했다.

"어떻게 그런 어린 애 같은 말씀을 하십니까. 당신은 바로 겁도 없는 바보요...신들은 단번에 그들의 선물을 모두 한꺼번에 안기지는 않습니다.['고향 가기가 우선 목표'라는 취지임]...나는 그대가 말했듯이 '경기에 무식쟁이'는 결코 아니니... '던지기'를 행하여 그대의 모욕에서 잠깐 벗어나 보겠소."[215]

오디세우스가 일어나 즉시 파이아키아 사람들이 들었던 원반(原盤)보다 더욱 크고 무거운 원반을 그의 큰 손으로 잡아 던지니....그 원반(原盤)은 다른 사람들이 던졌던 표시를 멀리 따돌리며 더욱 멀리 가 떨어지게 하였다....'**아테나 화신(化身)인 남자(Athena, built like a man)**'가 소리쳤다.

"다른 사람들은 아무도 던질 수 없는 먼 거리입니다. 이 문제는 더 이상 논의하지 마십시오."[229]

그 말에 오디세우스는 말했다.

"그래 나머지 경기도 한번 펼쳐 봅시다...권투건 레슬링이건 달리기건 나를 상대할 사람은 나오시오...하지만 저 **라오다마스(Laudamas)** 왕자만은 빼기로 합시다...나는 '활쏘기'...'창던지기'도 잘 합니다..."[265]

오디세우스의 말이 끝나자, 모두 다 침묵에 잠겼다.

알키노오스(Alcinous) 왕이 말했다.

"이방인이여. 그대가 행한 말은, 도리에 어긋난 바가 없습니다. 그대가 우리 젊은이들의 요구에 응한 것에 대해 우리가 선물을 드리겠소...

이제 모든 파이아키아 무용수(舞踊手)들이여, 발놀림과 춤과 노래 경연(競演)을 시작하도록 하라...."[289]

왕의 명령에 따라 데모도코스(Demodocus) 수금(竪琴)을 중앙에 갖다 놓고...젊은이들이 놀라운 스텝들을 펼치니 오디세우스의 입에서는 감탄이 절로 나왔다.[298]

서곡(序曲)이 펼쳐져 그 데모도도코스(Demodocus)는, **헤파이스토스 저택에서 그들이 처음 몰래 펼쳤던 '아레스와 아프로디테 사랑' 노래**(The Love of Ares and Aphrodite...how the two had first made love in Hephaestus' mansion)를 시작했다.

-아무도 모르게 아레스는 아프로디테에게 선물을 주었고 헤파이스토스 결혼 침상에 함께 눕기로 약속을 받았다. 하지만 그들의 낌새를 미리 알아낸 헬리오스(Helios)가 그 사실을 헤파이스토스에게 먼저 알렸다. 그 말을 듣고 화가 난 헤파이스토스는 복수심에...아무도 벗어날 수 없는 올가미를...거미줄처럼 펼쳐 놓고는...자신은 램노스(Lamnos) 도시로 떠나는 척을 했다...그것을 몰랐던 아

레스는 헤파이스토스 저택으로 들어가 아프로디테의 손을 끌며 '어서 오시오. 당신의 남편은 렘노스(Lemnos)로 가서 거친 신티안(Sintian) 친구들과 어울리고 있을 거요.' 그렇게 아레스와 아프로디테가 함께 즐기려 그 침상으로 가 누웠더니 이미 장치해 둔 그 올가미가 내려 그들을 덮어 씌웠다...그러자 헤파이스토스는 모든 신들을 향해 큰 소리로 외쳤다. '아버지 제우스와 모든 신들이여. 여기를 좀 보시오. 모두가 다 웃을 장면입니다. 아프로디테가 나를 절름발이라고 항상 무시하더니, 저 독한 아레스와 바람이 났습니다...' 헤파이스토스가 그렇게 고래고래 떠들자. 모든 신들이 달려 왔다. 포세이돈 헤르메스 아폴로도 왔다. 신들은 먼저 올가미를 만든 헤파이스토스 솜씨에 놀랐고, 다른 한편 그들 이웃들[아레스와 아프로디테]을 보고 웃었다. '간통(姦通)을 했으면 벌금을 내야 합니다.'...

아폴로가 헤르메스(Hermes)에게 말했다. '헤르메스여. 저렇게 올가미에 감겨서 여러 신들의 구경거리가 된다면, 그대는 저 아프로디테와 함께 침상에 눕고 싶겠소?'

이에 헤르메스가 답했다.

'그 올가미 사슬을 3배나 더하고 남신과 여신들까지 모두 와서 보고 있다고 해도, 나와 황금의 아프로디테와의 사랑이라면 어찌 그것을 내가 마다하겠습니까!'[384]

그렇게 대답을 하자 신들 사이에 웃음보따리들이 터져 나왔다. 포세이돈(Poseidon)은 웃지 않고 있다가...헤파이스토스에게 '풀어줘라.'라고 권유하여......그 올가미가 풀리니...아레스는 트라케(Thrace)로 갔고...아프로디테는 키프로스(Cypros) 섬 파포스(Paphos)로 도망을 쳤다...[410]-

그 유명한 '수금(竪琴) 시인의 노래'에 오디세우스와 섬사람들이 모두 즐겁게 되었다.

그 다음 알키노오스 왕은 할리오스(Halius)와 라오다마스(Laodamas)에게 춤을 추게 했으니, 그들은 장인(匠人) 폴리보스(Polybus)가 만들어 준 빛나는 푸른 공을 한 사람이 손에 잡아 구름 사이로 던지면 다른 사람은 그 발이 땅에 닿기 전에 그 공을 잡아들며...춤을 추었다...[424]

오디세우스가 감동을 하여 소리쳤다.

"알키노오스 왕이시여,..파이아키아 무용수들은 정말 최고입니다..."[429]

알키노오스 왕이 주위 사람들에게 말했다.

"파이아키아 왕과 장군들이여...이 손님은 각별(恪別)한 분이시니...각자 외투와 셔츠 한 벌씩과 금괴(金塊) 하나씩을 마련해 오시오....'넓은 바다(Broadsea)[人名]'도 선물을 준비하도록 하시오..."[443]

해가 졌으므로 전령이 선물들을 모아 궁정으로 가져 와...상자에 담고...오디세우스는 목욕을 마치고...알키노오스(Alcinous) 왕의 곁자리에 앉았다.[527]

사람들이 술과 식사를 마치고 나니 전령은, 모든 사람들의 칭송을 받는 데모도코스(Demodocus) 시인을 잔치 중앙 의자에 앉혔다. 기민(機敏)한 오디세우스가 '허리 고기'를 베어 전령에게 주며 말했다.

"전령이여. 이것을 저 데모도코스(Demodocus)에게 가져다주며, '**고통(suffering)이 무엇인지 아는 사람**'의 따뜻한 배려라고 전해 주시오..."[540]

전령이 데모도코스(Demodocus)에게 고깃덩이를 전하니 그는 그것을 받고 기쁨에 넘쳤다...오디세우스가 다시 그 '시인'을 칭송해 말했다.

"나는 세상에서 **제우스의 딸 뮤즈와 아폴로가 가르친 당신[시인]을 가장 존경합니다**....그대는 아카이아 사람들(Achaeans)의 고통과 운명을 노래합니다...이제 장면을 바꾸어 **아테나(Athena)의 도움으로 에페오스(Epeus)가 만든 그 '목마(木馬, the wooden horse)'를 오디세우스가 토로이(Troy) 성으로 몰고 갔던 그 장면**을 한번 노래해 들려주시오...."[557]

뮤즈의 충동을 받은 시인은, 그 찬란한 핵심 구절을 노래하기 시작했다.

-**아카이아 주력(主力) 부대**'는, 그들의 캠프를 불사르고 찌걱대는 배를 저어 고향으로 출발했으나, 그에 앞서 유명한 오디세우스 남자들은 그 목마(木馬) 속에 몸들을 숨기고 기다리고 있었습니다. 트로이 사람들은 그 목마를

이끌고 성(城)안으로 들여다 세워 놓고 '걱정'을 하며 회의를 시작하였습니다. 그래서 그들은 그 목마 곁에서 서로 의견 충돌을 보이며 날이 저물 때까지 '토론'을 계속했습니다. 3 가지 방향으로 의견이 나뉘었으니 그 중 하나는 무자비한 청동으로 그 목마의 천장을 잘라 열어보자는 것이었고, 다른 하나는 목마를 높은 낭떠러지로 이끌고 던져 버리자는 것이었고, 나머지 하나는 신들을 달래기 위한 영광스런 공물(供物)이니 그냥 세워두자는 것이었습니다. 트로이 사람들은 그 마지막 안(案)으로 결정을 보았습니다. 이로써 트로이로서는 그 도시가 멸망할 운수였니, 트로이 성곽 안으로 들어온 그 괴물의 목마(木馬) 속에는 아르기베 제일급 장군들이 살상 전을 펼쳐 그 트로이를 꺾으려고 기다리고 있었습니다. 마침내 그 아카이아 병사들은 그 목마(木馬)의 옆구리를 트고 쏟아져 나와 그 트로이를 약탈 파괴하였고, 신과 같은 오디세우스는 완강한 그 메넬라오스와 함께 데이포보스(Deiphobus) 집으로 바로 돌진을 했습니다- 라고 노래하며 그 오디세우스가 어떻게 '생에 최악(最惡)의 전투'를 수행하며 최후까지 용감하게 싸워 결국은 완벽한 승리를 차지했고, 그 오디세우스가 '아테나 여신의 초인적 권능'에 어떻게 감사했는 지를 시인은 소상하게 노래를 했다. (where the main Achaean force, setting their camps afire, had boarded the oarswept ships and sailed for home but famed Odysseus' men already crouched in hiding -in the heart of Troy's assembly -dark in that horse the Trojan dragged themselves to the city heights. Now it stood there, looming...and round its bulk the Trojans sat debating, clashing, days on end. Three plans split their ranks: either to hack open the hollow vault with ruthless bonze or haul it up to highest ridge and pitch it down the cliffs or **let it stand-a glorious offering made to pacify the gods**-and that, that final plan, was bound to win the day. For Troy was fated to perish once the city lodged inside her walls **the monstrous wooden horse where the prime of Argive power lay in wait with death and slaughter bearing**

down on Troy. And he sang how troops of Achaeans broke from cover, streaming out of the horse's hollow flanks to plunder Troy-he sang how Odysseus marched right up to Deiphobus' house like the god of war on attack with diehard Menelaus. There he sang Odysseus fought the grimmest fight he had ever braved he won through at last, thanks to Athena's super-human power.)[564]

이것이 그 유명한 시인 데모도코스(Demodocus)의 노래였다. 그 노래에 '위대한 오디세우스의 눈'에 눈물이 그의 두 볼을 적셨다. 그 때 '트로이 여인들'은 그 도시를 지키려고 싸우다가 쓰러져 죽어가는 사랑하는 남편을 안고 울었었다. 하지만 정복자들은 바로 그녀의 등과 어깨를 창 자루로 쥐어박으며, 모두 족쇄를 채워 끌고 갔었다...

오디세우스의 눈에서는 눈물이 쏟아졌으나 다른 사람은 보질 못 하고...알키노오스(Alcinous) 왕이 그것을 알고 말했다.

"파이아키아(Phaeacia)의 왕들과 장군들은 내 말을 들으시오...이제 저 데모도코스(Demodocus)의 노래를 그만 멈추도록 합시다. 그의 노래가 우리 모두를 즐겁게 하지는 않는 것 같습니다...**우리 손님은 지금 눈물 흘리고 슬픔에 떨며 몸을 제대로 가누질 못 하고 있습니다...**

친구여. 이제 더 이상 속이지 말고 털어놓으시오...우선 이름부터 말하시오. 세상에 이름이 없는 사람은 없소...그대의 나라와 백성과 도시(都市)도 말을 해주시오...그래야 우리가 그곳으로 실어다 줄 것이오...[620]...그리고 아르기베들의 운명과 트로이 몰락 이야기를 듣고 왜 그토록 슬퍼했는지도 말씀해 주세요...[637]...혹시 당신의 친척이 그 트로이 성 앞에서 사망을 했습니까?..."[51]

---

51) Homer(Translated by Robert Fagles), *The Odyssey*, Viking Books, 1996, pp 191~210 'Book Eight : A Day for Songs and Contests'

'오디세우스가 원반을 잡다.(Odysseus seized a discus.)'

'데모도코스가 트로이 목마를 노래했다.(Demodocus sang of Trojan wooden horse.)'

(a) 이 '오디세이(*The Odyssey*)' '제8책'에 제시된 바는 '호머(Homer)가 얼마나 자기의 재능 믿고 솜씨 자랑을 하고 있는지'를 모두 공개를 하고 있는 경우이다.

(b) 이 '오디세이(*The Odyssey*)' '제8책'에 우선 주목을 인물은 오디세우스(Odysseus)와 **'낭송시인(bard) 데모도코스(Demodocus)'**이다. 세상에 '**트로이 전쟁(Trojan War)**'에 '**트로이 목마(Trojan wooden horse)**' 이야기를 공개한 '호머(Homer) 수법(手法)의 공교함'이 그것이다.

(c) 호머(Homer)는 오디세우스 입을 빌어 '뮤즈와 시인'을 칭송하며 자기 만든

412

인물 오디세우스를 그 감상자 자리에 앉혀놓고, '세상 사람들을 향해 자기 재주자랑'을 마음껏 펼쳤으니, 여기에 '호머(Homer)의 자기 자랑' '자기소개'는 온전하게 효과를 거두어 '<u>호머(Homer)를 온 세상 시인들의 할아버지</u>'로 그를 받드는데 유감이 없게 했다.

(d) 호머는 '뮤즈'와 '시인'과 '청취재오디세우스]' 속에 자신이 모두 개입하여, '누천년의 세상의 청취재감상재들'을 마음대로 홀로 주물렀으니, 이 호머(Homer)의 방법은 이미 '마하바라타(*The Mahabharata*)'의 전달자 가수 시인 바이삼파야나(Vaisampayana)를 변용한 것이나. 호머(Homer)는 거기에 '<u>시인 자신의 자랑</u>'까지 추가를 해서 사실상 '<u>세계 모든 작가 시인들의 시조(始祖) 모습</u>'을 제대로 보여 준 셈이다.

(e) 이것은 부수적인 이야기이나, 중국(中國) 진수(陳壽, 223~297)가 지은 '삼국지(三國志)' '제갈양(諸葛亮)전'에 나오는 '목우유마(木牛流馬)'는, 호머(Homer) '오디세이' 제8책에 명시된 '<u>에페오스(Epeus)가 만든 '목마(木馬, the wooden horse)</u>'의 변용임을 추수자(鈇杉弖)는 이에 명백하게 말해 둔다. 앞서 포콕(E. Pococke)은 그의 '희랍 속의 인도' 부록 12 '<u>마하반소(Maha-wanso) 서문</u>' 제시된 '율리시스(Ulysses, 오디세우스)'와 키르케(Circe) 이야기[10책]'가, 기원전 307년에 인도양(印度洋) 실론 섬에 '오디세우스 영웅담'으로 이미 전해져 있다는 그 점이 그것을 명시하고 있다.

그 진수(陳壽)의 '삼국지(三國志)'가 중국인의 '제갈양(諸葛亮) 영웅화'의 '제1호 문건'이니, 진수(陳壽)는 '사실상 제작 불능의 목우유마(木牛流馬) 제작자가 제갈양'이라고 처음 주장했던 것은, 이후에 나타난 '나관중의 제갈양(諸葛亮) 신비화'에 훨씬 앞서 행해진 것이다.

(f) 인간들의 '<u>신비주의 용납</u>'에는, 모두 '<u>각자의 자기도취(自己 陶醉)가 그 근본에 작동하고 있다.</u>'는 간단한 사실을 입증하고 있다.

제9책 외눈박이 거인의 동굴에서

위대한 이야기 꾼(the great teller of tales) 오디세우스(Odysseus)가 이야기를 시작했다. "알키노오스(Alcinous) 왕이시여.......<u>저의 이름은...라에르테스</u>

(Laertes)의 아들 오디세우스(Odysseus)입니다...이타카(Ithaca)가 저의 고향입니다...[23]

여신(女神) 칼립소(Calyso)가 나를 붙들어 두려 했었고....역시 아이아이아(Aeaea) 여왕(女王) 키르케(Circe)가 나에게 '마술'을 걸었으나...**어느 누구도 내 고향, 내 부모만은 못 했습니다**...[41]

이제 제가 트로이를 출발하여, '고향으로 가는 길'에 제우스께서 나에게 부과(附課)했던 고통들을 다 말씀드리겠습니다...[44]...바람이 나를 트로이에서 키코네스(Cicones)가 지키고 있는 이스마로스(Ismarus)로 데리고 갔습니다. 나는 그 도시를 공격하여 남자들을 죽이고...약탈을 했습니다...[49]...하지만 키코네스(Cicones)는 다른 키코네스(Cicones)를 불러 대항해 왔으므로...우리는 도망을 쳐서...내가...말레아(Malea) 갑(岬, cape)에 이르렀을 때에 북풍이 다시 나의 항로를 이탈하여 키테라(Cythera)를 지나...9일 동안 모진 바람에 시달리다가 10일 만에 '로터스(Lotus)를 먹는 사람들의 땅'에 도착을 했습니다.[96]

우리 선원(船員) 중에 그 로터스(Lotus)를 얻어먹었던 사람들은...고향 갈 생각을 망각하여...나는 억지로 그들을 배에 싣고 다시 출발을 했습니다...[108]

우리가 항해를 계속하여....**키 크고 억센 키클롭스(Cyclops) 땅에 도착했습니다**. 키클롭스(Cyclops)는 법을 모르는 야만인이나, 불사(不死)의 신들을 신앙하고, 스스로 경작(耕作)은 하지는 않았습니다....[127]

우리는 그 키클롭스(Cyclops) 해안(海岸)과 가까운 섬에 우리 배를 정박시켰는데, 그 섬에는 야생 염소가 자생(自生)하여 수 백 마리 떼를 이루었지만...키클롭스(Cyclops)에게는 배가 없었습니다....

우리는...아침이 오자 그 염소 사냥을 시작하여....그 때 나는 12척의 배를 거느리고 있었는데 각 선박에 9마리 염소를 제공하고 나 혼자는 10마리 염소를 차지했습니다. 그리하여 하루 종일 술과 고기로 잔치를 했습니다.[180]

해가 지고 다시 새벽이 와서 내가 회의를 소집해 놓고 말했습니다.

414

"너희들은 여기에서 대기(待機)를 하라. 나는 내 배와 선원들과 함께 건너가 저들[키클롭스(Cyclops)]이 어떤 놈들인지 알아 봐야겠다."[196]

우리가 배를 저어 건너가 그 해안가에 다가가 보니, 물결 위로 높은 동굴이 하나 보였습니다. 월계수가 욱어져 있고, 양과 염소들의 거대한 외양간 담장이 땅에 박힌 둥근 돌과 소나무와 참나무로 만들어져 있었는데, 거기가 그 거인(巨人)의 잠자리였습니다.

그 거인은 넓은 들에 양떼를 먹이며, 다른 사람들과 어울리지 않았습니다. **그 괴물은 빵을 먹고 사는 인간과는 완전히 다른, 털이 난 산봉우리 그 머리와 어깨가 산을 이루고 있는 존재였습니다.**(Here was a piece of work, by god, a monster built like no mortal who ever supped on bread, no, like a shaggy peak, I'd say, a man-mountain rearing head and shoulders over the world.)[214]

나는 나머지 선원들은 우리 배를 지키게 놔두고, 용감한 전사(戰士) 12명을 뽑고, **아폴로의 사제(司祭) 에우안테스(Euanthes)의 아들 이스마로스(Isma-rus) 왕 마론(Maron)이 내게 준 맛 좋은 술**을 담은 가죽 부대를 챙겼습니다...[228]

우리가 그의 동굴에 도착하니, 키클롭스(Cyclops)는 가축들을 이끌고 초원에 나가고 없었습니다. 우리가 동굴 안을 살펴보니 널따란 접시에는 말린 치즈가 쌓여 있고 새끼 양들이 있었습니다....[251]

처음부터 동료들은 나를 압박하여 호소했습니다.

"치즈만 가지고 그냥 돌아갑시다. 양의 우리에서 새끼들이나 배로 빼돌려 어서 떠나도록 합시다!"[254]

하지만 나는 그 키클롭스(Cyclops)를 만나 그가 제공할 선물을 확인하기 전에는 포기를 할 수 없었습니다. 그런데 그 키클롭스(Cyclops)는 역시 우리 동료에게 '좋은 모습'을 보이지는 않았습니다.[259]...우리는 그가 돌아오기를 기다리며 불을 피우고 앉아 치즈를 먼저 신들에게 바치고 먹었습니다... 날이 저물 무렵 키클롭스(Cyclops)는 초원에서 가축 떼를 몰고 거대한 통나무들을 가지고 돌아왔는데, 그가 그의 짐을 동굴 안에 내려놓는 굉음(轟音)으로 우리 모두는 공포에 휩싸였습니다. 그 다음 그는 가축들을 굴속으로 몰아넣고, 수컷들은 밖 외양간에 그냥 놔두고, **그가 문을 닫는데 그는 '수레 22대에 실어야 할 거대한 둥근 돌'을 머리 위로 들어 올리더니, 그 돌로 그의 동굴 입구를 막았습니다!**[275]

그런 다음 그는 양들의 젖을 짜고...치즈를 만들고...저녁 준비를 마친 다음 그가 불을 켰는데, 그제야 그 키클롭스(Cyclops)는 우리를 알아보고 천둥이 울리듯 말했습니다.

"이방인들(異邦人)이로구나! 어디서 온 누구냐?...."[287]

크고 무서운 목소리에 혼이 다 나갈 지경이었습니다.

하지만 나는 분명하게 말했습니다.

"우리는 트로이에 묶여 있던 아카이아(Achaea) 남자들입니다. 바람 때문에 항로를 이탈하여 이리 오게 되었습니다...우리가 당신에게 온 것은 아마 제우스의 계획이실 겁니다. 우리는 아가멤논(Agamemnon)의 아트리데스(Atrides)임을 항상 즐겁게 말합니다....환영해 주시기를 바랍니다..."[305]

키클롭스(Cyclops)는 야만스런 생각에 불평을 늘어놓았습니다.

"이방인아. 내 앞에서 신(神)의 진노(震怒)를 무서워하라는 걸 보니, 너희는 바보가 틀림없다. 우리 키클롭스(Cyclops)는 제우스신에게도 눈도 깜짝하지 않으니, 우리는 그보다 더욱 큰 권능(權能)을 지니고 있기 때문이다...너희는 배를 어디에 두었느냐? 나는 우선 그것부터 알고 싶다."[316]

그가 그렇게 우리를 향해 그물을 던졌으나, 내가 그의 계략을 따를 수는 없었습니다.

"우리 배 말입니까? 포세이돈(Posedon)이 우리 배를 다 가져가 버렸습니다...우리는 살려고 도망쳐 왔습니다."[322]

다른 말도 없이 그 무정한 짐승은, 그의 손으로 우리 선원 두 사람을 움켜잡더

416

니 그들을 들어 올려 땅 바닥에 패대기를 쳐....사자(獅子)처럼 그들을 남김없이 다 먹어치웠습니다.[330]...우리는 제우스를 향하여 두 손을 올리고 큰 소리로 울며 기도했습니다. 사람 고기를 먹은 키클롭스(Cyclops)는 우유를 마신 다음 그 가축들 사이에 뻐드러져 잠들었습니다.[335]

그래서 나는....엉덩이에 칼을 뽑아...그놈의 가슴팍을 찌르려 했으나...그러면 동굴을 막고 있는 그 큰 돌덩이를 어찌 할 것입니까? 우리는 신음을 하며 아침을 기다렸습니다.[343]...

아침이 오자 그 괴물은 불을 피우고...두 명의 선원을 다시 잡아 아침 식사를 마친 다음 살진 양들을 동굴 밖으로 몰고 나간 다음... 그 무거운 돌덩이를 가볍게 들어 올려 동굴 입구를 막아 놓고 가축들을 산으로 몰고 갔습니다...

나는 복수심에 불탔습니다.[354]....그 동굴 안에는 올리브나무가 있었는데...20명이 노 젓는 배에 돛대가 될 만한 크기였습니다...나는 그것을 1패텀(fathom, 1m 86cm) 길이로 잘라...몽둥이 끝을 뾰쪽하게 만든 다음...불 속에서 단단하게 만들었습니다. 그리고...동굴 바닥에 쌓여 있는 똥 속에 그 몽둥이를 감추어 두었습니다.[369]...나는 친구들 중에 4명을 제비로 선발하여, 나를 포함해 5명을 만들었습니다...저녁이 되자 그 거인이 돌아와 가축을 동굴 속으로 몰아넣고...거대한 돌로 입구를 막은 다음...다시 두 사람을 잡아들어 식사를 했습니다.[384]...

그러나 나는 나무 그릇에 나의 **맛 좋은 술**을 부어 바치며 그 키클롭스(Cyclops)가 맘에 들게 말했습니다.

"키클롭스(Cyclops)여. 이 술을 들어 한번 맛을 보십시오!...이 신주(神酒)를 드시고 우리를 불쌍하게 생각하시어 우리를 고향으로 보내주십시오...."[394]

그가 술그릇을 잡고 다 마시고 기분이 좋아져, 즉시 두 번째 잔을 요구하며 말했습니다.

"정말 맛이 좋구나! 어서 너의 이름을 말하라! 나의 손님에게 따뜻한 선물을 주어야겠다. 우리 키클롭스(Cyclops) 땅에도 제우스가 비를 내려서 술이 있지만...**이런 술은 하늘이 내리신 넥타르(nectar, 甘露水)이고, 암브로시아(am-brosia, 不死藥)이다.**"[403]

나에게 세 번을 청하여 남김없이 마신 그 바보는 머리가 빙글 돌아 있을 적에, 나는 그에게 다가가 다시 따뜻하게 말했습니다.

"키클롭스(Cyclops)여. 내 이름을 물었나요? 내가 이름을 말할 터이니 선물을 꼭 주셔야 합니다. 나는 '개똥이(Nobody)'라고 합니다. 아버지 어머니 친구들이 나를 다 '개똥이(Nobody)'라 부릅니다."[411]

그는 말했습니다.

"'개똥이(Nobody)'라고? 나는 '개똥이(Nobody)'를 가장 나중에 잡아먹겠다. 그것이 내가 너에게 줄 선물이다."[414]

그렇게 말하고 그는 쓰러져 잠이 들었습니다...그래서 나는 그 올리브 몽둥이를 불에서 끄집어내어...괴물의 거대한 눈 속으로 찔러 넣고 조선공(造船工)이 구멍을 뚫듯이 ....계속 돌려댔습니다....그래서 키클롭스(Cyclops)의 눈은 그 몽둥이 주변이 지글지글 끓기 시작했습니다.[441]

키클롭스(Cyclops)가 무섭게 고함을 지르니, 암벽에 메아리쳐 우리는 놀라 일단 물러섰습니다. 괴물이 그의 눈에서 그 몽둥이를 뽑아 던지고 동굴 밖으로 나가...큰 함성을 질러 주변 동굴에 살고 있는 키클롭스(Cyclops)들을 불렀습니다... 그 함성을 듣고 달려온 다른 키클롭스(Cyclops)들이 그에게 말했습니다.[449]

"**무슨 일이요? 폴리페모스(Polyphemus)여. 신성한 밤에 우리의 잠을 설치게 하시오?....**"[453]

폴리페모스(Polyphemus)가 동굴로 돌아와 말했습니다.

"'개똥이(Nobody)'라는 놈이, 힘 아닌 간계(奸計)로 나를 죽이려 했습니다!"

그의 친구들이 큰 소리로 말했습니다.

"그대가 혼자 살고 있지만, 어느 누구도 그대를 제압할 수는 없소. 틀림없이 제우스께서 역병(疫病)을 보낸 것이니, 도망칠 수도 없소. 어서 포세이돈

(Poseidon)께 기도나 해 보시오."[460]

친구들이 돌아가자 **폴리페모스(Poyphemus)**는 동굴 입구를 더듬어 거대한 돌을 치우고 입구에 자신이 팔을 벌리고 걸터앉았습니다. 양과 함께 도망치는 우리를 잡으려는 것이었습니다.[468] 하지만 나는 벌써 계획을 세워 놓았습니다....나는 잘 먹인 양 3마리를 버들가지로 묶었고, 그 가운데 양에다 동료들을 먼저 매달아 차례로 동굴 밖으로 내 보내고...나는 가장 나중에 털이 많이 욱어 진 양의 털을 잡고 밖으로 나왔습니다...[487]

아침이 되자....우리는 훌륭한 양들을 이끌고 우리 배로 도망을 쳤습니다.[521] 그리고....우리의 고함이 그 키클롭스에게 들릴 만 한 거리로 우리 배를 몰고 나가, 나는 말로 그 키클롭스(Cyclops)를 도발시켰습니다.

"이 키클롭스 놈아. 네가 그 더러운 동굴에서 잡아먹었던 선원들은, 겁쟁이 가 아니다. 너는 오직 네 놈의 힘만 믿고, 찾아온 손님들을 잡아먹는 그 더러 운 행동을 부끄러워 할 줄도 모르니, 제우스와 신들이 네게 합당한 벌을 내리 신 것이다!"[536]

이 말은 그 괴물을 굉장히 화나게 만들어, 그 괴물은 **우뚝 솟은 바위산을 뜯어내어, 그것을 들어 올리더니 우리를 향해 그 바위를 던져 바로 우리 뱃머 리 앞 바다에 떨어지니, 넓은 바다에서 되돌아오는 거대한 파도가 일었습니 다.**(That made the rage of the monster boil over. Ripping off the peak of a towering crag, he heaved it so hard the boulder landed just in front of our dark prow and a huge swell reared up as the rock went plunging under a tidal wave from the open sea.) 갑자기 일어난 그 큰 파도에 우리는 다시 해안 쪽으로 밀렸습니다. 하지만 나는 장대로 배를 밀어내며...선원들에게 노들을 다시 잡게 했습니다.[545]...우리가 파도를 헤치고 더 멀리 갔을 적에 내가 다시 그 키클롭스 도발을 시작하니, 주위 사람들은 다 나를 말렸습니다. "무엇 때문에 고집을 부려, 저 짐승을 다시 짜증나게 약을 올리려는 겁니까? 또 한 번 그가 돌을 바다에 던져 우리 배가 해안가로 밀려가면 우리는 다 죽습니다!.....**저 놈에게도 신께서 힘을 주신 겁니다!**"[556]

부하들은 나에게 애걸을 했으나, 나는 또 다시 나의 분통을 터뜨렸습니다.

"**키클롭스야. 누가 혹시 네게 -너를 장님으로 만든 자가 누구냐?-고 묻거든, 이타카(Ithaca)에 사는 라에르테스(Laertes)의 아들, 도시의 약탈자, 오디세우스(Odysseus)가 네 눈을 망가뜨렸다고 꼭 말을 하라!**(Cyclops -if any man on the face of the earth should ask you who blinded you, shame you so- say Odysseus, raider of cities, he gouged out your eye, Laertes' son who makes his home in Ithaca!)"[562]

내가 그렇게 외치자, 키클롭스는 고통스럽게 말했습니다.

"아. 아니야. 아니야. 몇 년 전에 에우리모스(Eurymus)의 아들, 예언의 명수(名手), 그 키가 큰 텔레모스(Telemus)가 내게 말했어...오디세우스(Odysseus)란 자에게, 내가 장님이 될 것이라고 이미 예언을 했었어..."[578]

선원들이 계속 노를 저어, 우리는 거기에서 더욱 멀리 도망쳐 나왔습니다.[52]

'키클롭스 폴리페모스(Cyclops Polyphemus)'

---

52) Homer(Translated by Robert Fagles), *The Odyssey*, Viking Books, 1996, pp 211~229
   'Book Nine : In the One-Eyed Giant's Cave'

'키클롭스 폴리페모스(Cyclops Polyphemus)'

—→

(a) 호머(Homer)는 이 '오디세이(*The Odyssey*)' '제9책'에서, 자신이 '**마하바라타(*The Mahabharata*) 절대주의 크리슈나(Krishna) 교에 반대하는, 제우스 교의 현세주의 계관(桂冠) 시인**'임을 명백히 밝히고 있다.

(b) 우선 호머(Homer)가 '마하바라타(*The Mahabharata*)' 등 '종교적 경전(經典) 서술 자'와 크게 구분이 되고 있는 점은, 무엇보다 '시인 자신의 자기도취(自己陶醉, narcissism)감'을 억제하지 못 하고 있다는 점이다.

(c) 앞서 밝혀 왔듯이, **호머(Homer)는 '제우스' '아테나' '포세이돈' 등 제 신격(神格) 무시(無時)로 출입하며 호머 자신의 '전지적(全知的) 능력'을 과시했다.**[호머=제우스, 호머=아테나, 호머=포세이돈, '호머=뮤즈' '호머=장님 시인' '호머=오디세우스' '위대한 이야기꾼=오디세우스=호머']
그런데 이 '오디세이(*The Odyssey*)' '제9책'에 이르러 '**키클롭스(Cyclops) 폴리페모스(Polyphemus)에 대항자[반대자]=오디세우스=호머**'임을 더욱 명백하게 하였다.

(d) 호머의 '오디세이(*The Odyssey*)' '제9책'에 나타난 '**키클롭스(Cyclops) 폴리페모스(Polyphemus)**'란 한 마디로 '**마하바라타(*The Mahabharata*)에 비슈누(Vishnu) 신의 화신 크리슈나(Krishna)를 희화(戲畵)한 존재임**'을 추수자(秋收子)는 이에 확실하게 밝혀둔다.

(e) 힌두(Hindu)의 최고 신[영웅] 크리슈나(Krishna)의 가장 유명한 다음과 같은 이야기가 있다.

((고바르다나(Govardhana) 산을 우산으로 삼다: 인드라(Indra)는 비의 신이다. 암바디(Ambadi) 사람들은 비를 오게 하려고 인드라의 호의를 사기 위해 기우제(Yajna)를 행했다. 크리슈나는 그것에 반대를 해서, 고바르다나(Govardhana) 산은 암바디(Ambadi) 사람들의 가신(家神)의 소유이니, 그것으로 그 산의 숭배가 된 것이라고 했다. 그래서 암바디(Ambadi) 사람들은 인드라에게 드린 기우제를 고바르다나(Govardhana)로 돌렸다. 그것에 화가 난 인드라는 암바디(Ambadi)에다가 엄청난 비를 쏟아 부었다. 이에 크리슈나는 고바르다나(Govardhana) 산을 우산처럼 뽑아들어(uprooted and held) 사람들이 폭우 피해를 막았고, 사람들은 그 아래 모여 은신을 했다. 그 비는 일주일이 지나도 그치지 않았다. 그러나 크리슈나의 도움으로 사람들은 어려움이 없었다. 게임에서 진 인드라는 크리슈나를 찬양했다. 신들의 암소인 데 바수라비(Devasurabhi)는 크리슈나를 찾아와 인사를 했고, 고팔라들의 인드라로 크리슈나에게 성유(聖油)를 발라주었다. 신들은 크리슈나를 '고빈다(Govinda, 소들을 지키는 자)'로 불렀다.[53]))

'크리슈나가 고바르다나 산을 들어 올리다.'[54] '크리슈나가 고바르다나(Govardhana) 산을 그 우산으로 뽑아들다.'[55]

53) Vettam Mani, *Puranic Encyclopaedia -A Comprehensive Work with Special Reference to the Epic and Puranic Literature*, Motilal Banarsidass Publishers Delhi, 1975, 'Krsna Ⅰ' p. 423

54) V. Roveda, *Khmer Mythology*, Bangkok River Books, 1997, plate 53. 'Krishna lifting Mount Govardhana'

55) E. Isacco, *Krishna The Divine Lover*, Serindia Publications, London, 1982, pp. 51, 145 'Krishna lifting Mount Govardhana'

'크리슈나'[56) '크리슈나 피리 소리를 듣는 암소들'[57)

(f) 호머가 '일리아드(*The Iliad*)' '오디세이(*The Odyssey*)' 서술 방식이 힌두 (Hindu)의 '마하바라타(*The Mahabharata*)'에서 벗어난 것이 거의 없지만, '표가 나게 차별화를 행하고 있는 바가 '**마하바라타**(*The Mahabharata*)'의 '**육체 무시 영혼 존중' '절대주의'에 반대하고, '오디세우스 중심의 육체존 중 현세중시'로 대항을 했던** 점이었다.

(g) 그리고 '사람 잡아 먹는 악귀 락샤사(Rakshasa)-히딤바(Hidimva) 이야기' 도 바로 '마하바라타(*The Mahabharata*)'에 유명한 이야기이니[58) 호머 (Homer)는 힌두의 이야기로 '힌두이즘'을 공격한 것이다.

(h) 유독 '**외눈박이 키클롭스(Cyclops)'란 '이승[현세]'을 무시한 '천국(天國)제 일주의' '일방주의(monism)'['지존(至尊)의 노래(Bhagavat Gita)']를 조롱 한 것인데**, 특히 '계몽주의(Enlightenment)' 이후, **F. 니체(Nietzsche)의 '현대' 즉 '다다 혁명 운동' 이후에는 다 '동시주의(Simultaneism, dual-ism)' '현세주의(Secularism)'를 긍정하여, '최초로 호머(Homer)가 선택**

---

56) P. Thomas, *Epics, Myths and Legends of India*, Bombay, 1980, Plate 44 'Krishna'

57) P. Thomas, *Epics, Myths and Legends of India*, Bombay, 1980, Plate 65 'Cows listening to Krishna's flute'

58) K. M. Ganguli (Translated into English Prose from the Original Sanskrit Text), *The Mahabharata of Krishna-Dwaipayana Vyasa*, Munshiram Manoharlal Publisher Pvt. Ltd. New Delhi, 2000, -**Adi Parva**- pp. 317~324

제10책 마법을 거는 키르케(Circe) 여왕

그 다음에 우리들의 선박들은 아이올로스(Aeolus) 궁이 있는 아이올리아의 (Aeolian) 섬에 도착했습니다. 신들의 사랑을 받은 힙포타스(Hippotas)의 아들 아이올로스(Aeolus)는 바다에서 하늘로 솟은 청동과 바위로 이루어진 성벽을 지닌, '거대한 떠 있는 섬(a great floating island)'에 살고 있었습니다.

그 아이올로스(Aeolus) 왕은 12명의 자녀를 두었는데 6명의 아들에게 6명의 딸을 결혼 시킨 상태였습니다. 자녀들은 부모를 모시고 맛있고 풍성한 음식을 차려놓고 잔치만 하고 있었습니다...[12]

우리가 빛나는 그 궁전에 도착하니 아이올로스(Aeolus) 왕은 1개월 동안 우리를 환대하며 트로이 소식과 아르기베(Argive) 함선들의 귀향 소식을 이야기하게 했습니다. 아이올로스(Aeolus)왕은 모든 것을 허락하고 제우스께서 허락하신 '황소 가죽 안에 사방으로 불 수 있는 바람'을 담아 그것을 내게 주었습니다...[25] 아이올로스(Aeolus) 왕은 '바람을 그 속에 넣은 포대'를 은으로 꼰 줄에 달아, 짐짝 곁에 묶어 주었습니다. 아이올로스(Aeolus) 왕은 서풍을 일으켜 우리 중대(中隊)를 출발하게 했습니다. 하지만 아이올로스(Aeolus) 왕의 계획은 결국 실패로 돌아갔습니다.[31]

우리는 9일 간 쉬지 않고 항해를 하여 10일이 되니 우리 고향 땅이 보이고 기다리는 불빛도 볼 수 있었습니다. 그런데 달콤한 잠이 내게 찾아 왔는데...나의 전우들은, 아이올로스(Aeolus) 왕이 제공한 금과 은을 나 혼자 쥐고 있다고 생각해서,

"우리 대장의 노획물 자루를 열어보자."라고 제안을 했습니다.[44]

전우들이 그 '포대'를 펼치니, 온갖 바람들이 쏟아져 나와...나는 우리 중대(中

隊)와 함께 다시 그 아이올로스(Aeolus) 섬으로 되돌아가게 되었습니다.[61]

우리는 해안가에 배를 대 놓고...그 궁전으로 찾아가 호소했으나...

"어서 이 섬을 떠나시오...**신이 무시한 사람을 돕는 것이, 바로 죄악입니다.**(It's a crime to host a man...when the blessed deathless gods despise him so.)..."[82]

우리는 다시 6일 간 계속 노를 저어 7일 만에 라이스트로고니아(Laestrogonian) 땅에 도착했는데, 라모스(Lamus) 항구에는 텔레필로스(Telepylus) 산들이 솟아 있었습니다.[90]

그곳은 밤과 낮이 서로 짧게 잇닿아 한 목동이 가축을 몰고 들어오면 다른 목동이 가축을 몰고 나가는데 잠을 자지 않은 목동은 두 배의 임금을 받습니다.[95]

우리는 두 절벽이 감싸고 있는 항구로 들어가...우리 중대(中隊)가 정박을 했으나...나는 항구 밖에다 내 배를 정박을 시켰습니다...[106] 내가 높은 곳에 올라 내려다보니, 사람과 짐승의 흔적은 보이질 않고, 연기가 솟은 것이 보였습니다. 나는...거기에 누가 살고 있는지 알아보기 위해 두 명의 전우와 한 명의 전령(傳令)을 보냈습니다.

그들은 물을 긷는 소녀를 만났는데, 라에스트리고니아족(Laestrygonians) 왕 안티파테스(Antiphates)의 딸이었습니다. 그곳 아르타키아(Artacia)는, 그곳 사람들이 물을 퍼가는 샘물이 있었습니다. 우리 동료들이 "누가 이 지역에 왕이냐?"고 그녀에게 물었더니 그 소녀는 바로 왕궁으로 인도를 했는데, '산덩이 같은 여성'이 앉아, 회의에 참석 중인 남편 안티파테스(Antiphates)를 불렀습니다. 안티파테스(Antiphates)가 돌아와 야만스런 인사를 하고 우리 동료 중 한 명을 저녁 식사용으로 잡아 찢으니, 두 명은 도망을 쳐서 함선으로 왔습니다.[128]

그러자 그 안티파테스(Antiphates)는 함성을 질러.... 무서운 거인 종족을 불러 모아...전우들을 생선 같이 꿰어 집으로 가져갔습니다. 나는 즉시 나의

배를 출발시켰으나 다른 전우들은 그곳에서 죽었고...내 배만 겨우 도망을 했습니다...[145]

우리는 다시 항해를 계속해서...아이아이아(Aeaean) 섬에 도착했습니다. 그곳은 인간의 말을 하는 마술을 거는 아름다운 님프 **키르케(Circe)** 궁이 있는 곳입니다.[150]

우리는 배를 정박시키고...2일 동안 낮과 밤을 배 안에서 쉬고, 3일째가 되어 나는 창과 칼을 챙겨 그곳을 살피려 나섰습니다...나는 살피고 돌아다니다가 '키르케(Circe)의 궁전'에서 연기가 솟고 있는 것을 보았습니다.[164]

나는 곰곰이 좋은 계획을 생각하며 '우선 배로 돌아가자'고 맘을 먹었습니다.[171]...그때 신이 나를 가엽게 생각하시어, 높은 뿔을 달고 있는 거대한 사슴을 나의 가는 길에 보냈습니다...나는 그 사슴을 잡아 배로 가져 가 말했습니다.[190]

"친구들이여, 내말을 들으시오. 우리가 고생을 하고 있지만, 아직 저승으로 갈 생각들은 없습니다....**고기와 술과 좋은 함선(艦船)이 우리에게 있으니, 우선 먹을 것부터 생각을 합시다. 여기에서 왜 우리가 굶어죽어야 하겠습니까?**"[195]

우리는 하루 종일 술과 고기로 잔치를 했습니다...[202]

그리고 다시 아침이 되어, 나는 동료 회의를 소집해 말했습니다.

"내 말을 들으시오. 우리는 지금 동서(東西)가 어디고, 해가 어디에서 떠서 어디로 지는지도 알 수 없소...우리는 계획을 세워야 합니다...내가 바위산에 올라 전체 섬을 둘러보니...숲이 욱어진 곳에서 연기가 오르고 있었습니다."[216]

내말은 바로 전우들의 마음속에 사람 잡아 먹은 안티파테스(Antiphates)왕과 키클롭스(Cyclops)를 생각나게 하여...다들 '얻을 게 없을 것'이라고 울며 내게 호소를 했습니다...[221]

나는 우리 중대(中隊)를 둘로 나누어 그 한쪽은 대장(隊長)을 내가 맡고, 다른 쪽을 에우릴로코스(Eurylochus)에게 맡겼습니다. 우리 중에 누가 먼저 출발을 할지 투구에 제비를 넣고 흔들었더니 에우릴로코스(Eurylochus) 제비가 튀어나왔습니다. 그래서 그가 22명의 대원을 이끌고 출발하였습니다....그들이 **키르케(Circe) 궁전**으로 다가가니...늑대들과 사자들이 돌아다녔으나, 키르케가 이미 약(藥)을 먹여 사람을 향한 공격은 없었습니다....그래서 그들이 궁전 대문 앞에서 멈추어 서 있었습니다.

님프 **키르케(Circe)**는 여신들이 짜는 베틀 곁에서, 자신도 베를 짜며 노래를 하고 있었습니다. 대장 폴리테스(Polites, 앞서는 '에우릴로코스(Eurylochus)'라 했음)가 명령을 내렸습니다.

"전우들이여...전(全) 궁궐이 울리도록 매혹적인 노래를 부르고 있으니, 우리가 그녀를 불러냅시다!"[250]

그리하여 그들이 그녀를 불렀더니...그녀가 나와 영접하여...대원들이 그녀를 따라갔지만 오직 에우릴로코스(Eurylochus)가 뒤에 남아 있었습니다.

키르케(Circe)는 대원들을 안내하여, 높은 등받이 의자에 앉게 한 다음, 그들이 고향 생각을 못 하도록 '프람니아(Pramnian) 술에 치즈 보리 가루 꿀 마약(wicked drugs)'을 넣었습니다. 대원들이 그 약을 마시고 나니, 그녀가 그녀의 지팡이로 대원들을 쳐서 '돼지우리'로 몰아갔습니다. 대원들은 코머 몸뚱이들이 다 꿀꿀거리는 돼지로 변했지만, 생각만은 여전히 사람 생각으로 남아 있었습니다.(She ushered them in to sit on high backed chair, then she mixed them a potion -cheese, barley and pale honey mulled in Pramnian wine-but into brew she stirred her wicked drugs to wipe from their memories any thought of home. Once they'd drained the bowls she filled, suddenly **she struck with her wand, drove them into her pigsties, all of them bristling into swine -with grunts, snouts -even their bodies, yes, and only the men's minds stayed steadfast as before**.)[265]

그렇게 만들어 놓고 키르케는 그들에게 상수리 도토리 등을 던져 주었습니다...

에우릴로코스(Eurylochus)가 급히 배로 돌아와...그 비참한 상황을 보고했습니다...[296]

나는 보고를 듣고 나서 어깨에 칼과 활을 메고 에우릴로코스(Eurylochus)에게 길을 인도하라 했습니다....그가 무서워 너무나 떨기에...그를 일단 배 안에 남겨두고, 내가 **키르케(Circe)**의 궁전으로 향했습니다.

내가 키르케 궁으로 가고 있을 적에, **수염이 돋기 시작한 젊은이 모습으로 황금 지팡이를 든 헤르메스(Hermes)가 나의 가는 길을 막았습니다.** 그러고선 헤르메스는 내 손을 잡으며 친절하게 물었습니다.

"불행한 친구여. 어딜 가고 있는가? ...그대의 전우들은 키르케(Circe) 궁중의 돼지우리에 갇혀 있소...내가 그녀의 마법을 물리칠 이 **약(藥, herb)**을 주겠소.(this magic herb I give will fight her spells.)...키르케(Circe)가 그녀의 지팡이로 치려할 적에 '그대의 엉덩이에 날카로운 칼'을 뽑아 위협을 하시오...그러면 그녀는 놀라 그대를 침상(寢床)으로 유혹을 할 것이니, 그러면 그대를 '해칠 계획을 포기하겠다.'고 신들에게 맹세를 하게 하시오. 그런 다음에 침상에 오르면 그대를 꺾지는 못 할 것이요."[334]

그렇게 말하고 헤르메스는 '**마법의 향초(magic herb)**'를 내게 주었으니...그 뿌리는 검고 우유 빛 꽃을 달고 있었습니다...그러고 나서 헤르메스는 올림포스 산으로 떠났습니다...[344]

내가 그 **키르케(Circe) 궁궐**로 가...그녀를 큰 소리로 불렀더니...문을 열고 나와 나를 안내해 들어가 은(銀)이 박힌 의자에 앉게 하였습니다....그리고 황금 잔에 약을 넣어 내게 건네주었습니다. 내가 그 술을 다 마셔도 '그녀의 마법'이 작동하지 않자, 그녀는 나를 지팡이로 치며 말했습니다.

"돼지야. 이젠 너의 친구들이 있는 너의 우리로 가야지!"

내가 나의 엉덩이에서 날카로운 칼을 뽑아 그녀에게 달려들었습니다. 그녀는 비명을 지르며 내 무릎을 잡았습니다. 그리고 눈물을 흘리며 말했습니다.[360]

428

"당신은 누구시고 어디에서 오셨습니까? ....나의 약을 마시고 마법에 걸리지 않은 사람은 아무도 없었습니다...당신은 **오디세우스(Odysseus)**임이 틀림없습니다. 헤르메스(Hermes)가 당신이 올 것이라고 내게 이미 경고를 했습니다... 우리의 신뢰를 위해, 내 침상으로 가서 사랑을 마눕시다."[382]

키르케(Circe)가 그렇게 유혹했으나, 나는 말했습니다.

"**키르케(Circe)**여 그대는 내 동료를 다 돼지로 만들어 놓고 지금 나를 침상으로 가자고 합니까?...다시는 나에게 음모(陰謀)를 꾸미지 않겠다고 먼저 맹세를 하기 전에는, 그렇게 할 수 없습니다!"[382]

그래서 키르케(Circe)는 즉시 맹세를 했고...그 다음에야 나는 침상으로 갔습니다...

키르케(Circe) 궁중에는 4명의 시녀(侍女)가 있었는데...그녀들이 나를 목욕시키고...나에게 먹을 것을 날라다 주었으나, 나는 먹지 않았습니다. 키르케(Circe)가 말했습니다.

"오디세우스여.. 왜 당신의 먹을 것에 손도 대지 않고, 말없이 앉아만 있습니까?...나는 이미 맹세를 했습니다. 더는 나를 두려워 마십시오."[421]

내가 말했습니다.

"**키르케(Circe)**여. 그대가 진실로 내가 먹고 마시기를 바란다면, 남자가 어떻게 사랑하는 전우(戰友)들을 그냥 버려두고, 자기 혼자 먹고 마시겠습니까?...."[427]

내 말을 들은 **키르케(Circe)**는, 그 지팡이를 들고 돼지우리로 가 돼지 모습을 하고 있는 남자들을 몰아내고 그들에게 '마법의 기름(magic oil)'을 발라주니, 키르케(Circe)가 걸었던 마법이 모두 풀려 전우들이 몰려와 반갑게 내 손을 잡았습니다....나는 배 안에 남아 있는 전우들도 불러왔습니다...

키르케(Circe)가 나를 유혹을 하여 나는 1년간 편하게 지내며, 고기와 술로 잔치를 했습니다...[519]

전우들이 나를 부르더니 호소했습니다.

"대장은 지금 미쳐 있습니다...**최소한 고향 갈 생각해야 합니다**..."[523]

그래서 나는 키르케(Circe) 침상(寢牀)에서 그녀의 무릎을 잡고 호소했습니다.[531]

"키르케(Circe)여. 이제 그대의 약속을 지켜, 나의 귀향(歸鄕)을 도와주시오. 내 전우들의 생각도 나와 같습니다..."[535]

내가 그렇게 말하자, **키르케(Circe)**는 말했습니다.

"라에르테스(Laertes)의 아들 오디세우스여. 당신의 뜻대로 떠나도록 하세요, 하지만 또 하나의 여행이 당신을 기다리고 있습니다. 당신은 페르세포네(Persephone)의 '사자(死者)의 집(the House of Death)'으로 가 테베(Thebes)의 예언가 티레시아스(Tiresias) 혼백과 꼭 의논을 해야 합니다...[545]"

그 말에 나는 말했습니다.

"키르케(Circe)여. 누가 우리의 여행길을 안내할 겁니까? 사자(死者)의 집에 갔다가 다시 돌아온 자가 누구입니까?"[552]

여신이 말했습니다.

"오디세우스여...당신이 돛대에 흰 돛을 펼쳐 걸어 놓으면 북풍이 그곳으로 몰아갈 겁니다...그대의 배가 대양(大洋) 강물을 건너 황량한 해안과 페르세포네(Persephone) 숲으로 올라가야 할 것이니, 배들을 대양(大洋) 감도는 그 바닷가에 올려놓고 '사자(死者)의 집'으로 가세요... 그곳에 이르거든 팔뚝 길이의 좌우 깊이의 땅을 파서, 모든 사자(死者)들에게 먼저 헌주(獻酒)를 하고....티레시아스(Tiresias)를 찾으면...그 티레시아스(Tiresias)가 그대에게 귀향길을 알려 줄 겁니다."[595]....59)

---

59) Homer(Translated by Robert Fagles), *The Odyssey*, Viking Books, 1996, pp 230~248
   'Book Ten : The Bewitching Queen of Aeaea'

'마법을 거는 아이아이아 여왕(The Bewitching Queen of Aeaea)'

———✈

(a) '**마하바라타(*The Mahabharata*)'에 널려 있는 이야기가 '코끼리' '황소' '악어' '물고기' '돼지' '뱀' '독수리' '비둘기' '개' 등 '동물과 인간의 동일시(同一視)**'이다.

(b) 그러므로 호머(Homer)가 '오디세이(*The Odyssey*)' '제10책'에서 '키르케(Circe)가 선원들 돼지 만들기'는 그 '마하바라타(*The Mahabharata*)'의 '다양한 동물의 인간화'에 그중 한 가지를 끄집어 든 예(例)이다.

(c) 호머는 단지 더욱 신중하여 '약을 술에 타 먹이기' 우회로를 거치었으나, '마하바라타(*The Mahabharata*)'에서는 '인간들의 꿈속'에서처럼 '무한 변신' 간편하게 이루어지고 오히려 그것을 '당연시'하고 있다.

(d) 여기 '오디세이(*The Odyssey*)' '제10책' 해설에 첨부해 두어야 할 사항이, '**오디세우스(Odysseus, Ulysses)와 키르케(Circe) 이야기**', 기원전 307년 작성되었다는 '비자요(Wijayo)의 란카(Lanka, 실론) 섬에 착륙 이야기'에 포함이 되어 있다는 보고(報告)이다.[포콕(E. Pococke)의 '희랍 속의 인도(*India in Greece*, 1851)' 부록 12. 마하반소(Mahawanso) 서문에서]

(e) '상고(上古) 시대부터 왕성(旺盛)하게 이루진 해상 문화 교류' 고찰에는, **힌두(Hindu)의 '마하바라타(*The Mahabharata*)'가 가장 먼저 우선적으로 '동물과 구분되는 호모 사피엔스(Homo sapiens)의 절대신 위치'를 앞서 명시한 '문헌(文獻) 중에 문헌'이고 '책 중에 책'이다.**

제11책 사자(死者)의 나라

　우리가 바닷가 배에 도달하여, 배를 바닷물에 띄우고 돛대와 돛을 싣고 우리는 눈물을 흘리며 배에 올랐습니다...그러나 키르케(Circe)가...순풍(順風)을 불게 하여 우리를 순항(順航)하도록 해 주었습니다.[12]...하루 종일 항해를 해서 해가 지고 세상이 어둘 무렵에 안개와 구름 속에 있는 킴메리아 사람들(Cimmerian people)이 있는 대양 강(Ocean River) 경계에 도달했습니다. 햇빛도 그 어둠을 뚫을 수가 없어....밤이 '그 불쌍한 사람들'을 덮고 있었습니다.[21]

　그 해안가에 배를 대고 우리는 그 키르케(Circe)가 말했던 그 지점까지 나아갔습니다. 그 지점에 이르러 페리매데스(Perimedes)와 에우릴로코스(Eurylochus)가 희생 동물을 붙잡고 내[오디세우스]가 칼을 빼어 들고 우선 앞 팔 길이[腕尺] 입방 크기의 구덩이를 만들고, 그 안에 물과 우유와 꿀 술을 부어놓고 보리 가루를 뿌리며 나는 계속 '모든 사자(死者)의 떠도는 영혼'을 향해 기도했습니다. 내가 다시 이타카(Ithaca)로 돌아가면 따로 암소 한 마리와 검은 양을 제물로 바칠 것이라고 약속하고...**희생 동물들의 목을 베어 혼령들이 다가 올 '에레보스(Erebus)'에 검은 피를 부었습니다. 그러자 사자(死者)들의 혼령들이 내게 몰려 왔습니다**...[42]

　나는 죽인 양을 불사르게 하고, 죽음의 신 페르세포네(Persephone)께 기도하도록 전우들 명령했습니다. 그리고 내가 질문을 해야 할 **티레시아스(Tiresias)** 혼령이 가까이 올 때까지 어떤 혼령도 접근하지 못 하도록 나는 칼을 빼어 지키고 있었습니다.[55]

　하지만 나의 전우(戰友) '엘페노르(Elpenor) 망령(亡靈)'이 제일 먼저 나를 향해 왔습니다. 우리는 그를 매장하지 못 했고 그의 시체를 그냥 키르케(Circe) 궁에 놔두고 슬퍼하지도 않고 출발했었습니다. 내가 그를 보자, 불쌍한 생각이 들어 말했습니다.

　"엘페노르(Elpenor)여. 어떻게 나보다 앞서 이 어두운 세계로 와서 방랑을 하게 되었는가?"[64]

그 친구는 신음하며 말했습니다.

"라에르테스 왕의 아들 오디세우스여...나는 키르케 궁 지붕 위에 누워 자다가 긴 사다리를 타고 내려오던 중에 목이 부러져 죽게 되어 먼저 이곳으로 오게 되었습니다...그대는 고향에 가게 될 것이요...그대의 배가 다시 아이아이아 (Aeaea) 섬으로 가거들랑 부디 나를 내버려 두고 떠나지 말고...나를 꼭 화장(火葬)을 하고....무덤을 만들어 내가 젓던 노를 그 무덤에 세워 사람들이 내 이야기를 알게 해 주시오...'[86]

내가 말했습니다.

"내 불행한 친구여. 내가 잊지 않고 이행(履行)해 주리다."

우리가 그렇게 얘기를 하고 있는데, 나의 어머니 안티클레이아(Anticleia) 망령(亡靈)이 다가왔습니다. 내가 트로이로 출발했을 적에는 아직 살아계셨습니다. 나는 눈물이 나고 슬펐지만, 내가 그 '**티레시아스(Tiresias)**'에게 대답을 듣기 전에는 그 어머니의 영혼이 근접을 못 하게 했습니다.

결국 유명한 테바의 예언가(Theban prophet) 혼이 황금 홀(笏)을 잡고 나타나 즉시 나를 알아보고 말했습니다.

"라에르테스의 아들 오디세우스여. 무엇 때문에 광명의 세상을 이별하고 이 썰렁한 죽음의 나라로 오셨소? 조금 물러나 칼을 치우고 있으면. 내가 그 피를 마시고 난 다음 진실을 말해 주겠소."[107]

내가 은이 박힌 그 칼을 칼집에 넣자, **티레시아스(Tiresias)** 혼백은 그 검은 피를 마시고 나서 말을 했습니다.

"오디세우스여 그대는 달콤한 귀향(歸鄉)을 추구하지만, 그대는 이미 '포세이돈 아들[폴리페모스(Poyphemus), 제9책]의 눈'을 멀게 했기에 그대와 전우들이 고역을 면할 수 없게 되었소. 이타카(Ithaca)에 도착을 하더라도 고생을 더 해야 합니다....우선 그대의 배가 트리나키아(Thrinacia) 섬에 닿았을 적에, 태양의 신 헬리오스(Helios) 소들과 그 가축(家畜)들을 보게 될 터인데...그 가축(家

畜)들에게 해(害)를 끼치면, 배가 파선할 것이고 전우들을 다 잃게 됩니다...귀향이 더욱 늦어질 것입니다.....”[156]

내가 티레시아스(Tiresias) 혼령에게 다시 물었습니다.

“오 티레시아스(Tiresias)여....나는 어머니 혼령을 대하고서도 이 검은 피에의 접근을 막았더니 어머니는 보지도 말하지도 못 했습니다. 어떻게 해야 어머니 혼백이 나를 알아보게 됩니까?”[165]

티레시아스(Tiresias)가 말했습니다.

“어떤 혼령이건 피에 접근하도록 그냥 놔두면 그대에게 진실을 말할 것이고 그대가 거절을 하면 그냥 돌아가 살아질 겁니다.”[169]

그렇게 말하고 그 예언가 혼백은 ‘사자(死者)의 집’으로 돌아갔습니다. 내가 잠시 기다렸더니, 어머니 혼령이 접근하여 검은 피를 마시더니, 나를 알아보고 통곡하며 말했습니다.

“아 아들아. 누가 너를 이 어두운 ‘죽음의 세계’로 오게 했느냐? 너는 아직 살아 있다! ....트로이에서 돌아오다가 여러 해를 방랑하며 아직도 이타카(Ithaca)로 돌아가지도 못 하고 있구나...”[185]

내가 말했습니다.

“어머니 테베의 예언가 티레시아스(Tiresias)를 만나러 이곳 ‘사자(死者)의 집’으로 내려 왔습니다....혹시 제 아내와 아들 소식을 아시면 들려주세요...”[205]

어머니가 말했습니다.

“불쌍한 우리 며느리는 울며 너를 기다리고 있다...어느 누구도 너의 왕권을 빼앗지 못 할 것이다...텔레마코스(Telemachus)도 아직 너의 재산을 지키고 있다...”[255]

어머니와 내가 대화를 하고 있는 사이에, 당당한 제우스의 딸 페르세포네(Persephone)가 보낸 여인들이 거대한 줄을 이루었습니다...나는 엉덩이에 날카로운 칼을 빼어들고 그녀들의 혼백을 점검했습니다.[267] ...살모네오스(Salmoneus)왕의 딸이라는 티로(Tyro).....헤라클레스를 낳은 알크메나(Alcme-

434

na)…메가라(Megara)…에피카스테(Epicaste)…클로리스(Chloris)….레다 (Leda)……이피메데이아(Iphimedeia)……파이드라(Phaedra) 프로크리스(Procris) 아리아드네(Ariadne) 클리메네(Climene) 마이라(Maera) 에립필레(Eripphyle)…혼령들의 이름을 다 거론할 수도 없습니다…[377]

오디세우스가 잠깐 말하던 '이야기'를 멈추자, 모두 말이 없었는데 여왕 아레테(Arete)가 큰 소리로 말했다.

"파이아키아 사람들(Phaeacians)이여. 당신들은 이 분을 어떻게 생각합니까? …이 이방인은 우리의 손님이시니….당신들 집에 쌓아둔 선물을 아끼지 말고 신들의 선의(善意)에 감사합시다."[387] [귀한 '저승 이야기'에 보답을 하자는 말임]

알키노오스(Alcinnous) 왕이 말했다.

"아. 오디세우스여…당신은 시인[歌手, singer's skill]처럼 이야기하셨습니다…그 사자(死者)의 집에서, 트로이에서 운명(殞命)한 신과 같은 전우(戰友)들은 만나지 않았습니까?…"[427]

그러자 오디세우가 '이야기'를 계속했다.

"알키노오스(Alcinous)왕이시여…페르세포네(Persephone) 여왕이 여인들의 혼령을 몰아가자, **아트레우스 아들 아가멤논(Agamemnon)이 다가와…그 검은 피를 마시자마자 즉시 나를 알아보았습니다.**

내가 그의 모습을 보자 너무나 안 되었다는 생각이 들었습니다.

"인간의 왕 아가멤논(Agamemnon)이여. 무슨 재변(災變)을 당하셨습니까?…… "

아가멤논(Agamemnon)이 말했습니다.

"오디세우스여….**아이기스토스(Aegisthus)가 내 아내와 짜고 소 잡듯이 나를 죽였소**…[5회째 반복임 -'페넬로페와 행실'과 대조하려는 의도임]…여자처럼 야만스런 존재란 없소...혹시 내 아들 오레스테스(Orestes) 소식은 못 들었소?..."[524]

나는 잘라 말했습니다.

"아가멤논이여. 왜 그것을 내게 묻소? 나는 당신 아들이 살았는지 죽었는지 모르고 그런 말로 나를 붙잡고 있지 마시오."[527]

나와 아가멤논이 그렇게 눈물을 흘리고 있는데...**펠레오스(Peleus) 아들 아킬레스(Achilles)** 혼령이 걸어왔습니다. 아킬레스(Achilles)는 금방 나를 알아보고 물었습니다.

"라에르테스 아들 오디세우스여. 무슨 일로 사자(死者)의 집에까지 오셨습니까?...."[540]

나는 바로 대답을 했습니다.

"펠레오스의 아들 아킬레스여. 아카이아 사람들 중에 가장 위대한 존재이시여. 나는 바위투성이인 이타카(Ithaca)로 돌아가려고 '티레시아스'와 상담하러 이곳으로 왔지만. **아킬레스여 세상에서는 당신보다 더욱 큰 신의 은총을 받은 자는 일찍이 없었고, 앞으로도 나올 수가 없습니다.** 당신의 생전에 우리는 모두 당신을 신으로 존중했으니, 여기에서도 위대한 아킬레스여 그대의 힘이 모든 사자(死者)들을 지배할 터이니 슬퍼하지는 마시오."[553]

내가 그렇게 안심(安心)을 시키려 하자, 아킬레스는 즉시 내게 항변을 했습니다.

'오디세우스여. 나에게 그런 듣기 좋은 말일랑은 하질 마시오, **나는 여기서 모든 사자(死者)를 지배하는 왕이 되기보다는, 더럽고 가난한 소작인(小作人)의 노예가 되더라도 차라리 그냥 세상에 살고 싶소.**(I'd rather slave on earth for another man some dirt poor tenant farmer who scrapes to keep alive than rule down here over all the breathless dead.)....어떻든 내 아들 소식이나 좀 전해 주시오...'[573]

아킬레스가 그렇게 슬퍼하자, 나는 그를 달래려 애를 썼습니다.

"그대의 아들 네옵톨레모스(Neoptolemus)를 내가 스키로스(Scyros)에서 데리고 와 아르기베들(Argives)의 군사에 가담시키지 않았습니까?...그가 트로이 공략에 '전략'을 논할 적에는 나와 네스토르(Nestor)를 빼고는 당할 자가 없었고...전투에서는 많은 적들을 잡았고....에우리필로스(Eurypylus)를 그가 죽였습니다....우리가 프리암(Priam)의 성을 함락시켰을 적에...그는 값진 상을 챙겨서...그의 배에 올랐습니다..."[612]

내가 그렇게 말하자 그 아킬레스 혼백은 곧 나를 떠났습니다.

그런데 텔라몬(Telamon)의 아들 대(大) 아이아스(Great Ajax) 혼령은, 슬픔에 잠겨 멀리 떨어져 있었습니다...

아킬레스 사망 후에, 여왕인 그의 어머니 테티스가 아킬레스 무기들을 상(賞)으로 내걸었는데, 내가 그 대(大) 아이아스(Great Ajax)를 젖히고 그 상(賞)을 차지했기 때문입니다...[630]

내가 그를 향해 소리쳤습니다.

"탈라몬(Talamon)의 아들 아이아스(Ajax)여....분노(忿怒)가 아직도 풀리지 않았습니까? 모두 제우스께서 행하신 일이니...부디 그대의 노여움을 진정시키시오!"[640]

내가 그렇게 외쳤지만 아이아스는 대답이 없었습니다.

나는 거기서 제우스의 아들 미노스(Minos)를 보았고...거대한 사냥꾼 오리온(Orion)도 만났고...역시 티티오스(Tityus)도 보았습니다....시시포스(Sisyphus)도 보았는데, 그는 둥근 돌을 두 팔로 산봉우리로 밀어 올려 넘기려면 그 돌은 무게를 견디지 못 하고 다시 평지로 굴러 내리곤 했었습니다...[689]

그 다음으로 장사(壯士)인 헤라클레스를 보았는데 ...그는 신들 사이에 잔치를 즐기고 있었습니다. 제우스와 헤라의 딸 헤베(Hebe)를 아내로 맞이했습니다...

헤라클레스는 금방 나를 알아보고 말했습니다.

"오디세우스여, 세상에 살면서 여전히 거친 운명과 싸우고 있군요. 제우스의 아들인 나도, 나의 반쪽도 안 되는 사람의 노예가 되어 이곳 저승을 지키는 거대한 개를 가져오라는 노역(勞役)을 행할 적에, 헤르메스(Hermes)와 아테나

(Athena)가 나를 안내를 했었습니다!"[717]

헤라클레스가 사자(死者)의 집을 떠났을 적에 내오디세우스!는 테세우스(Theseus)와 피리토오스(Pirithous)도 만나보고 싶었으나...수천의 혼령들이 함성을 질러서...무서움에 급히 우리 배로 돌아와, 묶어둔 밧줄을 풀었습니다....[60]

'대양 강의 경계(the Ocean River bonds)'

'사자(死者)의 나라(The Kingdom of the Dead)' '오디세우스가 아킬레스를 저승에서 만났다.(Odysseus met Achilles in the world of darkness.)'

---

60) Homer(Translated by Robert Fagles), *The Odyssey*, Viking Books, 1996, pp 249~272 'Book Eleven : The Kingdom of the Dead'

(a) 힌두(Hindu)의 '마하바라타(*The Mahabharata*)'에는 18일 동안 4촌간의 전쟁인 '쿠루크셰트라 전쟁(Kurukshetra War)'을 치른 다음, 많은 아들들을 잃고, 숲으로 은퇴해 있는 드리타라슈트라((Dhritarashtra) 왕과 간다리(Gandari) 여왕 그리고 큰 아들을 잃은 쿤티(Kunti, Partha)와 수바드라(Subhadra)에게, 여러 대(代)를 걸쳐 장수(長壽)하고 있는 할아버지이고 대선사(大禪師)인 비아사(Vyasa)가, "**축복 받은 간다리(Gandari)여, 그대는 오늘 밤 잠든 사람들이 일어나듯 그대의 아들들과 형제들과 친구 친척을 보게 될 것이다. 쿤티도 카르나(Karna, 장남)를 볼 것이고, 수바르다나는 아비마뉴를, 드라우파디는 다섯 아들과 친 아버지, 친 형제를 보게 될 것이다. 그대들은 '그 용사들'을 슬퍼하지 말라. 그네들은 '크샤트리아의 실천(practices of Kshatriyas)'을 행함에 몸을 바쳐 그 목표에 도달하였다. 쿠르크셰트라 전장에서 죽음을 맞은 그들 모두가 신(神)들과 간다르바, 아프사라(Apsaras) 피사차(Pisachas) 구히아카(Guhyaka) 락샤사(Rakshasas)의 지위를 획득했다. 너희는 이 전쟁터에서 죽은 모든 자들을 보게 될 것이다.**"[61]라고 말하고 그들과 상봉의 기회를 제공했다는 대목이 있다.

(b) 위의 비아사(Vyasa) 말에 주목해야 할 부분은 '**그네(死者)들은 '크샤트리아의 실천(practices of Kshatriyas)'을 행함에 몸을 바쳐 그 목표[천국]에 도달하였다.**'고 위로했던 부분인데 이것이 역시 전 '마하바라타(*The Mahabharata*)'의 요점(主題)이다.

(c) 호머 '오디세이(*The Odyssey*)' '제11책'에 주인공 오디세우스는 비아사(Vyasa)처럼 살아있는 상태에서 '일리아드(*The Iliad*)'의 최고 영웅 죽은 아킬레스의 혼령을 만났다.

((내[오디세우스]가 바로 아킬레스 망령에 질문을 했습니다.
'펠레오스의 아들 아킬레스여. 아카이아 사람들 중에 가장 위대한 존재이시여. 나는 바위투성이인 이타카로 돌아가려고 티레시아스와 상담하러 왔지

---

61) K. M. Ganguli (Translated into English Prose from the Original Sanskrit Text), *The Mahabharata of Krishna-Dwaipayana Vyasa*, Munshiram Manoharlal Publisher Pvt. Ltd. New Delhi, 2000, -**Asramavasika Parva**- p. 48

만. 아킬레스여 세상에 당신보다 더욱 큰 은총을 받은 자는 일찍이 없었고, 앞으로도 나올 수 없습니다. 당신의 생전에 우리는 당신을 신으로 존중했으니 여기에서도 위대한 아킬레스여 그대의 힘이 사자(死者)들을 지배할 터이니 슬퍼하지는 마시오.'[553]

내가 그렇게 안심을 시켰으나 그는 즉시 항변을 했습니다.

'오디세우스여. 나에게 그런 듣기 좋은 말일랑은 하질 마시오, <u>나는 여기서 모든 사자(死者)를 지배하는 왕이기 보다는, 더럽고 가난한 소작인(小作人)의 노예가 되더라도 차라리 그냥 세상에 살고 싶소.</u>(I'd rather slave on earth for another man some dirt poor tenant farmer who scrapes to keep alive than rule down here over all the breathless dead.)....어떻든 내 아들 소식 좀 전해 주시오...'[573]))

(d) 힌두(Hindu)의 '마하바라타(*The Mahabharata*)' '**절대주의(Absolutism)**'에 대한 '일리아드(*The Iliad*)' '오디세이(*The Odyssey*)'를 지은 호머[오디세우스, 아킬레스]의 '**현세주의(Secularism)**'는 이처럼 극명(克明)하게 대조를 이루었다.

제12책 태양의 소들

우리 배가 그 감도는 대양(大洋) 강(Ocean River)을 벗어나, 열린 바다로 나와 다시 아이아이아(Aeaea) 섬에 이르니, 새벽신이 거동을 시작할 때 우리는 장비(裝備)들을 모래 위에 올려놓고 해가 돋기를 기다리며 잠을 잤습니다.[7]

해가 붉게 빛나기 시작할 때 나는 죽은 엘페노르(Elpenor) 시체를 찾으러 대원들을 키르케(Circe) 궁전으로 보냈습니다. 우리는 서둘러 통나무를 잘라 섬의 돌출부에 눈물을 흘리며 장례를 치렀습니다. 우리가 망자(亡者)의 시신과 장비를 화장하고 돌을 쌓아 무덤을 만들고 거기에다 높게 노를 세웠습니다.[15]

여신 키르케(Circe)가 고기와 술을 가져와 말했습니다.

"두려움을 모르는 당신들이여. 누가 살아 감히 '사자의 집(the House of Death)'에까지 갈 수 있겠습니까?...여기서 하루 쉬시고 내일 출발하시면 가시는 길에 바다뿐만 아니라 육지에 널려 있는 시련의 올가미들 다 알려 드리겠습니다..."[30]

그래서 우리는 해가 지도록 술과 고기로 잔치를 했습니다...밤이 되어 대원들이 배 곁에서 잠이 들자, 키르케(Circe)는 내 곁에 누워 상세한 경과를 내게 물었고, 나는 시작부터 끝까지 빠짐없이 여신에게 모든 것을 이야기해 주었습니다.[39]

여신이 말했습니다.

"당신의 저승 방문은 끝났지만 내 말을 잘 기억해야 합니다...우선 당신은 **사이렌들(Sirens)**의 섬에 닿을 터인데 사이렌들(Sirens)은 살아 있는 사람들에게 마술을 겁니다....밀랍(蜜蠟, beewax)을 준비하여 전우들의 귀를 막아 못 듣게 하고 당신이 사이렌의 노래를 들어보려면 밧줄로 당신을 돛대에 묶게 한 다음 당신이 풀어라 명령을 내리면 더욱 단단히 매게 해야 합니다....당신이 사이렌들을 통과하게 한 다음에는 두 가지 길이 있는데, 내가 설명은 할 터이니 당신이 선택을 하세요...그 중 한 길은 암피트리테(Amphitrite) 바위라는 곳으로...거기에서는 제우스를 향하여 날아가는 비둘기들도 하나는 꼭 떨어져 죽는 곳입니다...[80] 다른 한 길은...검은 구름이 휩싸여 걷히지 않는 곳으로...에레보스(Erebus) 쪽으로 열려 있는 동굴이 있는데...거기에는 **스킬라(Scylla)**라는 괴물이 있는데 그 속으로 지나가게 될 겁니다...그 괴물은 12개의 다리와 6개의 목을 지닌 괴물입니다...잡아먹히지 않는 사람은 아무도 없습니다..."[121]

그렇게 말하자 내가 물었습니다.

"그렇다면 여신이시여, 우리가 그 스킬라(Scylla)를 물리칠 수는 없을까요?"[125]

여신이 말했습니다.

"고집을 부리지 마세요....힘의 야수(Brute Force)라는 그 스킬라 어머니 이름만 부르며 도망을 쳐야 합니다...”[136]

여신은 말을 계속했습니다.

“다음은 **트리나키아(Thrinacia) 섬**에 이를 터인데, 거기에는 **태양신의 소떼 (herds of the Sungod's cattle)**가 있습니다....소들과 양들을 그대로 둔 다면 고향으로 가게 될 겁니다...”[153]

새벽이 오자 그 말을 해준 키르케(Circe)는 그 섬에 남고, 나는 급히 돛대를 세우고 배를 풀어 바다에 띄우게 했습니다....키르케(Circe)가 순풍을 불게 하였습니다...[165]

나는 결국 내 마음 속에 있는 생각들을 모두 전우들에게 털어놓았습니다.

“친구들이여...키르케가 내게 일러준 이야기를 할 터이니 운명과 죽음으로부터 벗어납시다. 우선 우리는 **사이렌들(Sirens)**의 유혹의 노래는 나만 들을 터이니 나를 돛대에 묶어 움직이지 못하게 하고...풀어라-고 명령을 해도 더욱 단단히 묶어야 합니다.”[179]

나는 전우들에 낱낱이 말해주고 ...우리 배는 사이렌들의 섬에 도착했습니다.

나는 거대한 밀랍 덩이에서 밀랍을 잘라내...헬리오스(Helios) 햇볕에 녹여 전우들의 귀에 발라주고...그들은 나를 돛대에 묶어 놓고 노를 저어 그 해안을 떠났습니다...그런데 사이렌들이 금방 우리 배를 알아보고 노래하기 시작했습니다.[199]

“이리오세요. 유명한 오디세우스여...**우리는 신들의 뜻으로 트로이 평야에서 겪은 아카이아 사람들과 트로이 사람들의 고통을 다 알고 있답니다...**”[오디세우스가 가장 반복해서 듣고 싶은 노래임][207]

내가 눈짓으로 -빨리 밧줄을 풀어라-명령을 했으나...페리메데스(Perimedes)와 에우릴로코스(Eurylochus)가 내게 달려들어, 나를 더욱 꽁꽁 묶었습니다...우리는 사이렌들의 노래가 더 이상 들리지 않자 나는 전우들의 밀랍을 제거했고, 그들은 나를 묶어둔 밧줄도 풀었습니다.[217]

우리가 겨우 그 섬을 벗어나자.....거대한 물결이 천둥처럼 울리자...전우들

442

은 맥이 풀려 노를 저을 힘도 없게 되었습니다.[224]

하지만 나는 그들을 향해 말했습니다.

"친구들이여….우리가 키클롭스(Cyclops) 동굴에서 당한 위험보다 더한 것이 있겠습니까!…제우스께서 살려주실 것을 믿읍시다…"[240]

그런데 나는 키르케(Circe)가 -대항하지 말라-했던 명령을 무시하고 내 전우를 잡으려는 그 스킬라(Scylla)를 막으려고 손에 창을 잡고 서 있었는데…스킬라(Scylla)는 오른쪽에 있었고, 그 맞은편에는 카립디스(Charybdis)가 엄청난 바닷물을 들이키었다가 뿜어내는 바람에…전우들은 공포에 휩쓸렸습니다.[264] 우리가 그 카립디스(Charybdis)를 보고 있는 순간에 그 스킬라(Scylla)는 나의 전우 6명을 낚아채어…잡아먹었습니다.…[283]

우리는 스킬라(Scylla)와 카립디스(Charybdis)를 멀리 떠나, **히페리온(Hyperion) 왕 헬리오스(Helios)가 소와 양을 기르는 태양의 섬에 도착했습니다**…나는 테바의 예언가 '티레시아스(Tiresias)의 부탁'과 키르케(Circe) 말을 잊지 않아 전우들에게 준엄하게 말했습니다.[293]

"전우들이여. 내가 다시 한 번 티레시아스(Tiresias)말과 키르케(Circe)의 부탁을 반복합니다. **의 태양(太陽)의 섬에는 인간의 쾌락['맛있는 고기 먹기']을 피하도록 하시오**. 최악의 재난을 당할 것이라는 경고가 있었습니다.…"[299]

내가 그렇게 말하자…에우릴로코스(Eurylochus)가 말했습니다.

"지독한 오디세우스여…이제 밤이 되었으니…저녁이나 지어 먹읍시다…"[317]

에우릴로코스(Eurylochus)가 그렇게 말하자 동료들이 그 말을 반기었습니다. 그래서 나는 어떤 재난이 우리를 향해 오고 있다는 것을 이미 짐작했습니다.…[327]

내가 양이나 소를 결코 해쳐서는 아니 된다고 거듭거듭 부탁하니, 그들도 해치지 않겠다고 맹세를 했습니다.…그러나 1개월 동안 남풍(南風)이 계속되었습니다. 우리의 식량도 술도 다 바닥이 나자…전우들은 배腹를 채우려고 물고

기 새들을 잡으러 나섰습니다...[357]

나는 신들에게 기도를 하면 귀향 방도가 알려주실까 하여...손을 씻고 올림포스 신들을 향해 기도를 올렸는데 신들은 내게 단잠을 퍼부어 잠이 들었습니다.[364]

바로 그때에, 에우릴로코스(Eurylochus)는 친구들에게 숙명의 계획을 펼치었습니다.

"친구들이여, 배고파 죽은 사람보다 더욱 불쌍한 사람은 없습니다. 헬리오스(Helios) 소들 중에 최고를 골라, 하늘의 신들께 제사를 올립시다. 우리가 이타카(Ithaca)에 도착하면 영광스런 태양 신전을 지어드립시다. 만약 신이 진노를 멈추지 않으신다면 이 섬에 굶어 죽기보다는 차라리 저 바다에 빠져버립시다!"[378]

전우들은 그 에우릴로코스(Eurylochus)의 제안이 반가워, 즉시 태양신의 최고 소를 몰고 와 배에서 멀지 않은 곳에서....기도를 올린 다음 그 소를 잡아... 뼈는 불사르고...내장을 맛보고 나머지는 꼬챙이로 꿰었습니다.[392]

나는 그 순간에 잠에서 깨어나 물가 배로 가보니, 고기 굽는 냄새가 진동하여 나를 감쌌습니다. 나는 고통스럽게 신들을 향해 외쳤습니다.

"제우스와 제신들이시여. 제게 잠을 내리시었으니, 바로 당신께서 나를 재앙에 빠뜨린 것입니다. **내가 없는 사이에 전우들이 얼마나 무서운 괴물 같은 짓을 행했는지 보십시오**!(Left on their own, look what a monstrous thing my crew concocted!)"[401]

우리가 소를 죽였다는 사실을, 람페티에(Lampetie)가 태양(the Sun, Helios)에게 보고하니 **헬리오스(Helios)**는 신들을 향해 분통을 터뜨렸습니다.

"제우스시여. 제신들이시여. 오디세우스 무리들이 내 소를 죽였으니 얼마나 못된 놈들입니까?...내 죽은 소에 배상이 없으면, 나는 앞으로 저승에다가 내 빛을 가져다 줄 겁니다."[410]

그러자 제우스께서 말했습니다.

"태양이여. 그대는 신들과 대지를 계속 비추도록 하라. 죄를 지은 녀석들은 '흰 물결'로 박살을 내놓겠다."[418]

내 오디세우스는 이 이야기를 님프 칼립소(Calypso)에게 들었는데, 칼립소(Calypso)는 안내하는 신 헤르메스(Hermes)에게 들었다고 했습니다.[420]

나는 배에 이르러 동료들을 신랄하게 질책을 했으나... 어떻게 이미 저지른 일을 다시 바로잡을 수가 있겠습니까? 소는 이미 죽었으니 말입니다. 신들은 무서운 징조를 보여주었으니 쇠가죽이 기어 다니고, 잘라 놓은 살코기에서 황소의 '음매' 소리가 들렸습니다.[427]

그러나 나의 전우들은 그 태양의 소(the cattle of the Sun)를 몰아다가 6일 동안 잔치를 했는데 7일 만에 제우스는 바람을 일으켜 우리는 배를 띄워 넓은 바다로 나갔습니다.[434]

하지만 우리가 그 섬을 떠나자...제우스께서...**우리를 공격하여...전우들의 귀향(歸鄕)을 영원히 막아버리셨습니다**.[452]....그리하여 나는 용골과 돛대를 타고 물결에 밀리어 떠돌아다니다가...신들이 나를 칼립소(Calypso) 섬 오기기아(Ogygia)에 도착하게 했습니다...

그 이후 이야기는 어제께 다 말씀 들려드렸습니다.62)

'태양의 소들(The Cattle of the Sun)'

---

62) Homer(Translated by Robert Fagles), *The Odyssey*, Viking Books, 1996, pp 271~285 'Book Twelve : The Cattle of the Sun'

_____ ✈

(a) '일리아드(*The Iliad*)' '오디세이(*The Odyssey*)'를 지은 호머(Homer)는 '현 세주의'로 힌두(Hindu)의 '절대주의'와는 확실하게 다르지만, 역시 그 '마 하바라타(*The Mahabharata*)' 영향권 내에서 '일리아드(*The Iliad*)' '오디세 이(*The Odyssey*)'를 제작했다는 뚜렷한 증거 중에 하나가 바로 '오디세이 (*The Odyssey*)' 제12책'에 제시된 **'태양신의 소떼(herds of the Sungod's cattle)'** 이야기이다.

(b) 힌두(Hindu)의 '마하바라타(*The Mahabharata*)'에는 다음과 같은 기록이 있다.

((바라문을 죽인 자나, 온 세상 사람들의 공통 어머니인 '암소'를 죽인 자나, 보호를 거절한 자가 동일한 범죄자이다.(He that slayeth a Brahmana, <u>he that slaughtereth a cow -the common mother of the worlds -and he that forsaketh one seeking for protection are equally sinful.</u>)))[63]

(c) '힌두(Hindu)의 소 숭배'는 세계적으로 유명한데, 호머가 '오디세이(*The Odyssey*)' 제12책'에서 **'태양신의 소떼(herds of the Sungod's cattle)'** 이 야기에서 '태양신(Sungod)'이란 바로 '소치지 크리슈나(Cowherd Kri-shna)'의 다른 명칭이다.

'이 모자이크는 희랍 코린트(Corinth) 박물관에 전시되어 있는 것이다...주 크리슈나(Lord Krishna)가 소들을 이끌며 나무 아래서 다리를 꼬고 피리를 부는 모습이다.'[64]

---

63) K. M. Ganguli (Translated into English Prose from the Original Sanskrit Text), *The Mahabharata of Krishna-Dwaipayana Vyasa*, Munshiram Manoharlal Publisher Pvt. Ltd. New Delhi, 2000, -**Vana Parva**- p. 271

446

제13책 드디어 이타카에 도착하다.

　오디세우스의 이야기가 끝나자 모든 파이아키아 사람들은 말이 없었으니, 그들이 오디세우스 이야기에 완전히 매료(魅了)가 되었기 때문이다.

　알키노오스(Alcinous) 왕이 말했다.

　"오디세우스여...어찌되었건 당신이 우리 궁궐에 도착을 하였으니...당신은 이제 고향으로 가게 될 겁니다. 여기에 모인 친구들이여...우리 손님을 위해 옷과 금제품(金製品) 다른 선물들을 가져 오도록 하시오...."[16]

　왕의 제안에 모두 찬성을 하고 각자 자기 집으로 돌아가 잠을 잤다.

　아침이 오자...알키노오스(Alcinous) 왕은 제우스께 황소 한 마리를 잡아 제사 올리고 잔치를 했다.[30]...하루 종일 잔치를 하고...오디세우스는 알키노오스(Alcinous)에게 작별 인사를 했다.

　"알키노오스(Alcinous)시여...올림포스 여러 신들의 축복이 영원하시길 빕니다..."[53]

　알키노오스(Alcinous) 왕이 전령(傳令)에게 말했다.

　"폰토노오스(Pontonous)여! 술동이를 가져와 우리 참석자들에게 나누어 주어 우리 친구가 고향에 갈 수 있도록 아버지 제우스께 기도를 올리도록 합시다."[60]

　폰토노오스(Pontonous)가 왕명을 받아...그렇게 헌주(獻酒)를 행한 다음 오디세우스는 자리에서 일어나 아레테(Arete) 여왕께 양쪽에 손잡이가 달린 술잔을 바치며 말했다.

　"여왕이시여...아무쪼록 오래도록 복락(福樂)을 누리시옵소서..."[73]

　오디세우스가 궁궐을 나오자 알키노오스(Alcinous) 왕은 전령에게 오디세우스를 바닷가로 안내하게 했다.....[79]

---

64) P. N. Oak. *World Vedic Heritage*, New Delhi, 1984, p. 526

그들이 바다가 배에 도착하자 호송원(護送員)들은 선물들을 배에 싣고....오디세우스가 조용히 잠을 자도록 배의 고물 갑판 융단에 시트를 깔았다. 그러자 오디세우스는 올라가 거기에 누웠다.[87]

호송원(護送員)들 각자 자리에 앉아 노를 잡자 돌구멍에 배의 밧줄을 풀고 노로 바다 물결을 치기 시작하니... 그 빠르기가 나는 매[鷹]도 따를 수 없을 정도였다...[100]

새벽 별이 돋을 무렵...이타가(Ithaca) 섬에 도착했다.[108] 그곳은 해신(海神) 포르키스(Phorcys) 해안(海岸)이었는데....항구에는 '올리브 나무'가 서 있었고 그 나무 가까이 님프 나이아드(Naiads)에 헌납된 '동굴'이 있었다....

파이아키아(Phaeacian) 호송원들은...그 배가 반쯤 육지에 걸치도록 돌진을 하여 우선 오디세우스를, 린넨 카펫에 잠든 상태로 모래밭에 내려놓았다. 그런 다음 호송원들은 오디세우스의 짐들[선물 보따리들]을 올리브 나무 곁에 쌓아놓고...그들의 고향으로 출발했다.[141]

하지만 포세이돈(Poseidon)이 제우스에게 불평을 늘어놓았다.

"제우스여, 나는 신들 중에 존중을 받을 수 없게 되었습니다...파이아키아들이 네게 불경(不敬)을 범하였습니다..."[157]

제우스가 말했다.

"포세이돈이여 무슨 말씀입니까?...무엇이건 당신 생각대로 하세요,"[166]

포세이돈은 파이아키아의 고향 섬 그케리아(Scheria)로 가서 기다리고 있다가 배를 손으로 쳐 돌로 만들어 바다 바닥에 쳐 박아 버렸다.[187]

파이아키아 사람들(Phaeacians)은 깜짝 놀랐다.

"돌아오는 배를 우리가 금방 보았는데, 누가 바다에 빠뜨렸을까?"[192]

알키노오스(Alcinous) 왕이 말했다.

"선친(先親)께서 말씀하시기를...우리가 손님을 호송하고 돌아올 적에, 호송했던 배가 파괴되고...항구 주위에 거대한 산이 생길 것이라고 예언을 하셨다...포세이돈께 황소 두 마리를 잡아 제사를 올리도록 하라."[208] [모두가 '이미

448

정해진 운수'라는 세계관임]

한편 오디세우스(Odysseus)는 잠에서 깨어났으나, 자기가 어디에 와 있는지를 알 수가 없었다...[222]

아테나 여신이 오디세우스에게 말했다.

"이타가(Ithaca)....에 도착하여 이타카를 모른 체 하는군요..."

아테나가 미소를 지으며 오디세우스에게 말했다.

"어느 누구에게도....'방랑을 했다'는 말을 해서는 아니 됩니다."[353]

오디세우스가 말했다.

"아테나시여...내가 정말 내 고향에 돌아온 것은 맞습니까?"[373]

아테나가 부드럽게 말했다.

"내가 지금 그대가 와 있는 이타카(Ithaca)에서의 위치를 말해 주겠소. 여기는 포르키스(Phorcys)로...항구 머리에는 '올리브 나무'가 서 있고, 그 곁에는 나이아드(Naiads)라는 샘물의 님프에게 바쳐진 동굴이 있고, 위로는 숲이 욱어진 '네리톤(Neriton) 산'이 있습니다!"[399]

그 말과 함께 여신이 오디세우스 주변의 안개를 걷으니, 오디세우스는 너무나 기뻐서...대지에 키스를 하였다...[402]

여신이 말했다.

"걱정 말고 용기를 내시오...그대의 보물은 우선 동굴로 가져다 놓고, 앞으로 행할 일을 궁리를 해 봅시다."[418]

아테나 여신이 말했다.

"내가 진실로 그대를 돕겠습니다...**우선 나는 그대를 아무도 몰라보게 바꿀 것이니, 빛나는 사지(四肢) 피부를 주글주글 하게 만들고 머리에서 황갈색 곱슬머리를 벗겨내고 넝마를 걸치게 하고 그대의 눈빛을 흐리게 만들어 놓겠소,**(First I will transform you no one must know you. I will shrivel the supple skin on your lithe limbs, strp the russet curls from your head and deck you out in rags you'd hate some other mortal wear, I'll dim the fire in your eyes)...그대는 우선 그대 아들과 페넬로페(Penelope)에게 충성스런 그 돼지치기를 찾아가시오. 그 돼지치기는 갈가마귀 바위(Raven's Rock)와 아레투사(Arethusa) 샘물 주위에서 돼지를 기르고 있을 겁니다...나는 스파르타(Sparta)로 가서 텔레마코스(Telemachus)를 불러오겠소..."[473]

아테나가 지팡이를 들어 오디세우스를 치니...오디세우는 금방 아테나가 말했던 노인의 모습으로 바뀌었다.....[65]

'이타카에 도착하다.(Ithaca at Last)'

———✈

(a) '오디세이(*The Odyssey*)' '제13책'에 나타난 아테나 여신과 오디세우스 행각은, 역시 '마하바라타(*The Mahabharata*)' 판두5형제가 '12년 숲속 고행'을 마치고 '**비라타(Virata) 왕궁에 위장(僞裝) 취업(就業)**'을 했던 경우와 동일하다.

(b) 이미 예고된 '구혼자들과 전쟁'이 기다리고 있는 상황이다.

(c) 그리고 '마하바라타(*The Mahabharata*)'에는 '**반얀 나무(Banyan tree)**'와 연관되어 '절대신'이 현신하고 그 아래서 영웅들이 휴식했다는 사실을 반복했는데, 호머의 '오디세이(*The Odyssey*)'에 파도 지친 영웅 오디세우스는 '**올리브 나무(Olive tree)**' 아래 낙엽을 덮고 잠들었고['오디세이(*The Odyssey*)' '제5책'], '올리브 나무'가 서 있는 이타카 항구에 도착했고, 그 '올리브 나무'에다 원래 자기의 침상(寢牀)을 만들었다고 고백을 하였다.

---

65) Homer(Translated by Robert Fagles), *The Odyssey*, Viking Books, 1996, pp 286~300 'Book Thirteen : Ithaca at Last'

(d) '나무'는 기본적으로 '모성(母性)적 의미'로 해석이 되는데, '마하바라타(*The Mahabharata*)'와 '오디세이(*The Odyssey*)'의 '반얀'과 '올리브'의 차이는, '지방적 특성'에서 온 것이다.

제14책 왕가의 돼지치기

그래서 오디세우스는 아테나(Athena)가 지시한 대로 왕가(王家)에 충성심을 가지고 있는 그 돼지치기가 있는 곳으로 찾아갔다.[5]

오디세우스는 돼지치기가 멀리 전망이 트인 크고 넓은 그의 저택 행랑채에 앉아 있는 것은 보았다. 그 돼지치기는, 돼지우리에 자신이 울타리를 만들었고, 수년 동안 돼지치기 우두머리로 라에르테스(Laertes)나 여왕과는 멀리 떨어져 있으면서도 돌담을 쌓고 돼지를 길러 왔었다.[13].....그 돼지치기는 '12 개의 돼지우리'에 우리마다 50마리 돼지를 기르고 있었다...수퇘지들은 숫자가 적었는데 가장 살지고 훌륭한 돼지들은 매일 도시로 '거만한 구혼자들의 잔치(the lordly suitors' feasts)'에 진상(進上)을 하였다. 이제는 360 마리가 남아 있다.[23]...그리고 그 돼지들을 지키는 야수(野獸) 같은 개 4마리를 그 돼지치기는 기르고 있었었다.

그 개들이 오디세우스를 향해 달려드니, 오디세우스는 땅바닥에 쓰러지고 지팡이도 손에서 놔버렸다.[36] 그러자 그 돼지치기가 황급히 달려 나와 개들을 쫓으며 말했다.

"노인장. 조금만 내가 늦었으면 개들에게 사지가 찢길 번했습니다...나를 따라오시오...우선 빵과 술로 배를 채운 다음, 어디서 오셨는지 이야기를 들어보겠습니다."[52]

보호를 받은 오디세우스가 말했다.

"나를 환영해 주시는 주인장께, 제우스와 다른 신들이 당신의 마음속에 소망을 이루어 주실 길 바랍니다."[62]

돼지치기 **에우마이오스(Eumaeus)**가 말했다.

"당신보다 더 못한 모습으로 나타난 이방인일지라도, 그냥 보내는 것은 도리가 아닙니다. 이방인과 거지는 제우스로부터 오신 겁니다.(It's wrong, my friend, to send any stranger packing even one who arrives in worse shape than you. Every stranger and beggar comes from Zeus.)..."[83]

돼지치기 에우마이오스(Eumaeus)는 고기와 술을 준비해 와 손님[오디세우스]과 마주 앉더니 따뜻하게 말했다.

"친구여. 드시오....그런데 **저 구혼자들(the suitors)** 말입니다. 그들은 주인어른[오디세우스]께서 이미 사망했다는 소문에 사로잡혀...주인어른의 재산을 그냥 다 먹어치우고 있습니다...우리 주인의 재산은 막대합니다....본토에 소떼가 12 곳이나 있고, 동일한 양과 돼지 염소들이 있는데...각 곳에 가축 치기가 날마다 끊임 없이 그 '살지고 모양 좋은 가축들'을 **그 구혼자들**의 술잔치를 위해 푸줏간으로 보내고 있습니다!"[125]

에우마이오스(Eumaeus)가 그런 말하고 있는 중간에 오디세우스는.... 계속 식사를 하였다. 식사를 마치나니 에우마이오스(Eumaeus)는 나무 그릇에 술을 가득 부어 오디세우스에게 주었다.

오디세우스가 에우마이오스(Eumaeus)에게 말을 시작했다.

"친구여....주인의 이름은 무엇이요? 내가 혹시 그를 보았다면 당신에게 소식을 전할지도 모르겠습니다."[140]

돼지치기 에우마이오스(Eumaeus)가 말했다.

"노인장...우리 주인의 뼈는 지금 아마 어느 바다 가에 누워 있을 겁니다...지금은 떠나고 안 계신 오디세우스...그 이름을 부르기도 죄송스럽습니다.....그런데 당신은 과연 누구시며 어디에서 오셨습니까?..."[218]

오디세우스가 말했다.

"나는 크레테(Crete) 출신임을 자랑으로 알고 있고…힐라크스(Hylax) 아들 카스토르(Castor)의 서자(庶子)입니다…[234]…아레스(Ares)와 아테나(Athena)가 내게 힘과 용기를 주어서…아카이아 사람들이 트로이에 주둔하기 오래 전에 나는…원양(遠洋)으로 배를 이끌었고…유명한 이도메네오스(Idomeneus)가 트로이로 함대를 이끌고 갈 적에 나도 같이 가게 되었습니다.[270]…아카이아 사람들이 트로이에 9년간 주둔하고 있다가 우리는 10년 만에 '프리암의 도시(King Priam city)'를 함락시키고 고향 배에 승선했으나, 신이 함대를 흩어버렸습니다.[275] 불행하게도 나는 '심술궂은 제우스(Shrewd old Zeus)'에게 더욱 심하게 당하게 되었습니다. 나는 크레테에서 아내와 아이들과 즐겁게 지내다가 1개월이 못 되어 '이집트로 가서 훌륭한 선원과 배를 마련하자!' 결심했습니다.[280] 나는 즉시 9척의 배와 선원을 동원하여 6일 동안 잔치하고 7일 만에 크레테(Crete)를 출발하여 북풍(北風)으로 순항하여…5일을 항해하여 '거대한 나일 강(the great river Nile)'을 거슬러 올라가 '나일 강 삼각주(the Nile delta)'에 우리 함선을 정박시켜 놓고 나는 정찰(偵察)할 사람을 보내었는데…선원들이 도시를 약탈하니, 왕이 전차를 몰고 와 칼로 선원들을 죽여…나는 왕의 전차 앞에 엎드려 용서를 빌었더니 왕이 나를 불쌍하게 생각하여 나를 살려주었습니다…그래서 나는 7년을 살았는데 8년째에 페니키아 사람(Phoenician)이 찾아와 나를 페니키아로 데려가 나는 거기에서 그 해를 보냈는데 그 자가 나를 리비아(Libya)행 배에 태웠습니다.[332]…나는 파도에 밀려 테스프로티아(Thesprotia) 바다 가로 밀려갔는데, 왕 피돈(Phidon)이 나를 친절히 대주었습니다…나는 거기에서 처음 **오디세우스 소문**을 들었습니다…피돈(Phidon)왕이 나에게 '오디세우스를 배에 실어 고향 땅에 데려다 놓겠다.(The ship's hauled down and the crew set to sail, to take Odysseus home to native land,)'고 헌주(獻酒)를 부으며 맹세를 했습니다.[377] 하지만 왕은 나를 먼저 출발시켰으니 왕은 둘리키온(Dulichion) 행의 배를 태워 우리 아버지 아카스토(Acastus) 왕께 친절히 데려다 주어라고 명령을 내렸으나 테스프로티아(Thesprotian) 사람이 흉계를 꾸미며...내가 입은 옷을 벗겨내고 이 같은 넝마를 나에게 걸친 다음 이타카 (Ithaca) 들녘에 도달한 다음 나를 묶어 버렸는데...신들이 나를 도와..바로 주 인댁에 이르게 된 것입니다.''[407]

돼지치기 에우마이오스(Eumaeus)가 말했다.

"친구여. 정말 고생이 많았군요. 그대의 긴 이야기에 나는 감동을 했습니 다....하지만 그 '오디세우스 이야기'를 나는 믿을 수가 없습니다....이전에도 아이톨리아 사람(Aetolian)이 나를 속여먹었습니다. 살인을 하고 세상을 방랑하 다가 나를 찾아와, 나는 그를 따뜻하게 대해 주었는데, 그자가 말하기를 자기가 오디세우스를 보았는데 크레테 이도메네오스(Idomeneus) 왕과 함께 지내며 폭풍에 부서진 배를 수리하고 있었다고 하며 여름이나 수확할 무렵에 오디세우 스가 보물을 싣고 전우들과 귀국을 할 것이라고 말했었습니다...내가 그 '오디세 우스 소식'을 당신에게 들어서 당신을 존중하는 것이 아니라, 내가 무서워하는 제우스가 보낸 나의 손님이기 때문입니다...''[441]

이에 오디세우스가 말했다.

"맙소사. 그대는 지금 나에게 굉장한 의심을 품고 있군요....만약 그대 주인이 돌아오면, 나를 속옷과 겉옷을 새로 입혀 내가 그리워하는 둘리키온(Dulichion) 으로 나를 꼭 보내 주시오. 하지만 내가 예상한대로 주인께서 귀국을 하지 않으 면, 그대의 하인더러 나를 바위 낭떠러지에 밀어 버리라고 하세요...''[413]

그러자 에우마이오스(Eumaeus)는 머리를 흔들며 말했다.

"친구여...찾아온 손님을 그렇게 대할 수는 없습니다...저녁 식사 시간이 되 었습니다...''[463]

돼지치기 에우마이오스(Eumaeus)는 다섯 살 박이 수퇘지를 잡아...오디세우 스를 대접했고....오디세우스에게 불 곁에 잠자리를 마련해 주고...자신은 두꺼 운 옷으로 갈아입은 다음 북풍이 부는 바위 아래 돼지들 곁에 누웠다.[66]

---

66) Homer(Translated by Robert Fagles), *The Odyssey*, Viking Books, 1996, pp 301~318 'Book Fourteen : The Loyal Swineherd'

'왕가의 돼지치기(The Loyal Swineherd)'

————✈

(a) 호머(Homer)는 오디세우스(Odysseus)를 '두려움을 모르는 오디세우스 (that fearless Odysseus)'[일. 제4책] '꾀 많은 남자(a wicked man)'[일. 제 5책] 위대한 이야기꾼(the great teller of tales)[일. 제9책] '도시의 약탈자 (raider of cities)' '공적의 주인공(master of many exploits)' '위대한 사령 관(great commander)' '교활한 노병(wily old soldier)'[오. 제18책] '둘러대 기 명수(the master improviser)'[오, 제19책] '교활하기의 대장(the great master of subtlety)'[오. 제19책] 등 다양한 명칭으로 그의 '영웅적 성격'을 구체화했다.

(b) 힌두(Hindu)의 '마하바라타(*The Mahabharata*)'에 아르주나(Arjuna)는 10 개 공식 명칭을 지니고 있었다.

((우타라(Uttara) 왕자 말했습니다.

"내가 앞서 들었던 '파르타의 열 가지 이름'을 다 말한다면 내가 당신 말을 믿겠습니다." 아르주나가 말했습니다.

"주의해서 들어 보세요. 아르주나(Arjuna) 팔구나(Falguna) 지슈누(Ji-shnu) 키리틴(Kiritin) 스웨타바하나(Swetavahana) 비마트수(Vibhatsu) 비 자야(Vijaya) 크리슈나(Krishna) 사비아사친(Savyasachin) 다난자야(Dhana-jaya)가 그것입니다." 우타라(Uttara) 왕자가 말했습니다.

"그렇게 여러 가지 이름이 생긴 까닭은 무엇입니까?" 아르주나가 말했습니다. "내가 모든 나라를 복속시키고 그들의 부를 획득해 부자로 살았기에 사람들이 나를 '다난자야(Dhananjaya)'라 불렀습니다. 내가 무적(無敵)의 왕들과 대결하여 그들에게 진 적이 없으므로 사람들이 '비자야(Vijaya)'라고 불렀습니다. 내가 전장에 나갈 때 내 전차를 백마가 끌게 하고 황금으로 장식을 하기에 '스웨타바하나(Swetavahana)'라고 했고, 내가 히말라야 등성에서 태어날 적이 하늘에 '우타라(Uttara)'와 '팔구나(Falguna)' 별이 돋았고, 내가 강력한 다나바들(Danavas)과 싸울 때에 인드라가 내 머리에 태양 같이 빛나는 관을 씌워 주었기에 '키리틴(Kiritin)'이라고 하고, 전장에서도 나는 혐오스런 행동을 피하므로 사람들이 '비마트수(Vibhatsu)'로 알고 있고, 두 손으로 다 간디바를 쏠 수 있으므로 '사비아사친(Savyasachin)'이라고 합니다. '아르주나(Arjuna)'는 내 안색(顏色)이 떼 묻지 않는 나의 행동을 나타냄으로 붙여진 이름이고, 천상과 인간에 나를 이길 자가 없으므로 '지슈누(Jishnu)'라고 부르고, '크리슈나(Krishna)'라는 열 번째 이름은 순수한 깜둥이 소년이라는 뜻으로 아버지가 주신 이름입니다.'))[67]

(c) 이 '오디세이(*The Odyssey*)' '제14책'에서 오디세우스는, '거짓말의 명수'임을 보여주었다. 이것은 뒤에 '백인(白人) 문화'의 근간이 되었는데, 유명한 다다이트 마그리트(R. F. G. Magritte, 1898~1967)는 그의 명작 '**백색인종(The White Race, 1937)**'을 통해 '신뢰할 수 없는 종족'으로 호되게 규탄을 했다.

제15책 텔레마코스가 귀국(歸國)하다.

한편 여신 아테나(Athena)는, 남쪽으로 스파르타의 넓은 무도(舞蹈)장을 지나 여행 중인 텔레마코스에게 '귀향(歸鄉) 심(心)'을 발동시켜 놓으려고 그를

---

67) K. M. Ganguli (Translated into English Prose from the Original Sanskrit Text), *The Mahabharata of Krishna-Dwaipayana Vyasa*, Munshiram Manoharlal Publisher Pvt. Ltd. New Delhi, 2000, -**Virata Parva**- p. 76

찾아 갔다.

아테나 여신은 텔레마코스와 네스토르의 아들 피시스트라토스(Pisistratus)가 메넬라오스 행랑채에서 있는 것들 보았는데, 피시스트라토스는 잠에 떨어져 있은데 텔레마코스는 잠을 이루지 못 하고 있었다.[9]

불타는 눈을 지닌 아테나가 말했다.

"텔레마코스여. 그대의 재산과 **구혼자들**이 그대의 집에서 재산을 다 벗겨 먹고 있는 것을 방치하고, 오래도록 멀리 떠나 있는 것은 잘못된 일이야. 이곳 [스파르태으로의 여행은 무의미하게 되었었으니, 즉시 메넬라오스에게 말하고 '어머니가 있는 고향집'으로 돌아가야 하네. 그대의 외할아버지와 외삼촌들도 지금 페넬로페(Pelelope)를 다른 **구혼자들**보가 더욱 많은 결혼지참금을 제공하겠다는 에우리마코스(Eurymachus)와 결혼을 시키려 하고 있네.... **여성의 마음 이란 새로운 남편과 부(富)를 도모하기 좋아하여 전 남편이나 자기가 낳았던 아들은 물어도 대답도 않고 죽은 사람처럼 기억도 없다는 것을 알아야 하 네**.(You know how the heart of a woman always works: she likes to build the wealth of her new groom- of the sons she bore, of her dear, departed husband, not a memory of the dead, no questions asked.) 그러니 어서 고향으로 돌아가게....

또 하나 명심해야 할 사항이...약간의 젊은 **구혼자들**이 이타카(Ithaca)와 사메(Same)섬 바위 사이 해협에서 그대를 죽이려고 기다리고 있으니...부디 야간 (夜間)에 그곳을 통과해야 하고...일단 이타카(Ithaca)의 해안 제방에 도착을 하면, 선원들은 도시로 돌려보내고, 그대는 돼지치기를 먼저 찾아가 거기에서 밤을 보낸 다음 그 돼지치기를 시내로 보내 페넬로페(Penelope)에게 그대가 '필로스(Pylos)에서 안전하게 돌아왔다'고 전하도록 하게."[48]

그 말을 당부하고 아테나는 올림포스로 떠나니, 텔레마코스는 네스토르의 아들을 깨웠다...

"피시스트라토스여. 일어나 마차를 준비하게. 나는 고향으로 가야겠네!"[52]

메넬라오스가 텔레마코스에게 말했다.

"텔레마코스여. 나는 그대가 고향으로 돌아가겠다면, 여기에 그대를 붙잡아 둘 생각은 없네...."[94]

메넬라오스는 텔레마코스에게 훌륭한 선물을 챙겨주며 작별인사를 했다.

"두 왕자님 잘 가게나. 위대한 장군 네스토르(Nestor)께도 안부를 전하게 ..."[170]

텔레마코스가 '그동안 감사했습니다.'라는 인사말을 전했을 때에, **독수리 한 마리가 거대한 하얀 거위를 채가지고 오니, 남녀가 소리치며 달려 왔으나 그 독수리는 다시 수레를 거쳐 오른쪽으로 날아가는 것을 보고, 사람들은 반가운 생각들이 일었다.**[184]

피시스트라토스(Pisistratus)가 먼저 입을 열었다.

"저것 좀 보십시오. 메넬라오스 왕이시여. 신께서 저 조짐을 당신께 보이신 겁니까 아니면 저희에게 보이신 겁니까?"[188]

메넬라오스는 어떻게 대답을 할까 생각에 잠겨 있었는데, 긴 예복(禮服)을 차려입은 헬렌(Helen)이 말했다.[190]

"신들이 내게 영감(靈感)을 내리셨으니...**독수리가 스스로 태어났고 새끼를 둔 험난한 바위산에서 내려와 살진 거위를 채가듯이, '고난을 겪었던 오디세우스'가 그의 집으로 돌아와 복수를 할 겁니다. 아니면 이미 집으로 돌아와 구혼자들에게 '파멸'을 행할 씨앗을 뿌리고 있다는 이야기입니다.**(Just as the eagle swooped down from the crags where it was born and bred, just as snatched that goose fattened up for the kill inside house, so, after many trials and roving long and hard, Odysseus will descend on his house and take revenge -unless he's home already, sowing seeds of ruin for that whole crowd of suitors!)"[199]

텔레마코스는 즉시 헬렌(Helen)에게 감사를 했다.

"제우스께서 그렇게만 해주신다면, 저는 고향에 돌아 헬렌 당신을 여신(女神)

으로 받들어 기도겠습니다."[203]

텔레마코스와 피시스트라토스(Pisistratus)는 마차로 달려 쉽게 그 필로스(Pylos)에 도착했다.[215]

텔레마코스는 피시스트라토스와 작별을 하고, 자기 배로 돌아와 동료들에게 말했다.

"장비들을 배에 실으시오. 우리는 우리 길을 가야 합니다."[243]

한편 오디세우스와 돼지치기는 저녁 식사를 마치고 나서 오디세우스가 돼지치기에 말했다...[341]

"에우마이오스(Eumaeus)여. 나는 여기에서 그대와 인부들의 비용을 더 이상 축내기 보다는 날이 밝으면 시내로 들어가 구걸을 할 생각입니다.....'[360]

오디세우스의 그 말에 에우마이오스(Eumaeus)[돼지치기]는 크게 화를 내며 말했다.

"이 친구 좀 봐라. 무슨 생각으로 그러한 미친 계획을 세웠소? 그 **구혼자들**의 권세가 지금 하늘을 찌르고 있으니, 혹시라도 그 중에 당신이 섞이게 되면, 당신은 당장 잡혀 죽을 겁니다....오디세우스의 사랑하는 아드님께서 돌아오시면, 그대의 옷을 갈아입게 할 것이고 고향으로 가게 해 줄 겁니다."[337]

그 때에 텔레마코스와 그 동료들은 고향 바닷가에 닿아...점심 식사를 하였다...식사를 마친 다음 텔레마코스가 말했다.[563]

"지금 그대들은 우리 배를 도시로 몰고 가시오. 나는 먼저 농장으로 가 가축들을 살펴보고, 저녁에 돌아가 내일 아침에 술과 고기로 잔치하며 그동안 그대들의 노임(勞賃)도 계산해 드리겠습니다."[568]

선원들을 도시로 보낸 다음 텔레마코스는...돼지 농장에 도착해 보니 돼지치기는 돼지들 곁에 잠들어 있었다.[68]

---

68) Homer(Translated by Robert Fagles), *The Odyssey*, Viking Books, 1996, pp 319~337 'Book Fifteen : The Prince Sets Sail for Home'

'텔레마코스가 피시스트라토스와 작별을 했다.(Telemachus said his goodby to Pisistratus.)'

————→ ✈

(a) 인간 '인생의 전개'에 '아버지와 아들'의 관계처럼 소중한 것은 없다.

(b) 그래서 동양[中國] 전통 사회에서 '**아버지와 아들은 서로 친밀함이 중요하다.[父子有親]**'을 오륜(五倫)의 첫머리로 삼았다.

(c) 호머(Homer)는 '오디세우스'와 '텔레마코스'의 관계를 작품 '오디세이(*The Odyssey*)' 시작부터 '아비 원수를 갚은 오레스테스(Orestes)'를 표준으로, '생전의 유대(紐帶) 강화'에 나서고 있는데, 그것도 아테나 여신의 적극적인 개입으로 가능했다고 '절대 신의 권능'을 강조하고 있다.

제16책 아버지와 아들의 상봉(相逢)

날이 밝자 오디세우스와 돼지치기는 불을 피우고 아침 식사를 준비하기 시작했고, 인부(人夫)들은 돼지들을 몰고 나갔다. 그런데 텔레마코스가 다가오자 개들은 짖지 않고 꼬리를 흔들었다.

오디세우스가 그것을 보고 에우마이오스(Eumaeus)에게 말했다.

"에우마이오스(Eumaeus)여. 친구나 친척이 찾아왔나 봅니다. 개들이 짖지 않고 꼬리를 흔들고 있습니다…"[12]

460

오디세우스의 그 말이 입에서 끝나기도 전에, 텔레마코스가 문 앞에 당도하니 에우마이오스(Eumaeus)는 술에 물을 타던 그릇을 떨어뜨리며 즉시 텔레마코스에게 달려가…10년 만에 떠났던 아들이 돌아온 것처럼 껴안고 얼굴에 입을 맞추며 눈물을 흘렸다….[25]

에우마이오스(Eumaeus)가 텔레마코스에게 말했다.

"텔레마코스여 돌아오셨군요. 나는 왕자님이 필로스(Pylos)로 떠나셨다는 이야기를 듣고 다시 못 뵐 줄 알았습니다…"[33]

"사랑하는 어르신. 내가 당신을 보러 여길 왔습니다. 어머니께서는 아직도 궁궐에 계시는지 아니면 다른 남자와 결혼을 하셨는지를 먼저 알아보려고 왔습니다…."[39]

에우마이오스(Eumaeus)가 말했다.

"어머니는 궁궐에서 낮이나 밤이나 끝없는 고통 속에 울며 기다리고 계십니다."[44]

그렇게 대답하고 에우마이오스(Eumaeus)가 텔레마코스의 창(槍)을 받아 드니, 왕자는 안으로 들어왔다.

오디세우스가 자리에 일어나니, 텔레마코스가 말했다.

"이방인이여. 그대로 앉아 계시지요. 새로 내 자리는 마련이 될 겁니다."[50]

그래서 오디세우스는 그 자리에 다시 앉았고…에우마이오스(Eumaeus)가…자리를 마련하여 텔레마코스를 앉히고, 돼지치기 자신은 그들 맞은편에서 저녁 식사 때 남은 고기를 그들 앞에 갖다 놓고 즉시 빵을 구워 바구니에 쌓아 놓고 나무 그릇에 술을 희석시켜 올려놓고…아침 식사를 마치었다.[61]

텔레마코스가 에우마이오스(Eumaeus)에게 말했다.

"이 이방인은 어디에서 오셨습니까?…걸어서 오시기에는 힘들었을 터인데…"[67]

에우마이오스(Eumaeus)가 말했다.

"왕자님께 이방인의 내력을 말씀드리겠습니다…저 이방인은…크레테(Crete)

출신으로 신들이 정한 얄궂은 운명에 여러 도시들을 떠돌다가...테스프로티안 (Thesprotian) 배에서 도망을 해서 우리 농장으로 온 겁니다...거처(居處)를 구하고 있으니 왕자님의 처분을 바랍니다."[76]

텔레마코스가 말했다.

"아 에우마이오스(Eumaeus)여. '거처(居處)'라고 했습니까? 내가 어떻게 우리 집에 저 이방인의 '거처'를 마련하겠습니까? ...나는 아직도 내 완력(腕力)을 내기 믿을 수 없고...우리 어머니는 마음을 고정하지 못 하시고.....**구혼자들**은 너무나 억세어 방자(放恣)하기가 끝도 없습니다..."[99]

그러자 오디세우스가 끼어들었다.

"내가 그대 말을 듣고 있자니, 내 가슴이 찢어질 것 같습니다...어서 말해보시오. 그대가 스스로 그렇게 만든 겁니까 아니면 강요에서 의해서 그렇게 된 겁니까?...그대의 형제들이 있으면 그대를 돕지 않습니까?...내가 오디세우스의 아들 중 형제이거나, 방랑에서 돌아온 오디세우스라면 좋으련만...어떻든 희망은 있습니다! **내가 만약 오디세우스 궁궐로 들어가 그구혼자들을 다 죽지 못 하면, 어떤 외국인을 동원하여 내 목을 베도록 하시오.**(Then let some foreigner lop my head off if I failed to march right into Odysseus' royal halls and kill them all.)..."[124]

텔레마코스가 말했다.

"좋은 말씀입니다.....우선 우리 백성들은 나를 외면하지는 않습니다...그러나 나는 나를 괴롭힐 형제도 없고 도와줄 형제도 없습니다...**제우스께서 우리 가계 (家系)를 독자(獨子)가 계승하도록 만드셨습니다. 아르케시오스(Arcesius)가 독자(獨子) 라에르테스(Laertes)를 두셨고 라에르테스가 독자(獨子) 오디세우스를 두셨고 내가 그 오디세우스의 독자(獨子)입니다**...

우리 집은 지금 적(敵)들로 들끓고 있습니다. 둘리키온(Dulichion) 사메 (Same) 자킨토스(Zacynthus) 이타카(Ithaca)에서 **구혼자들**이 몰려와 궁정을 차지하고 재산을 먹어치우고 있지만, 어머니는 결혼을 거절하지도 수용하지도

462

못 하고 계십니다....

에우마이오스(Eumaeus)여. 어서 도시로 들어가 페넬로페(Penelope)께 내가 필로스(Pylos)에서 돌아와 이 농장에 있다고 전해 주시오."[152]

그러자 충성스런 돼지치기 에우마이오스(Eumaeus)가 말했다.

"알겠습니다. 명령하신대로 실행하겠습니다.....''[165]

그래서 에우마이오스(Eumaeus)는 가죽 샌들을 신고 시내로 떠났다.

그 '에우마이오스(Eumaeus)의 출발'을 아테나 여신이 지켜보고 있다가...텔레마코스가 모르게....오디세우스를 불러내어 말했다.[187]

"오디세우스여. 지금이 아들에게 진실을 밝힐 때입니다. 둘이서 '**구혼자들을 물리칠 계획**'을 세우시오. 내가 돕겠습니다."[196]

여신 아테나가 황금 지팡이로 오디세우스를 건드리자, 오디세우스의 윗옷과 속옷이 깨끗한 옷으로 바뀌고 그의 키도 더욱 크게 만들고 피부도 더욱 빛나게 되어 젊게 되었다. 여신이 떠나자 오디세우스는 다시 텔레마코스가 있는 장소로 갔더니, 텔레마코스는 변한 오디세우스 모습에 놀라 그가 틀림없는 '신'이라고 생각하여 소리쳤다.

"내가 앞서 본 당신과는 완전히 달라졌으니, 당신은 확실히 하늘을 다스리는 신이실 겁니다! 우리가 공물(供物)을 올릴 터이니, 부디 용서 하십시오."[198]

오디세우스가 말했다.

"텔레마코스여. 나는 결단코 신은 아니다. 왜 죽지 않은 나를 몰라보느냐? ....**내가 바로 네 아비 오디세우스이다.**"[214]

오디세우스는 아들에게 키스를 하고, 눈에 눈물이 솟아 볼을 적시고 땅을 적셨다. 하지만 텔레마코스는 그가 그래도 자기 아버지라는 확신은 없었다.

텔레마코스가 오디세우스에게 말했다.

"당신이 우리 아버지 오디세우스일 수 없습니다!...방금 전에 누더기를 걸친 노인이었는데, 지금은 하늘에서 다스리시는 신과 같은 모습으로 어떻게 변할 수 있습니까?"[228]

오디세우스가 말했다.

"텔레마코스야...네 아비의 모습이 이전과 다르게 된 것은 오직 '**여신 아테나 께서 역사(役事)하신 결과**'이니 너무 놀라지 말라...."[242]

텔레마코스가 다시 물었다.

"무슨 배로 여길 오셨어요?...."[254]

오디세우스가 말했다.

"파이아키아 사람들이 나를 실어다 주었다....무엇보다 우리는 먼저 우리들의 적들을 물리칠 계획을 세워야겠다..."[269]

텔레마코스가 말했다.

"아버지. 나는 아버지의 명성을 많이 들어 왔지만, 우리 둘이서 어떻게 저 많은 적(敵)들을 다 감당할 수 있겠습니까? **구혼자들**은 열 명, 스무 명이 아닙니 다...."[288]

오디세우스가 말했다.

"너와 나 사이에는, 제우스를 모시고 있는 아테나(Athena)가 계심을 항상 명심하라..."[293]

오디세우스가 계속 그 텔레마코스에게 말을 했다.

"날이 밝으면 너는 궁(宮)으로 가, 그 '**건방진 구혼자들**' 속에 함께 있어야 한다. 나는 다시 '거지 노인의 모습'으로 돼지치기가 나를 인도(引導)해 도시로 들어갈 터이니, **너는 그 구혼자들이 나를 이끌어 내어 거칠게 대해도....꾹 참고 화를 내지 말아야 한다**...궁중의 무기들은 모두 2층으로 옮겨놓고....우리 가 쓸 칼 2 자루, 창 2 자루, 가죽방패를 준비해 두고....어느 누구에게도 '**오디세 우스가 고향으로 돌아왔다**.(Odysseus has come home.)'는 사실을 알게 해서 는 아니 된다. 라에르테스(Laertes)나 에우마이오스(Eumaeus), 궁중 비복(婢 僕)들과 페넬로페(Penelope)까지도 알게 해서는 아니 된다..."[341]

그렇게 아버지와 아들이 계획을 세우고 있는 사이에...필로스(Pylos)에서 귀 환한 선원들은 이타카(Ithaca)에 도착하여....싣고 온 선물은 클리티오스

464

(Clytius) 집에 놔두고...페넬로페에게 전령을 보내 '텔레마코스가 귀향했다'는 소식을 전했다....[366]

에우마에오스(Eumaeus)도 역시 페넬로페에게 텔레마코스 귀환을 알리고 돼지치기 막사로 되돌아왔다.[377]

한편 그 **'텔레마코스의 귀향 소식'**은 그 **구혼자들**에게는 충격적이었다. 궁정 밖 성문 앞에서 그들은 회의를 했다.

폴리보스(Polybus)의 아들 에우리마코스(Eurymachus)가 먼저 입을 열었다.

"순진한 텔레마코스가 큰일을 저질렀습니다...."[387]

그러자 텔레마코스를 중간에서 저지(沮止)하러 떠났던....암피노모스(Amphinomus)가 자리에서 일어나 말했다.

"따로 전령을 우리에게 보내 알아 볼 것도 없습니다...신이 알려 주었는지, 우리는 텔레마코스의 배를 보기는 했으나, 우리 배가 그 배를 따라잡을 수가 없었습니다."[395]

에우피테스(Eupithes) 아들 **안티노오스(Antinous)**가 일어나 말했다.

"이게 무슨 봉변(逢變)입니까?....그 텔레마코스를 당장 죽여 버리기로 합시다...."[435]

그 말에 모두가 침묵하고 있을 적에, 암피노모스(Amphinomus)가 말했다.

"친구들이여, 나는 그 텔레마코스를 죽일 생각은 없습니다...왕가의 혈통을 끊는 것은 무서운 일입니다. 우선 신들의 뜻을 알아봅시다...."[449]

암피노모스(Amphinomus)가 그렇게 말하자...그 때 페넬로페(Penelope)가 **구혼자들** 앞에 나타나...안티노오스(Antinous)를 꾸짖었다.

"사악하고 폭력적인 **안티노오스(Antinous)**여. 사람들은 당신을 이타카 (Ithaca)에서 토론의 일인자라고들 말합니다. 당신은 그런 사람이 아니고, 미친 사람입니다. 무슨 까닭으로 텔레마코스를 죽이자고 하십니까?....모든 것을 멈추시고 그만두도록 하세요."[480]

그러자 에우리마코스(Eurymachus)가 그 페넬로페(Penelope)를 달랬다.

"페넬로페(Penelope)여...당신은 우리 모두를 욕했지만, 당신의 아들 텔레마코스에게 완력을 쓰려는 사람은 살아 있을 수도 없고 태어나지도 않았을 겁니다...."[496]

에우리마코스(Eurymachus)도 말은 그렇게 했으나, 그 생각은 왕자를 죽일 생각을 하고 있었다...

그 충직한 그 돼지치기가 돌아오기 전에...아테나(Athena)는 오디세우스를 황금지팡이로 쳐서 다시 늙은 거지 형상으로 바꾸어 돼지치기 에우마이오스(Eumaeus)가 알아보지 못 하게 해 놓았다...[510]

돼지치기는 텔레마코스에게 시내에 갔다가 돌아온 보고를 했고....저녁을 챙겨 먹고 모두 잠에 빠졌다.[69]

'아버지와 아들(Father and Son)'

———✈

(a) '오디세이(*The Odyssey*)' '제16책'부터 '제24책'까지는, 어떻게 그 오디세우스가 그 텔레마코스를 대동하고 '구혼자들'을 물리쳤는가가 주요 화제이다.

---

69) Homer(Translated by Robert Fagles), *The Odyssey*, Viking Books, 1996, pp 338~353 'Book Sixteen : Father and Son'

   (b) '아버지와 아들'의 의미는 인간들의 경우에 따라 '무한한 편차(偏差)'를 보일 수밖에 없는 것은, 무한 인간 중에 '완전 동일한 사람은 없는 것'과 같은 이치이기 때문이다.

   (c) 즉 '아가멤논과 오레스테스'도 유일한 경우이듯이, '오디세우스와 텔레마코스'도 거듭 확인할 수도 없는 유일한 경우이다.

제17책 궁문 앞의 이방인

다시 아침이 되자, 텔레마코스는 쇠가죽 샌들을 신고 창을 집어 들며 돼지치기를 향해 말했다.

"아저씨. 나는 도시로 어머니를 뵈러 갑니다...그리고 이 불쌍한 이방인이, 도시로 들어가 거기서 식사를 구하도록 데려다 주세요. 그래야 내 마음도 가벼울 것 같습니다...."[14]

이에 오디세우스가 끼어들어들었다.

"친구여, 나도 더 이상 여기서 서성거리고 싶지 않소이다. 이곳보다 도시가 구걸하기가 쉬울 것 같습니다...."[25]

텔레마코스는 자기 궁궐에 도착하여, 늙은 유모 에우리클레이아(Eurycleia)를 먼저 보았다....이어 2층에서 페넬로페가 내려와 텔레마코스를 반기며...오디세우스 소식을 먼저 물었다...하지만 텔레마코스는 페넬로페를 향해 말했다.

"어머니, 앞으로 어머니께서는 눈물로 우리 주변 사람들을 흔들지 말아주세요, 저는 우선 목욕을 하고 옷부터 갈아 입이어야겠습니다..."

페넬로페는 말이 없었다.[59]....텔레마코스가 창을 잡고 궁정으로 나서니...아테나 여신이 그를 더욱 빛나게 만들어 주었다....구혼자들은 그에게 몰려 와 입으로는 '환영한다.'고 말했지만, 속으로는 죽일 생각들을 품고 있었다...[69]

식사가 끝난 다음 페넬로페가 입을 열었다.

"텔레마코스야....아버지 소식을 들은 것이 있으면, 어서 내게 말을 해 보아라.”[115]

텔레마코스가 말했다.

"그럼요. 어머니. 모두 빠짐없이 말씀을 드리겠습니다....우리는 필로스(Py-
los) 왕 네스토르(Nestor)에게 갔습니다....그리고 스파르타의 메넬라오스 왕도
찾아갔습니다...그 메넬라오스는 '바다의 노인(the Old Man of the Sea)'를 만났
는데 그 노인이 말하기를 '님프 칼립소(Calypso)가 오디세우스를 붙들어 놓고
있다.'고 말했답니다. 그리고 메넬라오스가 나에게 '즉시 귀향하라' 하여 배를
탔더니, 신들이 순풍을 불게 하여 고향에 쉽게 돌아오게 되었습니다."[161]

그러자 곁에 있던 신 같은 예언가 테오클리메노스(Theoclymenus)가 페넬로
페에게 말했다.

"오디세우스의 고귀한 부인이시여. 저 '메넬라오스의 말'을 온전한 것이 못
됩니다...오디세우스는 이미 고향에 와 있다는 것을 나는 확신으로 말씀드립니
다..."[176]

페넬로페가 소리쳤다.

"당신의 말씀대로 이루어진다면 얼마나 좋겠습니까?..."[180]

한편 **구혼자들**은 오디세우스 궁궐 앞에서 저녁때가 될 때까지 뽐내며 원반던
지기 창던지기 경기를 펼쳤다...[185]

그 때에 오디세우스와 돼지치기는, 그 도성(都城)을 향해 출발을 했다.

에우마이오스(Eumaeus)가 오디세우스에게 말했다.

"당신이 굳이 시내로 가시길 원하시니, 이제 출발을 해 봅시다..."[207]

오디세우스가 다 망가진 거지 가방을 어깨에 메니, 에우마이오스(Eumaeus)
가 지팡이를 들려주었다.[216]

그들이 도성(都城) 곁 샘물에 도달했을 때....돌리오스(Dolius) 아들 멜란티
오스(Melanthius)가 **구혼자들**의 저녁 식사용 염소를 몰고 오다가 오디세우스
일행을 향해 말했다.

"쓰레기 같은 놈(scum)이 또 다른 쓰레기 같은 놈을 이끌고 오는구나..."[253]

468

그가 그 오디세우스 엉덩이를 발로 차서 가던 길에서 쫓아내려 했으나, 그럴 수는 없었다....오디세우스는 굳게 참으며....기도했다.

"샘물의 님프들이시여. 제우스의 따님들이시여. 그 오디세우스가 항상 당신들께 제사를 올리었다면, 그를 돌아오게 하여, 멜란티오스(Melanthius) 같이 배짱 좋은 놈을 어서 물리치게 해 주옵소서."[270]

오디세우스와 돼지치기는 왕궁 가까이 다가가니, 음악 소리가 들려왔다...

오디세우스가 에우마이오스(Eumaeus) 손목을 잡으며 말했다.

"친구여, 얼마나 훌륭한 오디세우스 궁궐입니까...수금(竪琴)이 울리는 것을 보니 신들이 잔치를 하나 봅니다."[294]

에우마이오스(Eumaeus)가 말했다.

"모든 문제를 날카롭게 살피시니...누가 궁궐로 먼저 들어갈까요?...."[305]

오디세우스가 말했다.

"그대가 먼저 들어가시오.,...전쟁과 파도에 단련이 되었으나...굶주린 배는 어쩔 도리가 없습니다.(But there's no way to hide the belly's hunngers)..."[316]

텔레마코스가 먼저 돼지치기 에우마이오스(Eumaeus)가 궁중 홀로 들어오는 것을 보고, 그를 향해 손을 흔드니, 에우마이오스(Eumaeus)는 고기 나르는 하인 의자를 집어 들고 가, 그 의자를 왕자 식탁 곁에 놓고 앉았다...[368]

바로 그 뒤를 이어 오디세우스가 궁궐로 들어왔으니, 늙고 망가진 더러운 거지꼴로 물푸레나무 문턱에 그의 자리를 잡았다...

텔레마코스가 훌륭한 바구니에 큰 빵 한 덩이와 고기를 담아 돼지치기에게 건네주며 말했다.

"이것을 저 이방인에게 갖다 주며 '거지에게는 믿을만한 친구도 없습니다.'라고 말하고, 구혼자들에게 일일이 구걸을 하라고 이르시오."[386]

오디세우스가 말했다.

"제우스시여. 당신의 왕자님께 꼭 복을 내리시어 모든 소망이 다 이루어지도록 해 주옵소서."[389]

그 거지는 그 음식을 두 손으로 받아 그 다리 앞에 더러운 자루를 펼쳐 놓고 식사를 하고 있을 적에, 가녀시인는 궁전이 울리도록 자기 노래를 시작했다...[395]

아테나가 오디세우스 곁에 와 말했다.

"**구혼자들**에게서 빵을 모아 보면 그들의 선악(善惡)을 알 수 있을 겁니다."

그러나 아테나는 **구혼자들** 중에 어느 누구도 구해줄 생각은 없었다. 오디세우스가 구걸을 시작하니 그 **구혼자들**은 수군거리기 시작했다.

"누구야?" "어디서 굴러온 놈이야?"

그러자 염소치기 멜란티오스(Melanthius)가 소리쳤다.

"내 말을 들어 보시오. 이 이방인을 저 돼지치기가 이끌고 오는 것을 내가 보았습니다."[409]

그러자 **안티노오스(Antinous)**가 에우마이오스(Eumaeus)를 향해 말했다.

"돼지치기여. 무엇 때문에 저런 거지를 우리 도성(都城)로 끌고 왔는가? ...."[417]

에우마이오스(Eumaeus)가 말했다.

"안티노오스(Antinous)여. 당신 같이 지체 높으신 분이, 어떻게 그런 비루(鄙陋)한 말씀을 하십니까!...당신은 항상 궁중의 하인들을 가장 거칠게 대하지만, 나한테는 더욱 심하십니다. 그러나 우리 왕비님과 왕자님이 살아 계시는 동안에는, 나는 당신에게 아무 관심도 없습니다."[431]

텔레마코스가 말했다.

"멈추시오. 에우마이오스(Eumaeus)여....안티노오스(Antinous)가 사람 낮잡아 보기는 것은 어제 오늘 이야기가 아니고 그의 버릇입니다."

안티노오스(Antinous)가 텔레마코스에게 말했다.

"맘대로 화를 내는 텔레마코스 왕자님. 모든 **구혼자들**이 나만큼만 저 사람[오디세우스]에게 준다면 앞으로 3개월은 먹고 살 것이요."[449]

다른 사람들이 빵과 고기를 나눠 주어 거지 바랑을 채운...오디세우스가 그냥 자기 자리로 돌아갈까 하다가, 안티노오스(Antinous) 곁으로 가서 말했다.

"한 입 주시지요. 당신은 천한 분 같지 않으시니 내게는 왕처럼 보입니다...나는 사방을 슬픔과 고통 속에 돌아다니다가 이타카(Ithaca)에 이르렀습니다...."[491]

안티노오스(Antinous)가 중간에 말을 끊으며 말했다.

"어떤 신이 이런 골칫거리를 우리 잔칫상 머리에 보냈는가! 일단 내 식탁에서는 조금 물러서게. 내 말을 듣지 않으면 그대를 당장 이집트나 키프로스(Cyprus)로 보내 맛을 좀 보일 터이니까...."[499]

오디세우스가 말했다.

"안됐구나. 안됐어. 용모는 훌륭하지만, 머리가 조금 모자라는군...."[506]

안티노오스(Antinous)는 오디세우스에게 말했다.

"너는 이 홀에서 무서움도 모르고, 나가지도 않는구나. 조롱일랑은 더 이상 못 하게 만들어 주겠다."[507]

그 말과 더불어 안티노오스(Antinous)는 의자의 발판을 집어 들어, 오디세우스를 향해 던지니 발판은 오디세우스 오른쪽 어깨에 정통으로 맞았다. 그러나 오디세우스는 바위처럼 끄떡없었다. 오디세우스는 그 문턱으로 되돌아 와 **구혼자들**을 향해 말했다.[517]

"고상한 여왕의 궁전에 여러 주인님들이여...소떼를 놓고 다툴 적에는 주먹으로 맞아도 유감이란 없습니다. 하지만 저 안티노오스(Antinous)는 배고픈 거지를 쳤으니...거지들에게도 신이 계시다면 그는 신부(新婦)를 맞기 전에 죽을 겁니다."[526]

안티노오스(Antinous)가 외쳤다.

"됐다. 이방인이여. 조용히 먹고 어서 꺼져라....."[529]

다른 **구혼자들**이 안티노오스(Antinous)에게 말했다.

"안티노오스(Antinous)여. 거지를 때린 것은 잘못한 것입니다. 신들이 아시면 혼날 일입니다."

"신들은 이방인도 살피십니다."...[538]

페넬로페(Penelope)도 안티노오스(Antinous)가 그 이방인을 때린 것을 들었다....페넬로페가 하녀를 시켜 돼지치기를 불러 말하게 했다.

"에우마이오스(Eumaeus)여 그 이방인을 이리 올라오라고 하시오...혹시 오디세우스 소식을 들었을지 모르니까..."[567]

돼지치기가 여왕의 말을 오디세우스에게 전했다.

"늙은 친구여. 왕비님이 혹 남편 소식을 들을지 몰라, 당신을 부르십니다..."[623]

오디세우스 대답했다.

"나는 여왕님께, 내가 알고 있는 모든 진실을 말씀 드리겠습니다. 하지만 저 **구혼자들**의 기세가 하늘을 찌르고 있어 두려우니...'해가 질 때'까지 기다려 주시라고 전하세요..."[640]

돼지치기는 페넬로페에게 오디세우스 말을 전하고...다시 텔레마코스에게 인사를 한 다음, 그 에우마이오스(Eumaeus)는 자기 돼지 농장으로 향했다.[70]

'대문 앞에 이방인(Stranger at the Gates)'

---

70) Homer(Translated by Robert Fagles), *The Odyssey*, Viking Books, 1996, pp 354~374
'Book Seventeen : Stranger at the Gates'

(a) '오디세이(*The Odyssey*)' '제17책'에 제시된 구혼자 '<u>**안티노오스(Anti-nous)의 횡포**</u>'는 '마하바라타(*The Mahabharata*)'에서 '주사위 노름'으로 '판두 5형제'에게서 왕국을 빼앗고 숲으로 추방하며 그들에게 조롱을 퍼부은 '<u>**두사사나(Duhsasana) 경우**</u>'와 동일하다.

((바이삼파야나가 말했다. -'노름'에 진 판다바들은 숲으로 유랑(流浪)할 준비를 했습니다. 그들은 왕족의 복장을 벗고 사슴 가죽을 걸쳤습니다. 그러자 <u>두사사나(Dussasana)</u>가 그 사슴 가죽을 걸치고 왕국을 떠나 유랑 길에 오르는 판두들을 보고 외쳤습니다.

"영명한 두료다나의 절대 통치가 시작되었다. 판두 아들은 이제 패배를 당하여 큰 고통 속으로 들어갔다. 이제 우리는 모든 목적을 달성했다. <u>오늘 우리는 적들을 이겨 부와 권력을 다 움켜쥐었으니, 우리는 사람들의 칭송을 받을 것이다.</u> 프리타의 아들들[판두 아들들]은 다 영원한 지옥으로 떨어졌다. 그들이 부를 획득하여 드리타라슈트라의 아들[두료다나]를 비웃더니, 이제 숲으로 들어갈 것이고 우리게 모든 부(富)를 빼앗겼다. 이제 판두 아들들은 '껍질 없는 참깨'처럼 동물 가죽들을 걸치고 살아야 할 것이다. <u>무슨 이유로 우리가 판두 아들의 몰락을 더 오래 기다리고 있어야 할 것인가? 참깨 껍질을 벗기려고 무슨 쓸데없는 노력들을 기우릴 것인가!</u>" 그러한 두사사나의 거친 말이 판두 아들들에게도 다 들리었습니다.))[71]

(b) 한 마디로 '무서운 살상(殺傷) 전쟁(戰爭)의 조짐'이다.

---

71) K. M. Ganguli (Translated into English Prose from the Original Sanskrit Text), *The Mahabharata of Krishna-Dwaipayana Vyasa*, Munshiram Manoharlal Publisher Pvt. Ltd. New Delhi, 2000, -**Sabha Parva**- pp. 146~7

제18책 이타카의 거지 왕, 이로스(Irus)

그런데 이타카(Ithaca)에는 **아르나이오스(Arnaeus)**란 골칫거리 거지가 있었으니, 그는 거리를 돌아다니며 먹고 마셔도 그 바닥을 알 수 없는 먹보였다. 그는 엄청난 거구(巨軀)임에도 사실상 힘은 없는 존재였다. 그의 이름은 자기 어머니가 지어준 것인데, **구혼자들**은 그를 '**이로스(Irus)**'라고 불렀다.

그가 오디세우스를 '참패(慘敗)'시키려고 다가와 말했다.[11]

"이 늙다리 염소야. 내 앞에서 어서 꺼져. 손님들이 너를 끌고 가라고 내게 눈짓하는 것이 보이지도 않아? 내가 화내어 주먹질이 나기 전에, 어서 꺼지란 말이야."[15]

오디세우스가 그 **이로스(Irus)**를 노려보며 말했다.

"정신이 나갔나? 내가 네게 해를 끼치지 않았고, 뒤에 온 너에게 더욱 많이 준다고 해도 나는 불만이 없다. 이 문턱은 널찍하고...너도 나처럼 방랑자다. 부자가 되고 걸인이 되는 것도 다 신들의 뜻이시다...너는 나를 화나게 하지 말라...우리 좀 조용하게 넘어가자. 계속 그러다가 너는 다시 이 궁전에 못 올 수도 있어!"[29]

이로스(Irus)가 더욱 화를 내며 말했다.

"이놈 말하는 것 봐라! 가마솥 곁에 할망구처럼....네놈의 이빨부터 뽑아 놓아야겠다. 저 나리님들이 다 보시도록, 어서 벨트를 매라. '나이가 너의 반도 안 되는 이 젊은 챔피언'을, 네놈이 과연 어쩔 테냐?"[38]

그러자 그들 대화를 듣고 있던 **안티노오스(Antinous)**가 유쾌하게 웃으며, **구혼자들**을 향해 말했다.

"친구들이여. 이전에 없었던 일이 벌어지고 있습니다. **신이 이 궁궐에 '저 이방인과 이로스(Irus) 경기'를 내려주셨습니다.** 주먹들을 날려 싸우는 경기이니, 빨리 경기를 펼치도록 우리가 도와줍시다."[47]

구혼자들은 모두 자리에서 일어나 두 걸인(乞人) 주위로 몰려왔다.

<u>안티노오스(Antinous)</u>가 말했다.

"친구들이여. 조용히들 하시오. 여기에 양념을 넣어 불에 구운 '양(羊)'의 위장(胃腸)'이 있습니다. 누구나 이겼다고 우리가 생각한 사람이, 이것을 차지하게 될 것이고, 경기에 진 다른 거지는 앞으로 우리 곁에 식사를 못 하도록 합시다."[57]

<u>구혼자들</u>이 모두 기뻐했다. 이에 오디세우스가 말했다.

"친구들이여. 늙고 고통스런 이 노인과 저 젊은 거한(巨漢)과 지금 맞서라는 겁니까? <u>하지만 고통을 안겨주는 이 배[腹]가 한번 겨뤄보라고 나를 유혹을 합니다.</u>(It's just this belly of mine, this trouble-maker, tempts me to take a licking.) 그래서 여러분 모두는, 나와 이로스(Irus)의 시합에 개입(介入)을 하지 않겠다고 우선 맹세부터 해 주셔야 합니다…"[66]

이 오디세우스의 제안에 모든 <u>구혼자들</u>이 일제히 동의했다……텔레마코스가 말했다.

"이방인이여…맹세한 <u>구혼자들</u>을 무서워하지 마시오….안티노오스(Antinous)왕과 에우리마코스(Eurymachus) 왕은 다 양식(良識) 있는 분들입니다."[74]

<u>오디세우스가 벨트를 매려고 그 넝마를 걷으니, 넓은 어깨에 우람한 다리와 팔뚝이 드러났다. 모두 아테나 여신이 그렇게 곁에서 만들어 주었던 것이다.</u>[80]

그 오디세우스의 체격을 보고 <u>구혼자들</u>은 모두 깜짝 놀랐다.

"이로스(Irus)가 오늘 고철(古鐵)에서 상품(商品)이 되겠네…저 노인네 허벅다리를 좀 보게나."[86]

<u>구혼자들</u>이 수군거리며 그 이로스(Irus)를 걱정했으나, 이미 너무 늦었다. 하인들이 그의 옷을 벗기고 벨트를 매어주니, 이로스(Irus)는 무서워서 몸을 부들부들 떨었다.

<u>안티노오스(Antinous)</u>가 그 이로스(Irus) 곁에서 욕을 퍼부었다.

"꼴사나운 황소야. 저 노인이 무서우면 너는 없어져야 마땅하다…."[101]

진행자가 링 위에서 두 사람의 주먹을 들게 하니…오디세우스는 생각했다.

이 이로스(Irus)를 즉시 눕혀버릴지 아니면 가벼운 잽으로 공략할지를 생각했다. 오디세우스는 자기 신분이 드러날까 봐 후자를 택하기로 했다.[108]

이로스(Irus)가 주먹으로 오디세우스 오른쪽 어깨를 공격하자, 오디세우스는 **이로스(Irus)**의 귀 아래 목을 주먹으로 쳤다. 이로스(Irus)의 뼈가 으스러졌고 그의 입에서는 피가 쏟아지니 이로스(Irus)는 비명을 지르며 땅바닥에 쓰러졌다...[114]

그러자 구혼자들은 손들을 들어 흔들며 한 없이 웃었다. 오디세우스는 이로스(Irus)의 다리를 잡아 이끌어....뜰을 지나 대문 밖 벽에 기대게 해 놓고, 그의 지팡이와 부품을 갖다 주며 말했다.

"너는 여기에 앉아, 저 개돼지들을 쫓는 허수아비 노릇이나 하라...."[124]

오디세우스가 돌아와 자리에 돌아가 앉으니, 어떤 사람이 말했다.

"이방인이여. 당신의 배낭에 제우스의 축복이 내리시길 빕니다. 원하는 바를 다 이루시기를. 그대는 이 땅의 기생충 하나를 꺾었습니다..."[134]

그 환영하는 말을 듣고 오디세우스는 행운의 조짐에 그 마음이 기뻤다. **안티노오스(Antinous)**는 먹음직스러운 염소 위장 요리를 가져다 놓았고...**암피노모스(Amphinomus)**는 바구니에서 빵 두 덩이를 가져다 오디세우스 곁에 놓고 황금 잔을 들어 축하하며 말했다.

"어르신이여. 편안하소서. 이곳에 잘 오셨습니다."[143]

이에 오디세우스가 그 암피노모스(Amphinomus)에게 말했다.

"암피노모스(Amphinomus)여. 나에겐 그대가 양식(良識) 있는 사람으로 보입니다. 내가 듣기로는 둘리키온(Dulichion)의 니소스(Nisus)는 정의(正義)로운 부자라고들 하는데 그 분이 그대 부친이 아니십니까?...대지를 돌아다니며 살고 있는 생명 중에, 인간처럼 약한 것도 없습니다. 신들이 권능을 허락할 적에는 영원히 누릴 것 같아도 신들이 어려움을 부과하면 마음을 단단히 가져야 합니다...내가 여기에 **구혼자들**을 보건데, 떠나간 주인 왕가 부인의 재물을 막무가내로 다 갉아먹고 있는 것 같습니다. 만약 떠난 주인이 귀향할 경우에,

그대는 그와 대면하기 전에 어서 고향으로 가는 것이 좋을 듯합니다. 주인이 궁궐에 당도하는 날에는 주인과 **구혼자들** 간에 아마 피를 보게 될 것입니다."[171]

오디세우스는 이 말을 마치고, 신들을 향해 헌주(獻酒)하고 꿀 같은 술을 단숨에 다 마신 다음 그 황금 잔을 텔레마코스에게 맡기었다.

암피노모스(Amphinomus)는 홀을 지나 자기 자리로 돌아왔으나, 불길한 예감에 괴로웠다.[176] 하지만 암피노모스(Amphinomus)는 운명에서 벗어날 수 없었으니, 아테나 여신은 그 암피노모스(Amphinomus)를 이미 텔레마코스의 창에 죽게 작정을 해 놓았기 때문이다.[180]

그리고 **아테나 여신은 페넬로페(Penelope)를 그 구혼자들의 마음에 더욱 불이 붙게 만들었고, 이전보가 그 남편과 아들에게도 돋보이게 만들었다** ....[185]

아테나 여신은 이제 **구혼자들**의 마음에 불을 지르는 것보다는, 오디세우스를 약이 오르게 만드는 것에 그 초점을 맞추었다.[394]

구혼자들 중에 에우리마코스(Eurymachus)는, 오디세우스에게 자기 농장에 인부로 "품팔이 할 생각이 없는가?"고 조롱을 했다...[413]

오디세우스는 에우리마코스(Eurymachus)에게 "단둘이 경쟁하는 경기를 펼치자..."고 그의 화를 돋우니...[435]

에우리마코스(Eurymachus)가 오디세우스를 향해.....큰 소리를 지르며, 발판을 집어 들어 날리자, 오디세우스가 즉시 몸을 굽혀 암피노모스(Amphino-mus) 무릎을 붙잡았다. 그 발판은 술잔을 나르는 하인의 오른손을 쳐서 그를 쓰러지게 만들었다....[449] **구혼자들**은 대혼란에 빠져 떠들어댔다. 텔레마코스가 말했다.

"당신들은 바보처럼 지금 자신들이 술 취한 것도 모르고 있으니, 정신들이 다 나갔습니다. 이제 돌아가 주무셔야겠습니다..."[462]

구혼자들은 신을 향해 헌주(獻酒)를 행한 다음 자기들 집으로 돌아갔다.[72]

'이타가의 거지 왕(The Beggar-King of Ithaca)'

──────✈

(a) 이 '오디세이(*The Odyssey*)' '제18책'에는 구혼자들 중 악당 에우리마코스 (Eurymachus)가 등장했다.

(b) '마하바라타(*The Mahabharata*)' '주사위 노름' 도중에 '사쿠니(Sakuni) 노름 솜씨'에 함께 기세를 올렸던 카르나(Karna) 두료다나(Duryodhana) 등 은 '전쟁'을 통해 정확히 징벌이 가해졌다.

제19책 페넬로페와 나그네

오디세우스는 궁궐에 남아, 어떻게 하면 그 **구혼자들**을 다 잡을까를 궁리하였다. 오디세우스는 텔레마코스에게 말했다.

"얘야...**구혼자들**이 무기를 찾거든 '쇠붙이란 상서롭지 못 합니다.'고 부드러운 말로 둘러대야만 한다..."[14]

오디세우스가 이어 텔레마코스에게 말했다.

---

72) Homer(Translated by Robert Fagles), *The Odyssey*, Viking Books, 1996, pp 375~389 'Book Eighteen : The Beggar-King of Ithaca'

"올림포스 신들의 조화(造化)에 대해서도 함부로 말하지 말라. 나는 여기에 남아 너의 어미와 하녀들을 시험해 볼 작정이니 너는 네 잠자리로 가도록 하라…"[49]

페넬로페(Penelope)는 오디세우스가 앉을 자리를 마련했고…하녀(下女) 멜란토(Melantho)에게 오디세우스 목욕을 시키도록 했더니…그녀는 오디세우스를 향해 말했다.

"당신은 여기에서 밤새도록 궁궐에 남아 여인들이나 기웃거리며 볼 작정입니까?…"[75]

오디세우스가 그녀를 노려보며 말했다.

"이 여자에겐 무엇이 씌웠나? 무엇 때문에 나에게 욕을 퍼붓는 거야!…"[96]

페넬로페(Penelope)가 그들의 다툼을 듣고, 그 하녀를 꾸짖었다.

"뻔뻔한 것이라고…내가 괴로워 이 나그네에게 내 남편 소식을 물으려 하는데…"[104]

페넬로페는 하녀 에우리노메(Eurynome)에게 명했다.

"양 가죽으로 덮은 의자를 가져 오너라…"[109]

페넬로페(Penelope)가 말문을 열었다.

"이방인이여…당신은 누구시며 어느 곳 무슨 도시에서 오셨으며 부모는 누구십니까?"[115]

오디세우는 천천히 말했다.

"나는 크레테(Crete) 사람인데…미노스(Minos)가 통치를 하고 있고 데우칼리온(Deucalion)이 우리 아버지입니다. 그 데우칼리온은 장군 이도메네오스(Idomeneus)도 낳았는데, 나는 형 이도메네오스와 함께 트로이로 갔습니다. 내 이름은 아이톤(Aethon)입니다…**나는 트로이에서 오디세우스를 만났습니다**…"[234]

페넬로페(Penelope)는 울며 다시 말했다.

"이방인이여 내가 그대를 한번 시험해 봐야겠습니다. 그대가 정말 그대말대로 정말 내 남편과 사귀었는지를 말입니다. 남편은 그때 무슨 옷을 입고 있었고, 남편을 따르는 사람들은 어떠했습니까?"[254]

오디세우스가 말했다.

"이미 20년이나 지난 이야기입니다...오디세우스 왕은 묵직한 진홍색 털 망토를 걸치었고... ...자기보다 나이 많은 에우리바테스(Eurybates)라는 전령(傳令)을 대동(帶同)했습니다..."[284]

그 오디세우스의 말은 더욱 페넬로페(Penelope)를 울도록 만들었다...페넬로페는 한 동안 울고 나서....오디세우스를 향해 말을 이었다.

"이방인이여. 당신은 우리 집에 특별한 손님이십니다...말씀하신 그 옷들을 내가 다 챙겨드렸습니다...."[299]

오디세우스가 말했다.

"왕비님이여.... 나는 오디세우스께서...부유한 테스프로티아(Thesprotian) 나라에 있다는 소식을...그 테스프로티아 왕 피돈(Phidon)에게서 들었습니다... 오디세우스는 돌아올 겁니다."[353]

페넬로페(Penelope)가 소리쳐 하녀들을 불렀다.

"여인들이여. 이 이방인을 목욕시키고, 잠자리를 마련해 주도록 하시오 ......"[383]

오디세우스가 말했다.

"왕비님 잠깐 기다리세요...나는 여인이 내 발을 씻기는 것을 바라지 않습니다. 혹시 노파가 있으면 몰라도..."[396]

페넬로페(Penelope)가 말했다.

"불행한 내 남편을 태어날 때부터 돌보아준 노파 에우리클레이아(Eurycleia)가 있습니다..."[408]

그 에우리클레이아(Eurycleia)가 다가와서 울음부터 터뜨리며 말했다.

"내가 여러 사람들을 보았으나, 체격이나 목소리나 발이 그 오디세우스와 꼭 같은 사람은 지금 처음 봅니다."[433]

오디세우스가 말했다.

"나와 닮았다고 말하는 사람들이 너무나 많습니다...."[437]

에우리클레이아(Eurycleia)는 그릇을 가져와 더운 물과 찬 물을 섞어 씻을 물을 마련하였다. 오디세우스는 그녀가 '**흉터(the scar)**'를 알아볼까봐 얼굴을 그늘 쪽으로 돌렸다. 하지만 진실은 그냥 다 드러났다. 그녀가 주인을 씻기기 시작했을 적에 그녀는 그 '흉터'를 정확히 알아보았다.[446]

그 상처는 오디세우스가 파르나소스(Parnassus)로 외할아버지 아우톨리코스(Autolycus)와 외삼촌들을 보러갔을 적에 생긴 상처였다. 아우톨리코스(Autolycus)는 '도둑질과 거짓 맹세'로 유형(流刑)에 처해졌는데, 새끼 양의 제사를 받은 헤르메스(Hermes)가 그에게 그러한 재능을 제공했던 것이다. 그 아우톨리코스(Autolycus)가 이타카(Ithaca)를 방문했을 적에, 그의 외손자 오디세우스를 보았는데 유모가 그 딸의 아들을 아우톨리코스(Autolycus) 무릎에 앉히며 말했다.

"아우톨리코스(Autolycus)시여. 따님의 아들에게 이름을 지어주소서."

아우톨리코스(Autolycus)가 말했다.

"내가 고통을 당했던 먼 곳에서 왔으므로.... '**고통의 아들(the Son of Pain)-오세우스(Odysseus)**'라고 하여라. 이 아이가 나이 들어 파르나소스로 오면, 내가 보물을 간직해 두었다가 거대한 재산을 이 아이에게 넘겨주겠다."[467]

그래서 때가 되어, 오디세우스는 그 찬란한 선물을 받으러 파르나소스(Parnassus)로 갔다...오디세우스는 외삼촌과 아우톨리코스(Autolycus)의 따뜻한 영접을 받았고....그 다음날 함께 사냥을 나갔는데....덤불 속에서 멧돼지가 돌출하니...오디세우스가 앞장서서 창을 들고 추적했다....그런데 그 멧돼지가 달려들어 소년 오디세우스의 무릎에 깊은 상처를 냈다....오디세우스는 그 멧돼지 오른쪽 앞다리를 자기 창으로 찔러 잡았다...[514]

노파 에우리클레이아(Eurycleia)가 당장 그 오디세우스를 알아보고 페넬로페(Penelope)에게 신호를 보내려 하자...아테나(Athena)가 그녀의 관심을 딴 곳

으로 틀었고, 오디세우스가 오른손으로 유모의 목을 움켜잡고 왼손으로 그녀를 끌어당기며 말했다...[545]

"유모. 지금 당신이 나를 죽일 작정이요? ....아무쪼록 잠자코 있어요. 그렇지 않으면 내가 저 **구혼자들**을 잡을 적에...당신도 그냥 남겨두지 않을 것이요."[553]

페넬로페(Penelope) 여왕이 2층으로 올라가니, 아테나 여신이 그녀를 깊은 잠에 빠지게 만들었다.[73]

'페넬로페와 손님(Penelope and Her Guest)'

___→

(a) 이 '오디세이(*The Odyssey*)' '제19책'에 유념할 만한 사항은 '오디세우스(Odysseus)'란 명칭의 해설이다.

(b) '**고통의 아들(the Son of Pain)-오세우스(Odysseus)**'란 힌두(Hindu)의 '염세주의(厭世主義, Pessimism)'를 수용(收容)한 것으로 역시 주목을 요하는 사항이다.

더욱 쉽게 말해 '불교'에서는 '현세'를 '고해(苦海, 고통의 바다)'라 하는데, '현세무시' '현세초월' 의지를 명시하고 있다.

(c) 앞서 밝혔듯이 호머(Homer) '일리아드(*The Iliad*)' '오디세이(*The Odyssey*)'는 '마하바라타(*The Mahabharata*)'의 '절대주의'의 대극 점에 있는 '현세주의'를 가장 드러나게 내세웠다. 그러면 그 '현세주의'를 앞장을 서서 주장하는 주인공 '오디세우스'가 바로 '**고통의 아들(the Son of Pain)**'이라

73) Homer(Translated by Robert Fagles), *The Odyssey*, Viking Books, 1996, pp 390~409 'Book Nineteen : Penelope and Her Guest'

함은 무슨 뜻인가?

(d) 결론부터 말하면, **'현세주의(Secularism)'와 '절대주의(Absolutism)'는 그 원리상 혼자 독립해 있는 것이 아니고, 항상 '대극(對極)적인 공존(共存) 속'에 그 다양한 편차(偏差)를 보이고 있는 그 '동시주의(Simultaneism) 의 일양(一樣)'이라는 사실이다.**

(e) 더욱 풀어 말하면 '마하바라타(*The Mahabharata*)'의 '절대주의'에도 '현세 주의'는 엄연히 확인할 수가 있고[아르주나 등이 확보한 '부귀영화'], '일리 아드(*The Iliad*)' '오디세이(*The Odyssey*)' '현세주의'에도 그 '절대주의' 속 성을 온전히 빼놓을 수는 없다.['인간의 운명'은 제우스가 예정해 놓으신 바다.]

(f) 이를 다시 요약하면 **'인간 자유 의지[선택 의지]'와 '개인의 육체적 정신적 한계성[運命]'이 바로 그 '현세주의'와 그 '절대주의'의 요체(要諦)**이니, 인 간 어느 누구나 이 두 가지 양극(兩極)을 벗어나 행동을 할 수가 없다.

제20책 여러 가지 조짐들

오디세우스는 외궁(外宮) 바닥에 '털이 제거되지 않은 쇠가죽'을 깔고 그 위에 양 모피를 여러 장 펴고 그 자리에 누우니, 에우리노메(Eurynome)가 외투를 가져다 덮어주었다.

오디세우스는 그렇게 누워서도, 어떻게 저 **구혼자들**을 물리칠 것인가를 궁리 했다.[7]...여러 생각들이 떠올랐으나, 키클롭스(Cyclops)가 동료를 잡아먹었던 때를 기억하고 꾹 참았다....[24]

그때 아테나(Athena)가 나타났다.....오디세우스가 '무엄(無嚴)한 **구혼자들**' 을 어떻게 혼자서 물리칠 것인지를 물으니, 여신은 말했다.

"50개 무리[部隊]들이 우리를 죽이려고 몰려와도 우리는 소나 양떼를 몰듯이 그렇게 물리칠 것이요. 염려 말고 어서 잠들도록 하시오...."[58]

그렇게 말하여 여신은 오디세우스가 잠들게 했다....

아침이 오자..오디세우스는 손을 들고 제우스를 향하여 기도하였다.

"아버지 제우스시여. 당신께서 진정 저를 고향땅으로 이끄셨으니...다른 사람들도 알 수 있도록 알려 주옵소서."[113]

제우스가 그 오디세우스의 기도를 들어, 즉시 맑은 하늘인데도 천둥을 울리니 오디세우스의 정신은 용기백배하게 되었다....

텔레마코스도 침상에서 내려와...칼을 메고 창을 들고 홀(忽)을 손에 잡고 에우리클레이아(Eurycleia)를 불렀다.

"아주머니는 그 이방인을 어떻게 제우셨습니까?...혹시 어머니가 '쓸 모 없는 이방인' 취급은 하지 않으셨습니까?..."[149]

에우리클레이아(Eurycleia)가 말했다.

"어머니께서는 잘못이 없으십니다....어머니께서는 하녀들에게 명하여 침상을 마련하게 했으나...그 나그네가 굳이 외궁(外宮)에 잠자리를 고집하여...우리가 외투를 덮어드렸습니다."[159]

에우리클레이아(Eurycleia)가 하녀들에게 명령을 내리었다.[165]

"어서 대궐을 청소하라...컵들을 챙겨 놓고...물을 길러오라...오늘은 여러 사람들이 모이는 큰 잔칫날이다."[173]

아침 일찍 돼지치기가 살진 돼지 3마리를 몰고 와...오디세우스를 향해 말했다.

"친구여. **구혼자들**의 대접이 조금은 나아졌습니까? 아니면 이전처럼 막무가낸(莫無可奈)가요?"[184]

오디세우스가 말했다.

"에우마이오스(Eumaeus)여...저 막된 젊은이들에게는 신들의 진노(震怒)가 있을 터이니...저들은 대가를 반드시 치르게 될 것이요."[188]

염소치기 멜란티오스(Melanthius)가.....다가와 말했다.

"여전하시군요. 그래 이 궁궐에서 계속 붙어 구걸을 행할 작정이시군요.....'[200]

세 번째로 소치기 필로이토스(Philoethus)가 본토(本土)에서...소 한 마리와 살진 염소들을 싣고 와...그 가축들을 말뚝에 멘 다음에 돼지치기를 향해 말했다.

"에우마이오스(Eumaeus)여. 저 이방인은 누굽니까?....거지 차림이나 왕 같은 체격입니다..."

그 필로이토스(Philoethus)가 오디세우스에게 손을 내밀며 말했다.

"환영합니다. 아버지 같은 노(老)친구시여. 부디 오늘부터 위대한 날들이 열리길 빕니다..."[251]

오디세우스가 말했다.

"소치기여....내 그대에게 맹세하노니...그 오디세우스가 돌아와 저 못된 **구혼자들**을 물리치는 것을 그대의 두 눈으로 반드시 확인하게 될 것이오...."[260]

한 편 **구혼자들**은 다시 '텔레마코스를 죽이자'고 계획을 짜고 있는데...**독수리 한 마리가 비둘기를 잡아가지고 왼쪽에서 날아왔다.**

그러자 암피노모스(Amphinomus)가 자리에서 일어나 말했다.

"친구들이여. 왕자를 죽일 계획은 그만 두고. 잔치할 생각이나 합시다."[273]

그의 제안을, **구혼자들**은 다 반겼다.

구혼자들은 다 궁궐로 들어와 의자나 벤치에 앉아...양고기와 염소고기...쇠고기 돼지고기들의 분배를 받았고...술도 나누어 접대를 받았다....[284]

텔레마코스는...아버지 오디세우스가 자리 잡은 문턱에 의자와 작은 테이블을 갖다 놓고 내장(內臟) 요리와 황금 잔에 술을 가져다 놓고 인사를 했다.

"여기에 앉아 다른 사람들과 함께 이 술을 드시오.... 여러 **구혼자들**이여. 부디 자제(自制)들을 하시여 욕설이나 주먹질은 삼가하도록 합시다."[296]

텔레마코스가 그렇게 선언하자 그의 용감한 말에, **구혼자들**은 깜짝 놀라 그들의 입술을 이빨로 물었다.

안티노오스(Antinous)가 말했다.

"도발(挑發)의 말이지만 우리가 참읍시다. 제우스가 우리의 허점을 찔렀으나, 우리가 궁중에서 저 건방진 왕자의 입을 결국 닫게 만들 겁니다..."[304]

구혼자들 중에 겁 없는 촌사람 크테십포스(Ctesippus)가 말했다.

"내 말 좀 들어 보시오. 친구들이여.... 텔레마코스가 존중하는 저 손님[오디세우스을 누가 아니 존경을 하겠습니까? 나도 저 손님에게 걸 맞는 선물을 주겠습니다..."

그렇게 말한 크테십포스(Ctesippus)는 바구니에서 소다리 하나를 집어 들더니, 오디세우스를 향해 던졌다. 오디세우스가 머리를 잠깐 돌리니 그 소다리는 벽을 치고 떨어졌다. 크테십포스(Ctesippus)는 냉소를 지으며 이빨을 물었다.[338]

그러자 텔레마코스가 그 크테십포스(Ctesippus)를 향해 말했다.

"크테십포스(Ctesippus)여. 신의 뜻으로 그대의 투척(投擲)이 우리 손님에게서 빗나간 것에 대해 '그대의 별'에게 감사를 해야 할 겁니다. 만약에 적중을 했더라면, 내 창이 그대를 뚫어...그대의 아버지는 '중중 혼례'에 참석하기보다 그대의 '장례식'에 참석할 뻔했기 때문입니다..."[356]

구혼자들이 모두 잠잠해졌다.

다마스토르(Damastor) 아들 아겔라오스(Agelaus)가 일어나 말했다.

"친구들이여. '옳은 말'에까지 우리가 화내고 욕할 필요는 없을 겁니다....하지만 그 오디세우스는 절대로 돌아오지 않을 터이니...텔레마코스의 어머니 페넬로페(Penelope)는 여기에 최고의 남성과 결혼을 할 것이고...한 남편의 주부(主婦)로서 편안하게 살게 될 겁니다."[375]

텔레마코스가 말했다.

"아겔라오스(Agelaus)여...나도 오히려 어머니 결혼을 재촉하고 있으나...문제는 어머니를 압박하고...궁정에서 그녀를 추방하려는 자들입니다. 그들은 신들도 용납을 하지 않으실 겁니다!"[384]

그렇게 텔레마코스가 맹세를 하자, 아테나(Athena)가 구혼자들 속에 '미친 히스테리 환자 이방인 예언가' 테오클리메노스(Theoclymenus)의 모습으로 말했다.

"불쌍한 자들이여. 무서운 공포가 너희에게 온 줄도 모르구나. 머리들이며 얼굴들이며 온몸들이 온통 어둠으로 싸여 있고...불 속에 울부짖고...망령들

이 문턱에서 너희들을 기다리고 있구나...태양이 꺼질 것이요, 어둠이 대지를 덮으리라....."[397]

그 아테나[테오클리메노스(Theoclymenus)]의 말에, 폴리보스(Polybus)의 아들 에우리마코스(Eurymachus)가 말했다.

"해외에서 온 사람들은 다 헛소리를 말합니다. 밝은 대낮에 우리가 만난 이 자리가, **밤처럼 어둡다.**'고 말하니, 젊은이들이여! 어서 저 이방인을 궁정 밖으로 데려가시오."[404]

이에 테오클리메노스(Theoclymenus)[아테나가 말했다.

"에우리마코스(Eurymachus)여. 내가 언제 당신더러 나를 호송해 달라고 부탁을 했습니까?...그대들 모두에게 닥칠 재난을 확실히 나는 알고 있으니, 아무도 도망가지 못 할 것이요...."[414]

테오클리메노스(Theoclymenus)가 궁궐에서 나가니...**구혼자들**은 다시 텔레마코스를 조롱하기 시작했다....

하지만 텔레마코스는 **구혼자들**의 조롱에 흔들리지 않았다......74)

'소치기 필로이토스(Philoethus)' '궁문 밖에서 오디세우스가 돼지치기 소치기에 정체를 드러내다.(Outside the gates, Odysseus reveals himself to the swineherd and cowherd.)'

---

74) Homer(Translated by Robert Fagles), *The Odyssey*, Viking Books, 1996, pp 410~423 'Book Twenty : Portents Gather'

_____✈

(a) '오디세이(*The Odyssey*)' '제20책'에 제시된 예언가 **테오클리메노스(Theo-clymenus)**는 '마하바라타(*The Mahabharata*)'에 장님 왕 드리타라슈트라 ((Dhritarashtra)와 그의 아들 두료다나(Duryodhana)에게 경고를 발한 **비두라(Vidura)**와 동일한 인물이다.

(b) 호머가 이 '오디세이(*The Odyssey*)'를 통해 그 '마하바라타(*The Maha-bharata*)'의 성격을 판연히 구분하면서 수법(手法)상 동종(同種)의 서술을 행하고 있는 것은, 포콕(E. Pococke)이 그의 '희랍 속의 인도(*India in Greece*, 1851)'에서 명시한바 **"희랍은 인도의 식민지였다."**는 대전제를 그대로 다 입증해 주는 그 구체적인 실상(實相)들이다.

(c) 당시 호머가 접할 수 있는[알고 있는] 유일한 문헌은, 오직 '마하바라타(*The Mahabharata*)'였다는 점을 그의 '일리아드(*The Iliad*)' '오디세이(*The Odyssey*)'가 제대로 입증을 하고 있다.

제21책 오디세우스가 활줄을 매다.

때가 되었다, 아테나 여신은 페넬로페(Penelope)에게, 오디세우스 궁궐에서 **구혼자들**이 그들의 기량(技倆)을 시험하도록 활과 빛나는 쇠도끼들을 준비하도록 시켰다. **그녀는 계단을 올라가 궁전 깊숙이 감추어 둔 왕의 창고에서...활과 화살이 든 화살 통을 이끌고 내려왔다**.[14]

그것들은 지난 날...라케데몬(Lacedaemon, 스파르타)에서 오디세우스가 만난 친구 에우리토스(Eurytus)의 아들 이피토스(Iphitus)가 오디세우스에게 특별히 선물을 한 것이었다...[20]

페넬로페(Penelope)가 하녀들과 함께 활과 화살 통과 쇠도끼들을 들고 와 **구혼자들**에게 말했다.

"내 말을 들으시오...**내가 여기에 오디세우스 왕의 거대한 활과 12개 쇠도끼를 가지고 왔는데 이 활에 활줄을 매어 화살로 저 쇠도끼 자루의 구멍들을**

관통하면 내가 그분을 따라 신부가 되어 이 궁궐을 떠날 작정입니다..."[92]

페넬로페(Penelope)는 돼지치기 에우마이오스(Eumaeus)를 시켜 거대한 활과 빛나는 쇠도끼들을 **구혼자들** 앞에 갖다 놓게 했다.[94]

에우마이오스(Eumaeus)는 그것들을 구혼자들 앞에 갖다 놓으며 옛 주인의 활을 보고 눈물을 흘렸고 소치기도 울었다. 하지만 안티노오스(Antinous)는 두 사람을 꾸짖었다.

"이 바보 촌놈들아. 밤과 낮은 구분하고 사느냐!...어쩌자고 눈물을 짜며 '여주인의 마음'을 흔들려고 하는가? ...너희는 여기서 조용히 식사를 하든지, 울려거든 문밖으로 나가라. 하지만 우리 모두 치열한 경기를 펼칠 저 활은 바르게 갖다 놓아야 할 것이다. 저 오디세우스의 활을 다루기는 쉽지 않을 것이다..."[108]

안티노오스(Antinous)는 자기가 그 활줄 매고 그 쇠도끼들을 관통하기를 희망했다. 안티노오스는 오디세우스 궁전에서 그 오디세우스 조롱하기에 앞장을 섰을 뿐 아니라 다른 구혼자들이 오디세우를 조롱하도록 조장했으므로 그 화살 세례를 가장 먼저 받을 운명이었다.

텔레마코스가 웃으며 끼어들었다.

"제우스께서 나를 아마 바보로 만드셨나 봅니다. 섬세하신 우리 어머니께서 재혼(再婚)을 하여 집을 떠나가시겠다고 하는데, 나는 이렇게 바보처럼 낄낄거리니 말입니다. 친구들이여 보십시오. 아카이아(Achaean) 필로스(Pylos) 아르고스(Argos) 미케네(Mycenae) 그리고 이 이타카(Ithaca) 어디에서도 볼 수 없는 여인[페넬로페]입니다.

'활줄 매기'부터 즉시 경기를 시작하겠습니다. 우리는 승자(勝者)를 찾아낼 것입니다. 어느 누구든 활줄을 매어 모든 도끼 구멍을 관통하면 고귀한 우리 어머니가 나를 버려두고 다른 남자를 따라 우리 집을 나설 겁니다..."[134]

그렇게 말하고 텔레마코스는 어깨에 멘 칼과 칼집을 내려놓고 붉은 외투를 벗고 먼저 쇠도끼를 세울 긴 도랑을 파서 도끼들을 1열로 세우고, 땅을 밟아 고정을 시켰다. 구혼자들은 그러한 텔레마코스의 이전엔 본적이 없는 모습에 놀라 보고만 있었다.

텔레마코스가 먼저 문턱에서 활줄을 매어 화살로 도끼를 쏘려고 활줄을 네 번이나 매려 시도했으나, 실패를 했다. 텔레마코스가 소리쳤다.

"나는 약골(弱骨)로, 평생을 계속 실패자로 남아야만 할지도 모르겠습니다. 내 손에 자신감이 생겨, 내가 다른 도전자를 다 물리쳤으면 좋았을 텐데. 나보다 훌륭한 자는 나와 보시오. 활로 시험을 해 보고, 오늘 경기를 끝내기로 합시다."[154]

안티노오스(Antinous)가 말했다.

"친구들이여. 술을 부어주는 저 사환(使喚)을 기준으로 그 왼쪽에서 오른쪽으로 시작을 해 봅시다."[181]

안티노오스가 그렇게 제안하자 **구혼자들**은 다 동의를 했다.

첫 번째 등장한 남자는 오에놉스(Oenops)의 아들 레오데스(Leodes)였다. 그는 **구혼자들**의 거친 말을 싫어하며, 처음부터 술동이 곁에 자리를 잡은 예언적인 안목(眼目)을 보이고 있는 자였다. 그가 활과 화살을 잡았으나, 우선 활줄을 매는 데에 실패했다...그가 말했다.

"친구들이여. 나의 친구들이여. 나는 이 활을 맬 수가 없습니다. 다른 사람이 시도를 해 봐야 할 것 같습니다. **이 활은 우리들 중 최고의 경쟁자들의 생명을 앗아 갈 것 같습니다**...."[185]

레오데스(Leodes)는 활을 내려놓고 자기 의자에 앉았다.

안티노오스(Antinous)가 그를 꾸짖었다.

"레오데스(Leodes)여! 무슨 그런 끔찍한 말을 하는가? 그 활이 최고 경쟁자의 생명을 앗아가다니...우리는 어서 활줄을 매야겠으니, 멜란티오스(Melanthius)여 그대는 커다란 화로에 불을 피우고 창고에서 돼지기름 덩이를 가져와 저 활에 바르고 열을 가하도록 하라. 어서 경기를 끝내야겠다!"[203]

그렇게 해 봐도 역시 다 그 활줄을 맬 수가 없었다...

아직 안티노오스(Antinous)와 에우리마코스(Eurymachus)의 차례는 남았으니...그들은 구혼자들 중에서도 가장 힘들이 좋은 자들로 역시 강력한 후보들이었다...[213]

그러는 동안 소치기와 돼지치기가 궁궐 밖으로 나가니, 오디세우스도 그들을 따라 나가 그들이 서로 만났다. 오디세우스가 그들을 향해 말했다.
"만약 오디세우스가 여기에 당장 나타난다면...오디세우스 곁에 싸우겠는가, 아니면 구혼자들을 위해 싸우겠는가?..."[225]

소치기 필로이토스(Philoethus)가 소리쳤다.

"아버지 제우스시여. 저의 기도를 들어주옵소서. 부디 주인님을 보내주옵소서, 당신께서는 저의 힘들을 다 알고 계십니다."[229]

에우마이오스(Eumaeus)도 그들의 '현명한 왕'이 귀향하도록 다시 기도를 올리었다.

이에 오디세우스가 말했다.

"오디세우스는 이미 집으로 돌아왔고...내가 바로 그 오디세우스요....여기 내 다리에 이 흉터를 보시요...내가 파르나소스(Parnassus)에서 아우톨리코스(Autolycus)와 사냥을 나갔다가, 멧돼지 엄니에 부상을 당한 곳입니다.."[248]

그 말을 듣고 소치기와 돼지치기는 오디세우스를 함께 붙들고 한참이나 울었다.

오디세우스가 말했다.

"에우마이오스(Eumaeus)는 궁 안으로 들어가, 모든 여인들은 그녀들의 방 안으로 들어가 문을 잠그고 각자 할 일을 하라고 이르고, 필로이티오스(Philoethius)는 여기 안마당 바깥 대문에 빗장 쇠를 걸고 난 다음 밧줄로 단단히 묶도록 하시오."[269]

오디세우스는 그들에게 그렇게 이르고, 다시 궁으로 들어가서 자기 의자에 앉았다...

그 때 에우리마코스(Eurymachus)가 활을 들고 살펴보고 있었으니, 돼지기름을 발라 활을 구워도 그 활줄을 맬 수가 없었다. 에우리마코스(Eurymachus)가 말했다.

"캄캄한 날이 그대들에게 닥쳐왔습니다...위대한 오디세우스의 힘에 너무 모자람이 바로 내 가슴을 찢고 있습니다..."[286]

안티노오스(Antinous)가 말했다.

"에우리마코스(Eurymachus)여. 너무 비관은 하지 마시오. 오늘은 활의 신을 축하는 축제의 날입니다. 오늘 누가 그 활줄을 매겠습니까? 그냥 그대로 놔두고 도끼들도 그대로 두었다가....내일 아침 아폴로에게 제사를 올리고, 이번 경기를 마치도록 합시다..."[299]

안티노오스(Antinous)가 그렇게 말하자 **구혼자들**이 다 동의했다.

전령(傳令)이 물을 뿌리니 **구혼자들**은 모두 손을 씻었고....헌주를 행하고 나서 마음껏 막고 마셨다.

이에 오디세우스가 말했다.

"내 말을 들어보시오. 왕비님의 **구혼자들**이시여! ....특히 에우리마코스(Eurymachus)와 안티노오스(Antinous)에게 간청합니다. 오늘은 활을 놔두었다가 내일 화살 신께 승리를 올리자는 말씀은 극히 합당한 말씀입니다. 잠깐만 저 활을 내게 건네주시지요. 내가 한 번 시험해 보겠습니다...."[317]

그 공손한 말은 모든 **구혼자들**을 들끓게 만들었다. 그가 혹시 활줄 매지 않을까 두려웠기 때문이다.

안티노오스(Antinous)가 말했다.

"정말 멍청한 녀석이로군. 불쌍한 녀석이다. 우리들의 잔치에 편안히 제 몫을 꼭 다 챙겨 먹고, 너무 건방지다....우리는 너를 검은 배에 실어 에케토스(Echetus)로 보내버릴 거야...조용히 술이나 마시고 감히 우리 젊은 강자(強者)들 사이에 함부로 끼어들려 하지 마라."[349]

에에 페넬로페(Penelope)가 말했다.

"안티노오스(Antinous)여. 텔레마코스 손님에게 누구든 불손(不遜)으로 맞을 수는 없습니다....당신은 정말 저 이방인이, 저 거궁(巨弓)을 맬 수 있는 힘이 있다고 생각하는 겁니까? 그 자신도 그렇게는 생각지 않을 겁니다.....”[358]

폴리보스(Polybus)의 아들 에우리마코스(Eurymachus)가 말했다.

“페넬로페(Penelope)여. 우리는 남녀(男女)의 말을 한데 섞어 묶는 것은 옳지 않습니다...**저 거지가 혹시 활을 들어 도끼들을 꿰뚫은 것은 우리들에게는 엄청난 수치(羞恥, Shame)입니다.**”[368]

페넬로페(Penelope)가 항변했다.

“수치(羞恥, Shame)라니요?....우리가 다 볼 수 있도록 그에게도 활을 주어 보세요...”[381]

텔레마코스가 말했다.

“어머니. 이 활을 내가 저 이방인에게 주든 빼앗던, 그 권한은 내게 있습니다.... 누구도 나의 의지를 강요할 수 없습니다. 손님에게 이 활을 주고 빼앗는 것은 다 내 권한입니다. 그러니 어머니는 올라가 어머니 일이나 하세요....”[394]

페넬로페(Penelope)는 자기 방으로 돌아와 '자기 아들이 훌륭한 말'을 했다는 생각이 들었다....

그래서 그 돼지치기가 그 활을 들어 오디세우스를 향해 가니, 모든 **구혼자들**은 소리쳤다.

“그 활을 어디로 들고 가느냐?”

“저 놈이 미쳤구나”

돼지치기 에우마이오스(Eumaeus)는 그 고함 소리에 놀라 들고 가던 그 활을 내려놓고 공포에 빠졌다.[410] 이에 다른 편에서 텔레마코스가 큰 소리로 그 돼지치기를 위협했다.

“아저씨 그 활을 계속 들고 가세요. 너무 많은 주인들을 모시면 당신은 금방 지치게 됩니다. 똑 바로 하세요. 그렇지 않으면 내가 돌들을 던져 농장으로 당장 떠나라 할 겁니다.

나는 당신보다 어리지만, 힘은 더 셉니다. **내가 저 구혼자들보다도 더 힘이**

세다면, 당장 저 사람들을 모두 자기네 집으로 돌려보내 버릴 터인데..."[419]

그 텔레마코스의 그 말은, 구혼자들의 왕자에 대한 불쾌감을 잊게 하여, 웃음 바다를 이루었다. 돼지치기는 그 활을 집어 기다리고 서 있는 오디세우스 손에 건네주었다.[424]

그러고 나서 '돼지치기'는 유모(乳母)를 불러 가만히 말했다.

"에우리클레이아(Eurycleia)여, 텔레마코스의 명령입니다. 당신네들은 문을 꼭 잠그고 남자들의 비명 소리가 들려도 얼굴을 밖으로 내밀지 말고 방안에서 조용히 뜨개질을 계속하라 하셨습니다."[431]

소치기 필로이티오스(Philoethius)는 밖으로 열려 있는 대문에 빗장을 걸고 밧줄로 묶은 다음....궁궐 안으로 다시 돌아와 보니, **오디세우스는 활을 들고 이리저리 살피고 있었다**.[443]

구혼자들은 서로 수군거렸다,

"활을 무척 좋아하나 봐."

"같은 활들을 자기 집에도 간직하고 싶나 봐."....

오디세우스는 가수(歌手)가 자기의 수금(竪琴)의 현(絃)을 매듯이, 그 억센 활을 쉽게 구부려 활 양 끝에 줄을 매더니...오른손을 그 줄에 얹어 퉁겨보니, 제비 울음 같은 날카롭고 깨끗한 소리가 났다.

구혼자들의 얼굴들은 하얗게 변했고, 제우스도 하늘에서 천둥 번개로 신호를 보냈다.

오디세우스는 그 '제우스의 신호'를 속으로 반기며, 화살 통에 있는 화살을 끄집어내었다.[464] 그의 의자 오른쪽에서 화살을 활줄에 올려 날리니, 도끼 자루 구멍들에 적중하여 하나도 빗나가지 않았다.[470]

오디세우스가 텔레마코스를 향해 말했다.

"아들아. 너의 집 여기에 앉아 있는 너희 손님들이, 너를 욕되게 하지는 않았 구나..."[479]

오디세우스가 그 말로 텔레마코스에게 '경고의 신호'를 보내니, 텔레마코스는

칼을 메고 창을 잡고 즉시 자기 아버지 곁에 와 섰다.[75]

'오디세우스가 활줄을 매다.(Odysseus Strings His Bow)'

———✈

(a) 이 '오디세이(*The Odyssey*)' '제21책'은, '마하바라타(*The Mahabharata*)'
의 드라우파디(Draupadi)의 '스와얌바라(Swayamvara, 남편 고르기 대
회)'를 표준으로 만든 이야기이다.

((바이삼파야나가 말했다. -판다바 5형제는 '드라우파디(Draupadi)의 결
혼 축하연'을 보려고 판찰라(Panchala)로 출발했습니다....
　바이삼파야나가 계속했다. -드루파다 왕의 그러한 말로 딸 드라우파디
(Draupadi)의 '스와얌바라(Swayamvara, 남편 고르기 대회)'가 선전되었습니
다. 그 소식을 듣고 다른 나라의 왕들이 드루파다 왕의 서울로 몰려 왔는데,
그 '스와얌바라(Swayamvara, 남편 고르기 대회)'를 구경을 하려고 많은 신선
들도 몰려 왔습니다. 거기에는 카르나(Karna)를 대동한 두료다나(Duryodha-
na)도 왔습니다. 방문한 왕들은 드루파다의 영접을 받았습니다. 시민들도 그
'스와얌바라(Swayamvara)'를 보려고 바다처럼 몰려와 원형 경기장에 자리를
잡았습니다. 드루파다 왕은 동북쪽 대문을 통해 그 원형 경기장에 입장을

75) Homer(Translated by Robert Fagles), *The Odyssey*, Viking Books, 1996, pp 429~438
　'Book Twenty-One : Odysseus Strings His Bow'

했습니다......그 헌주로 아그니 신을 기쁘게 한 다음 바라문들이 좋은 축복을 올렸습니다. 그리고 사방에서 연주되던 악기들이 멈추었습니다. 그러자 널따란 원형 경기장이 완전히 적막하게 되었습니다. 그러자 '드리슈타듐나(Dhrishtadyumna)'가 그 누이의 팔을 이끌고 그 중앙 홀의 가운데에 서서 우레같이 깊고 큰 목소리로 말했습니다.

"모이신 여러 왕들은 들으십시오. 이것은 활이고, 저것은 과녁이고, 이것들은 화살들입니다. 날카로운 이 다섯 개의 화살로 저 과녁의 구멍을 향해 쏘십시오. 누구든 위대한 공을 성취한 자가 우리 누이 크리슈나(Krishna, 드라우파디)를 부인으로 맞을 겁니다." 모인 왕들에게 그렇게 말을 마친 드루파다 왕자는 누이에게 참가한 왕들을 소개 하였습니다. 드리슈타듐나(Dhrishtadyumna)가 그 누이를 향해 말했습니다.

"두료다나(Duryodhana) 두르비사하(Durvisaha) 두루무카(Durukha) 드슈프라다르샤나(Dushpradharshana) 비빈산티(Vivinsanti)......자라산다(Jarasanda) 세상에 모든 크샤트리아들이 너를 찾아 왔다. 과녁을 적중 시킨 자 중에 남편을 고르면 될 것이다."

바이삼파야가 말했다. -귀고리를 한 왕들은 서로가 서로를 경쟁하며 그들의 무기를 번뜩이며 일어섰습니다. 미와 용맹과 가문과 지식과 부와 젊음에 도취해서 발정한 히말라야 코끼리 같았습니다. 시기(猜忌)와 욕망에서 서로를 보며 자리를 박차고 일어나 "크리슈나[드라우파디]는 네 것이 될 것이다."라고 큰 소리를 쳤습니다. 그 '드루파다 왕의 딸'을 차지하려고 그 원형 광장에 모인 크샤트리아들은 우마(Uma) 신 곁에 서 있는 천신들 같았습니다. 꽃활의 신의 화살을 맞은 듯 '크리슈나[드라우파디]' 생각에 넋을 잃고 그 판찰라 여인을 차지하려고 그 원형 광장으로 내려와 친한 친구도 그 시기심으로 무시를 했습니다. 거기에는 루드라(Rudras) 아디티아(Adityas) 바수(Vasus) 쌍둥이 아스윈(Aswins) 스와다(Swadhas) 마루타(Marutas) 쿠베라(Kuvera) 야마(Yama)도 그 천신(天神)들도 전차를 타고 왔습니다. 그 다음 왕자들은 아름답기 짝이 없는 여인을 차지하기 위해 차례로 용맹을 펼쳤습니다. 카르나(Karna) 두료다나(Duryodhana) 살와(Salwa) 살리아(Salya) 아스와타만(Aswatthaman) 크라타(Kratha) 수니타(Sunitha) 바크라(Vakra) 칼링가(Kalinga)왕 판디아(Pandia) 파운드라(Paundra) 비데하(Videha)왕 야바나(Yavanas)

496

왕이 차례로 나서서 힘을 냈으나, 단단한 그 활을 느릴 수도 없었습니다. 힘들이 빠지고 장식도 느슨해지고 숨이 차서 여인을 차지하겠다는 욕심도 냉랭해졌습니다. 그 단단한 활을 보고 그들은 탄식을 했습니다.

바이삼파야나가 계속했다. -모든 왕들이 활쏘기를 단념하고 있을 때에 그 바라문들이 모여 있는 곳에서 아르주나(Arjuna)가 일어섰습니다. 인드라 깃발을 들고 그 활을 향해 나가는 아르주나(Arjuna)를 보고, 바라문들은 그들의 사슴 가죽[옷]을 흔들며 커다란 함성을 질렀습니다. 일부는 기분 나쁘게 생각을 했으나 다른 사람은 좋아했습니다. 그리고 서로 수군거렸습니다.

"살리아 같은 크샤트리아들도 못 당기는 저 활을 저 바라문이 어떻게 하려고 저래?" 다른 사람은 말했습니다. "우리는 누구도 무시하거나 조롱을 해서는 아니 되고, 어떤 왕들이거나 화를 나게 해서는 아니 됩니다." 또 다른 사람은 말했습니다. "저 잘 생긴 젊은이의 어깨 팔 다리는 억센 코끼리 같소. 히말라야 같은 인내심에 사자 같은 걸음이요." 바라문들이 서로 이야기를 하고 있을 때에 아르주나는 그 활로 다가가 산처럼 우뚝 섰습니다. 그 활을 한 바퀴 돌며 '크리슈나[드라우파디]'를 생각하고 축복을 내린 인드라 신에게 고개를 숙이고 나서 아르주나(Arjuna)는 그 활을 잡아들었습니다. 모든 크샤트리아 왕들이 누구도 느릴 수도 없었던 그 활을 잡아당기어 아르주나는 한쪽 눈을 감았습니다. 그래서 아르주나는 다섯 발의 화살을 그 과녁에 쏘아 구멍을 통과하여 결국 그 가설물이 땅에 떨어졌습니다. 그러자 원형 경기장에 커다란 함성이 터져 나왔습니다. 그리고 하늘의 신들도 아르주나의 머리에 꽃비를 뿌렸습니다.(And the gods showered celestial flowers on the head of Partha.) 수천의 바라문들은 기쁨에 넘쳐 그들의 윗옷을 흔들었습니다. 실패한 왕들은 모두 한숨을 쉬었습니다. 하늘의 꽃비가 그 모든 원형 경기장에 내렸습니다. 악사(樂師)들도 음악을 일제히 연주를 했고, 새들도 함께 찬송의 노래를 불렀습니다. 아르주나를 본 드루파다 왕은 기쁨이 넘쳤습니다. 그 드루파다 왕은 만일의 사태에 대비해 그 영웅을 도우려고 자리에서 일어났습니다. 소동이 생기자 유디슈티라와 쌍둥이는 서둘러 그네들의 임시 숙소로 돌아왔습니다. '크리슈나[드라우파디]'는 과녁을 적중 시킨 인드라 신 같은 아르주나를 보고 흰 옷과 화환을 가지고 그에게로 다가왔습니다. 그 원형 경기장에서 '드라우파디(Draupadi)'를 따낸 믿을 수 없는 공을 세운 아르주나는 모든 바라문들의 존경의 인사를 받았습니다. 그렇게 해서 그녀는 아르주나 아내가 되었습니다.")) [76]

(b) 호머가 '일리아드(*The Iliad*)' '오디세이(*The Odyssey*)'의 영웅 오디세우스를 힌두(Hindu)의 '마하바라타(*The Mahabharata*)'의 영웅 '아르주나'와 완전히 일치시키고 있는 것을 알아야 "**희랍은 인도의 식민지**"라는 포콕(E. Pococke)['희랍 속의 인도(*India in Greece*, 1851)']의 주장을 다 납득할 수 있다.

제22책 궁중에서의 도살

오디세우스는 넝마를 벗어버리고....활과 화살 통을 들고...**구혼자들**을 향해 말했다.[4]

"결정적인 시험은 다 끝났습니다. 이제 어느 누구도 맞힌 적이 없는 목표물을 공격하여, **아폴로가 내게 주신 나의 활 솜씨**를 보여주겠소,"[7]

오디세우스는...황금 술잔을 들고 있는 **안티노오스(Antinous)**의 목을 화살로 꿰뚫어...그의 코로 피가 흘러내렸다.....[20]

에우리마코스(Eurymachus)가 황급히 제안했다.[55]

"우리 **구혼자들**은....각자가 소 20마리씩을 당신께 배상하도록 하겠습니다...."[63]

오디세우스는....에우리마코스(Eurymachus)의 젖가슴을 화살로 관통하여 쓰러뜨렸다...[93]

암피노모스(Amphinomus)가 칼을 빼어, 오디세우스에게 덤벼들었다.....텔

76) K. M. Ganguli (Translated into English Prose from the Original Sanskrit Text), *The Mahabharata of Krishna-Dwaipayana Vyasa*, Munshiram Manoharlal Publisher Pvt. Ltd. New Delhi, 2000, -**Adi Parva**- pp. 369~376

레마코스가 암피노모스(Amphinomus)의 등을 찔러 죽였다.[100]

텔레마코스가 아버지 명령을 받아...무기고에서 방패 4개, 창 8자루, 투구 4개를 가져왔다...[120]

아겔라오스(Agelaus)가 **구혼자들**을 향해 말했다.

"친구들이여...궁정 바깥사람들에게 이 소식을 전합시다..."[143]

염소치기 멜란티오스(Melanthius)가 말했다.

"그럴 수 없는 상황입니다..."

그렇게 말한 멜란티오스(Melanthius)는....오디세우스 무기로 올라가 방패 12개, 창 12자루, 투구 12개를 가져와 동료들에게 나눠주었다.[155]

오디세우스가 맥이 풀려 "내통자가 있다."고 말하니 텔레마코스가 무기고 문을 닫지 않은 자기 실수라고 고백했다...오디세우스가...돼지치기에게 명령하여 ...그 무기고에 대기를 했다가 그 멜란티오스(Melanthius)를 생포하여 그 무기고에 묶어 두어라고 했더니....돼지치기가 오디세우스 명령대로 이행하고, 다시 오디세우스에게 되돌아 왔다....[208]

아테나 여신이 멘토르(Mentor) 모습으로 나타났다. 오디세우스가 그에게 말했다.

"멘토르(Mentor)여. 옛 친구인 나를 좀 도와주시오...."[219]

아겔라오스(Agelaus)가 말로 그 멘토르(Mentor)[아테나]를 위협했으나,... 멘토르(Mentor)는 오히려 오디세우스가 '트로이를 멸망시킨 주인공'이라고 치켜세우며 오디세우스에게 용기를 불어넣었다.....[252]...**구혼자들**도 무기를 들고 대적을 해 왔으니...다마스토르(Damastor)의 아들 아겔레라오스(Agelaus)와 에우리노모스(Eurynomus), 데모프톨레모스(Demoptolemus), 암피메돈(Amphymedon), 피산데르(Pisander), 폴리크토르(Polyctor), 폴리보스(Polybus)가 그들 중에 강자였다.[258]

아겔레라오스(Agelaus)가 명령을 내려...한 사람씩 각자가 창을 던져라 명 명령을 내려서...차례로 창을 던졌다. 그러나...**아테나가 구혼자들이 던진 창**

을 다 빛나게 만들었다.[272]

오디세우스가 다시 명령을 내려, 네 사람이 창을 던졌으니....오디세우스는 데모프톨레모스를 죽였고, 텔레마코스는 에우리아데스를 죽였고, 돼지치기는 엘라토스를, 소치기는 피산데르를 창으로 각각 찔러 눕혔다. 그리고 네 사람은 자기가 던졌던 창을, 다시 뽑아 들었다.[184]

아테나는 계속 용기들을 부어 넣었다....다시 오디세우스는 창을 던져 에우리마다스(Eurydamas)를 잡았고, 텔레마코스는 암피메돈(Amphimedon)을 쳤고, 돼지치기는 폴리보스(Polybus)를 잡았고, 소치기는 크테십포스(Ctesippus)를 잡았다...[300]

또 다시 오디세우스는 창으로 아겔라오스(Agelaus)를 찔러 잡았고, 텔레마코스는 레오크리토스(Leocritus)의 등을 찔렀다...[310]

아테나가 계속 그들에게 승기(勝氣)를 불어넣었다...결국 **구혼자들**은 놀라...독수리 앞에 새떼처럼 우왕좌왕 했다....그들의 시체에서 흘러나온 피가 궁정의 전 바닥을 다 적시게 되었다...[324]

레오데스(Leodes)는..오디세우스 무릎을 잡고 살려 달라 빌었으나....오디세우스는 창으로 그의 목을 찔렀다.....[345]

한 사람이 남아 있었으니, 테르피스(Terpis)의 아들 페미오스(Phemius)였다. **구혼자들** 가운데서 억지로 노래를 부르던 가수[歌手, 詩人]였다...오디세우스 무릎을 잡고 살려 달라고 애원하니...텔레마코스가 말했다.

"죽이지 마십시오. 죄 없는 사람입니다. 전령 메돈(Medon)도 내 말을 잘 들었습니다...."[381]

오디세우스는 왕자의 그 말을 듣고 그들을 살려두었다.

오디세우스가 텔레마코스에게 말했다.

"텔레마코스야. 늙은 유모 에우리클레이아(Eurycleia)를 불러 오라..."[417]

에우리클레이아(Eurycleia)가 도착을 하니, 오디세우스는 유모에게 누가 불충(不忠)했고 누가 죄가 없는지를 물었다.[444]

에우리클레이아(Eurycleia)가 말했다.

"궁중 50명의 하녀 중에...12명이 말을 거역해 왔습니다...왕비님은 2층에 잠들어 계시는데 내가 올라가서 깨워 이 소식을 전할까요?"[474]

오디세우스는 '페넬로페'는 깨우지 말고, 불충한 12명의 시녀를 즉시 이끌어 오라고 명했다.

그리고 오디세우스는 텔레마코스와 돼지치기와 소치기에게 명령했다.

"**구혼자들**의 시신(屍身)들을 바깥으로 나르고. 불충(不忠)의 12명 하녀들에게도 그 일을 함께 하게 하고 식탁과 의자를 청소시킨 다음...그녀들의 목숨을 빼앗도록 하라...."[470]

마지막으로 염소치기 멜란티오스(Melanthius)를 끌고 와...그의 사지(四肢)를 절단하여 죽였다,..[504]

오디세우스가 에우리클레이아(Eurycleia)에게 말했다.

"유모, 유황과 불을 가져 오도록 하시오. 궁궐에 향(香)을 살라야겠습니다...이제 페넬로페와 하녀들에도 내가 귀향(歸鄕)을 했다고 알리시오."[512].....77)

'궁정에서의 도살(Slaughter in the Hall)'

———→

(a) '마하바라타(*The Mahabharata*)'에 소개된 각종 '스와얌바라(Swayamvara,

———————————
77) Homer(Translated by Robert Fagles), *The Odyssey*, Viking Books, 1996, pp 439~454 'Book Twenty-Two : Slaughter in the Hall'

남편 고르기 대회)'는 '승자(勝者)'가 결정된 다음에서 그 '승자'와 '참가자들' 사이에 **'분쟁의 후유증'**이 따르게 마련이라고 서술이 되어 있는데, 그 '후유증'도 물론 '그 승자가 감당해야 할 사항'이다.

(b) '판두 5형제'의 어려움에는 항상 크리슈나(Krishna)가 그 '해결사'로 등장하고 있는데, 호머의 영웅 오디세우스에게는 '아테나(Athena)'가 빠짐없이 등장을 하고 있다.

제23책 거대한 나무뿌리로 만든 침상

늙은 유모가 여왕 페넬로페(Penelope)에게 오디세우스 도착 소식을 알리려고 2층으로 올라갔다.....[4]

"페넬로페, 일어나세요.**...오디세우스께서 돌아오셨습니다**.....”[10]

페넬로페(Penelope)가 대답했다.

"정신이 나갔습니까?...잠이나 좀 잡시다.....”[25]

유모가 말했다.

"그 이방인이 바로 오디세우스입니다...텔레마코스도 오디세우스가 오신 것을 이미 알고 있었습니다....”[33]

페넬로페(Penelope)가 기쁨에 넘쳐 말했다.

"그이가 정말 귀국을 했는지 자세히 좀 일러주세요....”[40]

유모가 말했다.

"저도 상세한 것은 모릅니다...”[63]

페넬로페가 2층에서...아래층으로 내려와 보니... 오디세우스는 다시 누더기를 걸치고 있어 페넬로페는 그를 알아볼 수가 없었다.[110]

텔레마코스가 말했다.

"독한 어머니여...어떻게 20년 만에 돌아온 남편에게 그렇게도 무뚝뚝할 수 있겠습니까?....”[117]

페넬로페(Penelope)가 말했다.

"아들아…이 분이 진정 오디세우스이시라면…**우리 둘만이 알고 있는 감추어진 증거가 따로 있다**.(we two will know each other…we two have secret signs, known to us both but hidden from the world.)"[125]

오디세우스가 미소를 지으며 텔레마코스에게 말했다.

"네 어미가 나를 시험할 모양이다…나는 지금 이 더러운 옷을 걸치고 있다… 우리가 어떻게 해야 되겠니?…"[138]

오디세우스가 이어 말했다.

"우선 목욕부터 하고, 새로운 옷으로 갈아 입자구나.…"[157]

유모 에우리노메(Eurynome)가 오디세우를 목욕시키고 왕의 복장을 제공하니, **아테나(Athena)는 오디세우스를 더욱 빛나게 만들어 키도 더욱 크게 만들었고, 그의 고수머리도 넓은 어깨 위로 짙은 히아신스 꽃떨기처럼 흘러내리게 하였다**……[182]

오디세우스가 페넬로페에게 말했다.

"이상한 여인이여…20년 동안 죽도록 고생을 하다가 돌아온 남편을 어떻게 그렇게 무뚝뚝하게 맞을 수가 있습니까?…우선 나 혼자 잠이라도 잘 터이니… 잠자리나 보아 주시오…"[192]

페넬로페(Penelope)가 말했다.

"정말 이상한 분이시네. 나는 그렇게 도도하고 냉소적인 사람이 아닙니다. 당신의 급변(急變)에 그저 압도를 당해 있는 사람일 뿐입니다.…에우리클레이아(Eurycleia)여, 우리 침실에서 주인께서 손수 제작한 그 침상(寢牀)을 이리 옮겨 오도록 하시오,(Come, Eury cleia, move the sturdy bedstesd out of our bridal chamber that room the master bulit with his own hands.).…"[202]

페넬로페의 그 말에, 오디세우스는 불 같이 화를 냈다.

"부인. 당신의 말이 나의 심기(心機)를 완전히 뒤집는 구료. 누가 그 침상(寢牀)을 든 답니까?…**천하 제일 장사라도 들 수가 없는 침상(寢牀)입니다**…우리 궁궐에 올리브 나무가 있었지요. 최고로 자라 그 나무 둘레가 거대한 기둥 같았지요. 좋은 석제로 그 곁에 벽을 쌓아올리고 지붕을 얹고 문까지 달았지요. 그런 다음 그 올리브 나무 윗가지들을 잘라내고 그 그루터기를 청동 도끼로 다듬은 다음 줄을 그어 침상의 받임대로 삼았고, 거기에 송곳질을 하여 구멍을 뚫어 침상 만들기를 시작하여 상아와 황금과 은으로 장식을 했고, 붉은 쇠가죽 줄을 얽어 침상 바닥을 만들었지요...이것이 우리 부부의 비밀한 징표입니다...."[230]

오디세우스가 그렇게 말하자,. 페넬로페는 마음으로 항복을 했으니, 그가 정확한 증거를 오디세우스가 다 말했기 때문이다. 페넬로페(Penelope)는 울며 달려가 오디세우스 목을 끌어안았다...[78]

'거대한 나무뿌리로 만든 침상(The Great Rooted Bed)'

_____✈

(a) 힌두(Hindu)의 '마하바라타(*The Mahabharata*)'는 마지막에 '판두 5형제'와 드라우파디(Draupadi)가 '대 장정(長征)'을 시작하여 먼저 드라우파디(Draupadi)가 쓰러졌고, 그 다음 유디슈티라(Yudhishthira) 아우들이 쓰러졌으나, 유디슈티라(Yudhishthira)는 먼저 '지옥'을 방문했고, 이어 연옥을 거쳐 '천국'에 도달하여 '천국에서 형제들을 다 만났다.'는 것으로 결말을 내었다.

---

78) Homer(Translated by Robert Fagles), *The Odyssey*, Viking Books, 1996, pp 455~467 'Book Twenty-Three : The Great Rooted Bed'

(b) 이에 대해 호머의 '오디세이(*The Odyssey*)'는 '오디세우스의 고향 찾기 성공', 소위 '**행복한 결말(Happy Ending)**'로 마무리를 했다.

제24책 평화

킬렌니아의 **헤르메스**(Cyllenian Hermes)가 '황금 지팡이'를 들고, '그 **구혼자들의 망령들(the suitors' ghosts)**'을 이끌었으니, 그 황금 지팡이는 사람들을 잠들게 할 수도 깨울 수도 있는 힘을 지닌 지팡이였다.....헤르메스가 망령들을 이끌고 '하얀 바위(the White Rock)'와 '태양의 서쪽 대문(the Sun's Western Gates)' '잠든 땅(the Land of Dreams)'을 지나 '수선화(asphodel)가 핀 들녘'에 이르렀다.....[16]

아가멤논(Agamemnon) 혼령이 멜라네오스(Melaneus) 아들 '암피메돈(Amphimedon)의 망령'을 알아보고 물었다.

"암피메돈(Amphimedon)이여, 무슨 변고(變故)를 당하여 이 어둠의 세계로 내려왔는가?...."[129]

암피메돈(Amphimedon) 혼령이 말했다.

"**우리는 오랜 동안 오디세우스 아내 페넬로페에게 구혼을 하고 있었소, 그런데 페넬로페는 베틀을 마련해 놓고...시아버지 '수의(壽衣)'를 마련한다.'고 구혼자들에게는 선언을 해 놓고...오디세우스 귀환을 기다리고 있었는데...우리 모두가 죽은 줄로만 알았던 그 오디세우스가 돌아와서...우리 구혼자 모두를 다 죽게 만들었소.**"[209]

아가멤논의 혼령은 소리쳤다.

"**행복한 오디세우스(Odysseus)여! 얼마나 고결하고 훌륭한 아내를 두었는가!...페넬로페의 위대한 도덕은 결코 시들지를 않았구려. 신들은 '페넬로페(Penelope)의 노래'를 영원히 세상에 퍼지게 할 것이요**..."[223]

한편 이승에서의 오디세우스(Odysseus)와 그 일행은...부친 라에르테스 (Laertes) 농장으로 찾아가...자기가 20년 전에 떠난 오디세우스임을 라에르테스(Laertes)에게 입증을 해 보이고...모처럼 할아버지[라에르테스] 아들[오디세우스] 손자[텔레마코스]가 모여 식사를 시작했다.[427]

그런데 죽은 **안티노오스(Antinous)의 아비 에우피테스(Eupithes)**가 오디세우스에게 원한(怨恨)을 품과 사람들을 모아놓고 선동(煽動)을 했다.

"친구들이여..오디세우스는 용감한 젊은이들을 이끌고 나가 자기 혼자만 살아 돌아오더니, 이번에는 우리 최고의 케팔레니안(Cephallenian) 왕자들을 다 죽여 놓았습니다....우리가 형제와 아들을 죽인 저 '살인자'을 죽이지 못 하면 만대(萬代)에 치욕(恥辱)을 면하지 못할 겁니다...."[484]

결국 그 **에우피테스(Eupithes)**가 반란자(反亂者)들을 앞장서서 이끌었다 ...[520]

아테나(Athena) 여신이 멘토르(Mentor) 모습으로 나타나....텔레마코스에게 말했다.

"텔레마코스여. 그대도 한번 싸워봐야 할 것이요. 조상을 욕되게 해서는 아니 될 것이요...."[562]

아테나 여신이, 라에르테스(Laertes)에게 힘을 부여하여...그가 던진 창이 그 에우피테스(Eupithes)의 투구를 쳐 그를 죽게 만들었다...[578]

오디세우스와 텔레마코스도 다시 전투(戰鬪)를 시작하려 하니....아테나 (Athena) 여신이 날카롭게 외쳤다.

"멈추시오...이타카(Ithaca) 사람들이여. **이제 바로 평화를 세워야 할 때입니다.**(make peace at once!)"[585]

아테나 여신이 명령을 한번 내리자, 오디세우스는 마음속으로 즐겁게 그 명령에 복종을 하였다.....[79]

---

79) Homer(Translated by Robert Fagles), *The Odyssey*, Viking Books, 1996, pp 463~485 'Book Twenty-Four : Peace'

'라에르테스가 에우피테스를 공격했다.(Laertes hit Eupithes.)'

(a) 호머의 '일리아드(*The Iliad*)'에서 아테나는 '트로이 전쟁(Troyan War)'를 불가피한 전쟁으로 전제하여 '도발' 중점을 두고 앞장을 섰다.

(b) 그 '트로이 전쟁'의 중심에 **'제우스의 딸 헬렌(Helen)'**이 있었고, 오디세우스 귀향의 중심에는 **'칼립소(Calypso) 여신보다 못 생긴 페넬로페(Penelope)'**[오, 제5책]가 있었다.

(c) **'헬렌(Helen) 미모(美貌)'**는 '거대한 전쟁'을 불러 왔지만, **'페넬로페(Penelope)의 정절(貞節)'**은 '가정과 국가'를 평화로 이끄는 중심축이 되었다.

(d) '평화(Peace)'는 그냥 주어지는 것이 아니고, '오랜 동안 인내와 각고(刻苦) 끝'에 도달할 수 있는 소중한 것임을 호머는 그 **'페넬로페(Penelope) 인내(忍耐)'**를 통해 보여주었다.

참고문헌

Homer(Translated by Robert Fagles), *The Iliads*, Penguin Books, 2001
Homer(Translated by Robert Fagles), *The Odyssey*, Viking Books, 1996
Homer(Revised from the Translation of George H. Palmer), *Odyssey*, The Classic
    Appreciation Society of the Cambridge University, 1953

K. M. Ganguli (Translated into English Prose from the Original Sanskrit Text),
    The Mahabharata of Krishna-Dwaipayana Vyasa, Munshiram Manoharlal
    Publisher Pvt. Ltd. New Delhi, 2000
Vettam Mani, *Puranic Encyclopaedia -A Comprehensive Work with Special
    Reference to the Epic and Puranic Literature*, Motilal Banarsidass Publishers
    Delhi, 1975

C. Brooks R. P. Warren, *Understanding Fiction*, Appleton -Century -Crofts Inc.
    1951
H. B. Chipp, *Picasso's Guernica History Transformations Meanings*, University
    of California Press, 1988
P. Dagen, *Picasso*, MFA Publications, 1972
Dante Alighieri, *La Divina Commedia*, D. C. Heath and Company, 1933
R. Ellmann, *James Joyce*, Oxford University Press, 1982
S. Freud, *On Creativity and the Unconscious*, Harper Colophon Books, 1985
S. Freud, *Totem and Taboo*, W. W. Norton & Company Inc. 1956
H. W. Gabler(edited by), *James Joyce Ulysses*, Vintage Books, 1986
D. Gifford, *Ulysses Annotated*, University of California Press, 1988
S. Gohr, *Marette : Attempting the Impossible,* d. a. p., 2009
G. W. F. Hegel(translated by H. B. Nisbet), *Elements of Philosophy of Right*,
    Cambridge University Press, 1991

Herodotus (translated by Aubrey de Selincourt), *The Histories*, Penguin Books, 1954

A. Hitler, *Mein Kampf*, Houghton Mifflin Company, 1939

S. Jyotirmayananda, *Mysticism of the Mahabharata*, Yoga Jyoti Press, 2013

I. Kant(translated by J. M. D. Meiklejohn), *The Critique of Pure Reason,* William Benton, 1980

Dr. N. Krishna etc, *Historicity of the Mahabharata*, Aryan Books International New Delhi, 2013

D. A. Mackenzie, *Egyptian Myth and Legend*, Bell Publishing Company, 1978(1913)

T. A. R. Neff(edited by), *In the Mind's Eye : Dada and Surrealism,* Museum of Contemporary Art, 1986

F. Nietzsche (translated by W. M. A. Haussmann), *The Birth of Tragedy*, The Macmillan Company, 1909

F. Nietzsche (translated by R. J. Hollingdale), *Thus Spoke Zarathustra*, Penguin Classic, 1961

F. Nietzsche (W. Kaufmann & R. J. Hollingdale-Translated by), *The Will to Power*, Vintage Books, 1968

P. N. Oak. *World Vedic Heritage*, New Delhi, 1984

Plato. *The Republic*, Penguin Books, 1974

E. Pococke, *India in Greece*, 1851

B. Russell, *History of Western Philosophy*, George Allen & Unwin Ltd, 1961

B. Show, *Man and Superman*, Holt Rinehart and Winston, 1956

D. Sylvester, *Magritte*, Mercatorfonds, 1994

P. Thomas, *Epics, Myths and Legends of India*, Bombay, 1980

H. Torczyner, *Magritte*, Abradale Press, 1985

Voltaire, *The Best Known Works of Voltaire*, The Book League, 1940

Voltaire(Translated by D. Gordon), *Candide*, Beford/St.Martin's, 1999

추수자(秋收者) 후기

　힌두(Hindu)의 위대한 '마하바라타(*The Mahabharata*)' 저자는 '고대 왕도 (王道)의 핵심'인 '크샤트리아의 의무(the duties of Kshatriya)'를 무엇보다 먼저 명백하게 밝혀 놓고, '그 왕권'을 바탕으로 한 **'절대주의(Absolutism)'**를 온 세상의 인류에게 온전하게 다 공개를 했다.

　이에 대해 인류 시인(詩人)의 할아버지 호머(Homer)는, 그의 '일리아드(*The Iliad*)' '오디세이(*The Odyssey*)'에서 그 '마하바라타(*The Mahabharata*)'의 '**크 샤트리아의 의무**'를 정확하게 반복 명시하며, 역시 그 시인(詩人) 자신의 확신 (確信)인 **'현세주의(Secularism)'**를 거침없이 펼쳐 보였다.

　그런데 인류가 소유한 **'철학의 두 기둥'**은 바로 그 '절대주의(Absolutism)'와 '현세주의(Secularism)'로서 그것들은 그 원리상 각각 따로 독립해 존재하는 것 이 아니고, **'살아 있는 모든 인간의 개별 정신 속에 항존(恒存)하는, 생각의 양극단(兩極端)'**일 뿐이다.

　다다(Dada)의 **'동시주의(同時主義, Simultaneism)'**는 그것들을 이미 다 요 득(了得)하여 그 위에 펼친 '인류 자유(自由)의 대 향연(饗宴)'이다.

　추수자(秋收者)는 호머(Homer) 식으로 표현하여, '신의 은총으로 넉넉한 독 서(讀書) 시간'을 확보하여 '인류가 소지한 중요 문서를 통람(通覽)할 청복(淸福)' 을 누린 셈이니, 특히 '마하바라타(*The Mahabharata*)'와 '일리아드(*The Iliad*)' '오디세이(*The Odyssey*)'를 함께 정독(精讀)할 기회를 얻었음이 그것이다.

　그렇다면 '추수자(秋收者)의 독서(讀書)'로 따로 확인한 사항은 무엇인가? **'인 류의 상대(上代) 문화'가 모두 그 '마하바라타(*The Mahabharata*)'에 근거를 두고 있다는 사실**이다.

510

더욱 간단히 말해 구극(究極)의 문제는 '정신'[절대주의]과 '육체'[현세주의]이니, 이를 떠나 지상(地上)에 존재한 사람은 아무도 없다.

그런데 원래 '인간'과 '동물'이 미분(未分)된 원시 상태에서, 힌두(Hindu)의 '마하바라타(*The Mahabharata*)'는 '절대 정신주의의 횃불'을 최초로 높이 들었음에 대해, 천재 시인 호머(Homer)는 자신의 특별한 철학 '현세주의(Secularism)'로 인류 최초로 '균형 잡힌 그 동시주의(同時主義, Simultaneism)로의 지향(指向)'을 최초로 펼쳐 보였다.

'인간 각자'는 '각자가 다 사유(思惟)의 주체들'이고 '사유의 출발점들'이다. 그리고 그 요긴한 '동시주의(同時主義, Simultaneism)'는 이미 태어날 때부터 '호모 사피엔스(Homo sapiens)의 유전자 속'에 다 작동이 되게 되어 있으니, 특별히 무슨 '주의' '종교' '사상'을 교육 지향한다고 해도, 모두 다 그 '동시주의(同時主義, Simultaneism) 운용 내부의 문제들'일 뿐이다.

다다 혁명 운동 만세!
자유 민주주의 만세!

2021년 10월 1일
추수자(秋收子)

| 지은이 소개 |

정상균(Jeong Sang-gyun)

약력: 문학박사 (1984. 2. 서울대)
　　　조선대학교, 서울시립대학교 교수 역임

논저: 다다 혁명 운동과 고대 이집트 역사
　　　다다 혁명 운동과 헤로도토스의 역사
　　　다다 혁명 운동과 마하바라타
　　　다다 혁명 운동과 희랍 속의 인도
　　　다다 혁명 운동과 헤겔 미학
　　　다다 혁명 운동과 볼테르의 역사철학
　　　다다 혁명 운동과 니체의 디오니소스주의
　　　다다 혁명 운동과 예술의 원시주의
　　　다다 혁명 운동과 문학의 동시주의
　　　　('2013년 대한민국학술원 우수학술도서' 선정)
　　　다다 혁명 운동과 이상의 오감도
　　　한국문예비평사상사
　　　한국문예비평사상사 2

역서: 澤宙先生風雅錄
　　　　Aesthetics of Nonobjective Art

다다 혁명 운동과 일리아드 오디세이
The Iliad, The Odyssey & Movement Dada

초판 인쇄 2022년 4월 4일
초판 발행 2022년 4월 13일

지 은 이 | 정상균
펴 낸 이 | 하운근
펴 낸 곳 | 學古房

주　　소 | 경기도 고양시 덕양구 통일로 140 삼송테크노밸리 A동 B224
전　　화 | (02)353-9908　편집부(02)356-9903
팩　　스 | (02)6959-8234
홈페이지 | http://hakgobang.co.kr
전자우편 | hakgobang@naver.com, hakgobang@chol.com
등록번호 | 제311-1994-000001호

ISBN 979-11-6586-443-9　93100

값 : 34,000원

※ 파본은 교환해 드립니다.